Universo Convoluto

LIBRO TRE

Dolores Cannon

Traduzione a cura di: Gabriele Orlandi

Library of Congress Cataloging-in-Publication Data
Cannon, Dolores, 1931-2014
The Convoluted Universe - Book Three, by Dolores Cannon

Il seguito a L'Universo Convoluto - Libro Due offre informazioni metafisiche ottenite attraverso regression ipnotiche di vite passate di svariati soggeti.

1. Ipnosi 2. Reincarnazione 3. Terapia vite passate 4. Metafisica
5. Civilizazioni Perdute 6. Nuove Terra.
I. Cannon, Dolores, 1931-2014 II. Reincarnazione III. Metafisica IV. Title

Library of Congress Catalog Card Number: 2021942641
ISBN: 978-1-950608-44-7

Traduzione a cura di : Gabriele Orlandi
Cover Design: Victoria Cooper Art
Book set in: Times New Roman
Book Design: Nancy Vernon
Published by:

OZARK MOUNTAIN PUBLISHING

PO Box 754
Huntsville, AR 72740
WWW.OZARKMT.COM
Stampato negli Stati Uniti D' America

La Saggezza è la

cosa più importante;

quindi acquisite saggezza;

e con tutto ciò che accumulate

acquisite comprensione.

Proverbi 1:54

DICHIARAZIONE

L’autore di questo libro non dispensa consigli medici né prescrive l'uso di alcuna tecnica come forma di trattamento per problemi fisici o medici. Le informazioni mediche incluse in questo libro sono stata prese dalle consulenze individuali e sessioni private di Dolores Cannon con i suoi clienti. Non sono destinate a diagnosi medica di alcun genere, né per sostituire la consulenza medica o i trattamenti del vostro dottore. Quindi, l’autore e l'editore non si assumono alcuna responsabilità per l’eventuale interpretazione di un individuo o per come vengano utilizzate le informazioni qui riportate.

Ogni sforzo è stato fatto per proteggere l'identità e la privacy dei clienti coinvolti in queste sessioni. La locazione dove le sedute si sono svolte è corretta, ma solo nomi propri di persona sono stati utilizzati, e questi sono stati cambiati.

NOTA DEL TRADUTTORE

Ci teniamo a ricordare che il presente libro è stato tradotto dalla lingua Inglese (USA) ed è composto dalla trascrizioni delle registrazioni originarie delle sedute terapeutiche che l'autrice conduceva con i suoi pazienti. Pertanto invitiamo il lettore a ricordare che non si trova di fronte ad un'opera di narrativa, né letteratura. In molte sezioni il testo può sembrare frammentario, astratto o incomprensibile. Questo è dovuto esclusivamente a due fenomeni:

a) cattiva qualità della registrazione che non permise all'autrice di trascrivere il testo parola per parola;

b) allo stato psico-emotivo del paziente che poteva ridurre i contenuti in chiarezza e coerenza.

Inoltre si noti la scelta di avvicinarsi il più possibile ad una traduzione letteraria (scorrevole e succinta) ed evitare, dove possibile, una traduzione letterale (ne sono eccezione i casi sopra citati).

Infine, si noti che l'autrice utilizza le ( ) in trascrizione per indicare gli stati emotivi e il linguaggio fisiologico del paziente, mentre il traduttore utilizza le [ ] per presentare chiarimenti di traduzione del testo.

Per ulteriori chiarimenti e domande il lettore si può rivolgere all'editore di Dolore Cannon www.ozarkmt.com

INDICE DEI CONTENUTI

INTRODUZIONE

Presumo che chiunque stia leggendo questo mio libro, abbia dimestichezza con il mio lavoro e il metodo che utilizzo per accumulare le informazioni che ho scritto nei miei quattordici libri. Ma, per coloro che si trovano a leggerli per la prima volta, una breve spiegazione potrebbe aiutare. Io non canalizzo. Sono stata un'ipnoterapista delle vite passate per trent'anni e le mie informazioni sono accumulate attraverso il mio lavoro di terapia con migliaia e migliaia di clienti. Tuttavia, il centro della mia attenzione è la terapia e aiutare i miei clienti a trovare le risposte ai loro problemi ritornando alle vite passate appropriate. Mi considero una giornalista, un'investigatrice, una ricercatrice di conoscenza "perduta". Questo perché ho scoperto un metodo attraverso il quale si ottiene pieno accesso alla sorgete di tutta la conoscenza. Quindi molti dei miei libri condividono informazioni perdute, dimenticate o mai conosciute. Mi da una profonda soddisfazione scoprire qualcosa di nuovo, entusiasmante ed esporlo nel nostro tempo.

Durante i trent'anni in cui ho fatto questo tipo di lavoro ho sviluppato una mia unica tecnica d'ipnosi. Ho scoperto un modo di accedere a ciò che chiamo la mente "subconscia" della persona con cui sto lavorando. Questo non è il subconscio come lo definiscono gli psichiatri, che è molto più della parte infantile della mente. Quando mi chiedono di definire a che parte della mente sto parlando, lo definisco come l'Anima Superiore, la Coscienza Superiore, Il Se' Superiore. Credo che sia la stessa cosa che Freud chiamava come Mente Universale. La maggior parte dei corsi d'ipnosi insegna che si può accedere al subconscio usando il movimento delle dita. Facendo alzare al cliente un dito per dire "SI" e un altro dito per dire "NO". Questo è processo lento, tedioso e noioso. Perché farlo in questo modo, quando puoi interagire attivamente con quella parte della mente? Questo è ciò che ho sviluppato: un metodo facile per accedere a questa parte estremamente potente. Ha accesso a tutta la conoscenza. Basta solo pensare alla domanda giusta. Faccio sempre riferimento a questa parte chiamdola "Loro", perché fa sempre riferimento a se stessa come "Noi". Mi hanno detto che se voglio posso chiamarli il "subconscio". Non importa come li chiamo. Hanno accettato di lavorare con me e rispondono al nome di "subconscio". Inoltre durante il mio lavoro, ho scoperto che questa meravigliosa e compassionevole parte dell'individuo ha il potere di curare istantaneamente qualsiasi problema fisico. In alcuni paesi dove ho condiviso i miei seminari, mi hanno suggerito di non usare la parola "curare". Dicono che non gli è permesso usare quella parola. Piuttosto, preferiscono usare la parola "sollevare". Non importa che parola sia, il risultati sono gli stessi. Il cliente viene curato istantaneamente in modi miracolosi durante una sola seduta. Ho registrato alcuni di questi casi nei miei altri libri. Mi è stato detto da "loro" che devo insegnare questo metodo a più persone che posso, perché sarà considerata la "terapia del futuro". E' estremamente importante che la gente comprenda di potersi curare da sola. Che le loro menti sono estremamente potenti e il corpo si rigenererà da solo se propriamente guidato. Inizialmente, non sapevo se era possibile insegnare la procedura. Come insegnare qualcosa che hai sviluppato tu stesso? Come spiegarlo nel modo migliore che permetta agli altri di comprendere come farlo? Il mio primo tentativo ebbe luogo nel 2002 quando ho tenuto un seminario di dieci persone a Taos, New Mexico. La intitolai il seminario "degli esperimenti", perché non sapevo cosa sarebbe successo. C'è chi mi ha chiesto se qualcuno aveva del risentimen-to nel sentirsi della "cavia"? Dissero di no, perché sarebbero sempre stati i primi. Ridendo, alcuni suggerirono di mettere la sigla CE (cavia da esperimento) davanti ai loro nomi. Da allora, ho perfezionato la tecnica d'insegnamento e ho tenuto il seminario in tutto il mondo. Adesso gli studenti sono nelle centinaia e li potete trovare sul mio sito: www.ozarkmt.com sotto "Studenti". Ho ricevuto lettere da molti dei miei studenti che dichiarano la validità del metodo e anche loro stanno avendo risultati miracolosi. Quale maggiore soddisfazione potrebbe avere un insegnante se non quella di avere successo nel condividere la propria conoscenza.

Il mio obbiettivo principale per queste sessioni di terapia è di aiutare i clienti con il loro problemi. Tuttavia lungo la strada ho accumulato una grande quantità di conoscenza e questo è ciò di cui ho scritto. Questo è il mio quattordicesimo libro a riguardo delle mie avventure, e ce ne saranno altri. Ricevo informazioni praticamente da tutti coloro con cui lavoro. Quindi adesso spero che sia chiaro per i nuovi lettori. Io non canalizzo, non sono una psichica. Sono un ipnoterapeuta e le mie informazioni provengono da "loro". Tutto ciò che devo fare è raccoglierle, organizzarle e riunirle come un puzzle; il che non è poco. Quindi procedete pure e godetevi quest'ultimo volume della serie Universo Convoluto.

Dolores Cannon, CHT, PLT

SEZIONE UNO

ANDIAMO IN ESPLORAZIONE

CAPITLO UNO

LA MIA EVOLUZIONE

Trovo strano guardare al passato ed osservare come il mio lavoro nella terapia ipnotica regressiva sia cambiata e come l'intero campo sia cambiato e sia evoluto. Quando sono caduta (così delicatamente) nel campo della reincarnazione nel 1968, tutto era nuovo e stimolante. Avevo aperto una porta che non si sarebbe mai più richiusa per il resto della mia vita. Non c'erano libri o istruzioni in quei giorni per aiutare un terpista, così dovetti scrivere le mie regole e sviluppare una mia tecnica partendo da zero. Adesso so che avvenne tutto per il meglio. Non c'era mai nessuno che mi dicesse che c'era solo un modo giusto (il loro) per condurre una seduta d'ipnoterapia. Non ci fu nessuno che mi dicesse che non potevo sperimentare, che doveva essere fatto esclusivamente nel modo in cui era stato fatto per anni. Adesso so che stavano insegnando quello che gli era stato insegnato da qualcuno che l'aveva imparato da qualcun altro. Non dubitarono mai i metodi che avevano ricevuto, ma non gli era stato detto che potevano cambiare le regole e sviluppare il loro metodo e seguire il loro sentiero. Principalmente perché non c'erano istruzioni, sentivo di essermi infilata in qualcosa di nuovo ed entusiasmante. Scoprii come viaggiare nel tempo, come andare nel passato ed essere in grado di rivivere la storia mentre stava avendo luogo. Visto che non sapevo ciò che si poteva o non si poteva fare, scelsi di sfidare le abilità della mente e scoprire cos'era possibile attraverso l'ipnosi.

Ovviamente, mi ci sono voluti molti anni per fare queste scoperte e sto ancora scoprendo modi nuovi di usare l'ipnosi e modi nuovi d'ottenere informazioni. All'inizio della mia carriera quando, nel

1979, iniziai a farlo consistentemente, adoravo l'idea di viaggiare nel tempo (grazie ai miei clienti) e scoprire cosa voleva dire vivere in quei tempi remoti. Da buona ricercatrice e storica, adoro la storia. Quale modo migliore di ricercarla se non visitando quei tempi passati, facendo domande ed ottenendo informazioni? Ho scritto così i miei primi libri, dalle informazioni raccolte da centinaia di soggetti. Il mio concetto di reincarnazione di quei tempi, ora sempre piuttosto semplice, tuttavia era l'unica cosa che conoscevo. Inoltre rappresenta ciò che la maggior parte delle persone sanno oggi girono, perché anche solo l'accettazione del fatto che abbiamo vissuto più di una volta è sorprendente e ti cambia la vita. Ci vuole un'anima impavida e coraggiosa che inizi a fare domande per poter andare oltre al lavaggio del cervello che ci fa la chiesa fin dall'infanzia. Domande alle quali la chiesa non ha risposte o alle quali non si può discutere. "Se non sono nella Bibbia, allora non abbiamo bisogno di sapere. Tutte le tue risposte saranno risposte al momento della morte. Forse hanno un registro lassù che spiegherà tutto." Solo che sempre più persone non sono intenzionate ad aspettare fino alla morte per trovare le risposte. Stanno diventando sempre più consapevoli che c'è molto altro là fuori oltre a ciò che sono stati forzati a credere per tutta la vita. Stanno iniziando a fare domande e le risposte sono disponibili per le menti che cercano e dubitano.

Per me non fu difficile accettare il concetto di reincarnazione. Sono cresciuta Protestante (per lo più, Battista del Sud), ho insegnato il catechismo e cantavo nel coro. Tuttavia c'è sempre stata quella sensazione insistente che ci fosse altro. Avevo domande che i sacerdoti o la Bibbia non riuscivano a rispondere. Molte volte seduta a messa la domenica mattina, ascoltando il sermone e volevo alzare la mano per contestare ciò che diceva. "Ma forse significa questo o quello. Come fai a saperlo?" Ovviamente, essendo una brava ragazza cristiana, non potevo farlo. Così mi rassegnai ad insegnare ai bambini durante il catechismo. Le storie erano interessanti e non ero obbligata ad insegnare i dogmi in cui non credevo più. Altre volte, mentre iniziavo ad essere sempre più coinvolta nella metafisica, mi limitavo a non esprimere le mie opinioni. Erano troppo preziose per me, per rischiare che venissero ridicolizzate. Ho mollato la Chiesa Ortodossa e credo di aver trovato il "vero" significato di religione. La spiritualità opposta alla religione. La maggior parte delle chiese ha perso la via e non conosce l'importante differenza tra queste due parole.

Quando ho iniziato a tempo pieno con la terapia regressiva alle vite passate, pensavo di aver compreso a pieno la teoria della reincarnazione. Ero sicura di sapere come funzionasse. Era il semplice processo di vivere una vita al meglio, imparare lezioni, morire ed analizzare quella vita. Poi la risoluzione o stipula di contratti con altre anime e il ritorno nel corpo. Un semplice processo con il quale un'anima gradualmente passa attraverso la scuola della Terra da una classe alla successiva finché non si laurea e diventa una con Dio. Era tutto così logico che non ebbi alcun problema ad accettarlo e a lavorarci con i miei clienti durante la terapia a seconda dei problemi che evidenziati in altre vite.

Inizialmente, quando stavo scrivendo i miei primi libri, vedevo le vite passate come una linea temporale ciclica. Stavo ancora facendo passettini "da neonati" e quello era l'unica cosa che la mia mente fosse in grado di comprendere: una vita dopo l'altra, separate dal tempo e da date specifiche. Uno dei miei clienti era un eccellente sonnambulista e quando veniva regredito era in grado di assimilare alla perfezione la personalità passata. Immediatamente mi accorsi che era la maniera perfetta di esplorare la storia, perché era in grado di darmi copiose quantità di dettagli circa la cultura, la teologia, lo stile di vita, ecc., della società in cui si trovava. Con lei ho viaggiato attraverso 25 diverse vite passate, saltando indietro ad incrementi di 100 anni l'una. Ogni personalità era distinta e tutto ciò che dovevo fare era dirle di andare ad uno specifico anno e le diventava una specifica personalità. Iniziai a conoscerle tutte, la loro voce, il loro modo di fare e il linguaggio del copro. Pensavo che fosse uno modo straordinario di esplorare la storia e pensavo che sarebbe diventata la mia vocazione e ciò di cui avrei continuato a scrivere. Scrissi due libri in quel periodo (1980s) basati sulle vite passate di questa donna: *Gesù e gli Esseni* (acquistabile su Amazon.it) e *A Soul Remembers Hiroshima*. So che alla fine scriverò un libro riguardante le sue altre vite, proprio per la ricchezza d'informazioni che contenevano. Ma il mio lavoro è andato in così tante altre direzioni da allora.

Mentre continuavo ad esplorare le vite passate, mi venivano introdotte altre teorie, e questo mi turbava. Perché io già sapevo tutto. Non volevo che nient'altro scotesse le fondamenta dei miei sistemi di credenza. La prima era la teoria dell'Imprinting (della quale ho scritto in Keepers of the Garden and Between Death and Life). Questo riguardava l'idea che non avessimo bisogno di vivere moltissime vite, ma che potessimo ricevere "un upload" [un'impronta] delle memorie delle vite di altre persone. Questo aveva luogo se la personalità entrava per sperimentare una vita che fosse diversa e per la quale non aveva alcun punto di riferimento. Le memorie di quelle vite venivano prelevate (attraverso l'aiuto delle nostre guide e maestri spirituali) prima dell'incarnazione, dalla vasta Bibblioteca che si trova sul piano dello spirito; per poi essere impresse o stampate sulla memoria della nostra stessa anima. All'epoca chiesi: "Come facciamo a sapere se l'individuo sta vivendo una vera vita passata o un'imprint [una memoria altrui]?" Mi risposero: "Non lo saprai e fondamentalmente non importa, perché ogni cosa in un imprint (emotiva o meno) viene impressa." Avevano ragione, perché la personalità aveva bisogno delle informazioni al fine di funzionare nel nostro mondo e quindi nessuno sarebbe stato in grado di vedere la differenza. Tuttavia l'introduzione di questo insolito concetto fece davvero tremare le mie fondamenta. Mi fece dannare a lungo. Volevo davvero continuare in questo campo se il mio sistema di credenza era sotto a così tanta pressione? Ero contenta dei miei concetti di come la vita e la morte e la reincarnazione funzionassero (linearmente), e non volevo che le mie credenze venissero stracciate. Ma poi mentre studiavo le mie reazioni a questi nuova idea, mi resi conto che se non le avessi esaminate con un mente aperta, non sarei stata meglio della Chiesa con le sue dottrine: "Devi accettare e non fare nessuna domanda."

Così iniziai a sviscerare questo nuovo concetto e altri che avevano iniziato a presentarsi (come l'idea di vite parallele o simultanee). Gradualmente, un po' di saggezza iniziò a filtrare in una mente chiusa. E' difficile e allo stesso tempo meraviglioso aprirsi e studiare nuovi concetti; proprio perché non c'è nulla nella nostra educazione che ci permetta di comprendere queste idee. Però, non appena la mente inizia a fare domande, non c'è modo di tornare indietro. Non si può disimparare ciò che si è imparato. Non lo si può infilare sotto il tappeto. Non si possono rinfilare i vermi del vasetto, dopo averlo aperto. Solo adesso, trent'anni dopo, riesco a vedere la saggezza in ciò che "loro" stavano cercando di fare. Mi stavano imboccando a piccole dosi, una briciolina alla volta, per accendere la mia fame. Mi lasciavano il tempo di digerire ogni pezzettino d'informazione prima di darmene altre. Altrimenti sarebbe stato troppo, e "loro" lo sapeva. Avrei buttato tutto all'aria e avrei detto: "Non capisco! Non voglio capirlo! Perché, tutto non può tornare come prima? Ero così a mio agio con i viaggi nel tempo e lo studio della storia." Ma ovviamente avevano altri piani e con me avrebbe funzionato solo se avessi compreso ogni pezzettino e se l'avessi assimilato completamente.

Quasi tutti i clienti che vengono a vedermi per la terapia delle vite passate, mi fa la stessa domanda: "Qual'è il mio scopo? Perché sono qui? Cosa dovrei fare?" Gli rispondo sempre dicendogli che possiamo trovare una risposta se è la cosa giusta da fare. La mente subconscia (con la quale lavoro) non darà mai al soggetto, più di quanto non sia in grado di gestire. Supponiamo che il destino o lo scopo della persona fosse a 180 gradi dall'attuale vita dell'individuo. Se gli venisse detto troppo presto, potrebbero dire: "Oh no! Questa è l'ultima cosa che vorrei mai fare!" Metterebbero dei paletti e si saboterebbero pur di non farla. Così in questo caso, il subconscio (che conosce ogni cosa) dirà: "Non è ora. Non glielo possiamo dire." Una volte, ci fu un uomo che voleva conoscere il suo scopo. Durante la seduta quando feci la domanda, il subconscio disse: "Non glielo possiamo dire ancora. Ma vorremo davvero dirglielo! Non sai cosa vediamo! Ma considera il fatto che si trova dove eri tu vent'anni fa. Non si svezza un bambino dandogli tre pasti al giorno. Prima gli si da il latte, poi qualche cereale soffice, poi qualche vegetale in polpa. Poi, dopo un bel po' di tempo gli si da del cibo solido." Questa era un'analogia perfetta e mi fece capire dov'ero arrivata. Quando facilmente un "bambino" possa rimanere scoraggiato senza il giusto supporto. Così ho imparato a fidarmi di "loro", nella loro saggezza. Nella serie dell'Universo Convoluto, "loro" continuano ad espandere la mia mente. Non appena inizio a pensare che non ci sia nient'altro da imparare, che non ci sia nient'altro di nuovo, mi danno un nuovo concetto o teoria su cui contemplare. Anche se è così diverso e non lo comprendo, ci penso e cerco di introdurlo nel quadro generale delle cose (della vita) che stanno cercando di mostrarmi.

"Loro" dicono che finalmente siamo pronti per questi concetti più difficili e io continuo a dir loro "Si ma dovete spiegarvi più chiaramente. Altrimenti come faccio a scriverlo o insegnarlo?" Così la mia ricerca continua e per lo meno non è noiosa. Non sono bloccata nella melma di ciò che già conosco. La mia mente è in costante espansione grazie a questi concetti rivoluzionari. A volte, darei qualsiasi cosa per poter tornare ai giorni semplici dei miei esordi, quando esploravo la storia e scrivevo quei casi. Ma poi mi rendo conto che se il mio lavoro fosse continuato in quella direzione, avrei perso una gran quantità di nuove informazioni e conoscenza. Continuo ad esplorare, solo in un modo diverso e in territori diversi.

* * *

E' incredibile vedere come alcune persone ancora reagiscano al concetto della reincarnazione. Quando gli viene presentata questo concetto dicono: "Vorresti dire che ho avuto altre vite? Questa non è la mia prima volta qui?" Per molti, l'idea di aver avuto anche solo un'altra vita espande la mente. Senza realizzare che hanno vissuto centinaia di vite, in qualsiasi forma immaginabile e non. Per alcuni, è imbarazzante scoprire che hanno avuto una vita del sesso opposto. "No, non posso essere stata una donna! Sono sempre stato un uomo!" Quando incontro questo tipo di clienti, il loro subconscio è molto gentile con loro. Di solito gli fanno vedere solo una semplice, superficiale vita passata, perché è l'unica cosa che possono gestire. A me può sembrare superficiale, ma racchiude le risposte ai loro problemi attuali.

Durante la stessa settimana ho avuto due clienti di origini Afro-Americane. Uno vide se stesso, nella vita appena precedente a quella attuale (in una città moderna). Quando guardò il suo corpo, rimase esterrefatto: "Questa è la mano di un uomo bianco. Non posso essere bianco! E anche la mia ragazza è bianca!" Il secondo vide se stesso nell'Antica Roma mentre lottava nell'arena come uno dei gladiatori. Lo odiava e voleva smettere, ma l'unico modo era di rimanere sconfitto. Era stanco di uccidere. Indovinate chi erano le sue principali vittime nell'arena? Schiavi neri che erano stati portati dall'Africa per questo sport. Così nella sua saggetta, la legge della reincarnazione lo ha fatto ritornare come un uomo di colore. Dopo averle comprese le leggi della reincarnazione, eliminano il pregiudizio e la discriminazione. Altrimenti si ritorna nella stessa forma che si sta giudicando o per cui si ha del pregiudizio.

La logica secondo la quale funziona il sistema è geniale. Non siete un corpo! Avete un corpo! Il "vero" io, l'unico e solo "vero" io è il vostro spirito. Questo è ciò che vive in eterno, passa da un corpo all'altro, ha delle avventure e impara delle lezioni. Per ogni vita, si indossa un nuovo vestito (il corpo), un nuovo costume, se vogliamo, per fare la nostra parte dello spettacolo successivo. Ma come tutti i vestiti, indipendentemente da quanto ci piaccia e gli siamo attaccati, alla fine si consumerà. A quel punto dobbiamo buttarlo vita, e prenderne uno nuovo. Allora si inizia la prossima interpretazione in un nuovo spettacolo; nel quale dobbiamo agire senza conoscenza del copione. La Terra è solo una scuola a cui avete deciso di partecipare. Ogni vita è un anno scolastico con molte lezioni da imparare. Non si può essere promossi se non si sono imparate tutte le lezioni. In questa scuola non si possono saltare delle lezioni, ma senza dubbio si può essere bocciati. Si persevera finché non ci si riesce, che potrebbe volerci molto o poco tempo. Se non ci riesci questa volta, allora ti saranno presentate le stesse lezioni e gli stessi problemi la volta successiva finché non si arriva a comprendere ed imparare la lezione. Allora si prosegue con la lezioni e classe successiva che potrebbe essere più o meno facile; finché non si viene promossi e si può rimanere sul lato dello spirito, o ritornare a Dio.

Chi la fa, l'aspetti. Se solo la gente riuscisse a comprenderlo. Ciò che facciamo agli altri è ciò di cui siamo responsabili. Non c'è nessuna scappatoia. Quello che la gente ti fa, lo devono ripagare. Ho condotto migliaia e migliaia di sedute di vita passate duranti gli ultimi trent'anni e lo vedo ogni volta. Non c'è modo di sfuggire. Ciò che avete fatto in una vita passata causerà problemi nella vita presente. Verrete rimessi in contatto con le stesse persone a cui avete fatto dei torti in una vita passata. Dovrete sempre affrontare i vostri errori. Se solo la gente comprendesse questo, vivremmo in un mondo completamente diverso. Se comprendessero che ciò che fanno in questa vita tonerà a perseguitarli. Deve essere ripagato in un modo o nell'altro. Questa è una legge Universale: la legge della causa ed effetto, la legge dell'armonia, nota come: il karma. Questa è una delle cose più importanti su cui lavoro con i miei clienti durante la terapia. Dico che la gente si porta dietro tutta questa "montagna di spazzatura". Un po' proviene da altre vite e un po' proviene da questa vita. Ma non se ne liberano e vanno a finire coll'ammalarsi. La maggior parte è karma avanzato, a volte nel gestire le stesse persone per molte vite. Entrano in una routine e rimangono bloccati. Sono abitudini che non servono alcun utile obbiettivo. Hanno bisogno di comprendere che se non viene risolto ora, nel presente, dovranno ritornare e lavorarci su ancora con la stessa gente. A volte, queste dichiarazioni sono abbastanza per scioccare la persona e fargli osservare la situazione. "Non voglio farlo! Voglio liberarmi di loro! Non riesco a sopportali!" Allora è meglio lavorarci su. Una volta ho chiesto al subconscio: "Non sarebbe più facile, se conoscessimo la ragione per cui torniamo?" Se ci ricordassimo le connessioni con le persone nella nostra vita?" Mi risposero: "Non sarebbe un test, se conoscessimo le risposte."

Prima di entrare in una nuova vita, mentre siamo ancora sul piano spirituale per rivedere la vita che abbiamo appena lasciato, discutiamo queste cose con le altre anime coinvolte. Sottoscriviamo dei contratti con loro. "Senti, non abbiamo fatto un bel lavoro la volta scorsa. Vuoi che proviamo ancora? Questa volta tu fai il marito e io sarò la moglie. Forse così ce la faremo." Quindi prendiamo la decisione di tornare e riprovarci con la stessa gente. Possiamo rigirare i ruoli come vogliamo. Spesso non funziona, perché rimaniamo bloccati nelle stesse abitudini, anche se non ci ricordiamo quali fossero. "Non riusciamo ad andare d'accordo. Tutto quello che faccio o dico è sbagliato. E' un inferno vivere con lui/lei. Non sai cosa mi tocca sopportare. Vorrei solo che ci fosse una via d'uscita." Non verrà risolto nulla finché il soggetto si porta ancora dietro questo sacco di spazzatura. Molte volte, la situazione è degenerata così profondamente che non possono parlare faccia a faccia con l'altra persona per cercare di risolvere il problema. In questo caso, gli suggerisco di parlare all'altra persona mentalmente, da mente a mente. Ditegli che sapete che non sta funzionando, che ci avete provato e sapete che anche loro ci hanno provato, ma che non sta funzionando. "Quindi perché non stracciare il contratto? Tu vai per la tua strada ed io vado per la mia. Non c'è più bisogno di sottoporci a questa tortura. Con amore ti lascio andare." A quel punto immaginate che insieme stracciate il contratto e lo buttate via.

Non c'è bene, non c'è male. Non esiste il male. Non esiste il Diavolo. Non esiste l'inferno. Ci sono solo lezioni da imparare. C'è solo energia, positiva e negativa. Ciò che percepiamo come negativo, sono solo esseri umani che utilizzano l'energia in modo negativo.

Invece di prendersi la responsabilità, è più facile dire: "Il diavolo me la fatto fare! Delle entità demoniache mi hanno influenzato e mi hanno fatto fare cose terribili. Ecc., ecc.. I miei genitori non mi capiscono. Ecc., ecc.." A tutti noi è successo qualcosa di negativo o sfortunato nelle nostre vite. La vita è così. Si chiama "vivere". Ma dalle circostanze negative avete imparato qualcosa? Se aveste imparato anche solo una cosa, allora quello era lo scopo della lezione. Se non imparate nulla dalla situazione, se vite tutta la vita incolpando gli altri delle vostre sfortune, allora continue-rete a sperimentare cose negative finché alla fine non capirete cosa la vita cerca d'insegnarvi. Allora sarete liberi. Questo è il vero valore e la bellezza dell'esplorare le vite passate. Anche se certe cose sembrano ingiuste, se esploriamo il nostro passato possiamo trovare delle risposte. Stiamo solo ripagando il karma che abbiamo accumulato dalla nostre stesse azioni passate. Ricordate, prima ho detto che chi la fa, l'aspetti. Non si sfugge dal pagare i debiti attraverso la morte. Sarebbe troppo facile. La lavagna non è pulita finché i debiti non sono ripagati. Allora possiamo riiniziare con una lavagna pulita.

Qual'è il modo più veloce, ma non il più semplice per ripagare il karma? Certamente non è: tu mi ha danneggiato, quindi io te la farò pagare! Questo permettere alla ruota del karma di continuare a girare. No, il modo più veloce è il perdono. Non no detto che sarebbe stato facile. Certa sofferenza è così profonda che è difficile lasciarla andare. Ma dovete perdona-re, senza condizioni, onestamente. Allora dovete perdonare voi stessi. Questa è una delle cose più difficili nella nostra vita. Se volete davvero liberarvi del karma e non essere condannati a tornare per ripagarlo, è necessario perdonare. Se ci riuscite, e siete onesti, qualcosa di magico succede. Non possono farvi soffrire più. Non possono più farvi scattare. Per molte persone, in è solo un gioco in ogni caso; sanno che bottoni premere per farvi scattare. Una volta che c'è vero perdono (e ricordate, non deve essere faccia a faccia), ogni cosa cambia. Ci potrebbe volere un po', ma noterete dei cambiamenti sottili e che tutto diventa più facile. Qual'è l'alternativa? Lasciare che la ruota del karma continui a girare e girare?

Avevo un cliente che era molto ammalato di cancro in ogni parte del suo corpo. Nel mio lavoro, ho scoperto che il cancro è spesso associato a rabbia repressa. Trattenendo la rabbia (specialmente se il cancro è nell'addome o nella zona intestinale) e non viene espresso.

Quando questo succede, la rabbia continua ad lievitare senza essere scaricata, e danneggia il corpo. Ogni volta che il dottore operava ed eliminava il cancro in una zona del suo corpo, riappariva in un'altra zona. Sembrava essere un ciclo senza fine. Così gli ho chiesto: "Sei arrabbiato per qualcosa?" Lui quasi iniziò a gridare: "Certamente. E' la mia ex-moglie! La odio!! Lei ha i bambini e non mi permette di vederli!" Allora ho parlato con lui del perdono e di lasciare andare la rabbia. "Non posso perdonarla! Se lo faccio, allora l'avrà vinta lei!" L'ho guardato dritto negli occhio e dissi: "Se muori, l'avrà vinta lei."

Così semplice e tuttavia così difficile. E così la ruota del karma continua a girare.

* * *

Una notte mentre ero seduta davanti alla TV stavo leggendo dei manoscritti, durante la pubblicità ed ebbi una rivelazione spontanea. C'era qualcosa che uno degli autori aveva scritto. Non aveva a che fare con la mia deduzione, perché la stava utilizzando in un contesto diverso. Ma accese la proverbiale lampadina nel mio cervello. Era come se diversi pezzettini d'informazioni che avevo ricevuto o scoperto da sola improvvisamente si fossero uniti ed iniziassero ad aver un senso peculiare. Questi pezzettini sono sempre rimasti li, solo che non li avevo visti nel contesto giusto. Nella mia tecnica terapeutica, lavoro con il subconscio per guarire il cliente. Lo faccio permettendogli di trovare la causa della malattia. Non appena questa causa ha una spiegazione, allora il problema può essere rimosso. Quando la causa è chiara, allora può rimuove il problema. Potrebbe anche solo essere la mente della persona che raggiunge la guarigione dopo che l'interferenza della mente cosciente è stata rimossa durante la profonda ipnosi. Qualsiasi cosa sia, funziona e ho visto miracoli veri e propri avere luogo nel mio stesso ufficio. Questa parte con cui comunico la chiamo il "subconscio", ma so che non è la parte a cui fanno riferimento gli psichiatri. Questa è molto, molto più vasta e potente. Credo di comunicare con il Se' superiore del soggetto, la coscienza superiore, l'Anima Superiore. E' quella parte che ha tutte le risposte e le informazioni, che può dispensare la guarigione se appropriato. Risponde al nome di "subconscio", quindi è così che io gli faccio riferimento. Quando stiamo comuni-cando, fa riferimento a se stessa come "noi" invece che ad un'entità singola. Parla sempre, attraverso qualsiasi cliente con cui io stia lavorando, in qualsiasi parte del mondo.

Ora tornando al pezzo del puzzle che era caduto al suo posto e aveva acceso la lampadina nel mio cervello. Ho pubblicato tre libri del Dr. O.T. Bonnett, nei quali spiega come le nostre menti siano in grado di curare i nostri corpi. In Why Healing Happens, dice che è molto importante parlare alle cellule nel nostro corpo per ricevere la loro cooperazione quando vogliamo guarire qualcosa. Al fine di ricevere la loro attenzione e fargli sapere che un'autorità superiore gli sta parlando (la nostra personalità), dobbiamo sempre fare loro riferimento come "noi". Queste cellule sono abituate ad occuparsi del loro lavoro, prendendosi cura delle varie parti del corpo. Non sono abituate al fatto che un'altra parte diventi consapevole di loro. Quindi, quando riusciamo ad avere la loro attenzione e a chiedergli di aiutarci, siamo come la voce di Dio, e stanno attente.

Nel manoscritto che stavo leggendo, un uomo menzionava come consideriamo noi stessi come un corpo, un'unità. Ma in realtà siamo solo un guscio che contiene trilioni di cellule individuali. Queste cellule compongono tutti gli organi e i sistemi del nostro corpo. Hanno tutte un lavoro da fare e funzionano tutte in armonia ed equilibrio tra loro. Siamo noi a causare sbilanciamenti e malattia nel loro mondo. Letteralmente, disse che siamo solo un contenitore fisico di una colonia enorme di esseri. Sono in grado di pensare, digerire, riprodursi, espellere, tutte cose che noi esseri umani siamo in grado di fare. Quindi, visto che siamo un essere composto di un'enorme colonia di trilioni di cellule individuali, non è corretto fare riferimento a noi stessi dicendo "Io". Dovremmo piuttosto dire "Noi".

In quel preciso momento si accese la lampadina. E mi sembrò tutto molto familiare. Si dovrebbe comunicare con le cellule del nostro corpo usando il pronome "noi". Il subconscio o coscienza superiore fa riferimento a se stesso come "noi". Significa forse che sia parte integrante di una coscienza anche più grande? Credo di si e il capitolo dedicato a Dio o la Sorgente porterà ulteriori chiarimenti. Nessuno è solo. Facciamo tutti parte di una struttura molto più vasta ed ogni elemento dipende da altri elementi per la sua sopravvivenza. Non può esistere da solo. L'ho detto molte volte durante i miei seminari che siamo solo cellule nel corpo di Dio. Ora tutto iniziava ad avere senso. Mi è stato detto che ogni cosa si fonda sulla comunicazione e l'accumulazione d'informazioni. Dobbiamo vivere un numero smisurato di vite per imparare tutte le lezioni ed acquisire la conoscenza necessaria. Ma a che scopo? Mi dicono che dobbiamo portare la conoscenza accumulata a Dio dopo aver completato le nostre lezioni ed esserci "laureati". Era curioso, quella era la ragione per cui siamo stati creati all'inizio come scintille individuali di luce. Voleva imparare, ma non era in grado di farlo da solo. Così ci creò e ci mandò ad imparare qualsiasi cosa possibile, per poi riferirla a Lui. Come le informazioni in questo libero dimostreranno, eravamo incredibilmente contenti ed appagati di restare con Dio, dove c'era amore oltre ogni comprensione. Non avremmo mai voluto andarcene, ma era necessario perché quello era lo scopo della nostra creazione. Molte persone portano questo senso di separazione e solitudine nella loro vita, senza mai comprendere da dove provenga. Eravamo contenti solo quando eravamo tutti insieme. La separazione è stata estremamente difficile e saremo completi solo quando potremo ritornare "a casa" e restarci.

Questo iniziava ad avere un senso. Perfino all'interno dei nostri corpi la comunicazione è fondamentale. Le cellule comunicano e si relazionano tra di loro. Anche se le cellule muoiono e vengono rimpiazzate costantemente, si considera-no un'unità intera'. Non si vedono come separate. Le cellule e il DNA sono in constante comunicazione con il cervello al quale mandano informazioni. Forse sarebbe più appropriato dire che queste cellule ci vedono come il loro Dio, e il loro obbiettivo è di accumulare informazioni e conoscenza nell'unico modo che conoscono, per poi trasferirla alla parte superiore del loro corpo? Questo è la stessa cosa che dovremmo essere in grado di fare noi, attraverso le nostre miriadi di vite: accumulare informazioni e rispedirle a Dio.

Presumo che se le cellule cercassero di esprimere la loro consapevolezza di ciò che noi siamo (presumendo che abbiano questa consapevolezza), sono sicura che farebbero tanta fatica quanta ne fanno i miei clienti nel cercare di articolare la loro percezione di Dio. Probabilmente ci vedono come questa enorme, vago "qualcosa" fuori dal cervello e dal corpo. Onnipotente (perché abbiamo la capacità di danneggiarle) ed omnisciente, per loro siamo qualcosa che non possono vedere o comprendere. Così continuano a fare il loro lavoro come parte di un organo, completamente inconsapevoli che la nostra morte è la loro morte. Le cellule individuali fanno il loro lavoro e possono essere inconsapevoli di fare parte di un organo (cuore/fegato/reni, ecc.). Questa potrebbe essere una correlazione o analogia di come la nostra anima superiore sia composta di molte parti (vite/personalità) tutte coinvolte nei loro destini, totalmente inconsapevoli di fare parte di un'unità ben più vasta. Ci consideriamo degli individui che agiscono separatamente dall'anima superiore e da Dio. Ritengo che ci siano più similitudini che differenze in questo. Basta esaminare un nuovo concetto.

In L'Universo Convoluto - Libro Due, ho scritto che la Terra è anche un magazzino d'informazioni che sono accumulate da tutti gli esseri viventi (cellule) che esistono in essa. Anche il Sole accumula informazioni non solo dalla Terra, ma da tutti gli altri pianeti, lune, asteroidi e satelliti che occupano il suo spazio. Ci è stato detto che tutti gli altri Soli fungono da accumulatori d'informazioni che sono ricevute dai loro rispettivi sistemi solari. Per me è incredibile che tutto sia fondato sulla gestione della conoscenza e delle informazioni. Questo si applica a livello microcosmico (e non sappiamo quanto piccolo possa essere) al macrocosmo (e non sappiamo quanto grande possa essere). Solo Dio o la Sorgente conosce lo scopo dell'accumulo di tutte queste informazioni. Forse per aiutare nella creazione di nuovi mondi? Abbiamo già discusso in alcuni dei miei libri che il ciclo delle reincarnazioni, rinascite o rigenerazioni non si applica solo agli esseri umani. In un altro capitolo, spiegherò come si applichi a tutto gli esseri animati (che include ogni cosa, perché tutto è energia e quindi tutto è vita).

Abbiamo scoperto che perfino le stelle nel cielo passano attraverso cicli di morte e rinascita. Una stella o Sole ha una vita limitata e muore in una gloriosa esplosione durante la quale sprigiona tutta la sua energia (o anima?) e si trasforma in una Supernova. Chiesi: "Allora cosa succede?" Mi dissero che l'energia viene riciclata per creare nuove stelle. L'universo è in costante espansione, ma anch'esso ha una vita limitata. Si può solo espandere (o esplodere) finché non raggiunge il punto di non ritorno. Allora inizia ad implodere su se stesso. L'universo inizia a perdere energia e a morire. Quando raggiunge quel punto, cosa succede? Mi dissero che "Allora l'intero processo riparte. Tutto riparte da capo." Tutto subisce il processo costante di rinascita, riciclo e rigenerazione.

Ma ritorniamo a noi e alle nostre vite quotidiane (invece di vivere nella nostra immaginazione), questo significa che le nostre menti sono in grado di fare qualsiasi cosa. Non comprendiamo quanto potere abbiamo realmente. Siamo così abituati ai limiti che le persone ci impongono. Possiamo creare ciò che vogliamo nella nostra vita. Possiamo curare i nostri corpi. Possiamo avere qualsiasi cosa. Tutto ciò che dobbiamo fare è rimuovere le limitazioni che noi e gli altri abbiamo accettato. Dobbiamo essere in grado di vedere quanto siamo realmente potenti. A quel punto dobbiamo credere! Credere ed avere fiducia. Nessuno può toglierci il nostro potere a meno che non gli sia permesso. Adesso è arrivato il momento nel nostro mondo di reclamare queste abilità che erano comuni in generazioni passate. Il nostro mondo sta attraversando cambiamenti drammatici, noi dobbiamo essere in grado di cambiare e seguirlo. Avremo bisogno che tutti i nostri poteri (psichici e non) ritornino a noi. Nel nuovo mondo, la Nuova Terra, questo sarà naturale e comune come respirare. Ecco perché adesso ci stiamo risvegliando. Tutto è al posto giusto, e ognuno deve solo fare la sua parte.

Finora, tutto ciò rappresenta la mia comprensione. Potrebbe non essere un riflesso della vostra comprensione. Ma mantenete una mente aperta e continuiamo ad esplorare assieme.

CAPITLO DUE

SOMMARIO DI CASI TIPICI

La maggior parte del mio lavoro per gli ultimi trent'anni era concentrata sulla terapia. Ho compreso che il mio lavoro è di aiutare le persone che vengono da me, a trovare le risposte e le soluzioni ai loro problemi, così che possano vivere una vita normale ed appagante. In questo modo saranno in grado di avanzare senza il peso della spazzatura karmica che li potrebbe rallentare. Questo è il mio obbiettivo primario. Riporto ogni cliente alla vita passata più adatta per fargli comprendere la radice dei loro problemi nella vita corrente. Ovviamente, lungo la strada nel mio lavoro ci sono stati molti colpi di scena che hanno introdotto concetti da capogiro di cui sto scrivendo nei miei libri. In questo capitolo, voglio discutere alcuni casi terapeutici basilari, tipici e le rispettive connessioni a vite passate.

All'inizio del Novembre 2006, mi trovai ad affrontare due casi di abuso infantile, uno dietro l'altro. Il primo era un uomo e il secondo era una donna, entrambi profondamente traumatizzati dalle loro esperienze. Lui ricordata d'esser stato sottoposto a costanti violenze, dai 2 ai 18 anni d'età; quando lasciò casa. Provava ancora profondo rancore e rabbia nei confronti del padre. Lei, invece, aveva bloccato ogni forma di ricordo precedente all'età di 17 anni. Era stata stuprata e molestata dal padre dall'età di 4 anni. Anche lei provava profondo rancore e rabbia, perché riteneva che lui le avesse distrutto la vita. Dopo essersene andata di casa, tendo di andare all'università, ma per lei era troppo. Iniziò ad abusare di stupefacenti, alcool e si prostituì. Quando venne da me, aveva 29 anni, aveva toccato il fondo ed aveva un bisogno disperato d'aiuto. Aveva tentato il suicidio ed per questo l'avevano internata. Le droghe e l'alcool avevano danneggiato il suo corpo; specialmente i reni, uno dei quali le era stato rimosso. Il suo rene rimanente non funzionava al meglio, rendendo il suo sangue tossico e creando effetti fisici. (Il subconscio disse che stava cercando di uccidersi per mettere una fine alla sua sofferenza). Era profondamente depressa e voleva dormire costantemente, ma le era difficile perché cercava di crescere tre figli tutto da sola. Inoltre c'era un che di masochistico nella sua personalità che la spingeva a tagliare e ferire il suo corpo. Odiava il suo corpo, questo era ovvio (anche se era bella, si vedeva brutta), e stava cercando di distruggere la parte offesa di se stessa. Entrambe queste persone erano in uno stato di miseria mentale, tristezza e depressione. Quando se ne andarono dal mio ufficio, le loro vite erano state cambiate completamente ed erano nuovamente pronti ad affrontare il mondo con speranza invece che disperazione, perché avevamo trovato la causa dei loro problemi. Entrambe erano diverse, ma simili.

Lui si ritrovo sul campo di battagli durante la Prima Guerra Mondiale. Non voleva andare in guerra. Disse che i reclutatori lo avevano ingannato. Gli dissero che sarebbe stata una guerra veloce e che non avrebbe dovuto combattere. Tuttavia si trovo sulla prima linea. C'erano proietti vaganti in ogni direzione, esplosioni di bombe e gas mortali nell'aria. Gli altri soldati morivano tutt'intorno a lui. Disse che c'era anche suo fratello da qualche parte, ma che non poteva vederlo a causa dei gas e della confusione. Il mio cliente era quello che aveva deciso di andare in guerra, non suo fratello, ma era riuscito a convincerlo. Visto che era così impaurito, dedussi che sarebbe morto la fuori durante la battaglia. Quando lo spostai all'ultimo giorno della sua vita, mi sorprese dicendo che era vecchio, e stava morendo a letto. Era sopravvissuto alla guerra ed era riuscito a tornare a casa sano e salvo, dove si sposò ed ebbe una famiglia. Suo fratello, tuttavia, non era stato così fortunato e rimase ucciso durante la guerra. Ovviamente, si sentiva in colpa per questo, perché si sentiva che suo fratello avrebbe potuto sopravvivere se non lo avesse convinto ad arruolarsi. Quando arrivammo al subconscio, dissero che suo fratello era tornato in questa vita come sua padre. Il fratello era tornato con molto risentimento e rabbia, perché si sentiva come se avesse venduto la sua vita. Era determinato a fargliela pagare. Il modo migliore per farlo sarebbe stato di togliergli la vita o per lo meno rendergliela il più miserevole possibile. Questo spiegava la rabbia incontrollata che il padre aveva per il figlio. Ovviamente, anche padre aveva bisogno di molta pietà perché stava accumulando una gran quantità di karma per essere tornato con questa rabbia irrisolta. Quando riconobbe questa connessione, fu in grado di perdonare suo padre, riuscì a lasciare andare e a perdonarlo, in questo modo stracciò il contratto e tagliò tutti i ponti. Dopo lunghe ore di lavoro, se ne andò che era un uomo nuovo. Anche lui aveva sofferto di acuti dolori alla schiena, spalle, collo e zona lombare. Ovviamente questo era causato dal fatto che si caricava queste pesanti emozioni da più di cinquanta anni; ma finalmente era riuscito a liberarsene.

Lei invece aveva una situazione simile, ma diversa. Vide se stessa nella Germania divisa dalla Seconda Guerra Mondiale. C'erano soldati che combattevano per le strade, ma non combattevano altri soldati, stavano sparando ai civili. Lei era una dottoressa e stava cercando di aiutare alcune delle molte persone per strada, ferite da armi da fuoco e morenti. I soldati sembravano impazziti e stupravano le donne prima di spararagli. Sparavano anche a uomini e bambini. Disse che presumevano di sparare agli ebrei e questo era il loro modo di distruggerli. Per le strada regnava il caos. Provò ad aiutare diverse persone ma venne spinta da parte dai soldati. Subito, non le fecero nulla perché sapevano che era un dottore. Ma successivamente, il panico e pallottole aumentarono. Lei fuggì e si nascose sotto le scale all'interno di un palazzo, da dove poteva osservare il massacro. Purtroppo la scoprirono e tirarono per strada. A quel punto iniziarono a comportarsi come completi animali e smisero di ascoltare. La legarono, iniziarono a stuprarla a turno e alla fine le spararono alla testa. Dopo averle fatto lasciare il corpo, vide che buttarono il suo corpo su una pila di altri corpi. Dopo aver dato fuoco alla pila, li lasciarono bruciare. Dopo la morte, disse che non sentiva alcuna rabbia per loro, perché comprendeva che erano intrappolati nelle emozioni di guerra. Stavano facendo la loro "roba da uomini".

Era tornata in questa vita con l'obbiettivo di aiutare altre persone, per bilanciare la sua incapacità di aiutare durante quella vita. Suo padre era uno dei soldati Nazisti, il primo ad averla stuprata. Era tornato con l'intento di ripagare quell'ingiustizia diventando suo padre, volendo crescerla e proteggerla. Almeno quello era il piano, ma ovviamente era cambiato dopo la sua entrata nel corpo. Il subconscio disse che era rimasto vittima dei vizzi della carne e si era dimenticato il suo obbiettivo primario. Questo dimostra come la vita riesca ad influenzare, anche se un'anima entrante ha un buon piano e nobili intenzioni di ripagare il karma. Non è facile essere umani. Dall'altro lato sembra sempre più facile, come se fosse semplice riuscirsi. Ma l'anima entrante questo lo dimentica, perché siamo in un mondo di libero arbitrio. Deve competere con il libero arbitrio altrui e gestire la pressione emotiva d'essere umani. Tutto ciò era troppo per lui e purtroppo finì coll'accumulare altro karma. Entrambi gli individui dovrebbero essere compatiti invece che demonizzati.

Visto che le circostanze di questa donna erano cambiate, anche il suo piano doveva essere cambiato. Era venuta per aiutare. Adesso sarebbe ancora stata in grado di aiutare, ma da un angolo completamente diverso da ciò che aveva anticipato. Tutte le sue tremende esperienze le sarebbero servite ad aiutare altre donne che erano state vittime di abusi sessuali. Sarebbe in grado di aiutarle perché le comprendeva. Chi meglio per aiutare queste vittime se non qualcuno che "c'era passato e l'aveva superato?" Ora la sua vita poteva ripartire, era in grado di lasciar andare il passato e proseguire.

Due casi diversi lungo simili linee karmiche: abuso infantile. Due casi per i quali lo scopo della reincarnazione era di venire ad aiutare. Scopo che dovette cambiare dopo l'entrata nel corpo e l'esposizione ai comportamenti umani. Entrambi non solo dovettero perdonare i loro padri abusivi; ma dovettero perdonare anche loro stessi e spesso questa è la cosa più difficile di tutte.

Una spiegazione anche più strana per l'abuso infantile che potrebbe estendersi anche in abuso coniugale, l'ho trovata in una serie di vite in ambienti religiosi, monastici e in conventi. Nelle rigide e astringenti circostanze di questi luoghi c'è la profonda credenza che per poter andare in Paradiso e trovarsi al cospetto di Dio, uno deve soffrire. E queste persone, cosìddette "religiose", soffrirono senza dubbio. Queste credenze erano così profonde nella psiche della mia cliente che non era in grado di lasciarle andare, anche se non ne aveva alcuna memoria cosciente. Tutte le altre persone ripetutamente coinvolte in quelle vite tornavano da lei in questa vita per perpetrare la loro violenza su di lei. Creavano lo stesso ambiente, a causa della credenza che quello fosse l'unico modo per andare in Paradiso.

Questo è un dettaglio importante: i voti presi in altre vite sono estremamente importanti e potenti, perché di solito vengono assolti con grande convinzione. Se non vengono interrotti in quella vita, si protraggono in quella successiva. Alcuni dei più comuni sono: il voto di castità, che crea problemi sessuali nella vita attuale. Il voto di povertà, che può portare a problemi di danaro. E ultimamente ho scoperto il voto di sofferenza. Il modo più facile di sciogliere questi voti è di lasciarli con la personalità del passato che li aveva presi. E' importante spiegare che questi voti avevano un ruolo ed obbiettivo in quella vita, ma in questa non li hanno più. A quel punto i voti si possono sciogliere o cancellare ed il loro potere si disperde.

* * *

Una delle mie clienti ebbe una serie di incidenti d'auto e tamponamenti che cercavano di attirare la sua attenzione. Il "Loro" metodo per svegliarla sembrava drastico, ma ho scoperto che se la gente non fa attenzione ai suggerimenti sottili che ci da il subconscio, allora sono necessari metodi più drastici. Dissero che ci stavano provando da anni, ma che "lei era bloccato in vecchi programmi". Uno dei miei studenti faceva fatica a comprendere questo concetto, quando durante un seminario stavo condividendo diversi esempi di persone che avevano avuto incidenti terribili che li avevano lasciati invalidi o mutilati. Tuttavia, quei tragici incidenti cambiarono le loro vite. Il mio studente disse: "Non può essere vero. Lo Spirito non farebbe mai nulla del genere a nessuno. E' qui per aiutarci e proteggerci, non per danneggiarci."

E' vero. Ci osservano costantemente e sono qui per aiutarci. "Noi siamo sempre qui e questo significa ogni cosa. Veniamo incontro a tutti i vostri bisogni e tutte le vostre domande." Ma come fare a sapere se gli incidenti non sono stati pianificati a monte per quella vita? Quando un individuo è sul piano spirituale tra una vita e la successiva, riceve i consigli delle proprie guide, gli anziani ed i maestri, mentre cercano di redare un piano per il tipo di vita che vogliono sperimentare al loro ritorno sulla Terra. Questo ovviamente, viene progettato per ripagare karma, non solo per crescere ed imparare, ed ovviamente anche per aiutare più persone possibile. Forse, anche dimenticare la propria missione, faceva parte del piano (come succede spesso) e che quelli dall'altra parte creerebbero eventi nel tentativo di riportarli sul cammino. Quindi, ciò che potrebbe sembrare drastico, in realtà fa parte del piano che tutti i coinvolti hanno accettato. Se suggerimenti sottili ed intuizioni non funzionano, allora bisogna provare con qualcosa di più forte. Tutto avviene amorevolmente, anche se dal nostro punto di vista limitato non potrebbe sembrare così. Durante i miei seminari dico sempre: "Abbiamo tutti dovuto affrontare qualcosa di terribile. Non c'è modo di evitarlo. Fa parte della vita. Ma quando lo osservate, e intendo lo osservate davvero, vedete di aver imparato qualcosa? Se avete imparato anche solo una cosa, allora quello era lo scopo di ciò ch'è successo." Nessuno ha mai detto che la vita fosse facile. Il nostro è considerato uno dei pianeti più difficili. Più lezioni impariamo e più velocemente possiamo scaricare la ruota del karma e smettere di dover ritornare qui. A quel punto possiamo progredire sul cammino, invece di girare in circolo a vuoto.

* * *

Una cliente sulla cinquantina stava cercando la ragione delle sue severe malattie: problemi di fegato e pancreas. Questi problemi l'avevano quasi portata alla tomba all'età di 41 anni, anche se per tutta la vita li aveva avuti senza ripercussioni così drastiche. Quella volta era rimasta completamente interdetta e i dottori le avevano detto di prepararsi al peggio. Non c'era nulla da fare, eccetto forse un trapianto di fegato ed era troppo ammalata per riuscire a pensarci. Anche se le avevano detto che sarebbe morta, rifiutò di accettarlo (e solo questo è già metà della battaglia). Riuscì a salvarsi la vita quando incontrò un medico alternativo che si era specializzato in Kinesiologia e risposte muscolari. Questo dottore le cambiò la vita, specialmente le sue abitudini culinarie. Stava ancora soffrendo di qualche problema di fegato, ma nulla di severo come qualche anno prima. Questo era l'obbiettivo principale della seduta, cercare di scoprire la causa della malattia e riportarla in piena salute. Durante la seduta, abbiamo scoperto una spiegazione insolita per i problemi a pancreas e fegato.

Durante la seduta passò attraverso due vite, ognuna focalizzata sulla perdita di una persona amata, un uomo che voleva sposare. La prima vita era in un villaggio desolato dove c'era solo tristezza e scontento. Voleva andarsene disperata-mente dall'infelice vita familiare che aveva (un padre crudele, una madre disinteressata e una casa piena di bambini affama-ti). Incontrò uno straniero nel villaggio e si aspettava di sposarlo. Andò in chiesa vestita da sposa e c'erano anche tutti i suoi famigliari. Era felicissima all'idea di sposarsi ed andarsene dal villaggio. Ma lui non si presentò e la lasciò all'altare. Tutti i familiari la ridicolizzarono e schernirono. "Come ha osato pensare di poter scappare e avere una vita diversa. Lei non è nessuno e nessuno mai la vorrà." Non aveva altra scelta se non di tornare alla sua vita infelice, dove morì essenzialmente di rimorsi e crepa cuore. Pensava che non ci fosse alcuna via d'uscita dalla sua situazione e probabilmente in quel periodo, aveva ragione.

Cercai di riportarla più indietro nel passato per scoprire la ragione per cui si era messa in quella situazione. Vide se stessa in un'altra vita, la scena era in una taverna dov'erano tutti felici. Stavano celebrando il suo fidanzamento. Ma prima di riuscire a sposarsi il suo fidanzato rimase ucciso in un incidente di lavoro in cui un cavallo tirava un vagone. Era molto infelice e non si risposò mai. Morì quarant'enne sola ma non priva d'amici. Il suo subconscio disse che la ragione della malattia in questa vita era di proteggerla dalla stessa infelicità. Era stata terribilmente influenzata dalla parta d'amore in due vite consecutive. Così in questa vita, non gli era nemmeno permessa la possibilità di sposarsi. Se era così malata, specialmente durante gli anni della sua vita in cui avrebbe potuto trovare un partner, allora ci sarebbero stata poche possibilità di rimanere delusa ancora. Il suo subconscio le disse che avrebbe potuto morire in quel momento, invece, l'incontro con il medico alternativo la portò a pensare alla metafisica. Dando alla sua vita un cambiamento produttivo. Così le permisero di vivere per poter imparare ed insegnare agli altri. Visto che non c'erano molte possibilità di matrimonio ora, non c'è più bisogno nemmeno della malattia, così i residui potevano essere rimossi. (I sintomi erano gli stessi a quelli della morte durante la seconda vita nel villaggio). Anche le sue emicranie, che erano connesse allo stesso problema, adesso non avevano una ragion d'essere.

* * *

Questo è il caso di un individuo con estrema depressione ed isolamento dalla società (fin dalla fanciullezza) che riuscimmo a tracciare fino a due vite precedenti all'attuale. Anche se nato in una famiglia numerosa (12 figli), non si era mai sentito vicino a nessuno di loro. C'era sempre un senso d'isolamento e depressione. Questa sensazione perdurò per tutta la sua vita, nella forma di apatia, disinteresse, osservazione e distacco. Riceveva trattamenti da degli psichiatri e prescrizioni di anti-depressivi. Anche i rimedi naturali non avevano effetto. Qualcuno gli diagnosticò il complesso della "Liberta dal dolore". In altre parole, per evitare di soffrire, era più facile spegnersi e non rimanere coinvolto con persone e cose. Era una vita molto solitaria, perfino il suo lavoro non portava alcuna soddisfazione. Non si era sposato, anche se di bell'aspetto. Presumeva che la sua apatia e distacco per la vita allontanassero le donne. Ci fu una relazione in cui era profondamente attratto da una donna ed era pronto a sposarla, ma non funzionò, e lo rese ancor più depresso. Un'altra volta una donna era attratta da lui, ma lui non la corteggiò. Pensava che la sua unica soluzione fosse il suicidio e lo stava considerando seriamente. Adesso aveva una fidanzata che stava cercando di comprenderlo dal punto di vista metafisico e lui sperava che funzionasse. Grazie ai sui suggerimenti aveva accettato di perseguire la regressione. Era scettico all'inizio della seduta e c'era una smorfia di giudizio sul suo volto, come a dire tutta sta storia sembra uno scherzo; tuttavia accettò di partecipare. All'inizio della seduta quando chiesi al subconscio di trovare e portarci alla ragione del suo desiderio di isolamento, disse di aver sentito un sussulto di gioia, come se forse fosse arrivato il momento di trovare una risposta. Era sorpreso di sentire questo sussulto d'entusiasmo nel momento in cui scoprì la ragione del suo problema.

Ritornò ad una vita passata che era sorprendentemente simile a quella che stava vivendo ora. Viveva in un paesino (forse ad Ovest) dove lavorava come ripara carrozze e carretti. (Ora lavorava nell'elettronica e riparava macchinari industriali potenziati da computer) era un tipo solitario senza una famiglia e si sentivo come uno straniero in città. Era attratto da una bella donna dai capelli neri e soffrirà in silenzio visto che lei non lo ricambiava. Era troppo introverso per esprimere le sue intenzioni. Era infelice al lavoro e gli sembrava che nulla avesse un significato. L'unico luogo che lo rendeva felice era una scogliera rocciosa che dava sull'Oceano, si sedeva là in silenzio e si isolava da tutto. Alla fine nemmeno questo gli dava sollievo, non sapeva più cosa fare e si sparò al cranio. Sperava di finirla così, ma sappiamo tutti che funziona diversamente. Il suicidio peggiora solo le cose, perché la legge del karma dice che si devono ripetere le stesse circostanze finché non si impara la lezione. E come disse lui con le lacrime agli occhio: "la mia vita attuale è solo una ripetizione di quella vita. Non mi sono liberato di niente." Pensava che la prima donna di cui era attratto in questa vita attuale fosse la stessa donna dalla vita precedente, perché anche lei lo aveva rifiutato. La storia si stava ripetendo. Aveva appena ricevuto la stessa mano di carte per vedere cosa avrebbe fatto questa volta. Era sorpreso d'apprendere che aveva pianto profusamente mentre rivedeva la triste vita di quell'uomo che riparava carrozze ed si era suicidato.

Ma da dove proveniva quella vita? Perché era finito in un ciclo di ripetizione degli stessi errori? Cosa aveva creato quell'abitudine? Lo portai indietro un'altra volta per cercare di trovare la risposta. Finì in una vita nel deserto. C'era un gruppo di nomadi che su cammelli vagavano per il deserto da un posto all'altro e si accampavano con delle tende. Lui era una bella donna molto consapevole della sua sessualità. Ne faceva aperto sfoggio e stigava gli uomini del suo gruppo. Le piaceva l'effetto che aveva sugli uomini, li stigava apertamente e poi si ritirava. Alla fine però ne subì le conseguenze, quando andò troppo oltre e gli uomini ritennero che non fosse più divertente. La assalirono e stuprarono con tanta violenza che finì per morire. Così nella vita successiva, come l'uomo che aggiustava le carrozze, inconsciamente sentiva che era più sicuro non avere alcun sentimento sessuale e ritirarsi da qualsiasi contatto con la gente. Inoltre, imparò cosa volesse dire non essere corrisposti. Questo ciclo continuò a presentar-si nella vita attuale a causa del debito karmico del suicidio. Quelle due vite erano passate da un estremo all'altro. Doveva trovare un equilibrio per riuscire a superare questi effetti. Un modo per farlo era di comprendere come fosse successo e realizzare che il suicidio non era una soluzione valida. Aveva considerato il suicidio in multiple occasioni, nella sua vita attuale ma per fortuna non c'aveva mai provato. Non serve a niente, non si sfugge a nulla.

* * *

Donna era una lesbica che voleva avere un bambino con la sua partner, attraverso l'inseminazione artificiale. Iniziarono utilizzando lo sperma del fratello di Donna così che ci fosse una connessione genetica, ma il neonato nacque morto. Provarono ancora utilizzando lo sperma di un donatore generico, dello stesso ceppo raziale e colore di pelle. Tutto andò bene finché lei e la sua partner non litigarono, quando la bambina aveva otto anni. La madre prese la bambina e non permise a Donna di vederla. Questo le causò molta sofferenza. Ovviamente voleva dei chiarimenti. Le dissero che lei e la bambina erano state insieme in molte, molte vite e c'era molto amore tra di loro. La separazione era per una buona ragione e per la crescita. Sarebbero tornate assieme al momento giusto. Chiesi del neonato che era morto. "E' la stessa anima. Aveva a che fare con una lezione del fratello che aveva donato il suo sperma. Inoltre questa bambina non era destinata a quei pacchetti genetici. Era, se ci è concesso, una prova generale, per Donna, la bambina e la sua partner. E fu una esperienza karmica per il fratello, che aveva donato lo sperma. Però, era la stessa anima che è adesso la vostra bambina."

La genetica non era compatibile e quando usarono un donatore diverso, c'era più compatibilità. Era la stessa anima, perché era destinata ad entrare in quella famiglia. Penso che se la gente riuscisse a comprenderlo, soffrirebbe molto meno. Quando un bambino muore e di lì a breve arriva una neonato, spesso si tratta della stessa anima, perché aveva un contratto o accordo con tutti gli individui coinvolti. Nel frattempo, c'erano molte lezioni da imparare, un po' per tutti i coinvolti.

* * *

Una donna osservò una vita passata nella quale era un uomo. Una vita un po' noiosa, eccetto il fatto che era stato ucciso da un gruppo di persone. Si era perdutamente innamorato con una donna che era considerata fuori dal suo rango, così lo uccisero. Tuttavia, questo non uccise l'amore ed estrema emozione che quest'uomo provava. Quando si risvegliò mi disse di non aver mai provato un'emozione così profonda e un amore così intenso per qualcun altro. Era molto potente. Dopo la sua morte, non voleva lasciare la scena o quella vita.

Nella sua forma spirituale andò dove viveva la donna e la vide piangere. Mise le sue braccia invisibili intorno a lei e cercò di consolarla, anche se sapeva che lei non poteva sentirlo. Alla fine, sapendo di non poter restare, iniziò a fluttuare verso una luce luminosa. Più si allontanava dalla scena meglio si sentiva. Successiva, durante il suo incontro con il Consiglio (sul piano spirituale) per valutare la sua vita, dissero che aveva imparato una lezione molto importante. Aveva avuto il permesso di sperimentare l'amore vero. Allora dovette iniziare a preparar-si per ritornare sulla Terra. Gli mostrarono tre diverse vite, così che potesse fare una scelta per la sua incarnazione successiva. Stava ancora pensando al suo amore perduto e voleva essere ancora con lei. Gli dissero che l'amore era la cosa più importante, ma che sperimentare la stessa relazione non gli avrebbe permesso di avanzare. Avrebbe potuto essere con lei, ma in un ruolo diverso. Quella era la cosa più importante: cambiare ed assumere ruoli diversi, spesso con le stesse persone. Ecco perché continuiamo a ritornare, saltando da un ruolo all'altro in diversi scenari. La cosa importante da ricordare è che non potremo mai perdere quell'amore. La morte non ci può separare. Viene riposto in un'altra forma, ma non andrà mai perso. L'amore è la lezione più grande di tutte, indipendentemente da quante sfide si debbano affrontare. Siamo sempre riuniti in una forma o l'altra. Comprendere l'amore e sperimentarlo sono la lezione più grande. Se comprendiamo questo, possiamo avere amore e compassione per tutti, perché non sapremo mai quale ruolo abbiano scelto di interpretare questa volta.

* * *

Durante una delle mie sedute, mi dissero che molti dei nostri sogni sono messaggi dal nostro subconscio. E visto che sono simbolici, sono anche molto difficili da comprendere per la nostra mente cosciente. Molti dei miei clienti, si portano dietro pagine e pagine dei loro sogni per la seduta, aspettandosi un'interpretazione. Il subconscio dice loro che sono facili da comprendere quando si fa attenzione ai simboli. Proprio come i sogni sono messaggi, così lo sono anche gli incubi. Se il subconscio ha già provato a comunicare in diversi modi, ma la persona non capisce, allora ci proverà in modo più forte utilizzando gli incubi. Quale modo migliore di attirare la nostra attenzione se non spaventandoci? Sicuramente ricorderai l'incubo, se causa paura e l'improvviso risveglio. I simboli allora saranno freschi nella mente e possono essere studiati più da vicino.

* * *

Le seguenti sono domante selezionate che ho fatto durante diverse sedute:

Q: Cosa succede ad una persona al momento della morte corporea? Voglio dire, immediatamente dopo.

A: Nella nostra mente umana, crediamo che entreremo in contatto con altri spiriti che ci dirigeranno sul sentiero che porta a Dio. Programmiamo l'esperienza del post-mortem mentre siamo qui nei nostri corpi. E' individuale.

Q: Quando il corpo muore, è qualche forma di dolore ad esso associata quando lo spirito se ne va?

A: No. Sembra che lo spirito lasci il corpo poco prima della morte del corpo fisico. Pensavo alla morte improvvisa durante la guerra. C'è molta confusione e molte altre morti improvvise. Nella vecchiaia e nella malattia, lo spirito si prepara uscendo e facendo dei viaggi.

Q: Molta gente mi ha detto che alla nascita, lo spirito non resta nel corpo tutto il tempo. E' vero?

A: Lo spirito è consapevole della concezione ed è possibile per lo stesso spirito, controllare il progresso del feto. Sembra che entri al momento dalla nascita o poco dopo. Ma è ancora molto connesso al piano spirituale e ritorno dall'altra parte per delle visite. Casi di morte improvvisa di neonati sembrano associati alla scelta dello spirito di restare sul piano spirituale. O forse si fermo piu a lungo di quanto il corpo fisico del neonato fosse in grado di gestire da solo. Sembra che abbiamo bisogno della forza dello spirito in cooperazione con il corpo fisico per riuscire a mantenere una vita fisica.

Q: Pensi che a volte potrebbe esser un errore? Lo spirito non riesca tornare in tempo?

A: Non sembra esserci alcun "errore"!!! Piuttosto sembra che tu debba credere che tu possa ritornare, se questo è ciò che scegli. Inoltre sembra che tu debba dare il tuo permesso consapevole di fare altrimenti.

Q: Non vogliamo fare nulla che causi pericolo.

A: Pericolo! "Pericolo" non significa necessariamente lasciare il corpo permanentemente!

* * *

Q: Quando il neonato sta dormendo, lo spirito sta andando e venendo dal piano spirituale?

A: Si quello è il momento più facile per il neonato. Quello succede anche agli anziani e a coloro che sono molto malati.

Q: In quei momenti stiamo comunicando con il piano spirituale?

A: Loro ci sono.

* * *

Q: Puoi darmi una spiegazione dell'Inferno?

A: Quando si muore, credendo nella propria mente umana che si brucerà nelle fiamme dell'Inferno, la tua prima esperienza darà quella che la tua mente ha creato per te. Questa esperienza, tuttavia, non dura a lungo. Sarà solo la prima cosa che vedete. Il tuo Se' espanso, può crescere nella positività istantaneamente. L'unica cosa che ci vuole è il riconoscimento. Ma se credete che andrete all'Inferno dopo la morte, quella sarà la prima cosa di cui sarete consapevoli. L'inferno che vi siete creati.

Q: Allora non c'è bisogno di restare la?

A: No, certo che no.

Q: Come si può liberarli da questa cosa della loro mente?

A: Il bene supremo, che secondo i vostri termini chiameremo "Dio". Sembra che Dio sia in grado di manifestare ad ogni coscienza umana, ciò che è necessario per aprire la porta all'illuminazione. Illuminazione significa che voi siate in grado di creare, con la vostra coscienza, qualsiasi così che desideriate, perché avete la forza più grande con voi.

Q: Cosa siamo? Ci piace pensare a noi stessi come a delle personalità ad degli individui.

A: Facciamo tutti parte di Dio.

* * *

Q: C'è davvero qualche differenza tra meditazione e preghiera?

A: C'è una grande differenza. "La Preghiera" è energia diretta coscientemente. "La Meditazione" è essere aperti a ciò che arriva. La preghiera è diretta, non tanto richiesta. Pregare significa dirigere i propri pensieri coscientemente e questi sono il vostro potere.

Q: Quindi la preghiera funziona?

A: Ovviamente la preghiera funziona ed è potente.

Q: Certa gente prega a vuoto. Si limitano a ripetere parole. Non ci mettono niente dietro.

A: Questo perché sono limitati da ognuna delle loro definizione individuale del termine.

Q: In alcune chiese, recitano qualcosa e non c'è alcun significato dietro.

A: La chiesa non è il luogo adatto per trovare preghiere legittime. Stiamo imparando solo ora cosa siano realmente le preghiere. Ognuno di noi ha più potere di quanto non siamo consapevoli. Quando ci riuniamo per dirigere i nostri pensieri verso uno specifico obbiettivo, il nostro potere viene magnificato. Le chiese ebbero l'idea giusta nel creare luoghi dove la gente poteva riunirsi ed espandere esponenzialmente il proprio potere per il bene comune. Sfortunatamente, quella direzione è andata perduta.

Q: Devono pregare a qualcuno o ad un'entità?

A: Pregare significa: "Pensare i tuoi pensieri coscienti in direzioni di un obbiettivo chiaro." Potete pregare verso il negativo o verso il positivo. Si spera sempre che sia verso il positivo. La forza positiva è sempre la forza maggiore.

Q: Non c'è bisogno di dirigerla verso dio o qualche entità?

A: Questo è proprio il punto in cui gli umani si sono incasinati. La Force è tutto. Limitarlo ad un'entità non è corretto. Indirizzatela al "collante".

Q: Quindi non c'è bisogno di pregare una divinità e chiedere aiuto in quel modo?

A: Oh, no! Dio non è "un essere" o "un'entità". Dio, come ne parlate voi, è la forza positiva più grande, la forza positiva collettiva di

TUTTO CIO' CHE E'. Chiamare Dio un'entità, e specialmente personificare Dio, vuol dire limitare il concetto.

Q: Gli esseri umano sono abituati a pensare a Dio come ad una persona superiore.

A: Esattamente. Questo è il vostro problema più grande.

Q: Quindi quando usiamo la forza della preghiera, non la dirigiamo ad una cosa in particolare, solo al nostro obbiettivo?

A: Esatto. L'obbiettivo di unirsi con il bene supremo, la forza positiva. Il collante dell'universo! Questo è un termine appropriato.

Q: Cosa mi dici delle preghiera per la protezione di altri individui?

A: In verità ciò che state facendo è pregare che la forza positiva sia consapevole di quegl'individui. State pregando per la consapevolezza della forza positiva.

Q: Quindi non c'è nulla di male nell'indirizzarla ad una "figura" che chiamiamo Dio, giusto?

A: Lo limita e basta (il concetto).

Q: Cosa mi dici degli angeli? Certa gente prega agli angeli e ai santi.

A: Anche quei termini sono limitanti. Funzioniamo tutti attraverso menti fisiche. Ci sono molti concetti incomprensibili al cervello umano: "Eternità", "Infinito", sono concetti molto difficili da comprendere per il cervello umano. Quindi, se è utile per un individuo pensare in termini di "Angeli, Spiriti e Dei" allora quello dovrebbe essere il veicolo per portarli ad una comprensione più vasta. Non dovrebbero essere la fine.

Q: Ho sentito molte teorie. Ho sentito che alla nascita del mondo, gli angeli erano quelle anime e spiriti che non si allontanavano mai dalla presenza di Dio.

A: Utilizzare termini come "vista o presenza" di Dio è già una personificazione della forza. La forza può manifestarsi in qualsiasi modo in cui possa essere ricevuta dalla mente umana. Tutto ciò proviene dalla "Sorgente Divina". Tutto proviene da Dio. Qualsiasi negatività è stata creata dall'uomo.

* * *

D: Come si definiscono gli angeli?

J: Sono coloro che sono al servizio di questa umanità. Li definiamo così, in termini più generali possibile. Visto che ci sono molti livelli di - con livelli non intendiamo superiore o inferiore. Intendiamo livelli di servizio che offrono all'umanità. Ma questo gruppo è dedicato al benessere, ad aiutare coloro che hanno scelto d'incarnarsi in questo luogo.

D: *Ho sentito dire che non hanno mai avuto un'esistenza fisica, è vero? (Si) Quindi aiutano coloro che hanno accettato di diventare fisici.*

J: Esattamente

* * *

Q: *Potrebbe aiutare meditare durante la giornata?*

A: Si. Le ore prima dell'alba, quando il giorno non è giorno e la notte non è notte; allora c'è molta tranquillità, oscurità e pace. L'intera Terra è consapevole di questo periodo e anche tutti gli altri. Anche gli animali, le piante, i venti e le acque. Questo è il periodo, migliore, perfetto e più facile per meditare. – Ovviamente, non è sempre il periodo più facile per gli umani che lavorano!

Q: *C'è anche un secondo momento migliore?*

A: Si, la mattina presto. Qualsiasi momento presto la mattina sembra essere un buon momento. Una seconda opzione potrebbe essere al tramonto. Durante il crepuscolo, c'è della quiete, della quale anche noi umani siano consapevoli. Anche questo è un buon momento. Non c'è un brutto momento per meditare! Qualsiasi momento in cui un umano usa la disciplina per farlo è un buon momento.

Q: *Come facciamo ad essere sicuri che i pensieri che sentiamo in meditazione siano nostri o provengano da piani più alti?*

A: E' la quantità di emozioni e sensazioni connesse con quel pensiero. Pensieri casuali che si manifestano e fluttuano nella mente, relativi a cose passate, desideri, speculazioni, speranze e sogni, non hanno l'impatto emotivo che invece hanno le impressioni provenienti dal vostro Se' superiore. Le sensazioni sono la vostra chiave. Se vi limitate a pensare le risposte con le parole, senza sensazioni, c'è bisogno di una analisi critica. Sembra che i sentimenti siano essenziali.

* * *

Chiesi se gli umani vengono assistiti con le invenzioni.

A: Gli umani sono in grado di collegarsi alla necessità di una certa cosa e il pensiero cosciente che è già stato generato dietro a quella specifica cosa. E' come un blob fisico. La gente che si è concentrata sul problema (questo è il blob), si sono aperti a ricevere e a connettersi a questa forma di pensiero. Ora, la maggior parte di loro non ne è consapevole. Solo perché si concentrano sul problema a lungo, non significa che stiano meditando o pregando. Potrebbero solo averci pensato a lungo. A questa gente, l'invenzione o l'idea per l'invenzione potrebbe essergli arrivata in un sogno o un lampo d'intuito. Spesso si legge di inventori che al risveglio dicono di aver avuto la risposta a ciò su cui stavano lavorando, pronta nel loro cervello. Questo spiega anche il fatto che in diverse parti del mondo, la gente trova la stessa soluzione più o meno allo stesso tempo. Semplicemente si sono applicati a quello specifico problema e le soluzioni che ruotavano attorno a quello specifico problema. Gli umani creano il problema e la soluzione.

Q: Anche se è un'idea radicale alla quale nessuno aveva mai pensato? Alcune invenzione sono avanti coi tempi.

A: Questo perché stai pensando in termini di tempo lineare. In realtà non esiste il "prima". Tutto esiste simultaneamente.

Gli umani, e i loro cervelli umani limitati, mettono le cose in ordine. E' l'unica modo in cui gli umani possono operare. Sarebbero come dei ratti da laboratorio intrappolati in un labirinto se non creassero queste strutture arbitrarie.

A proposito delle profezie:

A: Sembra che siano tutte probabilità. Inoltre sembra che noi Occidentali siamo bloccati in linee o gerarchie, modalità di pensiero strutturate, che ci aiutano a misurare, definire e delineare ogni cosa. Così abbiamo creato un concetto che chiamiamo "tempo", e adesso ne creiamo uno detto "data". Non è accurato per gli esseri umani mettere delle date di tempo ad ogni cosa, perché non è così che sono le cose. E' solo il nostro modo umani di comprendere le cose. Non è preciso. Utilizzare termini come "26 Ottobre" è un modo razionale (dell'emisfero sinistro) di provare a gestire impressioni e sensazioni che stanno avendo luogo. Non è il modo migliore di fare delle predizioni.

Q: Sai come, gli umani hanno bisogno di struttura temporali di riferimento.

A: Penso di averne bisogno! (Ridendo)

Q: Ma rende le cose più facili.

A: Lo rende più facile, ma aumenta di gran lunga la confusione dietro alla simultaneità del tempo.

Q: A proposito della simultaneità del tempo, permettimi di fare un esempio. Prendiamo l'Europa del 14" secolo. Adesso abbiamo libri di storia che parlano degli eventi dell'Europa di allora. Simultaneità temporale significa forse che l'Europa del 14" secolo si sta ancora sviluppando e che la gente in qualche modo sta ancora vivendo in una continuazione del 14" secolo? O il 14" secolo sta avendo luogo adesso, allo stesso tempo?

A: Le informazioni relative alla morte del Presidente in un incidente prima delle elezioni non esistono in questo particolare luogo e periodo. Questo non significa che non sia successo, piuttosto significa che non è successo dalla nostra prospettiva. Ciò che succede e sta succedendo nel 14" secolo ha le stesse probabilità dello stesso esempio singolare relativo al Presidente che non è stato ucciso nell'incidente che conosciamo essere al centro della nostra attenzione. I nostri libri di storia sono scritti con una prospettiva.

Q: Quindi l'idea è che ci sono altri 14" secoli probabilistici che stanno avendo luogo in questo momento?

A: Si, e sono influenzati da cose che facciamo in questo momento, nel futuro e che abbiamo fatto nel passato, per usare termini umani.

Q: Possiamo dire che il 14" secolo è paralizzato in qualche modo per evitare alle persone del 15" secolo di progredire?

A: Diciamo che sei una persona del 14" secolo. Non sei un individuo "singolo". Proprio come se fossi in piedi in un luogo e stessi guardando avanti, ma poi sposti la tua posizione di due centimetri verso destra, così facendo avresti una prospettiva diversa. Guarda a quando prospettive diverse potresti avere spostando il tuo corpo in un cerchio completo. Queste sono tutte le probabilità che possono manifestarsi simultaneamente, ovunque, in ogni momento. E' un concetto molto difficile da comprendere per gli esseri umani.

Q: E' difficile perché sappiamo che il corpo fisico si sviluppa da un bambino ad un anziano. Riesco a comprendere il concetto dell'assenza di tempo.

A: Questa è la prospettiva di cui sei consapevole, ma conosci anche un bambino che non si è sviluppato in un adulto. (Si) Bene, è in quella prospettiva che all'epoca hai visto quel bambino. Quello stesso bambino può diventare vecchio, in un'altra prospettiva.

Q: Questa è la parte che faccio fatica a comprendere, perché se tutto ha luogo simultaneamente, sai che il tuo corpo è diverso in anni diversi.

A: Tu conosci solo una prospettiva. Questa prospettiva fisica in cui ci troviamo ora. In un'altra prospettiva, Dolores Cannon potrebbe essere un acrobata del circo! Ma nei sogni sei consapevole di alcune delle tue altre prospettive. Lo siamo tutti. Non siamo tutti uguali, non abbiamo le stesse relazioni, tuttavia spesso possiamo identificarci con i nostri sogni.

Q: Si, ma si dice che in nostri sogni sono dei simbolismi.

A: La tua vita è un simbolismo. Il simbolismo è come noi tutti viviamo.

Q: E' vero che l'unica cosa che sembra reale sia l'unica cosa su siamo in grado di focalizzarci nel momento?

A: Precisamente. Ecco perché la gente può sperimentare una vita passata per Dolores in questo stesso momento, nel 14" secolo o in qualsiasi altro tempo. E' perfettamente corretto, si tratta solo di spostare l'attenzione [prospettiva].

Q: Ma nel mio lavoro, vedo abitudini di una vita che influenzano la prossima e sembra andare in progressione.

A: Si, in questa prospettiva c'è sempre una progressione.

* * *

S: Se avessi avuto un'esperienza in qualche modo traumatica, se dopo diec'anni ti trovi a pensare a quell'esperienza, in quel momento stai sperimentando simultaneità temporale. La quantità d'energia che metti in quel pensiero ti porta a pieno in quella cornice temporale.

D: Quindi, quando faccio regressioni ad una vita passata sto facendo qualcosa di simile?

S: Simile. Ciò che qualcuno preferirebbe nella consapevolezza di multiple vite sarebbe di seguire le abitudini che trasmigrano da una vita all'altra. Sarebbero come dei veli. Fai una foto di te stesso o dell'anima. Poi prendi una pagina bianca on un disegno di una calza e glielo metti sopra. Prendi un'altra pagina bianca col disegno dell'altra calza e glielo metti sopra. E così via finché ci sono strati che sono pienamente integrati con la foto iniziale. Ora se prendi una calza sporca, questa è una tua scelta, ma è pur sempre una calza.

D: Un fenomeno che sto cercando di comprendere nelle regressioni a vite passate è come possa essere possibile che una personalità passata vissuta in un altro paese con una lingua diversa, possa comunicare con me in Inglese?

S: Stanno usando i circuiti cognitivi del cervello di questa vita. Il Se' traduce direttamente in termini comprensibili del presente.

D: E' possibile farli parlare nella loro lingua natale?

S: E' possibile se il soggetto è pienamente immerso o sincronizzato con quella vita passata.

D: A volte non conoscono semplici espressioni Inglesi quando stanno traducendo o quel che fanno nel loro cervello.

S: Perché sono sincronizzati con quella vita passata. C'è una mescolanza, per modo di dire, di entrambe le vite; così che la terminologia della vita passata si mescola con quella della vita attuale. C'è abbastanza mescolanza tra le due che in quel momento cresce un senso di confusione interno. Sono abbastanza in sincronia d'esser in grado riconoscere una vita dall'altra e comprenderle. Dovrebbero essere consapevoli di quel periodo di tempo. Ma le funzioni basilari del cervello sono ancora radicate nella lingua e consapevolezza della vita attuale.

D: Però è possibile che qualche parola o frase estranea riesca a sfuggire?

S: Oh, si, certo.

D: Anche con la musica. Erano in grado di cantare nella loro lingua di allora, che pensavamo fosse strano. Ma è possibile?

S: E' possibile. Cosa c'è d'impossibile?

* * *

Una spiegazione di cosa succede mentre si canalizzano delle entità.

A: Tutti coloro che canalizzano e che fanno le canalizzazioni sono aspetti gli uni degli altri. Un modo per confrontare sarebbe come un circuito elettrico. Ogni vita individuale o aspetto è un puntino del circuito. La corrente elettrica passa da un punto all'altro, ma solo quando una specifico punto o circuito è aperto ha luogo la connessione. Questo circuito sarebbe di dimensione astronomiche per ogni anima superiore. Siete ovviamente molti più che un semplice circuito individuale. Siete connessi gli uni agli altri. Al fine di canalizzare attraverso un altro circuito, il flusso elettrico deve essere lo stesso. La tua importanza come un essere individuale sta nel fatto che se non permetti la connessione, quel circuito è ridotto di uno. Al fine di sperimentare a pieno quel circuito, la semplicità dell'energia dell'amore è importante. Tutte queste idee di elevare la coscienza e diventare positivi nella propria vita, si riducono al amor proprio. Come può amare qualcuno se non senti amore per te stesso? Come fai a dare qualcosa che non hai? E' amore proprio; chiamalo dignità, chiamalo autostima, chiamalo come vuoi. E' sempre amor proprio. Io sono solo una connessione del circuito, un aspetto di colui che mi sta canalizzando.

* * *

Sulla reincarnazione:

Q: Se una persona ha lasciato questa vita e crede che si reincarnerà in un'altra, può scegliere il luogo e il tempo? O non gli è permesso?

S: Non c'è nulla che non vi sia permesso. Siete pienamente e completamente in controllo della vostra vita. Se vi sentite attratti verso un particolare paese o periodo, l'anima per così dire, programmerà automaticamente quel desiderio nel Se'. Il desiderio esisteva prima del pensiero cosciente. "Oh, vorrei vivere in Tibet nel 2002." Questi pensieri sono vostri, questi pensieri sono la vostra programmazione.

Q: Puoi tornare in una vita del 10,000 BC con la stessa facilità con cui puoi avanzare verso il 2001? In altre parole, se il tempo è simultaneo ma noi pensiamo in termini di tempo lineare, puoi tornare indietro proprio come andare avanti?

S: Certamente.

Q: Come ci si riesce?

S: Come? E' già fatto. Il mondo come lo conoscete, la realtà come la conoscete, sono pienamente formati. Non è il pezzo di una torta, o la crosta di una torta che attende di essere cotta e decorata. E' la torta. Dove vi trovate in questo momento è solo dove i vostri pensieri coscienti sono diretti. Tutto è tutto, ma per rendere le cose meno confuse e a causa della natura di questa realtà, siete consapevoli del momento presente. Questo non vuol dire che ieri non esiste o non sia mai esistito, o che domani non c'è, ne mai esisterà. E' adesso. Ciò su cui decidete di focalizzarvi, è dove riponete il vostro tempo, ma tutto è.

Q: Supponiamo che qualcuno volesse tornare in uno specifico periodo di tempo e fare dei cambiamenti storici. Sarebbe forse possibile che un futuro completamente nuova possa manifestarsi dal quel cambiamento?

S: Bella domanda. Si, è possibile. Tuttavia, prima ci vuole la forza di convinzione che sia possibile farlo. Ci vorrebbe una esperienza coscienza completamente consapevole a livello conscio, subconscio e supraconscio, per riuscirci. Questo pero non vuol dire che la storia attuale sarebbe diversa per coloro che sono coinvolti in questo tempo. Ciò che verrebbe creato è solo una biforcazione, una "Y" nella linea temporale. La creazione di una diversa realtà. Ma non necessariamente cambierebbe la realtà di coloro che sono coinvolti ora in questo momento.

Q: Sarebbe una realtà probabilistica? (Si) E' mai successo in passato?

S: Ogni cosa succede prima, dopo e adesso. Per riuscire ad avere questa abilità, ci dovrebbe essere un grado – per mancanza di termini – un grado di coscienza che quell'individuo deve aver raggiunto. Questo individuo vive gli eventi sociali, vedendo, conoscendo ed essendo consapevole dei cicli della vita. Anche la storia sarebbe consapevole delle lezioni, dalla consapevolezza acquisiti e dai bisogni delle anime di sperimentare certe cose. In parole povere, fluisce tutto spontaneamente. Comprende-rebbero e avrebbero compreso gli schemi più adatti. Hanno acquisito la consapevolezza dell'accettazione. Ti è chiaro?

Q: Non completamente.

* * *

Q: Scegliamo noi il giorno della nostra nascita?

A: Si, lo scegliete voi.

Q: Anche coloro che nascono con un taglio Cesareo?

A: Costoro scelgono una madre che abbia bisogno di un taglio Cesareo.

Q: Perché il giorno della nascita è così importante?

A: Ogni cosa in questo universo influenza tutto il resto.

* * *

Q: Abbiamo uno scopo preciso?

A: Si. Dentro di voi c'è la consapevolezza di quali siano questi obbiettivi. State lavorando sul vostro obbiettivo. Diventare consapevoli di quale sia questo obbiettivo, significa voler conoscere. Sempre così semplice. Diventando meno preoccupati di ricorrere questa o quella persona per ricevere qualche informazione e diventando pienamente consapevoli ed allineati con voi stessi, imparando ad avere fiducia di voi stessi. Attraverso la meditazione e tutti gli altri metodi che più si addicono a voi stessi, imparerete sempre di più. Imparare ad amare se stessi è l'obbiettivo finale. Qualsiasi altra cosa che desideriate, se volete ottenerla al meglio, potete ottenerla grazie alla capacità di amare voi stessi.

Q: A cosa fate riferimento quando dite "finale"?

A: Finale, ultimativo, il più importante. E' tutto ciò che questa realtà, questa esistenza, questa Terra, questa esperienza umana abbia da offrire. E' di imparare ad amarsi. Questo è ciò che espande, ciò che aumenta, ciò che questa realtà possa, abbia bisogno di e riesca ad offrire. E' ciò che significa essere umano.

Q: Sembra che tu stia suggerendo che una volta raggiunto questo obbiettivo ci sarebbero altre realtà dove potremmo andare. E' questo ciò che stai dicendo?

A: Non ci sono forse altre realtà? (Si) Pensi di essere confinata a questa realtà?

Q: Quindi non puoi chiamarlo "finale".

A: No, non finale. Questo è l'obbiettivo principale. Questo è lo scopo – l'obbiettivo di questo mondo – per la realtà umana.

Q: Approssimativamente quante vite ci vogliono per imparare ad amarsi?

A: Quante? Ci piacerebbe che non fossero molte; ma in prospettiva, ti sembra che abbia importanza?

Q: Com'è possibile che questa specifica realtà si andata così fuori dai binari che ci venga insegnato che amare ste stessi sia una stupidaggine.

A: Scegliete voi.

* * *

Una domanda a proposito di neonati gemelli.

S: con amore si prende la decisione assieme l'altra anima. Non si può essere più vicini sul piano fisico. Perché si ha lo stesso DNA, e i vostri pensieri funzionano nello stesso modo. Ovviamente non sono gli stessi pensieri, ma il processo è molto simile. C'è già una struttura e non avete bisogno di riempire tutti gli spazi, perché lo sapete. Volevano tornare con qualcuno che amavano, piuttosto che tornare da soli. Questi sono tempi difficili. Avevano bisogno di questo tipo di intimità che gli desse continuità. Non c'è nulla di costante in queste vite.

Durante una seduta dimostrativa di uno dei miei seminari, il soggetto voleva sapere cos'era successo alla sua gemella che era morta. Il subconscio disse che aveva finito ciò che doveva fare, "Aveva completato le sue lezioni ed era tempo di andare." Questo è facile dirlo, ma non rende il lutto più facile. "Le manca moltissimo.

Le mancherà moltissimo per molto tempo. Con i gemelli, c'è quasi un cordone dorato, se riesci ad immaginarlo. Un cordone dorato molto sottile che li unisce. E perfino nella morte – o ciò che chiamate "morte" – non sono completamente separati. Quindi saranno per sempre parti l'uno dell'altro".

Qualche anno fa, ho trovato una spiegazione ai gemelli Siamesi (che ora vengono chiamati gemelli "connessi"). Supponiamo che due anime sono sul piano spirituale, si stanno preparando a tornare sulla Terra e stanno discutendo tra di loro le condizioni del contratto. Si amano profondamente e sono stati vicini per molte, moltissime vite. Forse qualcosa di traumatico e' accaduto nella vita che hanno appena lasciato. E adesso uno dei due dice: "Non ci separeremo mai più!" Una semplice richiesta che ha prodotto conseguenze inaspettate e una spiegazione molto logica.

Uno dei miei clienti aveva una domanda relativa alla sua nascita. Era uno di tre gemelli. Il primo era nato morto, il secondo aveva una malattia mentale che l'obbligò a passare tutta la vita in un istituto mentale; il terzo e ultimo era la mia cliente. Voleva sapere perché le cose stessero così. Il subconscio disse che il primo dei tre aveva cambiato idea al momento della nascita e decise di non voler nascer in quel momento. Questo risultò in un nato morto. Il secondo, dopo due o tre mesi dalla nascita, decise che avrebbe potuto imparare di più in questa vita se fosse stato mentalmente andicappato. E così sviluppò i problemi mentali. Anche la madre aveva notato che sembrava normale per i primi due o tre mesi di vita, poi improvvisamente qualcosa cambiò. I dottori non era d'accordo, dissero che la malattia era presente dalla nascita. Non si era sviluppata successivamente. Ritengo che abbia più senso la spiegazione che ho trovato, perché l'anima può controllare il corpo in cui decide di abitare.

* * *

Vite Parallele.

Q: Se ognuno di noi vive su diversi piani d'esistenza simultaneamente, stiamo parlando di vite parallele?

A: Esattamente. Nel senso che ognuno di voi, in questo momento della vostra vita, è solo una sfaccettatura della vostra vera, intera identità. Ciò vuol dire che siete dei punti di consapevolezza. La vostra consapevolezza totale è molto oltre ciò che possiate immaginare or comprendere al vostro livello. Quindi, è facile vedere che se la vostra consapevolezza cresce, se espandete la vostra realtà della scala spirituale; scoprirete che la vostra consapevolezza è sovrapposta a quella di altri individui. Così, al livello finale, siete proprio sul piano divino dove tutto è uno. La vostra consapevolezza al vostro livello è semplicemente uno zoom o un puntino di quella totale consapevolezza spirituale. Così si potrebbe dire che a diversi livelli, la vostra consapevolezza è proprio sovrapposta ad altri. Alla fine, tutto è Uno. Quindi, alla fine tutte le vite sono contemporanee.

D: Prima hai detto che siamo solo la punta del nostro iceberg.

A: E' proprio così.

* * *

S: L'arcobaleno serve a ricordarci il colore dell'energia e della creazione. Ci ricorda che ce' molto più di quanto gli occhi possano vedere. Il colore della creazione include tutti i livelli di colore che sono oltre alla capacità visiva di un essere umano. Serve a ricordarci che c'era un tempo in un altro regno, in cui questa energia ci circondava. Ci ricorda la sensazione di essere a casa, di quell'energia amorevole. Ci ricorda che c'è altro oltre allo spettro di luce che vediamo ad occhio nudo. E' solo un ricordo di casa.

S: Penso che dovremmo ricordare che quando uno di noi si apre, si apre qualcosa anche in tutti gli altri. Siamo connessi. Siamo Uno. Non siamo unità autonome, individuali. Abbiamo personalità individuali, ma nel quadro generale, siamo tutti connessi. Dobbiamo ricordarci che siamo Uno e che siamo prima di tutto degli esseri spirituali.

* * *

Una cliente era morta giovane in molte delle sue vite. Il subconscio disse: "Imparò molte delle cose che doveva imparare e non c'era nessuna ragione di restare." In questa vita stava vivendo più a lungo. “Questa volta ci sta mettendo più tempo ad imparare le sue lezioni. Si dimentica che deve lasciare andare questo corpo volontariamente. Preparate sempre una strategia d’uscita dal corpo in anticipo. Deve esserci un modo d’uscire e può essere qualsiasi modo che preferiate. Malattia, Incidente, qualsiasi cosa che abbia più senso con la vostra esperienza educativa. Ma quando arriva il momento di uscire, la persona decide e se ne va volontariamente. Nessun’altro può prendere questa decisione per loro.”

* * *

S: Nella massa ci sono sempre molte energie mescolate. Dovete stare attenti e sollevare una protezione prima di uscire e mescolarvi alla massa. A volte l’energia della massa può attaccarsi a voi. Se succede, vi sentite drenati. Vi sentite molto stanchi. Ci sono moltissime persone affamate d’energia, perché la loro vibrazioni non sono abbastanza elevate da produrre una buona qualità d’energia. Così quando trovano e percepiscono qualcuno con un'alta vibrazione, si attaccano a quell’energia e la usano. E’ un po’ come se fossero delle ventose.

Ne ho sentito parlare con il termine di “vampiri energetici”. E’ un termine negativo, ma è la stessa idea. Non lo fanno coscientemente, ma assorbono l’energia altrui. “Dovete proteggervi, perfino quando andate a fare shopping. Ovunque andiate dove ci sia un grosso gruppo di gente. E’ di vitale importanza che manteniate la vostra energia al massimo livello. Il vostro corpo ha un’intelligenza, ascoltate il vostro corpo. Parlata al vostro corpo regolarmente. Apprezza la comunicazione diretta e apprezza essere riconosciuto. Il magnesio è molto importante per il corpo. Con tutta l’energia che disperdete, il magnesio rende più facile assorbire più energia dentro di voi.”

* * *

Una donna venne nel mio ufficio senza grossi problemi da analizzare e non le interessavano nemmeno le vite passata. Mentre stavano parlando, divenne ovvio che la morte di sua sorella la stava ancora facendo soffrire molte. Non era sicura dell’esistenza dell'aldilà, anche se era cresciuta in un ambiente strettamente Cristiano. Era passato quasi un anno e passava ancora la maggior parte del tempo pensando a sua sorella, piangendo e addolorandosi. Quando la seduta ebbe inizio, pensavo che fosse andato tutto come al solito. Non mi sarei stupita se avesse scoperto che lei e sua sorella erano unite anche in altre vite. Invece andò immediatamente in un bel giardino. C'erano fiori meravigliosi dai colori sgargianti e musica idilliaca nell'aria. Sapevo dalla descrizione che probabilmente non si trovava sulla Terra. Quando le chiesi se riusciva a vedere qualcuno, vide sua sorella che veniva verso di lei passando attraverso i fiori. Indossava un vestito lungo, era radiate e bellissima. Si presero per mano e sua sorella le disse intensamente: "Lasciami andare! Riesci a vedere che va tutto bene!"

"Ma cos'è successo? Pensavamo che stessi migliorando. Ma poi sei morta.

Sua sorella rispose: "Era arrivato il mio momento di andare. Avevo finito tutto ciò che dovevo fare in questa vita ed era ora di andare." Allora sua sorella le disse che c'era qualcun'altra che doveva incontrare prima di andarsene da questo luogo meraviglioso. Allora apparvero i loro genitori che sembravano pieni di vita, giovani e felici. Le dissero: "Può vedere che stiamo bene. Qui tutto è fantastico. Non c'è nulla di cui essere addolorata. Quando arriverà il tuo tempo anche tu verrai qui e noi tutti ti aspetteremo."

Gli scettici potrebbero dire che questa seduta era solo desiderio di soddisfazione emotiva generato dal suo dolore. Importa forse a qualcuno? Ho condotto abbastanza sedute da sapere che era vera e quell'incontro per lei è stata una benedizione che le permise di tornare a vivere una vita normale. Mi è stato detto che il lutto e il dolore trattengo l'anima dei morti dal procedere verso dove devono andare. Il lutto è qualcosa di egotistico, perché siamo addolorati per noi stessi, per come la nostra perdita ci influenzi. Sicuramente non influenza allo stesso modo i nostri cari che abbiamo perso. Hanno vissuto la loro vita e hanno trovato un modo per andarsene perché era arrivata l'ora. Adesso devono continuare sulla loro strada. Sicuramente sono felici di tornare a "casa".

SEZIONE DUE

LA VITA IN CORPI NON UMANI

CAPITOLO TRE

ALTRE FORME DI VITA

Quando l'argomento della reincarnazione, ci sono ancora persone che dicono: "Cosa vuoi dire, ho vissuto prima d'ora? Ma è impossibile! Questo è l'unico corpo, l'unica vita che abbia mai avuto. Questa è l'unica cosa che sia reale." Questi, sono quelli che non hanno nemmeno iniziato a fare i primi passettini in questo affascinante mondo sconosciuto. Poi c'è il gruppo successivo, che rimane scioccato quando scopre (attraverso la regressione ipnotica o altre modo) di aver avuto un'altra vita prima di questa. Sono sbalorditi, perché questa esperienza ha scosso il loro sistema di credenze. Li ha fatti pensare. Di solito quando una persona inizia la propria ricerca, riceve dal subconscio solo ciò che sono in grado di gestire. La vita che gli viene mostrata, di solito, è noiosa, superficiale e monotona. Ciò che io chiamo "una vita a scavar patate." Di solito, non offrono nulla di traumatico o drammatico, perché non sono in grado di accettarlo. Tuttavia, scopriranno che risponde alle loro domande relative a relazioni famigliari, ecc.. Potrei riempire miriadi di libri con le migliaia di regressioni a vite passate che ho condotto. Sono diventate così comuni che ormai non hanno più valore per il mio lavoro d'autore. Anno valore solo come terapia, per il clienti. Quindi, scrivo solo di quei casi che penso pos-sano espandere la nostra conoscenza della reincarnazione attraverso il loro valore terapeutico. Un gran numero di casi che ho condotto contengono date, nomi, luoghi che potrebbero essere ricercati da coloro che sono curiosi di controllarne la validità. Certe persone hanno bisogno di tali verifiche al fine di "provare" la veridicità delle loro esperienze. Dico loro che sono i benvenuti di controllare i dati se ne hanno bisogno. Io non ho più bisogno. So, oltre ogni ombra di dubbio che la reincarnazione è la realtà. Lo so e credo fermamente che ci possa offrire tutte le risposte, specialmente quelle che la chiesa ha dichiarato "inspiegabili".

Mi sembra sensato che il 90% delle vite passate che riesco a rivelare siano semplici ed ordinarie, perché il mondo è così. Perché le nostre vite sono così. Ci sono molte, moltissime persone ordinarie nel mondo, più di quante non abbiano il loro nome scritto sui giornali. Quando il soggetto scopre di aver avuto almeno un'altra vita, questa idea si deve sedimentare. C'è chi respinge l'idea come impossibile e ritorna alla propria vita e ai propri sicuri sistemi di credenza. Questo è perfettamente accettabile. Non sono qui per cambiare la vita a nessuno. Il mio lavoro è di presentare ciò che ho scoperto e permettere al lettore di formare il proprio pensiero.

Poi ci sono quelli che hanno fatto la scoperta: che questa vita non è tutto ciò ch'esiste e vogliono esplorare oltre. Devono stare attenti a non farsi sopraffare da ciò che scoprono, perché le loro vite non saranno mai le stesse. Si dice che quando impariamo qualcosa, non siamo in grado di disimpararlo. Se sono meravigliati d'aver scoperto di aver vissuto una vita sulla Terra, cosa potrebbe succedergli scoprire che sono solo all'inizio dell'esplorazione, la punta dell'iceberg. Ho dovuto attraversare situazioni simili nel tentativo di trasformare i miei sistemi di credenza, durante gli ultimi 40 anni di sperimentazione. E durante il lavoro, ho aperto i cancelli che offrono possibilità illimitate. La varietà di vite passate è limitata solamente dall'immagina-zione e alcune che ho osservato recentemente vanno oltre l'immaginazione. Questa è la ragione che mi ha portato a scrivere la serie dell'Universo Convoluto. Ho lasciato la realtà mondana molto tempo fa. I miei lettori mi dicono che sono pronti ad espandere le loro menti insieme a me. E quindi continuiamo ad esplorare.

La Terra è solo una delle scuole dove andiamo, per imparare delle lezioni ed accumulare informazioni sulla vita. Si possono avere molte, moltissime vite sulla Terra, ma avete avuto altre vite su altri pianeti ed in altre dimensioni. Ho esplorato questi argomenti nei primi due libri di questa serie e in questo libro continuerò ad offrire casi che espanderanno ulteriormente la mente dei lettori.

Tuttavia, ho scoperto che il corpo fisico umano è solo una delle forme che l'anima può assumere. La maggior parte delle persone pensa che il fisico sia l'unico modo in cui possano apparire, senza comprendere che abbiamo un corpo, non che siamo il corpo. Il corpo è solo "un vestito" che state indossando in questo momento. Come tutti i vestiti, indipendentemente dal nostro attaccamento, si consumerà e lo dovremo buttare. A quel punto non facciamo altro che trovarne uno nuovo, un nuovo costume per il prossimo ruolo che adotteremo nel grande dramma cosmico della vita. Perché quale motivo il prossimo costume dovrebbe essere umano? Perché non un animale, una pianta o un oggetto inanimato? Chi ha detto che queste cose non hanno vita? Tutta la vita è dedicata all'educazione e all'esperienza. Chi dice che non c'è nulla da imparare dall'essere una roccia o un cane? Significa soltanto che dobbiamo aprire la mente un po' di più a ciò che definiamo vita. La gente mi dice: "Riesco ad accettare l'idea di aver già vissuto come un essere umano, ma come un animale? No, a questo non posso credere."

Nel mio lavoro ho scoperto che dobbiamo sperimentare la vita in assolutamente tutte le forme prima di aver finito le lezioni e la nostra educazione. Dobbiamo sapere cosa significa trovarsi in ogni possibile immaginabile situazione prima di poter tornare al Creatore, Dio, la Sorgente. Nel prossimo capitolo ci saranno molte informazioni riguardanti il nostro viaggio dal momento in cui lasciamo la Sorgente e cosa ci vuole per tornare alla Sorgente. In questa sezione, presenterò dei casi in cui il soggetto non è tornato alla tipica vita in un corpo umano sulla Terra. Tuttavia, ritengo che dimostreranno quali lezioni si possono acquisire esistendo (anche solo per breve tempo) in questi altri veicoli. Inizierà a trapelare quanto ci voglia prima di potersi laureare dalla scuola della vita. Attenzione! I vostri sistemi di credenze verranno assaliti e le vostre menti verranno sicuramente sballottate. Speriamo che si spalancheranno a pieno ed inizieranno ad assorbire informazioni come delle spugne.

La gente che viene a trovarmi in ufficio e duranti i miei viaggi che desidera ricevere una seduta di terapia delle vite passate sono esseri umani ordinari, proveniente da qualsiasi ceto sociale. Solo, guardandoli sarebbe impossibi-le determinare la storia della loro vita. E' importante. Sono qui per vivere una vita il più normale possibile in questo mondo caotico. Queste altre memorie rimangono nascoste nei registri computerizzati della loro mente subconscia e sono accessibili solo quando il subconscio ritiene che sia il momento giusto. Nel mio lavoro, inizio sempre portando ogni cliente alla vita passata più adatta e spesso troviamo qui, le risposte alle loro domande. Poi invoco la mente subconscia per rispondere a tutte le domande rimaste in sospeso. La prima domande che faccio sempre è, perché il subconscio abbia scelto di mostrare al soggetto questa specifica vita. La sua logica supera di gran lunga la nostra e le sue spiegazioni solitamente vanno oltre a ciò che avremmo potuto pensare con la nostra limitata logica umana. Mette sempre tutto in primo piano e gli da un senso perfetto. Quindi questa è la procedura che ho seguito nei casi descritti in questo libro. E' probabile che il lettore sarà tanto perplesso quando lo ero io mentre riportavo i miei clienti alle loro vite passate, fino al momento in cui il subconscio rispondeva alle domande. Adoro questo lavoro, per questo motivo. Lavoro con una sorgente di conoscenza estremamente potente che ha tremende abilità che vanno oltre l'immaginazione. E tuttavia risponde sempre allo stesso modo, usando la stessa terminologia. In questo modo riesco a riconoscere che sto parlando con la stessa parte universale. Parla attraverso tutti coloro con cui lavoro. Quando comunichiamo, non ho assolutamente alcun dubbio di chi o cosa sia. Mi è così familiare che è come fare una telefonata con un vecchio amico.

VITE ANIMALI

Quando Wendy entro nella vita passata, sembrava confusa, e disse che c'era qualcosa che faceva fatica a comprendere. "Sono sull'acqua e sono una minuscola, piccola, piccola cosìna su questa foglia che fluttua sull'acqua. Non ha nessun senso."

D: Parliamone. Cosa intendi con piccola, piccola, cosìna?

W: Non lo so. Sono così piccola e la foglia è enorme. Sono lì e sto galleggiando. So di essere viva. Ho consapevolezza. Tutto è calmo, l'acqua è limpida, sembra vetro.

D: Se guardi sopra alla foglia, riesci a vedere qualcos'altro?

W: Un albero ondulato che cresce sulla sponda dell'acqua. Metà delle radici sono nell'acqua e l'altra metà sono nel terreno. Non so' perché sono qui. Tutto' ciò che vedo è l'acqua, l'albero e la foglia.

D: Riesci a diventare consapevole di te stessa.

W: (Improvvisamente) Un verme! E' giallo e grasso. Desidero avere delle braccia, ma non le ho. Ho delle gambe, ma sono solo dei tozzetti e sono bloccata qui su questa foglia. Sembra che l'unica cosa che io possa fare sia dimenarmi. Non posso scendere dalla foglia perché non posso nuotare. Ma non voglio nemmeno restarci. Penso che un uccello potrebbe attaccarmi.

D: Come pensi di essere finita sull'acqua?

W: Sono caduta dall'albero, ero sulla foglia. Presumo d'aver scelto la foglia sbagliata.

D: Oh! Deve essere stata un'esperienza. Perché di solito si sta lontani dall'acqua, vero? (Uh-huh) Cosa mangi quando sei lassù sull'albero?

W: Foglie.

D: Oh! Ti piacciono?

W: Sono quello che mangio. Sembra che sia una vita da niente.

D: Come mangi le foglie?

W: Con la bocca, quando striscio sulla foglia con le mie tozze gambette. Mi sento inibita. – Oh! Adesso mi sto allontanando mentre galleggio. Sembra che ci sia della corrente.– Sembra che sia della forte corrente più avanti. – C'è una cascata. Mi sembra che si bella grossa, ma in realtà non lo è, sono io che sono piccola. – Sto scendendo con la corrente e i bordi della foglia si stanno arricciando. Stiamo accelerando. Ohh! Verrò inghiottita dall'acqua. – Sembra che ci sia una bolla d'aria che si forma intorno a me e alla foglia mentre andiamo sott'acqua. Andiamo su e giù, su e giù. Questo è tutto molto insignificante. Su e giù, su e giù. In questo modo non finisco annegata. – Alla fine vengo portata in una pozza d'acqua più tranquilla. Il sole brilla luminoso. Sono li sdraiata sulla foglia.

D: E' stata proprio un'avventura.

W: E' stato spaventoso.

D: Adesso cosa farai?

W: Sono li sdraiata sulla schiena, perché non posso nuotare.

Sarebbe annegata? O un uccello l'avrebbe vista e l'avrebbe strappata alla foglia?

D: Possiamo condensare il tempo. Cosa succede alla fine?

W: Alla fine la foglia si avvicina alla riva e rimane bloccata. A quel punto sono in grado di strisciare sull'erba. La riva era sopra l'acqua e sono stata in grado di arrampicarmi e risalire sull'erba.

D: Scommetto che ci si sente bene lontani dall'acqua.

W: Certamente. Non ci voglio tornare più. Mi limiterò ad unirmi agli altri come me. Sono felici che io stia bene. E' come una riunione.

D: Ti riconoscono?

W: Certamente.

D: Gli stai raccontando ciò che è successo?

W: Si. Dicono che altri non sono stati così fortunati.

Ci si potrebbe chiedere come faceva l'altro gruppo di bruchi a conoscerla, visto che erano stati separati da una vasta distanza difficile da coprire per un piccolo bruco. Ho scoperto nei miei primi anni, trascritti in Between Death and Life, che gli animali e le piante appartengono ad un diverso tipo di anima di gruppo da quello umano. Dove potrebbe sembrare che gli umani si comportino come individui, piante ed animali sono uniti da una connessione comune come un'anima di gruppo che interagisce a livelli sottili. Riuscì a comprenderlo a pieno, un giorno mentre stavo guidando sulla mia strada di campagna. Vidi un enorme gruppo di uccelli librarsi in aria da un albero. Immediatamente presero la forma di una massa che piroettava e si muoveva nell'aria. Erano tutte forme di vita individuali, tuttavia interagivano come fossero un'intelligenza unica, come un'unica coscienza, con una mente unica. Anche questa è un'ottima analisi per il concetto della Sorgente, che presenterò successivamente. Siamo Uno e tuttavia siamo anche parte del Tutto. Non siamo mai separati.

A quel punto sposti Wendy avanti nel tempo ad un'altra situazione. E' difficile sapere come spiegarlo. Di solito sposto il soggetto avanti ad un giorno importante. Ma cosa sarà mai un giorno importante per un bruco? Certamente, non poteva esserci nulla di più drammatico di quello che aveva appena passato. Le chiesi cosa stava facendo.

W: Mi sto solo rotolando sulla schiena. Non sono più grassa come ero prima. Il mio corpo si è asciugato. Sto tirando le cuoia, sono vecchia e sto morendo. Non c'è nessuno con me. Sembra che il mio corpo si sia semplicemente asciugato e io non ci sono più! Ssshhwww! Sono contenta che sia finita!

D: (Risi) Questa era una di quelle strane, non è vero?

W: E' troppo strano essere un insetto.

D: (Risi) Ogni vita ha una lezione, ha uno scopo. Cosa pensi di aver imparato da qualcosa del genere?

W: So di essermi sentita terribilmente limitata e vulnerabile. Ora sono libera. Lascio quel corpo limitato e scivolo via! Oh, sono proprio felice che sia finita!

Allora contatti Il subconscio di Wendy e chiesi perché le mostrò quella vita inusuale.

W: Per dimostrare che si può essere qualsiasi cosa della creazione, perfino un misero bruco. Pensi che non ci siano lezioni nello sperimentare a misero bruco. Una delle cose che lei imparò fu l'essere limitata, ristretta e tuttavia c'era una coscienza di gruppo in un misero bruco. Non era privo di scopo.

D: Si, questo ci rende consapevoli che ogni cosa è viva.

W: La vita riesce ad essere più piccola di un bruco.

D: Non penso di aver mai raggiunto nulla di più piccolo di un bruco. Qualcuno sperimentò una vita nella forma di aria, di polvere e di roccia.

W: Si. Dovrebbe essere grata che non gli abbiamo mostrato cosa voglia dire essere una roccia. Un bruco è molto più libero di una roccia.

D: E' vero. Mi è stato detto che quando qualcuno è una roccia, tutto è molto lento e denso.

W: E ristretto.

* * *

Ci furono molte altre sedute che portai a termine nel mio ufficio di Huntsville tra il 2005-2006 che avevano a che fare con incarnazioni animali. Di queste non ho conservato una copia delle registrazioni su cassetta. Invece, dopo presi nota subito dopo la fine della seduta. Come ogni giornalista ho un'insaziabile curiosità, voglio sempre sapere tutto di ogni cosa. Ecco perché faccio tutte queste domande.

Nel caso di un umano che rivive le incarnazioni animali, volevo sapere cosa voleva dire essere un'animale. Come ci si sente? Come vivono? Come osservano le cose? Molte domande che ho cercato di raccogliere nei miei appunti.

Dorothy finì in una vita in cui era un'aquila. Aveva un corpo molto forte e le piaceva moltissimo. Ma la cosa più sorprendente dell'essere un'aquila, era che tutta la sua energia fosse focalizzata nei suoi occhi, concentrata su ciò che potesse vedere. Era appollaiata sul ciglio del nido che dava su un'area montana innevata. Era in grado di vedere ogni piccolo dettaglio con grande intensità. Disse mentre osservava il panorama: i colori erano i più intensi che si potrebbero immaginare e le ombre erano molto nera ed oscure. C'era una separazione distinta tra i colori e le ombre. Molto diverso da come vedono gli umani. Poi quando vide degli spostamenti sul terreno – un coniglio – la sua vista cambiò. Quando vide qualcosa che si stava muovendo, era quasi come guardare attraverso un campo infrarosso. Un colore rossastro, come se vedesse l'energia dell'animale, piuttosto che l'animale stesso. Come se al movimento della preda, la potesse seguire vedendola attraverso un campo d'energia infrarosso. E la sua vista cambiava così ogni qualvolta stesse cercando del cibo o principalmente quando percepiva dei movimenti.

Durante la notte, la visione normale era limitata a causa dell'oscurità, ma c'era un altro tipo di visione se ne aveva bisogno. Anche in questo caso vedeva un campo energetico. Ma, durante la notte era di colore blu/verde scuro e il movimento invece di sembrare ad infrarosso, aveva un colore blu/verde. Mi ricordava degli occhiali ad infrarosso che utilizzano i soldati. Penso che vedano l'energia delle persone e sono in grado di percepire quell'energia durante la notte. Proprio come nei film, dove i robot e altri esseri vedono i campi d'energia, piuttosto che l'individuo stesso. Appare sempre come un verde o rosso, che riflette il calore corporeo o l'energia della persona. Apparentemente l'aquila vedeva in questo modo. Ma come fare a sapere se è così che usa i suoi occhi? Apparentemente possono scegliere tra due modi di vedere. La cosa più intensa a proposito dell'essere un'aquila era la sua capacità di focalizzare tutta la sua energia nei suoi occhi. Mi sembra spontaneo assumere che altri uccelli rapaci, come i gufi, abbiano una visione simile.

* * *

Durante un'altra seduta una donna attraversò una serie di vite in diversi corpi animali e vegetali. Alcuni erano difficili da identificare quando ci si trovava dentro.

S: Sono dentro ad a qualcosa che sembra una bolla. Non mi piace, perché sono schiacciata. Schiacciata. E' solo una bolla. Sono strettissima.

Ero confusa. Dove si trovava? Che cos'era?

S: A causa della mia posizione all'interno di questa bolla, non c'è spazio per muoversi. E' difficile. E' strettissimo e... un pallone galleggiante. Sono molto a disagio. Mi piace la libertà. Non è piacevole trovarsi all'interno di questa bollicina. Devo uscire da questa bolla.

Visto che questo le causava disagio, la spostai avanti al punto in cui si trovava fuori e le chiesi di spiegare cosa riusciva a vedere.

S: Amebe? Sono nell'acqua? Sono uscita da una borsa d'acqua. Posso respirare, ma sono nell'acqua. – E' una creatura. E posso fluttuare nell'acqua.

D: Che tipo di creatura?

S: Gelatinosa. (Pausa) E' difficile spiegare questo corpo. E' come se prendi le dita dei piedi e li connetti in un cerchio. Quella è la tua capacità di estenderti, ma tu sei la parte centrale. Tu sei il corpo è troppo strano! Un corpo oblungo. – Un girino? Potrebbe essere un girino! Oh! Sono una rana! Perché ci sono questa appendici ondulate che escono da te, ma sembri una cosìna gelatinosa ed oblunga. E poi ci sono delle parti per uscire in un lago. Sembra ciò che chiamerei una rana. Quelle piccole cosette che sembrano dita dei piedi sono le mie gambe! E una testa. – Allora, adesso posso respirare nell'acqua e anche fuori dall'acqua. Mi piace essere qui. E' un bel posto dove andare. E' stata una buona scelta. Transizione. Mi piace.

D: Cosa vedi se ti guardi intorno?

S: Zanzare acquatiche. Guardo fuori dall'acqua. Piccole creaturine da mangiare. Le mangio quando passano. Va bene ma è noioso. Non è come lo pensavo. Voglio andarmene ed essere qualcos'altro. – Ora vedo dei colori, rosso, bianco. Il rosso e bianco fanno parte di un fiore. Sai che la parte esteriore è il colore più luminoso e mentre scivoli all'interno diventa più scuro? Questo è ciò che sono. Sono un fiore! Mi piace provare le cose. Ho un colore luminoso, e posso cambiare di colore. Ho deciso di provare ad essere un fiore, perché hanno molte sfumature di colori.

D: Come ci si sente ad essere un fiore?

S: Espansivo. Espansione. Crescita. Bellezza. Tenerezza. E' bellissimo. Ma poi si muore, perché i fiori non durano molto. Sto provando con le dimensioni. E' stato bello finché è durato.

Sembrerebbe che molte di queste strane vite fossero molto brevi. Servono all'anima per accumulare esperienza.

* * *

Trovo che le vite animali più affascinanti fossero quelle degli insetti. Uno dei miei cliente rivisse una vita nella forma di un ragno e descrisse il modo in cui riusciva a vedere le cose. Come sappiamo, i ragni hanno molti occhi e secondo la nostra logica si potrebbe credere difficile riuscire ad utilizzarli tutti. Ho scoperto che non li usano tutti simultaneamente. Non era difficile perché gli occhi sono separati ad intervalli. Era come guardare diversi schermi TV the mostrano la stessa immagine. Li percepiva come fossero lo stesso schermo, anche se composto di diverse sfaccettature. Quando il ragno percepiva movimenti in uno degli occhi, allora si focalizzava su quello. Gli altri non venivano utilizzati a meno che non percepisse del movimento in quella direzione. Si focalizzava sulla parte o sezione che era d'interesse o che conteneva movimento. Se noi vediamo qualcosa con la coda dell'occhio, il ragno poteva focalizzare e vedere l'immagine intera, anche se periferica. Era la stessa cosa quando un'altra cliente regredì ad una vita nella forma di una mosca. Anche gli occhi delle mosche hanno molte sfaccettature e sono simili al concetto di multipli schermi TV. Riescono a focalizzare l'attenzione sul movimento in qualsiasi direzione vogliano. La mia cliente disse: "Altrimenti sarebbe una giungla d'informazioni. Scelgo ciò che voglio ed ignoro il resto." Piuttosto furba!

Apparentemente queste creature hanno un campo visivo più ampio e dettagliato del nostro. Tutto ciò mi ha fatto apprezzare e rispettare la vita in tutte le sue forme e realizzare che ogni cosa ha la scintilla della vita.

* * *

Un altro caso di questo tipo riguarda una cliente che regredì ad una vita come una piccola balena. Inizialmente, non sapeva dove si trovava. Era nell'acqua e poi scese sotto acqua. Vide una pinna, ma non era sicura di essere un pesce, una foca o qualcosa d'altra. Così quando andò sott'acqua, le chiesi se riuscisse a respirare? Disse: "non a lungo". Doveva tornare sulla superficie. Questo determinò che doveva essere una qualche forma di mammifero ed alla fine vide d'essere una balena. Le piaceva nuotare nell'oceano e magiare pesce. Mentre la seduta continuava vide una piccola barca da pesca. Non sapeva cos'era, perché non aveva mai visto nulla del genere prima. Ci passò sotto e risalì dall'altra parte. Mentre si stava girando nel tentativo di capire cosa fosse, ebbe un brivido di paura. Così decise di andarsene e si allontanò da li. Pensava che non l'avessero vista, ma non era così.

Inaspettatamente sentì dolore e secondo la descrizione doveva essere un arpione. Continuava a dire: "Mi hanno pugnalata! Perché l'hanno fatto? Non ho fatto del male a nessuno. Mi stavo facendo gli affari miei, mentre nuotavo. Perché mi hanno colpita?" Poi descrisse la situazione mentre la stavano tirando. C'erano delle reti e delle corde e la stavano tirando alla barca più grande. Quando alla fine giunsero a riva era immobilizzata ed iniziarono a farla a pezzi. Stava piangendo e decise di non voler osservare il resto.

Una delle ragioni per le quali aveva voluto una seduta, era per scoprire la causa dei suoi problemi fisici. Aveva sofferto di dolori alla schiena che erano risultati in intorpidimento alle braccia e alle mani. Si svegliava spesso di notte ed era intorpidita. Stava avendo delle ripercussioni sul suo lavoro perché faceva fatica a tenere le cose in mano. Quando parlai con il subconscio divenne chiaro che quella vita era la causa originaria di questi dolori. Quando la stavano facendo a pezzi, la tagliarono dalla schiena mentre era ancora viva. Questo dolore se lo portava avanti, presumo in un senso di vulnerabilità, in questa vita. Influenzava la sua schiena, i nervi delle mani e delle braccia. Stavo pensando che avrebbe dovuto avere ripercussioni anche sui nervi delle gambe, ma non in questo caso. Con questa strana spiegazione, venne rimosso il problema fisico, perché non apparteneva alla sua vita attuale. Era solo un altro caso in cui il corpo ricordava una morte traumatica. Le mostrarono quella vita per farle vedere che un tempo era molto felice. Era libera e poteva fare qualsiasi cosa che volesse, anche se andò a finire male. Dove sapere che poteva ancora sperimentare quel sentimento di liberta nella sua vita attuale.

* * *

Una donna che regredì ad una vita da giraffa si sentiva molto regale, perché poteva vedere tutti dall'alto. Per alcuni giorni dopo la seduta si sentì come se stesse camminando con dei trampoli.

Poi durante il mio spettacolo radiofonico settimanale (su www.BBSRadio.com), intervistai una donna che dichiarava d'essere in grado di comunicare con gli animali. Spiegava come fosse in grado di comunicare con gli animali, specialmente il suo gatto, che le dice qualsiasi cosa che voglia sapere. C'era una distinta differenza tra ricevere risposte dagli animali e dalle guide. Una delle domande che fece al suo gatto (che era esattamente il tipo di domanda che avrei fatto io), era: "Voi gatti come percepite gli umani?" Sapeva che i cani percepivano tutto principalmente con l'olfatto, ma voleva sapere come la pensavano i gatti. Le disse: "All'inizio vi percepiamo come dei vortici di colore che poi si focalizza in delle forme." Questo porto alla seguente idea: "Se i gatti prima vedono dell'energia, questo spiega perché possano essere in grado di vedere fantasmi e altre cose che non possiamo vedere. Vedono l'energia dell'entità senza vederne la forma.

Prontamente riuscii ad identificarmi con queste informazioni perché avevo avuto esperienze dirette delle uniche capacità percettive dei gatti. Quando mio marito serviva nella Marina Statunitense durante gli anni '60 per la guerra del Vietnam; vivevo a St. Louis, MO. Abitavamo in una casa di due piani, direttamente di fronte al Tower Grove Park, dove tutte le case sembrano uguali. Io e i miei figli, a breve, scoprimmo che la casa era infestata dai fantasmi. Il fenomeno si manifestava principalmente al secondo piano, dove le luci si accendevano e spegnevano, le porte si aprivano e chiudevano; e si sentivano forti rumori di passi che correvano su e giù per le scale durante la notte. A causa delle restrizioni finanziarie, non avevamo scelta se non di continuare a vivere in quella casa, almeno fino al ritorno di mio marito dalla guerra. Io e i miei figli, ci abituammo alla presenza del nostro ospite invisibile ed iniziammo a chiamarlo "George". Tuttavia la cosa più impressionante erano le reazioni del nostro gatto siamese "Boots". Dopo aver messo a letto i miei figli, cercavo di rilassarmi in salotto (al piano terra) guardando la TV. Ma quasi tutte le sera Boots si sedeva alla base delle scale e fissava il pianerottolo del secondo piano. Mentre restava seduta lì, la sua coda oscillava da una parte all'altra come fanno i gatti mentre osservano una preda. Rimaneva seduta li per ore come ammaliata, allerta, osservando qualcosa che a mera era invisibile. Dalla disperazione, a volte le dicevo: "Boots, perché non vai a caccia di topi?" All'epoca pensavo che tutti gli animali potessero vedere cose che noi non riusciamo a vedere, ma ora questa spiegazione mi sembra più plausibile. I gatti sono più sensibili alle energie, è possibile che riescano a vedere l'energia di un fantasma. Probabilmente, Boots era confusa perché non riusciva a capire cosa fosse quell'energia.

* * *

Ci furono molti atri casi in cui il soggetto regrediva alla vita di un fiore, una pannocchia di mais, una roccia. La vita di una roccia era estremamente lenta. I miei lettori che hanno letto gli altri libri ricorderanno che in Legacy From the Stars ho registrato il mio primo caso di una vita non umana. Un cliente voleva tornare alla sua prima vita sulla Terra. Naturalmente, mi aspettavo che sarebbe tornato ad una vita da cavernicolo o qualcosa di simile. Invece, tornò al tempo in cui la Terra non aveva ancora alcuna forma di vita. Il terreno era instabile, i vulcani stavano eruttando e proiettavano ogni tipo di gas ed elementi chimici nell'atmosfera. La Terra non si era ancora raffreddata abbastanza da essere in grado di sostenere la vita. Lui vide se stesso (assieme a molti altri) come parte dell'atmosfera. In altre parole erano l'aria. In quel periodo mi fu difficile comprendere questo concetto, perché non ero ancora stata esposta all'idea che ogni cosa è viva. Pensavo: eccolo qua nella forma di una molecola chimica o un elemento, e tuttavia ha un'intelligenza. Era consapevole di se stesso, della sua funzione ed era in grado di comunicare con me. Il suo lavoro all'epoca era di aiutare a filtrare l'aria da pericolosi agenti chimici (specialmente l'ammoniaca), per permettere alla vita di emergere dalla "zuppa primordiale" e sopravvivere durante gli inizi della creazione sulla Terra. Quando non svolgeva queste mansioni si tuffava dentro e fuori dalla lava, solo per vedere come ci si sentiva. Segui la sua crescita mentre passava da quello stato, alle varie forme di vita (piante e creature marine) mentre iniziavano ad emergere. Tutto ciò deve aver richiesto eoni di tempo. Dopo quell'esperienza, ero pronta ad ascoltare qualsiasi cosa che i miei clienti mi avrebbero detto. Mi permise di comprendere che nulla, nessuna forma di vita, è impossibile.

* * *

Un caso simile, ebbe luogo nel 2003 dopo aver iniziato a vedere clienti nel mio ufficio in Arkansas. Quando il soggetto arrivo sulla scena si trovò su un pianeta molto scuro e sterile. Tuttavia c'erano cose che spuntavano dal terreno con angoli acuti, punte, lati taglienti che sembravano delle rocce. Sapeva di essere su un pianeta nero, dove non c'era luce e non cresceva nulla. Non aveva un corpo. Sembrava che fosse parte del pianeta, probabilmente parte della superficie. Allora, scese sotto la superficie e fu come se fosse un guscio che ricopriva ciò che era all'interno. Fece molta fatica a descrivere ciò che vedeva. Era come se ci fossero le stesse cose che crescessero sottoterra, più o meno come sulla superficie: massi appuntiti. Erano strani, insoliti, non aveva mai visto nulla del genere e certamente non erano organici. Mentre continuava a scendere, poteva vedere luci della luce che pensava provenisse dal flusso di lava. Ci entrava ed usciva, solo per vedere come si sentiva. Era consapevole che c'erano delle forme di cosciente tutt'intorno a lui. Non necessariamente esseri o persone, ma coscienza. A volte la gente dice che sono pura energia o esseri d'energia. Ma lui dichiarava d'essere coscienza e sapeva d'essere tutt'Uno con ogni casa sul quel pianeta.

Dopo averlo spostato avanti nel tempo, scopri che la superficie del pianeta era cambiata. Vide qualcosa che sembrava una stazione spaziale, ma gli era difficile descriverla. Era qualcosa che saliva dalla superficie del pianeta, come se fosse una serie di edifici. E questa intera comunità, o quel che era, creò una serie di edifici, che erano alti almeno mille piani e si stagliavano attorno alla circonferenza del pianeta. Successivamente chiesi se intendeva descrivere un fenomeno simile agli anelli di Saturno. Disse che era simile, eccetto che erano attaccati alla superficie del pianeta. La gente viveva in questa stazione, o quello che era. Non vivevano sulla superficie del pianeta, ma in grandi strutture comunitarie che si estendevano dalla superficie. Vide gli abitanti e sembravano molto umani, anche se erano vestiti di tuniche. Ognuno aveva il suo lavoro in queste comunità. Viveva tra di loro in una posizione di leader.

Successivamente mentre comunicavo con il subconscio, mi disse che gli stava mostrando che aveva vissuto su questo lontano pianeta dalle origini quando non era ancora abitato. Ogni cosa era in via di creazione, anche se si trovava tutto sotto la superficie, la protezione che copriva il pianeta. La lava era l'origine della vita. Ecco perché non aveva un corpo, perché faceva parte di ogni cosa. Questo per mostrargli che durante l'evoluzione del pianeta – che avrebbe richiesto eoni ed eoni di tempo per raggiungere un certo tipo di sviluppo – aveva abitato ogni singola forma in progressione, finché non era giunto a degli esseri viventi intelligenti. Allora, quando si era evoluto al punto di diventare il leader di quella intera comunità, era come se avesse raggiunto il massimo sviluppo. A quel punto non morì, semplicemente decise di lasciare il corpo. A quel punto decise di venire sulla Terra. Doveva progredire ulteriormente. Aveva imparato tutto ciò che c'era da imparare su quel pianeta dalla formazione della vita fino al suo sviluppo. Così, il gruppo successivo di lezione lo portarono a ripartire da capo su un altro pianeta con un set di regole e lezioni completamente diverse. Ecco perché era finito sulla Terra.

* * *

Nel Marzo del 2007, dopo aver iniziato a lavorare su questo libro, ci fu una seduta inaspettata che ebbe a che fare con un altro aspetto dell'abitare in corpi animali. Il mio cliente vide se stesso in una stanza dove era racchiusa in una capsula di plastica trasparente. Era consapevole della presenza di altre capsule distribuite all'interno della grande stanza. Quando divenne consapevole del suo corpo, non le sembrava completamente sviluppato. Sapeva di avere due gambe e le sembrava più animale che umano. Si sentiva impacchettata mentre era sdraiata su un tavolo all'interno della capsula a forma di tubo. Sentiva di essere un esperimento. Era in grado di vedere un essere che camminava nella stanza, mentre controllava le altre forme di vita che erano nelle capsule. Era molto alto ed indossava una giacca bianca, ma riteneva che non fosse umano. Divenne consapevole che c'erano molti altri in un'altra stanza dalla quale monitoravano il loro progresso con dei computer. Riusciva a vedere degli schermi e delle tastiere, dei bottoni e dei sensori. Cercai di raccogliere informazioni dalla mente delle persone che sembravano prendersi cura di lei e degli altri, ma l'accesso era limitato. L'unica cosa che riuscì a comprendere era che fossero un qualche tipo di esperimento e che si trovavano sopra al pianeta. Di tanto in tanto, spostavano le capsule all'interno della stanza. La spostai avanti nel tempo per vedere se riuscivamo a raccogliere ulteriori informazioni e si vide su un pianeta dove l'avevano portata. Si trovava bloccata in una gabbia, in una zona fangosa, dove era sotto osservazione. Quando provai a spostarla avanti ancora per scoprire altri dettagli, non continuò con quella vita ma salto ad un'altra; nella umana di un gladiatore Romano.

Sapevo che la mia domanda avrebbe ricevuto una risposta dopo aver invocato il subconscio e aver chiesto chiarimenti a proposito di quella strana vita. Disse che gliel'avevano mostrata perché da sempre era curiosa a proposito della vita su altri pianeti. Infatti aveva fatto parte di un esperimento, condotto su una grande astronave allo scopo di portare vita su un pianeta. Diverse specie erano state create dalla manipolazione e combinazione dei geni e del DNA. Lei era il risultato di uno di questi esperimenti. Dopo esseri sviluppata a sufficienza, era stata portata su un pianeta attorno al quale l'astronave aveva iniziato ad orbitare. L'avevano rinchiusa in un recinto perché potesse adattarsi, prima di essere rilasciata. La ragione per cui non eravamo riusciti a seguirla è che non riuscì a sopravvivere. Il suo esperimento era inefficiente. In altre parole, non funzionò e la sua forma non riuscì ad adattarsi alle condizioni planetarie. Il subconscio disse che non era il pianeta Terra. Dissi che già sapevo che la vita era stata portata sulla Terra millenni orsono. Mi disse che questo problema era già successa un'infinità di altre volte e stava succedendo anche oggi, perché era così che promulgavano la vita.

CAPITOLO QUATTRO

DIVERSE FORME DI VITA

Animali e piante non sono le uniche forme che l'anima o lo spirito possa abitare. Ho avuto molti clienti che descrivono la vita in forme che non sono tradizionalmente umane. Alcune superano l'immaginazione, tuttavia il cliente si sente a suo agio mentre c'è dentro, come se non ci fosse nulla d'illogico.

* * *

LA TERRA DEI GIGANTI

Jack vide se stesso come un uomo molto alto, biondo, chiamato Larce. La sua testa arrivava a metà dell'altezza dell'albero sotto cui si trovava. Indossava pantaloni di tela marroni e una maglietta dalle maniche voluminose. Aveva delle bretelle di cuoio sulle spalle che sostenevano i pantaloni. Indossava dei sandali con le suole fatte di corteccia, e aveva una spada nell'elsa sulla schiena. La spada gli serviva per proteggersi dalla persone che erano anche più grandi di lui. Sentiva l'odore di pane appena sfornato che proveniva da una casetta in lontananza. "Ci sono persone più piccole che vivono là. Non sono in grado di proteggersi da soli." Gli stava portando un cervo, che teneva in mano, e della farina. "C'è una giovane donna. Vedo anche due bambine e un neonato. Sono molto più grande di loro, ma provo amore per questa piccola gente." Per chiarire quanto più grande lui fosse, disse che la testa della donna raggiungeva solo i suoi fianchi. C'erano villaggi di queste piccole persone ed erano in pericolo a causa di esseri molto più grandi di lui. Si sentiva responsabile della loro salvaguardia. Non viveva nei loro villaggi, ma sulle montagne limitrofe. "Posso vedere ed osservare... ogni cosa. Posso scrutare nella valle e vedere se sta succedendo qualcosa." Lo faceva solo per amore di queste piccole persone.

C'era freddo in quella zona e la gente spesso indossava delle pellicce. Viveva con la sua famiglia in una struttura fatta di roccia: genitori, fratelli, sorelle dei quali si prendeva cura. La gente più grande viveva su un'isola lontana dalla costa delle grandi acque [un probabile riferimento all'Oceano]. Durante la primavera e l'autunno arrivavano sulle loro grandi navi di metallo. Questa gente più grande viveva nell'oscurità di grandi castelli fatti di massi di pietra enormi che avevano grandi porte di legno. Non erano mai soddisfatti e volevano ciò che tutti gli altri avevano. Uccidevano ogni cosa, per il solo gusto di farlo. Avevano arnesi meccanici: pistole che sputavano fuoco; le loro navi sembrava che le loro navi volassero sull'acqua mentre l'attraversavano senza vele. Li descriveva come se avessero il volto di un bulldog; con la mascella pronunciata, due denti sul labbro superiore, una grande gobba sulla schiena e pochi capelli. Camminavano piegati in avanti. Li conosceva perché ne aveva feriti alcuni in battaglia e in acqua. Insisteva nel difendere se stesso senza uccidere.

D: Sembrano davvero persone strane. Nessuno sa da dove provengano?

J: Originariamente provenivano da un luogo rosso. Adesso è l'unica cosa che riesco a vedere. Tipo un pianeta con rocce rosse.

D: Mi chiedevo se la vostra gente avesse delle storie che li riguardavano.

J: Sono bloccati. Non potevano tornare da dove erano venuti. Non ce' l'atmosfera. Non c'era modo di sopravvivere da dove provenivano. Dovettero abbandonare quel luogo.

Lo spostai avanti ad un giorno importante. La piccola gente stava celebrando un matrimonio. Anche la sua famiglia stava partecipando alle celebrazioni. Non avevano avuto alcun problema con i giganti da molto tempo. Forse stavano morendo. Disse che era un male per le specie, ma era un bene per loro e la loro gente.

A quel punto lo spostai all'ultimo giorno della sua vita. Era sdraiato su un letto nella sua casa. Il corpo non era vecchio. Aveva continuato a crescere ed era diventato troppo grande. Questo gli causava dolori al petto, debolezza dovuta al peso, problemi di respirazione, dolori alle caviglie, ai piedi e alla schiena. Disse che si può essere o troppo grandi o tropo piccoli. I giganti non tornarono più. Quando andò sull'isola per controllare, trovò solo delle ossa. Tutta la loro roba era rimasti come l'avevano lasciata.

La piccola donna della casetta con i figli, era con lui quando morì. Dopo la sua morte, il suo corpo fu messo in una barca e bruciato mentre andava alla deriva verso il mare aperto. Facevano questo con chiunque aveva una qualche forma di malattia. La lezione di quella vita era il rispetto. Rispetta te stesso proprio come il tuo nemico. E si in grado di amare tutto e tutti, che siano piccoli o grandi. Inoltre vigilanza. Consapevolezza. Ascolta, guarda, osserva. Pensava di aver imparato queste lezioni.

Allora invocai il subconscio per ottenere delle risposte.

J: Jack dovette vedere questa vita per conoscere l'amore che non era riuscito ad avere. Ora nel 2004 è in grado di condividere quell'amore con lei in questa sua vita. Lei è sua moglie, allora era la piccola donna della casetta.

D: Quindi sono tornati insieme. (Si) Questo è importante perché adesso sono della stessa statura, giusto?

J: Quasi. L'amore era impossibile nell'altra vita e questo gli creava molta disperazione. Poteva stare con lei solo come un amico.

Volevo che il subconscio spiegasse gli strani dettagli di quella vita. "Tutto quello che Jack ha è strano. Tutto sembra tendere ad essere diverso, perché gli piace ciò ch'è diverso. Durante tutte le sue vite, è sempre stato in grado di vedere ciò che gli altri non riescono a vedere. E' sempre stato diverso.

D: Ma questo non è un problema. Basta solo che si adatti. (Si) In quella vita, era una persona alta e continuava a crescere. Puoi dirmi qualcosa a proposito di questa gente?

J: Il suo gruppo proveniva da un altro pianeta. Erano stati messi qui sulla Terra.

D: Che paese era questo?

J: Un paese freddo. Vichingo. La zona settentrionale, in un passato molto lontano.

D: La piccola gente, oggi possiamo considerarla di altezza normale?

J: Circa 170cm. Alcuni più piccoli. Il suo gruppo era tra i 270-300cm. Erano stati portati da un altro pianeta.

D: Quindi erano molto alti per questo pianeta, non è vero?

J: Si. Ecco perché li avevano messi a Nord, lontano dagli altri. La gente più piccola avrebbe avuto paura di loro. Li avevano messi li per vedere se sarebbero sopravvissuti.

D: Perché continuava a crescere?

J: Difetto genetico.

D: Quindi quando li trasportarono qui ebbero dei problemi. (Si) Quello gruppo è sopravvissuto fino ai nostri giorni?

J: Si. Non sono più così grandi.

D: Quindi alcune delle persone più alte sulla Terra oggi giorno sono discendenti da quel gruppo? (Si) Avrei detto che non sarebbero sopravvissuti. (No) Cosa mi dici di quelle che anche più grandi che erano sull'isola?

J: Quelli proveniamo da un altro pianeta. Un errore dall'al di là. Non avrebbero dovuto arrivare qui. Avrebbero dovuto andare altrove.

D: Perché finirono qui?

J: Un errore di calcolo dalla loro parte.

D: Disse che erano rimasti bloccati. (Si) Qualcosa a proposito di un pianeta rosso?

J: Pianeta Rosso. (Sorpreso) Non Marte. Aveva una cattiva atmosfera. Dovettero andarsene perché non potevano respirare.

D: Così sbagliarono i calcoli e finirono su quell'isola. (Si) Ma sembrava che non fossero in grado di riprodursi.

J: No, era tutti maschi. Ecco perché alla fine morirono tutti. Erano molto violenti. Nulla di umoristico in loro, eccetto che erano davvero schifosi.

D: Quindi è stato un bene che fossero finiti isolati su quell'isola. (Si) Cosa mi dici del loro castello? E' sopravvissuto qualcosa fino ai nostri giorni?

J: Sotto il fango. Nel nostro tempo, 2004, potrebbero trovarlo in Islanda. Alla fine scopriranno degli artefatti, ma non riusciranno a capire.

D: Quelle navi sembravano piuttosto delle astronavi.

J: Si, sotto il fango.

D: Verranno ritrovate?

J: E' possibile.

Così le storie e narrazioni che abbiamo sentito per tutta la vita hanno forse un fondo di verità. Ho sempre creduto che la maggior parte delle storie e leggende abbiano siano basate sui fatti. Ma so anche che nei secoli, l'umanità ha arricchito e sminuito queste leggende, quindi è difficile sapere quali fossero le origini. Quand'ero in Norvegia, ho visitato qualche museo in Oslo. Ho visto gli antichi dipinti che presentavano le storie dei giganti, troll, orchi e altre strane creature. Il subconscio di Jack disse che vivevano a Nord. Forse queste storie rappresentano i ricordi di queste creature che vivevano sulla Terra molto tempo fa. Questo potrebbe anche spiegare come certi individui adesso siano così alti. Forse ritengono dei geni provenienti da questi gentili giganti.

* * *

Un caso dell'Aprile 2002, registrato a Seattle, Washington dove stavo presentando ad una Conferenza sull'Ipnosi organizzata da APRT (Association for Past-Life Research and Therapy/Associazione per la Terapia sulla Ricerca delle Vite Passate), svelò un'altra forma di vita inaspettata.

Ogni seduta su cui lavoro è strutturata per permettere al subconscio di portare l'individuo alla vita passata più appropriata che ci permetterà di spiegare i problemi che stanno affrontando nella vita presente, o condividere informazioni di cui hanno bisogno. Come dimostrato in questo libro e nel Libro Uno e Due di questa serie, il soggetto spesso finisce in situazioni strane che non hanno alcun fondamento o spiegazione logica. Mi fido sempre che il subconscio abbia una ragione per ciò che mostra loro, così mi limito a riportare, investigare e fare domande nel perimento che il subconscio ha scelto di fargli osservare. Se avessi cercato di spostarli e portarli in una situazione che aveva più senso logico per me, le informazioni essenziali non si sarebbero manifestate.

La prima cosa che Wanda vide mentre entrava sulla scena era un gruppo di persone che non sembravano esattamente delle persone. Era confusa mentre cercava di descriverli: "Hanno il subconscio e una struttura corporea, che si estende in luminescenza. Che fico." Era piacevolmente sorpresa di scoprire che il suo corpo era uguale. "Oh, anche il mio corpo si comporta così! La luminescenza! Che bello! E la luce, la luminescenza è costante e poi diventa sempre più fioca finché non sparisce, ma è sempre presente. C'è la struttura di una sostanza dentro a questa luce, è come essere all'interno di una sfera di vetro. E la tua stessa luce è la sfera di vetro. Mi sento molto felice! C'è un piccola differenza nella luminosità della loro luce. Alcuni sono più luminosi di altri, altri hanno un colore diverso, alcuni sono color pesca e altri tendono più al color fragola. Il mio è più giallo crema. Stiamo tutti fluttuando."

Sembrava così felice ed effervescente, piena di gioia ed esuberanza nel descrivere ciò che stava osservando. Sembrava quasi una bambina in questa suo entusiasmo. "Sono così felici di vedermi. Presumo che fossero qui e mi stessero aspettando. E' quasi una festa. Non riesco a capire bene quello stanno dicendo, parlano molto velocemente. Ci sono stati moltissimi cambiamenti. Volevano raccontarmi dei cambiamenti, tutti allo stesso tempo. Hanno paura che l'area si stia ammalando e vogliono migliorarla. I colori non sono luminosi come in passata."

D: Quale area?

W: Oh, laggiù non è così luminoso e dobbiamo migliorarlo. (No sembrava più così felice come prima) La luminescenza non è più brillante, ma sembra brillante per me! Dicono che non va bene.

D: Ci sei già stata prima d'ora?

W: Ci sono stata quando hanno iniziato, molto tempo fa. Siamo venuti qui e abbiamo deciso di vivere qui. E così abbiamo fondato quell'area, ma poi altre cose hanno iniziato ad accadere che non la rendono più così confortevole. Ma loro non vogliono doversi spostare altrove.

D: *Vivono sulla superficie o nell'arai? Vediamo se sto capendo correttamente.*

W: Non hanno bisogno della superficie. Ciò che sta succedendo laggiù rende il nostro habitat meno confortevole.

D: *Hai detto che eri qui all'inizio quando giunsero per la prima volta? (Si) Allora te ne sai andata?*

W: Si, ho dovuto andarmene altrove ed aiutare qualcun altro. Dopo che si stabilirono, potei andare ad aiutare un altro gruppo.

D: *Quindi questo è ciò che fai? Vai dai un gruppo all'altro?*

W: Si, perché pensano che io sia importante.

Ero confusa. Non avevo la minima idea di dove ci trovassimo e chi o cosa fossero gli altri esseri. Sembravano essere una forma di esseri energetici, ma c'erano differenze.

D: *Qual'è il loro lavoro?*

W: (Pausa) Parlano con le fate. Dove vivono le fate? Oh, si! Le fate e gli altri esseri vivono giù sulla superficie. La superficie è laggiù.

D: *Puoi descrivermi le fate?*

W: Hanno le sembianze umane, ma sono piccole. Sembrano delle regine... oh, c'è un piccolo unicorno, ma è in miniatura come le fate. (Rise) Mi sono focalizzata laggiù per vedere le loro sembianze. Posso spostarmi in qualsiasi direzione io voglia. Voglio esserne in grado in ogni momento. (Rise)

D: *Che tipo di lavoro svolgono le fate laggiù?*

W: Stanno cercando di mantenere il loro pianeta e cercano di aiutare gli animali più grandi. Ci sono anche altre persone, ma non fa parte delle loro mansioni lavorare con la gente. Alle piccole fate piacioni gli animali (compiaciuta), e gli piaccio anch'io.

D: *La tua gente cosa fa per aiutare le fatine?*

W: Li teniamo lontani dalla gente. Diciamo loro quando la gente si sta avvicinando, perché non sono gentili. La gente li sta danneggiando (divenne triste).

D: *Come fanno a danneggiarli?*

W: (Tristemente) Perché certa gente gli porta via la loro area e questo li danneggia. La gente gli toglie la casa e le loro case sono gli alberi. Non ci sono più molti alberi.

Apparentemente, le fatine erano degli spiriti della natura il cui lavoro era di proteggere le piante e gli alberi. Erano irritati perché la gente gli toglieva gli alberi che avevano giurato di proteggere. Si devono essere senti come se non riuscissero a fare il loro lavoro.

D: Ecco perché non gli piace la gente?

W: Si, ma questa non è la Terra. Non sono le stesse piante. Noi siamo andati la per aiutare le fatine nel loro lavoro, perché erano troppo piccoli e non potevano vedere all'infinito. Ma noi eravamo in grado di vedere ciò che li poteva danneggiare.

D: Quindi avete l'abilità di vedere queste cose e sapere come avvisarli?

W: Si, si possiamo vedere!

D: Ma avevi detto d'essere andata altrove?

W: Si, ho dovuto. Ci sono altri mondi che avevano bisogno di qualcuno che potesse aiutare le fatine. Le fatine sono molto felici quando possiamo andare, perché si sentono sicure e non hanno paura. Viviamo in cielo! Dove la gente non può vederci, ma le fatino ci riescono. Non penso che piacciamo molto alla gente. Non sembrano molto interessati alla natura.

D: Ma visto che sei così luminosa, non penso che possano nemmeno vederti.

W: Si. Vedono solo la struttura, ma noi non abbiamo molta struttura. Sono tornata per controllarle ed assicurarmi che vada tutto bene. Sono felici di vedermi e vogliono dirmi tutto ciò ch'è successo d'allora. Ecco perché non riuscivo a sentire, (ridacchiò) stavano parlando in troppi. Ma le fatine non parlano così velocemente. Posso andari su altri mondi, ma il mio lavoro è là. Sono una popolazione molte gentile. Sono così premurosi e calorosi. Solo standogli vicino si percepisce molto amore. La gente provò ad andare là, ma noi abbiamo creato una pizza insopportabile! Abbiamo combinato diversi agenti per creare la puzza. Queste cose le conosciamo, ma la gente non le comprende ed ha funzionato perfettamente! Infatti la gente se n'è andata. (Ridacchiando) cercheranno di eliminare la puzza. Sono tutti felici, specialmente quando la gente se ne va via.

Anche se questo tipo di essere di solito non ha il senso del tempo; decisi di spostarla in avanti ad un giorno importante quando stava succedendo qualcosa.

D: Cosa stai facendo? Cosa vedi?

W: Oh, ci sono delle persone e hanno le loro grandi città. Non va bene. Abbiamo provato con la puzza, ma non ha funzionato. Hanno detto che sarebbero stati in grado di cambiare l'aria. Pensano che ci sia qualcosa là fuori di cui abbiano bisogno. Non sono sicura di cosa si tratti, ma non sembra buono per noi. Cattureranno gli animali, faranno degli esperimenti e questo non è mai un bene. Non danneggeranno noi, ma danneggeranno le fatine e gli animali. Ma loro sono noi amici e fanno parte di noi.

D: Pensavo che non sarebbero stati in grado di vedere le fatine.

W: Non possono vederle, ma le impauriscono e questo le danneggia. E poi perdono la loro area. Sono molto triste, perché questo è il mio lavoro e non riesco a proteggerle. (Quasi piangendo) Non voglio nemmeno vederlo. Le danneggiano perché non sono riuscita a proteggerle. Dovevo assicurarmi che non sarebbe mai successo. Ho visto che sarebbero arrivati e non sono riuscita a prevenirlo (triste).

D: Puoi descrivere gli animali che stanno catturando?

W: Alcuni hanno delle macchie come i leopardi.

D: Vuoi dire dei felini?

W: Si, ma non sono cattivi. Tutti gli animali sono gentili, hanno solo paura. Tutti hanno paura.

D: Che altro tipo di animali ci sono?

W: Le scimmie e tutti gli uccelli più belli. (Quasi piangendo) Si fidavano di noi.

D: Adesso c'è qualcosa che puoi fare per aiutare gli animali?

W: Non lo so. Non penso. La gente è troppo grande.

D: Anche le fatine non possono fare nulla?

W: No. Possono provarci. (Molto infelice) Ma ci sono troppe persone e hanno definitivamente deciso che lo faranno. Stanno mettendo gli animali nelle gabbie. Gli animali sono impauriti e alcuni di loro stano morendo, solo perché sono troppo impauriti. Non vogliono andarsene. Li mettono dentro a questo grande edificio e poi tagliano gli alberi.

A quel punto, Wanda non riuscì più a sopportarlo, perché credeva che fosse un suo errore che stessero accadendo questo cose negative. Improvvisamente lasciò il mondo dove stava aiutando le fatine e gli animali nella forma di un qualche spirito della natura e tornò sul piano spirituale. Sicuramente si sentiva di aver fallito nel suo lavoro di proteggere la piccola gente. Stava infelicemente facendo rapporto per essere riassegnata. Lei ed il Consiglio decisero all'unanimità che avrebbe potuto fare molto di più la prossima volta, nascendo come una "della gente", invece che questo essere luminoso, perché allora avrebbe avuto più forza fare cambiamenti. Descrisse le entità del Consiglio che la stavano consigliando.

W: Sembrano delle sfere di luce, ma sono diversi dalle altre luci come quella che ero. Molto diversi, sono soffici. Beh, no, penso che ci abbiano anche una struttura, ma irradiano moltissima luce. E' difficile vedere se hanno davvero una struttura. Non assomigliano alla gente da dove provengo.

D: Sono loro a prendere le decisioni?

W: Aiutano nel prendere le decisioni. Ma ti mostrano tutto, ti parlano delle varie scelte e ti permettono di giungere alle tue conclusioni.

D: Quindi hai deciso che vorresti provare ad essere uno della "gente"?

W: (Incerta) Si, posso provarci

D: Lo sconosciuto fa sempre paura, qualcosa di nuovo e diverso, non è vero? (Si!!) Bene, allora cosa succede? Come diventi uno della gente?

W: Beh, c'è questa bambina. Mi hanno detto che sarei stata questa bambina, gli ho detto che non volevo essere una bambina, perché i bambini non possono avere potere.

D: Si, ma devi iniziare da qualche parte.

W: Mi limiterò ad essere una bambina. Avrò circa sei anni.

D: Non sarai un bebè? (No.) Riesci a vedere la bambina che sarai?

W: Oh, è carino. Ha molta energia ed è molto preoccupato per gli animali. Gli sto dicendo alcune delle cose che so. Ma non ricordo più molto; sta sparendo.

D: Come fai a diventare lui se lui ha già sei anni? Dovrebbe già esserci uno spirito che vive dentro di lui, non è vero?

W: Non lo so. L'ho solo visto e mi sono avvicinato a lui, e poi ero lui.

D: Quindi può funzionare così a volte?

W: Non lo so. Ho visto il bebè, ma non lo volevo. Allora ho visto lui e adesso sono lui.

D: Quindi diventi uno della gente così, iniziando da piccolo?

W: Si, ma ho sei anni e riesco già fare qualcosa. Non posso dirgli delle fate, perché non mi ricordo più. So' che la c'è qualcosa, ma non so cosa sia.

Anche se incerto, era ovvio che aveva deciso di diventare uno "della gente" per poter riuscire a fare la differenza. Ovviamente era la sua prima incarnazione come essere umano, ma certamente non era la sua vita attuale nella forma di Wendy. Così le chiesi di lasciare quell'entità dov'era, per poter andare avanti nel tempo e nello spazio. In questo modo sarei stata in grado di comunicare con il suo subconscio.

D: So che il subconscio avrebbe potuto scegliere di far osservare a Wendy qualsiasi evento. Perché ha scelto di farle vedere quella vita?

W: Perché lei era preziosa. Adesso, nella sua vita attuale, si sente di non essere in grado di fare nulla per gli animali e le piante. Ha bisogno di saperlo, anche se è una persona sola, è in grado di fare la differenza. Pensa che sia troppo difficile riuscire a fare la differenza per una persona. Si dimentica che una persona deve iniziare. Ha delle idea su come iniziare, ma non le mette in pratica.

D: E' questa la ragione che l'ha spinta a lasciare la forma energetica per venire in un'incarnazione umana?

W: Questa è una delle ragioni. Non vuole più lavorare con gli animali e le piante. Vuole lavorare con le persone, perché spera che la gente migliorerà. Ma non è sicura che le persone sulla Terra siano pronte a comprendere che ci sono diverse dimensioni. E' lo stesso scenario che gli umani hanno dovuto affrontare per molto tempo. Finalmente siamo riusciti a toccarla. Ci è voluto un bel po'. E' da molto tempo che sa di dover lavorare con la gente.

D: Ma quando inizi a vivere come un umano, non si rimane impigliati e si inizia a creare del karma?

W: Si. Continua a scegliere di venire qui. Potrebbe andare altrove. E' una scelta. E il karma esiste se lo vuoi. Ma se riesci ad uscire dalle restrizioni umane, può fare la scelta di andare altrove. Puoi fare la scelta di lasciarti dietro quel karma, positivo o negativo, che sia.

D: Si, ma ha fatto la scelta di essere umana per riuscire a fare la differenza?

W: Si, spera sempre di riuscire a fare la differenza. Deve comprendere che ha fatto la differenza in molti, molti luoghi. E forse potrebbe smetterla di spingersi fino allo strenuo delle forze. Cerca di prendersi cura di tutto e tutti. Ha bisogni di ricordarsi che si è presa cura di tutto e tutti per secoli.

Nel mio libro Between Death and Life, ho riportato come una delle vite che dobbiamo sperimentare prima di provare ad essere degli esseri umani è la vita come uno spirito della natura, i.e.: fate, ecc.. Questi esseri sono guardiani delle piante e degli animali. Questi esserini sono reali e molte culture passate che vivevano a stretto contatto con la natura erano in grado di vederli. Molte delle storie sulla "piccola gente" sono basate su fatti. Nella nostra società attuale, basata sulla tecnologia è molto più difficile essere consapevoli della loro presenza, a meno che non stiamo parlando dei piccoli gremlin che adorano armeggiare con il mio computer. Questa storia dimostra come gli spiriti della natura non amino stare troppo vicini agli esseri umani. Preferiscono di gran lunga aree agricole o boschive piuttosto che le grandi città.

Un'altra forma di vita attraverso la quale bisogna passare sono gli "elementali". Non sono sicura se questo è ciò che Wendy stesse sperimentando, perché sembrava stesse aiutando le fatine piuttosto che essere una di loro. Gli elementali sono energie di base, non definite da una struttura solida. Non sembra che abbiano un'intelligenza con cui si possa comunicare. Sono attratti da luoghi specifici, si nutrono ed aumentano l'energia di quel luogo, che sia in modo positivo o negativo. La maggior parte della gente riesce a percepire questa energia quando entra in certi edifici. Basti notare la differenza tra l'energia di una grande cattedrale e quella di una prigione. E' l'accumulo d'energie che rimane all'interno della struttura. Queste due forme di vita sono diverse tra di loro. Questo capitolo illustra quali altre forme di vita ci siano prima che un'anima cerchi di vivere come un complicato essere umano.

* * *

In questa prossima seduta c'è forse la descrizione dello stesso tipo d'entità, ma sotto un diverso nome?

D: Sally voleva sapere, come le fate entrano nel regno degli umani? E' molto interessata alla piccola gente, le fate.

S: Le fate non sono piccole persone. Le fate sono piuttosto grandi, se comparate agli umani.

D: Le immaginiamo sempre come se fossero molto piccole.

S: Quelle non sono fate. Quelli sono gli esseri di mezzo, gli spiriti della natura che comunicano e sono deliminali (fonetica) [qui l'autore non riesce a comprendere il contenuto della registrazione] tra qui, gli umani, e le fate.

Deliminali non è una parola. La parola più vicina dovrebbe essere delimitare, che significa: stabilire i limiti o le possibilità di. Molte volte nel mio lavoro, l'essere che sta comunicando inventa parole, a volte trasformando verbi in nomi o viceversa, al fine di avvicinarsi il più possibile a ciò che sta cercando di descrivere. E questo lo stesso caso?

D: Ma hai detto che le fate sono piuttosto grandi?

S: Si, sono grandi. Non sono piccole. A volte sono anche più grandi della maggior parte degli umani. Hanno una diversa capacità d'interpretare il loro essere. Sono simili agli umani perché hanno due braccia e due gambe, ma hanno la tendenza d'essere più connessi alla natura. Così le loro emozioni e i loro corpi sono connessi alla natura. Sally ha un amico che è una fata e assomiglia molto ad un albero. La sua pelle è legnosa, come la corteccia; i suoi capelli sono molto simili a delle foglie verdi. Interpretano i loro corpi diversamente.

D: Ma è un corpo fisico? (Si) Bene, voleva sapere come fanno ad entrare il regno degli umani.

S: Usano gli elementi.

D: Conosco gli elementali, ma tu intendi dire gli elementi?

S: Usano gli elementi. Tutti i loro corpi sono una combinazione dei quattro elementi dell'aria, acqua, terra e fuoco. Sono in grado di separare ogni elemento. Attraversano un portale e si riassemblano invocando gli elementi dall'altra parte del regno umano.

D: Ma i loro corpi sembrano umani?

S: Si, esattamente. Sono un po' strani per gli umani, ma certamente molto più umani di quanto lo sono nel loro regno fatato.

D: Quindi le persone non sarebbero in grado di sapere che stavano parlando con una fata.

S: No, penserebbero solo che quell'individuo era un po' strano. Potrebbero pensare che questa fata in un corpo umano sembra un po' diversa dal resto degli umani.

D: La persona che è una fata, sa di essere diversa?

S: Oh, si, ricordano ogni cosa.

D: Sanno di non essere diversi dagli umani normali.

S: Si, possono andare e venire molto più facilmente degli esseri umani.

D: Come riesce ad utilizzare quest'abilità delle fate per la guarigione?

S: Deve essere molto più connessa con gli elementi, e che ruolo abbiano gli elementi nella malattia. Da li deve essere in grado di spostare gli elementi perché possano essere equilibrati ed armonizzati tra di loro, in questo modo di migliora lo stato di malessere. In realtà, non ha bisogno d'essere vicina ad una persona per poterlo fare. Ha già queste informazioni nella sua mente, semplicemente non le ha ancora applicate. Ancora una volta torniamo al problemi che non riesce a pensare d'essere in grado di farlo.

D: Ci mettiamo dei limiti, non è vero? (Si)

* * *

Quando Betty entro sulla scena di una vita passata, si trovò ad osservare un oggetto strano in un ambiente inconsueto. L'oggetto era un cilindro liscio, color ostrica con una sfera rotonda sulla cima. Sul lato c'era un disegno rosso rettangolare. Il cilindro era solo, in piedi su delle rocce, in lontananza il cielo era di due colori: blu scuro e giallo pallido. Quando si girò, vide altre rocce dalle strane forme. "Sono simili a delle clessidre. Lunghe e sottili nel centro. Alcune sono come delle guglie." Ovviamente non sembrava che fosse sulla Terra. Poi dichiarò, "sembra che tutto il resto sia sotto Terra. Ho bisogno di andare sottoterra. Non viviamo sulla superficie, viviamo sottoterra. – C'è un'apertura, un tubo rotondo. Si passa attraverso il tubo. – Questa non è la mia casa. Mi fanno fare un tour e poi torno indietro. Sono su una stazione intermedia. Siamo dei minatori. Stavo controllando il faro, sono l'ufficiale delle comunicazioni. Il cilindro è un faro per le comunicazioni. La parte superiore della sfera si apre ed emetter luce."

Le chiesi se voleva scendere per vedere com'era sottoterra. Disse che basta scendere dal tubo. Scese in una camera dove si tolse i vestiti. Apparentemente, erano qualcosa che si doveva indossare sulla superficie. "Sono nuda, e non sono umana. Assomiglio ad un insetto. Ho molte braccia; la mia testa ha la forma di un pallone di football. Assomiglio ad una formica, ho le mandibole a pinza e i miei occhi sono alla sommità delle antenne. Posso guardare in tutte le direzioni. Ho due antenne così posso guardare in multiple direzioni. Ho quattro gambe e sei braccia. Il mio corpo è marrone, ed ha tre segmenti. Il segmento superiore è la testa, il successivo ha sei braccia e quello più grande ha quattro gambe. C'è una macchinario per la respirazione sul mio petto. Non un apparato. In realtà è una qualche forma di organo che spunta dal mio petto. Tiri dentro l'aria e comunica: fa dei fischi e sei rumori. Comunica in questo modo. Siamo tutti in grado di comprenderlo."

D: C'è una ragione per cui dovete indossare qualcosa quando siete sulla superficie?

B: Possiamo chiamarla: radiazione. Non si può respirare in superficie senza la tuta, ti protegge dalle radiazioni.

D: Perché ci sono radiazioni in questo luogo?

B: E' vicino al sole. L'unica ragione per cui vado in superficie è per controllare il faro.

D: Sembra essere importante che il faro funzioni costantemente.

B: E' la ragione per cui ci sono. Io sono il supporto d'emergenza. Se qualcosa succede al faro, posso mandare un SOS dal mio corpo, tipo una pulsazione. Però penso che mi ucciderebbe, dubito che sarei in grado di sopravvivere. Penso che richiederebbe tutta la mia energia per farlo.

D: Quindi ti chiamano l'ufficiale delle comunicazioni per questa ragione?

B: Si, e sono il supporto d'emergenza.

D: Nel caso che succedesse qualcosa, ti dovresti sacrificare per riuscire a mandare un messaggio? (Si).

C'erano altri esseri che vivevano sottoterra che gli assomigliavano. "Siamo divisi in case. Presumo che le possiamo chiamare case. Ogni casa ha un lavoro, e noi abbiamo dei lignaggi che hanno un lavoro. Io provengo dalla casa delle comunicazioni".

D: Questo è ciò che intendi per lignaggi? Vi passate queste abilità? (Yes) E gli altri hanno altre abilità e lavori da fare?

B: Oh, si, i creatori dei tunnel. Lavoriamo laggiù, come minatori.

D: Avete anche una sezione residenziale?

B: Luoghi dove non siamo in mezzo. Credo di non avere bisogno di dormire.

D: Cosa mi dici del nutrimento per mantenere il corpo in vita? Consumate qualcosa niente? (No) Come restare in vita?

B: Nasciamo con ciò di cui abbiamo bisogno e quando finisce, finiamo anche noi.

Mi stava raccontando tutto questo come fossero fatti. Non le dava alcun fastidio. Era proprio come se si trovasse nella sua vita attuale.

D: Non avete bisogno di continuare a riempirlo o rinforzarlo?

B: No. E' una vita breve. Ci dedichiamo solo al lavoro.

D: Cosa state scavando in miniera?

B: Stiamo estraendo una pietra per qualcun altro. Non per noi, perché non ne abbiamo bisogno.

D: Sembra che non vi serva molto per vivere, vero?

B: No. Lo stiamo facendo per aiutare qualcun altro. Le pietre sono bianche, a volte trasparenti. Altre volte verdi e porpora. Vengono polverizzate e spedite su un altro pianeta.

D: Laggiù avete il necessario per polverizzarle?

B: Si. Vengono raffinate, abbiamo delle case che lo fanno. Siamo tutti lavoratori.

D: Le pietre vengono spedite sul vostro pianeta natale?

B: Non penso di aver mai avuto una casa. Penso di essere nata su un'astronave e lasciata qui per lavorare.

D: Vi hanno lasciati qui in tanti, allo stesso momento?

B: Si, abbastanza da riuscire a fare il lavoro. E' una vita breve. Portano altri come noi per rimpiazzarci.

D: Cosa ne pensi? Ti piace questo tipo di vita?

B: Non ho emozioni di questo genere. Ho più pensieri degli altri, perché sono il comunicatore. A questo stadio della mia vita, quando lascerò' il corpo, credo che diventerò luce. Allora potrò fare ciò che voglio.

D: Questo te lo insegnano o lo sai e basta?

B: Questo lo sappiamo. Nasciamo con questa conoscenza. Sappiamo che ciò che stiamo facendo è temporaneo. Ma coloro che ci creano questo non lo sanno. La gente sulla cui astronave ci trovavamo. Questo non lo comprendono, ma abbiamo questo ricordo. Sabbiamo che passiamo da una esistenza all'altra. E' temporaneo. E' qualcosa che facciamo per un breve periodo di tempo.

D: Ma avevi detto che avevi più – credo "sentimenti" sia la parola giusta – degli altri, perché sei il comunicatore?

B: Perché in realtà non sono uno di loro. Gli assomiglio e basta.

D: Hai detto che la gente sull'astronave è diversa. Puoi descrivermeli?

B: Sono più grandi. Hanno solo due braccia e due gambe. Le loro teste sono rotonde, hanno caratteristiche diverse dalle nostre.

D: Sai niente delle loro astronavi e dove vanno?

B: E' un'astronave di minatori. E' un'operazione di estrazione. Creano questi lavoratori all'interno d'incubatrici e poi li scaricano sul pianeta per completare il lavoro. Hanno alterato questi lavoratori geneticamente per fare specifici lavori, perché avessero certe strutture fisiche. Raffinano i metalli e li spediscono. Hanno una durata, tutto viene misurato sul tempo.

D: Quindi quando vi scaricano sul pianeta, sapete esattamente ciò che dovete fare e dove dovreste andare? (Si) E non fatte alcuna domanda.

B: No, non ce ne' bisogno. Sono nata sapendo cos'era, inoltre ho i ricordi del mio lignaggio. Conosco altri luoghi dove sono stati i miei antenati. Comprendo e ricordo ciò che loro hanno sperimentato e questo continuerà nella linea del casato. Però penso d'essere una mutazione.

D: Quindi con tutti i tuoi ricordi, sei sempre stata questo tipo d'essere? (Si) Perché hai i ricordi con cui la gente sull'as-tronave ti ha programmata?

B: Non potevano programmarlo. Ce l'abbiamo già, loro si sono limitati a prenderci.

D: Ma hai detto che non comprendono queste cose.

B: No, non le comprendono. Quest'astronave non ha alcuna credenza spirituale, se non ciò che gli è stato insegnato da bambini. Sono più duri, non sono persone spirituali e non vedono lo spirito dentro di noi. Sono molto diversi, non sono nemmeno dei pensatori. Anche loro sono solo dei lavoratori, ma di un tipo diverso. Loro sono completamente programmati, non penso che siano umani. Non penso che siano viventi: androidi.

D: Androidi? (Si) Quindi non pensi che abbiano uno spirito? (No) Tutta la gente sulla nave è uguale?

B: No. Ci sono altre tipologia sul ponte più alto. Riesco a sentirli, ma non li vedo. Hanno uno spirito, sono reali.

D: Cosa sai di quegli esseri?

B: Quegli esseri sono altamente educati. Sono stati in varie scuole. Dipendono gli uni dagli altri, sono una squadra. Hanno molta diversità, hanno molte forme diverse; ci sono molti esseri diversi. E' un'intera ciurma, almeno duecento. Hanno scuole specializzate e fanno parte di un conglomerato di operazioni d'estrazione. Qui dove sono io, ci sono otto pianeti nel sistema solare. Quattro di loro sono inabitati ed interagiscono. C'è un'operazione mineraria che va oltre il sistema solare e riporta metalli, o ciò che è necessario per i pianeti.

D: Gli esseri sul ponte superiore, provengono da tutti i pianeti nel vostro sistema solare?

B: E anche oltre. Sono degli impiegati e ricevono un alto salario. E' un lavoro pericolo.

D: Quegli esseri hanno bisogno di consumare qualcosa?

B: Si. Hanno delle cucine, delle docce e delle serre. Crescono della roba. Hanno delle biblioteche, ma non di libri, servono solo per far funzionare i loro piccoli computer rettangolari trasparenti che possono fare molte cose. Ci sono registrazioni musicali, di voci, di letture, di eventi, di intrattenimento.

D: Come fanno a comprendere quelle cose se non leggendole?

B: Hanno delle macchine e un ologramma. E' diverso, non assomiglia a nulla che abbia mai visto prima. S'immerge con loro.

D: E' così che stai ricevendo le informazioni? (Si) Perché all'inizio, hai detto che potevi sentirli, ma adesso riesci a scoprire altro su di loro. (Si) Ma questo non lo sanno, vero?

B: No, ci vedono solo come forza lavoro, un insetto, ma noi non siamo degli androidi. Abbiamo un forza vitale breve, ma molto intensa. Siamo forti.

D: Questi altri esseri, quelli più sviluppati, hanno diversi sessi o sono tutti uguali?

B: Ci sono sessi diversi tra di loro, ma non necessariamente uomo e donna. Ci sono alcuni uomini e alcune donne, ma c'è più di questo. Non sono tutti uguali, non sono tutti fisici e alcuni depongono le uova. Ci sono molti tipologie diverse. Provengono tutti da luoghi diversi.

Volevo che quell'essere si focalizzasse su ciò che c'era nel sottosuolo, invece che sull'astronave.

D: Focalizzati sul sottosuolo – non è una città – è un'operazione di scavo. (Si) E occasionalmente, devi salire in superficie per controllare il faro.

B: Solo per assicurarmi che sia ancora dritto e che non l'abbia colpito un meteorite. Potrebbe succedere.

D: Qual'è l'importanza del faro?

B: L'importanza del faro è di segnalare che il carico di una spedizione sia pronto, o che c'è bisogno di un altro lavoratore.

D: Se troppi sono morti? (Si) Cosa succede ai loro corpi quando sono morti?

B: Riciclano le carcasse, ma la luce si libera.

Quindi quando il segnale si spegneva, andavano a raccogliere le carcasse e scaricare altri lavoratori. Il segnale passava nello spazio da un satellite all'altro. "Siamo a tre giorni di distanza da ogni cosa. Vengo e osservano. Fanno discendere il reattore e raccolgono sia i materiali che i corpi. Dopo di che mandano le navicelle con i nuovi lavoratori."

D: Sai a cosa gli servono i materiali polverizzati?

B: Adesso chiedo.

D: Sei in grado di chiedere e ricevere risposte? (Si) Non sono consapevoli che sei in grado di farlo vero? (No) Tu sei più intelligente di loro. (Risata).

B: Utilizzano il materiale polverizzato come combustibile, per le loro astronavi, impianti e città. Ecco perché è importante che questo ciclo continui. Viene distribuito equamente. E' una cosa pacifica. Non ci sono problemi di controllo, tutti condividono.

D: Benissimo. Nessuno vuole avere il controllo di ogni cosa.

B: No. Sono andati oltre a questo. Quei giorni fanno parte del passato. Sono creativi. Lavorano con la luce del sole e le pietre polverizzate. Creano quei letti che ampliano la luce. Ci sono anche dei riflettori che spostano questa luce ovunque vogliano dirigerla, in questo modo illumino le città e caricano i veicoli. Lo usano anche per migliorare la crescita del cibo. E' per una centrale energetica, è una società controllata.

D: Quindi le necessità di tutti sono soddisfatte?

B: Si, ma è una cosa un po' sterile. Non c'è molto movimento. Non ci sono molti bambini. Non sento alcuna gioia, solo esistenza.

D: Quindi non è una società ideale.

B: A me non piace, ma è solo temporanea. E' breve, non lavoro agli scavi minerari, io comunico con tutti loro. Gli dico dove dovrebbero andare e dove cercare.

Decisi di spostarla avanti ad un giorno importante. Anche se sarebbe stata una vita breve, ci potrebbe essere qualcosa che avrebbe considerato importante. Vide un tunnel, ma pensava che fosse un altro luogo, perché era quadrato invece che rotondo. "Sembra differente. Forse sto tornando all'astronave. Mi stanno richiamando all'astronave. E... vogliono aprirmi. Perché vogliono aprirti? – Hanno scoperto qualcosa su di me. Quando ho mandato il segnale al faro, ho utilizzato una parola che non avrei dovuto usare. L'ho detto diversamente e vogliono sapere perché'. Mi stanno portando a bordo. Pensano che io sia differente e vogliono vedere all'interno se riescono a capire come. Penso che non riusciranno a trovare niente perché non è qualcosa che viene da dentro di me. Inoltre questo ridurrà la mia vita ulteriormente."

D: Da dove proviene?

B: Dalla luce.

D: Proviene dal tuo spirito? (Si) Non pensi che riescano a capirlo questo, vero?

B: Lo capiranno.

D: Perché? Cosa succede?

B: Mi lascio andare davanti a loro, prima che inizino a sezionarmi. Faccio partire il mio impulso luminoso. Lo faccio partire ed è quasi ironico. Li fa cadere a terra.

D: (Ridendo) Non se lo aspettavano, non è vero?

B: No, ma penso di averli danneggiati. Vido sangue dalle loro orecchie e dai loro nasi.

D: Chi c'era: gli androidi o gli altri?

B: Gli altri. Gli androidi non avrebbero potuto farlo.

D: Quindi non stavi aspettando che ti sezionassero.

B: No. Possono sezionarmi dopo aver sprigionato la luce. Quella luce era la vera parte di me. L'ho sprigionato al massimo, un'effulgenza accecante che si sprigionò attraverso di me.

D: Cos'era, energia o altro?

B: E' energia. Non è pesante, è leggera e la sto muovendo attraverso l'intera astronave. In ogni parte. E' stato potentissimo quando è esplosa in quella stanzetta. Adesso mi sto spostando attraverso l'astronave. Sto memorizzando; sto memorizzando ogni cosa. Tutti i sistemi, tutti i membri della ciurma, tutti i loro lignaggi. Sto memorizzando ogni cosa.

D: Come se la assorbissi? (Si) Perché lo stai facendo?

B: Per passarlo agli altri, così che le mie generazioni future avranno la conoscenza delle piante, delle persone, dei pianeti.

D: Le generazioni future della tua casa?

B: La casa, e passeranno la metamorfosi. Diventeranno qualcosa di più. Lo riceveranno tutte le generazioni. Il tempo e lo spazio per noi non hanno importanza. In realtà, non ne hanno mai avuta.

D: Quindi prima di proseguire avevi deciso di memorizzare ogni cosa?

B: Era un'opportunità. Sto memorizzando tutti i metalli, ogni materiale, come funzionano le cellule, come funziona ogni altra cosa. Adesso lo sto spedendo nella luce.

D: Come ci riesci?

B: Lo penso.

D: Tutto ciò che vedi e senti, lo pensi e lo spedisci?

B: Sempre.

D: Normalmente non sarebbe parte della tua vita, giusto?

B: Si e no. E' già successo nella nostra casa; ho preso la palla al balzo. Il fatto è che il tempo per noi non ha senso, esistiamo da sempre.

D: Quindi non t'importa della tua carcassa, perché non avresti vissuto a lungo in ogni caso.

B: No, era temporanea. Eravamo camuffati. Non ci hanno mai notati e non sapevano chi fossimo. Vedevano solo l'insetto e il lavoratore. In quella forma potevamo andare dove volevamo.

D: Quindi gli altri esseri come te non avevano questa abilità giusto? Quelli nelle altre case, o altri lignaggi?

B: Anche loro ce l'hanno.

D: Pensi che lo stiano utilizzando?

B: Non ancora. Stavano solo aspettando. Per noi funziona. Abbiamo una vita breve da lavoratori e poi usciamo con la pulsazione luminosa. Ti porti dietro tutta la conoscenza, finché non la spedisci nella luce.

D: Sai cosa ne fa la luce?

B: Crea cose nuove.

D: Ha bisogno di tutte queste informazioni per creare cose nuove

B: No, ma aiuta comprendere in che direzione la creazione ha bisogno di muoversi. E' in grado di creare qualsiasi cosa. E' come un flusso di pensieri che s'immerge con tutti gli altri flussi di pensiero. E quando questo succede, si creano nuove cose. In parte ritorna da dove proveniva; in altra parte si dirige verso nuovi orizzonti d'esplorazione; un'altra parte viene salvata o si rigira su se stessa, creando un'intensificazione. C'è una mente divina, della quale sappiamo d'essere parte integrante; che apprezza questa esperienza e la utilizza per espandersi ed approfondirsi

D: Quindi ha bisogno delle informazioni per riuscire a creare?

B: No, utilizza le informazioni per creare. E' in uno stato di perenne creazione. Questo non cambia mai.

D: Perché le nuove informazioni sono importanti?

B: Perché danno un'esperienza; danno un ricordo, un rinnovamento. Riportano l'attenzione dov'era, dov'è, e dove potrebbe essere. Tutto si fonda sul cambiamento.

D: Quindi è importante perché possa avere questo impulso.

B: Per portare i cambiamenti. Quella gente è bloccata. Non si muovono più. Non stanno crescendo abbastanza. Stanno perdendo la loro creatività, stanno perdendo la gioia di vivere. Stanno diventando degli automi, stanno...

D: Stagnanti?

B: Esattamente, stagnanti.

D: Quindi non torni là, giusto?

B: No, con quello ho finito. Là ho fatto tutto ciò ch'era possibile.

D: Può decidere dove andare la prossima volta? O c'è qualcuno che ti aiuta a decidere?

B: E' una decisione di gruppo. Decidiamo tutti assieme.

D: Dov'è il gruppo?

B: Sono nella luce. Io vado nella luce e c'è una sensazione, una comprensione, una conoscenza. Quando sei nella luce, senti una chiamata, o una spinta. O ti senti attratto e senti di andare a vedere cosa c'è o cosa succeda. Se è necessario, o ti piace, puoi andarci. E' un viaggio lungo, ma non è un problema.

D: Quindi passa da una cosa all'altra, in costante espansione, imparando sempre qualcosa di nuovo. E' questa l'idea?

B: Questa è l'idea e questo è lo scopo. E' una raccolta. Questo è il punto di raccolta e il punto di rilascio. Ma va a spirale, siamo in costante movimento. Sente che siamo vicini a qualcosa.

D: Dove decidono che andrai la prossima volta?

B: Questo dipende da dove ti trovi nella luce. Ci sono diversi livelli, lo sapevi? Se lavori in una specifica zona, su una linea di pensiero. Là ci sono quelli che danno direzioni, o aiutano a creare l'esperienza di quel che c'è bisogno. Ma se sei oltre a questo, se non sei incastrato in questo, allora non è così definito. C'è un unità mentale che si muove in tutte le direzioni, in ogni tempo. E al fine di mantenere l'equilibrio in se' stesso, in perfezione, quello stato di perfezione deve essere adattato nelle aree più esterne. E la luce potrebbe chiederti di andare la e fare gli adattamenti.

D: Quindi, mentre diventi più sviluppato a diversi livelli, hai più libertà decisionale su ciò che farai?

B: Si, perché fai parte di quella Unica mente. E' come l'ologramma. Si sparpaglia ed ogni pezzo diventa una replica perfetta. Ma tutto fa parte della visione globale.

Le chiesi di spostarsi da quella scena e permettere a quella creatura, adesso che era solo una scintilla di luce, di continuare il suo viaggio. Riportai Betty nel suo corpo per invocare il subconscio e spiegare perché aveva scelto di farle vedere una vita così strana. Sapevo che c'era una ragion per avergliela fatta vedere. C'è sempre una ragione.

B: E' la versatilità della luce e che le cose non sempre sembrano ciò che sono. E la comprensione che la luce interiore è molto più grande.

D: Come è connesso questo con la vita attuale di Betty?

B: Il lignaggio. Il modo in cui utilizzato, rilasciato e poi portato avanti il tutto. La sua vita ha a che fare con il mergere. La sua vita è per adattare la perfezione.

D: Come vuoi che utilizzi queste informazioni di quella vita?

B: Voglio che ricordi il flusso di coscienza e dove sta andando. Voglio che ricordi lo stato di unità mentale e che i pensieri nonché l'attenzione provengono dalla molteplicità. E che lei è il veicolo per quella luce nella forma umana.

D: Era un comunicatore in quella vita.

B: E' sempre stata il comunicatore. Adesso è l'uno. Questa è la sua ragione. Fa delle letture per la gente e comunica con loro. Tocca il centro della loro luce ed rimuove le impiallacciature. Li aiuto a ricordare la loro connessione con il Tutto e che sono amore.

D: Voleva sapere se c'è un qualche modo di migliorare la sua capacità psichiche e le letture che fa per la gente.

B: Tutto è come dovrebbe essere.

D: Pensi che stia facendo un buon lavoro?

B: Abbastanza.

D: Si preoccupa tanto.

B: Si dovrebbe preoccupare. La mantiene onesta, tiene il suo ego sotto controllo. Ha già lottato col suo ego molte volte.

* * *

Durante una delle mie lezioni sull'ipnosi, una donna fece una domanda che non aveva nulla a che fare con la tecnica d'ipnosi che stavo insegnando. Era davvero una deviazione o distrazione, ma non potevo lasciar passare, così cercai di rispondere alla sua domanda. Stavo discutendo come dovremmo essere in grado d'incarnarci in tutto quando decidiamo di venire sulla Terra. Tutto significa: gas, minerali, rocce, piante, animali e poi tutte le fasi della condizione umana. Questo perché Dio era curioso e voleva imparare, ci mandò fuori (come cellule nel corpo di Dio) per imparare il più possibile e poi riportare questa conoscenza al Suo gigantesco magazzino computerizzato. Il nostro compito era di continuare a viaggiare finché fossimo in grado di "laurearci", e finalmente ritornare a casa, alla Sorgente e restare. Questa donna disse che non poteva credere a questa teoria, perché Dio era onnisciente. Lui ha tutta la conoscenza e non ha bisogno di noi. Secondo ciò che ho imparato, questo non sembra essere il caso. Lui è una raccolta di ciò che ognuno di noi ha depositato in Lui durante i millenni. Lui è in costante ricerca, e a causa della sua insaziabile curiosità, desidera imparare incessantemen-te. Quindi, crea costantemente sempre nuove e diverse forme.

Lei mi chiese a cosa potessero servirgli tutte queste informazioni. Ho scoperto che le usa per creare. Le spiegai che sembra come se il nostro universo sia in costante espansione mentre viaggiamo; nel tentativo di espandere la nostra conoscenza e le nostre esperienze. A quel punto sembra che raggiunga un punto dove si trova al suo limite d'espansione ed inizia a ritornare alla Sorgente, o ad implodere su se stesso. E' forse quello in momento in cui torniamo a casa con tutta la conoscenza di ogni cosa che abbiamo sperimentato? E' forse quello in momento in cui possiamo riposarci e stare con Dio? Allora sembra che non appena tutto implode su se stesso, riesplode all'esterno in un ciclo costante.

Allora mi chiese: "Quindi non c'è mai un punto in cui si ferma? Un punto in cui cessiamo d'esistere e diventiamo nulla?" Non credo, perché ogni cosa è energia e l'energia non muore mai. Cambia solo forma e dimensione. Non riusciva a capire il perché dovremmo ritornare continuamente allo stesso universo e sperimentare tutti i milioni di lezioni in diversi milioni di forme. Arriverà il punto in cui avremo sperimentato tutto ciò che è possibile sperimentare, allora basterà cessar d'essere.

Un altro partecipante alla lezioni offrì la risposta perfetta. Disse: " Si, possiamo sperimentare tutto ciò che ce' in questo universo. Ma ci sono milioni e milioni di altri universi che contengono mondi e creature che non possiamo nemmeno immaginare." Come è riportato in questo libro, ci sono altri universi che obbediscono ad altre leggi della fisica. Luoghi dove i pianeti sono quadrati invece che sferici, etc.. Ci devono essere infinite esperienze che c'aspettano in questi altri luoghi. Così anche se finiremo mai le possibilità di questo universo solitario, ci sono molti altri milioni da esplorare. Forse ogni volta che l'universo esplode ed implode, e poi esplode ancora nei suoi stessi cicli di reincarnazione, veniamo mandati ad esplorare qualcos'altro. Le possibilità sono infinite, proprio come il progresso della nostra anima. Finché Dio è curioso e vuole assimilare nuove esperienze da aggiungere al suo magazzino di conoscenza, siamo utili per il Suo potere creativo. Quindi, torniamo costantemente a "casa" dove c'è grande amore e ringiovanimento. Quindi non moriremo mai.

CAPITOLO CINQUE

IL PIANETA VERDE

Betty entrò sulla scena di una vita passata e non riusciva a vedere nulla, ma sentiva di essere nello spazio. "Non c'è nulla intorno a me. Sento che sto fluttuando. E' come se facessi parte di ogni cosa. E' buio, ma comodo e piacevole. Ho la sensazione di guardare l'Universo ed è come se tutto fosse il mio bambino. Sono tutte mie sorelle. Tutte le stelle e tutti i pianeti, tutte le galassie, sono la mia famiglia." Mentre guardava, vide accadere qualcosa di spettacolare. "Una galassia stava nascendo". La sua voce era piena di meraviglia. "E' praticamente appena eruttata. Era lì e cresceva, era così bella."

D: Si è formata così velocemente?(Si) Sai come succede qualcosa del genere?

R: No, succede e basta.

D: Questo è un luogo dove vai spesso?

R: No, penso di non essere mai venuta qui prima d'ora. Mi sento così a mio agio, tutto è stupendo. Mi sento di voler restare qui. Ma certo, probabilmente c'è un posto dove devo andare. Okay. Vedo un pianeta. Sembra una grande luna verde. Ci stiamo avvicinando è come se fosse ricoperto dal muschio. Scendo sul pianeta e ci sono alberi veramente soffici.

D: Quella roba che sembrava muschio?

R: Si. E' un'intera foresta. Gli alberi sono più alti di me. Sto camminando attraverso una foresta ed è molto umida. Gli alberi sono come una tettoia, quindi c'è buio. Gli alberi hanno delle foglie spugnose. Un verde veramente bello. L'intero pianeta ne è coperto. Il terreno è scuro e soffice, ma non sto sprofondando. Gli alberi hanno una corteccia molto ruvida e scura.

D: Il terreno sembra sporco?

R: Sembra piuttosto come corteggia macinata.

Le chiesi di guardare se stessa, rimasi sorpresa dalla descrizione. Ovviamente non era un essere umano. “Ho i piedi palmati e sono di colore blu, grigio. Sembrano come quelli di un’anatrata ma allungati, c’è cartilagine tra le dita. Le mie gambe sono lunghe e affusolate. Anche le mani hanno cartilagine tra le dite. Ho un pollice e tre dita.”

D: Sei in grado di raccogliere le cose?

R: Si, posso trattenerle tra le dita.

D: Indossi dei vestiti?

R: No. Sono davvero molto magra.

Il suo volto era allungato, lungo e sottile. Niente capelli. Grandi occhi che coprivano quasi tutto il suo volto.

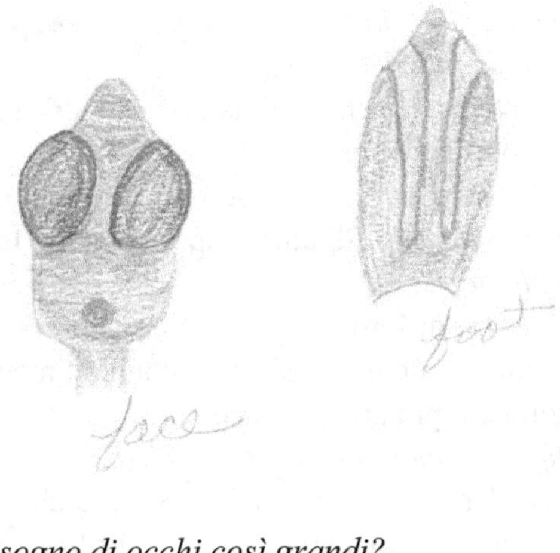

D: Perché hai bisogno di occhi così grandi?

R: Perché qui è buio. C’è luce sopra gli alberi, ma è buio qui sotto sul terreno.

D: Avete il giorno e la notte, sai cosa intendo?

R: No, non c’è né giorno, né notte. E’ sempre il crepuscolo.

Disse che la sua bocca era un buchetto. Le chiesi: "Magi niente, consumi qualcosa?"

R: Mangio la corteccia. La raccolgo dal suolo e i piedi palmati mi aiutano a camminare sulla corteccia. La polverizzo e poi la mangio. (Sorpresa) Lingua! Ho una lingua. Comprimo la corteccia tra le mani e la lecco dalla mani con la lingua.

D: E' l'unica cosa che consumi?

R: Si. Solo la corteccia.

D: Che sapore ha?

R: Non saprei.

D: Stavo pensando, se ne sei abituata non conosci nient'altro. Bevi qualcosa?

R: No, c'è umidità nell'aria. L'assorbo attraverso la pelle. E' fresco e umido tra gli alberi, così non ho bisogno di bere nulla.

D: Ha un organo sessuale? Sai di cosa sto parlando?

R: Io sono... femmina. Depongo le uova e il mio maschio le fertilizza dopo che le ho deposte.

D: Vivi qui intorno, da queste parti?

R: Nella foresta.

D: Beh, avevi detto che la foresta ricopre l'intero pianeta. (Si) Vivi in un luogo specifico della foresta?

R: Abbiamo un territorio che definiamo nostro. Ci sono altri come noi e lottiamo per il territorio.

D: Non c'è abbastanza territorio per tutti?

R: E' un piccolo pianeta. Gli altri gruppi vogliono territori più grandi.

D: Come combattete?

R: Si scontrano tra di loro e si colpiscono alla testa. Però raramente muore mai qualcuno. E' un combattimento basato sulla dominazione, il più grosso vince.

D: Il tuo gruppo ha mai dovuto combattere?

R: No, perché il nostro maschio è il più grande. Ma di solito non arrivano a quel punto, perché gli altri si ritirano.

D: Quindi lui domina gli altri territori. (Si) Vivi in un rifugio o qualcosa del genere?

R: No, siamo sempre all'aperto.

D: Non avete sbalzi estremi di temperatura?

R: No, è sempre la stessa.

D: E quando deponi le uova, dove vai a deporle?

R: Le deponiamo e basta. Allora arrivano i maschi che le fecondano

D: Il vostro è un gruppo numeroso?

R: Si. Il mio maschio ha venti femmine. La maggior parte non ne ha così tante.

D: Cosa fai con tutto il tuo tempo?

R: Caccio per procurare cibo.

D: Ma hai detto che la corteccia è ovunque, giusto?

R: Si, ma ne abbiamo bisogno di molta. Questa è la ragione per cui ci sono lotte territoriali.

D: Stavo pensando che la corteccia è ovunque visto che cade dagli alberi.

R: Si, ma le femmine che producono uova hanno bisogno di molto cibo. Ci sono moltissime femmine. I maschi vogliono le femmine, ma devono avere abbastanza territorio per sostenerle.

D: Muore mai nessuno nel gruppo?

R: Occasionalmente, principalmente di vecchia. Vecchiaia corrisponde a circa tre dei vostri anni terrestri.

D: Stavo pensando che questo è un modo per controllare la popolazione. Quindi la gente muore, ma allo stesso tempo vi riproducete costantemente.

R: Ma a volte le uova vengono schiacciate, specialmente se deposte dove qualcuno inizierà a combattere.

D: Dormite mai, sai di cosa sto parlando?

R: Riposiamo, ma non dormiamo. Smettiamo di muoverci, la maggior parte del tempo ci muoviamo.

D: Siete l'unica specie su questo pianeta, o ci sono altre forme di vita animale?

R: Ci siamo solo noi e gli alberi. Ma abbiamo iniziato a dominare, stiamo uccidendo gli alberi. Ecco perché abbiamo bisogno di territorio. Questo è ciò che sta succedendo – stiamo uccidendo gli alberi.

D: Come li state uccidendo?

R: In alcuni luoghi non c'è più corteccia. La stanno togliendo dagli alberi.

D: Non aspettate finché non cade sul suolo della foresta?

R: No. Il territorio in cui vivo non ha ancora nessun problema. Il maschio è stato in grado di allontanare gli altri maschi.

D: Si rendono conto che stanno distruggendo la loro fonte di sostentamento?

R: No. Ma il mio maschio lo sa. Il mio maschio sa che non può avere più di venti femmine.

D: Ma se avete figli – se vogliamo chiamarli così – anche loro dovrebbero mangiare, non è vero?

R: Si, ma lui sa quante uova fertilizzare. In questo senso è saggio.

D: Perché il vostro pianeta ha risorse limitate. Quindi la vostra vita consiste unicamente di nutrimento e riproduzione.

R: Magiare e deporre uova.

D: Non vorreste andare altrove?

R: No. Altri luoghi sul pianeta stanno morendo. La gente sta mangiando la corteccia. Inoltre hanno fertilizzato troppe uova. Ci sono troppi bambini. Stanno mangiando tutta la corteccia! E adesso stanno uccidendo gli alberi. Presto non ci sarà più abbastanza da mangiare.

La spostai avanti ad un giorno importante, anche se non sapevo come immaginarmi un giorno importante in una vita così monotona.

R: Non è rimasto nulla se non il nostro territorio. Il resto del pianeta è sterile.

D: Cos'e successo agli altri esseri?

R: Sono morti. Hanno mangiato tutto. Sono morti tutti di fame.

D: E nemmeno gli alberi sono sopravvissuti?

R: No. Adesso il mio maschio ha l'intero pianeta. Il nostro gruppo è l'unico rimasto.

D: Ma cosa te ne fai dell'intero pianeta se non puoi vivere nelle altre zone?

R: Senza gli altri, gli alberi riusciranno a tornare, prima o poi. Ci vorrà più della mia vita.

D: Quindi il vostro gruppo è l'unico che si riproduce?

R: Si. Ma lui è saggio. Si assicurerà che tutto ritorni, perché insegnerà ai suoi piccoli. Permetterà solo ad un numero limitato di maschi di vivere e li educherà.

Sembrava che non ci sarebbero state molte variazione in una vita come quella, così la spostai avanti all'ultimo giorno della sua vita, per vedere alla fine cosa le sarebbe successo.

R: Ho solo... Adesso mi sto riposando permanentemente. Non riesco a muovermi più.
D: Questo è ciò che succede quando si muore? (Si) Anche se mangi non basta per tenerti in vita?
R: Ti consumi. Ti muovi così tanto durante la vita che finisci col consumarti

La spostai al punto in cui era fuori dal corpo e sul alto dello spirito. "Riesci a vedere il tuo corpo?"

R: Si. Sparisce, penso che si decomponga.
D: Cosa pensi d'aver imparato da quella vita?
R: L'importanza dell'equilibrio. Non prendere più di ciò che tu possa utilizzare.

Quella era una lezione importante, e una che sarebbe applicabile ai nostri giorni, mentre proseguiamo nell'impoverire la Terra delle risorse naturali senza permettere che si ristabilizzino. Speriamo di non raggiungere lo stesso destino prima di realizzare che non è il modo migliore di vivere.

Quando ho invocato il subconscio di Betty verso la fine della seduta, chiesi perché aveva scelto di farle vedere questa strana vita. Sapevo che non c'era modo d'indentificare dove fosse collocato quel pianeta.

R: Perché ha bisogno d'imparare l'equilibrio in questa vita. Qualcosa che aveva imparato in quella vita, lo deve imparare ancora adesso.
D: Ovviamente, quello era un uso drastico dell'equilibrio, vero?
R: Si, ma è una lezione importante per lei.
D: In quella vita, il suo gruppo fu in grado di sopravvivere.
R: Si, perché avevano un leader che comprendeva l'equilibrio.
D: Era interessante che fossero in grado di sopravvivere grazie alla corteccia.
R: Era il loro cibo.

D: Inoltre dimostra cosa possa succedere quando un intero pianeta perde l'equilibrio.

R: Si. Ma in questo momento, lei è fuori equilibrio. Ha bisogno d'imparare a bilanciare meglio alcune aree della sua vita. E' un'insegnante che non sta insegnando, dovrebbe. E' una guaritrice. Ha bisogno d'insegnare agli altri come fare a guarirsi. Ha avuto esperienze tremende in passato (altre vite). Ha bisogno di lasciarle andare. E' stata uccisa a causa della sua fiducia nella guarigione. E' stata torturata. Deve dimenticarsi tutto quello. Deve comprendere che questa è una nuova vita. Ecco perché ha bisogno di equilibrio. Ha bisogno di bilanciare ciò che è accaduto in passato, con ciò che sta accadendo ora e comprendere che c'è spazio e necessità di insegnanti. Non verrà torturata o uccisa in questa vita. Questo è un periodi di cambiamento e lei ha bisogno d'insegnare. Ha bisogno di guarire imparando l'equilibrio. Ha bisogno d'insegnare l'equilibrio.

Penso che il subconscio ci stesse mostrando questa vita come una metafora per le condizioni attuali che stiamo affrontando sul nostro pianeta. Ci sta avvertendo che la storia si ripete. Non importa se è successo su un altro pianeta, ci dimostra che potremmo andare in contro alla stessa direzione, se non impariamo a rispettare il nostro ambiente e proteggere la nostra casa.

CAPITOLO SEI

LA STRUTTURA NON HA IMPORTANZA

Clare è una giovane donna eccezionale. Ci siamo incontrare per la prima volta a Kona, Hawaii nel Febbraio del 2005. Viaggi per tutto il mondo facendo quello che vuole. Per lei non c'è nessuna avventura inaccessibile. In Hawaii, usciva tutti i giorni su una barchetta per andare a nuotare con i delfini. Mentre era a Kona aveva iniziato a partecipare alle mie lezioni. Dopo di che si prenotò per incontrarmi a Londra qualche mese dopo, quando era la per offrire il mio seminario e le mie lezioni di ipnoterapia. La sua casa è sul continente e per lei sarebbe stato facile partecipare sia al seminario che alle lezioni. Tutto ciò sembra normale, ma ciò che lo rende straordinario è che Clare è bloccata su una sedia a rotelle. Non ha mai permesso a questa condizione di diventare un handicap. Ero preoccupata per la sua partecipazione alle lezioni, perché si tenevano in una residenza privata vicino ad Hyde Park; una stupenda casa Vittoriana di tre piani. Ma le case a Londra, proprio come i ristoranti, i treni e tutto il resto non sono equipaggiati per gli andicappati. Riuscì a gestire i gradi di pietra che portavano all'entrata della casa ed era all'interno prima ancora che ci accorgessimo della sua presenza. Non chiese aiuto a nessuno e non se lo aspettava.

Quando richiese una seduta, non riuscivo a vedere come sarebbe stato possibile. Il mio hotel era una delle migliaia di vecchie case che erano state convertite in hotel. Ci sono quartieri interi di queste case tutte vicine le une alle altre. Erano case di famiglia durante il 18' e 19' secolo. Adesso sono state rimodellate ad uso turistico, ma le stanze sono piccole, con un bagno miniaturizzato. Ci solito c'è un ascensore, grande abbastanza per appena due persone e delle valige. I corridoi sono dei percorsi ad ostacoli. Non riuscivo a vedere come sarebbe stato possibile per Clare riuscire a gestire tutto questo per venire alle lezioni. Ma mi disse di non preoccuparmi perché era abituata ad entrare ed uscire da qualsiasi tipo di edificio che la maggior parte della gente avrebbe considerato impossibile per qualcuno sulla sedia a rotelle. Presumo che sia il vecchio detto: "Dove c'è volontà, c'è una via." Sapevo a che ora avrebbe dovuto arrivare e volevo scendere all'entrata per aiutarla con l'ascensore, ma prima di riuscirci stava già bussando alla mia porta.

Ho moltissimo ammirazione per questa giovane donna, e sapevo che uno dei problemi principali che voleva affrontare durante la seduta era la causa del suo handicap. Era in grado di scendere dalla sedia e salire sul letto usando solo le braccia e il torso. Le sue gambe non erano completamente inutili, ma non erano in grado di sostenere il suo peso. Non aveva alcun problema ad entrare in profonda trance, e come al solito, non avevo la minima idea di cosa avremmo scoperto durante la seduta.

Clare scese dalla nuvola e si trovò sospesa su una grande citta vicina al mare. "La città è a forma di una mezza luna lungo la baia. Ci sono edifici alti e bassi, e moli che si estendono verso l'acqua. Strano sembra che ci siano dei grattaceli lungo la costa del mare, ma il mare sembra immobile. Non si vede il movimento delle onde. Tutto sembra congelato." La feci scendere finché non era in piedi sulla superficie e poi le chiesi di descrivere da quella prospettiva. "Ho l'impressione di un colore: bronzo o rame. E' qualcosa come un materiale plastico. E' anche sotto i miei piedi, ho la sensazione che sia lo stesso materiale plastico metallico. Gli edifici sono fatti di questo materiale e tutto ha un riflesso arancione rame. Ci sono alberi che sembrano esattamente dei modelli, come se fossero fatti di materiali artificiali."

Non vide alcun tipo di veicolo o persona. Le strade erano vuote, ma questo spesso succede quando il soggetto è appena arrivato sulla scena. Di solito sono soli senza alcun segno di vita. Poi mentre parliamo, creature e altre cose diventano visibili, quasi come se si dovesse preparare il palcoscenico e poi possono arrivare gli attori. Notò, ciò che le sembrava una nuvola di stelle cadenti di color bronzo/rame nel buio cielo della citta. A quel punto le chiesi di descrivere se stessa. "Mi sento molto magra e alta. Le gambe sono molto, molto sottili, specialmente sotto le ginocchia. I miei piedi sembrano più zoccoli che piedi. Non indosso nulla e il mio corpo mi sembra uno scheletrico. Molto sottile e anch'esso fatto di materiale plastico! Piuttosto fragile. La mia pelle e di quello stesso colore bronzeo. Ho braccia sottili e strane mani. Sono larghe, molto larghe. Sei dita, più un pollice un po' sproporzionato, è più piccolo delle altre dita."

D: Cosa mi dici del tuo volto? Hai dei capelli?

C: (Ridendo) Si, mi sento come uno scheletro con i capelli. Sono di colore chiaro e sembrano come delle cannucce.

D: Ha degli occhio?

C: Si, penso che ci sia qualcosa nell'orbita oculare. Potrebbero essere occhi. Riesco a vedere. Niente naso. Non sono sicura d'avere una bocca. C'è un'apertura. E' quasi come se non ci fosse pelle in questo scheletro. Solo questo strano tipo di materiale. Non ci sono orecchi.

D: Mangi del cibo?

C: Non ci sono organi. E' solo la struttura, nient'altro. E' vuoto.

D: Cosa ti tiene in vita se non hai un cuore o dei polmoni?

C: E' quello che mi stavo chiedendo, c'è della vita qui. Ho l'impressione che ci sia un sistema circolatorio all'interno di questa struttura. E' energia liquida, luce blu. Circola nella struttura. E c'è qualcos'altro che deve essere verde.

D: Devi berla, o riempirla o qualcosa del genere?

C: No, è come se fossi un'auto che sta facendo il pieno. Penso di dover fare il pieno di tanto in tanto.

D: Come ci riesci?

C:Nel tallone di questa struttura c'è un'apertura per il rifornimento.

Quando Clare iniziò a descrivere il luogo dove viveva, anche quello era strano. Viveva in un interrato sotto ad uno degli edifici. Anche lei non aveva bisogno di dormire ne mangiare. Così la stanza era praticamente vuota, solo uno spazio. "E' difficile vedere. Sono in questa stanza e sembra che ci siano altri esseri molto più alti di me, con dei punti blu. Come se fossero vuoti e avessero dei punti blu intorno a loro. Tutto il resto è vuoto e buio. E' come restare appesi nel vuoto. Ho percepito una certa densità. Questa è l'unica cosa che mi permette di dedurre che ci dev'essere qualcosa, perché si sta muovendo. Mi sembra che questi esseri siano qui, ma non riesco a vederli. Solo i loro contorni che hanno questi granelli di blue. Non è costante, penso che dobbiamo fare qualcosa insieme."

Quando cercai di scoprire cosa faceva, quale fossa la sua occupazione, improvvisamente si trovò a fluttuare fuori dalla stanza. "Sta diventando grigio, invece che di altri colori. Non vedo nulla. Sono stata aspirati, succhiata fuori da là. Sto fluttuando. E' come se fossi in una nuvola, in qualcosa di grigio."

D: E' successo qualcosa che ti ha portato a lasciare quel luogo?
C: No. Sono solo sparita.

Non sono riuscita a raccogliere altre informazioni a proposito di questa creature, così le chiesi di spostarsi nel tempo e nello spazio finché non avesse raggiunto qualcosa che fosse appropriato osservare. La mia curiosità era stata sicuramente stuzzicata. Stavo cercando di capire cosa queste strane scene avessero a che fare con Clare nella sua vita fisica attuale.

C: Vedo rosso e nero. Nero con dei contorni rossi. Sono un po' più pesante. Come se stessi sprofondando, diventando più densa. L'intero corpo mi sembra più denso. E' fatto di due strati. Lo strato superiore è un po' più strutturato, più simile alla plastica. E lo strato inferiore che tocca il letto è più soffice. Sento un formicolio nelle braccia, nelle gambe e nel petto. E nella testa. Adesso anche in faccia.
D: Questo corpo ha due braccia e due gambe, come è fatto?
C: Ha più di due bracci e gambe. Ha quattro gambe con solo due fianchi. Ha tre braccia su entrambi i lati, che escono dalle spalle.
D: Puoi descrivermi anche il volto?
C: Sembra per metà animale. La testa è più lunga ed è composta di due parti. La prima parte è come una testa umana. Poi c'è una estensione che ha un angolo di 40° in avanti, che si piega sulla parte inferiore del volto. Presumo che sembri una bocca aperta, ma è un'intera testa e faccia. La pelle è di colore dorato.

D: Quando hai tutte quelle gambe ti è difficile camminare?

C: Mi permette di camminare più velocemente, perché ce n'è sempre una che tocca. In realtà si muove un po' come una ruota.

D: Presumo che abbia senso. – Dove vivi?

C: Sembra che ci sia qualcosa nel cielo. E' molto grande, come una nave. No, ma ci sono delle luci con una struttura nel mezzo.

D: Ci sono altre persone li con te?

C: Non sono consapevole di nessun'altro. – Sto zoommando verso l'alto ancora una volta.

Stava andandosene verso il nulla ancora una volta. Non riuscì a raccogliere altre informazioni. Così ancora una volta le dissi di spostarsi attraverso il tempo e lo spazio per trovare qualcos'altro che fosse appropriato osservare. Quando le chiesi cosa stesse vedendo o sentendo, divenne frustrata e volle fermarsi. "Non riesco andare da nessuna parte. Non riesco a vedere nulla. Sento solo "zzzz" nel mio corpo."

D: Va tutto bene. Stai andando benissimo. Continua così perché questo sta succedendo per una ragione. Cosa senti nel corpo?

C: Come delle formiche.

D: Vuoi dire con i nervi?

C: Probabilmente.

D: Principalmente dove si trova?

C: Nelle dita, nella schiena, nelle gambe. Un tremolio. L'immagine che vedo mi da la sensazione dell'intero cosmo. Come se fossi piena di pianeti e stelle e tutte queste cose.

D: Oh, è molto grande, non è vero? (Si) E' come se fossi là fuori?

C: No, come essere il cosmo.

D: Come essere l'intero. (Si) Come ci si sente?

C:Mi sento molto libero. Non ho bisogno di voler qualcosa. Mi basta esserlo. Sono e questo è abbastanza. E' come tornare a casa

D: Deve essere così grande che è difficile da immaginare?

C: No, non è immaginazione. E' puro essere.

D: Ma se puoi essere qualsiasi cosa, allora cosa fai?

C: Nulla. Finalmente, nulla. Esisto e basta. Mi limito a permettere che le cose succedano.

D: Se tutta sola?

C: Sembra che io sia ogni cosa. Siamo tutti assieme. Non c'è separazione.

Tutto ciò mi sembrava molto familiare, visto che ho ricevuto la stessa descrizione da molti altri del luogo che chiamano "casa". Sono così appagati che non vogliono restare là. Non hanno alcun desiderio di sperimentare qualcosa d'altro. Ma io avevo bisogno d'informazioni e sapevo che avrei dovuto allontanarla da quel luogo meraviglioso e beato.

D: Perché hai deciso di andartene, se era così bello e perfetto?

C: Dovere, presumo. Per raccogliere esperienza, per permettere all'intero di crescere. Al fine di raccogliere diverse esperienze e perché le cose inizino a muoversi ed evolvere.

D: E questo non poteva succedere in un luogo perfetto?

C: Penso che sia una questione di stati in cambiamento.

D: Quindi hai dovuto lasciare questo stato meraviglioso, per andare altrove e raccogliere informazioni? (Si) Per imparare. (Si) Come ti sei sentita quando ti sei allontanata?

C: Fu molto doloroso.

D: Ti è permesso tornare indietro o devi restare ed imparare altre cose?

C: No, penso di poter tornare in dietro.

D: Dove sei andato quando hai dovuto separarti?

C: Prima, sento di dover diventare un pianeta.

D: Oh, questa deve essere un'esperienza enorme, non è vero? (Si) Cos'altra puoi diventare oltre ad un pianeta?

C: Potrei essere una creatura che è più gommosa e lunga. Più rettiliana. Ci sono organi. E' molto diverso, non ci sono limiti. Nessuno.

D: Questo fa parte della crescita: sperimentare diverse tipologie di corpi? (Si) Sono fisici, ma sono tutti differenti, non è vero?

C: Si, certamente. E' un altro movimento, un'altra visione sulle cose.

D: Quindi passi da un corpo all'altro, da un posto all'altro, accumulando informazioni? (Si) C'è mai nessuno che ti dice dove andare e cosa fare?

C: E' come una chiamata interiore.

Decisi di spostarla avanti, fino al momento in cui decise di entrare nel corpo di Clare. "Perché hai deciso di entrare in quel corpo?"

C: Mi sono sentita attirata al suo interno. A dire il vero è molto felice. Mi sono come aspirata lì dentro.
D: Aspirazione? Come essere risucchiata? (Si) Come un bambino, o cosa?
C: E' molto presto nell'evoluzione del bambino. Feto.
D: Quando è dentro alla madre? (Si) Quando sei entrata nel corpo di Clare, quella era la prima volta che avevi un corpo umano?
C: No. Molte altre volte prima di quella.
D: Sembra che ti piaccia esplorare, non è vero?
C: Si. Mi sto stancando di esperienze. Sono stanca di provare tutte queste diverse cose e stanca delle variazioni.

Adesso che era tornata nel corpo di Clare, era arrivata l'ora di chiamare il subconscio, piuttosto che farla passare per quest'altra vita. Chiesi perché aveva scelto di far vedere a Claire quelle strane vite aliene?

C: Non è importante mostrarle una struttura.
D: Sicuramente non erano vite umane.
C: Non importa, struttura, o quel che è. Lo spirito può entrare ovunque. Non fa nessuna differenza che sembianza sembri avere la materia. Erano solo altre spaventose rappresentazioni di vita, tra tutte le forme divertenti che può assumere. Solo perché si adatti a qualsiasi cosa sia necessaria sul momento.
D: Quindi la struttura esterna non è importante? (No) Ovviamente, la cosa più importante è la forza vitale, vero?
C: Si, è una scintilla. Lo spirito, la forza vitale, quel che è. O solo raccogliere informazioni ed esperienza. Ci sono molte forme di vita ovunque. Non importa in che tipo di corpo lei si trovi. Tutto ha le stesse informazioni all'interno o proviene dalle stesse informazioni. Dalla stessa Sorgente. Dallo spirito o qualsiasi nome tu voglia usare per definirlo. Può assumere qualsiasi dimensione, forma e consistenza.
D: Questo sarebbe quello che ha visto quando si sentiva come l'intero cosmo?

C: Si, è solo una parte del tutto. Tutto fa parte di quello, tutte le forme più strane, tutte le espressioni dell'Uno. C'era un tempo in cui era lì. C'era un momento in cui stava succedendo qualcos'altro ed è stata risucchiata nella luce. Era il cosmo, ma allo stesso tempo era in qualcosa che era originale, come la luce, pura luce. Questo prima che diventasse un pianeta. Si sentiva come l'Origine.

D: Se il cosmo era ogni cosa, allora luce cos'era?

C: Solo l'Origine.

D: L'Origine cui provengono il Cosmo e tutto il resto?

C: Si. Forse c'era un altro passaggio prima, ma non è esprimibile.

D: Ne ho gia' sentito parlare, ci sono alcune parole, termini e concetti che non saremo mai in grado di comprendere. Non ci sono parole per descriverli. (Si) Quindi c'era qualcosa prima della luce.

C: Si, quello è già manifestazione, ma non possiamo spiegarlo.

D: Quindi quando entrò nella luce, divenne il pianeta.

C: Dopo, quando si separò dalla luce.

D: Allora devono esserci state molte altre esperienze prima di provare i diversi corpi.

C: Miriadi.

D: A che scopo dovette sperimentare tutte queste cose?

C: Per riunire l'intera manifestazione. Per sintetizzare. Per avere una sintesi di tutte le varie manifestazioni e riportarle alla Sorgente.

D: Allora cosa se ne fa la Sorgente di tutte queste manifestazioni?

C: Ho la sensazioni che si stia espandendo e riempendo, e diventando più sfaccettato e ricco.

D: Quindi la Sorgente è in costante crescita e miglioramento di se. (Si) Allora l'ha mostrato a Clare perché possa comprendere?

C: Le conosce.

D: Ma avrebbe potuto tornare a delle vite passate.

C: No. Nessun'altra vita passata. Deve andare avanti, non sono importanti. Ha già integrato ogni cosa, deve andare avanti.

D: In che direzione stiamo andando? Lo sai?

C: Verso un altro modo di pensare. Al punto di fondere tutto assieme per eliminare la violenza. Nessuno shock tra le diverse cose, affinché possa esserci armonia ed evoluzione; come essere trasportati da un ruscello, da un fiume.

A quel punto iniziai a fare domande dalla lista di Clare: "Perché ha queste invalidità alla schiena e alle gambe? Che ragione c'è dietro?"

C: E' come la foto del mondo oggi giorno. Tutto spinge in una direzione diversa invece di armonizzarsi ed andare nella stessa direzione.

D: Stai dicendo che il suo corpo sta spingendo in molte direzioni diverse? (Si) Ma lei è nata con questa condizione.

C: Si, ma iniziò ad aggravarsi veramente, quando c'era disarmonia intorno a lei. Non sapeva come gestirla. La disarmonia nella sua famiglia? Quando c'era una spinta verso i suoi genitori, una spinta verso sua madre e non fu in grado di unire le diverse forze in una.

D: Quindi iniziò a materializzarsi allora? (Si) Possiamo fare qualcosa adesso? Perché conosco il potere del subconscio.

C: Deve ritrovare l'armonia in se stessa.

D: Le fa cose meravigliose. Vogliamo aiutarla. Come riuscirà a trovare l'armonia in se stessa?

C: Morendo. (Questo fu uno shock.)

D: Però non vogliamo che questo succeda, vero?

C: Forse fisicamente, ma deve morire.

D: Come potrebbe morire, senza morire fisicamente?

C: Si deve preparare.

D: E questo a cosa servirebbe?

C: Come entrare da un altro punto di vista.

D: Questo si può farlo senza morire?

C: Si, è possibile. Bisogna risucchiarla fuori, metterla in lavanderia e riportarla indietro.

D: Questo succederà di notte mentre sta dormendo?

C: Può succedere in ogni momento.

D: Non vogliamo alcun danno al corpo. Ci siamo capiti? Questo è il mio lavoro, non voglio che sia mai alcun danno fisico.

C: No, non verrà danneggiata. Non può essere danneggiata. E' passata attraverso troppe esperienza senza essere danneggiata.

D: Quindi uscirà dal corpo, e poi rientrerà da un altro punto di vista?

C: Quando tornerà le sembrerà strano come al solito.

D: A quel punto il corpo sarà più in armonia?

C: Si, sarà allineata.

D: Inizierà a percepire movimento e sensazione nelle gambe?

C: Si potrebbe essere. E' possibile.

D: Quando il corpo sarà in armonia. Potete riconnettere le connessioni?

C: E' possibile. Sono ancora lì e sono complete.

D: Quindi non si sono deteriorate. Possono essere connesse?

C: Sono connesse, sono solo scarne ed anestetizzate, o... è difficile da spiegare. E' come se fossero schiacciate, e invece d'avere il pieno flusso, ne hanno solo un pochino. Come un ruscello in secca. Si, potrebbe decisamente essercene di più. Stanno ricevendo altra energia.

D: Riuscite a farcela?

C: Se riesce ad allinearsi perfettamente sarà possibile.

D: Quando volete che entri in pieno armonia?

C: Il fine settimana dopo il prossimo. A quel punto sarà a casa.

D: E voi proteggerete lo spirito così che possa tornare indietro?

C: Si, perché il lavoro non è finito. C'è molto altro da fare – molto, molto altro. Sarà molto graduale. Noterà che le sensazioni stanno tornando alle gambe.

D: Poi gradualmente ritornerà ad utilizzare i muscoli.

C: Si. Devono essere risvegliati. E' ora! E' ora, è arrivato il momento! Quando sperimenterà d'aver lasciato il corpo ed essere ripulita, riadattata, dovrebbe essere possibile lavorare sull'intero corpo simultaneamente mentre tutte le sue energie vengono riallineate.

D: Quindi mentre è fuori dal corpo per quel breve periodo, potete lavorarci?

C: Si. Rimetteremo i macchinari in ordine. L'intero corpo ha bisogno di un revisione. Sarà più efficiente se è fuori, perché allora anche i suoi sistemi energetici verranno revisionati. Non c'è nient'altro che bisogna fare.

D: Ma lei non affronterà alcun pericolo, ritornerà nel corpo?

C: Sarà stanca. – Questo è il modo migliore. Si, è arrivato il momento giusto. Attirerà le masse. Insegnerà in larga scala. Dopo la revisione, sarà perfino in grado di parlare diversamente. Sarà in grado di trasmettere le informazione che la gente necessità in parole che riusciranno a comprendere più facilmente. Sarà in grado di lavorare più a livello energetico, direttamente attraverso il suo corpo. Riuscirà a trasmettere la conoscenza. Viaggerà in tutto il mondo. La sua vita inizia ora. Aveva bisogno di questo innesco. Riuscirà perfino a guarire gli altri. Stava aspettando che questo succedesse.

D: Come si sentirà quando questo succederà?

C: Si ritroverà ancora in questa strana sensazione. Non riuscirà a vedere bene, farà fatica a muovere la lingua per dire qualcosa. Allora dovrà solo andare a sdraiarsi sul letto e tutto il resto accadrà da solo.

D: La ragione per questo è che le connessione sono separate in quel momento. E' per questo che le sarà difficile parlare. (Si) Quindi quando si sentirà così, il fine settimana dopo il prossimo, mentre è a casa, le basterà andare a sdraiarsi sul letto finché non le passa?

C: Finché non si sentirà risistemata.

D: In quel momento, voi lavorerete sul corpo. (Si) Meraviglioso. Questo non se lo aspettava oggi, vero?

C: No, per niente.

D: Stava cercando delle informazioni, ma non qualcosa di questo genere– è strano che ci siamo incontrate a mezzo mondo di distanza, e poi ci rincontriamo qui.

C: Si. Doveva andare così. Non ci sono coincidenze. C'è voluto del tempo, ma è qui.

D: Ha imparato le lezioni dell'handicap e adesso non ne ha più bisogno.

C: No. Deve solo lasciare che succeda. Sa che ogni cosa avrà luogo, e che non avrà bisogno di pensare come riuscirci. E' pronta. Accadranno grandi cose. Almeno finché non ne dubiterà, lo potrà avere. Deve credere che è vero.

Quando Clare si svegliò e si alzò per risalire sulla sedia a rotelle, disse di aver notato delle cose che non c'era no prima. C'era più movimento in una delle sue gambe. (Di solito doveva sollevarle per poterle posizionare sulla sedia.) C'era sensazioni insolite nelle gambe. Le spiegai come si manifesterà il processo quando tornerà a casa. Pensavo che sarebbe stato meglio se fosse successo quand'era da sola, senza che nessuno la disturbasse. In questo modo sarebbero stati in grado di lavorare su di lei e prendersi tutto il tempo di cui avevano bisogno.

CAPITOLO SETTE

LA COSCIENZA DELLE CELLULE

Questo materiale è rimasto sepolto tra i miei registri per più di vent'anni. Li stavo esaminando per eliminare molte delle vecchie sedute che avevo condotto nel 1985 quando il nostro gruppo s'incontrava regolarmente in Eureka Springs. Quelli erano giorni meravigliosi di esplorazione e cameratismo. Era così importante avere altre persone di vedute aperte con le quali discutere. Anche se il gruppo si è sciolto, sono ancora molto vicina a queste persone che all'epoca erano così importanti nella mia vita. Non hanno idea di quanto avessi bisogno della loro compagnia e comprensione durante quei giorni in cui tutto ciò che stavo scoprendo era così nuovo e differente. Durante i nostri incontri, avevamo spesso un tema d'interesse generale per la discussione e chiunque si fosse offerto volontario sarebbe andato in trance e avrebbe risposto alle domande del gruppo. Quando ho trovato questa trascrizione perduta, ebbi l'impressione che per più di vent'anni avesse aspettato d'essere riscoperta e inclusa nel mio lavoro. Adesso è arrivato il momento e ha trovato una casa. Calza a pennello con il tema della coscienza e del riconoscimento che ogni cosa ha vita ed è senziente. Anche se, al momento di questa seduta non fui in grado di comprendere molto di ciò che si stava discutendo. La mia comprensione non era ancora così espansa. Mi dimostra quanto sia progredito il mio modo di pensare e comprendere negli ultimi vent'anni.

Il tema di quella serata era la guarigione. Riesco ancora a vedere il resto del gruppo seduto nella stanza, concentrato su ciò che stava succedendo e ansioso di partecipare facendo delle domande. Oh, quanto mi mancano quei giorni e quella cara gente!

Soggetto: Riconosciamo l'importanza del tema di questa sera e siamo ansiosi di discutere con voi l'aspetto della guarigione. La guarigione è una casa importante. Ogni cosa è in uno stato di guarigione o distruzione. La distruzione è un fenomeno naturale e non negativo come potrebbe apparire. Tuttavia, la prematura distruzione di un'entità o coscienza, un pezzo di materia viva, si dovrebbe evitare. Quindi, la guarigione deve essere praticata da tutti gli esseri viventi al fine di sostenere una durata appropriata della vita all'interno della vostra dimensione spazio-temporale.

Domanda: Potete spiegarci l'attuale processo della guarigione fisica nel corpo umano? Come avviene a livello cellulare?

S: Ogni cellula è responsabile per la propria esistenza, allo stesso modo che ogni totalità d'essere è responsabile per l'intera esistenza di quel particolare essere. La cellula si deve preoccupare di se stessa e della relazione con le cellule circostanti, in particolare con le cellule che fanno parte di un sistema organico più largo come uno specifico organo. Quella cellula è responsabile di accumulare, dal campo energetico circostante, il nutrimento appropriato al suo sviluppo e crescita. E' responsabile di monitorare le proprie funzioni, in questo modo può ritenere tanto nutrimento quanto le sia necessario e reinserire nel resto dell'organismo gli elementi inutili per le sue specifiche funzioni. La cellula è consapevole di una disfunzione proprio come l'entità intera è consapevole di un certo malessere indicativo di un problema in una specifica zona. Le cellule ottengono informazioni dalla piscina di pensieri relativi a quella specifica cellula, nello stesso modo che gli esseri umani ottengono informazioni dalla piscina di pensieri. Allo stesso modo anche gli animali ottengono informazioni dalle piscine di pensiero relative al loro comportamento. Le cellule sono in grado di attingere da una sorta di "cellula ideale" che gli dimostra come dovrebbero funzionare ed avvisarle quando questa funzione è fuori uso. A quel punto, richiedono informazioni relative alla guarigione. Tutto questo ha luogo istantaneamente e con dettaglio microscopico. Le cellule hanno un'innata abilità informativa, ma ricevono anche informazioni addizionali da altre cellule nel corpo e percepiscono il livello energetico dell'intero corpo.

Q: Parlavate di una cellula ideale alla quale si modellano.

S: Si è così.

Q: Vorreste dire che perfino a livello microscopico devono avere qualcosa che le guida, qualcosa che posso usare come modello?

S: Si. A tutti i livelli.

Q: Perfino quello microscopico?

S: Specialmente a livello microscopico. Essenzialmente, le cellule funzionano a livello microscopico.

Q: Presumo che in un certo senso probabilmente percepiscono quella cellula ideale come Dio.

S: Esatto.

Qualcuno nel gruppo: Seguendo lo stesso pensiero, c'è forse una correlazione tra il Se' ideale delle cellule e l'ideale che noi abbiamo del Se' superiore.

S: Non nel senso in cui tu intendi. Non c'è un Se' superiore per le cellule, specialmente non nel senso in cui tu percepisci la tua relazione con il Se' superiore. Esiste, ma è piuttosto un modello, non tanto una guida o direttore delle attività.

Q: Questo vuol dire che le cellule hanno un'intelligenza?

S: Si. Ogni forma di materia viva ha una coscienza, anche nota come intelletto.

Q: Stavo pensando che gli umani hanno il cervello. Sarebbero in grado di pensare rispetto a questo?

S: Per completare le funzioni dell'intelligenza come descritta nei libri di zoologia, relativamente alla consapevolezza del proprio ambiente, la capacità di riprodursi, il movimento, le nostre cellule rientrano in questa descrizione.

Q: Allora sarebbe molto basilare? E' questo che intendete?

S: La cellula non vede se stessa come "molto basilare". (Ridendo)

Q: Voglio dire non hanno l'intelligenza di un umano. O mi sbaglio?!

S: A modo loro, ogni particella di coscienza ha l'intelligenza di un umano. Alcune hanno intelletti che funzionano meglio, per il loro organismo, di quanto non funzioni l'intelletto umano.

Q: Allora per quanto riguarda la funzione della guarigione, dobbiamo comunicare con quell'intelletto che è all'interno delle cellule?

S: Esattamente.

Q: Nella guarigione, come la comprendiamo noi, dobbiamo entrare in contatto con i nostri problemi fondamentali. Dobbiamo comprendere le cause del nostro disagio e dolore. Potreste suggerire un modo più efficace per farlo?

S: La risposta generale è che si dovrebbe chiedere aiuto direttamente al proprio corpo in questo campo. Qualcosa del tipo: "So di essere in grado di comunicare con il mio corpo. So di poter richiedere assistenza nella guarigione. Ma non so precisamente come farlo. Cosa ne dite di darmi una mano?" Questa è una risposta semplicistica. Il metodo di auto-scoperta richiede una comprensione molto più dettagliata della vostra stessa storia all'interno del veicolo [fa riferimento al corpo] attuale. Proprio come vite passate e future e come si relazionano al veicolo attuale – per coloro che credono sia pertinente. Questa complessità non è necessaria. Non è necessario sapere sempre cosa sta bloccando la guarigione. E' sufficiente sapere che ci sono dei blocchi. Richiedete che vengano dissolti attraverso una richiesta mentale o visualizzando l'eliminazione del blocco. Anche senza sapere quale sia il blocco. Se credete che i blocchi possano essere dissolti senza aver bisogno di sapere come si sono manifestati, questo dovrebbe essere sufficiente per la maggior parte delle persone. Come vi ricordate, ciò che credete è ciò che fa la differenza. Se credete di poter dissolvere i blocchi e vi spostate verso la guarigione senza dover pagare migliaia di dollari in psicanalisi, allora fatelo in quella maniera. E' molto più facile.

Q: Come funziona il processo di guarigione a lunga distanza?

S: Guarigione da una persona all'altra a ciò che sembra una lunga distanza e lo si riconosce come lunga distanza per quanto riguarda lo spazio/tempo, in realtà, è una breve distanza. Il guaritore entra in contatto con l'energia dell'entità che verrà guarita su una base molto più immediata. L'abilità del guaritore di espandere la propria aura, raggiungere e toccare l'altro individuo, permette un agganciamento che va oltre ciò che sembra lo spazio/tempo. Così che lo stesso tipo di guarigione possa avere luogo, come il fenomeno d'imposizione delle mani o il contatto dell'aura con l'individuo fosse in diretta prossimità.

Q: Potete descrivere come l'energia sia trasferita da una persona all'altra, o come una persona riesca a trasferire quell'energia guaritiva a qualcun'altro?

S: Si tratta di utilizzare i canali/sentieri che circondano tutti noi in senso elettrico. Non elettricità, ovviamente, ma come l'area energizzata del campo di forza che circonda ognuno di noi. Alcuni individui piuttosto ricettivi sono disposti ad abbassare le loro barriere protettive per permettere all'energia di un altro individuo di mescolarsi allo loro. Quest'altro individuo deve essere ugualmente capace di abbassare le proprie barriere difensive per indirizzare la propria energia all'esterno. Questo tipo di energia che attacca un particolare malessere, o semplicemente, si avvicina con amore all'aura dell'individuo ricevente offre una marcia in più. Ricordatevi, questi due individui si sono accordati in anticipo di fare questo tipo di guarigione, di avere questo scambio. Il corpo ricevente riconosce quel balzò d'energia addizionale, mentre stava già spostandosi verso la guarigione, e questo semplicemente accelererà' il processo. L'individuo che sta facendo la guarigione è pronto a sacrificare un po' della loro diretta energia, che però possono produrre in quantità superiore ad una persona normale. La mandano in un punto particolare o verso il problema generico che affligge l'individuo ricevente. In questo modo l'energia stessa sembra avere una mente, un'intelligenza propria – ed è così. Semplicemente cerca le zone dove c'è un problema e le dissolve, rimuove i blocchi e gli permette di riacquisire una condizione di benessere.

Q: Quando sono circondato da persone ammalate che stanno per aggravarsi, a volte alzo una barriera per allontanare i germi dal mio corpo. E' possibile fare questo?

S: Tu lo fai?

Q: Cerco di farlo. Ci credo, ma è un fatto?

S: Ha funzionato? (Si) Quindi?! (Risate)

Q: Mentalmente sollevo una barriera che i germi non possono oltrepassare.

S: Se credi ai germi e credi nella tua capacità di proteggerti attraverso una barriera. Se credi a queste due cose, allora ci puoi riuscire in uno schiocco di dita. Potresti semplicemente scegliere di non credere ai germi.

Q: Esistono veramente?

S: Non come i dottori pensino che esistano.

Q: Quindi come stanno?

S: Be', stanno bene. (Risata)

Q: Bene, avete detto che non sono reali, quindi in...

S: Non causano malattie. Mi dispiace, non dovrei scherzare con voi, ma ci divertiamo molto a farlo. La teoria dei germi della malattia è semplicemente un'altra teoria. Come sapete, la gente crea le proprie malattie per i propri scopi. I germi sono solo un'utile scappatoia. Se, semplicemente non credete che vi possano danneggiare allora ovviamente, non lo faranno. Ma questo comporta un po' di fiducia in un mondo nel quale sono stati osservati come spiegazione scientifica per le malattie. In fatti, le antiche spiegazioni delle possessioni demoniache, e altra roba del genere, erano più vicine alla realtà. Non che la gente sia posseduta dal diavolo, ma che piuttosto i problemi, lo stress, le preoccupazioni emotive, spirituali e relazionali siano la vera causa delle malattie. I germi hanno solo avuto tanta cattiva pubblicità.

Q: Ma sono stati osservati in laboratorio sotto i microscopi.

S: Esistono nel laboratorio. Semplicemente non sono la ragione per cui la gente si crea le proprie malattie.

Q: Cosa mi dite delle epidemie?

S: Come ben sapete, quando la gruppi d'individui rimangono coinvolti in eventi di massa, tutti hanno scelto di partecipare in quell'evento di massa. E hanno scelto quel particolare evento per i loro obbiettivi, in generale per esempio, una qualche sorta di lezione per il resto degli individui nelle loro vicinanze.

Q: Specificamente sto pensando a malattie come la Peste Nera. Dicono che è stata causata da pulci sui ratti e al tempo si era diffusa in tutta Europa uccidendo tutti.

S: Cattiva pubblicità per ratti e pulci.

Q: State pensando che ci credevano e questa è la ragione per cui si era diffusa?

S: Questo e il fatto che avevano le loro altre specifiche ragione per restare coinvolti in un tale evento.

Q: Abbiamo sentito che la risata è la medicina migliore. Potete spiegarci il Perché?

S: Il "Perché" la risata è la medicina migliore è che la risata, per lo meno temporaneamente, vi offre un senso positivo di gioia e benessere. Vi da un immediato senso di benessere.

Q: Quindi questo vuol dire che l'infelicità o la tristezza sono dannosi per il sistema?

S: Inappropriata, prolungata tristezza ed infelicità vengono definite depressione, che è dannosa per il benessere del veicolo e di coloro con cui entra in contatto. Tristezza e dolore come risposta emotiva diretta ad un evento o situazione non sono dannose per l'essere. La repressione di tale emozione o la negazione dell'emozione è più dannoso del percepirla e mostrarla con reazioni emotive appropriate.

Q: Una naturale espressione delle emozioni ti fa bene?

S: Esatto.

Q: E' il blocco di queste emozioni che causa la malattia, il malfunzionamento?

S:Questo è un modo semplicistico di descrivere il blocco, ma corretto per quanto riguarda la realtà.

Q: Questo vuol dire che va bene sperimentare anche la rabbia? (Si)

Q: Questo non ha molto a che fare con il tema della guarigione ma è vagamente correlato. Quando il Se' lascia il corpo e questo inizia a dissolversi, le cellule nel corpo hanno ancora vita finché non sono trasmutate in qualcosa d'altro?

S: Vuoi sapere cosa succede?

Q: Si. Mi chiedo se ogni cellula ha vita, al momento in cui lo spirito lascia il corpo, la cellula corporea ha ancora vita e quindi sceglie di entrare in un stato di decomposizione?

S: Domanda eccellente. La linea tra la vita e la morte, come sapete dalla letteratura, si dice essere molto sottile. La vostra esperienza pratica vi dice che non c'è nulla di sottile: o sei vivo o sei morto. Ma se vi guardate intorno per comprendere l'aspetto scientifico, tecnico di questa domanda, vi accorgerete, per esempio, che gli alberi sembrano morti per lunghi periodi di tempo e poi letteralmente tornano alla vita. Muoiono in piccoli parti e sezioni durante periodi di molti anni. Prendiamo il corpo di un umano, per esempio. Quando lo spirito lascia il corpo, le cellule ritengono certi aspetti della vita, come il movimento a livello cellulare, nel senso che la disintegrazione è una forma di movimento. La perdita di carne dalle ossa è certamente movimento e lo si può osservare. Tuttavia, al momento della morte fisica, ci sono aspetti della vita che non hanno luogo per la maggior parte delle cellule. Questi sono: la riproduzione, l'uso di nutrienti e la riduzione di parti non utilizzabili, usate o scartate. Queste tipologie di funzioni sistemiche non hanno luogo. Tuttavia, certe cellule nel corpo, come sapete, continuano a crescere morbosamente per un po'. Quindi come per un albero, parti dell'uomo muoiono a diversi stadi. Ma c'è sempre una qualche forma di vita finché i pezzi non si disintegrano in altre cose. Allora, ovviamente, continuano a vivere in una forma diversa fino al punto che la polvere è viva tanto quando un uccello in volo.

Q: Questa sarebbe una forma di reincarnazione perfino giù a livello cellulare. – Restando su questo discorso, ciò che vedo è il cambiamento che attraversiamo mentre moriamo (il corpo cambia finché non lo chiamiamo morte), e quando andiamo in una dimensione diversa. Questo è qualcosa che succede a questa forza intelligente nelle cellule, che si trasmuta in una forma diversa?

S: Esatto

Q:Fa ancora parte della coscienza umana? Come, diciamo la cellula di un'unghia continua vivere per un certo tempo anche dopo la morte del corpo. Quindi la cellula si riunisce allo spirito umano o va in direzione diversa?

S: Quella cellula riterrà i ricordi di quella vita mentre era parte dell'organismo umano. Allo stesso modo manterrà i ricordi di vita come parte di altre cose; come quando è in altri stadi, altre forme, connessa ad altre parti per creare altre cose. Ma la sua memoria andrà in cortocircuito, proprio come la vostra memoria attuale va in corto circuito e di solito non vi ricordate consciamente i pezzi di voi stessi che sono stati dinosauri o pulci.

Q: Queste cellule come ci vedono nel corpo? Hanno la possibilità di percepirci? Vivono dentro di noi.

S: Hanno la sensazione di essere parte di un organismo più grande, proprio come noi abbiamo la sensazione di far parte di un'anima superiore. Quello stesso vago senso di appartenenza che percepiamo occasionalmente. Le cellule lo apprezzano più spesso di noi, perché sono in grado di apprezzare ed essere a conoscenza di quella sensazione attraverso le loro semplici funzioni. Se il tuo fegato funziona bene e fa ciò che dovrebbe fare, allora sperimenta un senso di benessere che se fosse possibile trasmettertelo come un intelletto individuale, porterebbe una consapevolezza di gioia che la maggior parte di noi non sperimenta spesso.

Q: Come percepiscono il nostro cervello o il nostro intelletto che le dirige?

S: Senza criticismo. Semplicemente con accettazione che questo organismo funziona in così.

Q: Pensavo che forse lo percepiscano come Dio o la forza che guida il loro Universo, per così dire. Non potrebbe essere così?

S: Stai proiettando una tendenza umana di ricerca degli idei su delle cellule, che accettano la loro esistenza come parte di Dio.

Q: Non c'è forse un cervello o coscienza del pianeta stesso?

S: La coscienza del pianeta esiste in un tipo di effetto a coperta. Tuttavia, le forme di vita su qualsiasi pianeta che è in grado di alterare le strutture e creare entità fisiche in grado di alterare il proprio ciclo di vita – in contrasto ad altri animali che ci riescono su scala limitata – e non necessariamente permettono continuazioni generazionali degli edifici e così via. Quella forma di vita su qualsiasi pianeta diventa, se vogliamo, la coscienza. Anche la coscienza del pianeta in generale ed ha in se i requisiti per pensare globalmente per conto del pianeta. Una tale lezione deve ancora essere assimilata dall'intelligenza degli umani su questo pianeta. Ma tale è l'architettura dell'universo che porta il pianeta stesso, anche avendo una coscienze ed intelligenza, a dover lavorare in combinazione con gli esseri intelligenti che sono in grado di alterare la superficie del pianeta.

Q: Questo forse vuol dire che quando la gente del pianeta muore allora muore anche il cervello del pianeta?

S: No, il cervello del pianeta funzionerà in unisono con altri esseri intelligenti, che include gli animali, le piante, le rocce, le cose viventi, etc.. Se non ci sono animali o piante che spuntano con l'abilità di alterare la forma fisica del pianeta, il pianeta non avrà bisogno di instaurare alcuna relazione simbiotica intelligente e semplicemente permetterà una meno diretta, più naturale connessione.

CAPITOLO OTTO

OGNI COSA HA UNA COSCIENZA

Questo strano caso mi ricorda della "Persona Meccanica" nel Libro Uno di questa serie, dove il soggetto si trovò nel corpo robotico di un essere meccanico. Quella era una vita estremamente frustrante perché i suoi creatori non si resero conto che era un essere senziente superiore a ciò che si aspettassero. Non era puramente meccanica, ma aveva emozioni e sentimenti, anche se non era in grado di esprimerli. Quando la crearono con il metallo, non si resero conto che le avevano anche impiantato la piccola scintilla della vita che le dava coscienza. Era la prima volta che mi trovavo di fronte ad un caso come quello. Successivamente durante uno dei miei corsi di regressione di gruppo, uno dei partecipanti disse di essersi visto come un essere robotico. "Morì" quando alla fine venne smontato. Quindi questo caso va lungo la stessa linea, dimostrandomi, ancora una volta, di aspettarmi sempre l'inaspettabile e non prendere mai nulla per garantito in questo tipo di lavoro.

Incontrai Tina nel mio ufficio nel Maggio del 2006. Era una terapista clinica e adesso si stava dedicando al massaggio terapeutico. La sua ragione per richiedere una seduta, aveva principalmente a che fare con relazioni personali. Tuttavia la seduta andò in una direzione totalmente diversa e fu completamente inaspettata. Dimostrando ancora una volta, che non eravamo in controllo degli eventi.

Quando scese dalla nuvola, iniziò a descrivere che non conosceva e le mancavano i vocaboli per descriverle. Sapeva di sicuro di non essere sulla Terra quando vide un'enorme struttura bianca ovale. Guardandola da lontano, disse che sembrava più grande di un campo da calcio. Non era in grado di dirmi di che materiale fosse fatta: "Forse metallo, forse plastica, o qualcosa di liscio." Allora vide un entrata che era solo un'apertura con una rampa in salita.

T: Sto permettendo a me stessa di fluttuare e sto vedendo qui dentro ciò che sembra una città. Non riesco ancora a capire ciò che sto vedendo, ma vedo molte creaturine. Sembrano tutti come delle piccole formiche, molto laboriosi. Sembra che tutti – e sto esitando a chiamarli persone – si stanno muovendo con uno scopo, molto impegnati. Dall'esterno questo luogo sembra così sereno ed onirico: un enorme spazio bianco. All'interno è buio, non come me lo aspettavo. E' immenso, e penso che scenda nel sottosuolo, probabilmente anche verso l'alto. Questo tipo di creature sono molto impegnate a fare cose – come costruire edifici. Ci sono molti livelli, come se fossero accatastati. Mi viene in mente la parola "città", ma non è una città. Ci sono diverse stanze, quasi fossero sezioni diverse. E' come tagliare una casa delle bambole e si riesce a vedere dentro ogni stanza. Mi sentivo ansiosa nel venire qui. Non mi piace. Forse perché, adesso mi sembra molto alieno, non soffice, semplice o umano. Penso che queste creature siano vive, ma sembrano molto robotiche, perché non credo che abbiano molta scelta. Sono programmate per ciò che stanno facendo. Nessuno guarda in su, o parla con gli altri, o sembra amichevole. Sembra principalmente molto… cosa voglio dire? Tecnologia più che meccanica. Sono tutti altamente focalizzati sul lavoro e non si distraggono da ciò che stanno facendo. Molto intenti in ciò che stanno facendo.

D: E' questa la ragione per cui pensi che ti dia fastidio?

T: Si. Non sembra molto piacevole o gioioso. Quindi sembra molto duro. Tutte queste creature stanno lavorando a stretto contatto tra di loro, alcuni di loro sono ammucchiati, in piedi gli uni sugli altri. Non c'è rispetto. Non c'è individualità.

Descrisse le mani di quelle creature che avevano un tipo di antenne piuttosto che dita. Le utilizzavano per manipolare dei bottoncini, piccole luci su delle scatolette. Erano in grado di muoverle velocemente, come se stessero battendo a macchina o suonando un piano, solo lo stavano facendo con scatolette luminose.

T: Stanno facendo qualcosa con queste scatolette. Qualcosa di molto piu grande di questa struttura. Non so se questo e' un edificio nel terreno o se potrebbe essere un'astronave. E' davvero immenso. Ho la sensazione che stiano dirigendo molte cose. Quasi come fosse dei neuroni in un grande cervello, o qualcosa del genere. E manipolando queste piccole scatolette, stanno causando qualcosa all'esterno della struttura. Non so se sono degli individui o se c'è una coscienza di gruppo o se sia parte dell'intero. O se sono meccanici.

Le chiesi una descrizione fisica di queste strane creature.

T: Hanno degli occhi, ma fanno questo lavoro principalmente con il tatto. E' una cosa molto meccanica. (Poi una rivelazione scioccante) Mentre lo stavo dicendo ho avuto la sensazione che io... sono stata uno di loro. (Iniziò a piangere) Non mi piace.

Mentro lo diceva inaspettatamente divenne uno di loro. Entro' in un corpo identico a quelli che aveva descritto oggettivamente.

T: (Tristemente) Non è un'esistenza felice. Ci si sente privi di scelta, e non c'è felicità. E' una sfaticata. Cosa stiamo realizzando? Oh mio dio! Non abbiamo alcuna scelta, e non facciamo nient'altro. E' davvero strano, perché in qualche senso siamo vivi. Ma noi non – per lo meno, a me non piace farlo. Ma continuo a farlo. Non so da quanto lo sto facendo, ma mi sembra un'eternità. Sembra senza fine il tempo che spendo facendo questo.

D: Il tuo corpo sembra meccanico o ti sembra di una qualche sostanza?

T: Sembra duro e croccante, come se avessi un guscio. Ho delle gambe, penso, ma mi sento come se fossi spinta, piuttosto che io stia camminando. E' come se fluttuassi o andassi avanti, ma non lo faccio muovendo le gambe. Sento di essere meccanico, o come un insetto, o che sono stata prodotto per fare questa cosa e mi limito a farla. Non so da dove provengo e non so quando questo finirà. Non so come sono stata creata. Non mi sembra che a qualcuno o qualcosa interessi o che capisca. Penso che chiunque o qualcosa sia al comando non comprenda che c'è qualcosa di senziente qui. C'è una grande mancanza di emozioni. In qualche modo sono considerata come una creatura o una cosa, e non sanno che ho una coscienza.

D: Sai perché devi fare queste azioni ripetitive?

T: Ho la sensazione che sto mantenendo in vita qualcosa o qualche essere. In qualche modo siamo il dietro le scene, come un'energia che mantiene un qualche mondo in vita, attraverso il nostro movimento. Non penso che il mondo che teniamo in vita sia il mondo che ci ha portati in essere. C'è qualcos'altro al di sopra e oltre a noi che non comprende che sappiamo ciò che sappiamo. E non comprende o non gli interessa che questo non è divertente. Penso che ci sia un turno, durante il quale mi allontano e lavorano su di me. Vado altrove, vengo disattivata e forse ripulita in qualche modo, come mi facessero la manutenzione. Penso di andare a letto, divento passiva.

D: Riesci a vedere che tipo di luogo è quello?

T: In un altro livello, in un altro tipo di guscio o stanza o qualsiasi nome abbiamo ste cose. Scivolo all'interno di una piccola unità, m'incastro a perfezione e vengo disattivata. Perdo potenza. La mia coscienza e mi succede qualcosa. Come se mi ripulissero, o rienergizzassero, o qualcosa del genere. Ma m'incastro li dentro e poi sparisco velocemente. Allora la prossima cosa che so è che delle cosìne mi sganciano e mi sputano fuori e io ritorno a fare le stesse cose.

D: Quindi questo è l'unico riposo che avete. Altrimenti, è lavoro costante?

T: Sembrerebbe di si. Ma non è un riposo perché non me ne accorgo.

D: Ha bisogno di una qualche sostentamento per tenerti in vita?

T: Se ne ho bisogno, lo ricevo lì e non so cosa sia. Potrebbe esserci qualcosa nell'atmosfera che è forse spruzzato, qualsiasi cosa sia che c'è nell'atmosfera, quello mi continuare a lavorare. Non so se quello mi mantiene sana, o sintonizzata, se mi sostiene, o se è il mio carburante. Non lo so. Ma più resto lì, più mi rendo conto che vengo considerata meccanica, come un pezzo di macchinario. Ho una coscienza. Ma non penso d'essere in grado di comunicare con nessuna delle altre macchine, o robot, o esseri, o quel che siamo. E' davvero strano. E' come se in qualche modo una coscienza fosse stata creata, ma non sanno che siamo coscienti. Non sarebbe mai venuto in mento a chi ci ha creato. Posso solo assumere che tutti gli altri esseri si sento allo stesso modo, ma non siamo in grado di comunicare. Ho la sensazione d'essere completamente imprigionata qui dentro. Lo faccio perché non ho alcuna scelta. Ho la sensazione che, in un certo senso, è come l'inferno. So che c'è un significato, ma per me, personalmente, è insignificante. E' una ripetizione e sono bloccata qui dentro, senza riuscire a comunicare. Non posso comunicare. Non c'è speranza! Non c'è speranza! Sono completamente bloccata in questo guscio meccanico a fare questo lavoro.

Pensavo che fosse arrivato il momento di sapere come tutto questo ebbe inizio. Come quest'anima fosse finita in questa terribile situazione. "Possiamo tornare indietro, perché siamo in grado di manipolare il tempo. Sei in grado di scoprire come questo è stato creato e chi lo ha fatto. Spostati indietro nel tempo fino al momento in cui sei arrivata qui."

T: Quindi lo sanno! Questo non mi piace, perché lo sanno! Non so quale sia la ragione, ma so che questa è una cosa meccanica o sintetizzata. E' qualcosa che si costruisce, non viene cresciuta organicamente. Una coscienza viene inserita e questo loro lo riconoscono. Sembra che la mia coscienza venga inserita. E' come se fosse… soffiata dentro a questi così. E' come un piccolo sbuffo. E mi trovo qui dentro e loro lo sanno.

Questo era esattamente lo stesso processo che mi avevano descritto in "La Persona Meccanica" del Libro Uno. Una piccola particella di coscienza era stata soffiata all'interno del robot per attivarlo.

D: Cos'era la tua coscienza prima di quello?

T: Sono un piccolo essere organico, e sono cresciuto. Non sono sicura di cosa sia, ma sembra questa piccola sfera rotonda che sembra più organica. Cio' che vedo e' come una catena di montaggio, dove la sfera in qualche modo proviene da una direzione su questa linea d'assemblaggio. E poi questi piccoli robot provengo da un'altra parte. Arriva un po' in cui vieni iniettato all'interno.

D: Quindi tu eri nella sfera come coscienza?

T: Si, si, si. Ero. E in qualche modo, qualcuno, qualcosa – non l'ho visto ancora – ci sta crescendo. E ha creato queste piccole coscienze che poi mettono in questi robot. C'è una coscienza che… cresce. Utilizzerò l'esempio delle provette per i bambini.

D: Allora queste piccole cosìne meccaniche non possono funzionare senza questa scintilla, un piccolo pezzo di coscienza all'interno.

T: Esatto. Quindi veniamo allevati per abitare dentro a queste macchine. Non è bene fare parte di una di queste cose.

D:Presumo che la persona che fa questo o chiunque abbia inventato questo, non ci pensa.

T: Penso che si giustifichino, sapendo o meno, pensano che non ci sia abbastanza coscienza lì dentro da doversene preoccupare, perché ci crescono per fare questo. Ma nella mia esperienza questo è una faticaccia. E' davvero strano. Quando sono sulla linea di assemblaggio con tutti questi esserini rotondi, non c'è alcun senso di fatica o disperazione. Le piccole sfere sono contente. Sono solo lì, ma non quando entrano nell'apparecchio meccanico. Quando finisci in questa mastodontica, gigantesca, città, fabbrica, centro di controllo – non so cosa sia. Sono piani su piani e stanza su stanze. Ci sono centinaia e migliaia di questi esserini che fanno questo lavoro di manipolazione. Quando fluttuavo qui sopra avevo un senso di tristezza e disperazione.

D: Vediamo se riusciamo a trovare chi sta facendo tutto questo. Coloro che hanno creato tutte queste cose all'inizio.

T: Sto fluttuando indietro. Vedo degli esseri piuttosto grandi. Hanno una forma molto più amorfa e soffice. Più fatti di luce, o qualche altra sostanza, che della nostra sostanza fisica. Questi creano le cose. (Vedere questi essere stava influenzando Tina, fisicamente.) Oh! E' anche molto stancante… guardali. Devo prendere una respiro. (Inspirò profondamente) Sono in grado di manifestare... pensano le cosa e si manifestano.

D: Perché è stancante osservarli?

T: Penso che non siano gentili. Non è che sono cattivi, ma non hanno rispetto. Sono molto grandi e molto potenti. E hanno – presumo sia una – abilità mentale.

D: Sono esseri fisici?

T: Sono fisici, ma sono più rifiniti di ciò che riconosco come fisico. Hanno una forma di luce amorfa, sono molto grandi e occhi rotondi neri. Non posso vedere nient'altro. Non vedo mani. Non vedo piedi. Non è Casper, il fantasma, ma è una cosa bianca come quella. Molto alti, forse 6 metri, con questi grandi occhi. E non hanno bisogno di fare niente. (Fece fatica a spiegarsi) Stiamo influenzando le operazione di ottenimento o scavo di qualcosa. Stiamo causando qualcosa da remoto. Ciò che meno mi apprezzo è che siamo stati spinti in esistenza solo per servirli. Interessante. Sono molto rifiniti fisicamente, ma per qualche ragione hanno una dipendenza o un bisogno nel mondo fisico. Quindi creano cose come noi per interfacciare e causare effetti nel mondo fisico. Non sono tanti quanti siamo noi. Noi non creiamo. Loro creano noi e poi noi otteniamo certe cose per loro, qualcosa che usano loro stessi, o che scambiano per altre cose di cui hanno bisogno. E' stancante ed estenuante, perché è incessante. (Iniziò a piangere) Non ho alcuna scelta devo continuare a fare questa roba stancante giorno dopo giorno. E' per loro e a loro non interessa. E non so se c'è una fine. (La sua voce era piena di disperazione) Sospetto che forse ad un certo punto diventiamo vecchi e moriamo. Allora non so cosa ci succeda, fa facciamo tutto questo per tanto tempo, molti più di quando non vogliamo. (Pianse ancora) E' una totale servitù. Totale, senza scelta ne speranza. Senza gratitudine, perché non sanno nemmeno che abbiamo emozioni. E anche se lo sapessero, non penso che gli interesserebbe. Siamo alla loro mercé continuamente, permanentemente. La cosa incredibile, mentre osservo da questo punto di vista... queste creature hanno un'influenza incredibile da tutto l'universo, a diversi pianeti. Prendono ciò di cui hanno bisogno. Inspirano paura nella loro freddezza. Non hanno rispetto per nessuno eccetto loro stessi. Non è che sono maligni volontariamente. Solo non hanno idea. Sono completamente, totalmente coinvolti da loro stessi e nel prendersi cura di loro stessi.

D: Molto egocentrici.

T: Totalmente.

Alla fine fu in grado di raggiungere una comprensione parziale di quale fosse il loro lavoro in questo strano ambiente. Le loro scatoline controllavano da remote ciò che le macchine stessero facendo sul pianeta. Aveva a che fare con un'operazione mineraria. Piccole navi senza equipaggio venivano controllate per volare verso un altro mondo, dove estraevano una polvere gialla, che mettevano in barili, i quali erano scaricati altrove. La polvere veniva usata come carburante per diversi usi. Gli esseri più grandi si potevano localizzare altrove, perché il loro lavoro in tutto questo era quello di creare i piccoli robot, cosìcché i macchinari minatori si potessero localizzare ovunque. Ma non importava almeno finché facevano il loro lavoro.

Decisi che era ora di spostarla da quella scena fino ad un giorno importante, se ci fosse mai stato un giorno importante in una triste vita di continue fatiche. Arrivò sulla scena piangendo, ma era un pianto di sollievo, non di disperazione.

T: E' il giorno della mia morte. Sono così felice di andarmene da là. Semplicemente sparisco e me ne vado. Me ne vado. Lascio il robot, e sono proprio contenta. (Piangendo) Dio, mi sono così bene qua' fuori, libera!

D: Com'è morto il robot?

T: E' successo qualcosa nella mia coscienza e semplicemente sono sparita. Non so come o perché, ma ero trattenuta in quella piccola sfera che dava potenza ai robot. Presumo che questa è la mia morte. Qualcosa si è disintegrato così non ero più contenuta. Come la tensione di una bolla, proprio quando la polla esplode.

D: Hai visto se è successo qualcosa al corpo?

T: Sono evaporata. Il robot rimane là e rimane statico. Era nel suo luogo di ricarica o dove lavora. Quel piccolo robot si accartocciò un po', era stato disattivato. Io mi disperdo in particelle minuscole che mi permettono di attraversare le molecole del robot. Ciò che mi intrappolava non c'era più. E' successo nello schiocco delle dita, in un istante sono sparita. Ho fluttuato verso l'alto e me ne sono andata. E' stato incredibile. Quello è stato l'unico giorno positivo della mia vita in quel luogo: riuscire ad andarmene. Che pessima, pessima vita! Mi sto allontanando fluttuando. Non voglio restare lì. Mi sto allontanando sempre di più... sono sempre più piccola.

Era come se non vedesse l'ora di andarsene. Voleva che ci fosse più distanza possibile tra il suo spirito e quegli esseri.

D: Come ti è venuto in mente di fare questa esperienza? Da dove ti trovi ora può vedere perché hai scelto di sperimentare una vita come quella. Io non ti ci farò tornare, ma possiamo osservare.

T: (Scioccata) Ero uno di quegli esseri enormi! Presumo d'aver avuto bisogno di sapere che effetto ho avuto. (Si fermò per un momento per prendere un respiro ed assimilare questo nuovo sviluppo). Ero dall'altra parte. Adesso ho la conoscenza, avevo bisogno di sapere che effetto avevo avuto, perché questi esseri molti grandi hanno un grande impatto. Sono enormi ed hanno una grande influenza, tuttavia, non hanno alcuna comprensione di questa loro influenza. Ho fatto altre esperienze, non solo nella vita del robot, ma altri tipi di cose che sono sotto l'influenza di questi enormi, esseri grigi. Perché ho avuto una lunga vita come uno di loro, senza alcuna comprensione della mia responsabilità. Ero molto freddo ed egoista e non capivo gli effetti che avevo. E dopo aver finito quella vita, era ora di vedere che effetto avevo avuto, perché quello non si può fare. Forse è un insegnamento, ma è pura e semplice cause ed effetto. Non si può fare niente senza avere un effetto. E quindi, dovevo sperimentare gli effetti. Dovevo sapere come fosse, quello che avevo fatto.

Quindi la legge del karma, della causa ed effetto, non è qualcosa di strettamente umano che si sperimenta solo qui sulla Terra. Ha un campo ben più ampio. E' una legge che include pianeti e universi. Si applica anche ad esseri il cui potere va oltre la nostra immaginazione e le nostre supposizioni. Niente e nessuno ne è immune. Ciò che va, è ciò che ritorna. Si deve sperimentare cosa vuol dire essere dall'altra parte di ciò che creiamo o che causiamo agli altri di sperimentare. A proposito c'è molto a cui pensare. Se comprendessimo veramente questa legge, quanto migliore ed umano sarebbe il mondo. Se solo la comprendessimo, non ci sarebbe alcun giudizio o pregiudizio. Perché sapremmo che se giudicassimo troppo duramente o avessimo dei pregiudizi, verremmo spinti a ritornare nella forma di ciò per cui avevamo un pregiudizio. In che altro modo si può imparare la lezione? Dobbiamo sperimentare come essere su entrambi i lati della moneta. Se questa legge fosse veramente riconosciuta e messa in pratica, non ci sarebbero guerre o violenza, e il paradiso sulla Terra diverrebbe una realtà.

T:Non richiede alcuno sforzo. Loro però lo fanno senza pensare. Lo fanno senza pensare se sia positivo o negativo. E' solo ciò che gli viene in mente. Qualsiasi cosa vogliano e qualsiasi cosa gli porti beneficio. E' quasi come sporcare l'universo. Creano spazzatura. Non pensano di farlo. Stanno solo facendo quello che vogliono senza alcun minima considerazione agli effetti che hanno.

D: Non si rendevano conto che queste altre cosìne che stavano creando avevano vita o coscienza.

T: Proprio come quel essere enorme, anche voi siete concentrati solo su voi stessi, non c'è consapevolezza. Non si può essere troppo severi con questi esseri enormi, perché non stanno facendo niente di buono, ma non conoscono nient'altro. Questo è tutto ciò che fanno. Sono così egotisticamente coinvolti in se stessi che non hanno alcuna consapevolezza di come stiano danneggiando qualcosa o qualcun altro. Non penso che sia mai entrato nella loro testa.

Nonostante ciò il karma andava ripagato.

D: Come hai lasciato la vita di quel grande essere per entrare in quella piccola coscienza?

T: Nella forma di quel grande essere c'è molto più controllo a livello cosciente. Avevo deciso che avevo finito di essere quell'essere enorme. E' come se me ne fossi stancata. Così decisi di lasciare quella forma d'essere. Basta decidere di farlo ed è finita. Ma a quel punto vai altrove per decidere cosa fare la prossima volta.

D: Ti ha dato consiglio qualcuno?

T: C'è stata una sorta di decisione di gruppo. Sono andata da qualche parte e ne ho parlato con un gruppo di altre coscienza. Allora ho deciso do andare da lì.

D: Quindi volevi sperimentare l'altro lato di ciò che stavi facendo, che non è stato così divertente.

T: No. Tutta sta cosa è piuttosto bizzarra. Perché non si conosce altro a parte ciò che conosci in quella particolare incarnazione, essere, qualsiasi esso sia. Non so nemmeno come chiamarli. Quindi quando finisce, vai altrove e la osservi. C'è una discussione, ma è quasi automatica. E' così: "ha fatto questo e quello, quindi tutti siamo d'accordo. Di conseguenza fai quest'altra cosa. Non è che manca il libero arbitrio, ma c'è molta più chiarezza in quest'altro luogo. Questo luogo nel mezzo. E' così espanso e così chiaro. Ha molto senso che tu vada altrove, e quindi, baaam [onomatopeico], vai a finire altrove. In confronto a quel luogo di chiarezza, è molto più ristretto, perché non si ha la stessa conoscenza. L'altra conoscenza è come se sfumasse

D: Benissimo. Torniamo al punto in cui finalmente riesci ad uscire e ti stai allontanando.

T: Questo dopo aver finito d'essere un piccolo robot?

D: Si. Dopo che te ne sei andata.

T: Mi allontano da là. Inizialmente, mi allontano lentamente, più mi allontanavo da là, più mi sembrava di spostarmi a grande velocità, sempre più veloce, velocissima; finché non era automatico. E' quasi come se fossi risucchiata attraverso un tubo sotto vuoto, o qualcosa del genere. Sto andando in questo luogo di mezzo. Forse sto parlando troppo e sto tirando troppe conclusioni da questa esperienza, ma ho l'impressione che si vada avanti ed indietro. Dall'essere in qualcosa, al non essere in qualcosa, e poi ancora essere qualcosa. Quindi vengo attirato, attraverso un vuoto, a questo luogo dove c'è una decisione di gruppo.

D: Ma mentre osservi questa esperienza, riesci ad imparare qualcosa? C'era forse un qualche scopo?

T: Penso di aver imparato ad essere gentile. Bisogna essere responsabili. Questo l'ho proprio imparato. Riesco a vedere che è stato davvero orribile essere questa cosìna da cui ho preso delle vite. Da questo ho imparato che bisogna essere molto responsabili per le proprie azioni. Che le tue azioni hanno ramificazioni incredibili. Ma l'altra cosa della quale ho avuto solo uno spunto in questo vita è che c'è molta più coscienza in ogni cosa, ovunque. Qui e là, Tina riesce a capirla, e c'è qualche insegnamento a proposito. Anche se vedo che la coscienza era stata installata meccanicamente in quel robot, quello che ho imparato da quel robot – è come se fosse stato scritto sulla mia fronte con il neon – è che ogni cosa ha una coscienza. Ogni cosa è cosciente. Adesso nella forma di Tina dovrei imparare da quella esperienza a comprendere e non dimenticare che ogni cosa è cosciente. Che questa coperta, questo microfono, questo letto, ogni cosa ha coscienza. (Un profondo sospiro).

D: Abbiamo la tendenza di credere che qualcosa di materiale, fatto a mano, non ne abbia.

T: Ma non è così. E se Tina imparerà qualcosa, la cosa più importante è di non dimenticare che ogni cosa è cosciente. Lei può aiutare altre persone a ricordarlo. Ma lei deve semplicemente ricordare di onorare la coscienza in assolutamente ogni cosa. Per lei è un assoluto. Non c'è alcun: "Qual'è lo scopo della sua vita?" Nulla del genere, per niente. Ma per il resto del tempo che passerà su questo pianeta Terra, deve essere quanto più in armonia possibile realizzando e rispettando e riconoscendo la coscienza in ogni cosa. In antichità questo la gente lo sapeva: nella vita quotidiana, rispettando la coscienza del fuoco, la coscienza della tua pentola da cucina, del cibo che stai mangiando. C'è coscienza in ogni cosa. Assolutamente in ogni cosa! C'è coscienza in ogni cosa animata ed inanimata in questo universo, in questa realtà ed ogni altra realtà. E' coscienza alla base.

D: Questo vuol dire che dobbiamo sperimentare tutte queste cose?

T: Non dobbiamo sperimentare tutte queste cose, anche se ne sperimentiamo la maggior parte. E' ovunque. Ma per Tina in questa vita, si tratta di rispettare e riconoscere la coscienza in questo verissimo mondo fisico. Non è necessariamente importante per lei essere in contatto con altre vite passate, altre realtà. Quelle ci sono tutte. E quelle sono tutti esperienze che ha avuto ed avrà moltitudini di moltitudine di volte, se vogliamo considerarlo in termini temporali. Non importa. Lei è tutto questo. Noi siamo tutto questo. Le differenze sono insignificanti, insignificanti. Tutti questi esseri, queste realtà, sono molto piccole. Sono solo onde sulla superficie. Sono cambiamenti di colore. Sono insignificanti.

D: Ma conoscete la nostra curiosità. Vogliamo conoscere le esperienze che abbiamo avuto.

T: Questo è normale e va anche bene. Infatti è un bene che Tina abbia iniziato a ricercare queste cose adesso. Per lei essere in armonia, significa riconoscere che questa coscienza pervade ogni cosa. E' la coscienza che è sostanza, l'unica sostanza. La gioia nella sua vita, l'armonia nella sua vita, non è nel fare una cosa particolare o conoscere una cosa particolare o essere una certa persona; ma piuttosto di riconoscere che la coscienza è la sostanza di ogni cosa. E come in quella vita quando era quella piccola cosìna robotica, la cosa più dolorosa per il cuore, la cosa assolutamente più difficile da sopportare, perfino oltre alla solitudine, era la mancanza di rispetto e riconoscimento. Non essere riconosciuta come coscienza. Quindi fa parte del suo lavoro, se così vogliamo chiamarlo, riconoscere che c'è coscienza ovunque. Permettere che questo sia il suo pensiero cosciente.

D: In lavoro che ho fatto finora, la maggior parte di ciò che stai descrivendo verrebbe classificato come elementale. Separandolo dalla coscienza che è in piante, animali ed esseri umani. Solo pura energia.

T: Puoi chiamarlo elementale. Energia basilare. Forse stiamo parlando della stessa cosa. Se guardi un elementale e riesci a riconoscere l'elementale in queste cose. Ma di solito quando parliamo di elementali, stiamo parlando della natura. E più di preciso parliamo delle sostanze organiche. Ma guardiamo qui a cosa abbiamo fatto su questo pianeta. Siamo in questa razza tecnologica. Ciò che dobbiamo realizzare è che la tecnologia ha una coscienza. La cose che sono prodotte hanno una coscienza. Il nostro caffe di Starbucks ha una coscienza. Ogni cosa ha il suo posto ma si tratta di riconoscere l'elementale, riconoscere la coscienza, la vita in questo. Non c'è nulla di male nel bere il caffè, ma riconosci la sua coscienza e ringraziala per essere, e per essere disponibile. Apprezzare la casa che ti protegge. Apprezzare il letto che ci sostiene. Riconoscere che lì c'è, al suo livello, una coscienza reale. A modo suo, non nel modo in cui di solito parliamo di qualcosa che è vivo. Ma viene portato alla vita. Che noi, a modo nostro qui sul pianeta Terra – proprio come quegli esseri che stavano creando ogni cosa – creiamo ogni tipo di cosa. Produciamo delle cose. Creiamo gioielli e cresciamo il cibo. Creiamo radio e aeroplani e auto. E riconoscendo che dopo averlo creato, ha un suo collettivo, una sua coscienza individuale che esiste, con cui si può comunicare. Che ha una sua quantità di consapevolezza ed è lì. Solo riconoscendola, come lei avrebbe apprezzato esser riconosciuta e rispettata in quell'altra vita. Questo significa essere in armonia.

D: Credo che stiamo parlando di personalità umana, coscienza umana. Questo significa che un'anima umana – forse non mi sto esprimendo correttamente – è stata un letto o delle sedie e cose del genere?

T: Al suo livello più elementale – non come usavi tu la parola elementale – ma nel suo livello basilare più elementale, è tutto una coscienza. E quindi a volte si separa e potrebbe essere una sedia. Potrebbe essere un robot. Potrebbe essere un umano. Potrebbe essere un angelo. E' tutto la stessa cosa. E' tutto la stessa cosa. E' tutto un gioco. Metti tutto in gioco e poi una cosa tira l'altra e uno finisce per fare questa esperienza di questa cosa e l'esperienza di quella cosa. Ma quella coscienza umana a livello più basilare, più raffinato, è tutto Uno.

D: Ho portato la gente a vite in cui erano piante e animali, ma non pensavo a qualcosa di costruito, prodotto, creato come a qualcosa che avesse la stessa coscienza.

T: Ma è così. Dal punto di visto in cui mi trovo, forse non ha molta coscienza. Sembra esserci più coscienza imbevuta in certe cose che in altre. Ma in ogni cosa, a livello fisico, c'e un elemento di coscienza.

D: Questo è un modo diverso di vedere le cose.

T: Un'altra cosa di cui devi essere consapevole è il significato della creazione. Essere consapevole che stiamo costantemente creando qualcosa, qualcosa di più permanente, qualcosa di meno effimero. Mentre creiamo, ogni parola che diciamo, ogni azione che facciamo di su questo pianeta ha un effetto. E quando partecipiamo in comportamenti rituali, a causa del livello di coscienza che portiamo, può avere un effetto maggiore e portare certe cose in altre realtà al di là della realtà fisica. Grazie all'intenzione, forse porta una maggiore efficienza o maggiore realtà. E' questa conoscenza, che quando parliamo casualmente, abbiamo un qualche effetto e creiamo qualche effetto a catena nella realtà della coscienza fisica. Più forte uno parla e più forte è la coscienza. Maggiore è l'intenzione, con grandi numeri, più forte può essere l'effetto a catena e più a lungo può durare. Quindi per questa ragione, è molto importante fare attenzione a ciò che si fa.

D: Essere più consapevoli di ciò che facciamo e diciamo.

T: Si. Perché ha un effetto e quando parliamo casualmente, l'effetto è casuale. Ma quando parliamo con intenzione, quando parliamo con forza, consapevolezza ed emozione, l'intento e l'effetto è maggiore. E come sappiamo, ogni causa ha un effetto. E' semplice. Succede. E' automatico. E' la regola dell'universo. C'è causa e c'è effetto. Quindi è saggio parlare ed agire con consapevolezza.

Chiesi il permesso di utilizzare questo materiale nel mio lavoro, perché metto tutto insieme come pezzetti di un puzzle.

T: Assolutamente. Non c'è assolutamente alcun problema per quello.

D: Presumo di parlare con il subconscio di Tina. Questo è il nome che gli ho dato.

T: Puoi chiamarlo così.

D: Presumo che sia così, perché ci parlo sempre.

T: E su questo hai proprio ragione Dolores. Io sono quell'uno. Siamo tutti quello.

D: Parli attraverso tutti coloro con cui lavoro.

T: Assolutamente e ci presentiamo in diverse vesti. Anche noi, a volte indossiamo qualcosa come una maschera, ci mettiamo un pelle, ma sia tutti uguali e ti benediciamo con il tuo lavoro.

* * *

Durante un altro caso, una donna andò a finire in una vita che avrebbe potuto essere al tempo di Atlantide o un'altra civilizzazione altamente avanzata. Durante le altre sedute con cliente che condivisero informazioni su Atlantide, ho scoperto che gli scienziati raggiunsero un livello tale di sofisticazione da essere in grado di manipolare il DNA di persone ed animali, e crearono molte creature metà-umani/metà-animali. Questa era una delle ragioni principali per la distruzione di quella società. Erano andati oltre e avevano abusato le leggi di natura. Tuttavia in questo caso sembra che fossero andati anche oltre nelle loro sperimentazioni avendo risultati orribili. Il soggetto fece molta fatica a descrivere ciò che stava vedendo e sperimentando. Era così lontano dal suo modo di pensare che non voleva vederlo. Faceva parti di un gruppo che era stato isolato in un edificio su un'isola. Col tempo, attraverso la sperimentazione, molti dei loro organi (specialmente nella zona del petto) erano stati sostituiti con componenti di cristallo. Deve esserci voluto molto tempo per permettere al corpo di adattarsi senza ucciderlo. Questa gente veniva poi utilizzata per produrre energia per far funzionare diverse cose. In breve, sembra che fossero generatori di elettricità camminanti e pensanti. E' probabile che li avessero creati per usarli come armi. Tutto ciò disturbò profondamente la mia cliente che non voleva saperne più niente. Purtroppo questa è la ragione principale per cui non fu possibile raccogliere abbastanza informazioni da ottenere una chiara visione di ciò che era accaduto. Ovviamente vedeva molto più di quanto riuscisse a descrivere. La spostai dalla scena e la portai al giorno della sua morte e ciò che vide era orribile. Qualcosa era andato storto con la produzione d'energia che causò il sovraccarico ed esplosione di questi esseri. L'esplosione fu così forte che distrusse l'edificio e tutti i residenti. Mentre lasciava il corpo, vide che i pezzi di cristallo nel suo corpo erano frammentati ed incastonati nel muro. Fu una morte scioccante, improvvisa e devastante. Dovette passare del tempo nel luogo del riposo sul lato dello spirito per riuscire a recuperare. Passò molto tempo prima che fosse nuovamente in grado di tornare a reincarnarsi in una vita umana. Questo, ovviamente le aveva causato forte mancanza di fiducia nella vita attuale, specialmente verso chiunque fosse in una posizione di potere.

Questo è un altro esempio dell'abuso delle leggi di natura e dei limiti dell'umanità perpetrato dagli scienziati Atlantidei.

* * *

Questo caso è un altro esempio di ciò che succede quando qualche civilizzazione ha poco rispetto per la vita umana. Questo caso non ebbe luogo sulla Terra.

Marie venne per una seduta cercando risposte a problemi famigliari personali. Il subconscio scelse di mostrarle due vite e io non riuscivo a vedere come fossero correlate. Tuttavia, non sottovaluto mai la conoscenza che applica alla situazione. Ha sempre una ragione per portare il soggetto ad una vita o l'altra. La sua logica sorpassa di gran lunga la nostra. Inizialmente passò attraverso una vita ordinaria, semplice e noiosa durante la quale non accadde nulla di straordinario. Poi mentre la spostavo in avanti verso qualcos'altro disse che il suo braccio destro era ferito. Non so mai quando il soggetto entra in un'altra vita. A volte entrano al momento della morte e a volte entrano quando sta succedendo qualcosa di drammatico. Ovviamente, la prima cosa che devo fare è rimuovere ogni sensazione fisica, cosìcché si sentano a loro agio ed in grado di rispondere alle domande. Le chiesi perché le facesse male il braccio.

M: Non lo so. Ho la sensazione che ci sia del metallo dentro. (Ero confusa. Indicava il suo avanbraccio) Sento il metallo. Dentro... metallo... dentro l'albero. Come una barra, dove dovrebbe esserci l'osso.

D: Come c'è finito lì?

M: L'osso era rotto. L'hanno tirato fuori e ci hanno messo una barra.

D: Chi è stato?

M: Dottori. Hanno rimpiazzato l'osso con una barra. C'è uno spazio proprio qui, la barra. Non so perché sia lì. Non dovrebbe essere così. Perché l'hanno fatto così? (Indicando il braccio) Questo, questo non è.

D: E' solo nel braccio destro? (Si) Questo è ciò che causava il disagio?

M: Si, sento il braccio più pesante; molto pesante. Non so se l'ho rotto io o l'hanno rotto loro. Per qualche motivo l'osso era rotto così c'hanno messo dentro la barra.

D: Adesso stai toccando la tua spalla. Va tutto bene?

M: Oh, ho la sensazione che avrebbero potuto rimpiazzare questo intero braccio. Non è come l'altro, mi da una sensazione molte artificiale, non sembra vero.

D: Non potevano lasciare che si sistemasse da solo?

M: Esperimenti. Stanno facendo esperimenti.

D: Cosa intendi dire?

M: Non so. Non sono felice. Dottori – scienziati. Dalla mia spalla in giù. Non mi piace!

Volevo un'immagine chiara del suo corpo e del suo sesso, ma diceva di non riuscire a vederlo. Era focalizzata su quel braccio. "Braccia e gambe, sono principalmente umane, ma non completamente." Le chiesi di guardarsi intorno e descrivermi ciò che la circondava. "Tavoli di acciaio inossidabile, finestre… ovale. Sento di essere sul tavolo e stanno esaminando il mio braccio. Vogliono vedere come funziona. L'unica cosa vera rimasta è la carne che lo circonda. Ecco perché è così pesante e fa male." Ancora una volta indussi il distacco dalle sensazioni fisiche. Le chiesi chi le stava facendo tutto questo. "Hanno dei camici bianchi da laboratorio... camici bianchi ae capelli neri. I loro volti sono strani. I loro capelli scendono fino ad un certo punto a meta della loro fronte, che sembra molto strana. Sembra quasi finta, come una maschera, forse." Le chiesi se era in grado di comunicare con loro e scoprire cosa stessero facendo, ma disse che non la stavano ascoltando. La ignoravano palesemente, non volevano ascoltare. "Vogliono solo... il braccio. Dicono che è un'arma. Hanno trasformato il mio braccio in un'arma. Non lo voglio."

D: Come vogliono che tu lo usi?

M: Per combattere. Colpisco qualcosa si ammaccata. Il mio era danneggiato e non vogliono che sia ammaccato.

D: L'hai usato come un'arma?

M: Si, combatto; combatto.

D: Questo è il tuo lavoro? (Si) Sei un soldato?

M: No, come karate.

La spostai indietro nel tempo per vedere la sua vita prima che questo succedesse. "Avevo il mio braccio quando mi rapirono. Mi hanno rubato. Ero in una zona desolata. Non c'è colore, è polveroso, ci sono rocce piatte. Molto interessante. Vengo e mi rapiscono. Un qualche tipo di hovercraft. Mi risucchiano come con un aspirapolvere, e poi sono qui."

D: A quel punto di hanno operato? (Si) E poi ti hanno rispedito fuori per essere un soldato?

M: Si, un soldato. Ho la sensazione di essere sul ring… un ring rotondo; rotondo, non quadrato. Penso che fosse uno sport. Competizione. Con altri proprio come me, con queste braccia strane; strana sensazione. Tutti hanno uno o l'altro braccio.

D: Quindi alcuni degli altri ce l'hanno nell'altro braccio?

M: Si, deve essere un combattimento alla pari. Devono togliermi questo braccio! Non lo voglio! Non mi piace!

Così apparentemente, il braccio artificiale era danneggiato e stavano cercando di ripararlo. La spostai in avanti ad un giorno importante per vedere cosa sarebbe successo. Ciò che disse era difficile da comprendere e l'ho condensato qui, di seguito. Sentiva di essere seduta su una lastra grigia ed era un qualche tipo di piccola, minuta, piccolissima creatura. Il modo migliore in cui riuscì a descriverla era: "un qualche tipo di essere artificiale, come un robot; specchi, ovali, cerchi, linguette. Un esserino fatto di tutti questi cerchi e ovali. Qualcosa di meccanico." Quindi, ciò che iniziò come un braccio meccanico si era sviluppato verso qualcos'altro. "Adesso c'è questa completa forma di vita artificiale fatta di dadi e bulloni. L'interamente! Ma è molto piccola. E ho la sensazione d'essere questa cosa! Vede. Ha degli occhi... non occhi fisici, ma vede.

D: Perché ti hanno trasformato in questa cosa meccanica?

M: Non sono sicura. – Stanno cercando di eliminare la carne, così prendono un'anima e la mettono qui dentro. E' più facile prendersene cura. Niente malattie. Questo non mi piace.

D: Quindi iniziano lentamente rimpiazzando le parti?

M: Si, le parti.

D: Alla fine sono arrivati all'intero corpo? (Si) Ma c'è ancora una scintilla di vita dentro?

M: Si, ci vede. Vuole che sappia che ci vede.

D: Sei ancora il soldato?

M: Le cose sono cambiate perché questo esserino è davvero molto piccolo. Molto, molto piccolo, solo lo spazio per trattenere l'anima.

Non sono stata in grado di scoprire l'obbiettivo per aver creato questi esserini. Perché creare un corpo fisico e ridurlo a qualcosa che sembra quasi come un computer? Ho deciso di spostarla all'ultimo giorno della sua vita in questo piccolissimo essere meccanico. "Cosa sta succedendo? Cosa vedi?".

M: Un enorme cumulo di scarti. Questa gente non ha rispetto per nulla. Buttano tutto. Hanno un atteggiamento disgustosamente sprezzante, buttano via tutto. Gli basta buttarlo in un angolo. Adesso li vedo allontanarsi ridendo.

D: Non comprendono che c'era qualcosa di vivo li dentro?

M: Non credo che gli interessi.

Non c'era altro modo di ricevere altre informazioni a proposito di questa strana vita, così ho invocato il subconscio per rispondere a delle domande. "Perché avete scelto di farle vedere quella vita?"

M: Perché potesse sapere, per vedere.

D: Cosa intendi dire?

M: Non importa di cosa sei fatto, ancora riesci a vedere, sei ancora consapevole. Non importa; carne e ossa o viti e bulloni. C'è ancora coscienza.

D: Non consideriamo qualcosa di meccanico come vivo.

M: No, ma lo siamo tutti.

D: E' tutto vivo. E' questo che stai cercando di dire?

M: Si, coscienza, consapevolezza. Tutto è vivo.

Disse che questo stava avendo luogo su un altro pianeta dove stavano sperimentando con la creazione di vita artificiale. Avevano imparato a mescolare la vita e le macchine. Voleva che lo sapesse così che potesse imparare ad apprezzare la vita.

Così questi erano due casi separati in cui il subconscio stava cercando di condividere il messaggio con la nostra civilizzazione che ogni cosa è viva. Che ogni cosa ha coscienza. Perfino qualcosa che non consideriamo senziente. Ovviamente, io parlo sempre con la mia auto, le ho dato un nome e ritengo che abbia una personalità. Ma questo mi ha dato un ulteriore conferma che c'è altro. Pensiamo di essere consapevoli del nostro ambiente, ma è ovvio che dobbiamo ancora fare tanta strada prima di riuscire ad apprezzare la vita tutte le sue forme inaspettate. Vi avevo avvertito che i miei libri sono scritti per farvi pensare!

SEZIONE TRE

AIUTO DA ALTRI ESSERI

CAPITOLO NOVE

IL PIANETA DELLA GENTE BLU

Quando Tom entrò sulla scena, era un osservatore. Era notte e lui si trovava in piedi su una strada di campagna. C'era la luna piena che illuminava l'ambiente abbastanza the vedere chiaramente. Mentre si trovava lì sulla strada nel tentativo di capire dov'era, passò un carro con grandi ruote trainato da cavalli. Allora si rese conto dalla presenza di una grande casa vicino alla strada. Il carro si fermò giusto davanti alla casa, un passeggero scese e il carro ripartì. Inizialmente non si rese conto di avere un corpo, ma gli sembrava di fluttuare. Poi improvvisa-mente si trovò nel corpo dell'uomo che era sceso dal carro. Indossava un lungo giaccone e capello, che corrispondevano allo stile del diciottesimo secolo. Lunghi pantaloni neri e una cravatta intorno al collo. Quando si accorse di avere un bastone da passeggio, divenne ovvio, che si trattava di un individuo benabbiente. "Mi sento di mezz'età e verso la vecchiaia. Ho la barba, ma non è ancora completamente bianca. Ho la sensazione di avere un po' di gobba, ma non mi sento vecchio. Nell'altra mano, ho una di quelle vecchie borse da dottore."

D: Cos'hai nella borsa?

T: Hmm! Provette e altre cose. C'è uno stetoscopio, creme e polveri, tubetti ed intrugli vari.

D: Perché pensi di essere li fuori durante la notte?

T: Penso di essere qui perché mi hanno chiamato per una visita a domicilio.

D: Quindi non vivi lì.

T: No, non vivo lì. Il carro mi ha solo lasciato qui. C'è un'anziana donna che ha bisogno d'aiuto. Infatti, questa anziana donna è mia madre, quindi sono già stato qui prima d'ora. Non credo che sia dove sono cresciuto, anche ho la chiara impressione che lei sia mia madre. Sto facendo una visita a domicilio da mia madre. Sto entrando nella casa ed entro senza bussare. Presumo quindi d'essere di casa visto che entro senza attendere. Appendo il giaccone ed il cappello, e appoggio il bastone. Poi guardo lungo il salone, per qualche ragione guardo all'interno delle stanze. Non so perché sto controllando se c'è qualcuno, ma lo faccio. E' una grande casa. Salgo dalle scale, mi giro ed entro nella stanza.

Finora sembrava una tipica regressione ad una vita passata, ma velocemente, prese una direzione diversa. Lui fece una pausa e disse con sguardo incerto: "Questo mi sembra un po' strano."

D: Cosa ti sembra strano?

T: Beh, mia madre è lì nel letto, ma c'è anche qualcos'altro nella stanza. E non penso che sia umano.

D: Cosa ti sembra che sia?

T: Non riesco bene a comprendere la sua forma, ma non mi sembra umano. Ha lunghe braccia e lunghe gambe e sembra grigiastro. Ho una visione confusa. Mi da l'impressione d'esser un predatore ma allo stesso tempo non lo è. Non sono sicuro, ma mi fa paura. Penso d'essere scioccato, perché sembra un alieno dei film. Ma questo potrebbe essere anche solo la mia apprensione, perché allo stesso tempo sento che va tutto bene. Ho entrambe queste distinte impressioni.

D: Tua madre ne è consapevole?

T: Penso che stia dormendo, ma penso che anche lei ne sia consapevole. E' come se mia madre fosse appena stata reinserita nel corpo. Infatti non è ancora completamente dentro. La stanno rimettendo dentro.

D: Lo fa questo essere?

T: Non penso che sia questo essere. Penso che sia qualcos'altro che è associato a questo essere. C'è una luce che brilla nella finestra. (Pausa) Sto esitando ad avvicinarmi alla finestra perché quell'essere è lì, ma la luce scende dall'alto. L'essere è vicino alla finestra ai piedi del letto. Ne sono ancora piuttosto scioccato. Non sono sicuro cosa stia facendo lì. Inizialmente, pensavo che stesse attaccando mia madre ed è per questo che mi sono impaurito. Penso che sia per questa ragione che l'ho visto come un predatore, perché è piuttosto strano avere qualcosa di non umano in piedi nella stanza. Ma ho la sensazione che in qualche modo ho già incontrato questa gente. Non riesco a capire perché mi sento così, ma c'è qualcosa di famigliare in questo essere, anche se non riesco a vederlo chiaramente. Penso che adesso lo stress mi stia passando ma sono ancora preoccupato, perché esattamente non so cosa stia succedendo. Penso che qualcosa nella luce sta aiutando mia madre a rientrare nel corpo. Però non sono sicuro della ragione per cui questo essere è li in piedi, se non per il fatto che adesso mi sta chiamando e vuole che salga nella luce.

D: Come ti senti a proposito?

T: Interessante adesso che me l'ha chiesto, mi sento entusiasmato dalla proposta. Sono ancora preoccupato per mia madre, ma stranamente, anche risollevato. Quando sono entrato in casa mi stavo chiedendo se stesse morendo.

D: Era malata?

T: E' anziana. Sta arrivando all'età in cui non c'è molto ancora da vivere. Non penso che sia malata, ma sta diventando vecchia e fragile. E quindi, ero venuto a vedere come stesse. Mi scrisse una lettera nella quale diceva che stava perdendo – non la salute, ma il suo tempo. Sentiva che stava arrivando l'ora, che era pronta a morire. Ed io, ovviamente, essendo un dottore, decisi di poter fare qualcosa per lei. (Con umorismo doloroso) Non so perché stavo pensando a questo. Ma adesso sono qui, e sono stranamente tranquillo per lei. Se sta morendo, penso che sia qualcosa che vada oltre alle mie capacità. Per qualche ragione adesso sento che sta bene. Non so perché'. E quindi sono più interessata nel salire con la luce. Penso che in parte voglio scoprire da solo ed in parte voglio vedere dov'è stata e cosa stava facendo. O perché la stanno rimettendo nel corpo.

Adesso sembra quasi come se fosse una tipica stori di UFO, ma prese ancora una volta un'altra strana direzione.

D: Quindi sei curioso.

T: Esatto. Adesso mi stanno facendo salire nella luce. Sto bene. Il mio corpo è ancora lì. Il mio corpo non viene con me, resta lì. Stranamente, resta in piedi dov'ero, con la borsa da dottore in mano, ancora vestito com'era. Ma sto fluttuando verso l'alto nella luce.

D: Stai andando con quell'essere?

T: Quell'essere resta per sorvegliare il mio corpo. Penso che sia li per questo ed è quello che stava facendo con mia madre. Restava lì sorvegliando il corpo, per assicurarsi che gli succedesse nulla. Quindi è un bene.

D: Dimmi cosa sta succedendo mentre sali nella luce.

T: E' tutto molto luminoso e ho la sensazione di essere leggero, perché sto fluttuando. La luce diventa sempre più luminosa e sembra circondare ogni cosa. Ho la sensazione che in qualche maniera ho saltato.

D: Cosa intendi dire con... ho saltato?

T: Voglio dire che sono sparito da un luogo e sto apparendo altrove, seguendo la luce. Non sono rimasto nella luce. Sono sparito nella luce e so arrivando altrove.

D: Dove sei saltato?

T: Sto ricevendo molte impressioni diverse. Una cascata. Il modo in cui il sole brilla sulla nebbiolina che sorge da una cascata e crea tanti piccoli arcobaleni. Ricevo le impressioni di quei piccoli arcobaleni, in modo sfocato. Ma non credo che sia da una cascata. Penso che siano solo colori che danzano, molti piccoli colori. Sono circondato dalla luce e ci sono anche altri colori che danzano. Sto arrivando da qualche parte... oh! Okey. Sono in piedi su un balcone e sto osservando una cascata. Ma ho l'impressione di non essere più sulla Terra. E' strano, adesso ho la sensazione di essere in un corpo ancora una volta, ma non quello che ho lasciato. Le miei mani tengono la ringhiera.

D: Quindi sei in un altro corpo. Puoi descrivermelo?

T: Sembra strano, ma ho l'impressione di un corpo alto e blu. E' strano perché l'impressione che ho non è tanto del corpo. Ma di me. Sembra che io sia qualcuno di grande autorità in piedi qui sul balcone che da su una meravigliosa città con le cascate. Questo è un edificio parzialmente incavato nella montagna dove sono le cascate. Gli edifici di questa città sono naturalmente adattati all'ambiente. Non sono sicuro se sono il capo qui, ma ho qualche forma d'autorità. Ho le mani palmate. Sono alto, sono blu e la mia pelle sembra essere come il cuoio. Non sono pallido. Non ho paura di essere blu, è un vero blu accesso.

Sembrava che facesse fatica a vedere dei vestiti, perché era come se non ne avesse bisogno. "E' una sostanza gauzy-like. E' più una decorazione che un vestito. C'è qualcosa di colorato sulle mi e spalle. Forse un insegna del mio rango o posizione, ma non è funzionale come lo sarebbe un vestito. Tuttavia indosso una pesante cintura di metallo, con una protezione per i genitali. Sembra essere d'oro o d'ottone. No penso che sia oro. Interessante. Ho la sensazione di avere un corpo maschile e tuttavia, in qualche modo, penso d'essere anche femminile. Non androgeno, ma piuttosto ermafrodita. Ho entrambi i sessi. Ho genitali maschili, ma ho anche un utero femminile all'interno." Chiesi di descrivere il suo volto. "Ho grandi occhi neri, ma è quasi come se fossi un pesce. Quasi come una lucertola. Non è per niente un volto umano. E' un grande volto, a dire il vero, quasi come quello di una rana. Anche se è il volto di una rana, ho l'impressione di avere delle branchie e anche delle rughe verticali dietro il volto. Ricci, branche e mani palmate, principalmente dietro alla testa. Non ho un collo vero e proprio è tutt'uno. Sono stato sulla Terra nell'altro corpo. Non sono un vero dottore, e non sono davvero il figlio di quella donna, anche se pensavo d'esserlo. Penso di aver avuto un'amnesia temporanea per scoprire cosa volesse dire essere umano. Penso che fosse una missione di ricognizione."

D: Vuoi dire che sei venuto sulla Terra solo per un breve periodo di tempo?

T: E' così. Avevo la sensazione di essere il figlio di questa donna, ma in realtà penso che fosse solo un corpo preso temporaneamente.

D: Un corpo che già esisteva, o cosa?

T: Questo è interessante. Penso che quel corpo è stato creato per me.

D: Senza dover passare per la nascita?

T: Ho la sensazione che fosse nato, ma non le modo naturale in cui nascono i corpi.

D: Cosa vorresti dire?

T: Penso, che in un certo senso sono figlio di quella donna. Ma non sono nato come nascono gli umani nelle loro normali vite umane. Sono stato messo nel suo corpo e poi estratto.

D: Lei ne era consapevole?

T: Non coscientemente. Credo, visto che questo essere è blu, di avere la capacità d'entrare in questo corpo umano creato e di tornare. Non era la da molto tempo. Penso d'essere stato là per circa vent'anni più o meno.

D: Ma hai detto di sentire di non essere un dottore?

T: E' vero. Con questo volevo dire, che non sono umano.

D: Ma in quel corpo eri un dottore.

T: Si, esattamente. La differenza e' che questa non era una normale incarnazione umana. Avevo una missione. Per qualche motivo era necessario che io andassi come questo essere blu, come questo essere simile ad una rana, uscendo dal mio corpo per un breve periodo ed essere trasportato in quest'altro corpo. E sperimentare la vita umana per questo breve periodo di tempo, che credo fosse circa vent'anni. Credo che mia madre possa essere morta quella notte e quindi era ora di tornare ancora una volta. Quella era una vera incarnazione per lei

D: Ma se lasci quel corpo lì sulla Terra, non ci tornerai?

T: Penso che il mio ritorno va discusso. Se c'è qualcos'altro da fare per me, adesso che lei se n'è andata. C'è la possibilità che io debba tornare ecco perché mantengono il corpo. Ma anche se non ritorno si porteranno via il corpo.

D: Come farai a saperlo?

T: Devo parlarne con questa gente in questa stanza. (Pausa) Siamo d'accordo che non c'è bisogno che io ritorni; è stato abbastanza. Anche lei è qui nella stanza. E' consapevole che questa era una delle sue incarnazioni umane. Ne ha avute molte. Ha trovato ciò che aveva bisogno di trovare in quella vita. Ed io l'ho aiutata a farlo. Era necessario che io andassi ad aiutarla nel suo lavoro. Ho dovuto ricordarle del suo lavoro perché aveva perso la strada in quella vita.

D: Questa è la ragione per cui ti trovavi lì?

T: Esattamente. Adesso che sono tornato, riconosciamo d'esserci riusciti, quindi non devo tornare indietro.

D: Cosa succede al corpo che hai lasciato sulla Terra?

T: Verrà trasportato. Non lo lasceranno lì a morire. Si prenderanno cura del corpo, tuttavia la mia anima non gli è più connessa, e farà il suo corso. Se ne prenderanno cura, credo, in qualche tanica da qualche parte su questo pianeta. Le cellule faranno il loro corso, perché anche loro hanno coscienza. Nulla verrà ucciso. Le cellule vivranno fino alla fine del loro tempo e poi moriranno.

Quando Tom uscì dalla trance, aveva ancora qualche pensiero a proposito. Disse che l'essere che era nella stanza rimosse il suo corpo e lo trasportò. Non poteva essere lasciato là perché non era come altri corpi umani. Non diede ulteriori dettagli su come fosse diverso. Forse perché non era una incarnazione normale. Il corpo venne portato a bordo di un'astronave e messo in una tanica. Le cellule erano vive e dovevano ricevere la possibilità di completare la loro vita. La madre morì di cause naturali, visto che il suo corpo era il risultato di una normale incarnazione, non c'era niente da fare.

T: E' semplicemente morta. Era una vera incarnazione fisica per lei. Quindi, più avanti, qualcuno troverà il suo corpo nel letto e ci sarà un funerale normale.

D: Altri sul tuo pianeta vanno e sperimentano....

T: Si, lo fanno. A volte vanno sulla Terra, ma spesso vanno altrove. Ma fa parte della nostra cultura. E' comune per la nostra gente viaggiare per sperimentare altri pianeti ed altre culture, durante la nostra vita che dura molte migliaia d'anni. A volte lo facciamo come un'intera vita, un'intera incarnazione. Altre volte viene fatto diversamente. Mentre sono vivi, se si tratta d'un'intera incarnazione o anche se non lo è, avranno l'amnesia che si applica di solito in una vita su questo pianeta Terra. Avranno l'amnesia per potere fare una vera esperienza umana. Se vanno su un altro pianeta, in un'altra cultura, allora si adatteranno a come quella cultura si comporta. L'amnesia che ha luogo sulla Terra durante le vite non è un fenomeno universale.

D: Quindi quando una persona vive sulla Terra, quella personalità non è consapevole che c'è un altro tipo d'anima nel corpo.

Ci troviamo forse di fronte ad un caso simile a quello di Estelle in Universo Convoluto, Libro Due, dove il rettiliano era entrato nel suo corpo per sperimentare la vita sulla Terra? In quel caso, il corpo doveva essere adattato per riuscire a sostenere il diverso tipo d'energia.

T: Esatto. Ma non è come se il corpo e l'anima di qualcuno fossero rapite. E' un semplice caso d'anima che sceglie di nascere come se fosse in una normale incarnazione. E' solo l'anima di uno della nostra gente su questo pianeta.

D: Ma l'anima soffre d'amnesia mentre si trova sulla Terra, perché altrimenti sarebbe troppo confusa.

T: Beh, non necessariamente confusa, perche siamo abituati a fare questo tipo di viaggi. Ma non sarebbe l'esperienza esatta per questo pianeta. Su questo pianeta la gente ha l'amnesia durante le proprie vite.

D: Altrimenti, avresti troppi ricordi che interferiscono.

T: Si, non riusciresti a fare una normale esperienza umana.

D: Lo fai ripetutamente o solo per questa volta?

T: Lo facciamo molte volte, ma solo questa volta sulla Terra. Ho avuto molte incarnazioni come essere umano, ma quelle erano quando la mia anima era impegnata nell'esperienza umana. Questo specifico viaggio ebbe origine sul pianeta della gente blu. Questo viaggio è l'unica volta che, come una delle persone blu, ho viaggiato sulla Terra.

D: Altrimenti, era quando l'anima viene riassegnata. Giusto?

T: Esatto, giusto.

D: Quindi resti sull'altro pianeta e continui la tua vita?

T: Esattamente, continuo la mia vita. Ma ciò che era importante a proposito, è che ho fatto un errore quand'ero incarnato sul pianeta. Ho avuto molte vite su molti altri pianeti in molti sistemi solari diversi. Molte vite, in molte delle civilizzazioni della Terra. Ma mentre ero qui con questa razza blu, questa è stata la mia unica scappatella sulla Terra. Tuttavia, non appena la mia anima si spostò sulla Terra per fare l'esperienza terrestre, ho confuso l'esperienza con i miei viaggi. Quindi ciò che importa è che non era l'esperienza di una visitazione o un'adduzione, ma ero io l'alieno. Lo stavo facendo per un membro della mia famiglia, mia sorella, anche se quando sono arrivato era mia madre. Su quel pianeta era mia sorella, e si stava perdendo. Così sono arrivato l'ho corretta e poi me ne sono andato immediatamente. La vita come un dottore non era vera. Erano solo vent'anni che ho passato là per correggere l'errore di mia sorella. Mia sorella, che il quella vita era mia madre, se riesci a vedere un qualche senso in questo.

D: Lo vedo, lei era tua sorella sul pianeta blue?

T: Esattamente. Una delle tante sorelle. Dovevo aiutarla. Stava facendo un errore. Stava perdendo se stessa, stava diventando matta.

D: Oh! Cosa le causava questo problema? C'era qualcosa che aveva a che fare con i due diversi tipi d'energia?

T: No. Su quel pianeta blue abbiamo accesso in modo consapevole a molte delle nostre vite passate. Quindi questa era una normale incarnazione umana per lei. Ma come essere umano si era appesantita a causa della molta negatività che esiste su questo pianeta, e se l'era accollata. Ho ripetuto anch'io questo schema anch'io in questa vita nel tentativo d'esplorare la stessa energia. Si era accollata quel dolore e negatività su se stessa ed era diventato troppo per lei. Quindi sono venuto come suo figlio per aiutarla a bilanciare e guarire.

D: Questo succede spesso quando un'energia aliena cerca di gestire l'energia della Terra?

T: Se c'è una connessione personale di questa vita sul pianeta blu, non interferiremo con ciò che sta succedendo sulla Terra, perché altre energie planetarie se ne stanno occupando. Noi del pianeta blu stiamo aiutando. Altri nel nostro sistema stanno già aiutando per mandare una grade quantità d'energia, una grande quantità d'amore e una grande quantità di supporto. Facciamo anche questo, ma ciò che ho fatto io era specificamente per aiutare mia sorella. Quindi, siamo piu focalizzati nell'aiutare quelli di noi che sono consapevoli delle proprie vite passate su altri pianeti. E' piuttosto una cosa generale per aiutare la Terra e la sua energia Terrestre. Ma in specifico aiuteremo uno dei nostri per vite. Non necessariamente ci dedichiamo ad aiutare la vita individuale degli altri.

D: Succede spesso che l'umano diventi confuso come tua madre?

T: Ha avuto molte vite come un essere umano. In alcune era confusa, e altre in cui non lo era. Quindi erano incarnazioni normali di una normale esperienza umana. Ciò che affliggeva la sua mente in quella vita era la negatività standard degli umani. La negatività standard della Terra. Non era a causa dell'altra vita aliena, la vita sul pianeta blu. Quello è dove abbiamo scoperto questa vita in modo cosciente, e abbiamo scelto di andare ed aiutare. Sul pianeta blue, lei ha scelto me per questo lavoro, e questo era proprio un onore.

D: Consideri questo pianeta blue, come il tuo pianeta natale?

T: In questa esperienza, si. In questo luogo ho avuto molte vite ed è una delle mie case. Ma ho molte case. Mi sento a casa in molti altri sistemi planetari, e anche questa Terra è una delle mie case. Perché come un anima ho fatto parte di questo pianeta fisico in molti modi e molte volte

D: Cerco sempre di chiarire la distinzione tra tornare su un pianeta come il vostro e tornare sul piano spirituale. C'è differenza?

T: Si. Questa è una incarnazione sul pianeta blu.

D: A volte, sembrano molto simili quando si può andare e venire con il corpo animico.

T: Si, su quel pianeta siamo diventati abbastanza avanzati da essere in grado di viaggiare con l'anima. Credo che questo sia il termine adatto che mi viene in mente per descrivere cio' che facciamo. Su quel pianeta, in quella vita, in quell'esperienza, siamo abbastanza avanzati spiritualmente e tutta la razza ha imparato come essere consapevole di altre vita. Siamo consapevoli d'essere su quel pianeta e altri pianeti nello stesso sistema, o in altri sistemi.

D: Cosa ne fanno delle informazioni dopo che gliele hai riportate?

T: Impariamo molto sulle altre culture. Così adesso dopo essere andato sul pianeta Terra, trovato e corretto ciò che doveva essere aiutato nella vita di mia sorella; abbiamo anche scoperto altro a proposito della vita sulla Terra. Altro a proposito di come la gente si perda. Altro a proposito e più precisamente, perché lei abbia perso la via. E' successo perché si è accollata la negatività del pianeta.

D: Perché' per voi è importante conoscere queste informazioni?

T: Perché questa è la stessa cosa che sto facendo in questa vita che sto vivendo adesso (come Tom). Quindi ho sofferto molto in questa vita.

D: Questa era una delle domande di Tom. Mi ha detto che non stava soffrendo fisicamente, ma internamente. Puoi spiegargli perché?

T: Stava assorbendo il dolore del pianeta. C'era molta rabbia. La sorella dell'altra vita [del pianeta blu] aveva lo stesso problema, molta rabbia contro la sofferenza che ha luogo qui. A volte ci perdiamo nel credere che non ci possiamo fare nulla. Per noi, non c'è nulla che si possa fare per la sofferenza altrui, a meno ché non ci permettano di aiutarli. Certamente, qui possiamo scegliere di non vivere delle vite così dolorose. Ma a volte ce ne dimentichiamo, e permettiamo che ci sia dolore. E a volte con la rabbia che sorge nello scoprire quanta sofferenza ci sia qui, iniziamo a condannare Dio ed il divino e ci sentiamo responsabili.

D: Tom disse che fin da bambino, ha sempre avuto questa sensazione, come se qualcosa dentro urlasse. (Si) Questo è ciò che l'ha causato? Raccoglieva le emozioni dell'intero pianeta? Perché sappiamo che il pianeta è un'entità vivente.

T: Si, ma permettimi di essere più chiaro. Non sono necessariamente le emozioni del pianeta, perché il pianeta è in grado di prendersi cura di se stessa. Sono le emozioni degli esseri sul pianeta che hanno perso la direzione. E così molti di loro hanno perso la via. E quando qualcuno scende per aiutare, si può perdere. A quel punto diventa confuso riguardo a chi e dove fosse. Diventa confuso riguardo alla sofferenza non sa più se è la sua o quella degli altri. Allora decide che è la sua e ne prende responsabilità. Tuttavia non appartiene a lui, non è mai stata la sua. Deve lasciarla andare.

D: Per questo motivo ha tendenza suicide? (Si) Voleva solo liberarsi di tutta quella sofferenza interiore?

T: Si. Non era ben bilanciato allora. Dopo essersi accollato tutta quella sofferenza, ha perso la via e si è dimenticato chi fosse.

D: Ma l'amnesia è normale, non è vero?

T: L'amnesia è normale, ma lui ha avuto tantissime vite in molti sistemi planetari che la sua coscienza ha una naturale presenza curativa e positiva. E quindi, questo è quello che si è dimenticato.

D: Perch'è venuto sulla Terra questa volta?

T: Questa è una vita molto importante. Questa è una vita in cui guiderà molta gente nel nuovo mondo. Non sapeva che i problemi sarebbero stati così grossi. Credeva che sarebbe riuscito a gestirli più facilmente di così. E' qui per aiutare la gente. Ma oltre a questo, è qui per creare qualcosa di nuovo insieme a loro, quindi questo tipo di sofferenze non deve più sentirla così tanto. Molti altri umani sentono questa sofferenza, ma non sanno cosa la causi. Tuttavia lui lo sa. Lui sa come connettersi al Divino, con la coscienza di Tutto Ciò Che E', la coscienza della Grazia. Inoltre ha un modo per sapere come sono le vite; conosce un modo per sapere com'è l'esperienza fisica aldilà delle vite e tra le vite. E' qui per creare un nuovo modo di vivere, un nuovo modo di nascere, un nuovo modo di morire, un nuovo modo d'esistere tra le vite, per evitare che il ciclo della sofferenza abbia inizio. E' qui per creare una nuova esperienza in cui la gente può essere più cosciente di chi siano, o della loro natura divina e meno focalizzati sulla sofferenza e il dolore; meno focalizzati sulla vergogna. Più consapevoli delle loro ragioni di vita; meno intossicati con il mito del dolore, con l'idea che si può imparare solo attraverso la sofferenza. Con l'idea che il karma sia importante, con l'idea che bisogna imparare attraverso la sofferenza. Coloro che sono intossicati da queste idee possono diventare più consapevoli e coscienti dell'idea che si può vivere e crescere e imparare attraverso la gioia, la pace e l'amore. Mentre è molto comune su questo pianeta perdersi, ora che questa nuova esperienza viene creata, questa nuova consapevolezza durante le vite, tra le vite e oltre alle vite, ci sarà meno bisogno di soffrire, meno bisogno di sofferenza. La gente non si perderà più nella confusione. In molti sono venuti a fare la stessa cosa e molti di più che stanno cercando di aiutare a distanza. Molte anime si stanno incarnando in questo momento per creare questa nuova esperienza.

D: Hai detto che sarebbe un nuovo modo di nascere.

T: Si, intendevo un nuovo tipo d'esperienza. Certamente ci saranno ancora nascite fisiche, anime che s'incarnano, ma non ci sarà alcuna trasmissione di vergogna. La sofferenza non verrà tramandata. La confusione non verrà tramandata. E l'amnesia rimarrà solo per quanto necessaria. Non sarà onnipervadente e completa come lo è in questo momento. La gente sara' piu consapevole delle proprie vite passate, più consapevole del proprio obbiettivo e direzione spirituale. Meno concentrati solo su questa vita presente, a meno che non sia per loro davvero necessario. Ma anche allora, non avvera' attraverso la sofferenza, saranno focalizzati attraverso l'amore e la gioia.

Tom aveva studiato per diventare un dottore, ma successivamente aveva deciso di non dedicarsi a quella carriera. Si era dedicato alla guarigione energetica, ma stava facendo fatica.

T: Anche questo era confusione dall'ultima esperienza di cui abbiamo parlato. Non era destinato a diventare un dottore in questa vita. Si era perso nella confusione, e si ricordò che un dottore era venuto ad aiutarlo. Ma in altri modi è un guaritore. Certamente può utilizzare la sua esperienza medica. Il suo ruolo è di dare vita a questo a questo nuovo mondo, a questa nuova esperienza. Questo è il suo obbiettivo primario di questa vita. E la medicina, anche se utile, è stata una percezione fuori luogo. Non è qualcosa a cui deve tornare o esplorare ulteriormente. Se lo stava chiedendo. Stiamo cambiando le sue energie. Stiamo aprendo il suo cuore, perché è nel suo cuore che trattiene la sua paura. Sarà alleviata lentamente nei prossimi anni. Il suo ruolo a più a che fare con l'esplorazione. Ecco perché diciamo che verrà alleviata lentamente durante i prossimi anni, perché per lui non è ancora ora di avere uno vero studio di guarigione in questo momento. Certamente, è ora che impari altro, e raggiungere altro e scoprire di più di chi sia. In questo momento, deve continuare ad esplorare.

CAPITOLO DIECI

SOPRAVVIVENZA

Quando Peggy scese dalla nuvola si trovò in uno ambiente sterile; montagnoso con poca vegetazione. Principalmente piccoli alberi a cespuglio. Si guardò intorno cercando segni di abitazioni o individui, ma non riuscì a vedere nulla. Poi vide un piccolo sentiero che portava fuori dagli anfratti. Nel seguirlo si accorse di fluttuare piuttosto che camminare. Il sentiero salì in cima ad una alta collina attraverso rocce erba secca di color giallo-marrone. L'intero scenario era molto desolato. Nessun segno di vita. Poi vide altri alberi, ma anche quelli erano tutti morti. Quando le chiesi di guardare a se stessa, disse: "Non sento un corpo. Mi sento come fossi energia. Sento come una massa. Quasi come... non come una palla sferica, è piuttosto oblunga. Vibrante. Mi sento quasi come se fossi il vento che si muove." Si sentiva contenuta, ma non come se fosse in un corpo, solo qualcosa che rinchiuda l'energia. E' come se ci fosse una luce al centro di quest'ovale d'energia e la luce s'irradia come un raggio di forma ovale."

Le piaceva questo luogo anche se era desolato. "Sono molto a mio agio, mi sento a casa. Tuttavia, non sentito d'essere alla ricerca. Sto ancora andando su per la collina, e sto arrivando in un luogo dove ci sono molti alberi di coloro nero scuro. Potrebbero essere alberi di pino, sono alti. Sto cercando una caverna, o un'entrata nella Terra. Ho la sensazione di dover incontrare qualcuno la."

D: Da dove vieni?

P: Questo sembra strano. Penso di venire dal Paradiso. Mi hanno mandati in questo luogo, ma sono già stata qui. Oh, aspetta! Non è una caverna. E' una capanna, molto semplice e rustica. Ha un tetto di paglia e pali. E' agganciata al lato di un argine. C'è un branda... e c'è un uomo – magro, vecchio. E' un eremita. Sono venuto a parlare con lui, comunicare. Ha richiesto delle informazioni e mi hanno mandato a parlare con lui. E' un vecchio, sdraiato sulla branda. E' come se stessi entrando nella sua mente.

D: Mi stavo chiedendo se potesse vederti.

P: Non penso che possa, ma sa che ci sono. Può percepirmi. Sto parlando con lui. Voleva sapere per quanto a lungo dovesse restare in quella forma. Vuole andarsene. Ma sono li per dirgli che non se ne può andare ancora. C'è qualcosa che deve fare. So che è stanco, ma c'è un villaggio al di là di queste colline dove dovrebbe andare. Deve parlare con la gente perché hanno bisogno d'aiuto. Sono confusi. Hanno bisogno di una guida e lui ha la saggezza necessaria per aiutarli. Hanno bisogno di una guida. Deve farlo prima di potersene andare.

Sembrava che Peggy agisse come un angelo custode o una guida. Gli stava dando dei suggerimenti, e rispondeva anche alla sua richiesta d'informazioni. Questa sembra un'altra prova che a volte si può assolvere questo ruolo quando ti troviamo sull'altro piano.

D: Cosa ne pensa di questo?

P: Non è molto felice, ma è pronto ad andare perché sa d'essere venuto qui per fare certe cose. Ha aiutato altra gente in questo modo. Ci sono stati dei disturbi nel villaggio. Forse connessi alla Terra, ma la gente è confusa. Pensano che gl'idei li stiano punendo. Lui deve andare e dir loro che non ci sono divinità nella montagna che vogliono punire.

D: E' mai stato in questo villaggio prima d'ora?

P: Non questo, è stato in altri villaggi.

D: Quindi non sapranno chi è.

P: Più o meno lo sanno, perché ci sono voci di un vecchio saggio che vive sulle montagne.

D: Dicevi che aiutava degli altri, queste erano persone che venivano a vederlo?

P: No, è lui che va da loro. Quand'era giovane percorreva lunghe distanze ma adesso che è vecchio, non può più andare troppo lontano. Però non è mai stato in questo villaggio. Penso che lo accetteranno. Lui è la loro unica speranza, perché se non lo accolgono, ci sarà molto caos e non sopravvivranno.

D: Vuoi dire che ci sarà troppa paura?

P: So. E poi si metteranno uno contro l'altro.

D: Riesci a vedere cos'ha causato questo disturbo nel villaggio?

P: Forse una valanga. Ma loro credono che ci sia un dio tra le montagne che li voglia punire. Così si accusano l'un l'altro d'essere la causa. Pensano d'aver fatto qualcosa per farlo arrabbiare. Ci sono così poche persone in tutta questa zona che se un villaggio venisse distrutto, se anche solo un villaggio non ce la facesse, l'intera popolazione andrebbe in scompiglio. Ci sarebbe uno sbilanciamento. E' molto importante per l'intero ecosìstema.

D: Di questa zona?

P: Di questo intero mondo.

D: Ho sempre pensato che una popolazione superiore causasse uno sbilanciamento dell'ecosìstema.

P: Non in questo luogo. Questa gente è molto attaccata a questa terra e c'è qualcosa che devono fare. Quindi ci devono essere un po' più di persone per assicurarsi che non s'estinguano. Perché se tutte queste persone muoiono questo luogo ne sarà danneggiato. (Parlando a se stessa:) Per quale motivo questa gente deve essere qui? – Devono scoprire qualcosa su questo mondo per aiutare questo mondo ad evolversi.

D: Questo mondo è la Terra?

P: No, non è la Terra.

D: Quindi la popolazioni non è qui da molto tempo?

P: No, non è qui da molto tempo. E ci sono ancora molte perturbazioni nell'atmosfera e nel suolo stesso. Questo mondo non è ancora così vecchio, e non si è ancora assestato. Ma è stupendo. Adesso vedo quest'enorme arco di roccia che è incredibile. Lui sta andando al villaggio. Penso che sia questa la ragione per cui mi trovo di fronte a questo arco. Gli sto dando la forza – non necessariamente la forza fisica, ma la risolutezza. Lo sto aiutando nella sua determinazione di raggiungere quel luogo.

D: Sai da dove venga la popolazione originaria?

P: Vorrei dire che sono stati trasportati qui. Gli originari sono stati trasportati qui, erano dei volontari. Venivano da altrove. Penso che fosse lo stesso sistema solare, ma da un pianeta più avanzato. Avevano accettato di venire ed aiutare questo nuovo pianeta. Sono passate molte generazioni. Tuttavia, le colonie non stanno crescendo come si pensava che sarebbero cresciute. Tuttavia non dovrebbero avere alcun contatto con il pianeta d'origine, per permettergli di rendere questo pianeta la loro casa.

D: Ma la gente originaria deve aver tramandato delle storia?

P: Se ne avevano sembra che le se siano dimenticate. O la loro memoria è stata cancellata.

D: E' possibile se volevano che si rifacessero una vita. (Si) Questa è la ragione per cui non possono rischiare di perdere l'intero villaggio, specialmente se non stanno fiorendo.

P: L'eremita è arrivato. E' rimasto a lungo, ma si sente di non aver aiutato. Tuttavia ha aiutato più di quanto non si immagini, semplicemente non se ne rende conto. Se non ci fosse stato lui, a quest'ora sarebbero stati spazzati via. Lui è al villaggio e gli sto dicendo cosa dire. Sta calmando la gente perché è piuttosto agitata. Sta dicendo loro cos'hanno bisogno di fare. Siamo molto in alto tra le montagne. Una delle ragioni per cui sono così agitati sono le valanghe e gli smottamenti che hanno danneggiato i loro raccolti. Così lui spiega loro che si devono spostare.

D: Per spostare l'intero villaggio?

P: Si, più in basso verso un'area che è più stabile. Io suggerisco a lui dove si dovrebbero ristabilire. Lo stanno ascoltando e stanno raccogliendo le loro proprietà. Staranno molto meglio alla base della valle. Avranno una stagione del raccolto molto più lunga. Saranno più vicini ad altri villaggi con cui possono commerciare, perché scolpiscono la roccia. Così sono per strada, e lui gli spiega che sarà un viaggio di un paio di giorni. Sta andando con loro. Io sto andando avanti.

D: Anche loro non possono vederti?

P: No, non possono vedermi. Ma, me ne vado e scendo verso il luogo dove si stanno dirigendo.

D: Devono ricominciare tutto da capo, non è vero?

P: Eh già, ma non c'è molto là quindi non sarà così difficile. Questo luogo è molto meglio per loro.

D: E' come se lui fosse la loro voce della ragione.

P: Si, in verità erano contenti di vederlo.

D: Possiamo spostare il tempo in avanti velocemente. Il vecchio resta con loro a lungo?

P: Resta con loro per un paio d'anni per aiutarli.

D: Resti anche tu per tutto il tempo?

P: Resto per parte del tempo. Vado e vengo. Ma alla fine dei due anni, vengo e gli dico che ora può andarsene, il suo lavoro è finito. Sono con lui e sta uscendo dal suo corpo. A quel punto può vedere la mia energia. Ce ne andiamo insieme e torniamo all'altro pianeta. Credo che la gente non sia più in forma fisica in quel luogo.

D: Questo è un pianeta fisico? (Si) Quindi non è un mondo energetico. (No) Come stessimo pensando al Paradiso.

P: No, è un luogo fisico.

D: Quindi anche lui è nello spirito, giusto?

P: Si adesso lo è.

D: Lui riconosce questo luogo?

P: Si. E' casa sua, ha completato i suoi obblighi verso questo nuovo pianeta. E quando ritorna, torniamo ad un gruppo d'energie. Lui parla o comunica ciò ch'è successo a lui e alla gente. Infatti sta facendo un rapporto.

D: Questo succede a tutto coloro che lasciano questo luogo?

P: Penso di si. Ma non sono stato altrove. Sono una sorta di messaggero.

D: Vai in altri luoghi oltre a questo?

P: Si. Vado su altri mondi. Su alcuni ci sono persone, su altri no. Alcuni sono nello spirito. Io porto i messaggi da questo Consilio del pianeta originario in tutto il resto del sistema stellare, che è bello grande.

D: Hai mai avuto una vita fisica o sei sempre rimasto in forma energetica?

P: No, ho vissuto delle vite del fisico. Pero mi piace essere energia. Mi piace non avere un copro, adoro quella libertà.

D: Se a te piace così, per quale motivo dovresti entrare in un corpo?

P: Per imparare.

D: Non può imparare tutto così?

P: No, ci sono alcune cose che sono più facili da imparare nel corpo. Cose emotive, di emozioni, sensazioni, limitazioni. E' interessante avere delle emozioni. Si possono imparare le cose più velocemente quando si hanno le emozioni.

D: Quindi sul mondo originario, quando sei energia, non sperimenti molte emozioni?

P: No, non come quando sei in una forma fisica. Non di quel tipo. E' più leggero. E' più facile.

D: Perché è più facile imparare le emozioni nel fisico?

P: Sono l'input, e sono lì. Sono sotto il tuo naso e bisogna risolvere problemi che non abbiamo nello spirito.

D: Ma quando arrivi nel corpo fisico, non sei preoccupata di rimanere bloccata o intrappolata là? Sto pensando al karma.

P: No, non sento il karma.

D: Quando entri nel fisico, interagisci con altre persone ed è così facile rimanere intrappolati in cose che creano karma.

P: E' vero. Ma non ricordo d'essere rimasta intrappolata.

D: Quando questo succede devi restare nel fisico. Non puoi tornare.

P: No, io vado e vengo.

D: Così non è forse difficile evitare di rimanere intrappolati nel fisico?

P: Non sembra esserlo. Non so perché. Perché non sono rimasta intrappolata? Perché penso d'essere sempre solo un messaggero, perfino quando sono nel fisico. Sono sempre stata un messaggero. Sono stata creata come un messaggero.

D: Quindi perfino nel fisico, il tuo lavoro è d'insegnare alla gente o condividere dei messaggi?

P: Eh, si. Cose di cui hanno bisogno. La Terra è stupenda, mi piace molto. Adoro la sua bellezza. Si è molto difficile per la gente sulla Terra. Là tutto è così pesante a volte mi rende triste vederli soffrire e sforzarsi senza capire perché. Quando vengono sulla Terra prendo tutto molto seriamente. E' come se la Terra fosse un dramma. Ci sono altri luoghi che sono più come una commedia leggera. Ma la Terra è un dramma, rimangono così bloccati nel dramma, prendono tutto così seriamente.

D: Questo perché pensano che sia tutto ciò che c'è.

P: Si. Hanno bisogno di rallegrarsi un po'!

D: Però quando si entra nel fisico non ci sono ricordi.

P: E' vero. Aiuterebbe moltissimo se potessero ricordare queste cose.

D: Perché' non ci è permesso ricordare?

P: A causa di ciò che dobbiamo imparare. Interferirebbe se si ricordassero. Penso che la gente venga per quel dramma. Fa' parte dell'esperienza lavorare su queste drammatiche, pesanti esperienze emotive. Ma speriamo che cambierà. Non possiamo ricordare o non saremmo in grado di fare le cose che abbiamo bisogno di fare quando siamo qui.

D: Ma dicevi d'essere andato anche su altri mondi e che li eri fisico?

P: Si. Ma sono tutte esperienze diverse, diverse cose da imparare. Non penso che ci sia alcun mondo uguale all'altro. Diverse energie, diverse atmosfere; alcune pesanti, altre più leggere. Su alcune puoi creare. Ci sono persino mondi dove non c'è libero arbitrio.

D: Cosa succede su un mondo come quello?

P: Ci sono solo specifiche vie che si possono percorrere e non c'è scelta.

D: Anche quella è una lezione, non è vero?

P: Oh, Certo. O un'esperienza.

D: Vedere come sarebbe se non ci fosse la scelta.

P: Si, non c'è divertimento.

D: C'è qualche mondo che preferisci, dove ti piacerebbe tornare?

P: Si. Tutto questo è puro amore e pura luce.

D: Il mondo in cui sei energia? (Si) Quel mondo è diverso dallo piano dello spirito quando ci si trova tra una vita e l'altra?

P: Si, è diverso.

D: Ovviamente, anche quanto tra la morte e la vita non hai un corpo.

P: No. Ma è diverso. E' un cambiamento. Il mondo dello spirito è una diversa dimensione rispetto al mondo in cui se nello spirito, e sei anche su un mondo. E' una dimensione diversa dall'essere solo nello spirito.

D: Ma se sei nel mondo dell'energia, non finisci col morire, vero?

P: No, non si muore. Puoi scegliere di andartene e puoi tornare nello spirito.

D: Mi stavo chiedendo se tu fossi mai stato in quella dimensione dello spirito.

P: Si, ci sono stata. Sul pianeta natale, è come se ci fossero gruppi d'energia che osservano altri mondi. E poi mandano dei messaggeri su altri mondi per aiutare. E' quasi come guardare a delle lucciole. Questi spiriti stanno andanti verso altri mondi con delle informazioni.

D: Quindi dal tuo pianeta natale, non puoi andartene ed entrare in un corpo.

P: No. Puoi solo portare i messaggi, ma devi andare sul piano dello spirito per ricevere un compito. Nel piano dello spirito, diverse dimensioni, diversi universi.

D: Quando ti trovi là non sei questa energia luminosa? (No) Quindi ti dicono loro dove andare o puoi scegliere?

P: Hai una scelta. Incontri il Consilio e decidi ciò che vuoi imparare e sperimentare, dove e quando sperimentarlo. E con quale parte del tuo gruppo tu voglia andare. Io sono nello spirito, sono energia e sono su questo pianeta. Dopo aver distribuito i messaggi torno a questo pianeta natale. Ci sono altri spiriti là. Ma se decidiamo d'andarcene e tornare nello spirito, molte volte, anche parte del nostro gruppo tornerà indietro. E poi, se ci reincarniamo su altri mondi fisici, allora andiamo insieme.

D: Ti fanno vedere come sarà la vita?

P: Si riceve una panoramica generale, da lì si decide se è qualcosa che si vuole fare. E' proprio come un'anteprima.

D: Quindi sei in grado di sperimentare ed imparare queste cose senza creare negatività e karma.

P: C'è il rischio di rimane intrappolati se ci si dimentica. Quindi una volta entrati in un mondo fisico, ci ricordiamo come eliminare il karma, come evitare che ci si attacchi addosso, mentre siamo in vita.

D: C'è qualche mondo per evitare che ti si appiccichi addosso?

P: Essere consapevoli che lo si sta creando e decidere di risolverlo. Non rimanere coinvolti nel dramma. Per la maggior parte delle persone è difficile. Ma questo gruppo con cui mi trovo, è come se avessimo un chip della memoria che – non è cosciente, ma ci informa in qualche modo che dobbiamo occuparci del nostro karma in quella vita, non possiamo trascinarcelo dietro.

D: La gente rimane intrappolata nel dramma e pensa che sia l'unica realtà.

P: Può succedere anche noi, se non stiamo attenti.

D: Sei consapevole del corpo attraverso cui stai parlando? L'umana nota come Peggy? (Si) Perché hai scelto questa vita come Peggy? Ti avevano detto di farlo sul piano dello spirito?

P: Me lo hanno chiesto, me l'aveva chiesto l'Amore. Questo amore meraviglioso, questo Tutto Ciò Che E'.

D: Vuoi dire un amore dall'altra parte, dal piano spirituale?

P: Si, dal piano spirituale. Un amore spirituale, di cui la Terra ha bisogno in questo momento. Aveva bisogno di luce.

D: Praticamente il tipo d'energia che sei.

P: Si. Ho sempre pensato che la Terra fosse bellissima e volevo aiutarla.

D: Cosa ne pensa della vita di Peggy? Sta andando come pensavi che andasse?

P: La vita sulla Terra è difficile, ma sta funzionando.

D: Specialmente quando si entra con tutte i ricordi cancellati, diventa difficile?

P:Esatto, e ci si sento così pesanti. Questo è un momento molto importante. Ecco perché ci sono così tante persone qui, a causa di ciò che accadrà. In molti vogliono sperimentarlo. Energie, esseri vogliono sperimentarlo, per questo c'è una corso all'incarnazione sulla Terra. E' molto entusiasmante.

D: Per quale motivo queste anime vogliono venire qui in questo momento? Cosa vogliono sperimentare?

Conoscevo la risposta a queste domande, perché le ho già ricevuto da molti altri dei miei clienti. Ma le faccio in ogni caso, perché, se le stesse informazioni vengono ripetute da molti soggetti, allora credo che abbiano una certa validità. Inoltre, a volte ricevo dettagli e particolari di nuove informazioni

P: Vogliono sperimentare il cambiamento che sta per avvenire, perché appena la Terra cambia, trasformerà l'intero universo in un luogo migliore.

D: (Rimasi Sorpresa) L'intero universo?

P: Si. Chi andrebbe a pensare che un pianeta minuscolo nei recessi reconditi di una piccola galassia potrebbe avere una tale importanza. Ma è così. Penso che sia una posizione strategica. Penso che abbia a che fare con la geometria sacra, ma questo è quando mi è dato saperne.

D: Questa è la ragione per cui tutte queste persone vengono qui in questo momento? Sono qui perché vogliono sperimentare tutto questo?

P: Si. Sarà veramente drammatico. Quando accadrà, emetterà onde d'energia in tutto l'universo.

D: Inoltre ci sono grandi quantità di persone che stanno decidendo di lasciare il pianeta in questo momento.

P: Coloro che se ne vanno stano facendo spazio per color che vogliono venire. Hanno sperimentato ciò che dovevano sperimentare in questa vita. Hanno accettato di venire ed aiutare dove ci sono grandi disastri. Perché ogni grande disastro avvicina la Terra al cambiamento.

D: Ah si? Perché noi la percepiamo come un'energia negativa.

P: Si, ma non lo è.

D: Ho sentito due versioni: una è che la Terra passerà un periodo orribile e l'altra è che creeremo una nuova Terra.

P: Entrambe sono vere. Ma ci sarà una sovrapposizione. Ci saranno due Terre. Una sovrapposta all'altra. Bisogna ricordarsi che tutto è solo un'esperienza. Nessuna delle due è buona o cattiva. Sono solo delle esperienze. Ciò che la gente percepisce è buono o cattivo.

D: Quindi alcuni sceglieranno di restare sulla Terra che avrà le esperienze negative. (Si) Gli altri potrebbero scegliere di essere su quella che andrà verso la Terra Nuova. (Si) Mi hanno anche detto che non saranno consapevoli gli uni degli altri.

P: Questo è ciò che ho sentito anch'io.

D: Peggy sperimenterà il salto verso la nuova vibrazione? (Si) Quello sarà qualcosa di completamente nuovo, se l'intero universo si trasformerà in una volta.

P: Si. Ci saranno delle magnifiche onde d'energia, come lo sbocciare di un fiore. Quell'energia fluirà in tutto l'universo. Sarà una cosa stupenda.

D: Ma coloro che sono rimasti sulla vecchia Terra non sapranno che sta succedendo.

P: No, non lo sapranno.

D: Non saranno nemmeno consapevoli di coloro che se ne sono andati alla Nuova Terra?

P: Esattamente.

D: Ho sentito queste storie da molte persone diverse e apprezzo delle contro verifiche.

CAPITOLO UNDICI

L'ENERGIA DEL BUCO NERO

Quando Louise scese dalla nuvola, si trovò ad osservare un luogo che le era stranamente familiare, tuttavia non assomigliava a nessun luogo terreno. "Siamo in un luogo che ho visto prima, che identifico come – mi sento a casa. Gli edifici sono tutti delle spirali di colore rosa. Penseresti che fossero dei giganteschi cristalli, ma io sono che sono degli edifici. Scintillano e sembrano di cristallo." Poi si trovò sul terreno. "Adesso vedo qualcosa come delle case, sono in periferia, ma molto moderne. Hanno tutte un colore diverso a seconda di chi ci vive dentro."

L: Non appena ho visto le spirali da lontano, mi sono sentita a casa. E' una bella sensazione. (Pause) So che c'è qualcosa come dei macchinari. E' qualcosa di equivalente ad un locale delle caldaie o una fornace. Oltre alla periferia, c'è qualcosa che fa andare qualcos'altro. Continuo ad avere la sensazione di voler andare verso quei macchinari. Sono attratta in quella direzione.

Nello stesso istante in cui disse questo, si trovò immediatamente là.

L: Vedo delle creature come delle persone, ma parte di me sa che non siamo persone. C'è gente che sta correndo fuori dall'edificio dove sono i macchinari. Stanno vendendo a salutarmi. Mi stanno abbracciando e sono felici di vedermi.

D: Puoi descrivermeli?

L: Che strano. A vedere tutto questo mi sento confusa. Perche – subito sembrano persone, e poi qualcos'altro, e poi ancora tornano a sembrare persone. A questo punto direi che mi sto inventando tutto, ma ciò che ho visto sono persone del buco nero. Li chiamo così, perché lavoro con loro. Sono tutti bianchi, e circa alti 2 metri dalla forma di salsiccia. Hanno un collo sottile, piccole braccia. Il volto ha la forma di diamante: appuntito in alto, due punte ai lati e una punta sul mento. Vedo occhi molto belli, meravigliosi ma sono girati: la parte esterna scende verso il basso. Sopra il volto c'è una protuberanza, ti verrebbe da pensare che il loro cervello fosse proprio alla sommità del capo. Hanno quattro gambe che spuntano circa ad un terzo della salsiccia – il tronco del corpo. Sono quattro gambette scheletriche che spuntano equidistanti.

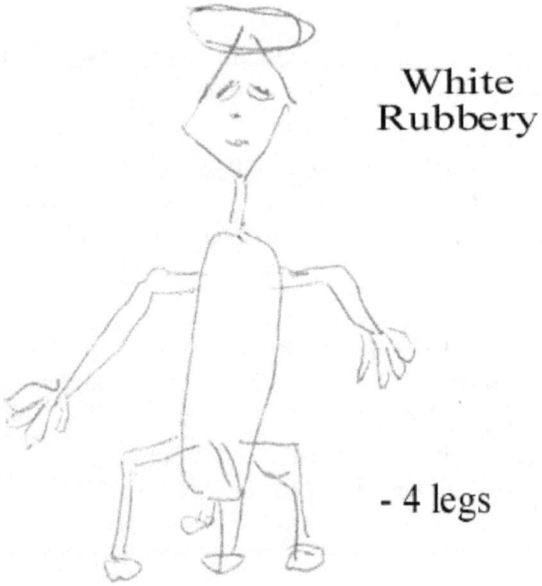

Quindi li vedo lì, e questo mi confonde, perché mi hanno detto che provenivano dal buco nero. Oh, no, mi stanno forse dicendo che stanno solo lavorando con l'energia del buco nero? Ecco perché ho una sensazione di affinità verso di loro, perché loro – sono me. Uno di loro dice: "Benvenuta, benvenuta, benvenuta."

E' come se non fossi a casa da molto tempo. Ci stiamo aggiornando, ho questa impressione. Siamo tutti molti entusiasti.

D: Riesci a vederti?

L: Hmm. Mi vedo in due modi. Se mi allontano da me stessa e mi vedo da lontano – vedo me stessa, umana. Se entro nel mio corpo, e guardo in giù, allora sembro una persona del buco nero, come una di loro.

D: E' difficile coordinare le quattro gambe?

L: No. No. (Rise) Oh, è interessante che tu faccia questa domanda, perché è come se chiedessi: "è difficile sedersi?" E' totalmente normale.

D: Pensi di aver lavorato con queste persone in quell'edificio?

L: Le parole che ho sentito sono: "Il mio gruppo. Il mio gruppo." Adesso, mi sento come se fossi qui e là allo stesso tempo. Questo sta succedendo adesso. Quindi, si, sono torno lì da molto tempo.

D: Perché hai lasciato quel luogo?

L: Umm, per ricevere informazioni. Per questo sono qui sulla Terra, per ricevere informazioni.

D: Perché hai bisogno di ricevere informazioni?

L: Ho appena visto queste parole: "Ci stiamo espandendo." Quindi il nostro pianeta si sta espandendo. Vedo che diverse persone dal nostro luogo sono andate in molti altri luoghi. Poi torniamo e riportiamo le informazioni. Quindi questo è il mio lavoro. Ci sono molte persone tutti da diversi – diciamo "lavori" – o diversi gruppi. Come il mio gruppo fa un lavoro specifico nel "qualcosa" che fa funzionare "qualcosa". Ha a che fare con quell'edificio. E quindi sto ricevendo informazioni che hanno a che fare con quell'aspetto delle cose. Ci sono altre persone, il loro gruppo è nella parte centrale della città. Ricevono diverse informazioni da diversi luoghi. (Pausa) Adesso me lo fanno vedere, come se stessi parlando ad un grosso gruppo a proposito di ciò che ho scoperto – e mi trovo in uno di quegli edifici rosa. Mi fanno vedere che quando presero la decisione che tutte queste persone sarebbero andate in luoghi diversi, vennero scelte da molti gruppi diversi. Quindi io faccio parte di quel gruppo, ma le mie informazioni sono per tutti, perché mi fanno vedere che sto parlando a molta gente.

D: Che tipo d'informazioni stai condividendo con tutta questa gente?

L: Sto ricevendo le parole: "Fisica, astronomia, caratteristiche di tutte le cose fisiche qui sulla Terra. Come funzionano le cose qui. Cultura. DNA." Tutto ciò che sono riuscito a capire.

D: E tutti gli altri che sono andati in ricerca stanno trovando lo stesso tipo d'informazioni?

L: Si, ma gente diversa va in luoghi diversi in periodi diversi. Vediamo. Stanno cercando di dirmi in quanti sono andati sulla Terra. No. Non è così. Non quanti sono sulla Terra adesso, perché ce ne sono circa solo 13. Noi 13 potremmo essere sulla Terra adesso, ma in diversi periodi di tempo siamo sempre stati più o meno lo stesso numero.

D: Perché per loro è importante raccogliere informazioni?

L: E' quello che mi stavo chiedendo. (Rise) Vediamo. Mi stanno dicendo che parte di quel macchinario ha a che fare con l'energia dei buchi neri. Mi stanno dicendo che adesso so che è tutta energia compressa con molta, molta, molta, molta forza. Quello che stiamo sviluppando è un sistema che potrebbe aiutare a curare l'universo o più. E con tutte queste diverse energie con cui stiamo lavorando, dobbiamo scoprire altro circa i luoghi che stiamo cercando di aiutare. Farà la differenza. In breve, mi stanno dicendo di scoprire che energie siano necessarie perché così saremo in grado di offrirle. Ecco perché stiamo trovando tutte queste informazioni. Cureremo diversi problemi in diversi luoghi, come la Terra, grazie a queste energie. Non so in che altri luoghi. Ma alcuni luoghi hanno bisogno di una certa parte dell'energia. Altri luoghi hanno bisogno di un'altra parte dell'energia. Altri luoghi hanno bisogno di una certa dose d'energia. Mi hanno appena detto che quando scendo, porto con me qualsiasi cosa di cui ci sia bisogno. Porto l'energia del buco nero. Qualsiasi cosa scopro essere necessaria, viene offerta. Così 13 di noi lo stanno facendo adesso. Torneremo indietro, e altri torneranno qui. Lo faranno loro. Quindi, si, raccolgo le informazioni e offro l'energia allo stesso tempo. Mi fanno vedere la ragione per cui stavo parlando davanti a molti membri del consiglio: sto facendo un rapporto. E' solo un rapporto. "Sono andata qui. Questo è ciò che ho scoperto. Questo è ciò che ho offerto. Questo è quello che è successo."

D: Vai avanti e indietro spesso?

L: Bene, ho 61 anni in questa vita, e mi dicono che sono tornata 15 volte. Quanto torno, incontro la mia famiglia o – non la famiglia, il gruppo', questo è quello che sento. Incontro il mio gruppo e facci o il rapporto. Immaginati tutto questo! Mi dicono che tutte le altre energie che stanno arrivando, di cui la gente ha bisogno, fanno parte di questo. Se qualcuno ha bisogno d'energia di rame, non sarebbero in grado di gestire le altre energie. Così ne ricevono solo una parte.

D: Cos'è l'energia di rame?

L: Beh, lo sai, ogni cosa è energia. Diverse vibrazioni. Alcune persone possono aver bisogno della vibrazione del rame. Il metallo. Il minerale. Che è solo parte dell'energia totale. Mentre ricevo sempre più informazioni a livello cosciente, allora molte volte l'energia verrà mandata in questo o quel luogo, o dove ce ne sia bisogno. Ma la maggior parte del mio lavoro notturno (mentre dormo) va a finire in altri luoghi sulla Terra. E qualsiasi parte dell'energia del buco nero abbiano bisogno, è quella che ricevono.

D: Sei volontaria o qualcuno ti ha chiesto di farlo?

L: Vedo che è stato un onore. E' come se avessi vinto un premio. Come: "Adesso sta per andare. Ah, si! Grande tocca a me!" Siamo tutti uguali. Non importa se pulisci pavimenti o se sei il presidente. Siamo tutti uguali. Chiunque può essere scelto. Ci si sento come se prima o poi tutti riescono a farlo. Vieni solo da un gruppo diverso.

D: Quando sei venuta sulla Terra, hai iniziato molti anni fa? Riesci a vedere dove hai iniziato?

L: Quando mi hai fatto questa domanda, mi hanno fatto vedere quello stesso pianeta. Vediamo. Vedo me stessa andare spesso in diversi luoghi e spesso anche sulla Terra. (Pausa) Allora siamo in un grande edificio che ha molti cassetti. Quasi come fossero dei compartimenti che hanno un cassetto all'interno. Quando sei pronto per viaggiare – non vedo come entri nel cassetto, ma sei nel cassetto – adesso non so come succede, ma il tuo corpo fisico è nel cassetto. Il tuo corpo spirituale non c'è più. Poi ritorni e quello è ancora il tuo corpo.

Questo sembrava molto simile ad altri casi dove il corpo fisico veniva tenuto a bordo dell'astronave. Quando il corpo veniva messo in uno stato di animazione sospesa mentre lo spirito se ne andava a completare un qualche compito.

D: Quindi il corpo non deve morire.

L: No, non deve morire. E' quasi come se fosse ibernato o qualcosa del genere.

D: E' lì che aspetta che tu finisca il tuo... viaggio? (Si) Quindi il tuo spirito, la tua anima, è quella che fa questi viaggi?

L: Si. Vengo scelto per questo. Non so chi decide. Mi dicono che sono i membri del consiglio. In qualche modo sono loro a decidere: adesso tocca questa persona, quella persona, quest'altra persona. Vanno e ritornano. E' come se tutti sul pianeta stiano saltando da un luogo all'altro, avanti e indietro. Adesso mi parlano del mio gruppo. Un gruppo di 19, ma visto che molta gente si trova in diversi luoghi, di solito si lavora con un gruppo di circa 12. Continua a cambiare, ma si può continuare da dove il gruppo ha lasciato l'ultima volta.

D: Il consiglio cosa ne fa di tutte queste informazioni una volta raccolte e presentate?

L: Beh, non vedo un computer, ma mi dicono che non hanno bisogno di computers. Sentono le informazioni e sanno cosa decidere. Per esempio, se hai dato a qualcuno una certa quantità di medicina e hanno bisogno di un po' di più. Sanno che devono somministrarne ancora un po'. In qualche modo, presentando ciò che scopri e ciò che è stato fatto, sanno qual è il passo successivo. Sanno quanta gente dovrebbe andare sulla Terra. Quanti dovrebbero andare qui e quanti dovrebbero andare la. Quanta energia del buco nero bisognerebbe dispensare. Quanta è necessari in ogni luogo. Questo è ciò che stanno monitorando. Evidentemente, ogni volta che andiamo in visita, ci portiamo dietro l'energia del buco nero. E con quella siamo in grado di guarire. Qui e là, ovunque sia necessario.

D: Perché' la chiamano "energia del buco nero"?

L: Ho appena sentito: "Perché lo è!" (Ridendo) Fammi vedere. Proviene da buchi neri nell'universo. In qualche modo sono in grado di raccogliere quell'energia, contenerla e disperderla.

D: Allora la prossima domanda è qualcosa che i nostri scienziati si sono sempre chiesti. Cosa sono i buchi neri? Sappiamo cosa dicono gli scienziati, ma cosa dice la vostra gente?

L: (Pausa) Ciò che mi fanno vedere è – stai guardando il cosmo e lo vedi nero con pianeti, stelle e tutto il resto. Allora immagina quel nero come se fosse una tela. Una cosa intera e solida. Potrebbe anche essere plastica se vuoi immaginartela così, basta che ti immagini il cosmo come un cosa solida. Quindi da destra e da sinistra, due pezzi si avvicinano l'uno all'altro. (Successivamente lei mi mostrò ciò che aveva visto prendendo un pezzo di carta e curvandone i lati verso se stessi finché non si toccarono.) Mentre si muovi l'uno verso l'altro, dove si stanno accartocciando nel mezzo, li inizia un'energia che inizia a piegare. Questo è ciò che causa un buco nero. E' quasi come se avessi della roccia sottoterra che si muove e produce un terremoto, a causa della pressione. Quindi le energie del cosmo si avvicinano e causano un vortice… no! Mi dicono, no, non è un vertice. Mi dicono: pensalo come se fosse della pressione. Causano una pressione mentre si avvicinano tra di loro e questo causa la forte compressione delle energie. Questo è ciò con cui lavoriamo, energia compressa.

D: Gli scienziati dicono che non esiste nulla nel buco nero.

L: Si, dicono che tutto venga risucchiato li dentro. E' molto denso, è ciò che sento. Continuano a dire: "pressione, pressione, pressione."

D: Cosa dicono del fatto che nulla può esistere all'interno?

L: Me lo fanno vedere come se ci fosse un buco nero proprio qui. (Ridendo) Una delle persone sta dicendo: "Beh, guardami!" E salta dentro e poi fuori. Salta dentro e fuori. Salta dentro e dice: "Ei, Io posso! Posso esistere!" Mi dicono che possiamo trasportare quell'energia. Ecco perché stiamo andando sulla Terra. Principal-mente notiamo quali effetti si sono presentati dall'arrivo dell'ultimo gruppo che ha portato energia del buco nero. Quindi impariamo tutte queste cose e allo stesso tempo distribuiamo energia del buco nero. Poi torniamo e facciamo rapporto: "Ecco come stanno andando le cose in questo momento." Quindi esistiamo con l'energia del buco nero.

D: Ma i nostri scienziati dicono che ogni cosa viene risucchiata e nulla può uscirne?

L: Si e continuano a dirmi questa parola: "Pressione, pressione, pressione, pressione." C'è una tale pressione là. Dicono che la usiamo. Siamo in grado di entrare ed uscire, entrare ed uscire. In questo modo siamo in grado di portarci dietro un po' dell'energia del buco nero. Un po' la disperdiamo. Non siamo in grado di portarci dietro un interò buco nero, sarebbe troppo. Mi stanno dicendo, che lavoriamo solo con pezzettini. Perché è un'energia condensata molto, molto potente.

D: Abbiamo anche sentito che se qualcosa viene risucchiata, potrebbe uscire altrove.

L: Come un buco bianco. Presumo che certi fisici lo chiamino così.

D: Ma si dice: astronavi o cose di questo genere non sarebbero in grado di sfuggire all'attrazione di un buco nero, ne verrebbero risucchiate.

L: Si. Quando stavo cercando di scoprire cosa potrebbe accadere, continuavo a sentire: "Pressione, pressione, pressione." Mi stanno mostrando quest'area: pressione, pressione, pressione. Stanno dicendo che evidentemente noi siamo una specifica vibrazione che può gestire l'energia e può lavorarci. Se un'astronave avesse una specifica energia, sarebbe in grado di gestirlo. Potrebbero entrare ed uscire, se avessero la giusta vibrazione.

D: E' forse corretta la teoria che se fossi risucchiato da una parte, verresti espulso da un'altra parte della galassia?

L: (Ridendo) Quello stava saltando dentro e fuori dal buco nero dice: "Vieni con me." E' come se stessimo fluttuando a mezz'aria. Adesso siamo vicino a questo piccolo buco nero. E' grande solo come una casa, ma e' sempre lo stesso tipo d'energia. Mi dice: "Okay. Vedi niente li dentro?" Io dico: "No. Non vedo nulla." E' proprio come quando si guarda il cosmo. Sembra vuoto e nero. Allora mi dice: "Okay. Andiamo dentro. Senti niente?" E io dico: "No." Adesso sono una di quelle persone. Allora prende un piccolo strumento che mostra i Kg/cm2 [Kg per cm quadrato] è una valvola della pressione. Mi dice: "Bene, osserva." E la pressione inizia a salire finch non esplode. Allora mi dice: "Pressione, pressione, pressione." Adesso stiamo scendendo più in profondità è come se stessimo scendendo. Mi sembra che... sai dove le due parti del cosmo si uniscono? (Dall'esempio precedente.) Solo parti del cosmo si uniscono, sopra, sotto e ai lati non viene pressurizzato. Usciamo dall'altra parte e non c'è pressione. Voglio dire è in alto, in basso e ai lati. Sono tutti uguali. Allora mi dice: "presumo di essermi spiegato: Pressione, pressione, pressione." Questo è quanto. E' pressione.

D: Ma siete usciti da un'altra parte?

L: Si, se vuoi andare – però non in un'altra dimensione. Sei nel cosmo, in alto, in basso, ai lati. C'è solo una specifica area che viene compressa, quella diventa il buco nero. E questo è quanto, è un buco nero. Mi sta mostrando, quando sta dicendo: "Pressione, pressione, pressione," non sta parlando della nostra fisica. Non la nostra pressione atmosferica, né la nostra pressione dei liquidi. Sta parlando della pressione energetica. Energia pressurizzata, pressurizzata, spinta, spinta. Dice che non è come se diventasse più denso. Non è un'energia più densa in cui sa passa da gas, a liquido, a solido o qualcosa del genere. Non è più denso in questo senso. E' una fisica diversa. E' diverso – (pausa) continuo ha sentire queste parole: "Non può comprendere, Non può comprendere." Per lo meno riesco a capire che sono diversi tipi d'energia pressurizzate tra loro. Ma non è come se si prendesse un gas sulla Terra e lo si pressurizzasse. Non è come se si prendesse un solido e lo si pressurizzasse.

D: Stavo pensando che gli studiosi di fisica potrebbero essere interessati. Quindi non è come la pensano loro?

L: No. E' quasi come un'altra legge della pressurizzazione. Dipende da come reagiscono le energie.

D: E' per questo che sei stata in grado di utilizzarlo, perché è una diversa tipologia d'energia. (Si) Sto pensando agli ET e alle loro astronavi. Sono forse in grado di fare manovre nei buchi neri o ne stanno lontani. Questo ha un qualche senso per te?

L: Ciò che mi stanno facendo vedere è che anche gli ET hanno diverse vibrazioni. Hanno energie diverse ed ogni buco nero ha una quantità diversa di pressione. Quindi mi fanno vedere che... Aspetta un attimo! Certo! Questo si ha senso. A seconda del tipo di energie che erano presenti in quella parte del cosmo al momento in cui le due parti si sono pressurizzate tra di loro, dipende la tipologia di buco nero che abbiamo. Che tipo di energie sono pressurizzate. Così la gente – i diversi ETs e le diverse astronavi di solito sanno: "Siamo in grado di entrare in quel buco nero. Non possiamo entrare in quest'altro."

D: Certa gente pensa che i buchi neri siano dei portali. C'è forse una qualche differenza?

L: Questo è quello che mi hanno appena detto: "Un portale è un portale."

D: Quindi un buco nero non può essere utilizzato come un portale?

L: Le parole che ho appena sentito erano: "In circostanze eccezionali." Quindi, a volte possono esserlo.

D: Questo dimostra che ci sono "esseri e spiriti" che possono vivere in qualsiasi tipo di circostanza?

L: (Ridendo) Li ho appena sentiti dire: "Ovviamente."

D: Perché i nostri scienziati ritengono che nulla possa vivere in qualcosa di così denso e pesante.

L: Beh, in realtà, non ci viviamo dentro, ma possiamo entrarci e possiamo utilizzarli.

D: Quindi questo pianeta che consideri casa, in realtà non si trova nel buco nero?

L: No. E' all'esterno, ma utilizza l'energia del buco nero. Sa come farlo e prende quell'energia per aiutare altri luoghi nell'universo.

D: Può essere direzionata e sanno come farlo. (Si) Questo è quello che voglio che faccia Louise, direzionare l'energia?

L: Si. Al momento.

D: Quindi quando Louise venne sulla Terra, aveva già avuto altre vite, o questa è forse la sua prima vita?

L: Ciò che continuo a sentire è: "In molti hanno ricevuto l'imprinting."

Per ulteriori informazioni sull'imprinting si faccia riferimento Keepers of the Garden, Between Death and Life, Universo Convoluto Libro II e all'inizio di questo libro.

D: Quindi non è necessario vivere molte vite.

L: Quello che mi stava mostrando l'interno del buco nero disse: "Beh, no. Ovviamente no."

D: Ma questa qui adesso è importante, sta raccogliendo informazioni da riportare.

L: Si. Questo è ciò che ho fatto anche in passato.

D: Sto ricevendo le stesse informazioni da diverse persone, che alcune entità stanno raccogliendo informazioni e le stanno riportando a casa. Presumo che molti di loro abbiano lo stesso compito.

L: Wow! Si. Questo è fantastico.

D: Posso continuare a ricevere informazioni da Louise in questo modo, o dovrei forse contattare il suo subconscio?

L: Beh, per entrambe le parti se vuoi hai il permesso.

D: Posso farlo in entrambi i modi? (Yes)

A quel punto ho chiesto di un problema fisico per il quale Louise voleva ricevere aiuto. Stava soffrendo di un qualche tipo di pressione sulla schiena tra le scapole.

L: Vedo ancora i cassetti, dove si trovano i corpi fisici. Fammi vedere. Ah, okay. Il mio corpo fisico si trova li adesso – il mio corpo umano – sente la connessione con l'altro. E' piuttosto strano. Dicono che è così perché sono in una connessione molto stretta in questo momento. E' solo la reazione del mio corpo alla connessione energetica di chi sono nell'altro luogo. Proprio come quando vedi una vita passata e senti le emozioni. Vedo tutto ciò che sta succedendo, mentre sono quella persone su quel pianeta. Sento la connessione. E le sensazioni sono fisicamente, nella parte posteriore del mio chakra del cuore. (Pausa) Vedo che mi stanno spiegando qualcosa, ma non riesco a sentire. (Pausa) Okay. Le vite passate, le vite umane che ho come imprint, tra una vita e l'altra (ciò che io chiamo il "piano dello spirito"), anche quello è un'illusione. Il pianeta su cui vivo è un'illusione. Il buco nero è un'illusione. Quindi non c'è nulla tra una vita e l'altra.

D: Ma il suo corpo fisico è sul quel pianeta e sta aspettando che ritorni?

L: Si. E questo accadrà. Ma anche quella è un'illusione. Tutto. Ogni cosa è un'illusione. Quindi ciò che vediamo tra le vite, anche quello è un'illusione.

D: Ma per la gente è confortevole.

L: Giusto, giusto.

D: Altrimenti, per le nostre menti sarebbe molto difficile funzionare, se pensassimo che non ci fosse nulla di reale. Beh, se tutto ciò che conosciamo è un'illusione, allora cos'è reale? So che creiamo la nostra realtà, creiamo la nostra illusione.

L: Stavo solo aspettando una risposta e mi hanno fatto vedere ciò che sembra essere il Grande Sole Centrale.

D: E questo è reale?

L: (Ridendo) Ho appena sentito: "Se vuoi che lo sia." (Pausa) Mi stavano mostrando tutti i diversi universi. Specificamente ho visto la Terra. Specificamente ho visto – presumo che lo chiameresti – il mio pianeta natale. Ho visto che ogni cosa veniva risucchiata in un posto solo. Era come se fossi in piedi all'interno del Grande Sole Centrale e tutto veniva risucchiato al suo interno. Quindi qual'era la domanda?

D: Cos'è il Grande Sole Centrale?

L: Una cosa è certa è fatto di tutto ciò che c'è dentro. Tutto è lì dentro, perché è stato risucchiato tutti li dentro.

D: Cosa ti sembra?

L: A me sembra di essere in una luce cremosa, giallo dorata, ma ho la sensazione che sia in fiamme. Non senti le fiamme, ma ne hai la sensazione.

D: Non voglio influenzarti, ma sto pensando a qualcosa me mi hanno detto. Che fra eoni di tempo, ogni cosa che è stata creata implode tornando alla Sorgente. Pensi che abbia senso?

L: No, non e' quello che mi stanno facendo vedere. Non mi hanno fatto vedere un'implosione. Simbolicamente mi stavano facendo vedere che ogni cosa di cui abbiamo parlato: la mia casa, la Terra, ogni cosa, proviene da la. E ho appena sentito le parole: "Nessuna Implosione, nessuna esplosione."

D: Il Grande Sole Centrale potrebbe essere l'equivalente di ciò che certa gente chiama la "Sorgente"? (Pausa) Pensi che sia la stessa cosa con un altro nome?

L: Altra gente lo chiamano la Sorgente. Ma lo vedo come una fera di luce. Vedo migliaia di altre sfere di luce e sono tutte risucchiate in una altro luogo. E' come se la Terra fosse all'interno – emanata dalla Sorgente. Allora ciò che chiamiamo la Sorgente, ciò che vediamo come la Sorgente, sembra che emani da qualcos'altro.

D: Quindi lo limitiamo pensando che ce ne sia solo uno?

L: Esatto. Sento che continua all'infinito. E quell'energia è li perché tutti possano utilizzarla.

A quel punto chiesi quale fosse il suo scopo, cosa avrebbe dovuto fare con la sua vita. Questa era una delle sue domande.

L: Mi mostrano che continuo ad andare e tornare dal mio pianeta alla Terra – o quel pianeta ad altre destinazioni. Ma non volevo sapere il mio scopo su quel pianeta. Volevo conoscere il mio scopo sulla Terra. Questa mondo.

D: Si. Tutte queste cose sono interessanti, ma dobbiamo vivere qui, adesso nel corpo fisico.

L: Le parole che sento sono: "Basta che continui." E la sensazione che ho è che vado sempre ad intuito. Vengo sempre guidata qui e là. Faccio attenzione all'intuizione.

Louise aveva una domanda a proposito di una strana esperienza che aveva avuto una ventina d'anni prima. Era successo di notte, aveva visto una sfera di metallo con un buco, dentro alla quale era entrata.

L: Stavo andando a casa. Vogliono dirmi che allora una parte del mio subconscio stava iniziando a diventare consapevole di chi io fossi e da dove venissi. Tornavo indietro ogni notte per imparare. Questo sta succedendo adesso. Questo è ciò che succederà da adesso. Mi fanno vedere che, fino a quel punto, non stavo ancora portando l'energia del buco nero sulla Terra. Ero venuto qui ed ero cresciuta, mi ero abituata alla Terra, e finalmente ero pronta. Circa all'età di 40 anni. Ogni notte continuavo ad andare e venire. Mi stavano solo ricordando da dove provenivo. Perché ero sulla Terra. Alla fine dissero: "Adesso porta questo al mondo." Adesso di notte, vado dove voglio. Vediamo, qual'era il significato della sfera? Dissero: "E' sparito dopo, non è vero?" Si. Non l'ho più visto dopo. Mi stavano facendo vedere che era un'energia intorno a me che mi preveniva d'attivarmi prima del tempo. Il buco era il momento in cui venivo attivata. E poi salire e ricevere le informazioni, a quel punto ero pronta. Beh, santo dio!

CAPITOLO DODICI

SOTTOTERRA

Ho parlato delle città sotterrane nel Libro Due, quindi questa non è un'idea nuova. Ci sono molte storie mitologiche a riguardo della gente che vive sottoterra e sono convinta che ci sia della verità dietro alle leggende. Spesso sono state ricamate ed alterate negli anni per adattarsi alle culture che le preservano, ma mi è stato detto che le origini (per quanto oscure possano essere) sono basate su eventi reali. La storia narrata in questa seduta è una versione di questi eventi.

Quando Marian scese dalla nuvola, la scena in cui si trovò la fece sentire a disagio. Era in piedi di fronte ad un enorme albero di quercia che si ergeva al margine di una foresta oscura. La foresta raggiungeva giusto la riva dell'oceano, dal quale era separata solo per una piccola linea di sabbia. Il terreno era stato eroso o dissolto dal mare che era proprio al limite con le piante. Gli alberi erano enormi e molto vecchi, con una nera corteccia piena di noduli, le foglie erano piccole e sottili. Non avevano nulla a che fare con gli alberi che si vedono sulla Terra. Questa era una delle cose che la metteva a disagio. Questi strani ed infausti alberi erano moltissimi e bloccavano la luce nella foresta. "La foresta è fredda. Non dovrebbe essere così fredda. Non sembra negativa, ma non è nemmeno positivo. C'è della disarmonia, o... qualcosa è fuori posto." Poi una rivelazione: "Oh! Non ci sono creature! Non c'è suono! Non c'è nulla!"

Scoprì d'essere un giovane dai capelli rossi, vestito di una pelliccia, con arco, frecce ed una lama. Di solito li utilizzava per cacciare gli animali, ma disse: "Sto cacciando qualcos'altro." Qualcosa che si dovrebbe trovare in queste foreste inconsuete. Gli alberi crescevano molto vicini tra di loro e formavano un tetto naturale che bloccato la luce, e formava un tunnel (o come lo descrisse lei: una caverna). “Sto cercando qualcosa che dovrebbe trovarsi alla fine di questa caverna. La foresta forma una caverna a causa del modo in cui cresce.”

D: Sei mai stato da queste parti prima? (No) Ma stai cercando qualcosa?

M: Lo spero.

D: Come fai saperlo se non sei mai stato da queste parti prima d’ora?

M: Non lo so, è per questo che sto cercando.

Procedeva sulla fiducia, perché l’unica fonte di conoscenza a proposito della cosa che stava cercando erano delle storie, racconti che la gente gli aveva narrato. Per quanto ne sapesse, nessuno della sua gente lo aveva mai cercato o trovato. Così ero curiosa di sapere perché sentiva la necessita di provarci. “C’è una ragione: è necessario. Non so perché. Ha una risposta a qualcos’altro.”

D: Una risposta per te o per la tua gente?

M: Per tutti. Non si ricerca per se stessi.

D: Sarebbe forse egoistico ricercare qualcosa per te stesso?

M: Si! (Sembrava allibito all’idea.)

D: Che storie ha sentito a proposito di quello che stai cercando?

M: Solo che si trova qui. Lo troverai in fondo alla caverna. Là ci sono tutte le risposte. Ha ciò di cui c’è bisogno per sopravvivere, per continuare. E’ in questa caverna da qualche parte.

D: E’ un oggetto o cosa?

M: No. E’ piuttosto un essere. E’ difficile da spiegare. Non ha una forma vera e propria, ma ne ha molte. Le storie parlano solo di ciò che rappresenta, e l’idea di ricevere risposte. E’ un dono. Non so come spiegarlo.

D: Sta succedendo qualcosa nel vostro tempo da dover necessitare aiuto e risposte?

M: Ci aspettiamo dei cambiamenti, cambiamenti enormi. Cambiamenti che creano e distruggono. Tutte le persone in molti luoghi. E’ come se la terra si rigirasse su se stessa e si ricominciasse da capo. Lo sapevamo, ma la conoscenza di come cavalcare le onde, o continuare è andata perduta.

D: Le narrazioni vi dicono che sta arrivando? (Si) Adesso sta succedendo qualcosa? C'è qualche segno?

M: Non dove vivo, ma sappiamo che sta arrivando.

D: Ma potrebbe essere molti anni nel futuro, giusto?

M: E' più vicino di quanto non si pensi. Leggi, vedi, ascolti. Ascolti i segnali. Osservi. Ogni cosa te lo dimostra, se ascolti con attenzione, riesci a sentirlo.

D: La vostra gente deve essere davvero connessa con la natura per sapere queste cose.

M: E' l'unica maniera per imparare. Non si può imparare in altro modo. Bisogna, se lo ignori, finisci... finito!

Feci delle domande a riguardo del luogo dove viveva la sua gente. Non erano in tanti e vivevano in strutture vicine alla foresta. "Fanno parte della foresta. Se guardi da lontano, non si riesce a distinguerle dalla foresta. Sono mimetiche e si nascondono." Anche se era a suo agio con la foresta, la zona in cui si trovava era molto diversa e lontana da casa.

Lo spostai avanti finché non aveva attraversato la foresta (o caverna, tettoia) per vedere se aveva trovato ciò che stava cerando. Fece fatica a descriverlo. "Non ha alcuna forma. E' molto luminoso. Cambia forma. Non è solido. E' quasi come un liquido, ma non è liquido. E' molto, molto bianco! Non ho mai visto nulla del genere. A volte sembra un anziano, poi si muove, o cambia e sembra qualcos'altro. Ma nessuna delle forme è solida!"

D: Dove hai trovato questo essere?

M: E' alla in fondo alla caverna. E' molto larga, molto grande in profondità. Non è come all'entrata. Non è oscura. Sono arrivato al bordo della caverna e riuscivo a vedere una luce nell'apertura. Sono rimasto molto sorpreso.

D: Sei in grado di parlare a questo essere?

M: Si e no. Non come se stessi parlando con te, ma come se lui parlasse con me. E' proprio come quando senti gli alberi o ascolti il vento. Non è come quando parli con qualcun altro. – Mi ha dato una piccola parte di se stesso. (Non riuscii a capire.) Ci sta nella mia mano. E' una piccola parte di... lui. Devo riportarla al villaggio. E' come se avessi dell'acqua, prendi un cucchiaio e ne raccogli un po'. Ma lui non è liquido. Non sembra fatto d'acqua. (Questo era il modo migliore in cui riuscisse a descriverlo.)

D: Puoi descrivermi quel pezzo?

M: E' meraviglioso, ma è molto... luminoso! E' solo una luce gialla e bianca (rise).

D: Differente! Ma non c'era qualcosa che volevi chiedergli?

M: Questo è quanto. Questo è ciò che riporto a casa.

D: Non ti ha dato alcuna risposta?

M: Si, mi ha dato tutte le risposte! Sono nella mia mano! (Ridendo) Lo riporterò a casa. Questo ci terrà al sicuro; questo ci assicurerà una continuazione. Il terreno si chiuderà, perché deve.

A quel punto sapeva di dover tornare a casa. Stava portando con se quello strano oggetto di luce nella sua mano. "Non è freddo. Non è caldo. E' una sensazione insolita. E' una bella sensazione. Non è pesante, ma so che c'è. E' come se fosse parte della mia mano e tuttavia ne è separato." Velocizzai il tempo perché arrivasse a casa velocemente.

M: C'è pochissimo tempo. – Sta iniziando. Questo deve andare al centro.

D: Cosa sta iniziando?

M: Il cambiamento, la Terra... l'inversione! La Terra, viene sopra e si piega. E' come se stesse creando una cupola.

D: Cosa sta vedendo?

M: La Terra sale e si piega sopra! Questo oggetto deve restare nel centro del villaggio. Deve restare in mezzo alle case. E poi resisterà e proteggerà tutti.

D: Hai detto che era come una cupola, come se la Terra si piegasse sopra di voi. Intendi dire, il terreno o l'acqua o cos'altro?

M: Principalmente è terreno. Ci sono alberi dentro, ma è la Terra. E' proprio come se stessi creando una conchiglia vuota, ma molto spessa e molto grande.

D: Lo vedete arrivare?

M: Lo vedo arrivare.

D: Presumo che dev'essere stato spaventoso da vedere.

M: No, sapevamo che sarebbe successo. Ciò di cui avevamo bisogno era quell'oggetto solo così saremmo riusciti a sopravvivere. Passeremo molto tempo lì sotto prima di uscire.

D: E cosa fate? Aspettate ed osservate?

M: E' l'unica cosa che possiamo fare.

D: Sto cercando di creare una immagine mentale, perché non riesco a vederlo. E come se il terreno sommergesse la foresta?

M: Quando sei nell'oceano e le onde salgono alte, è la stessa cosa. Il terreno sale come un'onda, ma grazie a quell'oggetto, non scende nel centro, va oltre.

D: Quindi la vostra piccola zona è come uno spazio vuoto nel mezzo dell'onda. (Si) Ci sono anche degli alberi lì?

M: Alcuni, non tutti.

D: Hai detto che è come una cupola, che va sopra di voi.

M: Si. Scende. Deve scendere. Il tutto scende dentro alla Terra, come una sfera protettiva. Ci saranno molti cambiamenti sulla superficie. Questa sfera protettiva scende nel terreno, in profondità così non saremo influenzati.

D: C'è tutta la tua gente?

M: Sono tutti coloro che erano a casa. Sfortunatamente molta gente non ce l'ha fatta.

Anche se a me sembrò molto strano, presunsi che tutto fosse possibile.

M: Adesso è l'unico modo per sopravvivere.

D: Siete in grado di respirare lì dentro?

M: Si. E' della dimensione del villaggio. E' della dimensione dell'area.

D: Sei in grado di vedere?

M: Si, grazie a quell'oggetto.

D: Siete in grado di continuare a vivere?

M: Si. Vivranno qui per molto tempo. Passeranno molti, molti anni prima che riusciranno a tornare.

D: Perché dovete restare qui sotto così a lungo?

M: Quanto ci vuole perché un albero riesca a crescere? Ciò che è andato è andato. Non può tornare immediatamente. Dovranno reimparare le antiche modalità e trattenere gli insegnamenti. A tempo debito, torneranno in superficie.

D: Siete in grado di trovare fonti di sostentamento laggiù?

M: Ci sono molte cose da mangiare nel sottosuolo. Abbiamo anche dei semi che cresceranno.

D: Siete in grado di uscire da questa sfera?

M: Si, si apre. Ci sono grandi stanze.

D: Mi chiedo chi abbia messo quelle stanze li sotto?

M: La Terra. Ci sono enormi buchi nella Terra in cui potete entrare. Ci sono piccoli laghi. La Terra ha molti segreti, e molti esseri, creature. E' proprio come ascoltare gli alberi e sentire le rocce e parlare alle altre creature. La Terra è proprio così. Era pronta per noi; e noi dovevamo solo prepararci per Lei.

D: Quindi ci sono delle creature laggiù?

M: Molte. Alcune non le abbiamo mai viste prima.

D: Mi chiedo come abbiano fatto a scendere li sotto?

M: Nello stesso modo in cui ci siamo riusciti noi.

Questo sembrava molto come la città sotterranea descritta nel Libro Due. In quel libro, si parla delle molte città sotterranee che esistono ancora tutt'oggi. Queste erano illuminate da un sole in miniatura e c'erano anche molti animali (alcuni sconosciuti) e acqua.

D: Ci sono altre persone?

M: Ci saranno. Ci sono altri che avevano la conoscenza.

D: Saprete che arrivato il momento di tornare in superficie?

M: Oh, certo. Ce lo dirà la Terra. – E' successo prima d'ora. Secondo le narrazioni, c'era un altro mondo prima di questo. Non è cresciuto nel modo in cui avrebbe dovuto. Coloro che erano ancora in grado di sentire ed ascoltare sapevano cosa fare. Coloro che non ci riuscirono, vennero portati via.

D: C'è una ragione per cui sta succedendo questa volta?

M: Per la stessa ragione dell'altra volta; erano in troppi che non lavoravano insieme e che andavano nella direzione sbagliata.

D: Quindi questo è il modo in cui la Terra si prende cura di se stessa? (Si) Bene, quindi restate li sotto per molto tempo?

M: I probabilmente non rivedrò mai la superficie.

Avrebbe potuto volerci molto tempo, e un giorno avrebbe potuto essere uguale all'altro. Così decisi di portarlo avanti all'ultimo giorno della sua vita, per vedere cosa gli sarebbe successo. "Vedo un arco, rotondo. Ci scorre sopra dell'acqua. Sono caduto. Qualcosa colpisce. Ero vecchio, per questo ero caduto. Le mie gambe non funzionano più come funzionavano una volta."

D: Ma la tua gente è stata in grado di vivere laggiù e prendersi cura di se stessi?

M: Oh, certo. Ci riusciranno. Stanno tutti bene. Continueranno così.

D: Hai visto altre persone?

M: C'era un gruppo che venne da uno dei buchi, molto tempo fa. Erano riusciti a passare. Sono rimasti per poco e poi sono tornati indietro. I più giovani visiteranno e vedranno. Io non sono mai andato. Loro sono da un'altra parte di questo luogo sotterraneo.

D: Ma per voi non è stato un problema lasciare la superficie?

M: No, a volte è stato difficile. I piccoli non ricordano la superficie. Io si, loro erano troppo piccoli. Loro proseguiranno e sopravvivranno.

Adesso era ora d'invocare il subconscio per ottenere delle risposte che lui non era stato in grado di darci durante la vita. La prima cosa che chiedo sempre, è perché il subconscio avesse scelto di mostrare al soggetto quella particolare vita.

M: E' la stessa. E' la stessa lezione. Ci sono degli insegnamenti che hanno bisogno di essere tramandati. Ci sono lezioni che devono essere insegnate. Questa vita non è completamente inutile. E' lo stesso parallelo.

D: Con lo stesso parallelo, intendi dire che questa viva attuale ha le stesse condizioni?

M: Si e no. Non è esattamente lo stesso che ha passato allora. Questa volta, è la stessa cosa per quanto riguarda ciò per cui si sta preparando. Stanno arrivando molti cambiamenti. Ci sono delle cose perdute che devono essere tramandate. Insegnamenti. Come parlare, come comunicare; come lavorare con la Terra. Come comprendere e ricordare. Come ascoltare le foglie e gli alberi.

Come sentire ciò che dicono le voci degli animali e dei venti. Tutto ciò è là fuori. Tutto ciò è vero e lei sa come farlo.

D: Ma lo sai che nella nostra società moderna questo viene evitato e va perduto. (Si) La gente non ci fa attenzione.

M: O gli viene detto che sono matti se ci credo.

D: Quindi pensi che succederà qualcosa e queste cose andranno perdute?

M: Sono già perdute. Non solo con la gente; ma anche attraverso l'energia e lo spazio-tempo. Queste cose devono essere protette. Fanno parte di questo pianeta. Ci saranno molti cambiamenti terresti, ma questa non è la preoccupazione. La preoccupazione sono i cambiamenti che sta portando l'umanità – il vero pericolo si trova lì. L'intera umanità sta spazzando via la conoscenza dell'equilibrio; l'abilità di bilanciare uomo e natura. E' un potere ed un'energia molto distruttiva che minaccerà l'esistenza stessa dell'umanità.

D: Questo cos'ha a che fare con la vita attuale di Marian?

M: Ognuno ha il suo ruolo. Ogni essere su questo pianeta ha un ruolo unico. Le deve trovare il suo. Sa qual'è, ma ne dubita. Non posso rivelarglielo in questo momento. Deve scoprirlo da sola. Se rallenta ed ascolta, riuscirà a trovare la chiave per aprire quella porta.

Volevo saperne di più a proposito della vita sotterranea che aveva descritto. Era simile, tuttavia diversa dalle altre storie a riguardo di questi luoghi. Mi avevano detto che queste città esistono e prima o poi la gente ne troverà l'evidenza.

D: Avevo già sentito alcune storie riguardo a questi luoghi sottoterra, ma non ne aveva ma sentita alcuna riguardo a sprofondare sottoterra.

M: Tutti sono entrati in modi diversi.

D: Quindi è stato un vero e proprio evento? (Si) Quell'oggetto luminoso che lui ha portato al villaggio, cos'era?

M: Quello faceva parte di un essere che è uno dei Protettori di questo Pianeta. Sono in molti. Questo era quello più vicino a lui.

D: Lui disse che quell'oggetto era come una luce.

M: Ci sono molte altre cose connesse a quell'oggetto, ma la luce ne faceva parte.

D: Inoltre, quando finì sottoterra creò una luce che permise loro di vedere. (Si) Sembra che fosse in grado di proteggere l'intero gruppo mentre sprofondava nel terreno. (Si) Quindi era molto potente.

M: Potentissimo. Doveva esserlo. Devi ricordare che era parte di un guardiano della Terra, quindi era in grado di comunicare con la Terra che è parte di Lei. Proprio come la tua mano fa ciò che vuoi. Non farebbe forse la Terra ciò che le chiedi, se tu fossi parte di lei?

D: Capisco. Quindi è stato in grado di creare la sfera e far discendere il tuo intero gruppo senza rischi nella Terra.

Le leggende degli Indiani Hopi d'America dicono che la nostra attuale civilizzazione è il Quarto Mondo. Credono che gli altri tre mondi sono stati distrutti principalmente a causa della corruzione, dell'avidità della gente e della loro ribellione contro la natura. Il Primo Mondo è stato distrutto quando la Terra è sprofondato, si è separata a causa di grandi terremoti. Il Secondo Mondo è stato distrutto dal freddo della Grande Era Glaciale. Il Terzo Mondo era un mondo altamente tecnologico, superiore a ciò che si è raggiunto oggi giorno. E' stato distrutto dalla Grande Inondazione e la gente che ascoltò le profezie venne guidata in luoghi sicuri sottoterra. Quando il Quarto Mondo fu pronto, in molti emersero dalle loro case sotterranee e si ristabilirono sulla superficie. Gli era stato detto che il Quarto Mondo sarebbe stato il mondo della distruzione e poi sarebbe iniziato il Quinto Mondo della pace. Quest'ultimo sembra molto simile alla Nuova Terra, di cui abbiamo parlato in questo e nel precedente volume.

* * *

Anche questa seduta ebbe luogo in una luogo sottoterra, anche se non si trovava sulla Terra. Quando Joan discese dalla nuvola, si trovò in uno ambiente strano, sterile ed alieno. Niente vegetazione e una superficie molto rossa. Rosso, frastagliato, montagne insormontabili. Le chiesi di guardarsi per vedere come appariva. Lo trovò curioso piuttosto che spaventoso quando si guardo i piedi e disse: “La descrizione più verosimile che posso utilizzare è: zampe d’uccello. Con il tallone forse di un ibis o di una gru, una artiglio a tre punte. Sono di colore beige translucido, tendente all’argento. Sono di contrasto col paesaggio che stavo osservando.” Allora descrisse il suo corpo. “Lunghe gambe. Sottile, affusolato, se vogliamo dire così. Sembra che ci sia, l’unica descrizione che riesca a trovare è baccello del corpo. Ma sempre di forma aviaria, un corpo quasi a forma di goccia. Ho un collo molto piccolo. La maggior parte delle appendici sembrano essere delle ali e poi si trasformano in mani molto aliene, piuttosto che i miei piedi. Sono braccia sottili con grandi mani alle estremità. Sei dita, contando il pollice. Pensavo che il mio volto, la mia testa, fossero quelli d’un uccello, ma sembrano piuttosto quelli di un leone. Forse più di un gatto. Ho lunghi capelli neri, fino alle spalle.” Sembrava la combinazione di diverse specie, sicuramente aliene. Presumo che non ci sia alcuna ragione per cui dovrebbe essere o gatto o uccello. In altri mondi, presumo che si possa essere una combinazione di diversi esseri. Ciò che è normale qui, potrebbe essere anormale altrove. Quindi proseguo con qualsiasi descrizione mi venga data e continuo con le domande.

“Ora capisco che quel luogo rosso è un avamposto. Qui, ci sono molti altri esseri di tutti i tipi. Stiamo sperimentando con qualcosa in questo luogo. Stiamo lavorando con una qualche forma d’energia. Sto cercando di vedere dove lo sto facendo. Se sono in una struttura o se sto facendo qualcosa la fuori sulla superficie. Adesso mi vedo scendere delle scale verso una struttura sotterranea dove c’è un enorme – possiamo dire ‘città’, ma – abitazioni civili, sotto la superficie di questo rosso pianeta. C’è qualcosa su cui stiamo lavorando in questa caverna sotterranea, anche se è più moderna, più avanzata. Stiamo lavorando insieme su un esperimento che ha a che fare con – vorrei dire ‘trasmutazione’ energetica. Stiamo cercando di adattare l’energia per renderla utile in altre zone dell’Universo. Ecco perché ci sono così tanti tipi di esseri qui. Stiamo lavorando tutti assieme su qualcosa che avrà benefici per tutti noi. Tutti nella propria area dell’Universo saranno in grado d’imparare ed applicare questa conoscenza e/o energia in modo benefico. Non so se è per rendere l’energia dell’Universo più benefica o più utile. Lavoriamo su qualcosa di nuovo che sarà benefico. Sarà utile per cose assolutamente positive."

D: L'esperimento si occupa di questo?

J: Si. Ci occupiamo di utilizzare le energie in nuovi e diversi modi benefici per l'Universo. Questo è il mio lavoro.

D: Vivi li, in quel luogo sottoterra?

J: Adesso vivo lì. Quelli di noi che sono qui per l'esperimento, vivono tutti sottoterra.

D: Ma gli altri esseri sono quelli che lo portano nell'Universo?

J: Si. Io non vado, ma li mando io. Ci sono molte forme diverse qui tutte dedicate allo stesso progetto.

D: Sai se questa energia verrà utilizzata sul pianeta Terra?

J: Si, alla fine verrà usata anche là.

D: Non ero sicuro che tu fossi nello stesso Universo, dove si trova la Terra.

J: Si, siamo nello stesso Universo. Alla fine verrà utilizzata sulla Terra.

D: Per cosa verrà utilizzata?

J: Adesso ho un blocco. Ci sono diverse applicazione per cui può essere utilizzata, non solo una. Saranno stabilite dalla persona che la sta portando in nuove aree. La stiamo cambiando in qualche modo per riportarla e utilizzarla nei nostri rispettivi luoghi d'origine. La stiamo trasformando in qualche modo per riportarla ed utilizzarla nelle nostre rispettive aree. Non verrà utilizzata in una struttura. Sarà piuttosto energia libera che verrà utilizzata beneficamente per diverse applicazioni in diversi luoghi.

Spostai Joan avanti ad un giorno importante. Fece fatica a vedere qualcosa di specifico. Era come entrare ed uscire da una nebbiolina. "Stavo cercando un po' di chiarezza. Adesso sto vedendo che il progetto è la cosa più importante che potessi fare."

Divenne ovvio che non sarei stata in grado di riportare Joan a qualcosa di connesso a quella vita. Così decisi d'invocare il subconscio perché rispondesse a delle domande su quella vita che aveva appena osservato. "Perché avete scelto di farle vedere quella vita?"

J: Deve comprendere che ha bisogno di lavorare con l'energia. Lo sa a livello profondo, ma ha bisogno di comprendere che ha molte altre abilità energetiche in più di quello che ha compreso finora.

Joan, come molti altri che sono venuti da me, stava studiando Reiki ed utilizzava questa forma d'energia per aiutare le persone. E' incredibile quanti dei miei clienti siano già dei guaritori o vogliano diventare dei guaritori. A molti viene detto che devono sviluppare l'uso dell'energia per la guarigione. A Joan dissero che aveva bisogno di continuare a fare questo tipo di lavoro, ma che non era abbastanza. "Loro" avevano piani più grandi per lei, proprio come per molti altri.

J: Ha bisogno di focalizzarsi di più nello spedire energia nei luoghi dove deve essere spedita, per rafforzare, be equilibrare durante questa nuova fase. In questo momento, è qui per aiutare la Terra a cambiare la sua energia e trasformarsi. Lei e molti altri sono qui per equilibrare, stabilire e condividere energia per il bene della Terra. Tutto è interconnesso. Tutto influenza tutto il resto.

D: Avete detto: "La nuova fase." Cosa volevate dire con questo?

J: Molti cambiamenti e molte trasformazioni stanno avendo luogo, un notevole aumento delle energie e molta confusione. Per coloro che sono qui a questo proposito c'è bisogno di bilanciare ed aiutare ad elevare. Questo è il suo obbiettivo principale a questo punto. E anche di condividere conoscenza ed aiutare ad aprire le persone che non sono consapevoli della loro identità. Sta limitando se stessa. Sta entrando in una nuova fase ed è qui per aiutare gli altri ad entrare in nuove fasi della loro consapevolezza d'espansione della creazione.

D:Joan disse: nel suo stato cosciente, continua a sentire le parole o a vedere la frase: "Ancora l'energia." Potete dirle questo cosa significa?

J: Si. E' qui a questo scopo. E' qui per ancorare la nuova energia entrante. Per trattenerla, trasportarla ed introdurla nei luoghi dove non è mai stato introdotta prima.

D: Come volete che la introduca?

J: Solo attraverso la semplice intenzione di trattenere, ancorare ed introdurre. Lei è un'antenna per l'introduzione. Viene e passa attraverso di lei e gli altri, entra nella Terra ed esce da lì. La sua consapevolezza del suo obbiettivo aiuterà il suo intento ad essere più forte, più espansivo, più utile.

D: *Questa persona, questo essere su quest'altro pianeta, che ha ricevuto tutte queste informazioni e conoscenza, è in grado di attingere a ciò che ha ricevuto?*

J: La conoscenza e le informazioni e la nuova energia provengono da lì. L'esperimento è stato proiettato verso di lei e gli altri che sono qui a questo scopo, proprio come un onda radio, una microonda o un'onda magnetica. Sono qui in questo momento per questa ragione, per agire come ricevitori. (Divenne emotiva.) L'energia dell'amore. Potente, ma amorevole energia che sta trasformando, elevando ed espandendo l'energia del Creatore che sta arrivando in questo momento ed in questo spazio. Si sente emotiva perché si sta connettendo con la persona che era, mentre lavorava su questa energia. La conoscenza e la consapevolezza del perché si senta così la danneggia. Solo occasionalmente è stata in contatto con questa profondità d'amore e guarigione, per questo si sente così emotiva.

D: *Stava vedendo una vita passata?*

J: E' una vita parallela, simultanea. Sta avendo luogo in questo momento.

D: *Questo è ciò che pensavo. Se stanno sperimentando con l'energia e la Terra la sta ricevendo ora, doveva essere simultaneo.*

J: Si, sta avendo luogo nello stesso momento, ma lo stanno proiettando anche in altre aree. Lo sta ricevendo qui e altri lo stanno ricevendo in altri luoghi che sono pronti a riceverlo. Viene spedito solo dove è più appropriato.

D: *Quindi sta sia lavorandoci, che inviandola, che ricevendola allo stesso tempo, perché tutto sta avendo luogo simultaneamente.*

J: Si, esattamente.

D: *Ma ha dovuto passare per una vita normale per arrivare a questo punto, non è vero?*

J: Si, è così. Ha dovuto arrivare a questo punto. La comprensione della vita fisica l'ha aiutata a comprendere alcune cose che doveva imparare e l'ha indirizzata nella direzione delle informazioni a cui doveva aprirsi. Il Reiki faceva parte del riconnettersi all'energia dell'amore, perché questo fa parte dell'energia curativa dell'Universo, del Creatore. E' un altro modo di gestirla. E' un altro modo di sperimentarla. E' un altro modo di canalizzare l'energia. E' una altro modo di trasmutare energia. E' un altro modo di portarla a qualcun altro perché la usi come sistema di guida, se decidesse di usarla così. E' qualcosa che aveva bisogno d'imparare per essere in grado di comprendere questo passo. E' qui come una doppia visione per essere l'antenna e il proiettore. E' qui con uno scopo, come molti esseri su questa Terra, e nell'Universo, per imparare come usare l'energia per elevarla ad un livello superiore. Per aiutare in qualsiasi modo possibile. Questo è ciò che sta facendo in questa vita.

Qui stiamo parlando della Seconda Ondata, di cui ho già parlato precedentemente. Coloro che hanno il compito di agire come canali o antenne d'energia. Il loro obbiettivo principale è di dirigere l'energia nella Terra perché gli altri possano utilizzarla. Ovviamente, nessuna di queste persone è cosciente della propria missione.

* * *

NUOVA TERRA & CITTA' NASCOSTA

La seduta di Anita non fu chiara, mi diede la sensazione che stesse sognando. Sembrava che fosse a bordo di una qualche tipo di veicolo e stavano operando sul suo corpo. Ricevetti più informazioni quando invocai il subconscio. Disse che la sua presenza in due luoghi diversi ma sovrapposti, creava confusione. Spiegò che si trovava a bordo di un'astronave madre dove stavano guarendo il suo corpo e riparandolo. Poi la portano all'interno della Terra. Volevo sapere perché la portarono là.

A: Per renderla consapevole che si trovava là e di cosa stesse succedendo. Ci è andata così tante volte. Questo è un luogo... un tipo di protezione. Ci sono molti animali e sarà anche un luogo dove verranno portate le persone al momento del cambiamento, per proteggerli dalla devastazione della Terra e dalle malattie che scatenerà l'uomo.

D: Le malattie non possono entrare nella Terra? (No).

Vide un uomo ed iniziò parlargli, sembrava che si conoscessero. Inoltre vide qualcosa di luminoso che pensava fosse un vortice. Ci dissero che era un portale, quell'uomo lo utilizzava per viaggiare. L'uomo disse che aveva parlato con diversi leader mondiali, ma non volevano ascoltarlo.

D: Coscientemente?

A: Alcuni coscientemente. Ma hanno i loro piani.

D: Chi li contatta?

A: Diverse entità. Diversi gruppi.

D: Sono curiosa della reazione di un leader che venisse contattato coscientemente.

A: Alcuni leader sono molto consapevoli di noi esseri superiori e di ciò che sta succedendo.

D: Sanno che esistete?

A: Si. Ma non vogliono rinunciare al loro potere.

D: Penso che sarebbero molto sorpresi di vedere uno di voi.

A: Quando dico: "coscientemente", non intendo necessariamente faccia a faccia. E' piuttosto a livello subconscio e mentale. Per la maggior parte è ciò che accade ad Anita. Li portano a bordo e gli parlano.

D: Ma non se ne ricordano?

A: Alcuni si ricordano in parte. Ma non voglio perdere il loro potere sulla Terra. Molti di loro sono nel negativo. Quando abbiamo parlato con loro, era un periodo di transizione. Sarebbe potuto succedere. Allora avrebbero potuto iniziare i cambiamenti o avrebbero potuto posporli ancora per un po'.

D: Che tipo di cambiamenti?

A: Guerra. E con altre guerre ci sono altri cambiamenti terrestri.

D: Stai dicendo che i cambiamenti della Terra sono connessi alla guerra?

A: Si, le vibrazioni più negative. L'energia.

D: Avrebbe potuto accadere allora?

A: Si. Crisi. Ma è stata posposta ancora. Qualcuno prese una decisione diversa. Non si sa mai davvero cosa causi il ritardo. Qualche piccolo cambiamento di un leader che decide in non fare qualcosa. Potrebbe anche essere più di una cosa, potrebbero essere stata diverse cose. Non sappiamo mai cosa abbia veramente causato il ritardo, ma eravamo ad un bivio e ci saranno altri bivi. Con i cambiamenti, arrivano anche i Suoi cambiamenti, perché Lei è consapevole. E saprà cosa fare. Ancora non ha bisogno di sapere, perché non saprebbe cosa farne: delle informazioni o del potere.

D: Che tipo di potere?

A: Potere che abilita. L'abilità di fare le cose e vederle. Essere in grado di aiutare la gente, guarire la gente. Adesso, non penso che abbia davvero bisogno di sapere ciò che dovrebbe fare. Ci penserebbe troppo.

Il terribile tsunami Indonesiano era appena accaduto a Natale del 2004. Aveva causato la morte di più di 200,000 persone. Volevo sapere se era stato causato da energie negative.

A: No, non necessariamente negativo. Tutti stanno cercando di connetterlo con qualcosa di negativo, ma sarà una cosa naturale. Quelli che dovevano andare, sono andati. Quelli che dovevano restare, sono restati. Ciò che la gente chiama "miracoli", bambini su materassi, gente sugli alberi. Alcuni di quelli che se ne sono andati, proseguiranno in altri luoghi. Altri hanno altri lavori più elevati da fare, altri ancora riinizieranno le loro vite altrove. Quindi ci furono molte ragioni per andarsene.

D: Ma se ne sono andati in tantissimi.

A: Già, diventerà anche più grande, enorme. Sarà il cambiamento. Ma ora alcune cose negative che fanno gli uomini causeranno l'anticipazione di terremoti o tsunami. O disastri di qualche sorta che arriveranno prima. Perché tutto ciò che facciamo influenza la natura, influenza la Terra. C'è una conseguenze per tutto ciò che facciamo.

SEZIONE QUARTA

PRIMA VOLTA SULLA TERRA

CAPITOLO TREDICI

VOLONTARI

Quando iniziai le mie ricerche attraverso la terapia delle vite passate, pensavo che avrei trovato solo soggetti che avrebbero ricordato delle vite sulla Terra, perché naturalmente era l'unica cosa che conoscevamo allora. Il mio sistema di credenze si è davvero allungato e allargato durante gli ultimi trent'anni. La prima volta che sono stata esposta alla vita fuori dal nostro mondo ed ogni cosa che vediamo intorno a noi, era quando ho incontrato Phil. La sua storia l'ho narrata in Keepers of the Garden [Guardiani del Giardino]. All'inizio si ricordò delle normali vite passate e le sedute procedettero normalmente come mi aspettavo. Le cose dovevano probabilmente andare così, perché nessuno di noi era preparato ad esplorare, ne' a conoscere che altra fosse possibile. Poi mentre lavoravamo insieme, lui mi sorprese rivivendo vite su altri pianeti in corpi alieni. Questo fu il mio primo contatto con questo tipo di memorie e allora ero rimasta senza parole. Cosa chiedi ad un alieno? Mentre il lavoro progrediva, ricevetti una gran quantità di informazioni riguardo alla semina (o agli inizi) della vita sulla Terra, perché "loro" dissero che era ora di condividere questa conoscenza. Entrambi iniziamo a trovarci a nostro agio con l'insolito, la mia curiosità prese piede ed iniziai a fare molte domande. Mi spiegarono che Phil era uno di molti spiriti che non aveva mai vissuto sulla Terra prima. Si erano offerti volontari per venire ed aiutare la Terra in questo periodo storico. (Naturalmente) non avevano alcuna memoria conscia di questo e di conseguenza le loro vite furono difficili. Non gli piaceva vivere sulla Terra, facevano fatica ad adattarsi a tutta questa violenza. Desideravano tornare a "casa" anche se non avevano alcune idea dove fosse "casa". Sapevano solo che non era qui. I loro problemi erano principalmente causati dal fatto che da dove provenivano c'era solo pace, bellezza ed amore. Per loro fu una decisione difficile offrirsi volontari per venire in un ambiente così radicalmente diverso. Lo fecero per amore e desiderio di aiutare, anche se il loro adattamento è stato difficile e perfino impossibile in alcuni casi.

Poi ci fu la domanda: Phil ha mai vissuto sulla Terra prima d'ora? Perché' siamo passati attraverso le memorie di diverse altre vite passate prima di raggiungere le altre informazioni sbalorditive? Questo mi dava una ragione di dubitare il mio lavoro. Questo forse voleva dire che la reincarnazione non fosse reale? Le vite passate che avevo investigato attraverso così tanti soggetti fossero mere fantasie? Forse la Chiesa aveva ragione, viviamo una volta sole? In che altro modo spiegare questo sviluppo inaspettato? La risposta era che le vite che aveva pensato di aver rivissuto non erano altro che degli imprint. Non avevo mai sentito parlare di questo concetto e sono il primo autore ad aver discusso questa teoria. E' spiegata in dettaglio in Keepers of the Garden e Between Death and Life [Guardiani del Giardino e Tra la Morte e la Vita]. La versione condensata è che un'anima non può esistere sulla Terra in un ambiente umano senza le informazioni e i dati delle vite passate nel proprio subconscio. Deve avere qualcosa a cui relazionarsi e su cui basarsi; altrimenti, ogni cosa è troppo nuova, drastica e drammatica. Proprio come abbiamo la esperienze della nostra infanzia per spiegare le molte cose con cui entriamo in contatto, così le informazioni ed esperienze delle nostre vite passate ci danno uno sfondo su cui basarci. Questo significa che nessuno, nessuno infante, arriva con tabula rasa. C'è sempre uno sfondo di altre vite ed esperienze nel suo subconscio per aiutarlo a comprendere la vita nel fisico. Ovviamente non siamo consapevoli di tutto ciò, proprio come non siamo consapevoli delle nostre vite passate. Molti di noi, non si ricordano consciamente nemmeno gli eventi della loro infanzia. Però questo non vuol dire che non esistano.

La teoria dell'imprinting è simile alla ricerca in una biblioteca. Lo spirito entra in un ambiente sconosciuto e totalmente inusuale. Sarebbe totalmente perduto senza qualche forma d'introduzione. Quindi prima di entrare nel corpo, gli viene permesso di scegliere le vite di altre persone dal vasto inventario della biblioteca (o Registri dell'Akasha) che gli saranno di benefici nell'entrare nel fisico. Mi è stato detto che questo si applica a tutti, non solo ad un'anima aliena. Per esempio, un individuo ha deciso di vivere una vita da leader di qualche genere. Lo spirito non ha mai avuto una vita del genere in passato. Come fa a sapere cosa fare? Come farà a sapere come prendere comando e controllo di una situazione se non è mai stato esposto ad una tale esperienza? In questo caso, sceglierà le vite di grandi leader: presidenti, re, governatori, capitani, gente che fece una vita da condottiero. Queste vengono stampate [letterale per: imprint] sull'anima e diventano parte della memoria. Se sono quindi utili per uno spirito ordinario che ritorna sulla Terra, possiamo dedurre quanto possano essere necessarie per un'anima aliena che vieni per la prima volta, in un luogo strano, spesso ostile come la Terra.

Chiesi: "Come farò a riconoscere la differenza mentre lavoro con qualcuno? Come farò a sapere se ciò che stanno ricordando è una vita attuale o un imprint?" La risposta che mi diedero era che non sarei in grado di riconoscerne la differenza, perché nemmeno il soggetto ne sarebbe stato in grado. L'imprint diventa tanto reale quanto una vera vita passata. Tutti i ricordi, le emozioni e i sentimenti sono presenti. L'unica differenza che io posso vedere è che l'imprint porta solo informazioni, e nessun karma. Questa è la stessa legittima spiegazione alla contraddizione che gli scettici presentano riguardo alla reincarnazione. Dicono: "Perché la gente si ricorda solo delle vite di persone famose: Cleopatra o Napoleone?" Prima di tutto, questo non è vero. La gente non si ricorda sempre e solo le vite di persone famose. La maggior parte delle loro reincarnazioni sono vite noiose, superficiali e piatte durante le quali non succede quasi nulla di spicco. Ho avuto alcuni soggetti che erano connessi con persone famose, ma non ho mai avuto nessuno che regredì al punto in cui erano una persona famosa. Ci sono molte più persone ordinarie nel mondo, di quante non aggiungano il loro nome ai giornali. Ci sono sempre state più persone ordinarie quindi questo è ciò che ricordano. Ma per tornare alla discussione presentata dagli scettici: se ci fossero due o più persone che dichiarano di essere state persone famose in un'altra vita, non significa che uno di loro stia fantasticando o dichiarando il falso. Uno o entrambi stanno probabilmente ricordando un imprint, perché non c'è modo di vederne la differenza.

Ora che lavoro principalmente con il subconscio e la sua vasta quantità d'informazioni, se una vita è un imprint me lo dice direttamente. Riesco a determinarne la differenza così. Presenterò degli esempi in questo libro. Tuttavia, la teoria dell'imprinting è uno dei tanti pezzetti dell'enorme, complicato puzzle della "vita", che continuo ad esplorare.

Negli anni da quando ho lavorato con Phil e scritto libri, ho incontrato altri che si sento nello stesso modo. Mentre il libro veniva tradotto in altre lingue ed iniziava a circolare in paesi stranieri, ho ricevuto posta da persone che esprimevano la loro gratitudine per i libri. Pensavano di esseri gli unici al mondo ad avere quelle sensazioni e sentimenti: non voler essere qui, non comprendere la violenza nel mondo, desiderio di tornare a "casa", considerare il suicidio per potersene andare. Li ha aiutati moltissimo sapere di non essere matti e che non sono soli. Che fanno parti di un gruppo di molti altri che sono venuti volontari per aiutare la Terra a superare la sua crisi attuale. Semplicemente non erano pronti per le ripercussioni sulle loro anime gentili.

Come ho scritto nel Libro Due di questa serie, ho scoperto che ci sono tre ondate di persone che stanno vivendo la loro prima vita sulla Terra. La prima ondata ha l'età di Phil, più o meno intorno ai quaranta anni (primi cinquanta). Sono quelli che hanno fatto più fatica ad adattarsi. La seconda ondata è adesso alla fine dei venti, inizio dei trent'anni. Non hanno avuto molti problemi e adesso stanno vivendo la loro vita senza troppi problemi. Di solito fanno una vita di servizio, aiutando gli altri, senza creare karma e normalmente restando invisibili. Durante le sedute, vengono descritti come "antenne", "canali", "osservatori", direttori di energie che sono necessarie alla Terra. Molti di loro non vogliono figli perché questo gli creerebbe del karma e non vogliono rimanere connessi al ciclo della Terra. Vogliono solo fare il loro lavoro ed andarsene. L'esperienza sulla Terra non li influenza drammaticamente quanto ha influenzato quelli dalla prima ondata. La Terza ondata sono in nuovi bambini, molti dei quali adesso dei teenagers. Sono arrivati con tutta la conoscenza necessaria (a livello inconscio), il loro DNA è già stato alterato e sono pronti a procedere senza problemi (eccetto per quelli creati da adulti ignoranti e ben intenzionati). Una volta chiesi, "Perché il primo gruppo fece così fatica ad adattarsi ed ebbe tutti questi problemi?" La risposta fu che erano "i batti-strada", "le guide in avanscoperta". Hanno preparato la via per gli altri che li hanno seguiti. Quindi, le loro difficoltà avevano un obbiettivo.

Dal mio primo incontro con Phil durante gli anni '80, ho incontrato molte persone (attraverso il mio lavoro) che stanno sperimentando la loro prima vita sulla Terra in questo stesso momento.

* * *

James venne nel mio ufficio in Arkansas per una seduta principalmente per esplorare un'esperienza inconsueta che aveva avuto da bambino. Non se n'era mai dimenticato. C'erano alcuni indizi di una possibile perdita temporale, ma pochi altri dettagli. Visto che lo tormentava da anni, voleva esplorare solo questo, piuttosto che tornare in una vita passata. Lo regredii alla notte dell'incidente ma non riuscimmo a raccogliere più informazioni di quello che ricordasse coscientemente. La sua mente cosciente voleva mantenere il controllo, perché aveva paura di inventarsi qualcosa. Cercai d'essere persistente e finalmente un po' d'informazioni iniziarono ad affiorare. Principalmente sensazioni fisiche: fluttuazione e la sensazione di essere all'interno di una piccola astronave. Poi la sensazione di movimento ed una rivelazione scioccante. "Avanti; avanti – altrove, molto, molto veloce. Quando si mosse, quando... saltò? Mi ha fatto sentire... spezzato in due, a livello atomico." Anche se sembrava strano, descrisse la sensazione di sentirsi bene mentre accadeva. "Come se fossi demolecolarizato, ma non in modo negativo; solo come se fosse necessario. E' necessario per riuscire a viaggiare. Non si può viaggiare nel corpo fisico. E' troppo veloce, il corpo si distruggerebbe. Così mi demolecolarizzano e poi mi ricompongono successivamente. E' contenuto nella luce, dentro alla cupola. Forse la luce lo trattiene e previene che si disperda." Non c'era nessun altro a cui potesse fare delle domande. Chiesi se c'era qualche altro modo per raccogliere informazioni. "Non ancora. Perché sono a pezzi! Devono ricompormi. (Ridendo) Non lo faccio io. Qualcosa lo fa per me." Poi la sensazione nauseante di viaggiare a gran velocità. Poi una sorpresa, dopo essere stato riassemblato, aveva una forma diversa e sembrava come uno dei piccoli ET grigi. Faceva fatica a spiegare le sensazioni che sentiva nella sua mente. "Sento di non essere io-io-io. Sono le mie memorie di me stesso in qualcosa di diverso." Stava comunicando con altri come lui. Poi rimase confuso mentre cercava di descrivere ciò che vedeva. "Pannelli di Terra sui muri, fanno delle cose. Addestramento."

D: Chi stai addestrando?

J: Me stesso! Come fosse un seminario. Tutto, le abilità, la conoscenza della Terra sui pannelli. E' complicato. Sistemi, funzioni, forme... non la storia, ma... i fondamentali... le basi!

D: Stai imparando tutto questo o lo stai insegnando?

J: Imparando... beh, entrambi! To insegnando a me stesso.

D: Questa è la conoscenza dell'astronave su cui ti trovi o cosa?

J: Lo sarebbe se volessi che lo fosse. La conoscenza può essere qualsiasi cosa che c'è; qualsiasi cosa che è immagazzinata in questa... cosa.

D: A che tipo di conoscenza vorresti accedere?

J: Giochi, ma non come i videogames, ma simili ai videogames. Simulazioni. Giochi di vita. Posso programmare ciò che voglio. (Stava facendo fatica con i concetti) Ci sono delle interferenze.... E' molto simile a qualcosa in TV. Non è lo stesso – non sembra lo stesso – ma il concetto è lo stesso.

D: Vuoi dire che scari il programma in te?

J: Si. Lo applica e fa funzionare.

Allora scopri di avere qualcosa sulla testa che premeva contro le sue tempie.

J: Questo è quello a cui servono questi così che premono sulle mie tempie! Questo coso che ho sulla testa, le informazioni entrano da li. Qualcun altro lo fa per me, ma non senza che glielo chieda. – Trasferisce la memoria da là a qui o...?

D: Hai detto che erano giochi di vita?

J: Scenari, grandi scenari. Lunghi scenari, di ciò che era.

D: Ce ne sono più d'uno?

J: Vite. Qualsiasi possibilità che tu voglia!

D: Scegli ciò che vuoi scaricare?

J: A volte. Altre volte mi vengono dati, come fossero dei compiti.

D: Vengono scaricati e riesci a vedere ciò che succederà?

J: (Sospiro) Li vivi, ma non... li vivi solo tanto quanto qualcun altro può viverli. E' un'illusione. Vengono inseriti nel tuo cervello e li vivi, ma non.... Prendi l'esperienza senza veramente viverla.

D: C'è una ragione per farlo?

J: Conoscenza e... empatia, forse? Ma... comprensione. La vera domanda è: "Perché farlo?"

D: Questo è ciò che mi stavo chiedendo.

J: La risposta è per "La Conoscenza". Perché conoscenza è l'unica cosa che si ottiene. Conoscenza per aiutare – forse per aiutare la gente del futuro? E' per aiutare. Non so come, però. – E' come una libreria, solo una versione diversa. Di più... non eterea, ma solida. Più tecnologica che spirituale.

D: Quindi questo lo fanno per una ragione, per aiutare il corpo che esiste sulla Terra – il corpo fisico?

J: Preparazione. La parola è "Vita," ma... l'esperienza della vita. Preparazione.

Anche se trovavo ciò che aveva detto un po' confuso, pensavo di aver capito ciò che stava cercando di descrivere, ma non volevo influenzarlo. Volevo che lo descrivesse con le sue parole. Tuttavia non stava condividendo altre informazioni. C'era sicuramente qualcosa che lo bloccava ed avevo la sensazione che non fosse lui stesso. Era arrivata l'ora d'invocare il subconscio per trovare altre risposte. Quando ero certa che ci fosse, chiesi se avevo il permesso di fare delle domande. Mi rispose una voce autoritaria: "Si, ma muoviti attentamente!" Da ciò compresi che James non era ancora pronto per ricevere tutte le informazioni, era ovvio che non comprendeva i dettagli che gli stavano mostrando. Dovevo fare attenzione ed obbedire alle istruzioni del subconscio o si sarebbe ritirato e non sarei stata in grado di ricevere altre risposte. Dissi che non avrei spinto e che mi sarei limitata ad accettare ciò che voleva che James sapesse. Il subconscio disse che ciò che gli fu mostrato lo creò solo confusione e che non era cresciuto abbastanza da comprendere. Aveva ancora molta da imparare.

D: Ritieni che i dettagli mostratigli aiuteranno?

J: Avrà molte domande da fare.

D: Perché si sentiva come se le molecole si fossero trasformate?

J: Perché è ciò che accadde! Le molecole si scompongono per poi essere ricomposte... ma solo per viaggiare. Quando viaggia deve farlo o rimarrà danneggiato.

D: Gli hanno fatto vedere, che quando succede, si trasforma in questo altro essere. Questo essere esiste contemporaneamente a James? (Si) Che cos'è? Un trasferimento avanti ed indietro?

J: E' lo stesso essere, solo rispetto al fatto che esiste contemporaneamente.

Cercai di raccogliere ulteriori informazioni riguardo all'esperienza d'assenza di tempo, ma mi dissero che non era ancora ora per James di saperne di più e che non gli potevano mostrare altro. Doveva aspettare finché non avesse raggiunto un altro livello di comprensione. Era ancora in uno stadio educativo primario. Mi hanno detto in passato che certe forme di conoscenza sono come veleno piuttosto che medicina. Possono creare problemi se non si comprendono correttamente, o se condivise prematuramente. James era in questa condizione.

D: Stava descrivendo il processo dell'imprint? (Si!) Dove altre vite vengono "impresse" nella memoria al fine di creare una guida di riferimento, se così vogliamo chiamarla?

J: Un catalogo.

Il subconscio stava ancora trattenendo le formazioni, ma sono riuscita a fargli ammettere che James faceva parte delle nuove persone che stanno venendo sulla Terra, che non avevano mai sperimentato un corpo umano prima d'ora. Sicuramente era qui per una ragione, ma gli era ancora permesso conoscerne l'esatta natura. "Può avere delle visioni, delle immagini, ma mai l'intero quadro. Sarebbe troppo."

D: Nessuno lo ha obbligato a venire, giusto?

J: No. Si è offerto volontario per venire in questo momento. Sapeva che sarebbe stato doloroso, ma lui è forte.

D: Può dirgli qualcosa a proposito di ciò che dovrebbe fare?

J: Vivi ciò che insegni e loro ti seguiranno. Lui è un insegnante. Regole; leggi – non Terrene; non leggi umane. Attraverso la sua incarnazione con la gente, lui insegna – non attraverso le parole – ma attraverso le azioni. La sua aura o energia influenza gli altri.

D: Pensava di dover andare e parlare alla gente, e spiegargli certe cose.

J: Il messaggio si perde nel fervore. Questo è l'unico modo che conosce, eccetto per la telepatia mentale... Subconsciamente. James non la passa.

D: Allora chi la passa?

J: La conoscenza stessa... conduttore... James è come un faro. Irradia l'energia; la trasferisce. Se hai un muro e gli tiri qualcosa contro, cadrà. Se hai un altro muro, che è ben più lontano, quando tiri quest'idea – questa cosa – contro il muro, anche in quel caso cadrà. Ma quando sono vicini, vibrano più velocemente. Rimbalza avanti e indietro più velocemente. Il faro è più potente. Il segnale è più potente.

D: Perché è amplificato.

J: Si, James deve capire che è difficile essere umani. Se lui segue il sentimento dell'amore, non può finire sul sentiero sbagliato.

Così, ciò che inizialmente pensavo fosse l'esaminazione di un possibile caso d'UFO; invece si dimostrò essere l'esposizione di un altro volontario della seconda ondata, che era venuto per aiutare. James era un'anima molto gentile, facilmente influenzata dal mondo che lo circondava. Ci sarebbe voluto molto tempo prima che sarebbe stato in grado d'imparare e si fosse evoluto abbastanza da riuscire a ricevere altre informazioni. Nel frattempo, doveva solo continuare la sua missione come un canale, un faro, per l'energia entrante ed uscente necessaria sulla Terra in questo momento. Tuttavia, ci presenta un chiaro esempio di quanto sia difficile per queste anime gentili arrivare qui, in questo ambiente ostile ed alieno.

* * *

IL VISITATORE

Judy era una dei tanti che ho incontrato durante i miei trent'anni di lavoro con diversi clienti che avevano la sensazione di non appartenere a questo pianeta. Non vogliono essere qui e fanno fatica ad adattarsi al nostro mondo. Passò attraverso una regressione normale, ma non riuscimmo a trovare le sue risposte finché non abbiamo contattato il subconscio. Le chiesi di spiegarmi le sensazioni che provava.

J: Non si è mai sentita a casa su questo pianeta. Ci sono altri luoghi nell'Universo dove l'energia è migliore, dove si sente amata e ha un senso di appartenenza. Altri luoghi in cui ha vissuto dove la gente si ama reciprocamente, dove la gente vive in pace, dove la gente si aiuta e si preoccupa gli uni degli altri.

D: Perché è venuta sulla Terra se era più felice in quei luoghi?

J: Perché fa parte del suo lavoro.

Questo l'avevo sentito ormai così tante volte che aveva iniziato a sembrarmi disco rotto. Tuttavia per quale motivo così tanti clienti, direbbero la stessa cosa se non fosse vera? Inoltre non hanno modo di sapere ciò che gli altri hanno detto.

J: Alcuni di noi osservano altri luoghi nell'Universo e vediamo dove c'è bisogno d'assistenza. Sappiamo che dobbiamo assistere al fine di preservare il nostro modo di vivere e per preservare la nostra pace.

D: Come può il vostro modo di vivere essere influenzato da ciò che succede qui?

J: Inquina l'Universo. Siamo tutti assieme, siamo tutti correlati e quando altri abbassano la loro vibrazione questo influenza anche noi. – Ma non solo perché noi siamo amorevoli, molto amorevoli e pacifici. Non solo vogliamo restare così. Vorremmo che altri condividano ciò che abbiamo e ciò che abbiamo trovato. La gente su questo pianeta non è felice. Questo pianeta su cui ci troviamo adesso, sulla Terra, la gente è in costante lotta. Non sanno cosa voglia dire vivere in completa felicità e pace. Come essere uno con il Creatore, ma assisterli fa parte del nostro lavoro.

D: Eri in grado di vedere cosa sta succedendo su altri pianeti da dove vi trovavate?

J: Possiamo vedere tutto ciò che vogliamo. Se desideriamo vederlo lo possiamo vedere. Qui, succede che la tristezza dilaga tra la gente.

Ogni volta che si sento tristi, la tristezza dilaga. C'è ben poco qui per poterlo cambiare.

D: Così quando la tua gente ha visto che succedono queste cose sulla Terra, ha deciso di venire qui?

J: Si. Avevamo bisogno d'assistere. Pensavamo di poter fare la differenza. Siamo esseri di grande amore; grande, grande amore e grande pace. Assistere fa parte della nostra indole, quando vediamo altre anime nei guai. Ci aiuta a sentirci soddisfatti.

D: Ma quando sei arrivata qui, non era così facile?

J: No, non lo era. Vogliamo aiutare, ecco perché siamo qui, ma per noi è molto difficile sopravvivere. Ci è tutto così alieno. La nostra vibrazione è molto superiore, questo crea il problema. Sul nostro pianeta, lei era un grande curatore. Non sarà felice ameno ché non continui quel lavoro.

D: C'è forse qualche metodo che dovrebbe utilizzare?

J: Sul nostro pianeta ci basta pensare di guarire e succede. Sul vostro pianeta non è così semplice. Sono stati piantati così tanti dubbi in così tanti cose che a volte avete bisogno dei vostri piccoli gadget o metodi che vi danno la sensazione d'essere assistiti nella guarigione, ma la guarigione proviene dall'interno. Tutta l'energia proviene dalla grande Sorgente. Quando sarà davvero in grado di perdonarsi ed integrarsi in questa vita, la guarigione fluirà facilmente attraverso di lei. Sarà in grado di aiutare gli altri. Non avrà necessariamente bisogno di conoscere tutti i metodi che ha cercato di studiare. Fluirà naturalmente, semplicemente saprà come farlo. Lo farà con le sue mani. A volte è utile riuscire a farlo. La nostra guarigione si può anche fare a distanza perché siamo tutti connessi. E' così facile farlo da dove proveniamo. E' molto difficile arrivare qui su questo pianeta e non essere in grado di fare la stessa cosa.

D: Ovviamente, bisogna avere il permesso della persona anche se sono distanti, non è vero?

J: Assolutamente. La gente su questo pianeta non da il permesso coscientemente, ma danno il permesso qualora faccia parte della missione dell'anima di guarire. Sarà in grado di fare queste cose. Sul nostro pianeta è così facile per quelli che hanno ricevuto l'addestramento. Basta pensarci ed è così. Sul nostro pianeta la vibrazione è molto più alta e qui sulla Terra è molto più bassa. E' molto frustrante per lei che qui non avvenga simultaneamente.

D: Cosa mi dici delle allergie di Judy?

J: Le allergie sono il suo modo di lottare, di cerca d'allontanarsi da questa atmosfera, da questo pianeta, dall'energia qui su questo pianeta. E' il costante tentativo di bloccare le vibrazioni inferiori. Non le piace come si sente qui. Non vuole respirarlo, il suo corpo vuole combatterlo, vuole eliminarlo, vuole eliminare qualsiasi cosa che c'è qui.

D: C'è sempre una forma di libero arbitrio.

J: Non possiamo forzare le cose, non fa parte della nostra indole. Adesso su questo pianeta ci sono molti cambiamenti. Moltissime persone verranno risvegliate. Però per noi è molto difficile venire qui, da un luogo di tale amore e felicità.

* * *

La seguente è un'altra seduta ad esempio del concetto di volontari e novizi:

Shirley scese dalla nuvola in un luogo che descrisse come "desolato". "Tutto ciò che era vivo ormai è scomparso. Tutto è sparito. Qualcosa ne ha causato la distruzione. C'è solo terra marrone e polvere o crateri. Qualsiasi cosa ci fosse non c'è più. (Divenne emotiva.) Nulla. (Piangendo) Penso che questa fosse casa mia. (Singhiozzando) E' stata distrutta. Ma non so cos'è stato. Era stupenda con foreste, prati e alberi. Ciò che mi viene in mente è il Giardino dell'Eden."

Le chiesi di vederlo com'era prima della distruzione. "Vedo molti alberi. Vedo fiumi impetuosi. Vedo alberi di salici piangenti. E' come un giardino stupendo. Ci sono fiori ed uccelli e animali che passeggiano. E' appena passato un unicorno. E' bianco, con una lunga criniera, un corno appuntito sulla fronte. E' stupendo. E' un luogo meraviglioso e perfetto. Fino a dove l'occhio può arrivare è un'immagine idilliaca. Quando osservo il mio corpo, ho la sensazione di una miscela. Sento il maschile e poi sento anche il femminile. Sento che sono insieme. Riesco a vedere una forma umana, ma mi sembra piuttosto una forma umana energetica. Come se non fosse davvero un corpo fisico. Sento di non aver bisogno di mangiare nulla. La bellezza di ogni cosa mi mantiene in vita. Mi basta quello. La connessione con la natura. (Divenne emotiva ancora) Ciò che mi è appena venuto in mente è che la connessione con Dio, con mio Padre, è ciò che mi tiene in vita. Questo è ciò che mi tiene in vita. Adesso che sono li, mi sento in pace, perché è tutto bellissimo. Tutto funziona in armonia, in unisono."

Decisi di spostarla avanti per scoprire cosa fosse successo a questo luogo perfetto. Le assicurai che questo non l'avrebbe disturbata.

S: Giunse qualcosa che bruciò e distrusse tutto. L'unica cosa che vedo sono queste fiamme che discendono dal cielo e bruciano tutto.

D:Riesci a vedere da dove proviene? In questo modo riuscirai a vederlo, comprenderlo e a parlarne.

S: (Esitò) La prima cosa che vidi fu un drago. (Rise) la mia mente va, no, questo non è corretto. (Ridendo) – Continuo a vedere un drago, questo è l'unica cosa che vedo. Vedo fiamme uscire dalla sua bocca. E' verde con la pelle a scaglie. Si libra nel cielo.

Non ero preoccupata di questa risposta inusuale. Decisi di continuare con qualsiasi cosa stesse vedendo. Sapevo che prima della fine della seduta, il subconscio avrebbe spiegato tutto, qualora non ci fosse stato altro chiarimento.

S: Ho la sensazione che qualcuno fosse geloso di questo luogo e ha mandato il drago a distruggerlo.

D: Non potevano avere un luogo bello e perfetto tutto loro?

S: Sono sicura che avrebbero potuto, ma non volevano che nessun' altro lo avesse. Non volevano che altri fossero felici.

D: Cosa ti è successo quando tutto è andato distrutto?

S: Mi sento come se me ne fossi andato. Non volevo restare là, perché era tutto finito.

D: Sarai in grado di vedere cos'è successo da quella prospettiva. Riesci a vedere altro a proposito di questi esseri che erano gelosi?

S: (Ridacchiando) Vedo una terra di giganti. Sono molto grandi. Grandi ossa, gambe lunghe, braccia enormi, molto muscolosi. E' come una comunità, ma il loro capo non è gentile. Era a conoscenza di quel luogo stupendo ed era geloso e rabbioso.

D: Ci sono dei draghi dove vivono?

S: Si. (Ridendo) Erano piccolo a confronto dei giganti, erano i loro animali da guardia.

D: Quindi hanno mandato quel tipo di creatura a distruggere il vostro luogo. (Si) Mi chiedo che tipo di soddisfazione ne abbiano tratto.

S: Nessuno era in grado di vivere in gioia, pace, e armonia. Venne distrutto.

D: Quindi cos'hai fatto dopo la distruzione di quel luogo?

S: Mi sembra di aver fluttuato in giro per un po'. Poi sono andata a visitare mio Padre per un po', perché lui mi ama. Sento l'amore e l'energia che mi attraversano. Mi sento nutrita, sento amore incondizionato.

D: Riesci a vedere il Padre?

S: Vedo solo questa palla di luce, energia vitale. Ci sono altri lì. Siamo qui per nutrirci. Non posso restare a lungo. Sento che sto ricevendo il mio compito successivo.

D: Qual'è il tuo compito successivo?

S: Devo venire sulla Terra.

D: Non sembri molto felice. Hai una scelta?

S: No, non sento di aver avuto una scelta. E' un compito, un lavoro. Qualcuno lo deve fare, perché altrimenti nessun altro lo farà. Penso che questa sia la ragione per cui mi sento così arrabbiato verso di Lui, mio Padre, perché non è stata una scelta. E' proprio come quando stai lavorando per qualcuno. Ti dicono di farlo o sei fuori. Come quando sei al servizio e prendi gli ordini? Mi sono sentita così, perché ho dovuto andare ancora una volta.

D: Ma avevi molto amore per Lui.

S: E' così, ma ero arrabbiata perché dovevo andare. Non avrei scelto di venire sulla Terra. Mi è stato dato il compito di venire qui.

D: Dimmi cosa succede mentre vieni sulla Terra. Qual'è la procedura?

S: Vedo me stessa passare attraverso diversi stadi come energia. Mi danno l'impressione di essere diverse stazioni o diverse posizioni o come ricevere diverse informazioni o passaggi. Come passare da diverse entità ed esseri prima di venire qui. Ognuna di loro mi dava delle informazioni. Mi sento di non essere in forma fisica e loro tutti mi danno suggerimenti o informazioni da usare.

D: Quindi cosa fai quando alla fine arrivi sulla Terra?

S: Beh, devo nascere. L'ho già fatto molte altre volte, ma non recentemente. Qui c'è qualcosa che devo fare. Questa volta c'è un senso di missione. Sono qui per fare qualcosa (divenne emotiva) ma non so cosa sia. So che è qualcosa di grande che devo fare.

D: Quindi il primo passo è quello di nascere come un bebè? (Si) Ti sembra diverso essere in un corpo ancora una volta?

S: Si, si. Mi sento piena di confidenza. Dall'altra parte ero molto più libera, da questa parte mi sento diversamente. Sono una bella bambina. Volevo essere una bambina. Avevo la sensazione che fosse la cosa giusta per questa volta, per questo compito.

D: Come ti senti in questo corpo?

S: Non mi sono mai sentita a mio agio in quel corpo. Ho sempre avuto una cattiva immagine del corpo. Anche se volevo essere femmina, mi era difficile vedermi come una femmina. Non mi piaceva vedermi nello specchio. Non mi piaceva ciò che vedevo. Sentivo che l'anatomia era differente. (Ridendo) Quando guardo lo specchio, penso di dover vedere questo meraviglioso luminoso essere di luce. Questo è ciò che sono fondamentalmente.

D: Ma hai preso questo guscio, questo contenitore esterno. E devi restare per un po' finché non hai fatto ciò che devi fare.

S: So. So che è per aiutare altra gente. Questo è ciò che mi sento. Penso che le altre vite, sono venuta liberamente, di mia scelta. Questa volta non è stato così. Questo volta è andata diversamente. Avrei preferito venire volontariamente invece di aver ricevuto un compito. E' importante, ma non so perché. Non so a che scopo. So che è per aiutare altre persone. Per aiutare a curare altre persone.

Chiesi al subconscio di affiorare e spiegare perché ha mostrato a Shirley il luogo che era stato distrutto. "Perché hai scelto di fargli vedere tutto questo? Cosa stavi cercando di dirle?"

S: Che esisteva un posto perfetto. Può tornare là e riconnettersi quando ha bisogno di essere nutrita. Lei è in grado di connettere tutti gli esseri, tutte le creature e di parlare con loro. Loro cercano di comunicare con lei, ma lei continuare a bloccarli. Ha paura che non sia vero. Non c'è bisogno d'aver paura, perché è tutto vero. Sarà in grado di guarire i cuori e le menti della gente con la sua voce. Li aiuterà a guarire a tutti i livelli: fisico, mentale, emotivo e spirituale. Sarà in grado di farlo solo parlando. Parlando di Dio e di ciò che realmente sia la vita. Non deve avere paura. La proteggeremo noi. La guideremo noi.

D: Quel luogo che aveva visto, che era pieno di strane creature. Quello era un luogo reale?

S: Si, una volta lo era.

D: Con gli unicorni, i giganti ed i draghi? (Si) Pensiamo che siano fantasie o leggende.

S: No, esistono davvero.

D: Era sulla Terra? (No) Ciò che abbiamo nelle nostre storie sono solo memorie di quel luogo?

S: Ricordi di altri tempi ormai andati.

D: Mi stavo chiedendo perché ci sono queste storie adesso, nel nostro mondo.

S: Perché una volta esistevano. Erano veri.

D: Vuoi dire che i ricordi sono nelle nostre menti? (Si) Quindi ciò che riteniamo essere una storia o una fantasia ha un fondo di realtà?

S: Si, credo di si.

* * *

La seguente è un altra seduta d'esempio con un volontario o un novizio:

Inizialmente, sembrava una normale vita passata nella quale Beth vide se stessa come un uomo in un mercato Arabo. Questo iniziò a cambiare quando si rese conto di avere un libro in mano. "E' un manuale delle istruzioni. Le leggi della fisica. Sto cercando di semplificarlo per insegnare alla gente. Sono in questa zona solo per poco tempo, poi mi sposto in altri luoghi per insegnare." Stava facendo questo lavoro da circa tre anni e non aveva una casa a cui ritornare.

D: Pensi che il libro sia complicato o difficile da insegnare?

B: No, ho sempre saputo queste informazioni. Le sto condividendo mentre le ricevo da una sorgente superiore. L'energia curativa di queste informazioni è molto potente. Il libro e l'energia associata con le informazioni.

D: Quindi è diverso dalla fisica contemporanea. E' questo che vuoi dire?

B: Si. Ci sono informazioni collegate alle parole, ma la gente non le sente. E' per il loro bene, per la loro comprensione superiore, per la loro evoluzione.

D: Dove hai trovato il libro?

B: L'ho scritto per semplificare le informazioni, per condividere il messaggio con la gente. Sono solo degli appunti per ricordarmi di quali contenuti parlare. E' piuttosto uno quadro generale.

D: Puoi farmi un esempio di cosa dirai loro?

B: (Pausa) Qualcosa a proposito del pesce, ci sono pesci nell'oceano. Il pesce nuota ad una velocità che repelle l'acqua. Più velocemente nuota il pesce, più acqua viene spostata, repulsa e più pressione c'è sul pesce. Questa è la legge dell'inerzia.

D: Veramente cosa cerchi di dire?

B: Questa è una delle leggi del pianeta, la legge della gravitazione.

D: E per quanto riguarda il pesce?

B: Fa solo riferimento ad una delle leggi di questo pianeta.

D: La legge della gravita?

B: Nell'inerzia.

Viaggiava da un luogo all'altro insegnando a chiunque ascoltasse. Adorava andare in luoghi diversi ed incontrare diverse persone. Non veniva pagato, così mi chiedevo come riuscisse a sopravvivere, a mangiare e a dormire.

B: Non ho bisogno di dormire molto. Non ho bisogno di mangiare, solo per piacere. Tutto ciò di cui ho bisogno, lo creo.

D: Il tuo corpo riesce a sussistere senza cibo? (Si) Ma il tuo corpo non è fisico?

B: A volte. Quando insegno, entro nel fisico. Quando ho altre necessità, lascio il corpo e vado dove posso ottenere ciò di cui ho bisogno... su, da qualche parte. Il mio corpo è piuttosto un corpo energetico che un corpo fisico.

D: Dove vai quando non hai un corpo fisico?

B: Oh, vado su un'astronave.

D: C'è un'astronave da quelle parti?

B: Si, stazionata qui, ma non è sul terreno. E' in cielo, è rotonda e piuttosto grande. Ci stanno 200 persone.

D: Anche loro vanno avanti ed indietro?

B: Alcuni, in diverse aree del pianeta.

D: Quando ti trovi su quell'astronave, com'è il tuo corpo?

B: Veramente, non guardo mai a me stesso, ma guardo gli altri. Ho una bocca molta piccola, un gran testone, grandi occhi e lunghe dite.

D: Tutti gli esseri sull'astronave si assomigliano?

B: Si. Non indossano indumenti. Hanno corpi sottili dalla carne colorata.

D: Avete ciò che chiamiamo "sessi"? (Si) Quindi ci sono maschi e femmine?

B: Si. La loro anatomia fisica è uguale. Ma li riconosciamo dalla loro essenza.

D: Che essenza hai quando ti trovi sull'astronave?

B: Maschile. Quando sono sull'astronave aiuto ad organizzare gli insegnanti che scendono sul pianeta per insegnare.

D: Insegnano tutti materie diverse?

B: Si. La femmina, insegna sanità. C'è un maschio, che insegna scienza, ma in termini comprensibili per la gente... al loro livello di comprensione. Ho appena imparato altro, sono appena stato esposto ad altro ed ho avuto ulteriori esperienza. Ci viene insegnato come parlare ad un livello che gli permetta di comprendere. Siamo in grado di proiettarci ovunque vogliamo sul pianeta. Io sto focalizzando i miei studi ed il mio lavoro in quella specifica area per ora. Ma gli altri vanno in altre parti del mondo, del pianeta.

D: Quindi la cosa principale che stanno tutti cercando di ottenere, è di dare conoscenza ed informazioni agli esseri della Terra. (Si) Qualcuno ti ha richiesto di fare questo servizio?

B: Dovevo essere istruito. Proveniamo da una grande astronave.

D: Sembra piuttosto grande se può trasportare duecento esseri.

B: No. Ci sono migliaia di esseri sull'altra astronave. Sono tutti di diverse specie. Su quella più piccolo siamo principalmente della mia specie

C'era un pianeta originale da cui provenivano, ma non ci tornavano spesso. "Mi focalizzo sulla mia missione e sul mio lavoro."

D: Quindi quando vieni assegnato ad un'astronave, ci rimani a lungo termine?

B: Si, ma non è una questione di tempo. Il tempo non esiste. Lo misuriamo in quantità d'insegnamenti e persone che sono riuscito a toccare. Sono a conoscenza del concetto di tempo che avete voi umani. Lo conosco, ma non lo comprendo, perché ogni cosa è simultanea. Insegno finché mi sento pronto ad imparare altro. Allora acquisisco altra conoscenza ed ancora una volta inizio a distribuirla alla gente. Vado in diversi luoghi e sembro uno di loro. Così la gente non sospetta di me ed inizia a fare domande. "Da dove vieni?" Mi sposto così non mi fanno domande.

D: Vuoi che utilizzino le informazioni?

B: Prima o poi. Se non ne hanno bisogno ora, saranno in grado di utilizzarle in futuro. Ma questo aumenta la loro consapevolezza cosciente.

D: Principalmente venite per insegnare. Questa è la missione della tua gente. (Si) Sull'astronave più grande hanno altre missioni?

B: Molte, moltissime missioni. Vanno in diversi luoghi. Non interagiscono con la gente come facciamo noi. Si preoccupando più delle interazioni planetarie, l'obbiettivo Universale: pace ed armonia.

D: Cosa possono fare per influenzare i pianeti?

B: Proteggono i pianeti dall'auto-distruzione. Portano luce ed amore, ed aiutano la gente a creare armonia tra di loro.

D: Se un pianeta è in disarmonia, questo crea dei problemi?

B: Si, per tutti! Per tutti i pianeti. Tutti sono influenzati dall'energia, perché si scarica in tutto l'Universo.

D: Quindi la maggior parte della gente sulla grande astronave interagisce in modi diversi. Ma per aiutare la gente della Terra

B: Non necessariamente la Terra. No – molti pianeti. Non ho tempo. Non ho riferimenti alle mappe. E non so dove vadano tutti questi esseri e cosa facciano. Ci sono troppe persone. Troppe missioni diverse. In questo momento il mio lavoro è di aiutare la gente della Terra.

D: Ma l'astronave più grande è posizionata altrove?

B: E' molto lontana dalla nostra astronave. Ecco perché stanno lavorando su diversi progetti. E' molto più lontano. Noi facciamo rapporto a loro.

D: Se non devi mangiare, cosa ti mantiene in vita?

Già conoscevo la risposta a questa domanda, ma faccio sempre le stesse domande per ottenere ulteriori conferme. Se molte persone mi danno le stesse risposte, allora probabilmente si tratta della verità.

B: Luce.

D: Come ottenete la luce?

B: Mi basta assorbirla nel mio corpo.

D: Da dove proviene la luce?

B: Non proviene da nessun luogo in specifico. Si trova tutt'intorno. Non è che mi nutra di qualcosa in particolare, viene assorbita attraverso il corpo.

D: Il vostro corpo muore, sai cosa voglio dire? Il corpo cessa di esistere ad un certo punto?

B: Si. Il corpo si usura. Dopo aver utilizzato il corpo per un periodo di tempo, allora viene smaltito e ne prendiamo uno nuovo.

D: Il corpo arriva al punto in cui non siete più in grado d'utilizzarlo?

B: Questo non è corretto. No, il corpo on muore. E' energia, è rinnovabile.

D: Vuoi dire che il copro viene ridotto ad energia?

B: No, è pura energia.

D: Ma hai detto che dopo un certo periodo di tempo, entri in un altro?

B: Non siamo noi. Quelli sono alcuni degli altri esseri sull'astronave. I loro corpi cessano d'esistere, perché alcuni sono più fisici, e altri sono più energetici. Il mio è più energetico.

D: Ma hai scelto di avere quest'apparenza sull'astronave, di cui stavi parlando?

B:Si. Assomiglia al mio luogo d'origine, gli esseri sul mio pianeta natale, dove ho passato molto tempo.

D: Stavo pensando che un corpo di pura energia non avrebbe bisogno d'esser dentro a nulla, non è vero?

B: Beh, ha una forma, come dei lineamenti, ma è molto meno... solido? Ci muoviamo molto più liberamente di un essere nella forma fisica.

Decisi che non c'era molto altro da imparare a questo punto, così la spostai avanti ad un giorno importante. Dalla descrizione, penso che fosse saltata in un'altra vita, che sembrava aliena proprio come l'altra e più fisica. Divenne molto preoccupata, frustrata e mostrava segni di disagio mentre descriveva ciò che stava succedendo. "Siamo in guerra con... è galattica... una guerra. Molte, moltissime astronavi."

D: Sono nell'atmosfera Terrestre?

B: No. (Stava per esplodere a piangere) Non so dove ci troviamo. Siamo da qualche parte nello spazio aperto. (Emotivo) Questo non deve succedere! Non c'è nessuna ragione per questa guerra! La guerra non ha alcuno scopo!

D: Qualcuno vi ha attaccati?

B: Ci sono molti, moltissimi rappresentanti in queste diverse astronavi. Non ci sono solo due fazioni, ma piuttosto quattro gruppi diversi. Vogliono tutti la stessa cosa. E' stata causata da incomprensioni e mancanza di comunicazione.

D: Pensavo che quando si raggiunge quel livello non c'è più bisogno di violenza.

B: No. Questi esseri provengono da un pianeta pieno di odio ed avarizia. Vogliono tutto per loro. Non fanno parte del nostro gruppo.

D: Qual'era la causa dell'incomprensione?

B: Non lo so. Territori? Proprietà? Era per qualche area che era nostra ma che loro volevano. Crearono un'alleanza con un altro gruppo. La lotta va avanti da molto tempo. Stiamo tutti utilizzando armi che sparano dall'astronave. Astronavi intelligenti. Molto rumoroso. L'energia, quando ci passa vicino è orribile. Quando colpisce, disabilita parte dell'astronave. Non voglio lottare, ma dobbiamo. E' l'ultima opzione. Abbiamo provato qualsiasi cosa ma non comprendono. Non cercano nemmeno di ascoltare. Non vogliono nemmeno cercare un accordo per ritornare alla pace. Abbiamo provato a negoziare, abbiamo provato ogni cosa. Questo è l'unico modo che conoscono di risolvere un conflitto. Non abbiamo scelta.

La spostai in avanti nel tempo per vedere come sarebbe finito il conflitto, per vedere cosa sarebbe successo.

B: Se ne sono andati e noi abbiamo il nostro territorio. Possiamo ripararlo e rinnovarlo. Abbiamo il nostro pianeta e possiamo ancora vivere in pace. Non siamo morti, siamo sopravvissuti. Tutto è tornato in armonia e pace. Questo è bene. Loro sono andati altrove, o non ci sono più. Siamo vittoriosi, se vogliamo chiamarla vittoria. Alcuni di loro sono morti ed hanno deciso di portare le loro guerre altrove.

Visto che il conflitto sembrava risolto, la spostai avanti ad un altro giorno importante ed ebbi l'impressione che fosse saltata ancora in un'altra vita, sempre in una forma aliena. Nulla che aveva descritto finora si avvicinava minimamente ad una vita fisica sulla Terra. Quando entro sulla scena, fece fatica a spiegare ciò che stava vedendo.

B: Non so cosa sia. E' questo pianeta sterile. Ma c'è qualcosa tutt'intorno a questa parte del pianeta. Sto cercando di capire. Oh! (Una rivoluzione.) Abbiamo trovato che c'è un nuovo pianeta che ha bisogno d'essere abitato. E' sterile. E' l'inizio di... la nascita di un pianeta. Ci sono molte astronavi che stanno accerchiando questa metà del pianeta. Provengono da diversi luoghi. Stiamo lavorando insieme come un gruppo unico per portare la vita a questo pianeta.

D: In questo momento non ha alcuna forma di vita? (No) Cosa avete bisogno di fare per portare la vita su questo pianeta?

B: Piantare organismi sul pianeta e poi si moltiplicheranno.

D: Dove trovate gli organismi?

B: Li abbiamo portati da altri luoghi.

D: Questo è ciò che fate, li raccogliete in luoghi diversi?

B: No. Aiuto ad organizzare e piantare la vegetazione su questo pianeta. Ogni astronave ha una sua specialità, e la mia specialità è la vegetazione.

No mi ero resa conto che si trovasse in un'altra vita, così le chiesi: "Stavi insegnando. Questo è forse un compito diverso?"

B: Quello era qualcos'altro. Quello non ero io.

Allora compresi. Si era spostata in una diversa vita, ma sempre una aliena. Da questo punto, la voce di Beth iniziò lentamente a cambiare. Divenne robotica e staccata. Descrisse se stessa come un piccolo corpo grigio che indossava una tuta grigia.

D: Quindi il tuo lavoro adesso è di supervisionare il lavoro di piantare gli organismi?

B: Non supervisionare. Sono un lavoratore, ho degli ordini. Abbiamo un grosso lavoro. Moltissimo terreno da piantare.

D: Come fate a sapere cosa crescerà?

B: Abbiamo fatto molti esperimenti sul pianeta per vedere cosa sarebbe cresciuto più facilmente.

D: Iniziate prima con gli organismi?

B: Piccole piante. Siamo in molti. Iniziamo in una specifica area e poi ci spostiamo in altre zone e piantiamo molte diverse specie.

Questa storia mi era nota. Ho descritto la semina (o gli inizi) della vita sul pianeta Terra in due dei miei libri: Keepers of the Garden and The Custodians [I Guardiani del Giardino e I Custodi]. Al momento della raccolta delle informazioni e della stesura di quei libri, la storia mi sembrava piuttosto strana. Ma ora, l'ho sentita ripetersi così tante volte che sono sicura si tratti della versione originale dei fatti ed ho iniziato ad accettarla come un fatto reale. Non so se lei stesse parlando della semina del pianeta Terra, ma mi era già stato detto che la vita era stata creata nello stesso modo su molti, moltissimo altri pianeti, dopo aver raggiunto quello stadio nel loro sviluppo. Era una modalità comune di diffondere la vita ed era stata utilizzata per eoni di tempo incalcolabili fin dalle origini eterne.

D: Vedrai quali cresceranno?

B: Sappiamo dai nostri test quali cresceranno.

D: Resterai lì ad osservarne lo sviluppo?

B: Si, resteremo qui finché la vegetazione non si è stabilita. Poi ci sposteremo verso un'altra zona e continueremo a piantare.

D: Ci vorrà molto tempo?

B: Abbiamo tutto il tempo di cui abbiamo bisogno. Per ora, piantiamo la vegetazione e le nostre astronavi resteranno finché necessario. Gli diamo nutrienti che aiuteranno a stabilizzare le piante.

Faceva fatica a parlare. Ogni parola le usciva individualmente, come se fosse un'energia difficile da enunciare. Mi era già successo in passato, specialmente quando uno dei piccoli grigi sta cercando di comunicare. Un esempio straordinario è riportato nel mio libro The Custodians [I Custodi]. Questo principalmente perché, nel loro stato naturale, non utilizzano la comunicazione verbale, ma la telepatia. Quindi devono utilizzare il dizionario della mente del soggetto.

D: Cosa mi dici delle specie animali? Fate anche questo?
B: Io mi occupo delle piante. Non so cosa facciano gli altri.

Tutto questo avrebbe potuto richiede un enorme quantità di tempo, così la spostai avanti ad un giorno importante. E stava sorridendo: "Il pianeta è stupendo."

D: Riesci a vederlo dalla vostra astronave?
B: No. Sono in piedi sul pianeta. E' meraviglioso.

La sua voce era cambiata ancora una volta. Aveva un accento strano con una qualità malinconica e idilliaca. Era forse un'altra entità?

B: Tutte le nostre piante sono cresciute. C'è moltissima vegetazione. Bellissimo, il nostro piano ha avuto successo.
D: Qual'è il prossimo passo?
B: C'è l'acqua e gli altri porteranno gli animali, molte specie.
D: Da dove provengono?
B: Sono cresciuti su queste astronavi.
D: Ne avete anche raccolti da altri luoghi?
B: Si, abbiamo scelto i migliori.
D: E adesso vedrete cosa sopravvive?
B: Sappiamo cosa sopravvivrà. E' tutto sotto controllo.
D: Questo è un bene, ma ci vuole molto tempo per fare tutto questo, non è vero?

B: Viviamo per questo.

Era arrivata l'ora d'invocare il subconscio e ricevere delle risposte. "Perché hai scelto di fare vedere queste vite a Beth?"

B: Questo è ciò che lei è. E' un essere che proviene da altri pianeti. Ha passato la maggior parte delle sue vite su altri pianeti e altri luoghi piuttosto che qui sulla Terra. Se l'è chiesto molte volte e già sa tutto questo.

D: Quindi volevi che sapesse che è vero? (Si) Sembrava che fosse una brava persona, dedicata a completare diverse missioni importanti. Perché ha deciso di entrare in un corpo umano se la maggior parte delle sue vite sono state su altri pianeti o astronavi?

B: Perché adesso è il momento giusto. Finora non ha mai avuto una vita sulla Terra.

D: Quindi per lei dev'essere strano entrare in un corpo fisico.

B: Si. Ci sono stati degli adattamenti e dei disagi che dovevano essere superati. Si è comportata bene.

D: Mi aveva detto che aveva ancora dei disagi.

B: Si. Ne siamo consapevoli e stiamo facendo degli adattamenti. E' la paura di non sapere cosa stia succedendo nel corpo fisico.

D: E' nata da un padre ed una madre fisici, vero?

B: Entrò nel fisico dopo la formazione del corpo. E' stata assegnata a questo corpo fisico

Beth aveva avuto qualche problema fisico. Aveva già passato due operazioni e tuttavia i problemi persistevano.

B: Quando entrò nel corpo, è stato, come diresti tu, un atterraggio azzardato. Entrò nel corpo troppo velocemente e rimase disallineata.

D: Questo è ciò che ha causati i problemi con le ginocchia e le spalle?

B: Tutti i problemi del corpo. L'entità è entrata nel corpo "schiacciata" e troppo rapidamente, quindi c'è stato un problema d'allineamento. L'entità era spostata lateralmente.

D: Stavo pensando che a volte ci vuole dell'adattamento quando l'entità non è mai stata in un corpo umano prima.

B: Si, anche questo fa parte del problema. Ma questo può superarlo bilanciando le sue energie. Si, con questo possiamo aiutarla. Siamo consapevoli delle operazioni e presto verrà aiutata. Prima di tutto deve imparare come bilanciare le sue energie, poi gli adattamenti finali li faremo noi. Ce lo deve dire quando si trova a disagio, ed esprimercelo, così sapremo cosa sta succedendo al fisico. Era un problema struttura del fisico dalla nascita. Possiamo ridurre un po' del disagio, ma lei non sapeva di dover chiedere. Non possiamo interferire ameno ché' non abbiamo il permesso. Lei è qui per portare la conoscenza. (Proprio come nell'altra vita) Questa volta ho un limite alla quantità di conoscenza che lei può ricevere. Presto la sua missione si rivelerà. Deve essere paziente. Sarà in grado di aiutare a fare la differenza. Come ha sempre voluto che fosse per tutta la vita. E' proprio dietro l'angolo. La missione si rivelerà rapidamente e lei saprà e le verrà mostrato ciò che deve fare.

Avevo già incontrato tante persone a cui era stato detto che era la loro prima volta sulla Terra. Le chiesi: "Coloro che sono venuti sulla Terra per la prima volta in un corpo umano, avranno tutto questo compito di aiutare?"

B: Stanno tutti aiutando, ma in modi diversi. Si, inizialmente aiuteranno mostrando la via. Che esseri da altri mondi non sono qui per danneggiare la gente. Ma dopo questo contatto iniziale, ci saranno altre missioni e lavori da completare per questa gente. Aiutare l'umanità a realizzare la volontà di Dio.

D: Mi è stato detto che coloro che sono qui da molte, molte vite sono più o meno andicappati. Quelli vengono come Beth, non hanno tutto il karma e le altre cose di cui preoccuparsi. Per loro è più facile.

B: Si, sono in grado di attraversare la vita e focalizzarsi sulla loro missione.

* * *

Invece di andare in una vita passata, Joanne andò immediatamente in un luogo bellissimo dove brillava una luce luminosa su una città di cristalli. "Cristalli dai diversi colori. Sono ovunque. Ovunque ci sono cristalli e fresca, pura acqua che gocciola su di loro. C'è una luce molto, molto luminosa che brilla sui cristalli. La luce è sopra e si riflette sui cristalli. Sono di tutti i tipi e dimensioni, alcuni sono enormi altri sono piccoli. Sono che è una città dove tutto è fatto di cristallo." A quel punto è esplora a piangere con una tale intensità che fu difficile trascrivere ciò che era registrato sulla cassetta. Singhiozzava mentre diceva: "La luce mi fa sentire a casa! Casa! Sono felice su questo pianeta, ma mi sento di non appartenere a questo posto. Sono solo in visita qui sulla Terra. E' sulla via di casa, come una stazione di riposo – una stazione di riposo molto, molto bella. La mi casa è molto simile alla città di cristallo, ma c'è quella luce. A sembra che sia tutto la stessa cosa. E' come se la Terra fossa la mia casa, e sono qui in visita. Anche la città di cristalla mi da la sensazione di casa, ma non so se è la mia casa."

D: Se è così bello là, perché te ne sei andata?

J: (Piangendo ancora) Non so perché! Avevo un piano. Penso che siamo in missione, ma non so esattamente perché... Sento che è stato il mio piano insieme ad altri. Era un piano. Ho la sensazione che sia un contratto; io l'ho accettato.

D: Cos'hai accettato? Lo sai?

J: (Pausa) Penso di saperlo. Era per dimostrare l'amore; per essere amore incondizionato; solo per essere quello; per essere disponibile. Questo piano era con altri esseri superiori e ho accetto di farlo con quel gruppo di esseri superiori.

D: Qualcuno ti ha chiesto di farlo?

J: Si, sono volontaria, perché avevo fiducia di potercela fare.

D: Nessuno ti ha fatto vedere come sarebbe stata la Terra prima di offrirti volontaria.

J: Non ricordo alcuna avvertimento. Penso di essere stata così piena d'amore e fiducia. E' stato quasi come uno shock culturale. (Piangendo ancora). No! Non lo sapevo, ma ho cambiato idea prima di nascere! Ho cambiato idea! Ho cambiato idea! Quando sono entrata nel neonato, volevo cambiare idea, ma mi hanno detto che era troppo tardi. I piano era stato attivato e dovevo nascere. Era troppo tardi, ma ho deciso di farlo. Dissi: "Se posso farlo, posso farlo. (Piangendo profusamente) So di poterlo fare!"

D: Pensavi davvero di poter fare la differenza.

J: Oh, ma fa male. (Piangendo) Fa male al mio cuore.

D: Perché ti senti a disagio?

J: (Piangendo disperatamente) Sono qui, fa male perché voglio connettermi a livello del cuore. Questo non succede spesso. E' molto difficile trovare persone che possono connettersi così profondamente.

D: Vorresti dire che è come una ricerca, per trovare persone che sento la stessa cosa?

J: Non so se ricerco. Sono solo disperata per qualcosa di simile a quella profonda connessione.

D: Ma stai parlando attraverso un corpo che chiamiamo "Joanne". Questo significa che è la tua prima volta in un corpo umano?

J: Non lo so. Mi sembra così surreale, e... scioccante! Se avessi avuto altre occasione, allora forse, sarei più abituata. Quindi non lo so.

D: Ma hai accettato e vuoi fare la differenza.

J: Si e mi preoccupano che non ci sto riuscendo! (Piangendo ancora.) Mi avevano detto che mi bastava essere per fare la differenza, ma penso di dover fare di più. Non solo esistendo. Sento di dover fare qualcosa per fare la differenza. Ero sicura che la prima presenza sarebbe stata abbastanza, che non avrei dovuto fare nulla, ma mi sono dimenticata che c'è così tanto, tanto, tantissimo amore da portare là fuori. Vero amore. Voglio solo fare di più.

D: Sai come sono le persone. Nemmeno loro lo sanno e non puoi cambiarli.

J: No, non puoi, non si può. Si può solo amarli e vedere la loro luce. Li ami anche se loro non amano se stessi. Li ami così che possano sentire davvero quel po' di luce che hanno dentro, con cui possono lavorare.

D: Perché è così importante?

J: Perché è così importante amare? Per me dimostrare amore? Così che possano, per quel poco che io possa toccarli, che sentano qualcosa all'interno. E' come toccare qualcosa che è così perfetto. Basta toccarli e loro dicono: "Oh!"

D: Basta fare la differenza. Ma perché è così importante che tu risvegli questa cosa dentro alla gente?

J: (Piangendo.) Perché la maggior parte dei queste persone sta ancora dormendo, e non capiscono. Questo va bene, fa parte del viaggio.

D: Siamo tutti su sentieri diversi. Tutti imparano lezioni diverse e molti di loro sono addormentati. Ma quando ti sei offerta volontaria per venire, ti sei resa conto che è più difficile di quanto pensassi.

J: (Molto emotiva) Lo è! – Ho passata la maggior parte della mia vita fuori dal corpo. Quando ero una teenager bevevo. Avevo paura che avessero lasciato qui. Così cercavo di allontanarmi da ciò che avevo accettato di fare uscendo dal corpo.

D: E hai trovato un modo di scappare, ma non puoi andartene finché hai un lavoro da fare.

J: Si, scappare – questa è la parola giusta – scappare.

D: Dove te ne andavi quando passavi tutto quel tempo fuori dal corpo?

J: Dove andavo era molto pacifico e tranquillo. Era un luogo dove volevo andare.

D: Ma hai dovuto tornare, non è vero?

J: Ogni volta!

D: Perché questo è il tuo corpo e ne sei legata.

J: Esattamente, col tempo l'ho capito. L'ho capito probabilmente dai tre ai sei anni fa, allora avevo circa trent'anni. Allora ho iniziato a diventare consapevole e a comprendere ciò che stavo facendo. Non lo sapevo! Non sapevo che stavo scappando. A quel punto ho smesso di bere, me ne andavo e basta. Dopo le lezioni, iniziai a capire che lo stavo facendo; non me ne rendevo nemmeno conto. Potevo farlo in ogni momento durante la giornata. Scappare, uscire dal corpo. Ero depressa.

D: Pensavo che succedesse mentre dormivi.

J: Non necessariamente. Poteva succedere in un minuto.

D: Ti basta disconnetterti. (Si) E la gente intorno a te non sapeva che te n'eri uscita?

J: No, perché sembrava che ci fossi. Ero perfino in grado di rispondere alle domande e parlare. Ma in realtà non c'ero. Potevano pensare che non mi interessava o che fossi un po' strana.

D: Ma era ancora in grado di fare il tuo lavoro?

J: Si, si. Ricordo che cercavo di essere nel mio corpo. Nel 1991, è stato come un pugno nei denti, perché mi sono resa conto che non mi permettevo d'essere qui per sentire il dolore.

Ciò che accadde sembrava un esaurimento emotivo. Aveva problemi col marito ed il bere la stava danneggiando. Giunge all'apice ed iniziò a piangere incontrollabilmente. Continuava a dire: "Non posso farcela, mi fa troppo male!" Probabilmente era uno scarico d'anni d'emozioni soppresse. Dopo questo episodio, disse che passo molto tempo prima che potesse sentire qualcos'altro. Il suo mondo le era letteralmente crollato sulle spalle. Come se avesse passato anni a scappare dalla vita ed era finalmente arrivata l'ora di affrontare il fatto che non poteva cambiare la sofferenza che la circondava. Era definitivamente un risveglio. "Ho iniziato a gestire la pressione. Mi bastava andare avanti e poi ho iniziato a diventare sempre più cosciente di ciò che mi circondava. Dove fare la scelta di vivere coscientemente e di sentire il dolore mentre avanzavo. Non c'era bisogno di scappare. Adesso so che la sofferenza mi aiuta ad essere più compassionevole, verso me stessa e verso gli altri. Presumo che negli ultimi anni, mi sono preparata o sono cresciuta per riuscire a fare la differenza che soddisferebbe la ragione per cui sono venuta. Sto imparando. E' qualcosa che devo fare. Che voglio fare; fa parte di chi sono."

Joanne lavorava in un ospedale e in un ospizio. Stava usando questa confidenza ritrovata nel lavoro. "Sono sempre stata in grado di dimostrare amore, ma ero oltre a questo. C'è altro oltre a questo, altro oltre all'amore di tutti i giorni. C'era qualcos'altro, non so come spiegarlo. Non so come spiegarlo. Si tratta di andare la fuori e promuovere l'amore incondizionato, così che la gente possa saperlo." Scoprì di poterlo fare solo toccando la gente, con le mani e anche con gli occhi. Guardando nei loro occhi. "So quando lo ricevono, e anche loro lo sanno. Fa male, ma lo faccio sempre per amore. Sto realizzando sempre di più che il tocco fa una differenza enorme, specialmente nelle loro ultime ore. Non so come spiegarlo. Non dai amare, sei amore. Ami! Non importa se è un criminale, devi solo amare quella persona."

Sopraggiunse il subconscio e disse: "Non riusciva a comprendere l'impatto che aveva. La gente aveva un impatto su di lei, ma lei non riusciva a comprendere il suo impatto sulla gente. Ora è più consapevole del suo impatto." Chiesi perché aveva mostrato tutto questo a Joanne. "E' arrivata l'ora che Joanne lo sappia, lo senta e ne abbia fiducia."

D: Ci aspettavamo di andare in una qualche vita passata, invece hai scelto di mostrarle quella meravigliosa città di cristallo.

J: Lei è questo. Le vite passata sono insignificanti. Ciò che ha senso per lei è l'amore.

D: Cos'era quella città di cristallo che ha visto? Disse che era come un luogo di riposo.

J: Come un aspetto superiore di dove Io sono... dove Io risiedo.

D: Si trova in ciò che chiamiamo il lato dello spirito?

J: Si. In realtà non è uno luogo fisico. E tuttavia sto guardando tutti i cristalli con l'acqua pura e la luce. Sopra e oltre ai cristalli c'era questa luce bianca molto, molto luminosa. Era come se la città di cristallo e quella luce luminosa fossero davvero vicine. Mi sento come se quello fosse il mio aspetto superiore.

D: Joanne ha mai avuto delle vite sul piano fisico qui sulla Terra?

J: No. Lei fa parte della luce, ed ha scelto di venire perché è ora di risvegliare la gente.

D: Ritengo che ci voglia un'anima davvero coraggiosa per venire qui volontaria in questo momento. E' molto difficile per questa gente gentile che non è mai stata qui prima d'ora.

J: Hanno paura e gli fa male.

D: Lo sentono molto più di coloro che hanno avuto molte altre vite sulla Terra. Ma perché ha bisogno d'aiutare la gente a risvegliarsi?

J: In questo momento c'è un cambiamento primario e questo è il momento, l'opportunità giusta per la gente di risvegliarsi. Deve aiutarli a risvegliarsi attraverso l'amore, ma senza farlo forzatamente, solo attraverso l'amore incondizionato. Deve imparare a diventare distaccata, che la gente lo riceva o no, perché lei è molto sensibile e le fa male essere respinta.

D: Ma non tutti riceveranno.

J: Lei questo lo sa. Lo deve fare in qualsiasi modo possibile; in qualsiasi modo che le dia gioia ed appagamento. In qualsiasi modo che le permetta di toccare qualcuno. Non ha bisogno di toccarli fisicamente, basta che si trovino in sua presenza. Tuttavia c'è qualcosa con il tocco fisico e lo sta scoprendo sempre di più – funziona veramente.

Joanne aveva iniziato ad intonare la voce: produrre suoni mentre lavorava con la gente. Voleva sapere perché sentiva il bisogno di farlo. "Joanne comprende che intonare questi suoni cura a livello dimensionale. E' curativo." Disse anche che a volte canta in uno strano linguaggio. Non sapevo da dove provenisse ed era spontaneo. "Il linguaggio non deve essere compreso, perché non è per la mente. E' per il cuore. Quindi la gente è qui per ricevere. Lo sentono invece che conoscerlo nelle loro teste, menti."

D:E' un linguaggio della Terra? (No) Da dove proviene questa lingua?

J: Il regno Angelico.

D: Questo significa che era un membro del regno angelico prima di venire sulla Terra? (Sussurrando: "Si.") Si ricorda quei suoni, le parole e la musica? (Si, si.) C'è forse qualche connessione tra il regno Angelico e la città di cristallo?

J: Quella è la connessione.

D: E' inconsueto che un membro del regno angelico venga sulla Terra per la prima volta.

J: Succede. Non ne hanno bisogno, ma possono scegliere di esistere.

D: Questo rende più difficile venire da un luogo di tale bellezza che è così pieno d'amore.

J: (Sospirò) Eh, si.

D: Ho sempre pensato che gli uomini e gli angeli avessero diverse mansioni, e che gli angeli non volessero venire sulla Terra.

J: Scelgono loro. Lei sta prendendo piede; sta imparando. Non è facile, ma sta andando bene.

D: Mi è stato detto che il problemi, riguarda il fatto che la maggior parte della gente è rimasta qui sulla Terra troppo a lungo; passando da una vita all'altra ed accumulando troppo karma.

J: Si, è senza fine; senza fine; senza fine.

D: E' per questo che vengono mandati tutti questi altri esseri? Non sono intrappolati?

J: No, no. Ho scelto io; ho scelto. Io ho scelto di venire. Per guidare la gente, per aiutarli. Cosicché in qualche modo, in qualche minuta possibilità, si possano accorgere di ciò che sta accadendo. Anche solo in minima parte, perché questo per loro potrebbe fare molta differenza. Potrebbe permettergli di pensare veramente a cosa stia succedendo.

Mentre stavo dattilografando questo capitolo, improvvisamente mi sono venute in mente le parole della Bibbia che parlano dell'intrattenere angeli inconsapevoli. Trattare tutti nello stesso modo, con gentilezza, perché non si sa mai quanto potresti intrattenere un angelo inconsapevole. Non si sa mai la vera ragione per cui qualcuno si trova sulla Terra e per cui stanno interagendo con te, anche se è per qualche breve momento. Questo è specialmente vero, proprio perché anche Joanne era inconsapevole del suo vero retaggio. Aveva sacrificata moltissimo per venire in questo mondo d'oscurità e densità, nella speranza d'introdurre una piccola luce per aiutare a guidare la gente. Questo dovrebbe renderci più consapevoli di quando sia importante un semplice sorriso o tocco per gli altri. Potrebbe fare molta differenza.

* * *

Un uomo venne dall'Inghilterra e finimmo per completare due sedute. Aveva subito quattro trapianti dei reni. Pensavo che fosse molto insolito, perché non pensavo che ne dessero così tanti alla stessa persona. Dopo il terzo, era quasi morto e passo mesi in ospedale dove aveva sofferto così tanto da dover ricevere iniezioni per mantenerlo incosciente e sedato. Inoltre rimase attaccato al respirato per mesi. Quando finalmente aveva iniziato ad uscirne, faceva fatica perché i suoi muscoli si erano atrofizzati dalla lunga degenza. Non poteva mangiare, non poteva parlare ed aveva difficoltà perfino ad imparare a respirare. Durante quel periodo di tempo aveva sofferto moltissimo, ed aveva avuto un'altra insufficienza renale. Aveva avuto la prima insufficienza renale all'età di sedici anni, adesso ne aveva 41. Per era il quarto trapianto stava andando bene, ma era passato solo un anno dall'opera-zione. Visto che adesso assumeva farmaci che abbassavano le difese immunitarie, era soggetto ad infezioni. Ogni volta che questo succede, entra in sepsis: il corpo viene sopraffatto da certi germi e organismi, e non riesce a funzionare. Così ha avuto una vita molto difficile.

Durante la seduta, invece di tornare ad una vita passata come mi aspettavo, tornò – come molti altri fanno adesso – nella luce, voleva restare là, non voleva andarsene. Quando sono arrivata al subconscio, volevo specificamente scoprire perché aveva scelto di avere queste esperienze? Perché sappiamo che le scegliamo. Perché avrebbe voluto passare attraverso dei problemi renali che avrebbero creato il bisogno di quattro trapianti renali? Il subconscio disse che era la sua prima vita sulla Terra. Era determinato a sperimentare ogni cosa. Ogni cosa che fosse assolutamente possibile sperimentare in una vita. Forse perché non sarebbe rimasto così a lungo? O forse perché no sarebbe tornato? Ma invece di prendersela gradualmente, come si farebbe normalmente, aveva scelto di sperimentare quanto più possibile in una vita. Quando chiesi chiarimenti a proposito di quella volta quando stava per morire, disse che aveva scelto di sperimentare anche quello, perché voleva sapere cosa si provava ad avvicinarsi così tanto alla morte. Aveva scelto di sperimentare anche tutta quella sofferenza. Voleva passare tutte le esperienza possibili in una vita umana. Sta davvero schiacciando molte esperienza in una vita sola. A me sembrava un po' troppo per un'anima sola, ameno ché non sono determinati a venir qui e liberarsene adesso. Perché non sanno se saranno in grado di tornare qui. La Terra sarà definitivamente diversa. Forse non saranno in grado di sperimentare cose come queste se torneranno ancora. Pensai che questa fosse una spiegazione inusuale. Pensavo che sarebbe tornato ad una vita passata che avrebbe spiegato perché aveva tutti questi problemi di reni. Ma disse che quando stava sperimentando tutto questo, non disse mai: "Perché io? Perché sta succedendo a me?" Anche da bambino, proseguì ed imparo a gestirsela. Questo forse fa parte della lezione, perché su questo altro livello sapeva che era un volontario e questo era ciò che voleva.

Un caso interessante, di un giovane che venne dalla lontana Inghilterra in aereo, rischiando di essere esposto ad altre persone e batteri che avrebbero potuto infettarlo, specialmente nell'aria viziata dell'aereo. Prese l'opportunità di venire per qualche seduta. Spero che scoprire queste spiegazioni gli abbia fatto la differenza per lui.

* * *

Quasi altrettanto inaspettato fu un caso che condussi molti anni fa a Londra. Mentre parlavo con la giovane paziente durante l'introduzione, le chiesi del suo lavoro, mentre cercavo di scoprire il più possibile della sua personalità prima d'iniziare la seduta. Cortesemente mi disse: "Sono una prostituta! Questo ti disturba?" Le dissi: "No, non mi disturba se non disturba te." Quando vide che non avevo giudizi al proposito, si rilassò ed inizio a fidarsi. Durante la seduta abbiamo scoperto che faceva parte dei volontari della seconda ondata, che erano venuti per osservare e fare rapporto. Quale modo migliore d'imparare qualcosa sugli umani se non di studiare le loro abitudini sessuali come una prostituta? Unica, ma presumo piuttosto importante per accumulare informazioni riguardanti la nostra razza. Sembra che nulla sia insignificante ed ha un valore nell'accumulo globale d'informazioni.

CAPITOLO QUATTORDICI

MARITO E MOGLIE: ESORDIENTI

Agli inizi del mio lavoro credevo che fosse impossibile che uno spirito alla prima incarnazione, potesse venire direttamente in un corpo fisico nella nostra cultura civilizzata e frenetica. Logicamente pensavo che avrebbero scelto per la prima incarnazione, una qualche società primitiva dove la vita sarebbe stata più semplice. In questo modo sarebbero in grado di adattarsi ed imparare come vivere sulla Terra e come gestire i rapporti con gli altri umani, prima d'incarnarsi nella nostra società moderna. Adesso sto trovando che non funziona sempre così. Sto incontrando sempre più individui speciali che sono stati mandati o che sono venuti come volontari durante questi tempi difficili. Mi dicono che sono stati mandati come canali d'energia, o come antenne. Ovviamente, per queste anime gentili è molto difficile perché non hanno precedenti esperienze di vita sulla Terra a prepararli.

Nell' Ottobre del 2005, ho incontrato altre due di queste persone speciali. E la cosa più insolita è che erano marito e moglie. Penso che sia meraviglioso come fossero in grado di trovarsi tra i milioni di persone che vivono nel mondo, così che le loro energie identiche potessero funzionare assieme. Ma allora, mi hanno anche detto che nulla succede per caso. Evidentemente si erano accordati ed avevano pianificato tutto sul piano spirituale, prima di incarnarsi.

Anche se completamente inconsci e in profonda trance, entrambi condivisero la stessa storia durante la seduta. Quando Tim scese dalla nuvola, vide solo una luce molto luminosa. "E' molto luminoso. Irradia raggi in tutte le direzioni. E' meraviglioso, ma non si può guardarlo direttamente. Inoltre ci sono moltissimi colori. E' molto calmante e una sprigiona una grande quantità d'amore. Ti circonda proprio come se ti abbracciasse." Quando questo succede, so che sono andati sul piano spirituale o sono tornati alla Sorgente (Dio). Inoltre, molti esseri energetica hanno quest'apparenza. Chiesi di prendere Tim e mostrargli qualcosa che per lui era importante da vedere. Invece di andare in una vita passata, era stato portato in una stanza dove c'erano diversi esseri vestiti di tuniche d'un materiale fluttuante. Non era in grado di distinguere alcuna caratteristica mentre quegli esseri fluttuavano liberamente nella stanza.

T: Non vedo nessun muro, ma mi senti d'essere in un ambiente chiuso. Questo è un Consilio e c'è un raduno durante il quale stanno discutendo ogni tipo di cosa. Cosa dell'universo, i diversi pianeti. Stanno prendendo decisioni per altre tipologie di esseri o per... presumo che siano vibrazioni inferiori, per coloro che non hanno raggiunto i piani superiori o vibrazioni superiori. Questo è il consiglio che li aiuta a prendere decisioni durante i loro processi o a proposito di ciò che faranno.

Vide d'avere lo stesso tipo di corpo sottile, come un fantasma e si sentiva d'essere un membro del Consilio.

T: Altrimenti, non sarei in grado d'essere qui. Questa è una vibrazione superiore, una frequenza superiore. Non prendono delle decisioni, ma aiutano a prendere delle decisioni. Qualsiasi cosa che sia appropriata per le vibrazioni inferiori.

D: Come aiutare a far prendere queste decisioni?

T: Sembra che per ogni vibrazione inferiore, ci siano delle vibrazioni da imparare, per essere in grado di elevare la propria vibrazione ad un piano differente. Il Consilio li aiuta a prendere decisioni che miglioreranno la loro vibrazioni.

D: Questo non viene considerato un'interferenza?

T: No, è solo una forma di raccomandazione.

D: C'è qualcosa in particolare su cui stai lavorando adesso?

T: Solo d'essere di servizio. Di aiutare. Di offrire consulenza. Questa è l'unica ragione per cui siamo qui oggi, per aiutare a guidarli verso la conoscenza.

D: C'è qualche progetto in particolare di cui vi occupate adesso?

T: Ci sono diversi tipi di progetti. Mentre aiutiamo le vibrazioni inferiori, aiutiamo anche noi stessi, perché ci permette d'imparare mentre insegniamo. Se servi, guadagni. Questo ti aiuta ad accumulare conoscenza.

D: Stai lavorando con qualche pianeta in particolare in questo momento?

T: Stiamo lavorando con l'intero universo. Non è solo un pianeta.

D: Hai dovuto passare attraverso molte vite fisiche per raggiungere il punto in cui potevi partecipare alle discussioni del Consilio?

T: No. Non ho avuto bisogno di passare attraverso alcuna vita fisica. Solo per scelta. Puoi elevare il tuo livello di vibrazione, non hai bisogno di passare attraverso miriadi di vite fisiche per essere parte del Consilio. A volte ci vuole del tempo, ma altre volte puoi progredire molto velocemente.

D: Hai mai avuto il desiderio di essere fisico?

T: No, non a questo punto nel tempo.

D: Stavi facendo il tuo lavoro.

T: Era tutto ciò che dovevo fare.

D: Bene, sembra che sia un lavoro molto importante.

T: Era l'unica cosa che mi era stata chiesta di fare.

A quel punto gli chiesi di saltare al momento in cui aveva preso la decisione di entrare nel fisico, perché alla fine, stavo comunicando con un corpo fisico nella nostra dimensione. Deve aver deciso di venire qui ed incarnarsi. Volevo sapere se qualcuno gli aveva detto di venire qui.

T: No, era solo per scelta e c'era l'opportunità. In altre parole, la forma fisica che andava bene era presente al momento della scelta.

D: E' successo qualcosa che ti ha portato a fare questa scelta?

T: Per sperimentare. Perché questo era qualcosa che non avevo mai fatto prima d'ora. Era qualcosa di completamente nuovo.

D: Hai scelto il corpo in cui entrerai? (Si.) Come ti sembra?

T: E' quello attuale. Non ci sono altre volte.

D: Spiegami cosa vorresti dire.

T: E' la persona a cui stai parlando.

D: Vuoi dire che Tim non ha mai avuto altra incarnazione fisica prima di questa? (No.) Ho sempre pensato che se questo fosse il caso dovrebbe essere molto difficile arrivare direttamente dal piano spirituale alla vita, così come si manifesta sulla Terra in questo momento. Senza alcuna vita precedente a condizionare la persona.

T: E' molto difficile, ma ci sono modi in cui aiutano a fare certe cose. C'erano certe cose, non so se te le posso descrivere.

D: Lo apprezzerei moltissimo se ci provassi. Analogie vanno sempre bene.

T: E' come se le informazioni mi venissero presentate. E' come entrare in una camera e quando esci, le informazione sono stata inserite dentro di te. Allora queste informazioni, una volta che sono in te, ti danno una base. Qualcosa su cui basarsi.

Sapevo di cosa stesse parlando. Stava facendo riferimento all'imprinting.

T: Non penso che si possa entrare in una vita fisica senza niente. E' sempre difficile anche avendo le informazioni dentro di te. E' estremamente diverso qui. C'è moltissimo da imparare e sperimentare. E' stato difficile lasciare quel luogo stupendo, ma era qualcosa che dove sperimentare. Questo periodo storico è quando sta arrivando un grande cambiamento. Le cose si stanno muovendo molto rapidamente; molto velocemente. Voleva essere in grado di osservare queste cose.

D: Quindi nessuno gli ha detto che doveva fare queste cose.

T: No, nessuno ti dirige e ti dice che devi fare queste cose. Queste sono scelte e discussioni. Lui è stato aiutato da altri membri del Consilio. L'hanno aiutato o guidato a prendere queste decisioni.

D: Siamo così abituati a pensare alle vite terrene dove accumuliamo karma, e poi dobbiamo continuare a ritornare per ripagarlo.

T: Lui non ha quel tipo di karma di cui stavi parlando. Lui si trova qui per osservare la crescita degli umani. Come stanno attualmente elevando il loro livelli vibrazionali. Per vedere come stanno accettando la conoscenza e come la stanno utilizzando. Se la stanno utilizzando per il bene dell'umanità o se la stanno utilizzando con avidamente.

D: Perché la Terra è un pianeta complicato. Ci sono diverse tipologie di persone, non è vero?

T: E' estremamente complicata. E' diversa da ogni altro pianeta. Penso che la forma di negatività su questo pianeta lo renda diverso. La razza umana è una razza molto incline alla guerra. Fanno molta fatica a vivere in pace. E quasi come se la loro razza non possa coesistere in pace. Questo potrebbe provenire dalle loro vibrazioni inferiori. Penso che chiunque venga qui deve stare molto attento a non rimanere incagliato in queste vibrazioni inferiori. E' un pianeta molto difficile e ho considerato queste cose. Penso che ogni volta che si venga in questa esistenza, si crei del karma. E senza dubbio, dovrò ripagare questo karma. Tuttavia, penso che la cosa principale che devo provare a fare qui sia di mantenere un equilibrio, restare positivo e molto amorevole. E qualsiasi karma io abbia creato con la Terra non è una forma negativa, di per se. Ma piuttosto un modo per trovare diverse modalità di ridurlo, per poi prendermi cura di quel karma e non permettergli di continuare.

D: Quindi, qual'è il tuo piano? Sei qui solo per questa vita?

T: Si, in questo momento. Dovrò vedere una volta tornato.

D: Non vuoi restare e sperimentare altre esistenze?

T: Non so se ritornerò per altre esistenze. Ci potrebbero essere cose più importanti che dovrò assolvere, piuttosto che tornare ed essere nel fisico. Non so se sarò in grado di completare i miei compiti. Sarà molto facile rimanere intrappolato qui. Ci sono moltissime cose che ti possono intrappolare qui. Anche se in molti desiderano questa presenza, è estremamente difficile. Sembra molto semplice finché non sei nella forma fisica. Una volta entrato nella forma fisica, allora è estremamente difficile.

D: Uno dei problemi è che il fisico si dimentica e non conosce tutte queste cose?

T: Oh, verissimo.

D: Sarebbe più facile se fossero in grado di ricordare?

T: Non penso che sia giusto che la forma fisica ricordi. Penso che ricordare tutte queste cose potrebbe essere troppo. Potrebbe creare troppa confusione e poi cercherebbero di cambiare le cose e molto probabilmente lo farebbero in modo indesiderabile, e probabilmente non imparerebbero le cose che erano venuti qui ad imparare per la loro crescita.

D: *La gente dice sempre che se avesse saputo com'era in anticipo, sarebbe stato più facile.*

T: Penso che sarebbero troppe informazioni per loro. Se avessi tutta questa conoscenza difronte a te, quale sarebbe lo scopo di venire qui?

Una delle domande che aveva Tim riguardava con i problemi che aveva affrontato con i suoi genitori.

D: *Perché hai scelto questi genitori? C'era una qualche ragione?*

T: Avevano bisogno d'aiuto in diversi modi. Venendo in questa persona, ho scelto di aiutare i genitori a vedere che non dovrebbero interferire nelle vite dei loro figli. Per aiutarli ad imparare che dovrebbero fare queste scelte.

D: *Anche questa era una lezione per loro?*

T: Oh, si. Insegniamo. I bambini insegnano ai genitori come i genitori pensano d'insegnare ai figli. A differenza di quanto non si pensi, succede più l'opposto.

D: *Sembra che io stia lavorando sempre più spesso con persone che sono guaritori e usano l'energia.*

T: Ce ne saranno sempre di più, questo è solo l'inizio. E la gente sta cercando altre alternative. Stanno cercando altre modalità. Vedono che quello a cui sono abituati non porta il loro benessere. Ci saranno quelli che s'aggrapperanno alle vecchie modalità, fanno fatica ad andare oltre. E' colpo del loro condizionamento e della loro educazione, ma sono in molti qui e specialmente in nuovi che stanno arrivando. Loro cercheranno tutte queste nuove informazioni. E ovviamente, porteranno anche tutte le nuove informazioni. La maggior parte delle informazioni non sono nuove. Sono nuove per le persone del presente, ma in verità sono vecchie informazioni. – C'è un numero limitato di forme fisiche disponibili e ci sono moltissime forme spirituali che vogliono venire, che non ci sono abbastanza forme fisiche.

D: *Capisco. Ma in questo momento con l'attuale crescita della popolazione, ci sono moltissime forme fisiche disponibili.*

T: Ma non è così. Inoltre, ci sono alcuni che cercano di controllare le forme metafisiche disponibili.

D: Cosa vorresti dire con questo?

T: Avete dei leader che stanno cercando di controllare la disponibilità di forme fisiche. Le malattie, le guerre.

D: Vorresti dire che stanno eliminando molte di queste forme fisiche? (Oh, si.) Quindi ci sono solo poche forme fisiche in cui il tuo tipo di spirito può entrare?

T: Si. Questo è vero.

D: Ma probabilmente ce ne sono abbastanza che aiuteranno.

T: Lo speriamo. E' difficile trovare cibo appropriato a causa di tutti gli agenti chimici nel cibo, ma il corpo umano si sta adattando. Questa è la ragione per cui stai vedendo sempre più persone con la vecchia conoscenza, che vengono avanti per aiutare. In questo momento, vedi, nuovi umani che stanno entrando. Se osservi i loro genitori, stanno aiutando o stanno cercando e vedono che queste cose stanno arrivando. Perfino i nonni stanno cercando di guidarli verso cibi che non hanno tutti gli agenti chimici che vediamo noi adesso dentro al cibo. C'è un grande segmento della nuova gente che sta arrivando con una dieta molto migliore degli altri. Questo è uno dei cambiamenti principali che state già osservando. Non per tutti, ma per alcuni. Più passa il tempo più sarà difficile accedere al cibo. Sarà un vero problema. Ma ci saranno soluzioni che aiuteranno. attraverso le informazioni che stanno arrivando.

D: Tutto questo influenzerà l'aumento delle vibrazioni, vero?

T: Si, è così.

D: Mi è stato detto che dobbiamo rendere il corpo più leggero.

T: Dobbiamo rendere il corpo più leggero e questo aiuterà nel processo.

Tim ricevette informazioni su come utilizzare la sua mente per guarire. "Dovrà sviluppare e fidarsi della sua mente. Sarà in grado d'imparare queste tecniche attraverso la meditazione. La mente è molto potente. Visualizzando il problema, vedendo il problema, la sua mente farà i cambiamenti. Sarà in grado di vedere all'interno del suo corpo. E' come se andasse dentro alla persona ed osservasse il suo corpo. E' come se tu andassi all'interno di una foglia d'albero e fluttuassi nei canali di clorofilla. Li vedrà come immagini. Inoltre vedrà come dovrebbero essere, dalle immagini ed idee che si formano in lui, con il processo. Allora questi cambiamenti possono avere luogo. Non avrà bisogno della partecipazione della persona, ma avrà bisogno del loro permesso. Perché in molti scelgono di avere queste condizioni fisiche per le loro ragioni."

* * *

Nel pomeriggio, condussi una seduta come la moglie di Tim, Sandy. Rimasi sorpresa di scoprire che si trattava dello stesso tipo d'anima. Ovviamente, nulla è dato al caso, ma devo ammettere che non avevo mai incontrato due casi del genere nello stesso giorno.

All'inizio della seduta, Sandy fece fatica a vedere qualcosa eccetto colori in cambiamento e dopo diversi tentativi di portarla ad una vita passata o raggiungere qualcosa di visivo, alla fine invocai il subconscio. Mi offrì le informazioni che mi erano state negate. A volte se il soggetto non è pronto, le informazioni non si presentano. Il subconscio è molto protettivo ed è anche molto meticoloso a proposito di chi possa averne accesso.

S: Ciò che sta succedendo con Sandy è come un esperimento. E' non è mai successo prima d'or. Stiamo cercando d'elevare i livelli d'energia. Ci sono regole energetiche per incarnazioni sulla Terra e in ogni altro luogo. Ma, visti i tempi e le necessità, stavamo cercando di portare una vibrazione superiore sulla Terra per poi espanderla. Vogliamo elevare il livello anche dopo l'incarnazione. Vogliamo portare il livello più alto possibile senza danneggiare la forma fisica.

D: Perché il corpo non può trattenere troppa energia, o energia troppo elevata?

S: Esatto. C'è un livello che la forma umana non può sostenere. Visto che abbiamo fallito in passato, questo esperimento ed esperienza sono molto importanti per Sandy. Ecco perché si è offerta volontaria per venire, portare quell'energia, farlo e portalo a termine. E ci siamo riusciti. Questa volta ha funzionato. Quando abbiamo fallito in passato, è stato come fondere un circuito.

D: Ha danneggiato la forma fisica in cui stava cercando d'entrare?

S: Esatto. Il corpo morì. Era troppa energia, troppe informazioni, vibrazioni troppo alte in una corpo fisico.

D: Semplicemente non riuscì a trattenerla.

S: Esatto. Ma questo corpo ne è stato in grado. Inoltre abbiamo adattato il corpo mentre invecchiava, per essere in grado di trattenere altra energia e da allora ne abbiamo aggiunta ancor. La maggior parte dei problemi fisici sono dovuti allo stress e agli forzi sulla struttura fisica the tratteneva l'energia.

D: Ha mai avuto incarnazioni fisiche prima d'ora?

S: Imprints [impronte].

D: Allora vorresti dire che Sandy non s'è mai incarnata fisicamente da nessuna parte?

S: No. Lei è stata un'assistente delle Terra. Non in incarnazioni terrene, ma attorno alla Terra e per assistere coloro che s'incarnano. Ha una conoscenza professionale, non diretta conoscenza d'incarnazione, è sempre stata dietro le scene per assistere altri che si incarnano.

D: Perché ha deciso di venire questa volta?

S: Perché era molto importante per la Terra. Aveva l'abilità di portare l'energia di cui c'era bisogno, nella precisa magnitudine e nelle giuste proporzioni necessarie in quel momento. E' una cosa molto scientifica, non mi sto spiegando bene. Sono come equazioni matematiche d'energia. Le sue erano le più versatili perché aveva lavorato a stretto contatto con la Terra. Sapeva come funzionavano le cose, e quali regole e regolamenti dal punto di vista scientifico. Così fu in grado di adattare la sua energia e il suo corpo. Inoltre la stiamo aiutando in tutto questo.

D: Ma quando qualcuno fa tutto questo per la prima volta, potrebbe rischiare di rimanere imbrigliata nel karma?

S: No. La ragione per cui non corre nessun rischio d'intrappolarsi nel karma, è che non ne accumula. Lei è ad un livello diverso o un contratto diverso con la Terra, se così possiamo dire.

D: Perché lo sai, essendo umani, si corre il rischio di rimanere in trappolati e si deve tornare continuamente.

S: Esatto. Non rimarrà intrappolata. Il suo contratto era di venire e di portare la sua energia sulla Terra. Non è un contratto karmico.

D: Quindi è protetta e non accumulerà karma.

S: Esatto!

D: Questo è piuttosto delicato.

S: La gente che è venuta con voi, avevano dei contratti e sono rimasti impantanati. Sono attratti da lei perché, a livello subconscio, li sta aiutando a liberarsene.

D: Quindi non avevano alcun karma con lei.

S: No. E' venuta per aiutarli a liberarsi dal karma con gli altri, senza rimanerne intrappolati. Lei è quasi come una macchina spara palle. Quando pratichi la battuta, si avvicina la palla e tu la colpisci. Lei era quella rete che raccoglie le palle. Ma non c'era un'intera squadra la fuori a prendere le palle e a correre. Lei teneva la base così che loro potessero scaricare il loro karma con lei.

D: Quindi queste altre persone avevano bisogno di qualcuno che li aiutasse a liberarsi del loro karma.

S: Esatto, erano su una strada in discesa. Si erano messi in una spirale discendente. Lei aveva un contratto con la Terra, ma ad un diverso livello. Non era ad un livello d'incarnazione. Tuttavia adesso, ha scelto di fare questo, di attirare più energia per questo periodo. E' un periodo strategico, grazie al libero arbitrio, e perché è un bilanciamento. E' un periodo di bilanciamento in cui la Terra può andare in entrambe le direzioni ed è un cambiamento maggiore. E' un luogo in cambiamento. Un incrocio.

D: E' per questo che ci sono più – non voglio chiamarle anime nuove, perché hanno molta conoscenza e potere – ma è questa la ragione per cui altri di loro stanno arrivando in questo momento? (Si) Continuo ad incontrarli. Alcuni di loro dicono di essere solo degli osservatori. Non voglio rimanere impantanati qui.

S: Non è che siano degli osservatori, ma se riesci ad immaginare ciò che ho detto... è come se la mazza colpisca la palla e sta andando contro qualcosa. Quindi la colpisci e sta andando la fuori, ma la rete non reagisce in un modo o nell'altro. Quindi non accumula alcun karma. Tutto gli rimbalza contro. Ma questa persona si sta facendo gli affari suoi e stanno liberandosi del loro karma. Ecco perché non stanno accumulando del karma. Non lo hanno accumulato all'inizio e non sono solo degli osservatori. Sono dei guaritori. Stanno portando energia positiva per aiutare gli altri. Altre anime vedono e sentono la loro vibrazione e gli si vogliono adattare.

D: Ma la cosa principale è che non rimangono impantanati.

S: Non c'è pericolo che rimangano impantanati, perché il loro livello energetico è quello che è. E quasi come se sprigionassero luce in ogni momento. O energia che esce ed interagisce con gli altri in modo curativo. Non ci sono buchi da cui succhiare o karma con cui connettersi, quindi è una cosa molto positiva.

Alcuni degli altri soggetti, che facciano parte di questo tipo speciale d'esseri, venivano protetti dall'accumulare karma attraverso strumenti protettivi o campi energetici da cui erano circondati. Questo è descritto negli altri miei libri. Ma il subconscio di Sandy disse: "Non c'è bisogno di protezione, perché è incorporata, grazie allo scopo ed al livello energetico. E perché non c'è alcun karma precedente. Non c'è nulla a cui connettersi."

S: Sua figlia è arrivato in modo simile alla madre, solo che adesso è più perfetta. Il suo corpo si è adattato meglio. Grazie a quelli che sono venuti prima, che hanno introdotto l'energia, non è più così difficile arrivare per i nuovi. I primi tentativi non funzionarono. Era troppo brutale, troppo stressante per la forma umana.

D: Mi è stato detto che tutta l'energia dell'anima di una persona non potrà mai entrare in un corpo umano, perché lo distruggerebbe.

S: Esattamente. Suo marito, Tim, è venuto in modo molto simile. Per creare un sentiero.

D: Anche lui non accumula alcun karma. (Si) E' stato un caso che loro due si siano sposati?

S: No. Non è stato un caso. Hanno pianificato di discendere nella stessa area prima di incarnarsi. Sono due tipologie simili d'energia. Non la stessa, ma molto simile. Sandy era un esperimento. La quantità d'energia che c'è nel suo corpo, di solito è pari a quanta ce n'è in due corpi separati. Il problema in parte era quanta energia entrava, ed in parte il livello vibratorio. La volta precedente è stato un fallimento. Non abbiamo avuto il tempo di fare gli adattamenti relativi all'anima entrante ed all'esatta quantità d'energia al momento giusto. E' una cosa molto tecnica.

D: Ma ci è voluta abbastanza energia da riempire due corpi?

S: Si. Questo era l'esperimento. E' stato molto importante e ci ha permesso di avanzare moltissimo. E' stato molto benefico. Lei non era l'unica ad averlo fatto. Proprio come suo marito, anche lui ero uno dei tanti. E' appena differente, ma molto vicino allo stesso. Ci sono altri e lei li ha aiutati quando esce dal corpo. Li ha aiutati ad adattarsi ed incarnarsi. Ha aiutato diversi altri a farlo, ma la cosa che non comprende, è che da quando è arrivata c'è molta più energia in lei. Hai sentito parlare dei "walk-ins" [sostituzione animica], dove un'anima se ne va e un'altra entra. Non questo fenomeno. Queste non sono due anime. La porzione entrante avrebbe riempito il volume di due anime. Il doppio della quantità normale recentemente è entrata e si è unita a lei. Adesso questa energia è incarnata con lei.

D: Non si sono scambiate.

S: No, non c'è stato alcuno scambio. Era piuttosto un'aggiunta, un'unione. Gliel'abbiam detto due volte che questa nuova parte stava arrivando. Adesso è qui ed è connessa.

D: Sa quando è successo?

S: Non coscientemente. Ma sapeva che sarebbe successo, si preparò direttamente e questo ci ha dato molto assistenza. Sa che si sente diversa adesso. Ma non aveva riconosciuto coscientemente che c'era altro di lei e che si era connesso. Adesso riceverà molta conoscenza. Non succederà tutto in una volta, ma verrà attivato poco per volta .

D: Allora quando questa vita avrà fine, potrà tornare indietro senza dover continuare a rinascere?

S: Esatto. Resterà finché il suo lavoro sarà finito. Non avrà bisogno d'incarnarsi ancora. Resterà finché il cambiamento è completo.

D: Il luogo da cui proviene, è ciò che io chiamo il lato dello spirito?

S: Tutto ciò che non è una forma, è il piano dello spirito. Ci sono multipli, miriadi di luoghi. Non è che muori e vai a finire là. Piuttosto prima d'incarnarti, sei là. E' solo un regno diverso.

D: Alcune persone considerano questi tipi d'anime che non si sono mai incarnate come degli angeli.

S: Non è un angelo. E' un anima come tante altre, solo non incarnata nella forma. Non ne aveva bisogno. Non ne sentiva la necessità finora. Ma, lascia che ti dica che lei è stata nella forma, solo che non era la forma di un corpo. Era nella forma dello spirito. Ci sono diversi livelli di... non li chiamiamo incarnazioni, perché non sono creati inferiormente come un corpo su qualche pianeta. E' un'energia che ha un corpo. Ha un'individualità, ma è solo energia. Ma è in uno spazio. Non è l'energia che chiamiamo L'Uno. L'energia del lago. E' un'energia individuale separata. Ma non è in un corpo o in una forma fisica come quella umana. O un corpo su un pianeta.

D: Questo lo capisco. Ma adesso ci sono più persone che vengono da me che sono guaritori e studenti dell'energia.

S: Questo è dovuto in gran parte al cambiamento dei tempi. E' la fine di un'era. Così questo tipo di esseri, come Sandy e Tim sono qui per aiutare con la transizione. – Ti dirò con chi stavi parlando. Questa è la parte di Susan che si è appena connessa.

D: La nuova energia. (Si.)

Non è forse incredibile che tutte queste cose stiano accadendo dentro di noi e le nostre menti coscienti non ne abbiano la minima idea? Vaghiamo e giriamo durante la vita, indossando dei paraocchi, cercando le risposta per tentativi ed errori. Ma come ho chiesto "loro" una volta: "Non sarebbe più facile se sapessimo perché siamo qui? Se conoscessimo le connessioni karmiche?" E nella loro infinita saggezza dissero: "Non sarebbe un test se conosceste le risposte." Quindi continuiamo a barcollare e forse qualche barlume di luce prima o poi riuscirà ad entrare.

CAPITOLO QUINDICI

NASCITA DI UN ESORDIENTE

UN ESORDIENTE GIAPPONESE

Questo capitolo vuole dimostrare che sedute di soggetti che riferiscono d'essere sulla Terra per la prima volta, non è un fenomeno prettamente Americano. Naturalmente, ho più cliente nel mio paese natale, ma conduco sedute anche quando viaggio verso altri paesi. Sono esposta a molte cose strane ed inusuali che sono convinta stiano succedendo a livello globale. Questa seduta ebbe luogo nel 2007 durante il mio ultimo viaggio in Australia, mentre stavo offrendo seminari e lezioni d'ipnosi. Anche se avevo un programma molto fitto, ero riuscita a trovare il tempo per qualche seduta privata.

Jasmin era una giovane donna Giapponese, che appariva piccola, delicata, quasi fragile come una bambola di porcellana. Ma questo nascondeva una personalità molto forte e determinata. Ho imparato a non farmi ingannare dalle apparenze esterne. La incontrai per la prima volta in India, a Nuova Delhi nel 2006; mentre stavo presentando durante una conferenza Internazionale d'Ipnosi. Successivamente la incontrai ancora una volta in Australia dove stava andando all'Università. E' altamente intelligente e anche se stava finendo la sua Laurea Magistrale, aveva già avviato una sua attività. Inoltre è molto attiva con molte modalità di guarigione e ha una fervente curiosità d'imparare nuove cose. Io però feci fatica a trascrivere la registrazione a causa dell'accento.

Quando entrò sulla scena dichiarò di trovarsi nel deserto, c'erano cammelli e tende. Anche se vide della gente, non entrava in nessuno dei loro corpi. Disse che non aveva importanza, perché non era connessa con questa gente. Sembrava che fluttuasse ed osservasse. "Sento di poter andare ovunque io voglia. Sento che sto solo osservando ciò che sta succedendo sul pianeta. Appariva e spariva, saltava da una parte all'altra per osservare diverse cose." Poi notò di aver cambiato la sua prospettiva e stava osservando il deserto Australiano. "Sento che mi sto solo divertendo." Mi sembrava ovvio di aver incontrato un altro spirito che non era in un copro fisico. Questo sembrava molto simile ai contenuti del Capitolo 19, Gli Orb, in cui il soggetto vide se stessa fluttuare ed osservare ogni cosa, senza un obbiettivo preciso.

Così chiesi a Jasmin di tornare indietro per vedere da dove aveva iniziato, da dove partì il suo viaggio. Si trovava a fluttuare nello spazio, osservava. E' meraviglioso, con tutte queste stelle luccicanti e la luna in lontananza.

D: Sei da sola?

J: Lo sono, ma sono connessa ad ogni cosa.

D: Ti senti così?

J: Sostenuta. Amore. Protezione. Sicurezza.

D: Hai detto che ti senti d'essere ogni cosa. Riesci a vedere cosa voglia dire?

J: C'è una rete alla quale sono connessa, che è connessa ad ogni cosa. Proprio come una ragnatela, ma è solo una rete energetica che è connessa ad ogni cosa.

D: Ma sei ancora un individuo, non è vero?

J: Si. Quando mi focalizzo su una cosa specifica, posso essere un individuo. Dipende da dove è posizionata la tua focalizzazione. Ho solo la sensazione di essere connessa A Tutto Ciò che E', il tutto.

D: E ti senti bene? (Si) Allora perché hai deciso di andartene da sola proprio come un osservatore?

J: Restare da sola mi aiuta a permettere l'individualità. Diventare una parte, invece che l'intero. Sento che entrambi siano importanti.

D: Sembrava che tu fossi separata quando stavi fluttuando ed osservando le cose sul pianeta.

J: E' ancora su quella rete, quella a cui sono connessa e quindi sono ancora connessa ad ogni cosa. E' come... se osservi l'acqua, è connessa ad ogni cosa. Tutte le molecole ed ogni cosa è connessa, ma dipende solo da dove poni la tua attenzione. Puoi essere una specifica molecola e allo stesso tempo puoi sentire ogni cosa, l'intero tutto. E' solo una questione di dove io focalizzi la mia attenzione. In questo modo, posso dire di essere una molecola o allo stesso tempo posso essere un oceano. E' la stessa cosa.

D: Quindi avevi deciso di andare ad esplorare ed osservare? Nessun'altra ragione?

J: Penso di essere un viaggiatore, un esploratore. Voglio sapere cosa vuol dire essere in questa dimensione.

D: Questa dimensione è diversa dalle altre?

J: Si. Ho la sensazione che il luogo da cui provengo sia più luminoso. Solo pura luce ed è più veloce. Venire giù da queste parti sembra essere un po' più lento e appiccicoso. E' solo una diversa rete, ma è connessa ugualmente.

D: E' tutto connesso nello stesso modo.

J: Si, esattamente.

D: Ma sei in grado di separati e focalizzare la tua attenzione in un luogo diverso?

J: Si. Proprio come in una parte poco profonda dell'oceano. E' poco profonda e si può vedere lo strato sottile. E scendendo si sente come se ci fosse uno spesso strato di cose. E' più profondo e spesso.

D: C'era una ragione per cui hai deciso di andare, osservare ed esplorare?

J: Non so. E' solo per giocare.

A quel punto l'ho riportato dove non era più in pieno spazio, ma osservava ciò che accadeva sulla Terra.

D: Cosa pensi della Terra e di tutte le cose che stai osservando?

J: E' contaminata. La Terra è bellissima ed amorevole, ma danneggiata. La gente l'ha inquinata. Acqua e deserto, agenti chimici e tutto il resto. Riesco a vedere l'intero quadro. Percepisco la madre Terra come puro amore incondizionato. E' qui, allo stesso tempo ci sono anche persone che vivono ingiustamente. Mi sento triste, ma ho la sensazione che debbano elevare la lor consapevolezza. Devono notare ciò che stanno facendo alla loro casa. Vorrei dire che non sono consapevoli di ciò che stanno facendo alla Terra.

D: Ma stai solo osservando tutto questo?

J: Si. Penso di voler far parte di tutto questo. Se mi offro volontario, penso che posso.

D: Vuoi fare parte di ciò che sta succedendo?

J: Si. Ho un sento d'urgenza: dobbiamo rimettere tutto apposto o altre cose ne verranno influenzate. Questo intero sistema di vita verrà influenzato da questo pianeta e ciò che la gente sta facendo sulla Terra. Perché se l'intera atmosfera, la gravità e i campi d'energia della Terra collassano altri sistemi verranno compromessi. Nello spazio. Quest'intera galassia e tutte le altre cose. – Mi hanno detto di venire. In verità ho scelto di venire.

D: Chi ti ha detto di venire?

J: Il Consiglio. C'è stato un incontro e hanno esposto una chiamata generale. Una situazione d'emergenza. Sembra che sia stata passata a molti pianeti diversi. In particolar modo hanno scelto la Terra. Ci sono molti pianeti differenti che hanno bisogno d'aiuto, Ma mi sono offerto volontario per venire qui. Mentre osservavo pianeti diversi, inclusa la Terra; la Terra mi sembrava più interessante, con alberi, acqua e persone. E' ricoperta di una gran varietà di cose. Così ho deciso di venire qui.

D: Quindi non è solo la Terra. Anche altri pianeti hanno questi problemi?

J: Ma la Terra, penso, sia la più urgente. Vedo un'emergenza.

D: Quindi questa è la ragione per cui hai deciso di venire. (Si) Come farai ad arrivare? Ti hanno detto come riuscirai a farlo?

J: La mia guida indicò quest'isola: Giappone. Poi mi disse che avrei vissuto là. La mia guida in verità mi ha spinto e ha detto all'energia di cambiare. A quel punto sono solo entrata. All'inizio non capii cosa volesse dire con: "vivi". Ma disse: "Lo saprai." E poi sono solo entrata e sono nata nel corpo umano. E' stato come una proiezione d'energia, come un raggio d'energia di luce. E mi hanno spinto in quel raggio d'energia di luce. E proprio come una stella cadente sono finita nell'isola del Giappone. E lì sono nata.

D: Ha avuto la possibilità di scegliere i tuoi genitori?

J: Ho la sensazione che abbiano scelto il padre che è sempre interessato all'astronomia. Lui guarda sempre le foto dei pianeti, crea telescopi ed ha studiato matematica. Così mi hanno detto che sarebbe stata una buona opzione, lui ha un buon cuore.

D: E pensavano che il Giappone fosse il posto giusto dove cominciare.

J: Si, hanno scelto questa isola per me.

D: Come ti sei sentita quando sei entrata nel corpo?

J: La madre ha moltissime emozioni della paura; emozioni pesanti e sentimenti negativi. Ansiosa. Così ho imparato che hanno emozioni. Penso che all'inizio ho sentito d'essere entrata nel corpo. E poi è stato come se fossi nel corpo di una persona diversa, ho sentito una grossa quantità d'emozioni provenienti da lei. Probabilmente sarei finita col sentirmi come quando avrei scelto questo corpo. Così ero bombardata da emozioni, sentimenti e pensieri. E tutta la roba pesante.

D: E' diverso da come ti sentivi prima.

J: Si, è molto diverso.

D: Pensi che ti piacerà restare in questo corpo?

J: Mi avevano avvisto che all'inizio mi sarei sentita confusa. Non sapendo chi ero e quali sono le emozioni bombardate da altre persone. Penso di dover essere saggia e comprendere Qual'è la mia energia e quale non lo è. O cosa proviene dalla gente. Perché in un corpo causano tutte queste emozioni, sistemi di credenza, pensieri, di ogni tipo.

D: Quindi percepisci questi sentimenti. (Si) E' difficile spegnerli.

J: Si. Probabilmente non dovrei spegnerli, perché devo imparare ed integrare, come gli altri umani.

D: Questa è la tua prima volta come essere umano?

J: Prima volte. Mi hanno detto: "E' la tua prima volta." Come un inizio. Sono stata in altre forme di vita, ma nulla come questo.

D: Ti hanno dato qualche istruzione?

J: Mi hanno istruzione per permettere il corpo umano. Sto osservando il feto, il bebè e come sta crescendo. Come vengono creati gli organi e come fluisce l'energia. E come questa cosa si sviluppa in molti altri organi, come cresce. Osservo come funziona questa corpo. E' interessante, è così diverso. E' come osservare al microscopio. Sto osservando l'intero sistema, è diverso.

D: Ma quando entri nel corpo, non ricordi dov'eri prima, giusto?

J: Probabilmente non mi è permesso ricordare molto.

D: C'è forse una ragione?

J:Perché devo pretendere d'essere un umano. Devo essere un umano. Probabilmente è meglio non avere altre ricordi.

D: Potrebbe creare confusione, non è vero?

J: Si, è così. – E' divertente osservare il battito del cuore di questo neonato e come le ossa... mi piace come batte il suo cuore. Pompa il sangue, è molto interessante. Pompa e muove.

D: Quando ti hanno detto di venire, ti hanno detto cosa volessero che facessi?

J: Mi hanno detto di allineare il corpo umano. E come le entità o le anime proiettano i loro flussi vitali nel corpo. Come manipolare il corpo, per imparare come funzione l'intero sistema. Così che, successivamente, io possa portare la conoscenza in un luogo diverso, in questo modo altre persone sarebbero in grado d'imparare. Perché nulla è così. E' inusuale e molto raro. Ovviamente, ci sono pianeti come questo, ma questo io lo trovo più affascinante.

D: Perché è raro?

J: Questa Terra... per qualche ragione ho la sensazione ch'è stata creata come una qualche forma d'esperimento. Ma ci sono diverse forme di vita. C'è una certa complessità riguardo a ciò che gli umani stanno facendo. Hanno i loro concetti riguardo a ciò che chiamano "lingue". E quest'intera cosa, è piuttosto diversa. Mentre altri pianeti sono più telepatici, qui la gente ha diversi corpi e diverse lingue.

D: E' più facile quando c'è la telepatia, non è vero? (Si) Non devi comunicare con le parole. – Cosa ne pensi di questa missione?

J: E' entusiasmante, affascinante. Sono pronta ad imparare. Ma mi hanno detto che sarebbe stato un sacco di duro lavoro, ma questo lo rende più divertente. Sembra complicato, così quando cambio qualcosa di complicato, posso acquisire più conoscenza e capacità per riuscire ad espandermi. Vogliono che trasferisca la conoscenza in modo più energetico. Trasmissioni energetiche di conoscenza. Penso d'aver bisogno d'educazione, cosìcché la gente possa comprendermi meglio. So che quando entro nella gente, trasferisco la conoscenza. L'energia e la saggezza, cosìcché la gente diventa consapevole delle cose, senza saperlo.

D: Hai detto quando entro nelle persone. Cosa volevi dire?

J: Mi basta toccare la gente, parlargli, stargli vicino. Ovunque vada mi sento come un'ancora per certe energie. In questo modo altre persone possono riconnettersi all'energia a cui erano connessi. Quando ci sono, naturalmente attivo o ancoro le persone che mi circondano, la gente mi sente naturalmente e riescono a riconnettersi all'energia.

D: Perché si sono dimenticati della loro connessione?

J: Si, proprio così, o hanno deciso di disconnettersi. Hanno dimenticato.

Poi mi disse che stava parlando attraverso un corpo umano, chiamato Jasmin. Disse che quando faceva la guarigione per le persone, si collegava all'energia da cui proveniva. "Si sente di portare l'energia più appropriata per quella persona. Alcune persone hanno bisogno di una vibrazione più bassa, così acquisisce una vibrazione inferiore e loro vengono guariti. La gente che consuma la propria energia, può ancora ricevere pura energia ad alta frequenza. Anche loro vengono curati. In questo modo riesce naturalmente ad adattare quale energia scelgano. Loro si adattano o lei si adatta, o l'energia di adatta da sola."

D: Cosa succede se gli da' troppo?

J: Lei non da troppo, o l'energia non da troppo. Altrimenti certe persone avrebbero un'overdose o effetti collaterali.

D: Quindi quando fa questo, automaticamente sa quanta energia dare alla persona.

J: Si. Come l'elettricità... prima di toccare la gente... è come un conduttore d'energia. E' come l'acqua. Se avessi qualcosa per cambiare la direzione dell'acqua, attraverso l'associazione, connettendo e dirigendo il flusso dell'energia.

D: E' consapevole a livello cosciente da dove provenga l'energia?

J: Non ha bisogno di saperlo, perché non ha molto senso comprendere da dove provenga ogni singolo dettaglio di una o l'altra energia. Perché tutti provengono da diversi pianeti e diverse dimensioni. Se si focalizzasse si ogni singolo dettaglio, la sua mente rimarrebbe inondata. La cosa più importante che la gente viene curata e riconnessa. Lo fa per aiutare la gente. E' oltre alle parole.

D: E' così vicina a questa energia perché non ha vissuto molte altre vite?

J: Si, questa è una delle prime volte. Ha sperimentato le vite simultanee con altre persone attraverso l'energia. Inoltre ha esperienza simultanee che altri esseri umani stanno facendo, così che lei possa adattarsi meglio quando diventerà incarnata nel corpo.

D: E' per questo che l'energia che sta usando è così pura, perché non ha vissuto sulla Terra troppe volte?

J: La sua energia è ancora molto pura. E per noi è facile utilizzarla, perché possiamo portare altre stringhe d'energia che sono necessarie per altri esseri umani che lei incontra.

D: Sai quando una persona ha molte, molte vite rimane impantanata nel karma.

J: Lei non ha alcun karma. Per lei è facile. Sai, lei vuole essere Uno con me in ogni momento. Sto' già parlando attraverso di lei quando lei comunica alle persone. Quindi per noi lei è già uno strumento puro. Spesso parliamo attraverso di lei. Sta facendo un buon lavoro. Ci permette d'essere con lei. Questa è una cosa ottima, perché non molte persone ci riescono. Adesso deve fare un passo delicato, proprio come un essere umano ordinario. Altre persone non riescono a sopportare che all'improvviso delle energie fluiscano in loro. Quindi a volte deve rallentare, perché è un processo evolutivo. Non può andare ed attivare le energie, le vibrazioni e il DNA della gente. Così le stiamo insegnando a rallentare, perché vuole dare a tutti una guarigione istantanea. Ma c'è certa gente che deve lavorare sul proprio karma e altra roba. Lei capirà le difficoltà, i problemi e le sfide che altri umani devono affrontare. Sappiamo che a volte si sente frustrata quando non riesce a curare le persone istantaneamente. Ma di solito ci vuole tempo, perché è una scelta individuale. Potrebbero voler restare in malattia e dolore, e altra roba che li fa andare a fondo. Lo deve fare gradualmente e alla fine, perché deve insegnare ad altre persone come guardare dentro al corpo, e come guarire. Le abbiamo dato quell'abilità per farlo, ma deve rallentare. Non è troppo per lei. Tuttavia, potrebbe essere troppo per gli altri. Ha così tanti studenti, ma hanno bisogno di tempo per imparare. Quindi deve rallentare. Altrimenti, tutti i suoi studenti si sentiranno isolati e lasciati da soli, mentre lei è così avanzata. Deve imparare dalle difficoltà altrui, dai loro problemi. E' per questo che non riescono a farlo. Processo graduale. Quindi allo stesso tempo deve essere umana. Alla fine riuscirà a compilare tutta la sua conoscenza per offrire un seminario, un corso, un programma educativo. Ci riuscirà, così che la gente ordinaria – un'adulta, e perfino un bambino, possano imparare come espandere la coscienza. Ma in questo momento deve imparare come essere umana. Nella Nuova Terra tutti saranno in grado di fare queste cose: curare, vedere dentro al corpo, comunicare telepaticamente, materializzare oggetti, bilocazione. Questa conoscenza è necessaria e tutti impareranno queste cose. Questa conoscenza è accessibile a chiunque. Abilità di risvegliare. Non possiamo darti una tabella temporale, ma voi tutti alla fine ci riuscire.

D: Hai detto bilocazione?

J: La bilocazione potrebbe sembrarti un fenomeno strano, ma succede in sempre. Si tratta di elevare la propria comprensione. Per noi è una cosa naturale, lo facciamo sempre. E' solo che la vostra mente cosciente è così limitata. Questo le sarà rivelato, e anche a tutti gli altri, al momento giusto.

D: Voleva saperne di più di vivere senza mangiare.

J: Lei può. Non avete bisogno di mangiare, non è necessario. Ma prima o poi voi tutti sarete in grado di vivere senza mangiare, nella Nuova Terra. La gente sta già cambiando e trasformandosi. In molti mangiano solo frutta e verdura.

Così avevo inaspettatamente trovato un altro esordiente mentre stavo viaggiando dall'altra parte del mondo. Se la mia posta fosse una minima indicazione, possiamo dire che ci sono grandi quantità di volontari là fuori che sono qui per aiutare la Terra in questo momento di crisi. Superficialmente queste persone assomigliano a tutti gli altri e sono completamente inconsapevoli dell'importante compito che hanno ricevuto.

* * *

ESORDIENTE INGLESE

Questa seduta ebbe luogo nel 2005 a Londra nella mia stanza di hotel. Avevo offerto molte lezioni e corsi, ed ero inondata di richieste di sedute private. Francine riuscì a convincermi che fosse molto importante per lei avere una seduta, così in qualche modo l'ho infilata nel mio calendario. Sono molto contenta d'esserci riuscita, perché la seduta le fu di grande beneficio. Non penso che queste cose succedano per caso. "Loro" sono sempre in carica e mi connettono con la gente che dovrei aiutare. Francine soffriva di depressione dall'infanzia e adesso stava prendendo degli anti-depressivi. Mi disse che voleva suicidarsi. Le bastava non dover essere qui, anche se aveva una bella vita (secondo i nostri standard). Era sposate, aveva figli e suo marito era molto comprensivo della sua condizione. Ma lei era una delle persone che incontro sempre più spesso che si sente di non appartenere qui. Sono a disagio con la violenza e l'orrore del nostro mondo. Vogliono tornare a casa, anche se non sanno dove sia. Si sentiva di aver raggiunto la fine della candela ed era sincera a proposito del suo desiderio suicida. I medicinali potrebbero averla inibita un po', ma stavano solo sopprimendo la vera causa. Avevo una mezza idea di cosa avrei trovato, perché vedo sempre più anime gentili come lei mentre ci avviciniamo al salto verso la Nuova Terra. Mi hanno detto che loro sono i pionieri, gli apripista che preparano la via che gli altri seguiranno. Era molto difficile per coloro che arrivano per primi, perché ebbero moltissimo adattamenti da fare. Coloro che vennero dopo non ebbero tutte queste difficoltà. Avevo una sensazione precisa che Francine fosse uno di questi volontari venuti per primi per spalare la strada agli altri.

Quando Francine entro in profonda trance, invece di andare ad una vita passata, si trovò in una situazione molto scomoda. Non riusciva a vedere nulla, le informazioni arrivavano nella forma d'impressioni e sentimenti. "Improvvisamente mi sento molto, molto pesante e qui non c'è nulla. Solo oscurità. Mi sento in ansia. Sento che il mio cuore batte più velocemente. Sento come se ogni cosa sia sotto pressione. Mi sento come se il mio corpo venisse spremuto. Lo sento stretto e schiacciato."

Le diedi suggerimenti per rimuovere qualsiasi sensazione fisica, così che non ci fosse alcuna sensazione di disagio. "Cosa pensi che stia causando queste sensazioni?"

F: Non lo so. Mi sento come se stessi nascendo, o come se stessi per nascere. Mi sento come se fosse tutt'intorno a me, una sensazione d'essere schiacciata e spinta. Il cuore mi da una strana sensazione

Non vedevo la necessità di farla sentire a disagio. Se stava sperimentando la sua nascita, avrebbe potuto continuare per un bel po'. Così la spostai avanti nel tempo per vedere cosa le causasse quelle sensazioni.

F: Vedo un neonato, tenuto dalle gambe e sculacciato. – Penso di essere il neonato.

D: Dove ti trovi quando questo sta succedendo?

F: Penso che sia un ospedale. Non vedo nulla chiaramente.

D: Ti senti meglio adesso che sei fuori?

F: Sento che c'è qualcosa che non va. Non mi sento meglio. Non mi sento così compressa, ma il mio cuore ha qualcosa che non va.

D: Vuoi dire che è strano essere in un neonato?

F: Si, sono impaurita e sola. Sento le lacrime scendere. E' stato uno shock. Non è stato giusto. Sono confusa. Non riesco a ricordare perché sono qui o cosa stia succedendo. Perché tutto è così freddo e duro? Non vedo niente, ma sento tutto questo.

D: Hai detto di avere la sensazione di essere sola?

F: Si, non ho la sensazione di essere abbracciata o coccolata. Mi sento come se fossi sola.

D: Dov'è tua madre?

F: Non lo so. Non è qui. Voglio essere abbracciata. Voglio sentire che appartengo a qualcuno.

D: Il luogo da cui provieni prima d'essere qui, ti sentivi sola là? (No) Com'era quel luogo?

F: Là non mi sono mai sentita sola. Tutto è così luminoso e così bianco, come se facessi parte di qualcosa di molto vasto. So di esserne connesso e mi sento che è puro amore. Mi fa male essere lontana da tutto quello.

D: C'erano delle persone là?

F: Mi sento che, nella parte principale era solo luce. Però penso che si possa essere separati in qualche modo. Si può avere un corpo, che sarebbe fatto di luce. Si, ho la sensazione che ci sono altri esseri di luce tutt'intorno a me. Possiamo sentirci come una massa di luce se volessimo ed essere connessi costantemente, senza mai sentirci soli, comprendendoci a pieno e lavorando sempre insieme. Era priva di restrizioni ed tutto era più veloce, comune e luminoso. E' difficile spiegarlo perché non c'è nient'altro che luce e la sensazione occasionale di poter vedere le forme di altri esseri di luce. Ma questo è quando. Ci dovrebbe essere una sensazione d'amore e unità, come se fossimo tutti parte della stessa unica energia. Mi sentivo parte del tutto.

D: Cos'è successo, perché hai dovuto venire in un corpo?

F: Ho sentito che era ora di andare. Dovevo essere coraggiosa e ho dovuto farlo, ma sapevo che avrei dimenticato chi ero e come me ne sarei andata. Era importante che io andassi. C'era qualcosa che dovevo dare e dovevo portare luce. Sono così fortunata. Ho vissuto nella luce per tutto il tempo, e ci sono restata per molto, molto tempo. Era come se qualcuno stesse chiedendo aiuto, non li avresti ignorati e sono dovuta andare. Dissi che mi sarei offerta volontaria. Dissi che sarei andata ad aiutare.

D: Qualcuno ti ha chiesto di andare o hai deciso da sola?

F: Penso d'essermi offerta volontaria, perché sentivo di voler aiutare. Non penso che mi dissero di andare. Avevo una scelta e volevo andare. Pensavo di poter aiutare a superare i problemi offrendo la mia luce e amore.

D: Sapevi come sarebbe stato?

F: Penso che me l'avessero detto. Avevo l'impressione che sarebbe stato difficile e mi sono sentita come se ne fossi stata pronta. Ma sapevo che avrei dovuto dimenticare per un po' e che gradualmente avrei ricordato.

D: E' questa la parte più difficile: dimenticare?

F: Si, perché finisci per sentirti così solo. E non sapevo più chi fossi.

D: Perché è importante dimenticare quando entri nel corpo?

F: Dovevo incarnarmi a pieno come un umano e in un corpo, solo così avrei pensato d'essere pienamente umana. Sarebbe troppo per la mia mente umana ricordare ogni cosa in una volta.

D: Sei mai stata in un corpo prima d'ora?

F: Penso di si. Ma non penso d'esser mai stata sulla Terra prima, perché era troppo difficile immaginare come sarebbe stato in un corpo così denso. Ero solita sentirmi così libera e leggera, e poi mi sono sentita' così pesante all'improvviso. E' stato difficile. Molta confusione. Dissero che per me sarebbe stato difficile. Risposi che ero disposta ad andare, perché volevo aiutare. Ero disposta a sopportare qualsiasi difficolta necessaria al fine di riuscirci. Penso che ci sia un piano universale. Penso tutti abbiano ricevuto una richiesta d'aiuto. E' perché c'è stata molta oscurità, e molta solitudine in questa parte dell'universo. E' ora di far tornare la luce. Me lo chiesero e dissi che sarei venuta volontaria. Non penso d'essere sola. Penso che ci siano altri da dove provengo che si sono offerti volontari.

D: Come hai ricevuto la richiesta di andare come volontario?

F: Ci fu un grande incontro del consiglio. Non solo la nostra gente, le luci, c'erano anche altri popoli. E durante l'incontro, hanno organizzato un piano universale per il quale stavano raccogliendo volontari. Nessuno aveva l'obbligo di andare, dipendeva da noi. Se sentivamo che era ciò che potevamo fare, allora potevamo andare ma c'era un piano più grande. Mi ricordo che il mio cuore era così grande, pieno d'amore. Ho sentito: "Si, andrò a farlo. Questo è qualcosa che voglio fare." Sentivo che se fossi andata avrei potuto aiutare a rendere il piano un successo, perché l'evoluzione della Tra era stata rallentata troppo da uno sbilanciamento dell'oscurità. E solo trovandomi là, avrei aiutato a ribilanciare la luce così che l'evoluzione potesse progredire nella giusta direzione e nel modo giusto.

D: Ti hanno fatto vedere come sarebbe andata?

F: Ci hanno informato su come sarebbe stato essere in un corpo. Dissero che sarebbe stato molto difficile adattarsi, perché ci saremmo sentiti ristretti e limitati in un modo che non avevamo mai sperimentato prima. Là c'era completa libertà, non c'era assolutamente alcuna restrizione. C'era solo amore ed illimitatezza. Dissi loro che ero pronta a farlo, se avesse contribuito al successo del piano.

D: Ma sulla Terra sarebbe stato diverso, ci sarebbero delle restrizioni.

F: Si. Era dura immaginare quanto sarebbe stato difficile in realtà. Credevo nel piano e credevo d'aver abbastanza coraggio ed amore per riuscirci.

D: Ma passare attraverso l'esperienza della nascita, è stato diverso, non è vero?

F: Si, molto diverso. Perfino dentro a mia madre, in utero, anche allora ho sentito che l'oscurità era molto restrittiva, come se ci fosse qualcosa di sbagliato, come se non stessi ricevendo abbastanza nutrienti. O forse solo la tensione, potevo sentire la tensione.

D: Ma a quel punto era già troppo tardi per tornare indietro.

F: No, sapevo che faceva parte dell'accordo. A quel punto l'avevo già accettato. L'avrei fatto e non volevo tornare indietro. Mi dissero che avrei ricevuto aiuto. Dissero che avrei avuto una forte sensazione a riguardo di alcune persone, gli avrei parlato e mi sarei sentita meno sola. Ci sarebbe stato dell'aiuto.

D: Anche se, non appena si entra nel corpo, si dimentica.

F: Si, anche se tutta quella conoscenza illimitata non è più accessibile. E' strizzata nel nulla e devo perfino imparare a respirare. Si è davvero difficile. Non avrei mai immaginato che sarebbe stato così difficile. Non sapevo quanto sarebbe stato doloroso. Non sapevo come mi sarei sentita ad essere così sconnessa dal sentimento dell'amore. Inoltre, la sofferenza fisica. Alla nascita, subito avevo un dolore nel mio cuore. Il cuore non funzionava bene. C'era un buco in una delle camere interne del cuore. Non mi ero sviluppata bene quand'ero nell'utero. Penso che le funzioni della placenta fossero danneggiate e questo causò una mancanza di nutrienti. Inoltre quell'area del corpo era compromessa perché si sentiva tagliata fuori anche dall'amore. Era una manifestazione fisica dell'essere tagliata fuori dall'amore di cui ero già a conoscenza.

D: Cos'è successo? Sei stata in grado di riparare il cuore?

F: Si. Faceva tutto parte del piano. Serviva per aiutare la gente a comprendere il proprio potere e che l'amore può curare.

D: Sai se l'hai fatto da sola, or hai ricevuto aiuto?

F: Era già stato pianificato a livello superiore che sarebbe successo, e tutti ne facevano parte. Ne ho fatto parte, assieme a tutte le persone che stavano pregando per me. L'energia di tutti si riunì e questo manifestò la guarigione. Penso che aiutò a bilanciare, anche altre cose che erano incomplete nel mio corpo.

D: Altrimenti, il corpo non sarebbe stato in grado di vivere.

F: No. Avrebbe avuto bisogno di almeno un'operazione. Ma questo era il piano: guarire.

D: Venire ed insegnare delle lezioni alla gente anche da bambina.

F: Si. Era un'ottima lezione. Ho sentito amore quando mi hanno curata. Ho sentito l'energia nel mio corpo. Ho sentito le preghiere della gente ed ho sentito l'amore che mi ripuliva. Una sensazione bellissima.

D: Quindi non eri completamente tagliata fuori dall'amore.

F: No, c'era. E' stato bello scoprire quell'amore. C'è amore qui.

D: Ma ci sono moltissime lezioni da imparare sulla Terra, non è vero?

F: Si. E' stato un duro lavoro qui. Ho imparato a nascondermi dalla vita. Da bambina ho imparato a spegnere una certa parte di me per riuscire a sopravvivere. Al fine di proteggermi dalla sofferenza che sentivo quando la gente era cattiva e orribile; o quando sentivo la sofferenza degli altri con tanta forza. Sentivo che era troppo da sopportare e ho dovuto spegnere quella parte di me per un po'.

D: Non ti aspettavi che la gente sarebbe stata in grado d'esser crudele.

F: No, no. Mi sbalordisce, non so perché. Poi crescendo, inizia a comprendere che anche loro erano stati vittime della stessa crudeltà. Che si era poi trasformata in rabbia e risentimento, e che poi era uscita e si era trasferita agli altri attorno a loro. E dilaga come una malattia paurosa, la paura di essere una vittima della rabbia altrui.

D: Hanno tutti le loro lezioni. (Si) Hai incontrato altre persone che provengono dallo stesso luogo?

F: Si. Ho incontrato molte persone, alcune di loro dal luogo da cui provengo io. Alcuni di loro l'hanno trovato davvero difficile e non riescono ad adattarsi. Ho provato ad aiutarli, ma fanno fatica ad adattarsi.

D: E' questa la ragione per cui eri depressa da giovane? (Si) Parlamene, avevi detto che eri depressa per molti anni?

F: Si, lo sono stata per molto tempo. Anche quand'ero bambina. E' da allora che ho iniziato a spegnermi, mi sentivo molto stanca. Era molto difficile riuscire a funzionare come un essere umano.

Cercavo d'essere la luce. Ma scoprii che era molto difficile essere la luce quando tutt'intorno a me era così doloroso, sentivo tutta questa sofferenza. Continuavo a pensare alla ragione per cui ero qui e tuttavia non riuscivo a vedere come stessi facendo alcuna differenza. Era difficile vedere all'esterno della mia piccola vita, il quadro generale del grande piano per la Terra. Volevo sapere qual'era il piano e perché non riuscivo a ricordarlo. Ho sempre saputo che prima o poi me ne sarei ricordata. Che primo o poi avrei ricevuto delle risposte. C'era sempre qualcos'altro. Inoltre mi sentivo così in colpa, perché stavo cercando di essere più umana possibile. E gli esseri umani hanno una comprensione molto limitata di come funziona la vita, e fanno molti errori. Mi sentivo terribilmente quando capivo d'aver fato un errore che aveva causato dolore a qualcun altro. Questo non l'ho mai gestito bene. Sono sempre stata dura con me stessa, presumo, perché avevo questo lavoro da fare. Pensavo di potercela fare e poi ho compreso che non sarebbe stato facile. Il corpo umano ha troppe limitazioni e questa dimensione è lentissima. Tutto si muove così lentamente. Ho dovuto imparare a non aspettarmi troppo e questa è stata una dura lezione.

D: No possiamo cambiare tutto da soli, vero?

F: No, faccio parte di un team, ma mi sentivo così sola. Pensavo di dover fare tutto da sola.

D: Ha realizzato ad un altro livello che c'era un team?

F: Gradualmente, molto gradualmente. Inizialmente, pensavo che il mio team fosse con la religione Cristiana. Lo pensavo perché parlavano della luce e questo ha illuminato qualcosa in me: la parte che avevo spento. Cercai di aprirmi, è stato difficile. Risposi alla luce, anche se in chiesa, ma mi sono sentita così ferita dalla gente. Continuavo ad espandermi in amore e luce e allo stesso tempo continuavo a contrarmi. Sentii d'aver comunicato con la luce ancora una volta. Ne avevo avuto un barlume. Tuttavia era tutto così macchiato di limitazioni che mi sembravano scorrette. Sapevo che c'era altro; sapevo che c'era molto altro. Era come se vedessero Dio come una rete strutturata, mentre io potevo vedere Dio senza alcuna struttura. Non c'era bisogno di alcuna limitazione. Ma questo loro non lo capivano e per questo non gli piacevo. A quel punto sapevo che era ora di procedere. Mi sono sentita molto ferita dalle cose che mi dicevano.

D: Pensi o sai se vengono tutti dallo stesso luogo da cui provieni tu?

F: Penso che ad un certo punto proveniamo tutti lì. Quando si ritorna, tutti proveniamo dallo stesso luogo. Ma c'è un diverso livello di amnesia quando si va in luoghi come la Terra. Alcuni di loro sono in corpi umani da centinaia e centinaia d'anni, e sono paralizzati dalle limitazioni.

D: Pensi che gli sia successo questo, hanno vissuto troppo a lungo in corpi?

F: Si, penso che abbiamo vissuto qui troppo a lungo, si sono dimenticati chi erano. Hanno dimenticato la luce. Forse hanno solo bisogno di una vacanza altrove. (Ridendo) Hanno bisogno di ricordare cosa voglia dire essere illimitati ed espansi.

Come forma di fuga durante un certo periodo della sua vita, Francine aveva iniziato ad assume stupefacenti.

D: Pensi che le droghe ti abbiano aiutato quando ti sentivi persa?

F: Penso di averle usate, a volte, come un mezzo per accedere alle parti della mia mente che avevo bisogno di aprire. Le parti che mi permettono di vedere ogni cosa come l'Uno. Mi sentivo d'essere guidata a quelle parti della mia mente. Le droghe aiutarono ad aprire una porta. Stavo cercando un modo per sentire l'unità. Per sentire che facevo parte della luce e che tutte le informazioni erano ancora lì. E' solo più difficile accedervi. Molta gente pensa che io sia molto strano perché vedo sempre qualcosa di più profondo. Per loro è più difficile comprendere.

D: Perché sono così imbrigliati nel mondo fisico.

F: Si. Presumo sia più facile per me, che per altra gente, vedere i giochi che esistono nel mondo. Come se ci fosse un gioco da vincere a livello fisico e un gioco d'essere riconnesso con la luce. E' così distruttivo e ovviamente bisogna anche essere pienamente umani. A volte io sono molto auto-distruttiva. Però ritengo che sia ora di smetter d'odiarmi per questo.

D: Pensi che sarebbe stato più facile se avessi avuto altre vite in un corpo umano?

F: Si, mi avrebbe aiutato aver fatto qualche altro tentativo. (Ridendo)

D: Tuttavia, ci sarebbe stata un'altra prima volta nel corpo.

F: Si, la prima volta sarà sempre difficile, vero? (A questo punto il subconscio prese pieno controllo.) E' stato importante per il sentiero dell'anima di Franciane fare queste esperienze, perché servivano solo ad aiutare L'Una Luce a conoscere di più. Aumentare l'esperienza è sempre positivo. E questo aiutava parte del grande piano. Non è solo per aiutare lei. Facendo tutto questo lei sta aiutando la luce ad aumentare in consapevolezza. Sapeva che non sarebbe stato facile. Sentiva tutto così intensamente. Continuare a rigirarsi nel dolore e non riusciva a trovare una via d'uscita. L'unica via d'uscita che riusciva a vedere era la morte, perché sapeva che così sarebbe libera. Ma non poteva morire nel momento in cui ci aveva provato. Le dicevano: "No, non è ancora il momento giusto. Devi restare ancora." Ogni volta, la fermavano, perché l'amavano e volevano che avesse successo col piano. Se fosse andata, ne sarebbe rimasta dispiaciuta. Sapeva che restare era per il suo bene.

D: Non le fu permesso, perché dove finire ciò per cui si era offerta volontaria.

F: Si e voleva restare. Ma la parte umana era triste, rabbiosa, dolorante e voleva che finisse il dolore, voleva andarsene. Ma ha un lavoro da fare, e riuscirà a finirlo. Questa è la parte più difficile.

Sapevo che stavo parlando con il subconscio, così iniziai a fare domande.

D: Siete andati con lei direttamente. Questo è ciò che volevate che sapesse oggi?

F: Si. E' ora che lei sappia. E' ora che lei comprenda.

D: Per tutta la vita ha fatto fatica, sentendosi diversa. (Si) Disse che si sentiva di non avere un senso d'appartenenza qui.

F: E' vero. E' per questo.

D: Ha mai vissuto alcuna vita in un corpo fisico?

F: Molto, molto tempo fa. Ha vissuto molte vite in un corpo, ma era molto meno denso del corpo in cui è ora. Costruivano città, e vivevano in armonia.

D: Questi corpi erano sulla Terra?

F: No. Molto lontano.

D: Potrebbe esserle utile saperne più, forse per la sua curiosità?

F: Si. Passò attraverso una serie di evoluzioni in cui divenne sempre più luminosa, finché alla fine l'intera civilizzazione divenne luce. Rimase in quella luce per molti, molti eoni. Erano progrediti al punto di diventare una coscienza unitaria. Percepivano la loro unità in ogni momento, e non avevano bisogno di creare corpi fisici meno che no volessero. E poi avevano iniziato a creare corpi di luce. Avevano superato la maggior parte degli ostacoli attraverso la loro evoluzione, era un luogo dove tutto era, pace, amore ed armonia. Era un luogo molto confortevole e c'era una perenne sensazione di raggiungimento. Quindi, per lei è molto difficile trovarsi in uno stato così sottosviluppato.

D: Cosa è successo da spingerla a venire sulla Terra?

F: C'erano molti problemi in un'area della galassia dove è situata la Terra. L'oscurità è fuori equilibrio. Il Grande Consiglio si riunì e decise che era ora d'infiltrare il sistema. Incarnandosi sul pianeta, esseri di luce avevano l'opportunità di dare la propria luce ad un pianeta che era sopraffatto dall'oscurità. Lei si offrì volontaria per questo lavoro, perché sapeva di potercela fare.

D: Ma è diverso quando si arriva qui nel corpo, vero?

F: Si, fece molta fatica ad adattarsi. E' molto difficile lasciare un luogo così pacifico per venire su un pianeta così denso, lento con così tanta sofferenza. La gente come lei lo percepisce intensamente perché sono molto aperti.

D: Sono persone molto gentili, e non hanno ricevuto la programmazione di altre vite sulla Terra che avrebbe potuto aiutarli.

F: Si. Hanno avuto molto coraggio per venire. Siamo molto grati del fatto che siano venuti, perché stanno permettendo al piano d'avere successo. Il piano sta funzionando.

D: Ci sono molti altri che si sono offerti volontari, vero?

F: Sono molti, moltissimi. Migliaia e migliaia e milioni. Ci sono molti bambini che stanno nascendo ora, che stanno aspettando in fila. Ecco perché Francine ebbe dei gemelli, perché volevano venire insieme

D: I gemelli erano alcuni dei volontari? (Si) Provengono dallo stesso luogo? (Si) E anche loro non hanno avuto altre vite?

F: Loro si sono adattati meglio e stanno ricevendo aiuto. Sono stati aiutati prima d'iniziare, hanno l'aiuto di coloro che hanno già fatto molto lavoro e hanno battuto il terreno per loro. Hanno anche una madre che ha fatto molti adattamenti e sa come introdurli meglio alla vita sulla Terra.

D: Questo è ciò che ho notato nel mio lavoro. Quelli dell'età di Francine, o più anziani, fecero molta fatica ad adattarsi. Molti di loro volevano suicidarsi ed andarsene.

F: Si, questo è un problema.

D: Quindi sembra che per quelli che sono venuti dopo di lei sia più facile.

F: Si, per loro la via è pronta. Faceva parte del piano, le persone dell'età di Francine dovevano venire con grande coraggio per scavare un nuovo sentiero. Sapevano che sarebbe stato difficile perché stavano distruggendo vecchie strutture e ristrutturandone di nuove in modo etereo. Vedo un'immagine del pianeta con una rete tutt'intorno e la loro energia che hanno portato sta aiutando a spostare la rete in una nuova posizione. C'è più amore che fluisce più liberamente, sbloccando dei canali.

D: La loro energia crea una differenza.

F: Si, adesso la luce per la prima volta, è superiore all'oscurità. C'è la possibilità che la razza umana si evolva oltre al punto di auto-distruzione. Era diretta in quella direzione, per questo motivo gli è stato chiesto di venire. Ma dovevano dimenticare chi fossero, perché la razza ha bisogno di sentire che si sta evolvendo. Doveva diventare umana per poter far parte della razza umana, per poterla cambiare dall'interno. Non poteva cambiarla da fuori, perché questo va contro le regole.

D: Di che regole stai parlando?

F: La direttiva primaria di non-interferenza.

D: Questa non è considerata interferenza?

F: No, questo fa parte del piano. E' un buon piano, perché la gente dimentica di far parte della luce. Ma iniziano a ricordare e la luce che portano, solo essendo loro stessi, crea una differenza enorme anche solo mantenendo la luce dentro loro stessi. Sono una piccola luce che si connette a tutte le altre piccole luci in tutto il mondo, e diventa sempre più luminosa.

D: Inoltre i bambini che stanno arrivando ora hanno la strada spianata, quindi per loro è più facile. (Si) Ma fanno ancora fatica, perché alcuni di loro sono così evoluti e gli adulti non li comprendono. (Si) Ho molti insegnati che chiedono come possono aiutare i bambini. Avete qualche suggerimento?

F: Le limitazioni del sistema educativo devono essere ridefinite per potere alla liberta dell'animo di ogni bambino posso veramente esprimersi in modo creativo. Devono introdurre meno rigidità d'orari e permettere più movimento libero tra lezioni, cosicché i bambini possano vedere come le cose sono connesse tra di loro. Per loro è difficile restare seduti e imparare numeri e lettere, inoltre non riescono a vedere l'intero quadro. Hanno bisogno di sapere come le cose siano connesse tra di loro.

D: Io non credo che dovrebbero riceve tutte queste medicazioni.

F: Non sono utili. Servono solo a spegnerli. I bambini hanno bisogno di cambiare il sistema invece stanno cercando di sopprimerli e tenerli sottomessi.

D: Così detto "normale".

F: Normalizzati, si. Ma ce ne sono troppi adesso. Le cose stanno cambiando.

D: Non penso che saranno in grado di sopprimerli tutti.

F: No, l'onda di cambiamento è già iniziata.

D: Adesso possiamo vedere da dove proveniva la depressione che aveva influenzato il corpo di Francine. (Si) Pensi che imparare queste cose la aiuterà?

F: Si, ha già iniziato a fare lavoro corporeo che sta aiutando a bilanciare certe cose che erano fuori posto a causa dell'inquinamento. L'ambiente tossico in cui vivono gli umani sta avendo un effetto terrificante, mentre i loro corpi stanno cambiando. Le tossine che si stanno accumulando nei loro corpi, li fanno sentire bloccati e questi sintomi si ripetono.

D: Francine aveva molti sintomi che i dottori stavano cercando di diagnosticare: vertigini, stanchezza, dolori muscolari e alle articolazioni.

F: Si, tutto questo fa parte degli adattamenti al suo corpo e sta succedendo dappertutto. La gente ha bisogno di rallentare e prendersi cura dei propri corpi a causa dell'inquinamento. La stiamo aiutando e mentre la depressione sta sparendo, sentirà sempre più il desiderio di restare, perché si sentirà più felice. L'inquinamento planetario l'ha sbilanciata. Gli agenti chimici nel suo cervello e nel suo corpo sono fuori controllo. Le medicine che ha preso l'hanno aiutata a stabilizzarsi.

D: Poi mentre la depressione diminuirà dopo questa seduta e lei comprenderà cosa sta succedendo, anche gli altri sintomi inizieranno a sparire?

F: Si, gradualmente mentre integra le cose che sta imparando, il suo corpo si adatterà. Sto vedendo un'immagine del suo corpo spirituale che non si è mai connesso pienamente con il corpo fisico, perché dovette spegnerne alcune parti. E quando le riaccese non si sono riconnesse perfettamente. Per lei è difficile riconnetterle, il "cablaggio" è tutto fuori fase. Ma in questo momento sta sostituendo molti cavi e questo le permetterà di guarire. Comprenderà il suo scopo nuovamente e la sua depressione svanirà. Questo le sta insegnando ad essere più calma e ad imparare i limiti d'essere in questo corpo. E' una lezione importante, che attraverso la malattia ha imparato a bilanciare in un modo che non avrebbe altrimenti mai imparato. Questo la sta aiutando. E' in controllo dell'intera situazione. Ha creato tutto lei, perfino il disagio dei sintomi sono lì per lei. Ma non ne avrà bisogno in futuro. Il corpo viene ricalibrato mentre sta dormendo.

D: Questo fa parte dei cambiamenti del DNA?

F: Si, i cambiamenti al DNA fano parte della ricalibrazione, La ragione per cui non sta succedendo armoniosamente con Francine è l'accumulo di tossine e agenti inquinanti tutt'intorno a lei e nel suo corpo. Questo rende la calibrazione più difficile. E' come se parte del suo corpo stesse vibrando molto più velocemente del suo corpo fisico e questo non permette una buona connessione.

D: Questo sta succedendo a tutti a livello globale?

F: Alcune persone trovano più facile cambiare e mutare, mentre la struttura del DNA sta cambiando. Altri lo stanno trovando più difficile: coloro che vivono in zone più inquinate e coloro che hanno avuto più difficoltà ad incarnarsi.

D: Pensi che tutti stanno sperimentando qualcosa?

F: Dipende dal livello di consapevolezza di ogni individuo. Ma si, in generale, ci sono cambiamenti in tutto il pianeta.

D: E' un bene che non ne siamo consapevoli a livello conscio. Probabilmente non saremmo in grado di gestirli.

F: Per lei è molto importare ricordare che faceva parte del grande piano e che faceva parte della luce. E' importante che ricordi di continuare e non lasciare andare. Per lei è arrivato il momento di ricordare. Queste informazioni che sono state memorizzate nella sua mente, ma non sono ben accessibili in questo momento, le saranno molto utili in futuro. Per allora si sarà stabilita in un nuovo modello di pensiero, il suo corpo sarà stato ricalibrato e le sarà più facile ricordare queste cose che ha bisogno di conoscere. Le informazioni vengono spesso impiantate durante i sogni, specialmente sogni di molti diversi simboli. Questi simboli contengono blocchi interi d'informazioni e questi vengono inseriti nella mente. Appena dopo il 2012, i corpi verranno ricalibrati e i ricordi risaliranno in superficie. Allora le informazioni saranno accessibili. Sono già incorporate nella sua memoria e riaffioreranno quando sono pronte.

Ricevetti informazioni simili durante gli ultimi vent'anni mentre stavo investigando le attività UFO. Ne ho parlato nel mio libro The Custodians [I Custodi]. Mi era stato detto che gli alieni comunicano in questo modo, non con parole ma con simboli. Usano concetti, blocchi d'informazioni che sono contenute in un singolo simbolo. La mente cosciente potrebbe non essere consapevole di cosa stia succedendo, ma il subconscio riconosce e comprende le informazioni dietro ai simboli. I simboli sono estremamente antichi e sono stati utilizzati da tempi immemorabili. Quando l'individuo vede i simboli, questi trasferiscono un intero concetto nel subconscio dove viene assimilato a livello cellulare. Dissero che poteva rimanere dormiente fino al momento in cui fosse necessario. Allora le informazioni riaffioreranno e la persona non sarà nemmeno consapevole della loro provenienza. Questo è fa parte del significato dei Cerchi nel Grano, perché i simboli contengono informazioni. Non c'è bisogno d'essere fisicamente all'interno del Cerchio nel Grano perché venga assimilato. Basta osservare un'immagine del Cerchio. Quindi questa seduta stava confermando ciò che mi era stato detto per vent'anni. Si aggiunge sempre ulteriore validità quando le informazioni sono ripetute da individui a mezzo mondo di distanza tra di loro che non sanno che informazioni io abbia già accumulato.

F: Ovunque Francine vada, agisce come un catalizzatore che permette alla luce delle persone d'accendersi dentro di loro. A volte non succede facilmente per certe persone e questo li mette sotto pressione. Solo essendo se stessa, sta implemen-tando il piano. Anche se è a livello subconscio, qualcosa dentro di loro si accende ed una luce si attiva. Gli è più facile credere che la luce possa vincere quando ricevono l'influenza di Francine e altri come lei. Ma alcune persone sono bloccate e fanno fatica ad accettarlo. Se sapesse quanto sta facendo, sarebbe felice che il piano stia procedendo proprio come inizialmente pianificato. Le farà bene sapere che sta facendo il suo lavoro molto bene solo essendo se stessa. Non può andarsene prima che il lavoro sia finito, finché il piano non è stato completamente messo in atto. Adesso che sa, sarà più felice di restare. E' molto triste che alcune persone siano sopraffatte del lavoro. Tuttavia noi siamo sempre qui per aiutare. Ci rende molto tristi. E' come se rimanessero incastrati nell'incarnazione Terrena ed inizino a girare in circolo senza sapere come riconnettersi con il loro scopo.

D: Il mondo sta diventando meno negativo grazie a questo tipo di persone.

F: Vogliamo dirle: Stai andando benissimo, e vogliamo incoraggiarti. Non c'è più nulla di cui avere paura. Il tuo corpo sta per essere ricalibrato e di questo non te ne devi preoccupare. Basta solo che ti rilassi. Vai e fai le cose che più ti piacerebbe fare. Basta che mantieni gli occhi puntati sull'obbiettivo che ti eri prefissata, che era di portare la luce. Basta che tu sia te stessa. Sappi che sei profondamente amata e che non sei mai sola.

* * *

Circa un mese dopo, ricevetti una bella lettera da Francine. Spesso non ricevo informazioni dai miei clienti dopo una seduta, ma è sempre molto gratificante sapere che sono stati profondamente aiutati da questo metodo poco ortodosso. Ecco alcuni dettagli della sua lettera:

"Grazie mille per avermi inclusa nella tua fitta agenda. Ho trovato che la seduta mi è stata di grande beneficio. La depressione sta svanendo e il mio dottore è soddisfatto che riesca a restare senza antidepressivi. La seduta mi ha aiutato moltissimo a vedere PERCHE sono qui. Del fatto che mi fossi offerta volontaria per venire qui e che ho una nuova rinnovata determinazione di finire il mio lavoro. Inoltre trovo più facile apprezzare le cose buone dell'essere sulla Terra. Le relazioni piene d'amore di cuo godo e la bellezza della natura che m'ispira. Ho detto a mio marito Eddie, "Sono così contenta d'essere venuta!" Lui ridacchio, felice di vedermi più contenta. Ha fatto notare sia a me che ad altri quanto la seduta, seppur strana, mi abbia indubbiamente aiutata."

"Durante la seduta, percepivo molto di più di quanto non potessi descrivere a parole, ed ogni volta che riascolta la cassetta tutte quelle sensazioni riaffiorano chiaramente. Ho sentito chiaramente che la solitudine che sentivo era un'illusione della terza dimensione. Che ero completamente circondato da esseri di luce per la maggior parte del tempo e che ci sono molti altri esseri di luce intorno a me in ogni momento. Solo che è difficile riuscire a vedere le connessioni."

"Quando hai chiesto alla mia mente subconscia a proposito di altre vite che avevo vissuto, sono stata in grado di vedere in un istante l'intera storia della razza a cui ero appartenuta. Non l'ho descritta durante la seduta, ma ricordo d'aver visto un pianeta dalla bassa gravità. Gli abitanti erano alti, snelli, intelligenti, amorevoli ed estremamente efficienti nel cooperare tra di loro. La città che avevo visto in quell'istante sembrava avere alte guglie ed edifici che non spuntavano prominenti tra la natura che li circondava. C'erano alberi alti e robusti. Ho visto come quella razza si era evoluta fino ad uno stadio in cui non c'era più bisogno del fisico e i corpi divennero di luce e si fondevano tra di loro in una coscienza unitaria.

"Mentre ero in vacanza la settima scorsa, stavo osservando dalla terrazza dove aveva appena fatto colazione e un forte ricordo della mia anima venne a me. C'erano molti alberi alti, robusti e i loro semi bianchi peluginosi fluttuavano leggermente nell'aria trasportati da una gentile brezza. Appena li vidi, sapevo che mi ricordavano qualcosa, ma fino a quel momento non avevo ricordato. Sul pianeta dalla bassa gravità, gli alberi erano più fragili e sottili. Quando pioveva, le gocce d'acqua erano grandi ma quasi prive di peso e rimanevano sospese a mezzaria proprio come i semi bianchi di quegli alberi che vidi in vacanza. E' stato un dolce ricordo che mi ha riscaldato.

"Ancora mille Grazie! Adesso sento di sapere chi sono e ho una solida e calma certezza in questo."

SEZIONE QUINTA

LA SORGENTE

CAPITOLO SEDICI

LE VITE PASSATE NON SONO PIU' IMPORTANTI

Uno dei miei casi del Gennaio 2007 dimostrò la tendenza del subconscio a non dare più troppo peso alle vite passate, quanto più focalizzarci sulle vite attuali. Come ho già detto, invece di andare in una tradizionale vita passata, alcuni dei miei clienti ritornano direttamente alla Sorgente, o esplorano vite in altre dimensioni, ecc. Questo continuò a succedere sempre più spesso, specialmente durante il 2006. Lo schema si è praticamente invertito, al punto che tornare ad una vita passata tradizionale sembra un eccezione. Un cambiamento distinto nel mio lavoro. Quando chiedo al subconscio perché non ha portato l'individuo ad una vita passata significativa, dice che non è più importante. Hanno già lavorato su tutto quello e dovrebbero lasciarlo andare. Presumo che questi significhi che abbiano già pagato qualsiasi forma di karma e quindi non c'è bisogno di preoccuparcene. Il subconscio dice che la persona ha bisogno di focalizzarsi sulla vita attuale e il futuro. Questo messaggio l'ho sentito innumerevoli volte.

Il caso del Gennaio 2007 riprese questo stesso tema, anche se in modo differente. Ho avuto alcuni clienti che vedevano cose che sapevo non essere vite passate, ma non erano nemmeno pura fantasia. Hanno visto dei simboli. Di solito perché non vogliono occuparsi coscientemente dei problemi associati con vite passate, cosi il subconscio deve far filtrare le informazioni attraverso dei simboli. Ma questo caso fu diverso ed inaspettato. Il soggetto era un immigrato sulla quarantina. Aveva pochi disturbi e sembrava che non avesse alcuna necessità della terapia. Il suo corpo era in buona forma, perché lavorava nel campo delle costruzioni (come supervisore) e apprezzava l'attività fisica, specialmente le immersioni di profondità. Tuttavia, guidò per venti ore per venire a vedrei. Disse che il suo disturbo principale erano delle paure infondate, specialmente la paura di morire. Occasionalmente soffriva di episodi d'alta pressione e quando avevano luogo, rimaneva terrorizzato dalla possibilità di morire. Tutto ciò era molto sconcertante per lui, perché non aveva mai avuto paura di nulla.

Ando' velocmente in profonda trance. Inizialmente pensai che stesse descrivendo una vita passata, ma inaspettatamente prese una direzione insolita. Era come essere all'interno dei suoi sogni e tutto cio' che vedeva aveva un significato profondo, non appena realizzai che il subconscio gli stava offrendo le risposte in simboli. Inizialmente, era in piedi davanti ad una caverna vestito di indumenti danneggiati. Vide un castello sulla cima di una collina e c'era una tempesta di fulmini in lontananza dietro al castello. Decise di andare nel castello, e come disse, la tempesta gli giro attorno. Passò su un ponte levatoio per entrare nel castello. C'erano guardie a cavallo vestite in armature da cavalieri ma non gli impedirono d'attraversare il ponte ed entrare nel cortile. Rimasero in piedi ad osservare. Questo era il mio primo indizio che non si trattasse di una vita passata, perché in quel periodo le guardie di un castello non avrebbero mai fatto entrare un uomo trasandato e vestito male in un castello. Quando si trovò nel cortile, scopri una scale a chiocciola ed iniziò a salire. Sbuco sulla cima del castello e rimase li ad osservare un arcobaleno in lontananza. A quel punto vide un enorme drago cinese che gli veniva in contro sputando fuoco. Era impaurito mentre il drago gli girava attorno, ma poi si allontanò e lo lascio stare. Poi vide molti ratti volanti che si tuffavano e gli giravano attorno. Anche questo lo impaurì finche non si trasformarono in uno stormo d'uccelli e volarono via. (A questo punto pensavo di sapere cosa il subconscio cercasse di fare. Dimostrargli che le sue paure era infondate.) Quando tornò nel cortile, le guardie gli diedero nuovi vestiti per rimpiazzare gli stracci che indossava. Lo agghindarono con velluto e oro. Gli diedero una bella spada con l'elsa incastonata d'oro e diamanti. A quel punto misero una corona d'oro sulla sua testa. Salì su un bianco destriero e lasciò il castello. Quando si avvicinò ad un torrente, un altro drago gli volò contro. Questo era più grande, diverso, nero e minaccioso. Lotto con il drago e alla fine lo uccise con la sua spada.

Poi raggiunse un prato e vide molti carrarmati che andavano nella sua direzione. Disse che era il 1914, e quella era l'armata del Kaiser. Anche questa volta i carrarmati non erano un pericolo. Si fermarono sul campo e non si avvicinarono più. C'erano molti soldati (dallo stesso periodo di tempo) allineati sulla strada. Passò di fronte a loro e non si mossero. Poi s'incamminò sulla riva del mare e vide una grande nave passeggeri nell'oceano e sul lato c'era scritto "Titanic". Vide che a bordo c'erano molte persone che si divertivano e se la spassavano. Lo videro e gli gridarono di venire a bordo. Camminò sulle acque e salì a bordo. Là venne accolto da passeggeri felici e scherzosi. Dissero che era vestito nel modo sbagliato per il viaggio. Gli tolsero i vestiti regali e gli fecero indossare una vestito con conserto e cappello. (Vestiti adatti a quel periodo.) Poi vide gli iceberg e vide la nave rimanerne colpita. Ci furono molte grida mentre la nave iniziava ad andare a fondo. Salì sul punto più altro del Titanic mentre stava affondando nell'acqua. Allora vide un'altra nave piu piccola li vicino che lo raccolse a bordo e lo porto in salvo. Gli dissi che questo dimostrava quanto fosse bravo a sopravvivere. Su quella nave entro in una cabina ed iniziò a fare un bagno. Quando guardò fuori dalla finestra, vide aeroplani con le stelle rosse della Russia sulle ali, gli stessi che vennero utilizzati durante la Seconda Guerra Mondiale; che si avvicina-vano ed iniziavano a sparare alla nave. Anche questa volta tutto andò bene. Poi vide se stesso arrivare sulla riva con un abbigliamento moderno: jeans e scarpe Nike. A quel punto sapevo che aveva completato il ciclo e che avrei dovuto invocare il subconscio.

Disse che erano simboli per dimostrargli che le sue paure erano infondate. Era sopravvissuto a tutti questi pericoli ed era incolume. Dissi che pensavo che saremmo andati a finire in una vita passata. Il subconscio disse: "E' cosi." Non c'era bisogno di spendere tempo passando attraverso ogni vita come facciamo di solito. Le aveva mescolate tutte assieme sequenzialmente e le aveva coperte di simboli per dimostrare qualcosa e per rispondere alle sue domande. Lui aveva davvero vissuto nel periodo del castello, durante la Prima Guerra Mondiale, sul Titanic e durante la Seconda Guerra Mondiale. Era un altro cosi in cui non era necessario dove analizzare delle vite passate. Si doveva focalizzare su questa vita e prepararsi per l'ascensione del futuro. Il subconscio voleva che studiasse metodi di guarigione e l'uso dell'energia partecipando a lezioni e seminari. I problemi di alta pressione erano solo adattamenti del corpo mentre cambiava vibrazione e frequenza. Inoltre, i suoi attacchi di panico erano un modo per la mente cosciente di reagire a qualcosa che percepiva come anormale. Sapeva che stava succedendo qualcosa al corpo e stava creando delle paure.

Sembra che i miei clienti che adesso finiscono in una vita passata e la ricordano in dettaglio, con precise associazioni agli individui che sono ora nelle loro vite attuali, sono individui che si trovano ancora impantanati nel karma e gli viene chiesto di ripagarlo ed liberarsene. Ci stanno ancora lavorando cosi che possano iniziare il processo d'ascensione. Se aspetteranno troppo a lungo, rimarranno intrappolati nel ciclo di reincarnazione per ripagarlo. Ci è stato detto che non gli sarà permesso di ritornare sul pianeta Terra per ripagare questo karma, perché la Terra sarà troppo diversa. Qui non ci sarà più alcuna negatività. Verranno spediti su altri pianeti dove gli sarà permesso ripagare il karma. Il subconscio disse che in ogni caso non importa, perché alla fine ascenderemo tutti. Alcuni ci arriveranno prima di altri. Ma prima, devono liberarsi dal ciclo del karma

* * *

In questo tipo di casi, mi basta seguire e continuare a fare domande, perché non so cosa il subconscio abbia in serbo per loro.

In un caso tipico, una donna continuò a vedere immagini sconnesse qua e là e mescolate tra di loro. Diverse scene, diversi individui e diversi periodi di tempo. Non riuscivo a fargliele vedere abbastanza a lungo da tornare in una vita passata. Continuavo a provare, ma non c'era verso, tutto era molto sconnesso. Poi all'improvviso, torno nel luogo che chiamava "casa". Fu una scena molto emotiva. Pianse e pianse. Disse che era cosi bello e pieno d'amore. Poi alla fine della seduta mi disse: " Per quale motivo bisogno avere un'esperienza di premorte per riuscire a sperimentare questo?" In questo modo si riesce a sapere come ci si sente e assolutamente travolgente d'amore. Questa donna lavorava in un ospedale come un'infermiera. Pensai che forse sarebbe stata in grado di utilizzare quest'esperienza nel suo lavoro, specialmente per le persone che hanno paura di morire. Poteva dir loro: "So come ci si sente a tornare a casa, ci sono stata."

Allora chiesi al subconscio perché non l'aveva riportata ad una vita passata? Perché le aveva fatto vedere solo dei pezzetti sconnessi d'immagini? Disse la tessa cosa che avevo già sentito da altre persone – perché le vite passate non hanno più importanza. L'attenzione deve essere in questa vita e su ciò che stiamo raggiungendo adesso. "Ci sei già stata, l'hai già fatto." Non hai bisogno di tornare e focalizzarti su queste scene ancora una volta. Adesso è molto importante focalizzarsi a procedere con la vita attuale. Poi diede un'ottima analogia. Disse: "Guardi un albero e non ti focalizzi su una foglia o su diverse foglie e diversi rami. Non sono importanti. Sono solo pezzettini, ti focalizzi sull'intero albero. Tutte queste vite sono solo le foglioline e i rami. Non sono la totalità dell'albero, che è la cosa più importante." Ecco come continuo a sentire questo messaggio, le vite passate non sono più importanti. Occasionalmente ho ancora qualche caso di vite passate, perché c'è qualcosa che la persona ha bisogno di sapere per la loro vita presente. Per creare una connessione con la vita che stanno sperimentando ora. Possono scaricare quel karma e procedere. Quindi apparentemente, le persone che non si devono preoccupare delle vite passate e non hanno bisogno di vederle, non hanno nemmeno alcun karma maggiore di cui occuparsi. Non c'è più nulla che li trattenga dal progredire.

* * *

In un altro caso, invece di tornare ad una vita passata una paziente vide un gioiello enorme. E li senti dire: "Questo ti da l'idea di ciò che possiamo fare, se questo è ciò che vuoi vedere." Era un gioiello gigantesco dalle moltissime sfaccettature che scintillavano riflessi in tutte le direzioni. Dissero: "Mentre lo guardi, vedi che un riflesso è un soldato Romano, un altro riflesso e' un Indiano d'America. Un altro riflesso e' un soldato moderno. Ogni riflesso e' una vita diversa, come le chiamate voi. Vedi quanto e' facile. Basta che scegli uno di questi riflessi, se quello e' cio' che vuoi vedere." Volevano che sapesse che le vite erano la ne avesse avuto bisogno, ma che aveva raggiungo il livello dove non era importante conoscere queste cose. Disse: "Non ci focalizzazione più su questo. Dobbiamo focalizzarsi 'nell'ora' e procedere."

Verso la fine della seduta, disse: "Il gioiello che ti abbiamo mostrato in precedenza con tutte le sfaccettatura e tutti i riflessi è il Cuore di Dio." Il gioiello è il cuore di Dio. Pensai che fosse una dichiarazione interessante.

* * *

Poi c'è il caso di un anziano che aveva dedicato la vita alla musica, come artista e come insegnante. La musica era la sua vita fin dal momento in cui si era arrampicato su un piano all'età di tre anni e aveva iniziato a suonare dei tasti. Classica ed ogni altro tipo di musica per lui erano naturali e aveva un grande passione sia per il piano che per l'organo. Non si era mai sposato, ma aveva dedicato la sua vita alla musica. Adesso, mentre stava considerando la pensione, voleva sapere da dove fosse venuto questo interesse per la musica? Visto che gli era sempre stato cosi facile, era forse qualcosa da un'altra vita? Naturalmente, mi aspettavo che sarebbe regredito ad una vita in cui era un famoso compositore o musicista di successo. Ho avuto altri casi come questo in passato e questa era per me la spiegazione più logica. Tuttavia non era affatto così.

Quando iniziò a regredire, non pensavo che avrebbe avuto alcun problema a trovare una vita passata, perché era molto visuale. Invece, appena provò a tornare ad una vita passata tutto era nera. Provai con molte tecniche diverse, nel tentativo di portarlo al punto in cui avrebbe potuto vedere qualcosa. Fui in grado di fargli vedere eventi dalla vita attuale, ma non riusciva ad andare oltre a quella attuale. Continuai ad utilizzati tecniche d'approfondimento. Quando arrivò il cambiamento, sospettai che il subconscio stesse utilizzando i simbolismi per superare i suoi blocchi. Alla fine, vide un'enorme porta sul alto di una scogliera e un piccolo essere che non sembrava umano. La prospettiva era quella di un piccolo essere che sembrava una formica in contrasto con l'enorme, gigantesca porta che doveva essere centinaia di metri in altezza. Continuava a chiamarlo un "portale", e sapeva che non c'era modo per lui di riuscire ad aprire la porta e passare. Compresi il messaggio di questo simbolismo. Non era pronto ad aprire quella porta, ecco perché lo aveva reso cosi difficile. Poi vide un muro salire verso il cielo dal suolo. Diventava sempre più grande, mentre cresceva sempre più ed iniziò ad allungarsi al punto d'essere lungo migliaia di metri. Su questo muro erano scolpite le statue di diverse persone che indossavano un'armatura e diverse uniformi. Sapeva che provenivano da diversi periodi di tempo. Il muro era cosi altro che le statue erano una sopra l'altra in file da cinque. Erano disposte una dopo l'altra su tutto il muro. Fluttuò lungo il muro osservando le statue e prosegui per chilometri.

Interpretai il muro come una rappresentazione dei blocchi che avevamo davanti. "Non proseguire ulteriormente. Non ti è permesso." Stavo pensando che le statue nel muro rappresentassero delle vite passate e che stavamo arrivando a qualcosa, ma con questo non fummo in grado di proseguire oltre. Allora invocai il subconscio per poter ricevere qualche risposta. Feci fatica ad arrivare al punto in cui mi iniziò a parlare e la sua mente cosciente smise d'interferire. Stavo iniziando a pensare che avrei dovuto condizionarlo con una parola chiave per farlo poi tornare più tardi quella sera, perché stavamo lavorando già da un'ora. Il vero passo in avanti ebbe luogo quando iniziai a fare domande sul muro. Improvvisamente, esplose ed eruttò in una valanga d'emozioni. Iniziò a piangere e piangere incontrollatamente. A quel punto sapevo che c'eravamo, avevamo superato la sua resistenza. Saremo stati in grado di trovare il problema fondamentale. Ogni volta che il soggetto ha un'esplosione emotiva, so che abbiamo trovato qualcosa d'importante. E' impossibile manipolare questo tipo d'emozioni. Sono reali.

Lo lasciai piangere per un po' per scaricarsi. Poi cercai di calmarlo. A quel punto, l'unica cosa che disse fu: "Migliaia e migliaia e migliaia di vite." Ciò che vide nel muro erano le sue vite, ma tutte erano vite di guerrieri. Vide se stesso in diversi tipi d'armature, uniformi, che rappresentavano diversi soldati. C'erano cosi tanti, tanti, tanti periodi di tempo che andavano indietro nel tempo... mentre continuava a dire: "migliaia e migliaia di vite." Tra un attacco di pianto e dei singhiozzi disse: "E' stato cosi inutile. Tutti quei morti, tutti quei morti." Quando alla fine sono riuscita a calmarlo, il subconscio disse che era per questo che non gli era permesso guardare. Era troppo, lo avrebbe sopraffatto. Non gli era permesso vedere ciò che aveva fatto. Ecco qual'era il simbolismo della parta e del muro.

Non gli avrebbero mostrato nessun dettaglio, ma solo abbastanza da permettergli di comprendere il suo obbiettivo.

La ragione per cui era tornato come un musicista era di trasformare completamente la sua vita. In generale le persone che si dedicano alla musica sono molto gentili. Inoltre, in questa vita, era gay. Durante il colloquio prima della seduta gli chiesi: "Ha vissuto durante le due guerre, specialmente quella del Viet Nam e della Korea. Perché non sei andato in guerra?" Disse che allora, dovevano riempire un questionario. Sul questionario volevano sapere se avevamo tendenze omosessuali. Diede una risposta onesta e non fu costretto ad andare in guerra. Ora tutto aveva senso. Successivamente mi disse che questo spiegava la sua naturali tendenze omosessuali e spiegava anche la musica.

Dissi al subconscio che a causa della musica e della sua abilità di suonare ad una tenera età, mi stavo aspettando di andare in una vita passata in cui era un grande musicista. Disse: "No. Tutti noi abbiamo della musica dentro. E' tutt'intorno a noi in ogni momento. Semplicemente non la usiamo. Nella sua vita attuale si era deciso di permettergli di portarla avanti. C'è sempre. Anche nelle altre orribili, vite di morte, l'abilità, la musica c'era ma rimase ignorata, perché non era lo scopo di quelle vite. Quindi non avrebbe riportato in vita un'abilità o talento. La musica stava riportando in vita un lato più delicato su cui aveva bisogno di focalizzarsi in questa vita. Ma disse che c'era qualcos'altro sotto la superficie. Poteva arrabbiarsi moltissimo, facilmente. Spesso si sentiva che bastava farlo arrabbiare abbastanza, che non avrebbe avuto alcun rimorso ad uccidere qualcuno e quindi cercava di tenersi sotto controllo. Ma essendo un musicista ed essendo gay, aveva soppresso molto della sua rabbia. Le tendenze mascoline sono considerate più orientate alla guerra. Si stava chiedendo se magari avesse dovuto essere una donna. Il subconscio disse di no, questo non avrebbe risolto il problema come se fosse stato un uomo dalle tendenze femminili.

Tuttavia quando usci dalla trance, voleva sapere, se dovevamo esplorare ulteriormente? Doveva forse cercare di saperne di più a proposito di quelle vite? Non lo ritenni una buona idea, perche il subconscio aveva certamente sollevato molte barriere, dicendo: "Non sei in grado di affrontarlo in questo momento. E' meglio lasciar stare.

Focalizzati sulla tua vita cosi com'è." Era riuscito molto bene a sopprimere le sue tendenze violente ed era ciò che si aspettava.

Questo dimostra la forza del subconscio d'impedire alla persone di vedere qualcosa che non può gestire. Questo è importante, perché mi preoccupo spesso di lavorare con i giovani o con coloro che non penso siano abbastanza maturi da gestire scene traumatiche. Devo fidarmi totalmente del subconscio per sapere ciò che sia meglio per il cliente.

Ho avuto alcuni casi simili, uno in cui un individuo regredì al punto in cui era un generale durante la Guerra Civile Americana. Tutti lo elogiavano per la qualità del suo lavoro e per quanto coraggioso fosse in battaglia. Però disse che nessuno sapesse veramente che era stufo marcio d'essere un soldato. Era stanco della guerra, del sangue e delle morti. Quando poi siamo arrivati al subconscio, scopri d'aver avuto una lunga serie di vite da soldato. Una dopo l'altra, dopo l'altra, dopo l'altra: guerrieri e soldati. Disse: "Pensano che sia glorioso, che io sia questo grande soldato, ma non lo è. E' orribile, tutte quelle morti e tutto quel sangue." Cosi in questa vita, venne con un handicap, per evitare d'essere arruolato ed essere un soldato ancora una volta. E tutto questo aveva molto senso. Forse il musicista, l'organista adorava uccidere un po' troppo e per questo era stato deciso: "Proviamoci in un altro modo. Un cambiamento drastico." Mentre l'altro individuo, come un soldato confederato, aveva deciso da solo: "Questo non voglio più farlo." Chi sa? Potrebbe essere stata una cosa o l'altra.

Ebbi un altro caso che dimostrava ulteriormente i terribili, indiscussi retroscena della guerra. Il soggetto era passato per altri ipnoterapeuti nel tentativo di regredire ad una vita passata e nessuno ci era riuscito. Quando andò in trance, l'unica cosa che riusciva a vedere era il colore rosso. Questa era l'unica cosa nel suo campo visivo. Così venne da me per vedere se riuscivo a portarlo oltre. Trovammo la risposta. Durante le altre sedute era entrato sulla scena nel giorno della sua morte. Durante la sedute riuscii a documentare l'intera storia. Era un giovane all'inizio della Prima Guerra Mondiale e si era arruolato perché pensava che sarebbe stata una cosa entusiasmante. Non era mai stato lontano da casa fino ad allora e quando lo spedirono al fronte in Francia, fu un'esperienza orribile e traumatica. Senti che i reclutatori lo avevano ingannato per convincerlo ad unirsi all'esercito. Era nel mezzo della battaglia, granate stavano esplodendo tutt'intorno a lui e la puzza di fumo e sangue era molto forte. Erano in cosi tanti a mori che stavano cercando di seppellirli lì sul campo di battaglia. Dopo averne seppelliti alcuni, altre bombe venivano sganciate, che li scaraventavano fuori dal terreno. C'erano resti di corpi ovunque: mani, piedi, braccia. Dovettero provare a seppellirli nuovamente, spesso a mani nude scavando nel fango. (Questo spiegava i problemi che aveva nella sua vita attuale con dolori d'artrite alle mani e ai polsi. I ricordi di quelle esperienze orribili erano raccolte in quella parte del suo corpo).

Stava piangendo e si vergognava perché credeva che la guerra fosse un'esperienza nobile ed entusiasmante. Invece, era molto impaurito e confuso, voleva solo tornare a casa. Sentiva di dover essere coraggioso ed audace. Ma lo faceva solo sentire umiliato e vergognoso della sua paura. In tutto questo era solo un povero giovane impaurito. Era scioccato di ciò che stava vedendo. Gridò: "Sono un codardo! Sono un codardo! Non voglio esseri qui!" Poi arrivammo al giorno in cui fu ucciso, li' sul campo di battaglia. Venne fatto saltare in aria da un colpo di mortaio. Questo spiegava il colore rosso all'inizio della regressione. Quello era il momento della morte. L'unica cosa che riusciva a vedere era il suo sangue, mentre il suo corpo veniva sbrandellato dalle bombe e dalle esplosioni. Questa era l'unica cosa che c'era nel suo campo visivo.

Tutto questo ritornava al problema d'essere la stessa cosa per troppe vite. Bisogna cambiare ed andare in un'altra direzione. Non si impara abbastanza restando incastrati negli stessi schemi o sulla stessa carreggiata. Ma questo tipo di passato lo rende difficile, perché è profondamente impresso nella persona e nella memoria cellulare.

CAPITOLO DICIASSETTE

RITORNARE ALLA SORGENTE

IL PRETE

La vita passata di Judith aveva a che fare con la storia, ma non una che avrebbe scelto di fantasticare. Era un potente prete della Chiesa Cattolica durante il periodo dell'Inquisizione. Era un uomo fanatico riguardo alla distruzione di tutto ciò che lui (o la Chiesa) percepiva come un nemico della Chiesa. Chiunque la pensasse diversamente, che non s'inchinasse alle richieste, special-mente coloro che praticavano la vecchia via (riti pagani, adorazione della natura e guarigione attraverso la botanica). La gente che accusava non aveva nemmeno bisogno d'essere colpevole, bastava solo che lui avesse un sospetto. Era determinato ad eliminare chiunque pensava fosse diverso. Divenne così bravo a cacciare questi poveretti e a condannarli a morte, che continuava ad essere promosso ad un rango superiore della Chiesa. Alla fine arrivo al punto in cui il suo potere era indiscutibile ed il suo ego era enorme. Mise al rogo perfino sua sorella quando scoprì che utilizzava rimedi botanici per aiutare I poveri. Non aveva rimorsi e non sentiva alcuna vergogna. Era assolutamente sicuro che stava facendo il volere di Dio, come era definito nella sua religione. Non c'era alcuna ombra di dubbio nella sua mente che stava facendo la cosa giusta. Non lo metteva minimamente in dubbio. Quindi, alla fine della sua vita, pensava che avrebbe raggiunto il Paradiso glorioso in cui credeva per ricevere il benvenuto tra le braccia di Dio dove avrebbe dimorato per l'eternità. Aveva fatto la volontà di Dio e sapeva che avrebbe ricevuto la sua ricompensa.

Rimase molto sorpreso e stupefatto quando non fu così. Alla morte dopo aver lasciato il corpo, venne accolto da spiriti luminosi che lo portarono in un luogo diverso. Questi non comunicarono minimamente con lui quando chiese loro di andare in Paradiso per vedere Dio.

Venne portato in un luogo di fiamme. "Vedo delle fiamme. Come il sole, ma non è il Sole. Sono da qualche parte dove ci sono delle fiamme, ma non è come sperimentiamo fuoco e fiamme." Ovviamente la prima cosa che verrebbe in mente a chiunque, è che venne portato all'Inferno Biblico. Un luogo di fuoco eterno e dannazione, per ripagare il suo abuso d'autorità durante quella vita. Ma sapevo che questo non era il caso, perché ho scoperto nel mio lavoro che l'inferno non esiste. L'inferno è un'invenzione della Chiesa, non esiste. Tuttavia, se una persona muore credendo veramente d'essere dannata, di aver vissuto una vita nefasta e che andranno all'inferno (come ci promette la Chiesa), allora avranno ciò che vogliono. Potranno sperimentare la stessa cosa che si stanno aspettando. Ricordiamoci che attiriamo ciò di cui abbiamo più paura. Anche se qualcosa del genere succedesse, non ci rimarrebbero a lungo, perch'é solo un'illusione creata dalla loro mente. Quando realizzano tutto ciò (con l'aiuto delle loro guide ed angeli), allora possono andare dove dovrebbero realmente trovarsi. Sapevo che quando stava descrivendo un luogo di fiamme, non poteva essere l'Inferno.

"Quello non è il Sole. Sono altrove. Mi dicono che questo è un luogo di riposo. Un luogo dove si ritorna e si aspetta. La parola 'riprogrammare' continua a presentarsi. E' un luogo dove si trova la conoscenza. Non c'è tempo, quindi non so per quanto resto qui. Sono qui e basta. C'è tutto questo fuoco giallo dorato. Ma non è fuoco, è un'energia."

D: Ma questo non è ciò che ti aspettavi sarebbe successo.
J: No, no!

Sapevo per esperienza che un'anima poteva rimanere in questi luoghi per moltissimo tempo, così spostai Judith Avanti nel tempo al momento in cui stava per lasciare quel luogo.

D: Ti portano fuori dal quel luogo?

J: Si. Non voglio tornare indietro

D: Ti stanno parlando?

J: Non parlano. Non sono come le parole che stiamo usando adesso. Dicono solo che dobbiamo ritornare.

D: Ti hanno detto perché devi tornare?

Judith divenne emotive e dopo molti singhiozzi e sospiri, iniziò a piangere. Le assicurai che non era un problema essere emotive e che si sarebbe sentita meglio dopo avermene parlato.

J: Dovrò tornare indietro. Devo tornare là e riprovarci da un altro angolo. Perché quando lo faccio dalla prospettiva del corpo sulla Terra, è troppo difficile.

D: Perché si rimane impantanati, non è vero?

J: Si, è troppo difficile. Così mi lasciano tornare in questo posto.

D: Cosa ti dicono?

J: Mi comunicano che sanno di dovermi portare su questo pianeta. Che bisogna aiutare questo pianeta e tutti gli esseri che vengono qui per comprendere questa sorgente d'energia. E' qualcosa che è stato portato su questo pianeta. Inoltre ha a che fare con l'educazione su questo pianeta. Va tutto bene in quel luogo fiammeggiante. Il luogo del riposo. E' un luogo di ringiovanimento, conoscenza e chiarimento. E' quasi come se fosse il luogo in questo universo che trattiene la conoscenza dell'Universo e dei pianeti e di tutte le forme di vita del nostro sistema solare. La Terra è un luogo riconosciuto per la necessità di energia che possa aiutare l'umanità. Ci sono molti esseri che provengono da altri luoghi oltre alla Terra che vengono qui. Sai come noi umani parliamo del "melting pot" [crogiuolo di razze]. Beh, è proprio un crogiuolo di forme di vita che non appartengono alla vita umana. Inoltre il modo in cui la vita si è sviluppata su questo pianeta è stato fatto in modo tale da renderlo estremamente ed incredibilmente denso e doloroso. Le forme di pensiero che vengono con questi corpi causano alla gente di danneggiarsi tra di loro e di danneggiare ciò che chiamano "Natura". Dicono che sia naturale. Alcuni di noi provenienti da questo luogo fiammeggiante sono venuti per aiutare a trasformare e portare un'altra fonte d'energia che aiuterà. Porteremo la via dell'essere in questo luogo fiammeggiante sulla Terra e in qualche modo questo verrà condiviso così che gli umani possano riceverlo.

D: Ti stanno mandando indietro per ripagare per le cose che hai fatto nell'ultima vita? (No) Non hai bisogno di ripagarlo?

J: Questo fa parte delle strutture di pensiero umane.

D: Stavo pensando al karma.

J: No, il karma e solo un'altra struttura di pensiero umano. Ho avuto molte vite su questo pianeta e parte di questo significa saper come raggiungere l'esperienza, avere ciò che chiamano "empatia". Sapere come si sentono gli umani e quindi le emozioni che sperimento sono quelle che ho accumulato da una vita all'altra. Ma non siamo qui per insegnare questo. Non è reale. Non è necessario. Non è ciò che accade in questo altro luogo (il luogo fiammeggiante). Questo non esiste.

D: La Terra è così, tira le persone.

J: Esatto. E' ciò che è stato creato, e questo è ciò che mi hanno fatto vedere. Però quello non è ciò è, e non è nemmeno ciò che viene mantenuto. E mantenuto non è nemmeno la parola giusta. Nell'altro luogo che sembra fiammeggiante, non è necessario usare le parole che usiamo qui, c'è questo gigantesco schermo d'immagini una dietro l'altra. Una vita dopo l'altra. Non mi hanno fatto vedere come siamo finiti qui. Come gli umani sono arrivati su questo pianeta. Non me l'hanno fatto vedere.

D: Ma la cosa principale è che dovresti tornare in un corpo femminile questa volta fare le cose diversamente.

J: Si, questo è vero.

A quel punto invocai il subconscio e chiesi perché aveva scelto di farle vedere la vita passata molto negativa di quel prete.

J: Cosicché fosse consapevole dell'abuso di potere. Cosicché non ne abusi nuovamente. La gente le darà potere ancora una volta mentre si ricorda la ragione per cui è qui e da dove proviene. Riceverà sempre più informazioni e sempre più chiarezza sul luogo fiammeggiante. Il Luogo della Conoscenza. Si deve ricordare di non cadere nella tentazione del potere d'essere un umano. La stessa trappola in cui era caduta precedentemente.

D: Sono rimasta sorpresa che non sia stato condannato per ciò che aveva fatto. Era responsabile per aver ucciso molte persone.

J: Si. Era sbilanciato. Fu in grado d'ingannare molte persone. Voleva conoscere a pieno, completamente, cosa fosse il vero potere, la manipolazione e lo sfruttamento.

D: Ma ero sorpresa che quando arrivo dall'altra parte non fu condannato per aver commesso tali atrocità.

J: Questa è un'altra parte che viene trattenuta dagli umani come struttura di pensiero, riguardo a come funzionino le cose.

D: Ma come Judith, non ha bisogno di ripagare il karma?

J: No, non in quantità equivalente. Ha imparato molto durante la sua infanzia, suo padre e la gente con cui è cresciuta. Vede molte cose e la fa star male vedere come sia devastata l'umanità, questo in un certo senso lo possiamo chiamare il suo "karma".

Anche se avevano detto che non avesse da ripagare alcun karma, adesso sembrava che non fosse così. Judith aveva speri-mentato molte cose negative durante gli anni della sua fanciullezza e pubertà. Non credevo che se ne fosse liberata completamente. Ciò che semini è ciò che raccogli. L'unica differenza è il grado in cui lo si ripaga. Penso che il subconscio ne stesse parlando solo dal punto di vista superiore, del quadro generale.

D: Adesso ha una vita completamente diversa di quella passata. – Ma voleva sapere da dove fosse venuta.

J: Lei proviene dalla Sorgente proprio come tutti gli altri.

D: Il luogo fiammeggiante è lo stesso che la Sorgente?

J: No, non lo è. E' un luogo, e ci sono altri luoghi. Le parole non fanno giustizia a ciò che sia. E' come se altri esseri pro-venissero da luoghi diversi. E quel luogo fiammeggiante di Conoscenza fosse ciò che possiamo chiamare una Centrale. Poi ci sono altri luoghi in altre – non dimensioni – che non saprei descrivere. E non tutti vengono sul pianeta Terra. Alcuni vanni in luoghi diversi.

A quel punto feci domande relative ai problemi fisici di Judith, principalmente dolore al collo. Il subconscio rise mentre rispondeva: "Lei stessa è il suo peggior dolore al collo. I suoi pensieri, il suo attaccamento al corpo, adesso che si trova qui, questo le procura il dolore al collo. Il suo intero modo di pensare alle vite passate dove pensa d'aver fatto azioni negative che ritiene nel suo corpo. Quel dolore al collo ne è il risultato. Svanirà non è più necessario." Allora, com'è successo molte, molte volte nel mio lavoro con il subconscio, osservai mentre mandava energia in quella parte del corpo ed eliminava il disagio.

D: Questa volta non voleva venire, non è vero?

J: Non voleva venire, ed ha molte emozioni a proposito. Questo perché è attaccata alla forma del corpo. E' molto addolorata da ciò che ha visto nelle vite passate e dalla distruzione che aveva causato, e dalla distruzione causata dagli altri. Continua a vedere il dolore e la sofferenza che c'è in circolo. Questa seduta l'aiuterà a sapere che è un'illusione. La cosa migliore che lei e gli altri in forma umana – che vogliono sapere cosa fare e che sono stati mandati qui per aiutare gli altri – possono fare è di sapere che c'è compassione ed amore. Questo è il meglio che si possa fare su questo pianeta in questo momento. Questo è il bene più grande per tutti. Sembra che lei si stia allineando alla sua missione. Nella forma umana, lei è una figlia di Dio, anche se dal Luogo di Conoscenza, il Luogo Fiammeggiante – che è solo una parola – la sua vita e questo corpo saranno solo un confort e una condivisione d'abbondanza.

* * *

LA SORGENTE

La prima volta che durante una seduta il cliente tornò alla Sorgente (registrato nel Libro Uno), rimasi sorpresa e spiazzata. Come ho già detto prima in questo libro, spesso rimango spiazzata quando mi viene presentata una nuova teoria o nuove informazioni che non comprendo. Allora devo riconsiderarla e vedere come rientra nel resto del materiale che ho finora accumulato. Circa vent'anni fa quando ricevetti le informazioni che ho scritto in Between Death and Life [Tra la Morte e la Vita], la Sorgente (o Dio) mi venne descritta come un enorme sorgente d'energia di potere incredibile. Mi dissero che era impossibile descriverla in termine comprensibili per le nostre menti umane. La forza era così grande che venne comparata alla colla che tiene tutto connesso. Se si spegnesse per anche solo una frazione di secondo tutto si disintegrerebbe. Dicono che anche se pensiamo di avere una grande conoscenza della metafisica, il nostro concetto di Dio è un granello di sabbia se comparato con la totalità di ciò che realmente è. Dissero anche di considerare le altre persone, i loro concetti non si avvicinerebbero nemmeno alla dimensione di un granello di sabbia. Non hanno la minima idea di cosa possa essere Dio.

In quel caso nel Libro Uno, il soggetto disse che la Sorgente era nel Sole, ma non era il Sole che conosciamo nel nostro sistema solare. Di solito lo chiamano "Il Grande Sole Centrale". Venne descritto come una luce luminosa che non bruciava come il Sole. Era un luogo di grande compassione e benessere, e non aveva alcun desiderio di andarsene. Dopo quel primo caso, ho iniziato ad incontrare altre persone che riferivano la stessa esperienza e la stessa descrizione. Queste le accumulai tutte nel Libro Due. Adesso è molto comune trovare questo tipo d'esperienze. Perché sono stata in grado d'integrare e comprendere il concetto, così forse ricevo altri dettagli? O è forse dovuto al tempo in cui viviamo ed è arrivata l'ora per i miei soggetti di risvegliarsi alla loro vera natura, e le loro vere origini?

* * *

ESPERIENZE DI PRE-MORTE

All'inizio di questa seduta, Laura non si trovò in un'altra vita. Invece, tornò ad un incidente che ebbe luogo nella sua vita presente durante il quale era quasi morta. "Ero' in un ristorante con la mia amica Jeanie. Il cibo mi andò di traverso ed iniziai a soffocare – l'aria usci dal mio corpo. Venni protetta. Il fisico non sarebbe morto. Ovviamente, questo non lo sapevo allora. Ma mi fecero vedere quanto sono protetta. Mi mostrarono cos'è il vero amore. Immediatamente andai a finire in un luogo dove non c'era nulla se non luce bianca. Mi sentii benissimo nel tornare là. So d'essere consapevole d'angeli tutt'intorno a me, ma è il luogo più bello a cui possa pensare. Non c'è nessun attaccamento a nulla. Siamo e basta. Siamo consapevoli degli altri, la gente con cui viviamo sulla Terra, ma non abbiamo attaccamento a queste cose. E' così bello, così piacevole e pacifico.

Mi portarono solo fino a quel punto perché avevo bisogno di tornare. Mi ci portarono per farmi vedere la sensazione, la protezione e l'amore. Ma non ero ancora pronta ad andare oltre."

D: Per farti sapere che non saresti morta? Non era il tuo momento di andare?

L: Avevano solo bisogno di dimostrarmi che andava bene. Che avrei potuto affrontare qualsiasi cosa perché loro erano sempre con me. La presenza, la "Io Sono" presenza è sempre con me. Sempre.

D: Ma quando veniamo sulla Terra dimentichiamo, non è vero?

L: Si. Ecco perché ero triste. Per due settimane continuavo a chiedermi perché fossi triste. Realizzai che stavo soffrendo perché non ero in Sua presenza. Volevano che ricordassi. Che lo sentissi ancora. Era importante per me ricordarlo e sentirlo, per sapere che è reale. Così avrei avuto fiducia nella conoscenza della sua esistenza. In questo modo non avrei avuto paura e ne avrei potuto parlare con gli altri. Anche loro lo saprebbero. Potrebbero ricordare. Mi manca. (Iniziò a piangere.)

D: Perché ti rende emotiva?

L: L'energia è così forte, così amorevole. E' detergente, purifi-cante. Mi ripulisce di ogni cosa che è negativo o distruttiva per noi. Nulla può attaccarsi a se' stesso, se non se stesso. Mi sento molto fortunata di saperne qualcosa. Non voglio dimenticarmene mai. Non me ne voglio dimenticare mai.

D: Questo è un luogo?

L: Per me è una presenza. Alcune persone lo vedono come un luogo. Per me è una presenza che porto dentro di me in ogni momento, con cui mi forzo d'essere in ogni momento. Provengo da lì, ma mi sono anche allontanata molto da lì. Al-cuni di noi più di altri. E' sempre lì che c'osserva e ci aspetta.

D: Perché alcune persone si allontanano più di altre?

L: A volte è una loro scelta. Non comprendo l'intero fenomeno. Non penso d'esserne in grado ancora. Ma c'è dell'oscurità. Ci sono cose che sono molto lontane da questo, che non fanno parte di questa presenza. La gente dimentica. Gli vengono le vertigini con ciò che c'è nella materia e nei regni più densi e le realtà più dense. Ecco perché alcune persone, quando muoiono, passano attraverso un tunnel, perché gli ci vuole molto tempo per ritornare là.

Devono fare un viaggio di ritorno. La Presenza vuole che la gente sappia che c'è sempre, che è sempre con loro. Se hanno bisogno di vederLo, gli viene mostrato. Alcuni di noi fanno tutto ciò che gli è possibile per restare con Lui per portarLo dentro. Anche se non siamo consapevoli o non ce ne fidiamo. Ecco perché mi hanno dimostrato che la Presenza è con me in ogni momento. Posso espandere la Presenza dentro di me.

D: Che scopo ha il tunnel per questo tipo di persone?

L: Per loro è solo un viaggio di ritorno.

D: Non dovrebbero semplicemente tornare in questo luogo meraviglioso alla loro morte?

L: Alcuni si. Quelli che hanno una connessione più attiva e sono più consapevoli o hanno lavorato più duramente. Ma non tutti. Dipende dal lavoro di un persona e cosa erano venuti a fare e quanto connessi erano quanto sono arrivati.

D: Quindi per tornare, devono vederlo come un viaggio, come passare attraverso qualcosa.

L: Corretto.

D: Quindi, oggi il piano era di riportarti indietro e risvegliare quel sentimento? (Si) Dici di conoscere quel sentimento. Lo porti con te in ogni momento.

L: Ma così. Quando sono nel fisico, quando torno dentro, è più difficile sentirlo. E' più difficile connettersi. E' molto, molto potente. Da quella volta, oggi è stata la volta in cui mi ci sento più vicino di tutte. Gli stanno permettendo di guarirmi ed aiutarmi.

In quel momento Laura iniziò a sperimentare sensazioni fisiche di disagio. Si sentiva male e mi chiese di lasciarla uscire dalla trance. Invece, ho lavorato con lei per bilanciare le sensazioni fisiche, rimuoverle e riportare il corpo alla normalità. Il subconscio m'istruì per riuscire a parlare al corpo di Laura. Laura. Dopo qualche momento, riuscì a vedere che si stava calmando e fui in grado di procedere. In una situazione come questa, l'ipnotista non deve scoraggiarsi, perché il subconscio non permetterà mai che succeda qualcosa al corpo fisico. Il suo lavoro è quello di proteggere in ogni circostanza. Inoltre, se l'ipnotista si scoraggiasse e fosse insicuro, il soggetto se ne accorgerebbe immediatamente a causa dell'elevata sensitività durante lo stato di trance. Questo potrebbe creare ulteriore disagio perché non si fidano più della capacità dell'ipnotista di proteggerli. E' sempre meglio non svegliare il soggetto solo a causa delle paure o dell'insicurezza dell'ipnotista. Io parlo sempre con loro, li calmo ed elimino i disagi fisici. Quando vidi che le cose erano tornate alla normalità, le chiesi: "In che parte del corpo sentivi disagio?"

L: Il mio cuore. Il mio intero corpo era sotto pressione, ma il mio cuore era così aperto.

D: Puoi chiedergli perché hai avuto questa reazione?

L: Per dimostrarmi che non possiamo vivere in quell'energia in ogni momento. Che c'è una separazione. C'è un velo. Il mio corpo poteva gestire molto più di altri. Mi ha dato una nuova comprensione di questo. Inoltre, quella vibrazione è così elevata che il corpo fisico non può gestirla oltre una certa soglia per cui siamo preparati. Per me è sano saperlo, perché il corpo ha i suoi limiti. Mentre lo spirito risiede nel fisico, non posso ritornare a pieno in quel luogo.

D: Quindi volevano che tu sperimentassi tutto questo? (Si) Ma sappiamo anche che non ti avrebbero mai messo in pericolo.

L: No. Questa è la ragione per cui mi hanno detto di dirti di parlare al mio corpo.

D: Vogliono solo che tu abbia quei ricordi. (Si, si.) Perfino sa-pendolo non puoi sperimentale la totalità di quella vibrazione.

L: No, il corpo non è in grado di sopportarlo.

D: Si aspettano che tu usi quell'energia?

L: Possono portamela, per ciò che è necessario. Ma non devo cercarla tanto quanto penso d'averne bisogno. Devo solo chiedere, sapere e fidarmi che la sto usando. Questo mi darà pace mentale, nel sapere che non devo lavorare duramente come penso che dovrei. Posso usare questa energia per lavorare con le altre persone. E sarà come me sempre.

D: C'era prima o ce l'hanno appena messa?

L: Diciamo che mi hanno dato un'aggiustatina. (Ridendo) E' nella mia struttura cristallina.

D: Ho sentito parlare della struttura cristallina prima d'ora. Vogliono spiegarti cosa intendono?

L: Si tratta d'essere in grado di raggiungere la Sorgente il più vicino possibile. La struttura cristallina la mantiene nel corpo.

D: La struttura cristallina fa parte del corpo?

L: E' il codice che c'è nel corpo.

D: Pensiamo al corpo come a carne, muscoli e ossa. Non lo vediamo come qualcosa che ha dei cristalli.

L: Ci sono diversi livelli dei codici della struttura. Ma c'è una struttura cristallina nel corpo.

D: Stiamo parlando di veri e propri cristalli? (Si, si.) Nelle ossa o cosa?

L: Nel DNA.

D: Quindi è separata da ciò che conosciamo come struttura fisica, anatomia?

L: E' codificato in tutto il corpo.

"Loro" interruppero la seduta e dissero che il corpo di Laura doveva resettarsi per un minuto. Calmarono il corpo, perché stava ancora sperimentando gli effetti del contatto con la potente Sorgente d'Energia. "Il cuore è ancora un po' troppo aperto. Era un amore così intenso, è indescrivibile. Ecco perché è così onnipresente. In parte, si trova dentro alla struttura delle nostre cellule. E' come se avessi toccato il grande computer, il circuito principale. E anche tutte le cellule nel mio corpo vi si sono connesse."

D: Sarebbe come un sovraccarico, giusto? (Si) Ma ho avuto altri soggetti che sono tornati alla Sorgente. Lo descrivono come un grande amore, ma non hanno questo tipo di reazione. C'è forse una ragione?

L: Il corpo fisico non sarebbe stato in grado di gestirlo. Ne hanno solo ricevuto un assaggio e questo per loro era abbastanza. Laura l'ha ricevuto perché lo utilizzerà nel suo lavoro energetico, lo esprimerà per gli altri. Aiuterà a curare.

D: Come dovrebbe usarlo Laura?

L: Può utilizzarlo attraverso i suoi pensieri. Lo può utilizzare attraverso i suoi occhi. Lo può utilizzare attraverso il tocco. Deve solo richiedere la vibrazione più appropriata per ogni individuo, per ogni situazione. Adesso le sta cambiando la struttura cellulare.

D: Come sta cambiando la struttura cellulare di Laura?

L: Le vostre parole e le nostre parole a volte sono difficili. Dobbiamo passare attraverso il cervello di Laura.

D: Si, e so che la lingua non è abbastanza.

L: Quindi a volte quando non c'è una risposta immediata, dobbiamo passare per il cervello. (Pausa) Laura non ha un vocabolario, così dobbiamo parlare attraverso – (Pausa) L'energia del Settimo Raggio adesso può raggiungerla. Laura sarà in grado di connettersi con il Settimo Raggio.

D: Cos'è l'energia del Settimo Raggio?

L: L'energia del Cristo. La struttura cristallina a livello cellulare dovrebbe cambiare per riuscire a mantenere la vibrazione dell'energia del Cristo, per riuscire ad avere un corpo simili. L'energia del Cristo entra in lei per permettere alla vibrazione cellulare di aumentare così che possa trattenere la vibrazione, senza danneggiarla. Così che questo corpo fisico possa sopravvivere in questa realtà.

D: Quando dici che l'energia vivrà in questo corpo, intendi dire che resta in lei mentre sta facendo il suo lavoro?

L: Non permanentemente. Non a quella vibrazione, ma in una porzione. Il corpo non era in grado di sostenerla. Ecco perché ha ricevuto questa esperienza, perché sappia che va bene se ritorni. Perché Laura sappia che non deve essere con lei in ogni momento. "Cannale" non è la parola giusta, ma Laura sarà in grado di canalizzare l'energia verso la persona o situazione in cui si trova.

Tornai alla domanda che era rimasta in sospeso in precedenza, quando venni interrotta per permettere al corpo di riadattarsi. "Volevi dire che la struttura cristallina è qualcosa che è nei geni, nel DNA?"

L: Si, è ciò con cui si entra. Quel codice si può essere cambiato o migliorato.

D: Il codice è ciò con cui si entra?

L: Abilità, scopo e ciò che il tuo corpo sarà dopo essere entrato. Fisicamente. Ciò che hai scelto.

D: Quindi, se appropriato, questo può essere cambiato?

L: Si, può essere cambiato. E se permetti che venga cambiato. Se sei sul tuo sentiero, cambierà. Ci sono periodi nella tua vita in cui puoi cambiare il tuo codice. Incroci, come li chiamate voi.

D: Quando scegli di andare in una direzione o nell'altra.

L: Esatto.

D: Ero confusa perché cristallino, mi fa pensare al cristallo.

L: E' la parole migliore che avete per questo concetto. Non come i cristalli che si trovano qui sul piano fisico, piuttosto come cristalli di tipo eterico. Sono più un'energia. Ho visto molti, molti colori. Sarebbe come osservare un'onda energetica in uno schema, quello lo chiamano una struttura cristallina, ma è solo una parte. E' davvero difficile spiegarlo con il vostro linguaggio.

D: E' il meglio che potete fare nella nostra lingua. Ecco perché vi faccio così tante domande.

L: E' un bene. E' difficile anche solo usare la voce.

D: Quindi l'esperienza che ha appena avuto le ha cambiato il codice? (Si) Poteva succedere solo mentre stavamo facendo questo?

L: Questo era un vantaggio. Questa era un'esperienza di totale rilassamento, fiducia e apertura. Aveva bisogno di qualcuno nel fisico che la guidasse. Qualcuno di cui fidarsi e che sapesse che andava tutto bene. Qualcuno che non l'avrebbe interrotto. Ma principalmente qualcuno che aiutasse a calmare il corpo fisico. Adesso questo è un canale più pulito. Siamo proprio contenti! Questo corpo sarà un canale per aiutare a curare tutti gli altri. Alcune vecchi abilità le sono state riattivate.

D: Oh! Di che tipo!?

L: ET (Extra-Terresti), come le chiameresti tu. (Ridendo) Ovviamente, voi siete ET per gli ET. La vostra prospettiva mi fa venir da ridere.

D: Vuoi dire "abilità" dagli ET, o cosa?

L: Vecchie abilità che aveva durante vite passate. Coscienza Superiore. Portare energia da altre realtà per aiutare questa realtà.

D: Che vite erano quelle?

L: Erano su un altro pianeta. Oh, che bella esperienza! Pacifica, calma ed amorevole. Un corpo luminoso. Oh, poteva viaggiare! Poteva viaggiare! In uno "shhuuish"! Col pensiero. Quella era una vibrazione molto più vicina alla Sorgente. Lei viaggiava ovunque. Ovunque! Non aveva nessuna limitazione nella capacità di spostarsi. Poteva andare su qualsiasi pianeta, in ogni luogo. Parlate di coscienza su questo pianeta, Coscienza Unitaria. Ohhh!

Ti prego continua a parlarne! (Sospirando) Speriamo che la sperimenterai.

D: Quindi in quel corpo, erano tutto interconnessi?

L: Eh, si! Non c'era nulla separato.

D: Ed è diverso dalla Sorgente che ha appena sperimentato?

L: Ma erano connessi in molto altro oltre a quello! Tu sei molto più lontana! E' un peccato! E' una tristezza.

D: Che abilità volete che risvegli che possa utilizzare adesso?

L: Le abilità di guarigione sono una parte, ma un parte minore. E' piuttosto un pensiero, il pensiero della guarigione del pianeta.

D: Cosa vorresti dire? So che il pianeta è un'entità vivente.

L: I pensieri che sono attorno al pianeta e sul pianeta, devono essere curati perché anche il pianeta e la gente siano curati. Sono i pensiero che stanno uccidendo il pianeta e la gente.

D: Da dove provengono questi pensieri?

L: Questi pensieri sono manifesti nei regni inferiori, nei regni più densi del fisico. L'avarizia, l'inganno. Tutte queste cose non fanno parte della pura, coscienza d'amore che conosciamo come Dio. Tutto questo non proviene da Dio, provengono dal fisico.

D: Questo è ciò che deve essere curato?

L: Si! Questo diventerà la seconda venuta. Questo fa parte della Seconda Venuta del Cristo, come la chiamate voi. Quando la coscienza del pianeta cambierà, quello sarà la guarigione.

D: Avevo sempre saputo che non era la seconda venuta di una persona.

L: E' la coscienza. Questo è come sapresti spiegarlo. Lo possiamo dire in diversi modi. Quando venne Gesù, Lui fu in grado d'incarnare questa coscienza Cristica. Lui era ed è la via, per mostrarti lo schema di pensiero attraverso la forma. Quanto è potente tutto questo! E come ci aiuta a connetterci.

D: Così voi da quel lato volete che la Coscienza del Cristo torni su questo pianeta.

L: Si. Questo è il secondo ritorno. Dobbiamo guarire i pensieri negativi del pianeta, dobbiamo interromperli e curarli. Aiutare con questo fa parte del lavoro di Laura.

D: Sembrerebbe un lavorone! Come dovrebbe essere in grado di riuscirci?

L: Attraverso i suoi pensieri. Aiutando la gente a cambiare i loro pensieri – potenziandoli così che loro possano potenziare gli altri. Vedrà che si svilupperanno delle nuove abilità mentre procede e vedrà nuovi modi di farlo. Avrà molte opportunità e lo sentirà nel suo cuore quando ci sono le opportunità. Sentirà e si ricorderà quest'esperienza. Abbiamo dovuto darle un'esperienza che si sarebbe ricordata. Deve mantenere la mente più pura e pulita possibile. Deve insegnare meditazione e la coscienza del puro pensiero alla gente. Insegnare alla gente ad usare i loro pensieri per risvegliare spiritualmente. Cambiare forme di pensiero! La gente sta creando molte delle forme di pensiero negative attraverso i loro pensieri.

D: Quindi queste non sono vere e proprie creature della Sorgente. Sono solo forme di pensiero che sono state create dai pensieri della gente?

L: Si, si. Alcune di queste non sono per niente buone. Ho iniziato a ripulire quelle forme di pensiero, ripulire i muri dalle muffe che crescono spontaneamente. Possiamo definire muffa, un'energia negativa o demone se così lo vuoi chiamare. Ma la nostra gente arriverà e li ripulirà dai muri.

D: E' in linea con l'idea che i pensieri siano vere e proprie cose.

L: Si. Azione sbagliata, libero arbitrio, uso di droghe, creano. Coloro che servono nei regni superiori possono dispensare e dissolvere quelle energie per rispedirle alla Sorgente. Ecco perché sono qui, per rispedirle alla Sorgente per poterle ritrasformare in positivo.

D: Quindi non sono fisici. Sono solo energie che la gente ha creato. (Si) Ma sono diversi dagli elementali?

L: Si, sono diversi dagli elementali, proprio come noi siamo diversi dagli elementali. Proprio come noi creiamo del caos anche loro ne creano.

D: Ero giunta alla conclusione che fossero delle forme d'energia basilare.

L: Si, e hanno anche delle forme di pensiero. Quindi siamo tutti coinvolti con le forme di pensiero altrui. Stiamo gestendo la roba degli altri. (Rise).

D: Ecco perché quando alcune persone vanno in certi posti, si sentono strani e a disagio?

L: Si, sentono quelle energie negative. La gente può chiamarle "entità", potete chiamarli "demoni", potete chiamarli come volete.

D: E' l'energia lasciata in un luogo da chiunque ci abbia vissuto?

L: Potrebbe essere. Ci sono molte, moltissime sfaccettatura di questo fenomeno. Molte, Troppe.

D: Ci sono altri luoghi che hanno una sensazione molto positiva ed elevante.

L: Si. E' vero. Verissimo. Quando all'inizio mi sono sdraiata ed ho iniziato a piangere, stavo andando verso la Sorgente. Il puro amore che sentivo, stava venendo verso di me. Ecco perché mi stava ripulendo, così che potessi incontrarLo alla vibrazione più alta' che possibile. Sono così grata, anche solo questo breve ricordo è così meraviglioso.

D: Quindi parte del lavoro di Laura, il suo scopo, è di cambiare questa energia verso l'energia più elevata, per riuscire a cambiare i pensieri del mondo. Come vuoi che lo faccia?

L: Classi, seminari, brochure, libri, in qualsiasi modo riesca a condividerlo. Lo riceverà e verrà guidata.

D: Ma come si fa ad insegnare qualcosa del genere? Alla gente cosa dici di fare?

L: Inizia con la meditazione, mostragli come funzionano i pensieri, come diventano cose attraverso la kinesiologia basilare. Inizia con nozioni basilari di meditazione. Inizia insegnandogli come cambiare i loro pensieri e le loro abitudini. Anche se fosse con una parola, una cosa per aiutarli a manifestare tutto questo, mostragli come si manifestano nella loro vita. Basta che inizi lentamente. Allora inizia con libricini e brochure da distribuire per aiutare la gente. Per cambiare le loro vite, bisogna cambiare le loro abitudini di pensiero e poi loro le condivideranno e distribuiranno.

D: Alla fine, cambierà l'intero mondo.

L: Lo speriamo.

D: Come volete che la gente cambi l'energia nelle loro case, perché quello è il primo posto dove iniziare, non è vero?

Volevo una qualche forma di rituale al quale la gente fosse in grado di relazionarsi.

L: Benedizioni. Benedizioni sulla casa. Benedite lo spazio, positività, che ci sia pace in questa casa. Pace a questa casa. Benedite le vostre case, poi benedite la vostra stessa casa: benedite voi stessi, il vostro corpo. Perché è la vostra casa, la vostra casa. Benedite questa casa, benedite questa casa. Pace a questa casa. Chiedo che tutte le cose negative e dannose vengano mandate alla Sorgente. Le spedisco alla Sorgente. Le mando alla Sorgente. Che ogni cosa dannosa e negativa qui dentro sia trasferita nell'amore e nelle benedizione che sono del bene supremo. Cose semplici, cose scritte su uno specchio in bagno. Dette ogni giorno, cosicché diventino parte della struttura cristallina. Scrivete cose semplici all'inizio: amore, pace, perdono. Non hanno nemmeno bisogno di pensarci all'inizio. Possono dire: "Amore, Pace, Perdono" se ne hanno bisogno. Perdonate voi stessi, amate voi stessi.

D: La gente si porta dietro così tanta roba di cui si dovrebbe liberare.

L: Si, vedranno che quando cambiano, tutte queste altre cose spariranno e le loro vite inizieranno a guarire. E permetteranno alle vite degli di altri d'essere guarite.

D: A quel punto si diffonde gradualmente fino a poter avere un effetto sul mondo intero?

L: Si. Ci sono persone molto potenti la fuori. I loro pensieri sono potenti. C'è bisogno che pensino in modo potente.

D: Adesso c'è molta negatività nel mondo.

L: Molta depressione.

D: Questo ha qualcosa a che fare con l'idea di creare una Nuova Terra?

L: Si, si, ne fa parte.

D: Cambiando i pensieri. (Si) Quindi I pensieri negative vengono lasciati con la vecchia Terra. (Si) Quando abbiamo iniziato oggi, pensavo che saremmo andati in qualche vita passata, ma non è stato così.

L: Per adesso quelle sono passate. Per Laura è importante ricordare e condividere in questo reame, le cose che conosceva prima per aiutare la gente a lasciar andare il passato ed andare Avanti.

D: Quindi non dobbiamo preoccuparci di dove siamo stati in passato.

L: Certe persone hanno davvero bisogno di preoccuparsene e le vite per loro hanno molta rilevanza perché li aiutano a comprendere e guarire. E' molto importante, per spostarsi da là alla nuova struttura di pensiero.

La Luce è intera. Deve sperimentare l'individualità. Questo è molto simile a ciò che ho scoperto riguardo alle piante e agli animali. Fanno parte di un gruppo e funzionano come un gruppo, anche se sono esseri individuali. Perché siano in grado di progredire verso il livello umano devono sviluppare un'individualità, una personalità. Spesso ci riescono quando gli umani gli dimostrano amore, e gli danno una personalità. Questo li separa dall'anima di gruppo e da iniziò al loro progresso. Devono farlo cosìcché possano sperimentare l'essere umani. Facciamo tutti parte di gruppi. Dall'interno dei nostri corpi, su, su fino alla Sorgenti.

CAPITOLO DICIOTTO

LA SCINTILLA SI SEPARA

Avevamo appena lasciato una normale regressione ad una vita passata al momento della morte di quella personalità. Spostai Edith nel tentativo di trovare un'altra vita passata, perché quelle che avevano appena osservato era corta e c'era tempo per esplorarne un'altra. A volte il subconscio presenta altre vite che hanno significato per il soggetto. Invece di andare in una vita passata, si trovò a far parte di una luce meravigliosa. "Sto salendo. E' come se fossi la luce e nella luce. Non è una luce bianca. E' una luce dorata. E' ovunque, tuttavia penso di far parte della luce. Penso di essere... luce. Non ho un corpo fisico. E' una sensazione piacevole, ma non è ciò che mi aspettavo. Non è come la luce della vita. Sono come delle scintille dorate, ma sono tutte unite e io ne faccio parte."

D: Ti senti sola, o ci sono altri esseri intorno a te?

E: Non ho la sensazione... d'essere un essere. E' la sensazione d'essere – come faccio a spiegarmi? Uno di molti, ma diventiamo tutti lo stesso. E' come appartenere, è come fare parte dell'Unità. Nulla di separato. Siamo separati, eppure non lo siamo. Voglio dire, posso identificare il mio puntino, ma in qualche modo il mio puntino fa parte di tutti i puntini. Ci sono altri punti. Ci sono molti punti. Ma non c'è un senso di solitudine o separatezza. Sono in grado di dire che quello è il mio puntino. Ho la sensazione di essere uno con tutti gli altri e uno con la parte luminosa.

D: Comunichi con tutti gli altri puntini?

E: Attraverso le sensazioni. E' come se la comunicazione fosse un senso d'unità. Non c'è la sensazione di separazione. So che questo è strano perché riesco ad identificare che il mio puntino è diverso.

Faceva molta fatica a spiegare un concetto che era per lei era così strano. C'erano molte pause ed esitazioni, che qui ho omesso. Decisi si spostarla avanti al momento in cui aveva deciso di lasciare questo luogo meraviglioso. Lo descrisse come vedere una colonna di luce che si separava dalla grande luce. Osservava mentre sceglieva un puntino individuale (o scintilla) che veniva portata vita. "Sta scendendo e fa parte di un'anima che sta per nascere. Fa parte di ciò che entra, ciò che sta per nascere. C'è altro oltre a questo che entra, ma questo è un aspetto. E' come osservare una cellula. Qualcosa che si divide due o tre e lo si vede entrare nella cosa rotonda, la cellula. Fa parte di ciò che sta nascendo... sta crescendo. Non ho la sensazione che debba essere una persona. Potrebbe essere una persona, ma potrebbe essere qualcos'altro di naturale. Non è l'unica cosa che ci entra, è solo un aspetto. Solo quel piccolo puntino che ha a che fare con la parte dell'anima."

Apparentemente, a quel punto non erano stati consultati, il puntino o le scintilla veniva solo raccolto dalla colonna di luce, portato e depositato sulla Terra. Fece del suo meglio per descrivere il processo. "E' come scendere e diventare una persona, qualora diventi una persona. Nel processo di diventare una persona, ma c'è già qualcos'altro lì prima che entri e ne faccia parte."

D: Cos'è quel qualcosa che è già lì?

E: E' come se la parte spirituale si unisse alla parte fisica. C'è il fisico e lo spirito c'entra dentro. Sembra che succeda così. E' come se diventasse lo spirito, ma il veicolo è lì e poi ci mettono dentro lo spirito.

D: Ha sentito questo raggio di luce che ti porta verso il basso?

E:Si. E' una luce bianca, più luminosa dell'oro. C'è dell'oro dentro, ma è una luce brillante. Trasporta il puntino, o me. Adesso non mi sento come un puntino, ma come energia che viene inserita nel fisico. Il processo è confortevole, mi sento ancora parte del tutto. Ancora non mi sento tagliata fuori, non mi sento separata. Sono lì, ed ho ancora la sensazione d'essere Uno con tutto il resto. Presumo che sia strano, perché è una situazione differente.

D: A quel punto la luce che ti ha portato giù svanisce?

E: Esatto. Ma in qualche modo sono ancora qui.

Allora realizzò d'essere nata come luce dentro a qualcosa che indentificò con una pianta. "Ne facevo parte mentre cresceva. Ma quando si schiuse, ero al suo centro. Adesso la sto osservando. Non ne faccio più parte, adesso continua senza di me. Io sono qui e non ho la sensazione di essere il puntino o qualcos'altro. Sono consapevolezza che osserva. Il mio lavoro era quello di farla crescere, ma non sono più li dentro. Quel lavoro è finito. Adesso, a questo punto posso scegliere che lavoro fare. Posso scegliere. Posso tornare indietro ed essere un altro puntino, un'entità. I puntini possono scegliere d'esser parte di quel processo di crescita o possono fare altre cose. E' una scelta. E' un periodo. E' solo una conoscenza."

Tutto questo stava andando troppo a rilento, così la spostai avanti fino al momento in cui prese una decisione a proposito di ciò che voleva fare. Anche quello portò confusione, mentre cercava di comprendere ciò che stava vedendo. Vide un uomo, un soldato, in una situazione di guerra. "Sto cercando di capire se sono lui, o se il mio lavoro è di aiutarlo. No, non ho la sensazione d'essere lui, quindi non so perché sono qui. Penso che abbia una decisione da prendere. Vedo me stessa come un colore rosso attorno a lui. Ci sono colori gialli. Ci sono colori arancio. Io faccio parte del colore rosso attorno a lui. Non sono solo io. Ci sono anche altri; lo stiamo aiutando a prendere una decisione. Siamo come un'energia, una forza presente che può aiutarlo. C'è l'arancio e il giallo, ma io faccio parte del rosso. E' una situazione di guerra. Penso che stia decidendo se uccidere qualcuno o meno. Siamo solo un'influenza per aiutarlo a decidere se c'è un'opzione migliore all'omicidio. Per aiutarlo a trovare una scelta migliore, o una scelta differente. E' una decisione. Vedo me stessa come parte del rosso nel tentativo d'influenzarlo, o aiutarlo a prendere una decisione migliore."

Anche se sembrava confusa, sembra che fosse una qualche sorta di spirito guida in missione per aiutare qualcuno. Decisi di spostarla dalla scena e permettere all'uomo di prendere la sua decisione. Riorientai Edith all'interno del suo corpo ed invocai il subconscio.

Volevo saperne di più a proposito della colonna di luce dorata, perché non ne avevo mai sentito parlare prima d'ora.

D: Disse che faceva parte della luce bianca, della luce dorata, come una delle migliaia e migliaia di piccoli puntini. Poi una colonna di luce dorata scese su di lei. Cos'era quella?

E: E' come la volontà divina, l'intenzione. E' quando c'è una necessità. Come vengono soddisfatte le necessità secondo la volontà divina.

D: Quindi non aveva bisogno di prendere una decisione. Era già stata presa per lei?

E: Si. Lei faceva parte della luce nella colonna. La colonna venne nella luce e depositò questo puntino in ciò che stava crescendo. Faceva parte dello spirito che veniva impiantato nel fisico.

D: Quella colonna è qualcosa di diverso dalla Sorgente?

E: No, è solo un aspetto della Sorgente. E' solo una parte del volere divino in azione. E' una necessità che viene gestita. E' un processo. Non un processo, ma un aspetto del processo che permette che la manifestazione.

D: E successivamente ti vengono date delle scelte?

E: Come faccio a spiegarlo. C'è appagamento in entrambi i casi: quando vieni attivato o quando ti viene data una scelta. Sono realtà diverse.

Che scelta interessante di parole. "Quando vieni attivato." Apparentemente, prima dell'attivazioni si è parte della Sorgente e si è piuttosto contenti di restare là. Poi quando si viene rimossi o attivati per diventare un'entità funzionale separata (puntino, scintilla, o quel che è). Allora inizia un altro processo.

D: All'inizio, non si una scelta? Solo dopo ti viene data una scelta? Giusto? Sto cercando di comprendere.

E: Sto cercando di spiegare. Non ho la sensazione che una cosa vengo prima dell'altra. Eccetto in questo caso, che è andata così. Ci sono due stati diversi, ma c'è soddisfazione in entrambi, che tu scelga di restare dov'eri o d'essere di servizio. Accettare il tuo compito o potere essere in uno stato in cui scegli il tuo compito.

La cosa più interessante che ho trovato in questa regressione fu il concetto della colonna di luce dorata. Ho parlato molte volte della Sorgente, Il Grande Sole Centrale, la meravigliosa luce bianca, da cui tutti noi proveniamo. Ho descritto molte volte come ci separiamo e diventiamo fisici. Ma questa era la prima volta che questa parte del processo mi veniva descritta. Apparentemente, tutte le piccole scintille, le anime individuali, sono piuttosto contente di restare in questo stato di eterna beatitudine. Finché qualcos'altro non decide che sia arrivata l'ora per una di loro di separarsi ed iniziare il proprio viaggio per imparare ed illuminarsi. A quel punto la colonna di luce separa l'Uno ed agisce come uno strumento di trasporto, per scortare la scintilla al ricettacolo che dovrà occupare per la prima volta. Poi il resto del processo ha inizio.

CAPITOLO DICIANNOVE

L'ORB [LA SFERA]

La prima impressione di Jane fu quella di essere in una terra fantastica, perché era molto idilliaca. Descrisse una scena meravigliosa nella natura, lei era sdraiata in un prato, uccellini e farfalle le volavano attorno e c'era il suono d'acqua che fluiva nella foreste vicina. C'era perfino una piccola fatina che spargeva polvere d'orata tutt'intorno.

"La scena sta cambiando ora. E' molto strano. Ci sono molte cose non correlate che continuano ad apparire. – Adesso vedo una tribù di persone dalla pelle scura alla mia destra che si stanno accovacciando verso il terreno. Stanno guardando. Sembra che stiano osservando me. Vedo che guardano tutti nella direzione da cui provengo, anche non so da dove provengo. Ho l'impressione d'esser anch'io un osservatore. (Pausa) Molto strano. Mi sembra di essere un'orb [una sfera], tra il rosso e il rosa. Non rosso accesso, forse più sul burgundi – qualcosa del genere. E' molto strano, come se fossi una sfera che fluttua e osserva questa scena.

D: Questa gente ti vede così?

J: Vedo e sento tutti i loro occhi su di me. Non so cosa vedano. Mi osservano mentre passo. Adesso le cose stanno cambiando molto velocemente. Inizialmente, avevo la sensazione di viaggiare sul letto di un fiume in secca e la gente era sulle rive. E' come se fossi all'interno di questa sfera e sto osservando ciò che c'è fuori. Solo che continua a cambiare. Non resta lo stesso troppo a lungo. Passo vicino oltre la tribù e poi c'è il letto del fiume sabbioso, in secca. Adesso ci sono alberi su entrambi i lati. Per me sto solo passando di lì. E' molto strano. Le scene si muovo così velocemente che non riesco nemmeno a capire cosa succeda. Ho la sensazione che sto guardando fuori e vedendo... Adesso, da un lato vedo delle scimmie sugli alberi. E sono passata vicini a degli edifici che sembrano... E' troppo veloce. Non so se sto facendo altre cose, sto solo viaggiando ed osservando.

D: Quindi senti che il tuo corpo è la sfera? O sei all'interno di una sfera?

J: Non sento un corpo. Sento solo la sfera e la vedo.

D: E puoi andare ovunque tu voglia.

J: Non sono sicura se è dove voglio andare o se è dove sono programmata ad andare. Ma quando me l'hai chiesto, ho pensato beh se fosse dove voglio andare, allora voglio andare verso l'oceano. Ed eccolo lì. Quindi, forse posso andare dove voglio. Ho la sensazione di muovermi un po' sopra al terreno e muovermi attraverso tutte queste diverse scene. Adesso non sento di essere programmata. Penso che ci sia qualche programma e qualche controllo, non l'uno o l'altro.

D: Vediamo da dove provieni essendo questa sfera. Se sei programmata vediamo chi ti ha programmata. Possiamo riuscirci molto facilmente tornando indietro. Da dove provieni? Dove hai iniziato con questo viaggio di osservazione?

J: Sento di essere risucchiata indietro, mi sto muovendo indietro molto velocemente. Vedo alcune piante in lontananza. Continuo a muovermi all'indietro. (Pausa) Vedo un qualche macchinario. E' grigio, argento con degli occhiali da sole di materiale scuro. Sto tornando indietro attraverso di loro. Mi sono a fianco, e continuo a tornare indietro.

D: Dov'è questa macchina?

J: In cielo. Era luce e adesso sto passando attraverso l'oscurità. Ho la sensazione di tornare indietro attraverso una stella. Come se mi fossi schiantano sulla superficie e immerso. Vedo stelle ovunque ed ho la sensazione d'essere passato attraverso una.

D: Il macchinario era là fuori nello spazio?

J: Ce n'erano diversi, ed erano tutti uguali. Stavano viaggiando a mio lato quando sono andata all'indietro. Ci sono passata attraverso. Non stavamo viaggiando insieme, ma gli sono passata vicino.

D: Poi sei finiti nella stessa e con essa ti sei immersa?

J: Si, come una goccia d'acqua che colpisce la superficie di una pozza, crea un' onda d'urto, finisce sul fondo, finché poi l'acqua non si calma.

D: Come ci si sente?

J: Mi sento benissimo. Mi rende infelice. Mi sento benissimo.

D: Hai la sensazione d'essere sola, o ci sono altri con te?

J: Tutto è Uno, è tutto qui. Faccio parte del Tutto. Siamo tutti lo Stesso, e siamo tutti qui. E' solo una forma. E' argentata, quasi come un a palla di mercurio quando tutti i pezzetti si riuniscono. Tutto è soffice ed argentato. Non è dove sono stata creata. – come sono stata formata, ma è molto confortevole e familiare. Mi sento bene. Ho una sensazione titillante nel mio cuore. Mi sono solo immerso dentro e mi sento molto bene.

D: Questa è la cosa importante, basta che ti senta a tuo agio. Adesso spostiamoci al punto in cui te ne sei andata e hai iniziato il tuo viaggio. Qualcuno ti ha detto di farlo?

J: Non è che qualcuno me lo abbia detto. Davvero non c'è nessuno che dica a nessuno ciò che deve fare. E' solo che tutti sanno. Tutte le parti di noi che vivono qui, sappiamo che questo è ciò che dobbiamo fare e ci limitiamo a farlo.

D: Quindi nessuno vi dice di farlo. Semplicemente sapete che va fatto.

J: Si. Non c'è domanda. Non c'è discussione. Semplicemente quando sappiamo che è il momento giusto allora andiamo.

D: Cos'è che dovreste fare

J: Io sto osservando. Mentre andavo avanti, ho ricevuto la mia forma dal Tutto. Ho avuto la sensazioni d'essere esplosa dal Tutto e sono volata molto velocemente nella direzione dai cui ero venuta.

D: Che forma ha preso durante l'esplosione?

J: Quella di una sfera argentata. E' un cerchio che esce dall'Intero, ma poi l'Intero riassorbe tutto in se finché non è completo ancora una volta. E la stessa cosa quando ritorno.

D: Quindi tutti sentite che questo è ciò che dovete fare, andarvene e proseguire da soli?

J: Si, questo è ciò che facciamo. Viaggiamo, osserviamo e torniamo indietro. Sento che quando torno al Tutto, le informazioni vengano assorbite.

D: Sai cosa succeda alle informazioni in quel momento?

J: Stiamo guardando e vedo la Terra, principalmente. Ma ci sono anche altri pianeti che vengono osservati. Li stiamo osservando, li stiamo aiutando.

Apparentemente le anime o spiriti stavano facendo il loro lavoro di osservatori, in questa forma. Raccolgono informazioni e le trasferiscono al Tutto. Inoltre sembrava che aiutassero in svariati altri modi nella forma dello spirito, anche se c'erano ovvie limitazioni. Ma da qualche parte lungo la strada, decisero che potevano avere maggiore influenza se avessero vissuto in un corpo fisico e avessero avuto diretto contatto con gli umani. E' discutibile se un modo sia meglio o più efficace dell'altro. Questo è anche connesso con l'aumento di persone che sto trovando che sono qui sulla Terra per la prima volta. Ecco perché la Terra è così difficile ed aliena per loro. Forse pensavano d'essere più efficaci se fossero nuovi e freschi, e non aggravati da vite passate e karma. Inoltre non sarebbero disillusi dal vivere tra la negatività della Terra per molte vite. Quindi, ecco un'altra spiegazione per molte nuove e fresche anime che stanno arrivando in questo momento.

D: Quindi quando viene raccolta ed assorbita dal Tutto, cosa se ne fa il Tutto delle informazioni?

J: Ho la comprensione che guardiamo ed aiutiamo dove possiamo. Stiamo monitorando, osservando, guardando ciò che succede, riportando le informazioni di ciò che sta succedendo. Viaggiando ed emettendo un'energia per aiutare il più possibile in questo momento. C'è una qualche forma d'energia che emettiamo durante i viaggi. Vedo che non è esattamente la stessa, ma è simile alla polvere dorata della fata. Vedo un certo tipo d'energia che viene sparsa in giro. Ci sono molte sfere che lo fanno. Siamo in molti, moltissimi a lasciare il Tutto e venire qui. Vedo un'energia che viene sparsa sulla Terra che è accessibile all'uso. Un po' viene usata e altra no. Alcune persone usano l'energia per aiutare e altri no. Certi sono così coinvolte nella negatività, così inconsapevoli della luce che non sanno che c'è. Ma questa energia viene sparpagliata. Questo è ciò che faccio.

D: Hai mai voluto entrare in un corpo fisico?

J: Ho fatto anche questo. Mentre stiamo osservando, sappiamo qual'è il nostro lavoro. Quello è ciò che facciamo, senza fare domande. Sappiamo che quello è il nostro obbiettivo e lo facciamo e poi torniamo indietro, e basta.

D: Quindi occasionalmente entri in un corpo fisico?

J: L'energia che c'è nella sfera è stata in corpi fisici in precedenza. Non ho la sensazione che sia qualcosa di simultaneo però. Mentre percepisco la forma della sfera, mi sento che è un'altra espressione, un'espressione diversa dal fisico. E mentre sto viaggiando in quella direzione, sto facendo il mio lavoro e tornando al Tutto. Ma parte dell'energia che è nella sfera in altri momenti si trova nella forma fisica.

D: Solo una parte dell'energia?

J: Si, questo è ciò che sento.

D: Diresti che questo è ciò che gli umani definiscono una "anima"? O uno spirito? O c'è differenza tra quello e la sfera?

J: La sfera è solo un'altra delle forme che l'anima può prendere.

D: Può lasciare parte della sua energia in un corpo umano?

J: Si. Sento che l'energia nella sfera sia un'espressione che l'essenza animica possa prendere, abbia preso, e il corpo umano è un'altra espressione.

D: Perché sceglie d'entrare in un corpo umano? C'è forse una ragione per cui smette d'essere un osservatore?

J: E' solo un'espressione diversa, un'esperienza diversa, una parte diversa del Tutto che vuole sperimentare.

D: Mi sbaglio forse o le sfere (o anime) continua la sua esistenza e solo una parte dell'energia entra in un corpo umano?

J: Sento che è un'esperienza diversa. Che ha una qualche esperienza della sfera e poi l'energia può decidere di andare in un corpo umano. Ci sono molte esperienze – queste non sono le uniche due. Ma non c'è mai il 100% dell'intera energia in una espressione, quindi si spezzetta in molte cose, tra molte diverse – continuo a sentire le parole "espressioni, esperienze". Che si divide tra molte diverse espressioni.

D: C'è forse una ragione per cui il 100% non può entrare in una esperienza, una espressione?

J: Sto campendo che c'è più di una ragione. Una è di queste è che se il 100% entrasse in un corpo fisico, per esempio, sarebbe troppa energia per riuscire a vivere in un corpo umano. Solo una percentuale può entrare.

D: E' troppo forte?

J: Si. L'altra ragione è per sperimentare quante più cose possibili in una volta. Non è necessario essere al 100% ovunque.

D: Sperimentare il più possibile, portare indietro più informazioni possibile.

J: In qualsiasi ruolo si decida, in qualsiasi espressione si decida di prendere in quel momento. Vedo il Tutto, la Sorgente e tutte le scintille che escono come anime individuali. Allora tutte quelle anime che si scindono in diverse espressioni a seconda di ciò che viene scelto. Vedo che tutti provengono dal Tutto, l'enorme luce. E come se fossero tutte piccoli binari di luce che vanno in circolo costantemente intorno al Tutto. Stanno girando intorno e rientrando e ancora separandosi dalla Sorgente. Tutto ha luogo allo stesso tempo. Ma stanno partono tutti dallo stesso luogo quando si distaccano e ritornano. E questo è tutto ciò che c'è.

D: Sto cercando di comprendere tutto questo. Quando stai sperimentando, sperimenti sia il positivo che il negativo, giusto? (Si) C'è una ragion per questo?

J: Continuo a sentire che è tutto conoscenza ed informazioni e che la saggezza di conoscere la differenza, perché ci separiamo dalla Luce, dal Positivo. Il desiderio di sperimentare qualcosa di diverso e adesso l'abbiamo sperimentato. Adesso stiamo tutti cercando di tornare alla Sorgente e alla Luce. Cerchiamo di completare il cerchio ancora una volta.

D: Cosa succede quando completi il ciclo e finalmente ritorni?

J: Allora saltiamo fuori ancora una volta.

D: Volete ripartire da capo ancora una volta?

J: In qualsiasi modo si scelga. Non deve essere sempre la stessa cosa. Sto ancora vedendo tutto. Sono come piccoli raggi di luce che escono e vanno in circolo come se andassero attorno ad un globo, solo che non vedo nulla al centro. Ma creano la forma di un globo e individualmente tutti si distaccano per andare in diverse direzioni tutt'attorno. E poi tornare indietro. Ma non vedo la fine quando ogni forma di vita, ogni espressione ritorna nel Tutto. Vedo solo il cerchio, cerchio, cerchio. Non vedo cosa succede quando tutte le scintille individuali decidono di restare a casa.

D: Si, cosa succede se all'improvviso dicessero: "Non vogliamo più uscire"?

J: Ce ne sono abbastanza che vogliono uscire da mantenere il ciclo. Non vedo un momento in cui tornano e non escono più. Non vendo questa parte. Vedo solo il circolo con tutte questa luce che va in circolo. E tornano indietro attraverso la Sorgente, per poi separarsi ancora una volta. E non tutti gli stessi, non tutti allo stesso tempo, non immediatamente, ma è un circolo. Alla fine, ogni scintilla se ne va in qualsiasi espressione o espressioni scelga. Per un certo periodo potrebbe sceglierne più d'una.

D: Come ti senti a proposito? Questo è qualcosa che ti piacerebbe fare?

J: Sembra quasi divertente. Mi sento come continuassimo ad andare in circolo ed in circolo. E va bene, poi quando torniamo alla Sorgente, vogliamo andare ancora, oppure no. Ma non siamo sempre umani, quindi non abbiamo sempre l'esperienza umana. Ci sono altre esperienze, quindi non si ha sempre la stessa sensazione. Ma mi fa venire da ridere che ci limitiamo a continuare ad andare.

D: Quali altre espressioni ci sono che non sono umane?

J: Vedo la vita su altri pianeti e in altre dimensioni e dei periodi di riposo. Scelte diverse.

D: Solo per principalmente imparare ed osservare?

J: E a volte per rilassarsi. A volte solo per avere il tempo d'integrarsi meglio. E' un'espressine diversa nel fisico. Mi sento molto attivo e ci sono così tante scelte. Ma ci sono altri luoghi dove andare che sono più sereni e più rilassanti. Scegliamo di andarci solo per fare esperienza.

D: Così anche voi vi stancate dopo un po', di fare sempre la stessa cosa continuamente? (Si) Come sono quei luoghi dove andate solo per riposare?

J: Adesso ne vedo uno che è tutto blu, c'è una sensazione di pace e quiete. Mi sembra lento. L'immagine che ho per spiegarlo è quella di fluttuare nell'acqua senza dover far nulla. E' quasi come essere nel grembo materno. Fluttuando e sentendosi in pace.

D: C'è qualcuno che ti dice di tornare la fuori?

J: Non ho l'impressione che qualcuno mi stia dicendo cosa fare. Non vedo alcuna differenza d'autorità o qualcosa del genere. Mi sembra solo un luogo dove andare a rilassarsi. Poi quando arriva il momento, sai che è arrivato il momento, e fai la prossima cosa.

D: Nel frattempo, stai accumulando informazioni da molte vite, molte esperienze, molte espressioni?

J: Si e ti rilassi, specialmente dal punto di vista fisico, del mondo tridimensionale. E' così caotico, fisicamente, mentalmente ed emotivamente. E' come andare su delle velocissime montagne russe. Vedo che quando lasciamo il fisico, è come il confine del nostro campo energetico sono frammentati ed irregolari. Così possiamo andare in questo luogo che sto vedendo per rilassarci e reintegrarci. E come se raccogliessimo ancora una volga le energie verso il centro.

D: Recuperare. (Si) Quindi non è un lavoro semplice sperimentare il fisico, la vita umana.

J: No. Non è un lavoro semplice, ma è solo una scelta ed è solo un'espressione. Ed è solo un'espressione che abbiamo orchestrato noi stessi. Per coloro che riescono a capirlo hanno una vita più facile.

D: Ma lo sai come sono gli umani, portano tutto dalla visione più ampia a quella mondana. Rimaniamo incastrati nelle emozioni, non è vero?

J: Si, è così. E' proprio così.

A quel punto ritenni opportuno invocare il subconscio per ottenere delle risposte alle domande di Jane. Anche se a giudicare da come stava rispondendo, stavo già parlando a quella parte che ha tutte le risposte. Tuttavia mi disse che potevo invocare il subconscio se volevo. "Perché avete scelto di far vedere a Jane questa esperienze, oggi?"

J: Era curioso all'idea di aver avuto altre vite in altre forme, così volevamo che lo vedesse. Inoltre dovrebbe sapere che il suo obbiettivo prima era di aiutare

D: Stavate cercando di mostrarle come tutto è iniziato, da dove proveniva?

J: Che è tutto molto più grande di dove si trovi adesso, molto più grande. E' difficile a volte rimanere bloccati nella quotidianità e perdere la percezione del quadro generale. Venne in questo mondo e scelse la sua vita attuale per poter sperimentare pienamente tutti i diversi modi di sentire emozioni che hanno gli esseri umani. E utilizzarle per aiutare gli altri che potrebbero essere persi, fossero in difficoltà o avessero bisogno di qualcuno con cui connettersi.

La sofferenza degli animali la influenza profondamente. Voleva una spiegazione a proposito di questa sua reazione.

J: Si, fa ancora fatica con le reazioni umane, e questa è stata una delle più difficili per lei. Comprende le scelte umane, nonostante possano sembrare cattive o negative in superficie. Ma comprendere gli animali – questo le è stato più difficile. Tuttavia dovrebbe sapere che anche loro hanno delle scelte e si sono offerti volontari per venire, vivere e morire. Qualsiasi cosa sia successa e succederà loro, hanno fatto anche quella scelta. Non sono privi di scelta.

Questo era molto simile al caso dell'Esordiente Giapponese (Capitolo 15), che vide se stessa fluttuare ed osservare diversi ambienti.

CAPITOLO VENTI

TEMPIO DELLA CONOSCENZA

Sandra è una naturopata Californiana con uno studio di successo. Studiò medicina prima di decidere di metterla in pratica come una naturopata. E', inoltre specializzare in Agopuntura e Medicina Cinese.

Quando scese dalla nuvola, si trovò alla base di una montagna. "Non so se ho camminato per tutto il tempo, o se ero... voglio dire "teleportare" in qualche modo. Non ho la sensazione di stanchezza a causa della camminata, ma so di aver viaggiato per una lunga distanza. Sono in un tempio della Conoscenza. A dire il vero, il posto è costruito nella montagna. Non è enorme, ma è molto spazioso. Ci sono colonne rosse ed inscrizioni dorate sui miri. Vedo due porte enormi incise in oro. Ho già visto questo luogo in meditazione, ma adesso è più vivido. Ci sono molti colori all'esterno; principalmente molto oro e molto blu. Una volta sono entrata. E' un tempio della conoscenza."

D: Prima d'iniziare questo viaggio, sapevi dove stavi andando?

S: Sapevo che stavo andando da qualche parte. Non so se sapevo che questa ea la destinazione. Questo è il luogo dove ottengo la conoscenza. Penso che mi abbia chiamata a sé. Questo è molto lontano da dove vivo.

D: Era insolito per te andare senza sapere dove?

S: Non è insolito per la nostra civilizzazione, per la gente che vive intorno a me. La gente sa, o ha sentito, che si viene chiamati dal destino a fare delle cose, e devi seguire la tua chiamata. Questa era la mia chiamata, così sono venuta qui. Penso che la mia famiglia sapesse che dovevo venire qui, così eccomi qua. Non è insolito.

D: Mi stavo giusto chiedendo se avevi una famiglia. Cosa intendevi quando parlavi della tua civilizzazione?

S: Credo che si a Lemuria. Sento che è l'energia di Lemuria, si.

D: Il luogo in cui vivevi era una città?

S: Abbiamo delle comunità; non sono realmente delle città. Provengo da un luogo in cui vivevamo nelle praterie in piccoli gruppi famigliari. Ero un taglialegna – qualcuno che taglia gli alberi. Non come lo facciamo oggi, ma abbattevamo gli alberi. Sceglievamo l'albero giusto che aveva bisogno d'essere tagliato per aiutare la foresta a crescere. Poi utilizzavamo l'albero per costruire delle zattere o cose del genere.

D: Pensavi che fosse insolito ricevere una chiamata ad andare?

S: Già, perché altrimenti, si hanno altre vite ordinarie. Un giorno quand'ero fuori nella foresta, si sapeva che avevo bisogno di andare, che dovevo andare da qualche parte, ma non sapevo dove. Venni sostenuto, incoraggiato ad andare e questo e' il luogo dove sono finita. Non sapevo quanto mi ci sarebbe voluto ad arrivare qui. E non sono abbastanza sicura come ci sono arrivata – quasi come se mi fossi trovata qui. Come se stessi lavorando nella foresta e poi, come capitoli, improvvisamente mi svegliavo in certi capitoli dei miei viaggi. Mi svegliavo nel bel mezzo del viaggio senza sapere come ero arrivata li. E poi avevo dei capitoli in cui raggiungevo un altro luogo e poi questo è il punto finale. Non ho la sensazione di essere arrivata qui camminando. Non mi sento stanca, impolverata o nient'altro del genere.

D: Cosa farai adesso che sei lì?

S: Sto entrando e c'è un'insegnante. Ci sono grandi porte d'oro e un pavimento di marmo nero. Cristalli enormi nel centro; davvero, davvero grandi, alti dai 3 ai 6 metri – cristalli davvero grandi. Alla fine, c'è un altare. Beh, non è davvero un altare, è un portale. E i cristalli sono in un cerchio. E nel centro del cerchio, c'è un altro portale da cui maestri antichi possono arrivare. Nel centro, la conoscenza proviene da ciò che pensavo fosse l'altare. Da una parte della struttura le persone possono andare e venire. E' un portale fisico, un'entrata da dove si può andare in diversi luoghi.

D: Ma l'altra non è una porta fisica?

S: Quella nel centro è abbastanza fisica. I cristalli si attivano intonando. Si intona e si toccano i cristalli che si risvegliano. Si attivano ed emettono questa luce. Devi solo toccare un cristallo e si risvegliano anche gli altri. Come le diverse direzioni, una attiva l'altra.

D: (Dai movimenti della sua mano.) Andando da una parte all'altra piuttosto che sequenzialmente?

S: Si, esattamente. Poi mentre l'energia cresce, il centro diventa questo vortice e tu puoi posizionarti in piedi nel vortice.

D: Sei in piedi nel mezzo mentre stai intonando?

S: No, sei in piedi a lato. Sono tutti cristalli diversi. Non sono cristalli dello stesso tipo. Ce ne sono di neri e trasparenti e di diversi colori. Sono alti come cristalli generatori ed ogni faccia ha un uso diverso. Scegli il cristallo e puoi toccare diverse facce per attivarlo. I tuoi pensieri o la tua intenzione di ciò che vuoi sapere, attiva i cristalli in sequenza con l'intonazione che gli dai. Causa una vibrazione.

D: Deve essere un'intonazione specifica?

S: Si, è un tono e in realtà non hai nemmeno bisogno di produrre alcun suono. Basta pensare quel tono. Puoi immaginare il tono nella tua mente e riesce toccare il cristallo in una certa maniera.

D: Pensavo che dovessi produrre un suono fisico e questo avrebbe creato la vibrazione.

S: Puoi fare anche questo. Ma puoi imparare a farlo anche solo mentalmente. Toni specifici, per cose specifiche. Quindi variare i toni a seconda di ciò di cui hai bisogno.

D: Quindi a qualsiasi cosa tu voglia fare, corrisponderebbe un tono diverso?

S: Si! O combinazioni di toni.

D: Questo è qualcosa che conoscevi prima di arrivare lì?

S: Non so come faccio a saperlo. Sembra che io abbia sempre saputo come usarli. Poi resti in piedi nel centro del vortice per ricevere le informazioni. I cristalli stabiliscono una risonanza che permette alla conoscenza d'essere scaricata, ricevuta.

D: Chiedi specifiche forme di conoscenza?

S: Si. O conoscenza che c'è bisogno di dare.

D: Come fa ad entrare il tuo corpo se sei in piedi al centro?

S: In verità, penso che il corpo sparisca. E poi, quando riappare, c'è la conoscenza.

D: Dove va a finire il corpo?

S: Diventa uno con l'Universo.

D: Ma ritorna indietro, perché è un fisico....

S: Esatto. Ritorna indietro. E a quel punto la conoscenza è integrata nelle cellule del corpo.

D: Ci sono altre persone con te?

S: No non adesso. E non penso che molte persone vengano qui.

D: Stavo pensando che ci deve essere qualcuno a mostrarti come usare queste cose.

S: No, so gia' come usarle. Penso che cio' che provenga dall'altro vortice, il portale, sia una guida, una persona fisica che sembra essere il guardiano del luogo, con cui io posso discutere. Oppure posso andarmene attraverso quest'altro portale per andare in altri luoghi, e consultare altre persone, o altre alte guide o insegnati. In verità il guardiano è molto di più. Penso che mantenga i cristalli e stia a guardia del tempio. Penso che il guardiano sia anche – non è proprio un Maestro. E' una persona che può darmi una guida a proposito di ciò che dovrei portare alla mia gente. Vengo chiamato qui per ottenere la conoscenza che aiuterà la mia gente a crescere ed evolversi. Devo venire qui occasional-mente per raccogliere la conoscenza e poi portarla in luoghi perché possa essere disseminata. Dovrei andare in giro e in qualche modo condividere questa conoscenza. Ho una vita di tipo nomadico, vado da un luogo all'altro. Posso usare cristalli più piccoli per portare la conoscenza con me, per aiutarmi a portarla nel mondo. A volte, è vera e propria conoscenza che comunico verbalmente o dimostro a qualcuno, ma anche una risonanza energetica superiore, per aiutare la gente ad evolversi.

D: I cristalli sono utilizzati nella tua cultura, nella tua civilizzazione?

S: I cristalli sono vengono utilizzati molto dalla gente regolare. Vengono utilizzati da insegnanti e guaritori. Osservatori e Sognatori. Puoi viaggiare e mandare informazioni attraverso i cristalli. Puoi usare i cristalli per registrare informazioni.

D: Hai chiamato alcuni dei cristalli "Osservatori". Cosa intendevi?

S: Sono seduti lì. Posizioni i cristalli in un luogo per registrare degli eventi. Loro assorbono.

D: Cosa intendi con Sognatori? Quello è un tipo diverso di cristallo?

S: No, i cristalli assistono i Sognatori. Un Sognatore è un essere molto evoluto. Sono quasi non più umani, perché la loro vibrazione è così alta che sono in grado di apparire e sparire. Sono creatori potenti della loro realtà.

D: Ci vuole molto tempo per arrivare a quel livello?

S: Anni, decadi di formazione. I sognatori hanno una vita molto, molto lunga. Proprio come molta gente, ma i Sognatori vivono moltissimo, perché ci vogliono decadi per imparare ciò che stanno studiando. Poi quando sono molto più vecchi iniziano il loro lavoro, che è di aiutare la gente a sognare i loro destini ed immaginare nuove possibilità da creare per loro stessi. I sognatori possono teleportarsi ovunque. Quella è la prima cosa che devono imparare a fare. Così si diventa un Sognatore.

D: Questa è una delle cose che devi imparare a fare?

S: No, non sarò un Sognatore questa volta.

D: E' difficile imparare il teletrasporto?

S: Non è così difficile. Ci vuole concentrazione nel modo in cui adatti la tua risonanza, così che tu possa dissolvere il tuo campo energetico. Poi fai un passo in un altro luogo con il pensiero, e ci sei!

D: Quindi stiamo parlando di prendere il corpo e spostarlo?

S: Si. Sembra più facile di quanto pensi.

D: Suona come qualcosa di difficile.

S: Adesso è difficile per la gente.

D: Quindi sanno come concentrarsi e dissolvere il corpo, se questa è la giusta terminologia.

S: Si, praticamente questo è ciò che fanno.

D: E poi si riassemblano altrove?

S: Si. Gli atomi hanno una loro memoria, quindi tornano, si riassemblano nel giusto ordine.

D: Devono concentrarsi su dove vogliano andare?

S: Devono solo pensare ed avere un'intenzione.

D: E poi imparano a sognare, aiutano la persona a sognare? (Si) Sai come li aiutano a conoscere il loro destino?

S: Ero solita saperlo. Adesso non lo so. – Probabilmente potrei chiedere.

D: C'è qualcuno a cui puoi chiedere?

S: Posso chiedere al Guardiano. (Lunga pausa) Ricevere la visita di un Sognatore è molto speciale. Vengono ad aiutare se sei perso, o se ti stai svegliando alla realtà che dovresti essere. Vengo ad aiutarti e tu gli chiedi un sogno. Alcune persone se non hanno un sogno o se sono persi, il Sognatore li aiuterà a sognare un futuro così che possano trovare il sogno.

D: Intendi un sogno come quelli che si fanno di notte o un sogno che è come un obbiettivo?

S: A dire il vero sono la stessa cosa. I sogni notturni sono fuori da spazio e tempo e questi sogni si posso trasformare nei tuoi obbiettivi. Quindi i sogni sono solo uno sforzo d'uscire dallo spazio-tempo. Creando qualcosa che vuoi e mettendolo in – forse un tempo diverso e uno spazio diverso – ma qualche volta quello arriverà nel tuo futuro.

D: Vuoi dire che devi avere un sogno prima di poter creare qualcosa.

S: Devi essere aperto al sogno. Se non puoi sognarlo tu stesso, il Sognatore può aiutarti.

D: Una persona è consapevole del Sognatore?

S: Tutto sono a conoscenza dei Sognatori, ed è un grande privilegio per qualcuno ricevere la visita di un Sognatore.

D: E' una persona fisica che gli appare? (Si) Quindi vedranno questa persona.

S: Si. Possono apparire in ogni momento. Di solito al momento di un cambiamento per la persona. Ma non tutti coloro che si troveranno ad un incrocio ricevono la visita di un Sognatore. Dipende dal destino in quella vita.

D: Devi richiedere che venga il Sognatore?

S: A volte si può chiedere. Ma la maggior parte delle volte, il Sognatore si presenta. Il Sognatore aiuta a creare il sogno per la persona. La persona e' responsabile di crearlo e manifestarlo. Ma prima di tutto deve esserci il sogno; deve esserci l'immaginazione di qualcosa. Penso che il Sognatore lo crei e poi la persona permette che si manifesti nella propria vita.

D: Mi stavo chiedendo come gli entra in testa.

S: I Sognatori hanno l'abilità di sognare, di fare un sogno per la persona e in qualche modo diventa parte del futuro di quella persona.

D: Quindi, quando il Sognatore appare alla persona, questa deve andare a dormire?

S: No, la persona non dorme. Il Sognatore dorme e il Sognatore lo crea nel sonno. La persona deve solo permetterglielo. Devi essere pronto per uno. – Io penso d'essere qui per portare la conoscenza. Non sono un sognatore. Non mi hanno chiamato qui per essere un Sognatore. Porto conoscenza nella forma di luce. Ottengo la conoscenza dai cristalli e posso ricevere supporto da diverse persone che possono venire a trovarmi dal portale.

D: Sono solita pensare ad uno studente che va a scuola e un insegnante che gli dice ogni cosa.

S: Oh, no. No c'è nessuna scuola qui. Ci sono solo io.

D: Quindi assorbi queste informazioni e le porti indietro con te?

S: Si, in luoghi diversi. Non necessariamente da dove provengo. A volte, dipende dal tipo d'informazioni, credo.

D: Quindi ritornerai in questo luogo molte volte per prendere altre informazioni e conoscenza?

S: Si. Adesso, penso di poter venire qui facilmente. Penso di sapere come teleportarmi o forse sto imparando. Ma posso venire qui facilmente senza dover fare molti viaggi.

D: Che tipo di conoscenza sta ricevendo che devi trasferire alla gente?

S: Conoscenza di come possono raggiungere il loro destino. Conoscenza di come vivere le loro vite più facilmente. Conoscenza a proposito della natura nei giardini, nelle piante e nei raccolti.

Condensai il tempo per muoverla in avanti. "Questo è ciò che fai con la tua vita?"

S: Si, sono un portatore di luce. Porta la luce per le persone e la luce nella forma dell'illuminazione.

D: La gente accetta queste cose?

S: Sono molto grati. Ho un lavoro molto gratificante. Loro lo apprezzano. A volte è difficile se qualcuno viene indirizzato male, in generale la gente è a stretto contatto con la loro conoscenza interiore. Spero solo di aiutarli ad essere più connessi.

La spostai in avanti verso un giorno importante nella sua vita. Si trovava ancora nel tempio, però era molto, molto vecchio. “Barba grigia, capelli grigi e sto entrando nel vortice da dove la gente viene a trovarmi. Me ne sto andando.”

D: Questo l’hai mai fatto prima d’ora?

S: Non penso. Però potrei. Questo è il vortice da dove provengono i miei insegnanti per insegnare.

D: Quindi non ci sei mai entrato prima.

S: No. Ho sempre pensato che ci sarei entrato, ma non l’ho mai fatto.

D: Il vortice è nel centro di quei cristalli?

S: No, è sul lato da una parte. E’ dalla parte opposta del tempio.

D: Quindi è diverso dal luogo dove ricevi le tue informazioni. (Si) Bene, cosa succede quando entri nel vortice?

S: Mi dissolvo. Sto fluttuando. E’ meraviglioso. Sto tornando a casa. Sto andando alla Sorgente.

D: Quindi il corpo è morto o cosa?

S: Il mio corpo semplicemente sparisce. Quando sono entrato nel vortice, sono semplicemente tornato da dove provenivo. Semplicemente si è scomposto.

D: Quindi sei uscito dal corpo così. (Si) Ma hai detto che stai tornando alla Sorgente?

S: Si, c’è una luce magnifica. Oh è fantastico, meraviglioso e molto luminoso. Luce rosa, gialla e arancione. E’ molto protettivo e pacifico.

D: Perché volevi tornare a casa?

S: Sono tornata qui per riposare.

D: Resterai lì per un po’?

S: Un po’, implica del tempo. Qui il tempo non esiste realmente, così esco di qui e mi ricarico. Quella è stata una buona vita. Divertente. Molto divertente. Molto appagante e feci molto bene.

D: Quindi puoi restare in questo luogo finché non sei pronto a tornare fuori ancora giusto? E’ questo che intendi dire?

S: Si, qui ricevo il mio prossimo incarico. Qui mi riposo e decido dove andare. Discuto ciò che voglio fare. Non io, ma il mio intero Se’ decide ciò che devo imparare e come posso aiutare.

D: Cosa intendi con il tuo intero Se’?

S: La mia ultima vita era solo una porzione del mio intero Se’.

D: Solo una porzione? (Si) Quindi hai bisogno dell'intero per prendere una decisione?

S: Si, perché ho bisogno di queste diverse parti. Ci sono altre parti che ho bisogno di consultare. Il mio intero essere ha un obbiettivo, sperimentare e toccare il mio possibile. Quindi mi riposo qui finché non decidiamo il da farsi.

D: Probabilmente ci sono molte cose che prendete in considerazione? (Si) Ti piace tornare nel fisico?

S: Si. La Terra è un bel posto. E' davvero, meravigliosa e ha bisogno d'aiuto. Ci sono così tante possibilità che ancora non sono state raggiunte. Prendiamo una decisione a proposito di quando venire.

D: Quando stavate prendendo la decisione di entrare nel corpo come Sandra, qual'era il piano?

S: Lei dovrebbe riuscire a fare qualcosa di diverso. Oh! Non diverso dalla civilizzazione attuale – anche in questo caso dovrebbe portare conoscenza. Nella prossima vita, deve aumentare la consapevolezza ed aiutare la gente a vedere il loro pieno potenziale, piuttosto che le cose mondane di cui si preoccupano. Si preoccupano della loro casa, della macchina, del lavoro, ma c'è molto altro. C'è così tanta bellezza nel mondo. C'è così tanta bellezza in loro e in altri luoghi. Ci sono altri esseri da conoscere e contattare. Ci sono altre parti di loro stessi che possono integrare. Devono iniziare a vedere ciò ch'è importante.

D: Sandra come può lavorare con la gente per raggiungere questo?

S: Può farlo al meglio attraverso la sua abilità d'inspirare la gente a vivere oltre le loro vite ordinarie. La gente prende la propria vita troppo seriamente. E per aiutare la gente a vedere che sono molto più di ciò che pensino d'essere. Questo è il suo lavoro. Può inspirare la gente parlando con loro e aiuterà la gente ad imparare come immaginare da soli e sognare sogni più grandi per loro stessi. Possono spostarsi dal loro dolore e verso la gioia e il divertimento e la felicità.

D: Sembra che sti assumendo il ruolo del Sognatore.

S: Ha buone capacità per essere un Sognatore. Lei è un Sognatore. Adesso sta sognando, ma non ne è consapevole.

D: Sandra adesso è una guaritrice, vuole sapere come espandere, estendere il suo lavoro per fare di più.

S: Ci può riuscire, diventando il Guaritore delle Coscienza della gente. Molta gente è bloccata in questa routine. Lei ha la capacità di mantenere una frequenza di gioia e bellezza. Riesce a vedere, per le altre persone, oltre a ciò che possono vedere per loro stessi.

D: Sarà in grado di riportare questa conoscenza perduta che aveva in passato?

S: Si, adesso gli ci si sta connettendo. Solo che non è molto brava a riconnettersi, è intimidita.

D: Potete darle qualche istruzione su come recuperare la conoscenza per poterla utilizzare?

S: Potrebbe visitare questo tempio in meditazione, connettersi e permettere alla conoscenza di entrare. La conoscenza potrà indicarle i prossimi passi. Ogni altro passo che farà aprirà molto altro di ciò che può portare in questo mondo.

D: Quindi i ricordi della conoscenza e di come usarla torneranno?

S: In parte sono ricordi, in parte sono cose nuove. Il mondo sta evolvendo. Ci sono altre informazioni entranti.

D: Perché le hai mostrato quella vita?

S: Questa era una vita cardinale per lei, e anche la vita in cui si trova ora è piuttosto importante. Quella vita era una di grazia e coraggio, e di essere in grado di seguire l'ignoto. Ma essere determinata nel sapere che ha una destinazione, anche se non sa dove il sentiero la sta portando.

D: Quindi volevi farle vedere che l'ha già fatto prima.

S: Si, lo ha già fatto in passato ed era molto impegnata. Sandra sa davvero come ritornare. Le informazioni le sono già state date tempo fa. Ma se ne dimenticò. Non deve avere paura. Deve sapere con certezza che ciò che può sognare, lo può avere e che il suo lavoro è molto più importante di quanto non creda. Il suo impatto sul mondo è superiore a ciò che sospetta. Non è debole come pensa d'essere. Ciò che raggiungerà sarà l'obbiettivo di una vita. Può aiutare la gente a trovare le motivazioni oltre alla monotonia, oltre al lavoro quotidiano: figli, matrimonio. Li può aiutare a trovare motivazioni superiori. Avrà un effetto molto ampio, e quella gente avrà' un effetto. In fine, lei e gli altri, che hanno un lavoro simile, saranno in grado d'influenzare il mondo a livello globale.

CAPITOLO VENTUNO

MONDI PARALLELI

Terry aveva guidato in pieno inverno, fino al mio ufficio in Huntsville dal Texas del Sud, tirandosi dietro un rimorchio per cavalli. Si era parcheggiata al Wal-Mart qui vicino, perché era l'unico parcheggio che aveva abbastanza posto. Faceva molto freddo e mi stavo chiedendo se avesse degli animali nel rimorchio. Disse che avrebbe raccolto qualche cavallo sulla strada del ritorno. Terry è una psichica di professione e vive in una zona isolata nel tentativo di mantenere la sua privacy. Ma stava diventando sempre più difficile riuscirci. Ha la capacità di comunicare con gli animali (anche a distanza) e dire ai proprietari che problemi abbiano, così i veterinari possono aiutarli. Così la gente cerca di contattarla costantemente.

Durante l'induzione ipnotica porto sempre i miei clienti in un bel posto che adorano, prima di portarli in una vita passata. Succede sempre più spesso che vadano immediatamente dove devono andare e io non devo completare il processo induttivo. Faccio questo lavoro da così tanti anni che sono in grado di dire a seconda della loro descrizione se è il caso di saltare il resto della procedura. Posso anche dire se la scena che stanno osservando è l'inizio di una vita passata normale o se ci troviamo di fronte a qualcosa di paranormale. I risultati sono sempre gli stessi, il soggetto riceve la terapia di cui ha bisogno per superare i propri problemi. La strada che prendono per riuscirci può essere diversa ogni volta. In questi casi, a volte mi danno informazioni che posso usare, proprio come risposte per loro stessi. Alcune persone sono venute da me con la sola intenzione di andare a finire nei miei libri. Una persona disse: "Rimarrei orribilmente dispiaciuta se non scrivi di me nei tuoi libri." Cercai di spiegarle che quello non era il modo in cui scrivevo i miei libri. Non vado mai alla ricerca d'informazioni. Il mio desiderio primario è di aiutare il soggetto con i suoi problemi. La maggior parte delle vite passate a cui tornano sono incredibilmente noiose e superficiali, tuttavia contengono le risposte che stanno cercando. Se si presentano delle informazioni che posso utilizzare, di solito succede spontaneamente ed inaspettatamente. Non posso andare alla ricerca delle cose di cui scrivo, semplicemente succede e penso che questo gli dia ulteriore validità, specialmente quando molte persone condividono le stesse cose. Il mio lavoro è quello di cronista, prendo le migliaia di pagine di trascrizioni delle sedute e le connetto tra di loro. Sono costantemente sbalordita dalle cose che vengono recuperate. Spesso non mi è evidente finché non inizio a mettere insieme i pezzi.

Durante l'induzione quando Terry andò nel suo luogo preferito, stava descrivendo una tipica scena sulla spiaggia. Poi tutto cambiò improvvisamente, accessi il registratore e cercai di ricapitolare ciò che stava dicendo. Non c'era alcuna ragion di completare l'induzione. Inizialmente, vide se stessa fluttuare sopra la spiaggia ed osservare. Poi improvvisamente si trovò sottacqua osservando i pesci. C'erano anche dei delfini che le nuotavano molto vicino. Questo, ovviamente, poteva voler dire molte cose, ma le diedi la possibilità di dare una sua spiegazione.

"Sto solo nuotando. E' bellissimo ed interessante. L'acqua è molto pulita." Disse che non stava utilizzando alcun apparato respiratorio, quindi non sapevo se era umana o animale. A quel punto vide se stessa come un uomo indigeno dai capelli neri. Aveva un coltello nella fibbia che utilizzava per aprire i frutti che mangiava. Non lo utilizzava per prendere pesci, perché li considerava come dei fratelli.

"Posso restare sottacqua a lungo e poi risalgo. Non mi danneggia." Era profondamente appagato dalla compagnia dei pesci e dei delfini. "Vengono quando li chiamo. Mi piacciono i delfini. Sono così belli. Mi fanno vedere delle cose. Mi mostrano come vedono e sentono le cose. Riescono a sentirmi quando li chiamo. Vibra. E' come energia. Vibrazione. Come quando fai cadere un sassolino e l'acqua s'increspa." Vibra in quel modo e s'increspa. Dicono che lo sanno quando entro in acqua."

D: Quindi non ci sento come gli umani?

T: No. I delfini dicono d'essere la gente delle stesse.

D: Cosa significa?

T: Non so. Mi fanno vedere quest'immagine dell'oceano che va avanti all'infinito. Su. Va in su all'infinito e per sempre. E' bellissimo.

D: Questo voglio capirlo, intendi come un oceano sulla Terra?

T: Si, è come l'oceano. Quando chiedo loro cosa intendono, mi dicono semplicemente che possono viaggiare attraverso l'oceano. Mi fanno vedere quest'immagine, è un grande cristallo blu e mi dicono, vedi possiamo andare alle stelle e tornare indietro. Fuori e dentro. Dentro e fuori.

D: Vuoi dire che è come lo spazio invece che l'oceano?

T: Si, si. Lo spazio è come un oceano. Dicono che è esattamente lo stesso.

D: Quando lo fanno, viaggiano nei loro corpi di delfini?

T: No. E' blu, ma è la tua essenza. E' brillante. Non so come descriverlo, sono come delle scintille. Cambiano. Non è una forma. Semplicemente è.

D: Mi stavo chiedendo come viaggiassero, con il loro corpo di delfino.

T: Loro possono. Possono andare con i delfini per portare dei messaggi.

D: Da chi provengono i messaggi?

T: Prima mi hanno detto da Dio e poi dicono dalla gente delle Stelle.

Stava parlando come un semplice indigeno che sembrava naïve, poco complicato e credeva qualsiasi informazione stesse ricevendo.

T: Mi stanno connettendo attraverso questo tubo blue che sembra un grande cristallo blu di qualche tipo. E' un tubo. E' veramente bello li dentro. Non è acqua.

D: Dov'è il tubo?

T: Non lo so. Vedo solo che va in su all'infinito.

D: Fuori dall'acqua?

T: Si. E riesco a vedere me stessa salire, andare su per questo tubo. Mi fanno vedere com'è la su. (Esitazione, mentre cercava una spiegazione) Luce. Molta luce. Cose che vanno e vengono continuamente. Navi.

D: Ma pensavo che i delfini fossero creature fisiche come gli umani e non fossero in grado di viaggiare così.

T: No, possono andare dove vogliono. (Questa era una sorpresa.) La gente pensa di averli intrappolati, ma non è così.

D: Anche gli altri pesci fanno la stessa cosa?

T: No, solo i delfini.

Le sue risposte erano quasi infantili nella loro semplicità. Tornò a descrivere il tubo blue che usciva dall'acqua.

T: Va dall'acqua fin su, su in alto. Troppo in alto per riuscire a vedere. Stelle, ci sono stelle tutt'intorno quando passi la Terra. Puoi guardare indietro e vedere la Terra.

D: Riesci a vedere attraverso questo tubo?

T: Si, puoi vedere all'esterno del tubo. Lo chiamano un portale.

Non era impaurito perché lo aveva fatto molte volte, tuttavia questa era la prima volta che se ne ricordava coscientemente.

D: Stanno venendo con te, o stai andando da solo?

T: Lasciano che m'attacchi alle loro pinne.

D: Gli devi piacere moltissimo se ti lasciano venire con loro.

T: Dicono: "Sei uno dei nostri."

D: Non permetterebbero a chiunque di andare con loro, giusto?

T: No. Devi sapere dove si trova questo portale. So dove va nel cielo, ma non so dove va sulla Terra. Questo non vogliono che lo veda.

Non vogliono che la gente sbagliata sappia la sua locazione, ma la sua entrata era in acqua. Poi descrisse ciò che vide mentre saliva verso il cielo.

T: Siamo usciti dal tubo e siamo sopra la città. Mi fanno vedere li com'è. (Esitando, mentre cercava una spiegazione) La città è tutta di cristallo. E' come se fossero tutti cristalli uno sopra all'altro. E' un blu scuro. Vedo un altro colore, forse blu zaffiro. Luce. Molta luce. Ma ci sono astronavi che vanno e vengono in ogni momento. Sembrano dei proiettili, quasi come la forma dei delfini. Senza naso, senza occhi ma sono quasi di quella forma. Sono grigio scuro, vanno e vengono costantemente. (Pausa) E' un punto di forza. C'è una grande, luminosa luce proprio nel mezzo di tutto questo. E' luce bianca davvero intensa.

D: Lo hai chiamato un punto di forza. Questo a causa della luminosità?

T: No. E' un punto nell'universo da cui s'inizia.– Ci sono delle tavole.

D: Puoi chiedergli a cosa serve?

T: Astronomia. (Pausa) E' un qualche tipo di... astronomia. Tracciano le stelle. La tavola sembra di roccia o marmo e ci sono molte iscrizioni sopra.

D: Dov'è la tavola?

T: In questo luogo dove si trova la luce bianca. Sembra che esca dal centro di queste punte di cristallo. Ma sono sceso in questo luogo dove si trova la tavola. E' rotonda e ci sono iscrizione ovunque. Linee su linee d'iscrizioni. Non riconosco la scrittura.

D: C'è qualcun altro nella stanza?

T: Si. Mio nonno. (Questa fu una sorpresa).

D: Chiedigli cos'è questo posto?

T: Sta ridendo. Dice: "E' casa tua." (Ridacchiando) Dice: "Sei un matematico."

D: Non lo sapevi questo, vero?

T: No. Faccio fatica con la matematica.

D: Si. Sei un indigeno e non usi la matematica, no? (Pausa. C'era confusione.) E' questo ciò che vuoi dire? O è qualcos'altro?

T: (Confusa) Mi vedo laggiù. I miei capelli sono strani, ho grosse e spesse frange. Ma mio nonno dice: "Però, quello non è ciò che sei."

D: Ti vedi diverso?

T: Si, adesso sono diverso. Adesso sono una donna ed ho una tunica viola con un grande collare bianco. E dietro la schiena c'è... un lungo punto fino al collare da cui penzola un tassello. Ho lunghi capelli ricci ramati che scendono fino ai fianchi.

D: Quindi ti trasformi quando esci dal tubo?

T: Si. I delfini mi hanno lasciato all'entrata. Dicono che torneranno. E poi ho visto mio nonno e adesso sembro diversa.

D: E ti ha detto che questa era la tua casa. (Si) Come ti fa sentire tutto questo?

T: (Con un sospiro di sollievo) A mio agio.

D: Quindi non è nulla di spaventoso.

T: No. Sono solo in visita.

D: Chiedigli se ti trovi sul piano dello spirito?

T: Mi dice solo: "Certamente."

D: Pensiamo al piano dello spirito come al luogo dove si va quando si muore e si lascia il corpo.

T: Dice, che non me ne devo preoccupare. Che io vado e vengo.

D: Mi chiedevo se era simile o se era un luogo diverso.

T: Un luogo diverso. (Ascoltando attentamente mentre sembrava riceve spiegazione del nonno.) Non sono qui, sono sotto di noi. Vivono in un'altra città.

D: Coloro che sono morti e hanno lasciato i loro corpi?

T: Si. Vivono in un altro luogo. La vibrazione è molto più bassa laggiù.

D: Allora, dove vivi tu dovete reincarnarvi ed andare in altri corpi?

T: Io non devo. Posso andare o restare.

D: Sul piano dello spirito, la vibrazione inferiore, loro devono andare e tornare?

T: Si. Loro non hanno scelta. Inoltre ricevono delle lezioni e poi devono tornare. Ascoltano dei discorsi. Ci sono molti insegnanti a cui devono ascoltare.

D: Ma tu non devi morire per andare in questo luogo dove ti trovi adesso?

T: No. Posso andare e tornare.

D: Ma il corpo fisico non sa che questo sta succedendo?

T: No. E' ancora laggiù con la sua famiglia.

D: Questo puoi farlo? Lasciare il corpo fisico, e viaggiare verso un luogo come questo?

T: Si. Quando voglio.

D: Ma questo non influenza il corpo fisico quando lo lasci?

T: No. E' un involucro. Resta li e aspetta finché non torno.

D: Come fa ad aspettare? E' vivo?

T: Adesso vedo quella persona laggiù che sta' macinando il grano.

D: Sta andando avanti con la sua vita quotidiana. (Si) E non sa nemmeno che una parte di lui se n'è andata. Questo è corretto?

T: Si. Qui avevo solo bisogno di un'ancora. E' come se lui dovesse avere quel portale per to tornare indietro.

D: Questo perché non sei pronta a lasciare il corpo per sempre?

T: No, ho del lavoro da fare là.

D: Ma l'intera anima o spirito o essenza o qualsiasi cosa tu sia, se ne va ad un certo punto? (Si) Può farlo e può lasciare il corpo lì?

T: Si. Lo sto guardando.

D: Il corpo continuerà a funzionare? (Si) Lui non si è nemmeno accorto che sia successo qualcosa.

T: No. Continua con la sua vita quotidiana.

D: Questo è proprio miracoloso. Sto cercando di capire come funziona.

T: Non so come funziona. Solo, vedo questa persona laggiù.

D: E perché vieni in questo luogo, casa tua?

T: Devo riportare le informazioni. Quella persona laggiù, lui è un leader religioso. Ho sentito la parola "accolita". Vanno in una grotta, sotto terra. C'è dell'acqua. Non è una grotta. L'oceano entra ed esce. Lui riporta le informazioni che gli fornisco. Numeri. Riporta dei numeri.

D: Cosa ne fa dei numeri?

T: (Pausa) Li mettono dentro a qualcosa. Non so cosa sia. E' come una cassaforte.

D: Perché deve portare indietro dei numeri?

T: Questa gente non può vivere.

D: Dipende dai numeri?

T: Si. Le informazioni tornano indietro. Le usano per guidare... guidano le navi. Quei tubi. Vengono dentro.

D: Ma la gente non sa per cosa vengano utilizzati questi numeri, vero?

T: No. Non sono molto intelligenti.

D: Quindi lui ha bisogno dei numeri, ed è abituato a guidare le navi in questo luogo? (Si) Hai detto che lui è come un capo religioso. E' per questo che può parlare con i delfini?

T: Si. La gente pensa che lui sia... lui non è una guida. Non conosco la parola giusta. Ma lui riesce a parlare al mondo dello spirito. Utilizza le erbe e altre cose per guarirli. Pensano che sua un guaritore. Lui ha le visioni.

D: La gente qui lo rispetta per questo. Ma sa da dove provengono queste informazioni?

T: Pensa che questa donna gli parli come un angelo. Ma in realtà è lui stesso [il suo stesso se'].

D: E' un'altra parte di lui stesso che gli passa le informazioni. (Si) Allora quando muore, andrà direttamente nel luogo dove ti trovi tu adesso? Non deve andare nella vibrazione inferiore?

T: Beh, il suo corpo fisico si. Ma l'altra parte di lui risalirà il tubo.

D: Stavo pensando che fosse diversa dall'altra gente.

T: Si. Deve vivere solo là fuori. Ha la sua famiglia, ma sua moglie è... lei non capisce.

D: Di solito succede così. Ma lui non conosce tutto, giusto?

T: No. Per lui sono troppe informazioni. Non sarebbe in grado di gestirle. – Lui non sa come usare il corpo fisico per trasmettere le informazioni. E' debole. E' malato. Si accolla le malattie della gente che viene a trovarlo. Ho cercato d'aiutarlo, ma lui non può...

D: E' meraviglioso aiutare le persone, ma lui non dovrebbe accollarsi i loro malanni? (No) Ma lui cosa ne fa delle informazioni che gli stai mandando?

T: Sono per dopo. La prossima volta sarà in grado di gestirle meglio.

D: Vuoi dire quando tornerà in vita? (Si) Quando tornerà in vita saprà dove ha nascosto i numeri?

T: (Pausa) Lui li vede, ma non sa dove sia sulla Terra. Sa dove li ha messi, ma non può trovarli. Lui guarda e osserva.

D: Quando ritornerà in un'altra vita, tornerà in quello stesso luogo?

T: Le sta cercando. Potrebbe trovarle presto. Adesso è vestito con pantaloni ed un cappello. Sta guardando un muro e sa' che sono lì, ma non riesce a vederli. Lo sta scrutando con qualcosa.

D: Come fa a sapere che sono lì? Si ricorda?

T: Ha dei ricordi, dei sogni. (Pausa) Sta cercando i delfini. Non riesce a capire che non è letterale.

D: Probabilmente si ricorda i delfini dalla vita precedente.

T: Si. Lui è un brav'uomo, vuole aiutare. Ma non è ancora il momento giusto, perché in qualche modo riusciranno a rubarli.

D: Quindi nessuna di queste persone sa veramente come utilizzare queste informazioni. (No) Ma questa parte di te rimane qui su in questa citta di cristallo? (Si) Cosa fai mentre sei lì?

T: Parlo con mio nonno. Sto imparando. Sono suo studente.

D: Stai anche osservando ciò che succede sulla Terra?

T: Si. Sono preoccupata. Voglio aggiustare la situazione, ma non si può.

D: Perché no?

T: Ci sono problemi a bordo. Non so cosa voglia dire. Vedo questo grande lato di una collina innevata. C'è del nero che scende sulla collina innevata. Vedo gente vestita in armatura. Sento molte urla e cavalli in corsa.

Ovviamente stava vedendo un'altra vita e per me non aveva alcun senso perseguirla. Ero più interessata nel cercare di comprendere o per lo meno raccogliere informazioni sull'apparente scissione dell'anima di Terry.

D: Chi o cosa decide quale parte di te vivrà sulla Terra

T: Mio nonno mi manda avanti e indietro.

D: Queste sono come parti di te stessa?

T: Si. Sono come delle particelle. Migliaia di particelle.

D: Sto cercando di capire come riusciresti ad essere li ed in tutti questi altri corpi fisici allo stesso tempo.

T: E' come venire spedita fuori e riportati indietro, mandata fuori e riportata dentro. Fuori e dentro.

D: Quando sei nel fisico, non sei consapevole dell'altro luogo? (No) Ma puoi ancora comunicare avanti e indietro? Questo ha più senso?

T: (Pausa, e poi un sorriso.) Il nonno dice è come uno fuoco. Le scintille vengono tutte dal punto centrale, ma fanno tutte parte della fiamma.

D: Così quando l'involucro, come hai detto tu prima, vive li giù ha abbastanza calore da restare in vita? (Si) Ma non è a conoscenza della fiamma centrale, giusto?

T: A volte, no. – Continua a dirmi: "No, no." Mi spegne la luce, perché voglio andare e fermare la battaglia che stavo osservando. Mi dice: "No, no, non tu." Dice, dopo la fine della battaglia, allora vedono la città.

D: Non ti permette d'aiutare.

T: Sento solo la parola "raccolto".

D: Cosa significa?

T: Dice solo: "Raccolgono ciò che hanno seminato."

D: E' per questo che non puoi interferire?

T: Si. Dice: "Non puoi aiutarli tutti. Non è possibile." Vorrei almeno provarci. Voglio che la smettano.

D: La vera parte di te si trova in quella città e queste altre parti sono solo piccole scintille? (Si) Quella è il tuo vero Sé. Sei a conoscenza di tutte le vite che stai vivendo?

T: (Sigh) Oh, ce ne sono così tante. Così tante.

D: Le osservi tutte?

T: E' proprio come mescolare le carte. Passano troppo velocemente. Ce ne sono centinaia. Sento solo mio padre dire: "Non cambia chi tu sia. Quelle erano solo come conchiglie sulla spiaggia."

D: I corpi, vuoi dire?

T: Si. O... cicale. Sono come cicale. Mi dice: "Sai che sono sull'albero."

Che bell'esempio. So cosa siano le cicale perché le abbiamo in questa parte d'America. Sono un grosso insetto che spesso viene erroneamente scambiato per una locusta. Viviamo in campagna, lontani dalla città, così il loro suono caratteristico riempie l'aria durante certe stagioni. Ma la cosa più bella ed incredibile è che durante la crescita, passano attraverso la muta, si spezzano lungo la schiena ed escono come se fosse un guscio. Lasciano il guscio attaccato agli alberi, che è un'esatta replica del loro corpo, occhi e tutto il resto, eccetto il fatto che è privo di vita, solo un guscio vuoto. Molto simile al modo in cui i serpenti cambiano la pelle e ne strisciano fuori.

D: Una cicala. Un guscio. Loro escono dal guscio.

T: Si. Escono fuori e tornano a casa.

D: Questo è ciò che sto cercando di capire. Questi gusci hanno una volontà loro? (Si) Possono fare cose che accumulano karma e doverlo ripagare? (Si) Ma la parte principale che resta lassù non accumula karma?

T: Non più. Ad un certo punto ne accumulava, ma non più. C'è una parte, una stringa, un cordone che si attacca al cuore. Non so nulla sulle altre persone. So solo che c'è questo cordone che mi attacca a mio nonno. Lui mi dice: "E' come salire una scala e tu sei salita oltre a quella vibrazione inferiore. Loro stanno ancora salendo. Ci sono molte scale fatte di corde. Ci sono altre persone che sono anche oltre a quello, ma la maggior parte sta ancora cercando di trovare la scala."

D: *Ma anche se hanno un se' superiore, sono quelli che sono ancora intrappolati nel karma, la vibrazione inferiore? (Si) Quando sei in grado di progredire al punto della scala di corda, deve succedere qualcosa perché tu possa finalmente uscire dal karma?*

T: E' come la morte, ma non c'è morte. Alcune persone tornano indietro. Trovano la corda e sbattono contro qualcosa, tipo un muro, e cadono giù. Mio nonno dice: "Continua a guardare oltre la cima. Allora, mi puoi vedere."

D: *Mi chiedevo se dovevi fare qualcosa o se qualcosa doveva succedere quando finalmente sei andata oltre quel punto.*

T: Oh, si, lo sforzo. C'è solo da perdonare. Devi smetterla... solo fermarti. Niente rabbia. Basta... niente rabbia.

D: *Vuoi dire che alla fine riesce a capire cosa sta succedendo?*

T: Si. E' così privo d'importanza ciò che è qui sulla Terra. Mio nonno dice che è ciò che scritto su quella tavoletta, questo tavolo.

D: *Tutte quelle iscrizioni? (Si) Quindi quando alla fine raggiungi quel punto, capisci cosa stia succedendo. E' questo ciò che intendi?*

T: Se guardo indietro, come oltre al muro, vedo tutte queste vite. E solo poche sono in salita. Sono miserabili. Rabbiose. Sono così piene di rabbia.

D:*Quindi arriva il momento in cui sei in grado di laurearti, per modo di dire, o riesci a progredire oltre? (Si) Ma se ci sei riuscita, perché stai ancora sperimentando vite sulla Terra?*

T: Mio nonno mi chiama una "apri pista".

D: *Stavo pensando che se avessi raggiunto quel punto, non avresti bisogno di tornare indietro.*

T: Ci sono persone che seguono.

D: *Quindi scegli di continuare a tornare per poter aiutare gli altri? (Si) Questo è molto importante, perché altrimenti, non sanno cosa dovrebbero fare.*

T: No. Non molto frustrati. A volte non ascoltano. Si arrabbiano.

In uno dei miei libri, mi venne detto che c'erano molte persone sulla Terra che fanno la stessa cosa che fece Gesù e gli altri maestri. Solo che non si rendono noti.

* * *

Ho descritto la mia serie Universo Convoluto come libri per coloro per sono pronti a farsi strizzare la mente. Se questa storia non è riuscita a strizzarsi almeno un po', allora non ho fatto il mio lavoro. Penso che sia un esempio perfetto di come un'anima principale sia consapevole di altre e ci da anche un barlume di come esistano allo stesso tempo. Una volta chiesi al subconscio qualcosa a proposito delle vite simultanee. "Com'e possibile che tutto avvenga simultaneamente? Sappiamo che iniziamo come neonati, cresciamo come bambini, alla fine siamo adulti. Lo vediamo come una progressione lineare. Come può avere luogo tutto allo stesso tempo?" Rispose: "Perché non avviene allo stesso tempo. Questo denota un inizio ed una fine. Esiste allo stesso tempo." Anche se non so quanto lo chiariranno, forse gli esempi in questo capitelo possono aiutare.

Un articolo del 18 Giugno 2007 sul Newsweek, discuteva i rischi della psicoterapia tradizionale. Si è scoperto che può causare più danni che benefici portare i pazienti a rivivere continuamente le situazioni stressanti e traumatiche della loro vita. Il rischio aumenta quando si ha a che fare con disordini di dissociazione d'identità (originariamente noti come disordini di multiple-personalità). Citazione: "Alcuni terapisti credono che la miglior terapia per queste anime fratturate sia di riportare a galla le identità nascoste, dette 'alters', attraverso l'ipnosi o aiutando questi alters a lasciare messaggi gli uni per gli altri. ... La tecnica del 'Incontriamo gli alters!' in realtà può creare degli alters in pazienti suscettibili. 'Mentre spuntano altri alters, diventa più difficile portare il paziente ad un'identità sola.' Più a lungo qualcuno segue la terapia, più alters spuntano. E questo è quanto riguarda il "Prima, riduciamo i danni.'"

Quando ho letto questo articolo, improvvisamente ho realizzato cosa hanno a che fare questi dottori, senza saperlo. Assumono (come la maggior parte di noi nel mondo quotidiano) che siano una personalità individuale. Non hanno alcun concetto di questa teoria che in realtà siamo pezzetti, sfaccettature, schegge, di un'anima molto più grande che spedisce quante più parti di se stessa possibile, a sperimentare più velocemente possibile. Che tutte queste parti di noi stessi esistono allo stesso tempo e di solito non sono consapevoli le une delle altre. Mi è stato detto che dovrebbe essere così, perché la mente umana non è in grado di conoscere tutte queste cose. Per riuscire a funzionare nel nostro mondo quotidiano, dobbiamo essere in grado di focalizzarci sulla vita attuale, nel corpo che occupiamo attualmente. Va bene sapere che queste altre parti esistono, ma se iniziassero ad interagire con la nostra vita attuale, potrebbero causare confusione e caos. Ho scoperto che in casi eccezionali, la vita di una persona può diventare così traumatica che un altro "pezzo" possa decidere di entrare per un breve periodo per sollevare la pressione sullo spirito che occupa il corpo. Se questo non venisse fatto, il trauma sarebbe troppo grande per lo spirito assegnato a quel corpo. Credo che questo possa essere il caso di libri che ho letto a proposito delle multiple-personalità'. Libri come: Three Faces of Eve and Sybil [I tre volti di Eva e Sibilla]. Le loro vite diventano così difficili che cercano un modo di ritirarsi. Forse quando giunsero in questa vita, il velo era più sottile, o la colla che li teneva al loro posto si era indebolita. In ogni caso, penso che questi "alters" siano davvero alcune delle altre sfaccettature (o vite) dell'individuo che traspirano in qualche modo. Se questa supposizione fosse vera, penso che sarebbe pericoloso ed inutile incoraggiare queste parti a rimanere, ad interagire tra di loro e conoscersi meglio. Perché potrebbe solo portare a creare caos nel naturale ordine delle cose e causare confusione. Dovrebbero essere incoraggiati a tornare al loro naturale periodo di tempo dove possono continuare a vivere la loro vita, lontani dalla vita del paziente.

Durante gli ultimi trent'anni del mio lavoro, ho scoperto molti errori nel normale flusso del modo ipnotico. Ho dovuto scoprirlo attraverso il processo di tentativi ed errori. Facendo molti errori agli inizi (dovuti all'utilizzo dei normali metodi che vengono inseganti alla maggior parte degli ipnotisti). Negli anni, mentre scoprivo queste cose, decisi d'incorporare delle precauzioni nel mio metodo. Sono estremamente attenta al benessere dei miei pazienti, così ho incorporato the passaggi che non vengono insegnati nelle lezioni tradizionali. Per questa ragione la mia tecnica è unica. Una delle cose principali che faccio, è d'assicurarmi di riportare un'entità al suo periodo di tempo dopo averla fatta emergere da un'altra vita. Ho scoperto effetti fisici e mentali che si protraevano per alcuni giorni dopo la seduta, se questo non veniva fatto. Non ho mai voluto che i miei clienti sperimentassero alcuna forma di disagio, così quando ho iniziato a notare queste cose, mi assicurai d'inserire nelle mia tecnica un passaggio in cui l'entità viene riportata al suo periodo di tempo. Prima di risvegliare un soggetto mi assicuravo sempre che nulla di ciò che era accaduto durante la seduta andasse ad influenzarli in qualsiasi modo a livello mentale o fisico. Chiudo le porte e rimetto tutto dove dovrebbe essere. Questo è un passaggio molto importante che un premuroso terapista delle vite passate dovrebbe sempre fare. Ecco perché credo che gli psicoterapisti stiano facendo un grave errore, perché non conoscono le sfaccettature della nostra anima. Non sanno che dovrebbe restare separate. Non sanno cosa fanno, semplicemente non gli viene insegnato come riconoscerle. Allo stesso modo in a cui i medici non vien insegnato che la mente può curare il corpo. Stiamo tutti imparando e ci sono sempre più informazioni incredibili in arrivo.

CAPITOLO VENTIDUE

IL VUOTO

Jenny venne dal Canada per questa seduta, mentre ero a Ashtabula, Ohio nel 2005, per delle lezioni e seminari. Pensava che sarebbe stato più facile che venire fino al mio ufficio in Arkansas, inoltre fu in grado di partecipare alle lezioni.

Quando Jenny scese dalla nuvola, perché aveva un senso di nulla. "Non c'è nulla. C'è nero e non vedo alcuna terra. Ho la sensazione di essere nello spazio. Non c'è alcuna superficie. Presumo, d'essere nel vuoto. Non vedo nemmeno alcuna stella. Penso che sia meglio parlare di ciò ch'è importante: quand'ero sulla nuvola, ebbi la sensazione d'essere accompagnata da un'astronave, quasi come se fosse una guardia onoraria. Ma adesso sono nello spazio e non riesco a vedere nulla."

D: Probabilmente stavano venendo con te per aiutarti a trovare dove dovresti andare. Ma ti senti a tuo agio la fuori?

J: Si, non sento alcun disagio, ma non vedo alcuna stella. Mi sento... non un senso di perdizione, ma non sono sicura di dove mi trovi o di cosa stia vedendo. – Sto chiedendo un po' d'aiuto.

D: Va bene. Ti hanno accompagnata fin qui. Ti hanno portata in questo luogo dal nulla. Adesso andiamo dove dovresti trovarti, al luogo che dovresti vedere – il luogo più appropriato. Ti stanno portando e puoi sentire che ti stai muovendo attraverso il nulla.

Mentre Jenny si muoveva, divenne consapevole che si stava avvicinando ad un'immagine nell'oscurità. "Non è un portale, ma è piuttosto un simbolo. Sto passando attraverso il simbolo di una X. Sto passando nel mezzo della X."

Altri hanno visto una grande X come un'entrata un portale e sono stati diretti ad attraversarla.

"So che ci sono e sto andando con loro, nella mia forma. Non sono dentro a nulla. Sto andando da sola. Sto passando. Sono al sicuro. Adesso sento un sensazione di accelerazione. Prima, era come se fossi stazionaria e stessi passando, ma adesso c'è una forte accelerazione. Sto andando più velocemente. E il mio corpo non è il mio corpo. E' quasi come se fosse disintegrato. Si sta dematerializ-zando in queste scintille di luce che passano attraverso quest'intersezione. Quindi non ho più un corpo. Si è dissipato, mentre passavo.

D: Se non sei un corpo allora cosa ti sembra d'essere?

J: Nella mia mente limitata penso d'essere energia. Questo è ciò che mi sembra d'essere: scintille, particelle. E' difficile da spiegare. Se si guardano queste scintille da lontano, si potrebbe distinguere una forma, ma non riusciresti a dire: "Questa è una testa e quella è una gamba." Da lontano sembra la stessa forma, ma non è una forma che conosciamo come un corpo.

D: E' un forma matta di queste scintille?

J: Si, scintille. Possono entrare ed uscire. Posso fare parte di qualsiasi cosa quando sono nel nero e poi posso riportarlo ad un tutt'uno per essere una forma. Se ho uno scopo o un obbiettivo, porto tutto più verso la forma. E se no, ritorno ad essere parte del tutto. Vado avanti ed indietro

D: Quindi se ti concentri su qualcosa, allora riesci a raccogliere tutto in uno?

J: Si. E' più probabile che diventi una forma, se possiamo chiamarla così.

D: Dove ti trovi, o dove stai andando in questa forma?

J: E' il tutto. Dove mi trovo è il tutto. Mi è familiare. Non è come se possa definirlo come se ci fosse un inizio e una fine. Non c'è nulla del genere. E' veramente espansivo e avanza all'infinito negli occhi della mia mente. Ne faccio parte. Ma c'è alcuna superficie. Non è una struttura. Avanza e continua e va oltre, come se non avesse una fine. Tuttavia so di avere un posto in tutto questo. Questa forma diventa la forma di molti.

D: Cosa vorresti dire?

J:Molte forme, che possiamo dire fanno la stessa cosa. Possono diventare parte dello spazio, qualsiasi cosa sia, e poi diventano una forma più piccola. Tuttavia, quando siamo tutti insieme, rende il luogo dove ci troviamo, la nostra casa. Cose fossimo la nostra casa, nella nostra stessa forma. Quando siamo tutti assieme, siamo una casa più grande. Un luogo più grande dove siamo a nostro agio e ci troviamo bene. Sappiamo di appartenere a quel luogo.

D: Ci sono altri li con te?

J: Si, ci sono, molti, molti altri. Diciamo che c'è un intero spettro di energie, scintille, entità. Quando vado in questo luogo, so dove appartengo come parte dell'Intero e poi diventiamo L'Intero. Se ne esco, c'è uno spazio specificamente dedicato a me. Non è che gli altri lo invadano e lo riempiano, come se fosse uno spazio vuoto. E' come se io fossi un'astronave ed entrassi in una nave madre e ci fossero – non so la parola giusta. C'è un spazio come un attraccaggio per quella particolare astronave, diciamo, oppure sapresti dove andare ed atterrare. Ci sarebbe quel luogo per quella nave. Solo che io sono una scintilla di luce e ci sono altre scintille di luce. Loro sanno qual'è il mio posto e lo so anch'io. Tutti gli altri hanno un proprio posto in questo enorme spazio. Sono immersi, proprio come se fossimo uno. Ma è molto difficile spiegare che so dove si trova il mio posto in questa unità.

Penso che stesse cercando di chiarire che aveva ancora una sua identità, una sua personalità.

J: Diciamo che vedo quest'intera immagine della vastità dello spazio e siamo tutti come scintille. Siamo un pensiero solo, un'energia, ma possiamo diventare molte energie quando ci separiamo. Tutti hanno un proprio scopo. Come se ci fosse uno scopo globale e uno scopo individuale.

D: Quindi non diventate Uno, al punto di perdere la vostra identità.

J: In certi casi, quando è necessario, si. Posso diventare parte del tutto e l'ho persa. Tuttavia abbiamo la capacità d'individualizzare quella particolare coscienza, per poter diventare un individuo.

Inoltre ci sono periodi di riposo in cui ritorni lì ed è molto amorevole, stupendo. Mi sento al sicuro, calma è come se fossi a riposo. Ma quando è necessario, posso uscire e ritornare un individuo.

D: Ha qualche caratteristica o dettaglio?

J: No, no, nessuno. Penso che possiamo essere qualsiasi cosa. Ma in questo luogo in cui mi trovo, vedo che è uno spazio oscuro. Non l'oscurità paurosa, ma solo oscurità. L'unica luce è la nostra luce. E' come se ci fossero stelle ovunque nel cielo nero e quelle stelle sono individui. Che, quanto a riposo, sanno d'essere individui, ma diventano uno e non c'è nient'altro. C'è una massa amorevole, però si riescono sempre a vedere le stelle individuali o scintille se preferisci. E' una sensazione piacevole. E' una sensazione amorevole. Mi sento come fossi a casa. Sono al sicuro ed è come un luogo di riposo.

D: Hai detto c'erano momenti in cui hai dovuto tornare là e riposare, per quale motivo?

J: Bene, sembra che io abbia del lavoro da fare. E può andare a finire che resto lontano per molti, moltissimi eoni, che per noi non è niente. In quel luogo, è come fossero uno schiocco di dita. Dipende da dove andiamo a finire. E' molto breve a confronto con altri luoghi dove c'è un limite di tempo. Posso restare lontana per un periodo molto lungo, me quando arrivo, mi rendo conto che non è così. Mi sento come se non fossi stato via così a lungo.

D: Quando esci per andare in questi altri luoghi, c'è qualcuno che ti da istruzioni o sai dove andare?

J: Con parole che possono usare per descriverlo, questo luogo è come se avesse una tematica. E' come tutti noi diventassimo una mente centrale e tuttavia restiamo menti individuali. Non so come descriverlo. Ma quando siamo Uno, c'è una direzione al nostro sapere e alla nostra mera esistenza. Sappiamo che esce come un comando, ma sappiamo che non lo è. Come un gruppo sappiamo ciò che dobbiamo fare e tuttavia in questo modo di pensare siamo degli individui. Contribuiamo. Non è come se fossimo qualcosa di robotico. Direi che ogni scintilla è un mondo in se stesso e tuttavia quando siamo insieme diventa un mondo enorme che va oltre ogni individuo. Quindi sappiamo che quando siamo insieme c'è uno specifico obbiettivo da raggiungere. E' un porto sicuro, davvero un paradiso protetto. A volte dobbiamo uscire da quel paradiso per andare in luoghi che non sono molto piacevoli o belli o sicuri. Ma riceviamo un tale amore da quella forza, che sappiamo di dover andare. E siamo disposti ad andare in questi luoghi ostili, perché non dubitiamo la richiesta di ciò che deve essere fatto. Dobbiamo solo averne fiducia.

D: Se è così bello li, perché ve ne separate per andare altrove?

J: Perché c'è qualcosa d'innato in noi che deve aiutare, deve portare quel magnifico pensiero di creazione in essere. Quindi, lo facciamo volontariamente con amore, anche se ci ha causato dei problemi, perché quando siamo in questi altri luoghi, dimentichiamo chi siamo. E' importante dimenticare, perché questo porta luce o lezioni in altre esistenze – se sapessimo di poter fare certe cose, o che sono solo delle visite temporanee – che siamo lì solo per completare uno specifico lavoro e poi torniamo indietro; questo creerebbe un pregiudizio in ciò che sta succedendo. Perché ci sono degli specifici codici di luce che emettiamo quando ci troviamo in questi luoghi. Quindi influenzeremmo o pregiudicheremo ciò che stiamo portando. Per esempio, a scuola sei un insegnante. Ci sono specifiche materie o sezioni o parti d'informazioni da dare agli studenti. Forse c'è un'interazione tra insegnante e studente e poi è finita. Dobbiamo affrontare qualsiasi cosa stia succedendo in quel luogo. Dobbiamo affrontarlo, con gli stessi processi in cui lo affrontano loro. Queste entità, esseri o quel che sono. Dobbiamo passarci anche noi, perché dobbiamo essere nella stessa situazione in cui sono loro. Progredendo attraverso qualsiasi problema o situazione o difficoltà che stanno affrontando, noi riusciamo ad arricchire il Tutto a cui noi torniamo e lo espandiamo con quelle informazioni. Noi emettiamo dei codici mentre interagiamo e affrontiamo questi processi, perfino se è la situazione o l'esercizio educativo più difficile. Emettiamo. Lasciamo li qualcosa di nostro. Passando attraverso gli stessi problemi, mostriamo un passaggio o una via che anche loro possono prendere per migliorarsi, o per un'evoluzione superiore o per superare ciò che stanno passando.

D: Hai detto che emettete dei codici?

J: Si, è qualcosa che facciamo a livello inconscio in quel momento, perché come dicevo, non ci ricordiamo. Quindi è qualcosa che arriva a noi e finisce sul terreno. Finisce sul luogo dove ci troviamo o attraverso le entità con cui entriamo in contatto. Ed è un'interazione inconsapevole. Ma stiamo dando loro – possiamo chiamarla "una struttura dei codici"– possono usarlo per accedere e progredire. In questo modo possono imparare, ma la cosa più importante è che non possiamo ricordare. Altrimenti, avremmo l'attitudine di: "Oh, so cosa succede dopo," e questo rovina l'esercizio. Quindi dobbiamo passarci anche noi proprio come questi altri esseri, qualunque cosa siano, così che non ci siano pregiudizi. Alla fine torniamo indietro, sempre, anche se ci vogliano anni o eoni. Torniamo indietro e quella conoscenza arricchisce, se possiamo chiamarla "la mente dell'Uno" – non è realmente una mente. Arricchisce quello spazio da cui provengo, che continua ad espandersi con la conoscenza. Ogni scintilla individuale andrà in luoghi diversi e ovviamente, quando torna arricchisce quella conoscenza, quelle informazioni e quella comprensione; che siano in movimento o diverse modalità di fare le cose.

D: Cosa stai sperimentando nel fisico?

J: Si, si, perché a volta è nel fisico. Siamo andati in un luogo fisico e qualsiasi linea temporale sia, ci siamo dentro. Così sperimentiamo qualsiasi situazione di quel periodo, per così dire, in cui andiamo a finire. Quando torniamo indietro, è ancora in noi e quelle informazioni espandono quel luogo che diventa più grande, per così dire. Non mi sembra che abbia limiti, di alto o basso, laterale o altro. E' molto infinito, non riesco a vederne la fine.

D: Cresce attraverso le informazioni.

J: Si, inoltre espande la forza della conoscenza di se stesso, del Creatore. Sa' d'essere onnipresente in tutte queste cose. Ma deve anche trovare una referenza; deve conoscere se stesso. E' molto difficile spiegarlo, perché conosce se stesso. Ma attraverso le scintille che sperimentano individualmente ciò ch'è in una forma o nell'altra, riesce a dare un riferimento alla Sua esistenza. Sa che è meraviglioso, potente e tutte queste cose, ma presumo che queste scintille siano un passo sotto. Perché quando escono, sperimentano una forma o l'altra della sua gloriosa natura o delle sue abilità. Perché facciamo parte del Creatore o Dio, o qualsiasi altro nome tu voglia usare per descrivere questa forza.

D: Che è questa cosa che stai descrivendo?

J: Si, quando siamo tutti assieme, siamo quello. Che siamo tutti assieme o no, facciamo sempre parte di quello. E quando non lo siamo, quando siamo individui che discendono in questi luoghi, prendiamo queste abilità e la Sua conoscenza, fuori dall'Unità. Andiamo e facciamo qualsiasi cosa sia necessario fare. E quando torniamo, ancora una volta siamo parte di quel Tutto. Sa quando una parte di Sé esce.

D: Quindi conosce e segue ogni piccola scintilla?

J: Si, perché facciamo parte di quello. Oppure, come se quello fosse l'universo e noi fossimo mondi individuali. Vedi, quando usciamo, siamo universi individuali. Abbiamo tutte quelle informazioni e quando torniamo, facciamo parte di un universo più grande. E' difficile spiegarlo.

D: Ma quando vi separate ed uscite, in quel momento siete un'anima individuale? Ciò che chiamiamo un'anima o spirito?

J: Siamo più di quello. In questa cosa che vedo, si è più di un'anima. Forse un'anima è qualcosa d'inferiore – non sto' cercando di dire "più basso, più alto." E' un'estensione diversa di questo mondo. Siamo quasi come una stella, come un sole è una stella. Quindi è come se tutto fosse uno. E' spirituale, è fisico, è non-dimensionale e dimensionale. E' tutto arrotolato in uno. Mentre scendi più in giù, ci sono diverse responsabilità da assolvere. Potresti avere la responsabilità di creare qualcosa dei sistemi di luoghi fisici. Ma poi potresti scendere, molto, molto più in giù e diventare una scintilla individuale come un'anima. Allora vai in certi luoghi per un lavoro. Allo stesso tempo mentre aiuti gli altri, stai anche imparando, accumulando informazioni che hai assimilato in quel luogo. Così le riporti ai sistemi, al mondo e poi ritorni a questo luogo che è come un punto d'attraccaggio. Come se nuovamente fossi parti del Tutto.

D: Allora scaricate tutte le informazione.

J: Si, e poi quando torni indietro, le informazioni che sono nella scintilla di quel mondo individuale – o quel che sia – sono trasmutate automaticamente a tutto ciò che c'è lì. Non c'è alcuno sforzo e quando arrivi in questo spazio è qualcosa di definito. E' strano il perché si ridefinisca uno spazio in un tale concetto, ma sa dove si trova il tuo spazio. E una volta che ti trovi là lo sai, proprio come un'astronave che entra nel suo specifico punto d'attracco. C'è un periodo in cui dissemini le informazioni, diciamo per esempio, al tuo capo o al tuo comandante. Questo succede automaticamente quando sei nell'area d'attracco.

D: Ma prima avevi detto che qualche volta vai in un luogo fisico e a volto no. Quali sono gli altri luoghi dove potresti andare?

J: Ci sono altri luoghi che sono solo energia. Non c'è alcuna forma. Ci sono esseri di educazione superiore e loro non hanno bisogno di uno spazio fisico, che sia un pianeta o un mondo. Alcuni sono solo colore, altri sono solo suono. Tuttavia c'è una coscienza vivente in tutte queste cose.

D: Tutti loro hanno energie individuali che vivono all'interno di un luogo come questo?

J: Si. Potrebbero essere degli individui. Alcuni di loro sono simili a ciò che noi abbiamo come il Tutto. Loro diventano in gruppo. Quindi fanno parte del loro gruppo, ma non è come un individuo, perché non hanno necessariamente delle caratteristiche individuali. Semplicemente fanno parte di quel luogo che non ha forma.

D: Cosa potresti imparare in un luogo come quello?

J: C'è sempre da imparare in diverse situazioni che hanno benefici sugli altri nel modo in cui la coscienza funziona, o cresce, o si espande, o non cresce ed espande. Forse seguono un'educazione superiore, ma sono ancora limitati in una forma o l'altra, perché non hanno tutto ciò di cui hanno bisogno. Non so se questo è comprensibile. Ci sono situazioni difficili in cui l'aiuto è necessario in tutti i luoghi ovunque. Solo che è un diverso tipo di aiuto o necessità. A volte, si tratta di espandere la conoscenza. Non so se si tratta di saperne di più circa le emozioni. Avere una più chiara idea dell'intera sfera, ma alla fine tutto combacia. Perché stato separato con uno scopo.

D: Ma non sembra complicato quanto la vita umana, la vita fisica.

J:No, perché qui avete più così di cui preoccuparvi. E' così diverso. Non significa che la magnitudine dei problemi che altre entità affrontano sui loro mondi, sia inferiore. Forse i loro mondi vengono distrutti a causa di situazione fisiche. Fisico, non meteorologico, quindi devono trovare un altro luogo dove vivere, o risolvere i loro problemi con l'ambiente. Ma qui avete più problemi; avete l'intera sfera. Quindi è più difficile essere qui. Alcuni di noi scendono da quello spazio meraviglioso e si perdono. E ci vuole un bel po' per permet-terci di capire cosa sta succedendo e riuscire a recuperarli.

D: Cosa vorresti dire che vi perdete?

J: Visto che non ci sono ricordi di chi tu sia, si rimane bloccati in ciò che si sta facendo. Sei qui per aiutare qualcun altro, o per aiutare quest'area. Ma diventi parte di – non del problema – ma una parte di troppo. Rimani attaccata o impantanato in ciò che loro sentono o fanno e dimentichi da dove provieni. Vieni da un luogo di pace e meraviglia ed abilità superiori. Qui, sei limitato e ti dimentichi. Ma in qualche modo, in noi, c'è qualcosa che ci spinge a lottare anche quando siamo, per così dire: "persi". Si può dire che c'è qualcosa di automatico dentro di te che te lo dice. Lentamente incominci ad ascoltarlo e ricevi più conoscenza. Ancora una volta è un processo che ti aiuta, perché ti rendi conto che il Creatore comprende. A volte gli individui – quando sono individui – che tutto questo può succedere. Quando vieni da una condizione meravigliosa, non ha la minima idea di dove potresti finire, perché non conosci nient'altro. Quindi è come l'uomo ricco, se avesse tanti soldi, cibo e una casa confortevole. A volte, non riesci a mettersi nei panni di una persona che non ha niente. E bisogna sperimentarlo per poterlo capire a pieno. Per comprendere te stesso. Per comprendere le possibilità che ci sono la fuori. La ricchezza di tutta la diversità che rende questo Tutto di ciò che Dio o il Creatore è, o ciò che la forza sia, o dell'espansione. La sua ricchezza di pensiero e sentimento riguardo a ciò che realmente tu sia. Chi tu sia veramente, o di chi tu faccia veramente parte. Ecco perché non ti ricordi.

D: Non c'è forse il rischio che tu rimanga completamente perduta, e non sappia come tornare indietro?

J: Si. E penso che in questo caso, questo è proprio ciò che mi sia successo. Ma c'è una comprensione, c'è una speranza, c'è una scintilla. C'è qualcosa in noi che ci dice, no, devi continuare ad andare avanti. Devi riuscirci. Ci sono delle luci alla fine del tunnel, per così dire, e riuscirai a trovare la via ancora una volta. Riuscendoci aiuti chiunque tu sia in contatto a raccogliere le forze e trovare la via del ritorno. Ma quando ritorni ti viene da dire: "Dio mio! Mi ci è voluto tantissimo tempo per riuscirci." Pensi di comprendere ogni cosa, ma quando finisci in queste situazioni o questi luoghi, certe cose sono così oscure che finisci col perderti facilmente. Ma, c'è qualcosa di genetico in quell'individuo o scintilla che ti riporterà a casa.

D: Continuo a chiedermi se quando questi viaggi hanno inizio c'è qualcuno o qualcosa che ti dice dove devi andare?

J: Vedi, è difficile descrivere cosa sia. Lo sai perché viene a te in un pensiero, come queste scintille individuali che formano ciò che quest'entità unitaria conosce. E' molto difficile da spiegare. E' come una forma di conoscenza. Sai dove andare.

D: Pensavo che forse ci fosse qualcuno o qualcosa con un registro e dicesse, tu devi andare qui la prossima volta.

J: No. No si conosce ogni cosa. C'è uno che conosce chi è la fuori e cosa stanno facendo. Ma non è come tenere i registri. E' tutto mentale. E' una cosa innata. Adesso, cos'è successo in passato quando la gente si perde nel tentativo di aiutare quelli che ci vivono, altri ancora cercheranno di aiutarli. Quindi in un certo senso, a seconda di dove sei finito fuori – perché in molti si sono dimenticati chi sono – c'è sempre una qualche forma di limite temporale e c'è chi aiuta. Questa gente lo saprà quando è arrivato il momento giusto, un certo: " Okay, è arrivato il momento di capire chi sei e che dovevi fare una certa cosa per poi tornare indietro."

D: Quindi gli altri che vengono per aiutare sono altre scintille?

J: Si, si, lo sono.

D: Sanno che sei ne guai, così cercano di venire ad aiutarti. (Si, si.) Beh, nel mio lavoro, ho scoperto molte cose a proposito del piano dello spirito, dove andiamo a finire dopo aver lasciato il corpo fisico. Quello è forse un luogo diverso?

J: Si, quello è un posto diverso. Dalla mia prospettiva, per ciò che capisco, il piano dello spirito è associato con certe... diciamo, la Terra ha molti strati – non strati. – Ma osservando il pianeta Terra, ha un mondo dello spirito, ha una dimensione. Ogni pianeta ha le sue dimensioni e questo è il luogo a cui quella è associata. Da dove provengo, non c'è alcun piano dello spirito.

D: Quindi gli esseri fisici, quando lascio il corpo fisico, vanno e vengono dai loro piani spirituali individuali?

J: Beh, si evolvono. E mentre vanno e vengono, si evolvono al livello successivo associato a quel pianeta. Alla fine, lavoreranno per riuscire ad andare verso altri mondi e là sperimentare altre situazioni. Ma lo vedo come una progressione verso parti più alte della Terra o dimensioni che sono associate con quello, o sfere d'energia attorno a quello specifico luogo. Poi mentre progrediscono in ciò che stanno imparando, a volte ci sono esseri che saltano. Non hanno bisogno di passare attraverso altre dimensioni o strati per raggiungere un altro luogo di conoscenza superiore. Perché ciò che hanno sperimentato in quel livello – "livelli" è un mondo migliore – hanno fatto tutto in quella singola esperienza, per questo, possono andari in diverse parti. E' molto strano come la vedo io. Io vedo che è separato e tuttavia fa parte del tutto. E' come se questo luogo in cui mi trovo sia là. Gli altri sistemi sono in un'altra situazione e tuttavia sono che fanno parte del tutto. Come se noi tutti facessimo parte del tutto. Mi sembra solo un livello più sottile e alcuni di noi, anche se abbiamo sperimentato certe situazioni sulla Terra o altrove, proveniamo sempre da quel luogo.

D: Quindi ogni cosa inizia, origina da quel punto. – Volevo assicurarmi che ciò che ho sentito circa il mondo dello spirito fosse accurato. Allora esistono separatamente.

J: Si, presumo che siano diversi livelli della stessa cosa. Ma in certi luoghi, non esistono come ciò che definiresti un mondo dello spirito.

D: Sulla Terra, diciamo che si accumula karma quando si viene qui, a causa di tutte le cose in cui si rimane coinvolti. Restiamo bloccati, perché dobbiamo continuare a tornare continuamente per pagare il karma. Questo è giusto?

J: Si, è così, e questa è un'altra cosa che ci ha bloccati qui. Entità che vengono qui per aiutare rimangono impantanate nella situazione. E' fatto così, non è così semplice: "Bene, so chi sono. Sono qui per fare qualcosa." Rimaniamo bloccati in qualcosa e poi noi stessi siamo – non prigionieri – ma veniamo trattenuti in questa energia finché non ci liberiamo da ciò che abbiamo creato. Siamo venuti giù per aiutare uno specifico luogo, situazione, essere, ma poi rimaniamo impantanati nel fango. Così quindi, siamo più o meno bloccati, finché non l'abbiamo risolto; finché non troviamo la nostra via d'uscita. Però questa non è una cosa negativa, in un certo senso, perché per scoprirlo c'è una ricchezza d'informazioni. Perché, se dovessi venire da quel luogo a questo, venissi dentro e fuori. Avresti fatto ciò che dovevi fare, ma non avresti sperimentato assolutamente niente. Non avresti sentito niente. Sarebbe troppo veloce. Quindi nel rimanere impantanati, c'è qualcosa di positivo. Qualsiasi cosa tu stia passando e sentendo, stati arricchendo il Tutto nella sua espansione della sua conoscenza. La sua espansione di sentimenti, espansione di tutto ciò che c'è. Quindi non è necessariamente qualcosa di negativo. In un certo senso è positivo, perché serve. E' tutto interconnesso e serve ad uno scopo. Non si sa veramente quale sia lo scopo si è qua giù.

D: Quindi sembra che si deva finire il lavoro prima che ti sia permesso di tornare a casa. (Si) Mi è stato detto che sul piano dello spirito ci sono persone che ti aiutano e consigliano.

J: Si, sono delle guide. So che ci sono certe cose che non posso sapere in questo momento perché mi macchierebbero. Se avessi qualche domanda, per esempio, e sapessi ogni cosa (non conosco ogni cosa perché c'è sempre da imparare) sarebbe più complicato – non complicato – ma è come se c'è un momento appropriato in cui tutto verrà rivelato. Ci sono certe cose che devo ancora passare ed imparare. Devo essere paziente ed avere molta fiducia. Penso che ad un certo punto, ho perso la fiducia, perché pensavo mi avessero lasciato qui e non sarebbero venuti a prendermi.

D: Questo è come che ti sei sentita?

J: Ad un certo punto, penso di si. E quindi, devo imparare che non è per nulla una punizione. Devo dedicarmi alla fiducia per un po'.

D: Perché hai avuto la sensazione che ti avessero lasciata qui e si fossero dimenticati di te?

J: Penso che sia un caso di, comprendere da dove provieni e le abilità che eri in grado di sperimentare. Sai veramente chi sei. Vieni giù e diciamo, che lavoravi in una vibrazione molto bassa, potresti – quando dimentichi – rimanere imbrigliato in quella situazione o hai una superiorità. Riesci a vedere, ecco perché a volte non va bene comprendere. E' molto complesso. Potresti sentirti superiore a queste persone con ti trovi, o esseri, o quello che richiede la situazione. A quel punto perdi il lato spirituale, ciò che sei veramente. Pensi d'essere meglio di qualcun altro. E quindi, vai ancora più in profondità in quella negatività o quel luogo o quella situazione. Tuttavia, sai che c'è una parte di te che è meravigliosa, sacra, santa, che è amore. E' sempre lì dentro di te. E ti trovi più o meno a metà, dove sai chi sei veramente e ti dimentichi. Ti senti frustrato e ti chiedi: "Perché nessuno del luogo da cui provengo viene a tirarmi fuori da questa situazione?" Però, mi ci sono messa da sola in quella situazione. Così non ci sono giudizi. Devo imparare. Devo passare attraverso diverse esperienze per trovare la maniera d'uscirne. Però loro sono sempre lì con te e ti guideranno sempre verso persone o situazioni. E quando è ora e sei pronto, a superare l'arroganza che avevi in quella particolare situazione, perché stavamo parlando di karma. E' causa ed effetto. Qualsiasi cosa crei, devi vivere con le conseguenze. Perfino esseri superiori possono perdere la via per un po', e devono passarci anche loro. Sai che il processo è lo stesso. Solo che i criteri sono diversi.

D: Così perfino loro ci provano.

J: Si, si, è così. Da dove provieni, è così meraviglioso e sai di poter fare tutte queste cose. Ma non realizzi quanto denso sia nella situazione o luogo in cui ti trovi. Così col tempo, puoi venire trascinato in ciò che crei. Ovviamente, crei e manifesti in ogni momento.

D: Ecco perché hai detto che potrebbero volerci eoni di tempo.

J: Si, potrebbero. Ma poi, quando ritorni, è così meraviglioso tornare che pensi: "Beh, dai, sono stata via solo per qualche secondo."

D: Allora, ci sono delle volte quando tutte le scintille tornano alla Sorgente?

J: Si. A volte arriva un periodo in cui siamo a riposo. Torniamo tutti indietro e poi arriva il momento di tornare fuori ancora.

D: Quando tutte le scintille tornano insieme, cosa succede alle creazioni che hanno creato?

J: Penso che tutto venga ritirato, almeno da come la vedo io. Ad un certo momento, tutto deve tornare indietro, che tu sia una scintilla individuale, e abbiamo creato dei mondi o quant'altro. Devono tornare tutte indietro per riposare. Tornano tutte indietro per essere parte del Tutto ancora una volta, così quelle creazioni vengono ritirate, perché sono tutte delle manifestazioni. Ma c'è una duplice cosa qui, tornano per riposare ed è che il tutto che torna a riposare.

D: Quindi, in quel caso, tutto ciò che hanno creato è sparito.

J: Si, io la capisco così. Non c'è una forza che le trattiene. Tutto ritorna nel suo luogo di riposo per qualche tempo. Ma tra questi grandi periodi d'espansione, gli individui possono entrare ed uscire, fare certe cose e tornare per riposare. Questo non significa che siano tutti a riposo, ma ci sono periodi di tempo in cui tornano tutti indietro.

D: Quindi nel momento in cui tutte le scintille tornano indietro nel Tutto, ogni cosa che hanno creato sparisce.

J: E' come un'assimilazione. Assumiamo che io abbia creato molte cose. Queste si reintegrano in me ed io mi reintegro nel Tutto. Poi qualcosa di nuovo viene creato. Qualcosa di fresco. Tutto si riassorbe in quella sfera di conoscenza, d'energia, di creazione, di tutto ciò cui si può pensare. Ritorna tutto in quello e ti senti parte di ogni cosa. Non c'è separazione.

D: In questo caso, in realtà non sparisce. E' solo reintegrato.

J: Esattamente, è reintegrato. Ma tutte queste cose che ho creato come manifestazioni individuali, nulla è realmente perduto perché era un parte di me e io facevo parte di tutto quello.

D: Quindi dopo aver riposato per un po', allora cosa succede?

J: Allora è il momento di riiniziare ancora una volta. E' una cosa diversa. E' una costante. Ma vedi, la conoscenza acquisita durante quel periodo della creazione, della manifestazione non è perduta. Fa parte di quell'entità. Fa parte di quella scintilla individuale, quindi non andrà mai perduta. Fa parte di te. Così, adesso esci e crei qualcos'altro e passi ancora attraverso quel processo educativo. Che ancora una volta è qualcosa di nuovo, qualcosa di fresco e tuttavia è qualcosa di vecchio.

D: Ma durante i periodi di creazione, vivete non solo sulla Terra ma anche su molti altri pianeti?

J: Si, molti luoghi.

D: Potete anche vivere in molte tipologie diverse di corpi, vero?

J: Si. Ovunque tu vada, sei sempre tu. Ma c'è uno scopo in tutto. Quello di portare luce, di portare conoscenza, di portare creazione nella mischia. Decidi tu, con un po' d'aiuto, dove andare.

A questo punto chiesi a quest'entità' di lasciarci ed invitai il subconscio a farsi avanti per rispondere alle domande di Jenny. Voglio sempre sapere perché è stata mostrata una particolare vita al soggetto.

J: Perché tutte le sue domande (e nel profondo questo lei lo sa) sono insignificanti. Non sono importanti. Deve comprendere di far parte di un Tutto molto più grande ed importante, che soddisferebbe qualsiasi sua necessità. Si deve ricordare che deve andare alla cima. Non importa sapere quali connessioni ci sono tra questa persona o l'altra. Per lei è importante tornare ai basilari. Focalizzare la sua attenzione verso la cima. Non importa cosa succeda nella sua vita, qualsiasi cosa le venga mostrata, che lo osservi con un senso di meraviglia. Che ci siano degli impedimenti o delle sfide, deve realizzare di far parte di ciò che chiamate Dio, o quella forza. Avere fede che tutto andrà bene, che qualsiasi scopo abbia la sua vita, primo o poi verrà a lei. La gente con cui lavorerà, attraverserà il suo sentiero. Deve vedere il quadro generale, in cui tutte queste cose sono manifestazioni. Io non le darò alcuna risposta.

D: (Ero sorpresa.) Ma lei ha delle domande.

J: Si. Penso che comprenderà ciò che stava descrivendo, il processo. Ci sono certe informazioni che aiuteranno la gente a muoversi e progredire. Lei, di per se, deve gestire il fatto che sta correndo senza – assistenza – c'è assistenza, ma deve muoversi leggermente. Sto usando la parola "leggermente". Deve usa la fede. Deve avere fede che l'entità di cui faceva parte, il mondo di cui faceva parte, era amore. C'era conoscenza, c'era informazione, c'era coscienza. E' così oltre ciò che comprende in questo momento.

D: E' oltre ciò che molti di noi comprendono.

J: Si, esattamente. Anche se le diamo le informazioni, deve andare, deve coltivare. Questa è una delle abilità che deve coltivare, la sua conoscenza interiore. Anche se aspira a questa o quella connessione, il resto serve a nutrirla senza vedere, senza toccare, perché questo renderà la sua struttura forte. Vedi, si è dimenticata la struttura, si è dimenticata chi era. Qualche volta ha dei barlumi di chi fosse, ma ha la forza e quella struttura è intera, è forte. E' piena d'amore, compassione, comprensione per gli altri. Ed è proprio lì la meraviglia, l'entusiasmo, questa è l'esperienza di tutto nel non avere tutte le risposte, perfino se sono solo piccoli barlumi. C'è della meraviglia nel non conoscere e nel comprendere che lei ha dell'aiuto. Ci sono persone là, chiunque essi siano. Deve allontanarsi dal definire le cose e limitarsi a sentire e coltivare la sua guida interiore e ci arriverà. Ci arriverà.

D: E' per questo che avete scelto di non mostrarle alcuna vita passata.

J: Si. Deve tornare alle cose basilari. Astronavi e altri mondi non importano. Atlantide. Le faceva parte di quel periodo, ma dovette tornare da dove proveniva. Da quella struttura amorevole che è una cosa. Quello è amore di quell'entità o fare parte di quello. Quello è uno spazio sicuro che non può dimenticare. Non abbassarsi. Si, creazione, tutti creiamo, ma si tratta di non restare imbrigliati nella creazione. Si tratta di comprendere perché è stata creata, da dove veniamo e non restare imbrigliati nelle cose che abbiamo fatto.

D: Incontro sempre più gente adesso, a cui viene detto che le vite passate non hanno più alcuna importanza. E' ciò che facciamo d'ora in poi

J: Si, si, si, esattamente. Siamo tutti Dio. Vuole che siamo pari a Lui. Vuole che gli facciamo delle domande per interrogarlo. Non vuole che pensiamo: "Oh, devo inchinarmi a questo." Sono le domande e l'essere eguali. Lui è parte di noi, quindi, vuole che condividiamo egualmente con rispetto. Non è che dobbiamo procedere alla ceca con fede, facendo qualsiasi cosa che qualcuno ci dice di fare. Questo non è quello che Lui vuole ed è un bene.

D: Quindi non c'è più bisogno di preoccuparci del karma.

J: No. Non ce n'è bisogno. E se abbiamo qualche accenno, ci sono esseri superiori dietro di noi. O Dio è dietro di noi o loro camminano tra di noi. Ci porteranno le persone giuste, le opportunità per portare a compimento ciò che dobbiamo portare a compimento. Potresti essere qualsiasi cosa in altre vite ma ciò che sei veramente è parte di questa griglia, parte di questa totalità. La sofferenza o l'apparenza del corpo non hanno importanza. Possiamo morire molte, moltissime volte. Non importa. Ciò che importa è l'anima. L'esistenza superiore che è eterna. Quello è ciò che devi nutrire.

D: Questo è ciò che volete che la gente sappia.

J: Si, si. Dobbiamo tornare alle basi. Ma la cosa più importante è che facciamo parte di qualcosa di grandioso, amorevole che conosce ogni cosa. E dobbiamo allontanarci dalle creazioni che abbiamo creato. Manifestiamo in ogni secondo del giorno. E non per restare intrappolati ancora e perdere – la chiamiamo "divinità" – quella scintilla di vita che abbiamo, restando incastrati nel " Chi ero? Cosa ho fatto?" State lasciando andare. Non state sperimentando la vita che avete scelto di sperimentare. Non possiamo conoscere ogni cosa. E' come una ricerca. Dietro il prossimo angolo potrebbe esserci qualcosa di tremendo. Ma se conosceste ogni cosa, non ci sarebbe quella gioia di riscoprire. Di scoprire ancora una volta chi siamo veramente. Mirate alto verso quell'amore. Mostrate quell'amore a tutti coloro che incontrate. Compassione e comprensione verranno a voi.

* * *

Da un altro caso:

Teresa voleva sapere cosa era successo durante un'esperienza che aveva avuto nel Febbraio 2005. Stava meditando quando improvvisamente si trovò in un luogo oscuro, senza forma che riusciva a descrivere solo come il "vuoto". Non la impauriva, invece, le dava un profondo senso d'illuminazione. Quando tornò allo stato di coscienza, provò a comprendere logicamente, però per lei non aveva alcun senso.
Il subconscio le spiegò:

T: Quella era solo un'esperienza d'essere più in contatto con alcuni di quei livelli più sottili, o altri livelli di coscienza. Scaricare le immagini, senza scaricare questo particolare corpo. Le ho permesso di fare quell'esperienza. Non è stato nient'altro se non una dimostrazione che tutto è davvero un'unica coscienza. Quell'esperienza del vuoto che ha avuto, raggiunge un livello ancor più elementare di quella coscienza. E' il nulla da cui tutto proviene. Tutto proviene da quello. Quello è l'infinito ed è ogni cosa ad un livello grezzo. Mentre faceva quell'esperienza, sarebbe stato naturale per lei riconoscere che nulla di tutto ciò è reale.

Avrebbe visto che, si, ad un certo livello è reale, ma dal livello del vuoto, tutto questo è solo la superficie, solo una tonalità, solo una tinta di colore. Piccolissimo. La vera realtà è la coscienza e la base della coscienza, il puro vuoto, il nulla è da dove proviene ogni forma di coscienza.

D: Possiamo comparare questo nulla con la Sorgente, o sono due cose diverse?

T: Sarebbe la Sorgente.

D: Perché ho sentito descrivere la Sorgente come luce.

T: E' l'oscurità da cui proviene la luce. E' oltre la luce.

D: La gente quando ritorna alla Sorgente o quando iniziano dalla Sorgente, dice che c'è sempre una luce luminosa.

T: Dal mio punto di vista ottimale, posso dirti che la luce proviene dall'oscurità. Sempre dal mio punto di vista ottimale – non bisogna confondere l'oscurità con il male o con qualcosa di negativo. Semplicemente è ciò che contiene la luce. Dal mio punto di vista ottimale, quella è la Sorgente. Potrebbe esserci qualcosa oltre, ma questo è tutto ciò che vedo da dove sono. Il nulla e dal nulla proviene la luce. Dalla luce provengono le differenziazioni che chiamiamo cose.

SEZIONE SEI

CREAZIONE

CAPITOLO VENTITRE

IL LUOGO DELLA PRATICA

Wendy aveva appena lasciato una vita nella forma di un verme (Capitolo Due). Io volevo seguirla per vedere dove sarebbe andata dopo.

W: Sto contemplando il da farsi. Sono appoggiata ad una scrivania immaginaria e sto studiando – cosa dovrei fare, cosa dovrei fare? Ci sono molte possibilità.

D: C'è qualcuno che ti aiuta a prendere una decisione?

W: Ci sono molti anziani, o per lo meno sembrano vecchi, dalle barbe lunghe. Stanno contemplando, osservando, aspettano per vedere cosa decido. Mi sembra di essere in forma, maschio giovane e questi anziani sono in piedi intorno a me e mi osservano. Sto lavorando alla scrivania, sono molto giovane. Sembra che ci siano delle mappe sulla scrivania.

D: Sai qual'è il lavoro degli anziani?

W: E' come se stessero contemplando chi io sia e cosa io stia facendo. Mi stanno studiando. Penso che sia strano, perché ritengono che non dovrei avere tutta questa conoscenza vista la mia età.

D: Spostiamo avanti il tempo per scoprire cosa decidi di fare. Hai avuto molto tempo per pensarci e contemplare. Cos'hai deciso di fare?

W: Sto lasciando gli anziani indietro e sto procedendo verso un lungo viaggio per scoprire com'è un certo luogo.

D: Che luogo è?

W: Non saprei. Sembra essere reale, ma non lo è. Ci sono alberi e foreste. Puoi vederli, puoi anche vedere oltre. Ha una forma. E' reale. Solo che non è denso. Non troppo solido.

D: Sai cos'è questo luogo?

W: E' un luogo fluttuante, è lì. E' come se si possa creare. Basta pensare per creare. Fai un passo e mentre fai un passo, hai creato con l'immaginazione. E' come camminare a mezz'aria e non c'è nulla finché non lo crei con la tua mente. E' troppo strano. Altrimenti, se non lo creassi con la tua mente, metteresti il piede nel nulla. Non ha alcun senso. – Oh tuttavia, è divertente! E' troppo divertente!

D: Quindi lì puoi creare ciò che vuoi.

W: Devi utilizzare la tua mente. E' quasi come giocare. Sono giovane è come se stessi imparando. Non avrò nulla su cui stare in piedi, o riposare, o di cui far parte; amenoché non lo crei con la mia mente.

D: Pensi che questo è ciò che tu stia facendo adesso? Imparare a fare tutto questo?

W: Si. E' come se fosse nella mia mente. Ci pensi e poi porti giù, lo rendi una realtà. Non so come spiegarlo. E' come se fosse in quella forma di pensiero e quella forma di pensiero è reale, però non è reale, perché non è solida. Ma prima di tutto devi crearlo in una forma di pensiero perché prenda una forma reale. Ecco così! Prende forma! – E' come se non potessi muovermi senza creare qualcosa di fronte a me. E' come se essere bloccati dal nulla, almeno finché non crei con i tuoi pensieri. Non ha sostanza finché non ci metti dei dettagli, i dettagli, i dettagli – dettagli. Si chiamano "manifestazione". Manifestare. E' creare. Questa è la parte più esilarante. Altrimenti, è un vuoto, amenoché non crei e manifesti qualcosa.

D: Questo è qualcosa d'importante, che devi imparare a fare?

W: Si. Progredire. Progredire, altrimenti finisci in uno stato di stagnazione. Non vai da nessuna parte. S'impara a creare. Impari a creare una realtà, a sperimentare, ad essere.

D: Quindi questo è il passo successivo, per imparare come farlo, prima di andare da qualche altra parte.

W:Si. E' il pensiero e poi il pensiero viene in essere. Pensiero – ci pensi e poi esiste. Ci metti i dettagli e poi si manifesta.

D: C'è qualcuno che t'insegna a farlo?

W: Ho l'impressione che questo sia il piano dove si va per fare queste cose. Ci sono altri intorno a te. Vedo punti di luce. Non so cosa siano. Elettricità. Punti. Ma ho l'impressione che ci siano altri. Questo è il luogo dove si va per sperimentare. Questo è un regno dove chiunque può andare per imparare a creare. E' una scuola per creatori, ma io sono giovane.

D: Quindi hai molto da imparare?

W: Molto da sperimentare e non mi sembra che ci sia un insegnante. Ciò che hai è la tua mente.

D: Quindi nessuno ti fa vedere come farlo.

W: No, sperimenti. E se non va come ti aspettavi, allora lo cancelli o torni indietro. Lo ricrei finché non ottieni quello che volevi. Puoi vederlo prima che prenda forma. Puoi vedere che non sarà perfetto, a quel punto puoi eliminarlo. Non arriverà mai allo stadio di manifestazione densa e spessa.

D: Quindi non resta e hai tempo di eliminarlo.

W: Si. Il tempo non ha molto significato, non ne sei consapevole. Continui a creare cose. Che strano, è proprio strano!

D: Perché è importante imparare come manifestare le cose?

W: Per farti pensare prima di saltare.

D: Cosa vorresti dire?

W: Pensa prima di saltare, perché altrimenti potresti incasinare un bel po' di cose. Se ci pensi su, allora è più facile di saltare e dover tornare indietro e rifare, correggere e rifare. Basta andare più appiano e pensarci su, pensarci! Pensare più chiaramente, dettagli per dettaglio. Ci sono molti altri qui che fanno la stessa cosa. Santa benevolenza! Questa persona sta lavorando con il colore porpora. Sembra che muova le mani e il porpora si muove in diverse forme. Estremamente affascinante! Movimenti energetici. E' divertente! Mi ricorda un po' il Quattro di Luglio [celebrazione americana con fuochi d'artificio] con una bacchetta magica che agita in aria.

D: Quindi, in quel luogo, sei limitato solo dalla tua immaginazione?

W: Esatto. Ciò che pensi puoi crearlo. E' un luogo di pratica e non diventa mai di forma solida. E' un luogo di pratica e creazione, ma bisogna fare molta attenzione ai dettagli. – Come se volessi creare un albero, non basta pensare ad un albero e tutte le parti si manifestano. Devi pensare a come cresce un albero. A quali sono tutte le componenti di un albero. Tutto questo diventa molto, molto, molto dettagliato.

D: C'è molto altro oltre a ciò che la gente pensa.

W: Molto altro. Altrimenti, ci sarebbe solo un albero piatto, un albero morto. Sembrerebbe vivo, ma non lo sarebbe. Mi ricorda le bambole di carta. Vedi la forma, piatta, ma non è viva.

D: Non ha la sostanza che qualcosa di vivo ha. (Esattamente) Questo è qualcosa che sarete in grado di utilizzare?

W: Devo ricordarmi d'essere più dettagliato, più accurato. Devo smetterla di saltare, saltare, saltare nelle cose per poi dover tornare indietro e rifarle. Voglio andare troppo veloce. Essere più dettagliato, più preciso. Preciso, preciso, dettagliato, dettagliato.

D: Questo è forse un luogo dove tutti devono andare?

W: No. Se sei interessato all'energia, è il luogo perfetto dove andare per creare le cose. Sembra che ci sia un'abbondanza d'energia con cui lavorare. E' quasi come se tutti fossero giovani. C'è molta fanciullezza e un'illimitata curiosità. So che ci sono altre realtà ma non ne sei consapevole. Non ne sei interessato, perché ti diverti a creare. E' come disegnare e poi cancellare se non va bene. E poi ti basta ricominciare e non finisci mai nei guai perché non è un mondo solido. E' divertentissimo.

Mi stavo chiedendo se aveva l'impressione d'essere giovane perché aveva appena lasciato la vita del verme. Quella era una vita molto semplice, senza complicazioni dove manifestare non era un opzione. Forse a causa della sua mancanza d'esperienza, dovette andare sul piano della pratica per imparare come manifestare, perché se il passo successivo fosse quello di andare in un corpo fisico umano, questo talento ed abilità sarebbero necessarie.

D: Forse questo ti serviva per imparare la disciplina. Sarebbe difficile se fosse un corpo fisico.

W: Questa sarebbe la parte più spaventosa.

D: In un mondo solido, se crei, non sparisce così facilmente, vero?

W: No, e sarà malformato. E l'energia è così densa e pesante. Non è facile riadattarsi. E questo è molto importante. E' difficile adattare forme più dense.

D: Ecco perché prima di tutto devi fare pratica.

W: Pratica, pratica. Si. Ripulire. Aiutare ad allineare forme dense e danneggiate. Detta così sembra strano.

D: Cosa intenti?

W: (Ebbi l'impressione che stesse ascoltando o leggendo delle istruzioni.) "Aiutare a riallineare forme dense che sono disallineate, che non funzionano propriamente. Questo lo si può fare..." Hmmm. – Vedo persone che camminano in forme dense, con la gobba, le braccia lungo i fianchi, trascinano i piedi, come se fosse uno forzo terrificante esistere in una forma densa e pesante.

D: Intendi un corpo fisico?

W: Si, un corpo fisico. Non sono ben allineati. Vuoi avvicinarti a queste forme dense, prenderle dal mezzo e tirarle su in un essere dritto, eretto e leggero. E' proprio una follia. Questi corpi che hanno assunto sono così densi, hanno bisogno di riallineamento. Non sono nemmeno in grado di produrre figli, della progenie allineata come si deve. Questi corpi non formano discendenti ben allineati.

D: Dove sono questi corpi?

W: Stanno camminando su tutta questa Terra. Sulla Terra! Ciò che appare ad occhio nudo, non è ciò sono attualmente. Ciò che vedi quando li guardi è un umano. Ma in realtà con gli occhi interiori, queste forme sono ingobbite e si trascinano. L'energia è disallineata. Sono pesanti. Gli manca la speranza.

D: Ma non hanno quest'apparenza all'esterno.

W: No, non ce l'hanno, è nascosta.

D: Come sono finiti fuori allineamento?

W: Col tempo. Li vedo ritornare, ritornare, ritornare. Hanno perso ciò che conoscevano agli albori. Sono tornati qui sulla Terra troppe volte, hanno dimenticato come diventare leggeri.

D: Quindi tornare non aiuta?

W: Per loro no, perché ogni vita viene accumulata sopra e diventano sempre più pesanti. Ti senti come se volessi scaricarli ed alleggerire la loro forma. Vuoi svuotare l'oscurità, la pesantezza fangosa. Vedo fanghiglia. Vuoi ripulirla e aiutarli.

Questo mi ricordò ciò che Gesù disse in They Walked With Jesus [Camminarono con Gesù]. Quando guardava le masse che si raccoglievano intorno a lui, li vedeva come pile di carbone, nero e pesante. Non erano consapevoli che dentro di loro c'erano diamanti scintillanti che aspettavano solo d'essere esposti.

W: Vanno in giro alla ricerca di risposte e non sanno casa fare.

D: C'è forse qualcuno che li possa aiutare?

W: Ci sono luci. Forme che sono come luci che camminano diritte, si avvicinano a loro e quelli più densi sono attratti da queste forme di luce.

D: Queste forme sono anche in corpi umani?

W: Si. Spesso non sanno nemmeno d'essere in forma luminosa. (Fece un sospiro scioccato – divenne molto emotiva.)

D: Perché questo ti sta turbando?

W: Ce sono molti di loro intorno a noi, ma non sanno chi sono. Non sanno cosa dovrebbero fare. Anche loro hanno dimenticato e stanno solo aspettando, stanno aspettando uno specifico momento.

D: Vuoi dire che anche loro sono rimasti bloccati qui, senza comprendere perché si trovano qui?

W: Si. Anche loro si sono impantanati, ma hanno ancora quella luce. E quelli che sono come fango sono attratti da quella luce. E' come una pulizia. (singhiozzava delicatamente).

D: Non c'è nessuno lì per dirgli di svegliarsi, per farglielo sapere?

W: Al momento giusto.

Questa potrebbe essere una spiegazione al fatto che vengono a me tutte queste persone. Dicono che stanno cercando una direzione. Sanno di essere qui sulla Terra per fare qualcosa, ma non sanno cosa sia. Diventa una sensazione frustrante di cui non riesco a liberarsi. Durante le sedute, il subconscio dice loro che sono qui per aiutare. Per guarire, per offrire assistenza, per preparare la gente a ciò che sta arrivando. Mai una volta gli è stato detto che sono qui per divertirsi, bere, fare soldi e rimanere imbrigliati nelle strutture della società umana. Gli viene sempre detto che sono qui per aiutare le altre persone. Spesso lo devono fare in modi a cui non avrebbero mai pensato con la loro mente cosciente.

W: Questa gente con la luce stanno realizzando lentamente... E' come se s'imbattessero in questo fango, o lo toccassero, o lo contattassero e questa robaccia inizia a sciogliersi da queste infangate, ingobbite, dense forme. Ma non c'è nessuno che può dirgli cose dovrebbero fare.

D: Tu sai cosa dovresti fare?

W: Aspettare un momento ben preciso, sperando che alcuni di questi più densi s'imbattano in me.

D: Non puoi andare a cercarli?

W: No. E' un fenomeno piuttosto magnetico, come essere attratti da qualcuno. Funzione bilateralmente. Devi andare in giro e anche loro sono in giro. Quando si è vicini si viene attratti come magneti.

D: Nessuno dei due è consapevole che sta succedendo. (No) Senti qualcosa quando questo succede?

W: Si. Riesco a sentire che stanno scaricando queste energie pesantissime e questo mi rende molto felice. Sembra che siano rimasti in questa condizione da molto tempo.

D: Sei in un corpo fisico mentre fai tutto questo?

W: Si. Noi con la luce camminiamo eretti. Può sembrare strano ma quelli con l'energia pesante sembrano piegati in avanti, ingobbiti. In fatti non è così, ma questa è la sensazione che ho. La percezione che sento.

D: Quindi sei tornata in un corpo fisico, ma sei in grado di vedere queste cose? (Si) In che corpo fisico ti trovi?

W: Un corpo di luce alto.

D: Questo è ciò che gli altri vedono?

W: Si, quasi come una forma di pulizia per loro. Ne sono attratti, vogliono essere così, ma non sanno come.

D: Se qualcun altro ti vedesse nella forma fisica, ti vedrebbe in un alto corpo di luce? (Si) E' forse coperto da uno strato fisico?

W: Si, ma è anche n po' trasparente. E' una mezza pelle e indossiamo dei vestiti. Il corpo sembra essere un po' traslucente o trasparente. C'è un'energia luminosa che irradia accettazione di non allontanare nessuno. Tutti gli altri vagano senza meta.

D: Questo è ciò che fai dopo aver imparato a manifestare energia? Torni nel fisico per utilizzare quella conoscenza?

W: Si tratta di ricordare che so come fare. Sono stata là e ho imparato come creare. Un ricordo che ci sono stata.

D: Sei in grado di dire chi sono gli esseri di luce? (Si) E gli altri che sono nel corpo fisico lo sanno?

W: sono sicuramente in grado di vedere una differenza. Non c'è confronto. Come posso spiegartelo? Lo sai e basta. E' un'energia che gli esseri di luce emanano. Sono uguali a tutti gli altri esseri umani, ma vedono con una percezione diversa. Si può sentire l'energia. Quelli che sono fangosi non possono, ma ne sono attratti come dei magneti. Sono stanchi d'essere gobbi ed appesantiti. Non riescono a capire. Vogliono aiuto. Sono stanchi d'essere gobbi e pesanti, pesantissimi, pesanti, pesanti, pesanti.

D: Se sono attratti da quelli luminosi, le cose cambiano nella loro vita?

W: Si. Li vedi che iniziano a guardare in su e notare che c'è qualcosa di diverso, che non devono vivere così. Ma alcuni di loro non vorranno cambiare. Pensano che questo è tutto ciò che c'è. Non sanno cosa poterci fare. Ci sono altri che stanno cercando, ma guardano in giù, guardano verso il basso. Vedono solo cose della Terra e poi all'improvviso realizzano forse c'è altro oltre alle cose Terrene, le cose materiali. Lentamente girano la testa verso l'alto e questo è come se guardassero altrove. Come se guardassero verso il piano spirituale. Quando girano la testa così, si, vedono che c'è qualcosa di diverso. Ci sono altri là fuori. Sono come loro ma non sono come loro.

D: Questo porta il cambiamento che li manda in una diversa direzione?

W: Si. E toccare, vuoi toccarli. E' così triste! (Emotivamente) Sono così da moltissimo tempo ed ogni volta che vengono su questa Terra, diventano sempre più pesanti. Non riesco a capire. Perché' non sono diventati più leggeri, invece di diventare più e più densi? Toccoli. A volta basta questo.

D: A volte basta quello. E' molto semplice.

W: Si. Basta camminare tra la gente. Basta l'energia. Basta toccare la gente. A volte, basta il contatto visivo e l'energia viene trasmessa. Lo sanno a livello dell'anima che sta succedendo, ma non necessariamente a livello conscio.

A quel punto le chiesi di lasciare quella scena e diedi le istruzione per far affiorare il subconscio di Wendy per fargli delle domande.

D: Wendy stava cercando delle risposte. Gli avete fatto vedere molte cose. Perché le avete fatto vedere di essere un corpo di luce che sta aiutando le altre forme? Cosa stavate cercando di dirle?

W: Ecco perché è venuta qui. Dovrebbe ricordarsi da dove proviene. Era una forma di luce, una forma d'energia.

D: Da dove proviene, se volete che se ne ricordi?

W: Dalla sorgente d'energia di tutta l'energia.

D: Quello è forse il luogo dove stava sperimentando con l'energia?

W: E' uno dei piani che sono stati preparati per coloro a cui piace lavorare e a cui piace creare con l'energia. E' stata proiettata dalla Sorgente d'energia principale, o il Creatore, e gli è permesso sperimentare con il creato.

D: Dovrebbe riuscire a ricordarsi la Sorgente Originaria della Creazione? (Si) Le avete fatto vedere che poteva manipolare l'energia. (Si) E' questo che volete che venga a sapere?

W: Si. Si unirà con altri esseri di luce che si stanno risvegliando e ricordando per quale ragione sono qui. E' arrivata l'ora d'iniziare a ricordare. C'è molto lavoro di cui non sa nulla, durante la notte quando si trova nel sonno profondo.

Wendy aveva sofferto di problemi di saluta per tutta la vita. "Questo per spingerla a guardare all'interno, invece che all'esterno nel mondo materiale. Se avesse una buona salute, non avrebbe dato alcuna attenzione al mondo spirituale. Ha scelto un corpo molto difficile in cui manifestarsi. Dopo essere arrivata qui, decise che forse non voleva restare, perché sarebbe stato più difficile di quanto pensasse. Per tutti questi anni si è trascinata i piedi. Non si sente a casa qui, ma se ritorna adesso, non avrà finito ciò che era venuta a fare. Noi stiamo imparando da questo corpo, perch'é debole. Prendiamo questa conoscenza e la useremo per sviluppare altri modi d'aiutare l'umanità. Il suo corpo non è l'unico che si trova in una condizione d'indebolimento. L'intero pianeta s'è indebolito. Lei ha bisogno d'adeguato riposo, adeguato cibo e più meditazione. Le abbiamo mostrato questa realtà di manifestazione, perché deve fare più attenzione ai dettagli. Dettagli in tutti ciò che fa dal momento in cui si sveglia alla mattina fino al momento in cui va a letto la sera. Dettagli, dettagli, dettagli. Deve fare attenzione a ciò che mette in bocca. Da dove proviene (il piano energetico), non c'era questo cibo pesante. In un'altra realtà lei era solo energia e non c'era questo cibo pesante ed inquinato che mangiate oggi giorno. Se possibile, si dovrebbe avvicinare di più alle forse liquide di cibo. I cibi più leggeri, la frutta, piuttosto che i cibi morti, densi e pesanti. Più cibo energetico. Cibo che da vita. Questo mantiene il corpo leggero. I cibi pesanti vi mantengono pesanti, bloccati e limitati. Pesante nel corpo, difficile da spostare. Cibi leggeri creano leggerezza e disinvoltura. C'è più spazio nel corpo per far passare l'energia. – Tutto ciò che lei fa, lo deve fare con molta attenzione ed essere dettagliata, cosciente di ciò che sta facendo."

D: Non è forse frustante o distraente dover pensare ad ogni dettaglio?
W: Questo la aiuterà ad allineare il corpo così che altri possano alienare il loro.

Chiesi chiarimenti riguardo ai suoi problemi di respirazione. "In parte sono dovuti ai problemi d'inquinamento che adesso ci sono nel mondo. In parte perché lei inquina i suoi polmoni con il bastoncino che si mette in bocca e accende (il fumo)."

I problemi di cuore: "E' così dall'infanzia. E' quasi come se di tanto in tanto si sentisse d'avere il cuore infranto quand'era bambina. Si sentiva sola in un corpo denso, pesante e spesso. Le mancava l'amore incondizionato. L'amore su questo pianeta non si può comparare con l'amore che si prova a casa."

D: Il cuore ha forse bisogno d'essere corretto?
W: Si deve ricordare di riposare e visualizzare, visualizzare, visualizzare. Deve creare con la mente ed il corpo seguirà. Visualizza gli organi nel corpo che funzionano alla perfezione. Visualizza, visualizza, visualizza. Qualsiasi danno può essere guarito, ma ci vuole tempo. Ecco perché la visualizzazione è così importante. Rende il corpo consapevole di potersi guarire. E fai attenzione a ciò che metti dentro al corpo. Fresco, fresco, fresco, cibo vivo, cibo vivo, che da vita, cibo che da vita.

* * *

GENESIS

Quando Pamela scese dalla nuvola, invece di una vita passata, si trovò in un ambiente etereo. Tutto era privo di sostanza o forma. "Non ho ancora visto nulla di fisico. Vedo solo 10 punti di luce e qualcosa come un flusso d'energia, ma nessuna percezione di forma." Iniziò a piangere quando vide questo luogo d'energia privo di forma, perché disse che le mancava. Adorava restare li a giocare con l'energia. Rimase sbalordita quando le chiesi di guardare se stessa. "Vediamo cosa riesco a vedere qui. Mioddio! Nulla! C'è solo energia roteante! Vedo qualcosa come delle molecole intorno a me. Sento d'essere in questo luogo dove tutto può essere creato."

Quando le chiesi come poteva utilizzarlo per creare, mi diede una risposta confusa. Era convinta che fosse qualcosa d'importante, anche se io non ne comprendevo il processo. Forse qualcuno dei miei lettori riuscirà a capire e ad identificare il processo. Potrebbe essere del simbolismo, ma non penso che lo sia. Tutto era fatto di linee e punti privi di forma, finché non vide due piramidi. Sapeva che rappresentavano la creazione (la genesi) nel punto in cui erano connesse.

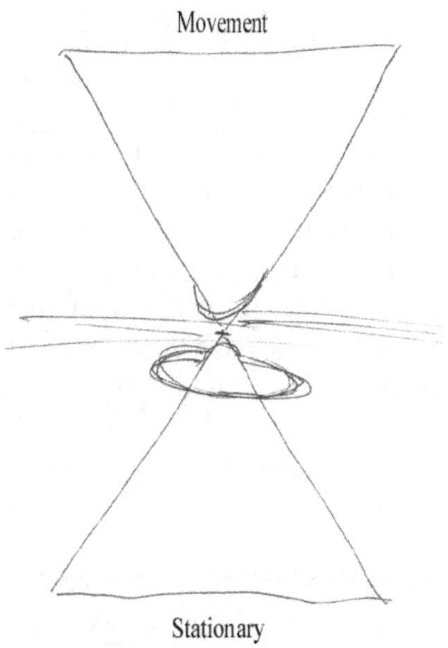

P: Ho visto due punti che si toccavano e sapevo che era qualcosa di critico. Ho visto un cerchio di luce sopra a quel contatto. E' magnifico, anche se non lo comprendo. Io sono nel centro. Sono nella – struttura – questo è quasi ciò che sta succedendo con questi due punti che si toccano. Stanno creando le possibilità di movimento per questo tipo di vita e questo tipo d'energia. So che sembra molto astratto. Si vorrebbe sapere ciò che si è creato, ma io non so cosa s'è creato. Se non il fatto che i due punti che si toccano, creano. E vorrei dire che sono benedetta per averlo osservato, o perlomeno in ammirazione.

D: Vediamo qual'è stata la tua parte in tutto questo.

P: Sono solo un testimone? Santo Cielo! Non lo so. Prima, penso di aver giocato con l'energia. Ovunque mi trovassi, so che era un luogo dove ero già stata. Passavo il mio tempo modo da poter creare qualsiasi immagine e forme che voglia. Avviene secondo la mia volontà, è una mia scelta di farlo. Mi diverto molto. Tutti i programmatori di computer possono program-mare qualcosa secondo i loro desiri e fargli fare quello che vogliono. Proprio così, questo è molto più organico, naturale ed istantaneo. Quindi sono già stata qui. So d'averlo fatto. Mi fa venir voglia di tornarci per poter giocare con quell'energia. Non ci sono limiti, non ci sono confini. Mi è familiare e qualche volte mi richiama. Trovandomi in questo luogo, me ne trovo attratta.

Era tutto molto confuso e sapevo che non avrei ricevuto molte altre informazioni. Inoltre, dove avrei potuto portarla? Probabilmente era esistita in quel luogo per eoni. Così decisi d'invocare il subconscio. Di solito non succede così presto durante una seduta, ma pensavo che fosse l'unica maniera di ricevere risposte da questa strana situazione. Quando il subconscio si fece avanti, chiesi: "Tutto questo è molto confuso. Pensavano di andare in una qualche vita passata. Perché avete scelto di fare vedere queste cose a Pamela?"

P: Lei lo sa.

D: Vediamo di dirglielo, perché non penso che lo sappia consciamente.

P: Doveva sperimentare un ricordo che è rimasto con lei per tutta la vita. Non voleva andarsene da quel luogo quando venne qui.

D: Cosa faceva là?

P: Era un creatore.

D: Quindi aveva ragione quando si video come una forma d'energia che manipolava l'energia?

P: Lei non userebbe la parola "manipolare", ma è piuttosto adatta. Lei giocava nell'energia.

D: Cosa stava creando quand'era là?

P: Ogni cosa. A livello basilare. Se potessi vedere a livello molto, molto, molto basilare, prima che raggiunga uno stato avanzato, deve passare attraverso questa fase. Quindi stava supervisionando i componenti e le energie in quel momento. Molecolare – questa non è la parola giusta. Minuto, frazionale – non saprei cos'altro dire.

D: Ma lei si trovava là agli albori?

P: Non lo so.

D: Ma quando questi... mondi, umani, cose fisiche o altro vennero create?

P: No. E' in tutta la creazione. Qualsiasi cosa sia, non è specifica di un sesso, specie, pianeta, sistema solare. E' in tutto.

D: E' l'energia basilare da cui tutto viene creato?

P: Si. E' l'unità. E' l'essenza del tutto.

D: Come se fossero dei mattoni?

P: Questa è una buona metafora.

D: I mattoni del tutto. Quest'energia fondamentale è sempre presente?

P: Si. Energia basilare. Luce.

D: Dicevi che lei la supervisionava?

P: In un luogo, sta osservando come lo fanno. Ed in un altro luogo, ci sta lavorando come se fosse una bambina. Ci sta giocando. Questo è ciò che fa di più.

D: Nella sua vita attuale?

P: No. Non in questo fisico. Non che ne sia consapevole. Per tutto il tempo e poi anche nel mezzo. Non cosciente. Tra una vita e l'altra e anche di notte quando sta dormendo.

D: C'è qualcuno che le dice cosa creare? (No) Quindi crea solo ciò che vuole? (Si) Perché volevate che ne venisse a conoscenza?

P: Per ricordarle che questo è ciò che fa.

D: Volete che utilizzi quest'abilità nel fisico?

P: Non ancora. C'è un tempo per tutte queste cose. Lei lo saprà. Più avanti.

D: Lo saprà quando dovrà utilizzare quest'energia?

P: Esattamente e non un secondo prima. E' molto specifico. Riceverà immagini e comprensioni al momento in cui ci sarà il giusto gruppo di persone, tecnologie da utilizzare e le giuste leggi che eviteranno un abuso.

D: Ha abusato di questo in un'altra vita?

P: Penso di averne abusato, ma in realtà non è stato così. Era qualcosa che aveva a che fare con un pianeta. Presumo che venne distrutto.

D: Questo cosa aveva a che fare con Pamela?

P: Pensa d'essere stata parte della causa dell'incidente.

D: Era in un corpo fisico allora?

P: In parte. Ci sono forze che prendono la fisicità quando necessario, in situazione d'emergenza. Questo è quello che lei fece. Non era in un corpo, ma utilizzò un corpo.

D: Quindi accadde qualcosa e lei pensò d'esserne la causa?

P: Era uno dei giocatori nel ruolo di quel pianeta. Non so se le memorie possono essere condivise in questo momento. C'è un tempo per tutto. Non è ancora il momento per lei, di conoscere queste cose. Sapeva di non essere completamente responsabile, ma sa anche d'averne fatto parte.

D: Perché Pamela è attratta dai cristalli?

P: La creazione fondamentale di questi nella materia è la più familiare per lei in tutto il creato. Ritorna all'energia creativa più basilare.

D: Quando gioca con l'energia, la utilizza in modo positivo?

P: Non sta utilizzando l'energia che le è stata mostrata oggi. Quella è più potente. (Ridendo) Lei usa... qualcosa come scarti metallici. E' tipo quello che rimane dalla rotazione dell'altra roba. Sono i materiali di scarto, per modo di dire. Tipo se ci fossero due smerigliatrici una contro l'altra, ci sarebbero delle scintille di scarto. Lei gioca con le scintille o con quelle cosine. In ogni caso, ciò che può fare e ciò che può comprendere, è più vicino al cristallino che agli scarti di metallo.

D: Perché oggi non avete voluto mostrarle qualche vita passata?

P: Non era pertinente. Non a questo punto.

D: Continuo a sentire questa risposta, dove alla gente viene detto che non è importante.

P: Semplicemente non importa. Ci sono un sacco di altre cose a cui pensare ed intellettualmente, non è dove si dovrebbe concentrare. L'ha già fatto in passato. E' una ripetizione ed è senile.

D: Intendi l'andare in altre vite passate? (Si) Ma per alcune persone, è il punto massimo del loro sviluppo, per così dire. E' tutto ciò che riescono a comprendere in questo momento.

P: Penso che il presente ed il futuro siano necessari. Non il passato.

CAPITOLO VENTIQUATTRO

RITORNO ALLE ORIGINI

Gwen stava fluttuando, in cerca di un luogo dove poter scendere e sotto di se vide qualcosa d'incredibile. Un mondo intero composto di cristalli. "Vedo cristalli ovunque. Sono dritti and vanno verso il cielo. Come un letto di cristalli, o come un porcospino arricciato. Sono tutti lunghi e affusolati." Prima d'avere il tempo di esplorare, sparirono ed iniziò a vedere luci brillanti e pulsanti di colore blu. "C'è dell'energia bianca e gialla che esce dalle luci. Sembrano delle esplosioni d'energia. E sono ovunque in questo spazio blu. E' come se l'energia fosse viva. – Adesso si sta mescolando. Non sono luci individuali, ma adesso stanno formando un'unica energia. Non vedo cose come oggetti, ma piuttosto come campi d'energia, come energia pulsante. Adesso sta cambiando ancora una volta. No saprei come spiegarlo. E' privo di forma, ma si sta muovendo. C'è una fonte d'energia in basso a destra, che sta proiettando questi impulsi tutt'intorno, che poi ritornano verso la fonte. E' privo di forma, tuttavia ogni parte che ne esce ha una sagoma diversa. Non c'è nessuna struttura. Sembra la luce quando si riflette sull'acqua e scintilla. Ha una forma, ma è privo di forma. E' piuttosto fluido. Ci sono colori, ma sono più iridescenti."

D: Quindi non senti nulla di solido?

G: No, sento solo una grande espansione.

D: Come vedi te stessa?

G: Mi sento parte di tutto quello. E' quasi come se stessi prendendo l'Universo e facessi fluire l'energia intorno. Sono. Adesso ci sono scintille di luce che si formano all'interno, ma sono piuttosto qualcosa di fluido, che fluisce vorticosamente. E' sempre in movimento, non è mai immobile. Continua a muoversi.

D: Tu fai parti di tutto questo. (Si) Sei consapevole della presenza di altre entità come te?

G: Non percepisco alcuna entità o individuo, di per se. Vedo dei simboli. Vedo triangoli che sono dimensionali. Sono proprio qui ed esistono, ma sono tutt'intorno al resto. Se hai bisogno di parole, direi che è creazione in movimento. Ecco ciò che sembra. Quando dico che le scintille appaio e i simbolo sono spariti. Tutto è in costante movimento e poi queste scintille si formano all'interno. Adesso sta diventando più grande. E' quasi come una nebbiolina che continua girare su se stessa.

D: Sai cosa sono le scintille?

G: Sento che erano le scintille di Dio che venivano mandate fuori.

D: Questo fa parte del processo di creazione? (Si) Questo è ciò che intendevi con creazione in movimento, che le scintille diventano cose?(Si) C'è forse qualcuno che dirige tutto questo?

G: Sento che mentre pensi, i tuoi pensieri creeranno qualsiasi cosa vuoi che creino. L'individuo ha il potere, ma ciò che stavo vedendo era la sorgente, l'inizio.

D: Quindi vuoi dire che c'è qualcosa di più grande che pensa e crea?

G: Esatto. E' tutto ciò che esiste. Ogni cosa è il tutto e tutto è ogni cosa.

D: Tutto ebbe inizio con Quello e ciò che pensa?

G: Era il movimento d'uscita ed espansione. Era fluido, molto fluido. Non aveva forma, ma uscì e ritornò alla Sorgente. A quel punto iniziarono le Scintille, ma le scintille ebbero luogo solo quando c'era il pensiero. Altrimenti, c'erano solo forme fluide. Potevo sentire la Sorgente. Potevo vedere la Sorgente, ma era sulla destra e fluiva all'esterno. Era in costante movimento. Poi le scintille uscirono dalla nebbiolina ed iniziarono a prendere forma.

D: Riesci a vedere che tipo di forme stanno prendendo?

G: Sembrava che una galassia si stesse formando.

D: Qual è il tuo ruolo in tutto questo?

G: Ho la sensazione d'essere solo un osservatore. Non so perché sono qui. Sento d'essere sospesa in questo spazio. Sono consapevole di tutto ciò che mi circonda. Senti d'aver trattenuto la mia individualità ma faccio anche parte del tutto. Non ne sono separata, ma sono. Mi sento a mio agio. E' quel blu brillante che avanza in eterno.

Tutto questo avrebbe potuto andare avanti così in eterno. Così le chiesi di spostarsi "Quando decidi di lasciare questo luogo?"

G: Sento che andrò quando verrò chiamata, quando ce n'è bisogno. Altrimenti, resto nell'energia.

D: Cosa succede la prima volta che vieni chiamata a lasciare quel luogo e ad andare altrove.

G: E' piuttosto un'attrazione. Vengo attratta altrove. Vedo solo qual cosa che sembra un arcobaleno, ma non è proprio un arcobaleno. Ha la forma e l'apparenza di un arcobaleno e mi da la sensazione di un arcobaleno, ma non ha i colori dell'arcobaleno. Sento d'esser circondata d'energia. Sto facendo molta fatica a fare qualcosa di concreto o dimensionale. Sento che è dove voglio essere.

D: Vediamo come sono le cose quando diventi solida, quando ti separi dall'energia e prendi forma.

G: Sto assumendo il corpo di una donna. Sembra giovane, molto snella, pelle olivastra, capelli neri scuri. Ha una bandana intorno alla testa con qualcosa che spunto davanti. Non molti vestiti. Un vestito che sembra una gonna. Vesto un top molto succinto, il ventre è esposto e le braccia pure. Ci sono dei gioielli intorno al mio collo, come dei cerchi, piatti e scintillanti. Ho la sensazione d'essere nel deserto. Mi sembra molto Egiziano.

D: Ti sei trasformata in quella donna? (Si) Quindi non hai dovuto passare attraverso gli stadi dell'infanzia?

G: Mi sono vista così. Sento d'aver preso il corpo.

D:Ma non c'era forse un altro spirito o anima in quel corpo? (No) C'era una ragione per cui hai scelto quel corpo specifico?

G: Questo corpo aveva autorità. Questo corpo era la combinazione tra spirito e autorità per generare ciò che era necessario generare in quel momento.

D: Sai cosa dovresti fare in quel corpo?

G: Ho visto la Sfinge ed ho visto la Piramide e il Faraone. Ho la sensazione di conoscere il Faraone. Mi sento più giovane del

Faraone. Non so se fossi sposata con lui o qualcosa del genere. Avrei potuto essere sua figlia o una delle sue sacerdotesse.

La spostai avanti nel tempo verso un giorno importante quando stava succedendo qualcosa.

G: E' una cerimonia d'adorazione e stiamo offrendo le nostre preghiere. E' importante trovarsi nel fisico di una donna per l'importanza della donna e della sua energia. La combinazione del femminino e dell'autorità. Era un periodo in cui le donne avevano potere.

D: Hai detto che stavano adorando ed offrendo preghiere. Chi stavano pregando?

G: Dio.

D: Come percepiscono Dio?

G: Come la sorgente universale.

D: Quindi lo percepivano in quel modo piuttosto che in una statua on in un'altra entità? (Si) Quindi erano più vicini alla verità, non è vero?

G: Si. Era un tempo in cui potevo percepire il mio pieno potere e la mia piena spiritualità per onorare Dio ed esserne parte.

D: Perché c'erano tempi in cui adoravano degli idoli che rappresentavano un'entità.

G: Si, ma questo non era quel periodo. Sono in un tempio ed il mio intero corpo ne percepisce l'energia. Vedo molti passi e vedo una grande, rotonda sfera luminosa. E' sospesa nel tempio.

D: Sospesa a mezzaria dentro al tempio?

G: Si, e la riveriamo. E' scintillante e ruota su se stessa ed ha molte sfaccettature.

D: Da dove proviene? Com'è arrivata dentro al tempio?

G: La creiamo attraverso l'energia, attraverso il pensiero, cioè utilizzando la creazione. Il nostro gruppo l'ha creata, non solo per l'energia che produce, ma per ciò che ci ricorda.

D: Cosa rappresenta?

G: Rappresenta solo una Sorgente. Rappresenta l'unità. Inoltre rappresenta il mascolino ed il femminino. Ecco perché è così importante che la donna percepisca il potere oltre alla spiritualità. Ecco perché questo tempo è così importante. Ecco perché adesso, questo periodo è così importante – è una riabilitazione di quel potere.

D: Perché vedi quella sfera? Ha un qualche scopo?

G: Mi sento come se riempisse il corpo. Quando ne parliamo, lo sento vibrare attraverso il mio intero corpo. Ringiovanisce, guarisce, pulisce, purifica, energizza.

D: A tutti è permesso entrare in questo tempio per sperimentarlo?

G: No. Solo al mio gruppo.

D: C'è una ragione per cui l'individuo medio non può andarci e vederlo?

G: C'è la sensazione che non ne siano pronti.

D: Pensate che non comprenderanno?

G: Non tanto un'incomprensione, piuttosto un abuso. Forse non tanto un abuso, quanto piuttosto non sapere come utilizzarlo.

D: Come utilizza l'energia, il tuo gruppo?

G: C'è una fusione. Diventi tutt'uno con l'energia. Ci riempiamo d'energia. Permettiamo all'energia d'entrare in noi. Ci cura, ci sostiene, ci da saggezza.

Non avevano bisogno di consumare nulla per restare in vita. Il corpo non s'ammalava mai ed non era in grado di morire.

D: L'altra gente fuori dal tempio sono esseri diversi da voi?

G: Si. Siamo simili, ma abbiamo una fisionomia più delicata, la pelle più chiara di loro. Loro sono umani, ma non così raffinati.

D: La tua razza è nata qui?

G: No. Siamo venuti qui. Loro sono stati trasportati. Avevano l'abilità di passare attraverso pura energia e prendere forma. Nello stesso modo in cui ci sono riuscita io.

D: A quale scopo il tuo intero gruppo è venuto qui?

G: Stiamo cercando d'elevare la coscienza dell'umanità. Interagiamo con loro. Non ci separiamo da loro. Gli permettiamo di conoscere ciò che sentiamo siano in grado di comprendere. Cerchiamo d'essere gentili con loro. Non sanno tutto ciò che succede all'interno dei templi. Non sarebbe mai in grado di comprenderlo. Gli insegniamo in base al livello in cui si sento a loro agio. Gentilmente cerchiamo di portarli avanti.

Decisi di spostarla ancora verso un giorno importante e le chiesi ciò che stava succedendo.

G: Qualcosa ha reso la sfera nuvolosa. Qualcosa ha causato l'indebolimento di tutta l'energia. Non so se c'è stata una sorta di corruzione all'interno del gruppo. Non c'era più l'unità che c'era prima

D: E' passato molto tempo da quando sei arrivata? (Si) Come ti senti a proposito?

G: Sono dispiaciuta, perché sento che abbiamo perso qualcosa di speciale. Non c'è più nessuna onoranza. Nel gruppo tutti sono per se. Sento che è fuori dal mio controllo, ma sento anche d'aver fatto voto di aiutare sempre a promuovere l'unità.

D: Anche gli altri nel gruppo hanno preso gli stessi voti?

G: Alcuni, altri no. Deve esserci un'adorazione dell'individuo, della Divinità interiore; ma anche un'adorazione di tutto ciò che esiste. Un tornare alla Sorgente originale che non voglio lasciare.

D: Quindi i voti vanno mantenuti, e mai infranti. Ti senti così?

G: Si. Ho visto la distruzione.

D: Spiegami cosa vorresti dire.

G: Ho visto la distruzione della sfera. Continuava a diventare sempre più pallida, fioca e scura. La separazione tra uomini e donne nel gruppo, e la perdita di quell'unità. La perdita di rispetto e amore per Dio.

D: Quindi questo era un riflesso di ciò che stava succedendo nel gruppo. (Si) Alla fine cos'è successo alla sfera?

G: Semplicemente smise d'esistere. Divenne nulla. Continuava a diventare sempre più scura e perse la luce. Semplicemente svani non esisteva più.

D: Pensi che sarete in grado di crearne un'altra?

G: Si, ci riusciremo. Il gruppo ci proverà.

D: Perché senza la sfera, i vostri corpi morirebbero, non è così?

G: Non esistiamo più in quello spazio e tempo. Ci siamo dispersi. Ce ne siamo andati.

D: Il corpo fisico è morto?

G: E' stata piuttosto una dematerializzazione.

D: Quindi con dispersione, intendi la tua anima, il tuo spirito se ne andò altrove? (Si) Ma avevi detto che avreste creato un'altra sfera.

G: Questo sarà fatto in futuro. Hanno perso l'abilità. Hanno perso tutto. Hanno perso la loro unità. Hanno perso la loro comprensione di Dio. Hanno permesso al loro ego d'intromettersi. Hanno dato forza solo all'individuo e non al tutto. Li vedo dirigersi in tutte le parti dell'Universo.

D: Quale pensi che fosse l'importanza di quel periodo, prima che tutto divenne corrotto?

G: L'importanza era nella vicinanza alla Sorgente. Mi sentivo come quando in origine ero con la Sorgente. Avevo il permes-so d'incarnarmi e tuttavia rimanere connessa alla Sorgente.

D: Sai perché il gruppo è cambiato?

G: Rimasero troppo coinvolti dal loro potere, nel loro senso di creazione. Dimenticandosi che facevano tutti parte di Dio. Si dimenticarono l'unità. Io ero ancora imbrogliata nel caos degli eventi. Il mio cuore rimase con Dio e l'unità. L'ho lasciato là.

A quel punto le feci lasciare quella scena e la feci fluttuare via per permettere al subconscio di Gwen di affiorare per ricevere delle risposte. "Perché avete scelto che lei vedesse tutto questo?"

G: Deve comprendere il potere che c'è all'interno. E' solo quando tutto diventa uno che ritorna a Dio. Ecco perché in questo momento sta lavorando con il mascolino, il femminino e l'infante; perché stiamo creano tutto da capo. Queste tre energie sono la creazione.

D: Però invece di tornare ad una vita passata normale, tornò alle origini.

G: Si, per sentire l'amore e l'unità di tutto ciò che esiste. E per vedere il processo della creazione. Non c'è alcuna forma, nessuna sagoma, tutto è un flusso d'energia. Vedere il flusso e come le scintille si manifestano.

D: Quindi le sue vite passato non avevano molta importanza?

G: No. Lei ebbe pochissime vite passate.

D: Perché era così importante che lei vedesse quella vita passata?

G: Perché allora, era in una posizione di governo. Ed indossava il simbolo che aveva ricevuto qua aveva visitato l'Egitto, che è il simbolo della femminilità divina. Il simbolo è una spirale che va verso l'alto, attraverso il palmo, attraverso il cuore, su verso Dio. Una connessione con Dio e un ritorno attraverso una spirale, collegata nell'altro palmo posizionato sul cuore. E' un simbolo femminile, ma entrambe le spirali sono la connessione tra il maschile ed il femminile che si uniscono attraverso l'amore nel cuore.

D: Ma non mi sembra che il gruppo fosse di veri umani, perché erano stati trasportati là.

G: Erano in una forma fisica, ma era diversa dalla forma degli umani. Molto più rifinita, al contrario degli umani di quel tempo. Erano molto rozzi.

D: Quei corpi se li sono creati da soli?

G: Si, esattamente. Volevano essere in una forma che gli umani potevano comprendere senza paura. Ma erano più energetici degli umani.

D: E' per questo che crearono quella sfera che gli dava vita. (Si) Ma rimasero corrotti. (Si) Questo dimostra come perfino esseri che sono così vicini a Dio potrebbero rimanere corrotti.

G: Dio non smette mai di sperimentare. Non c'è bene ne male. C'è solo l'esperienza. Lei ha bisogno di sentire che il potere cresce in lei ed io so che è così. Arriverà il momento in cui le donne saranno ancora eguali agli uomini, perché gli uomini riconosceranno che avranno bisogno del potere delle donne. E le donne hanno bisogno del potere dell'uomo per riunirsi ed essere uno.

Gwen aveva avuto esperienze psichiche insolite fin dall'infanzia. Molte erano ancora molto vivide nella sua memoria. "C'è forse una ragione per cui è sempre stata così aperta durante la sua vita?"

G: Il voto che aveva preso, la riporta a questo tempo. Parlava di essere attratta. E' stata attratta in questa vita per poter servire, per promuovere quell'unità, per stabilire l'energia femminile. Ha già fatto questo in altre dimensioni, su altri pianeti, non solo qui. L'ultima volta che era qui in quella forma era una delle prime volte in cui aveva sperimentato il fisico. Vide cos'era successo e volle riparare la situazione. Le esperienze psichiche che ha avuto sono piccoli segnali sulla via per guidarla. Si deve sentire potenziata dall'interno per conoscere il potere che contiene. Se non sperimenta queste cose, non sa cosa potrebbe essere. Potrebbe sentirlo dentro, proprio come chiunque è aperto a sentirlo. Ma lei ha fatto l'esperienza. L'esperienza potenzia. – Voglio ringraziarti per questa opportunità di parlar ed essere ascoltata. Voglio ringraziare te e Gwen per il lavoro che fate. Il mondo ha bisogno della vostra luce. Entrambe avete preso il voto di venire qui in questo tempo e l'Universo vi ringrazia per tutto ciò che avete fatto. Dio vi Benedica.

CAPITOLO VENTICINQUE

UNA DIVERSA LEGGE DI CREAZIONE E DELLA FISICA

Irene scese dalla nuvola in una scena che mi era ormai divenuta famigliare. Molti dei miei clienti vanno a finire lì. "Luce, tutto è luce. Pura luce, beatitudine e pace."

D: C'è qualcos'altro o provi altre sensazioni?
I: (Sorridendo) Mi sento a casa. E' meraviglioso.
D: Perché lo chiama casa?
I: Perché lo è. E' il luogo dove mi sento in pace. E' meraviglioso.
D: Ci sono altri con te o sei da sola?
I: Ho la sensazioni che ci siano altri, ma non hanno alcuna forma. Li conosco. Li percepisco. E' bello essere qui ancora una volta. Mi manca questo posto.
D: Perché hai lasciato questo luogo se era così bello?
I:Tocca a me ad aiutare. E' il tempo in cui sono necessarie grandi energie, grandi poteri e grande forza. Così sapevo che era arrivato il mio momento. Ci sono molti di noi e abbiamo parlato di questo, è arrivato il nostro momento di andare.
D: Di cosa avete parlato?
I: Universi, multiversi. C'è molto, moltissimo lavoro da fare. Molto da bilanciare e molto da creare.
D: Sentivate di non poter creare da quel luogo stupendo, da casa?
I: Oh, no. Non è lo stesso. La creazione ha inizio da qui, solo che creare non è abbastanza. Bisogna anche sperimentare e questo è

ciò che dobbiamo fare. Non solo creare, ma andare e sperimentare per riportarlo indietro. Non è male se riesci a portare altri con te. Perché alcuni di noi hanno scelto di andare insieme, a altri, da soli. E' educativo. E' come iniziare in un grande gruppo e mentre sviluppi i tuoi talenti, puoi imparare quand'è ora per dividersi ed andare in altri per fare altre creazioni. Ce ne sono così tanti.

D: Quindi agli albori, è più facile separarsi da casa se ci sono altri che vengono con te. (Si, si.) Sai dove devi andare?

I: Prima sul pianeta rosso.

D: Perché hai scelto quel pianeta?

I: Prima di tutto bisognava creare il colore rosso. E' la vibrazione, com'era, di un pianeta rosso, si.

D: Il pianeta era già stato creato, o avete aiutato con la creazione?

I: Abbiamo preso il colore rosso. Abbiamo creato la vibrazione del colore rosso. Abbiamo creato quello.

D: Quindi il rosso era importante perché fosse il primo?

I: Si, era per il nostro lavoro. Dovevamo fare il rosso prima di tutto. Altri fecero il verde e altri fecero il giallo. Ogni gruppo creò un colore diverso.

D: Non c'erano colori prima?

I: C'erano proprio tutti, tutti, tutti i bianchi. Tutti.

D: Oh, la luce. (Si) Quindi avete creato i colori dalla luce.

I: Si, li abbiamo presi.

D: E ogni gruppo decise di concentrarsi su uno specifico colore?

I: Oh, ce ne sono così tanti! E' bellissimo!

D: Quindi cosa avete fatto dopo aver creato il colore rosso?

I: A quel punto abbiamo potuto creare altre cose; altre creazioni. Potevamo sperimentare e potevamo giocare.

D:Sto cercando di capire. Ogni gruppo l'ha fatto con i propri colori? (Si) E potevate giocare e creare qualsiasi cosa che volevate. (Si) Quindi avete il permesso di fare queste cose?

I: E' quasi come un concordato perché abbiamo accettato di fare questo lavoro, forse permesso non è la parola più adatta.

D: Ma prima di questo lì non c'era nulla?

I: C'era tutto; tutto a livello potenziale, tutto ciò che esiste. Ovviamente tutto è sempre esistito, solo che era in un'altra forma: Luce. Non è che non c'era nulla.

D: Quindi la luce conteneva tutto ciò che potrebbe esistere? Possiamo dirlo così?

I: Sì. – Non mi piace qui, sul pianeta rosso. Me ne sto andando. E' un po' denso. Stavamo creando solo con il rosso, capito? Il rosso non è una vibrazione così veloce. Era ok, volevo vedere come sarebbe stato.

D: Cosa avete creato utilizzando il rosso?

I: Un universo.

D: Oh! Un universo è bello grande, no?

I: Pffft! Non tanto. Noi tutti abbiamo creato i nostri universi. A voi piace questa parola qui: "universo". Che parola stupida. Si ne abbiamo creato uno e potevamo fare quello che volevamo li dentro. L'idea principale era di creare tutti questi colori, com'è questo universo, e non solo colori basilari. E' iridescente e scintillante, con tutti i colori, ma in realtà non sono colori. Se gira in una maniera è un colore e se gira nell'altra è un altro colore. Per crearne tanti quanto fosse possibile da quella luce. Oh, ce ne sono così tanti! Ma la verità, è che mi annoio, per questo non resto in nessuno troppo a lungo. Mi piace iniziare a farlo e poi spostarmi ed andare in alcuni degli altri.

D: L'intero gruppo viene con te?

I: Alcuni si, altri a cui piaceva sono rimasti. Quello è il momento in cui abbiamo iniziato a dividerci.

D: Cosa mettete nell'universo dopo averlo creato?

I: Dipende da chi lo sta facendo. Puoi fare qualsiasi cosa. Puoi fare quello che stanno facendo in questo, con i pianeti. Ma non c'è bisogno che siano rotondi come sono qui. Possono essere qualsiasi cosa. Possono essere di qualsiasi forma e dimensione. Hanno tutti una vibrazione. Quindi c'è la vibrazione del colore e la vibrazione della forma. E poi hanno tutti un loro suono.

D: Ognuno ha un suono?

I: Eh, certo. Alcuni ne hanno più di uno. E se si avvicinano tra di loro, producono un altro suono. Quella è la parte più divertente.

Sembrava che stesse parlando della teoria della "musica delle sfere".

D: Quindi non sapete mai cosa accadrà? E' una sorpresa.

I: Si. E' divertente. Questa è la parte divertente.

D: Pensavo che ci fossero leggi degli universi secondo le quali le cose devono avere una certa forma.

I: Forse in quest' universo, ma non negli altri.

D: (Risi) Quindi posso avere qualsiasi forme tu voglia.

I: Certamente.

D: Producono questi suoni da soli, o li create voi?

I: Oh, certamente, li creiamo noi, perché facciamo tutto noi. Quindi si, li facciamo noi. Ma vedi, quando creiamo le forme, non siamo esattamente sicuri come saranno i suoni. Ci mettiamo il suono. Ci giochiamo, lo cambiamo ed intoniamo. Perché i due suoni si uniscono e creano un nuovo suono.

D: Quindi c'è molta musica? (Si) Ma avevi detto che quello rosso non ti piaceva dopo averlo creato?

I: Beh, ho la tendenza ad annoiarmi. Non è che ci fosse qualcosa di male, ero solo stufa. Il colore della frequenza era un po' denso. Abbiamo creato il suono per aiutare. E ci siamo riusciti, ha aiutato davvero. Ma devo essere sincera: solo tutto rosso? Dopo esserci stata a lungo era diventato un po' troppo.

D: Quindi dopo aver creato i pianeti, create qualcosa sopra i pianeti? O vi fermate lì?

I: Dipende. In alcuni, creiamo delle cose; in altro no. Dipende. Con quello rosso, abbiamo aiutato a creare il rosso, abbiamo aiutato a creare le forme, i suoni, i modelli di movimento delle forme negli universi. Sono tutti modelli differenti perché ogni modello può creare suoni diversi.

D: Vuoi dire il modo in cui si muovono o ruotano?

I: Beh, per l'esattezza, non tutti ruotano. Questo succede qui in questo universo. In un altro, potrebbero girare facendo la figura dell'otto. Non sono tutti uguali. Proprio per niente uguali.

D: Non ci sono leggi della fisica? Secondo le quali le cose devono seguire certe regole?

I: Si, la regola rossa. Ma la regola rossa non è la stessa della regola rosa, della regola arancio, o della regola verde, o della … no. Finché non interferiscono o danneggiano qualcun altro, ognuno può avere le sue regole.

Sembra quasi che le leggi basilari del libero arbitrio e della non interferenza si estendano perfino ai pianeti ed agli universi.

D: Quindi i pianeti possono muoversi e ruotare in qualsiasi modo vogliano. E' questo quello che intendi?

I: No. I pianeti rossi devono seguire le regole rosse e quelli arancio seguono le regole arancio, e i pianeti iridescenti seguono le regole iridescenti. E quando si avvicinano gli uni agli altri – perché lo sai che interagiscono tutti – a seconda della loro vibrazione, potresti averne alcuni sovrapposti agli altri. Solo se non interferiscono tra di loro.

D: Quindi in ogni caso ci sono delle regole di creazione. Quindi, se ti stanchi e vuoi andare altrove, quell'universo evapora o collassa? O rimane?

I: Oh, no, rimane, perché altri ci restano. Inizialmente, c'era un intero gruppo di noi che voleva creare e diversi gruppi crearono diversi colori. E ogni gruppo poteva decidere di restare con quel colore per un po' e continuare a svilupparlo. Per poi sperimentare la vita, com'era, lì. O potevano separarsi per andare in altri luoghi. Perché alcuni erano destinati a restare strettamente in quel regno rosso e sperimentarlo nella sua pienezza. Mentre altri sono destinati a girare e sperimentare un po' di tutto; o solo un po' di alcuni.

D: Quindi finché qualcuno del gruppo rimane, allora anche l'universo rimane? (Si) No viene dissipato. Pensavo che forse lo creavate e poi sarebbe evaporato.

Mi era stato spiegato così in un altro capitolo, in cui agli esseri era permesso praticare la creazione, e se non si manifestava come volevano, si dissipava. Questo accadeva in un certo luogo riservato solo per queste cose: la pratica ed il gioco con l'energia, fino al raggiungimento della maestria. Così non interferivano con nient'altro.

I: Alcuni possono, se lo vogliono. Ma no, per la maggior parte restano tutti.

D: Quindi potete anche metterci la vita e le creature su questi pianeti se voleste?

I: Quelli che restano potrebbero farlo. O potresti andare in giro ed essere un creatore dell'inizio di tutto. Alcuni resterebbero più a lungo e creerebbero altro, e poi se ne andrebbero. Altri si sono fatti prendere dalla creazione così tanto, che sono rimasti finché hanno sperimentato tutto ciò che dovevano sperimentare.

D: Vorresti dire, che all'inizio hanno creato tutto ciò che c'era nei mondi?

I: L'hanno fatto gradualmente, coloro che sono rimasti. Io no sono rimasta, ho proseguito.

D: Ma loro creano tutto ciò che c'è sul pianeta: le piante, le acque?

I: Esatto. Creerebbero tutto ciò che c'è su quei pianeti. E su alcuni tutto era rosso. Nel rosso, sempre rosso. Le creature erano rosse. Non avevano piante negli universi rossi. Non erano necessarie

D: Ma se creavano gli animali o le creature, decisero anche di sperimentarle? O si occuparono solo della loro creazione.

I: Non erano le creature a cui stai pensando.

D: Dimmi di più.

I: Sui rossi, era più... Okay, pensa ad una manta sulla Terra. Adesso rendila trasparente e più lunga. E poi mettici un ovale nel mezzo. Ce ne erano alcune così, che potevano vivere in superficie.

D: Gli bastava usare l'immaginazione per creare ciò che voleva? (Si) Quindi cosa teneva in vita queste creature dopo la loro creazione?

I: Nel rosso, bastava solo l'atmosfera. Non ingerivano nulla. Non mangiavano, ne evacuavano nulla. Esistevano, semplicemente erano. Si limitavano a sperimentare.

D: Quindi non avevano bisogno di una scintilla della vita?

I: Erano una scintilla della vita. Erano indipendenti.

D: Sto cercando di comprendere e comparare con ciò che qui sulla Terra conosciamo. Pensiamo che debbano avere una scintilla di vita che li tenga in vita.

I: Loro sono la scintilla.

D: Questo significa che prima o poi muoiono?

I: Si. Non avevano alcun modo di farne altri.

D: Capisco. Non potevano procreare. (No) Quindi il pianeta sarebbe morto ancora una volta, giusto? (Si) Quindi cos'è successo dopo?

I: Non sono rimasta, non lo so. Me ne sono andata a quel punto.

D: Dove avevi deciso di andare?

I: Sto andando in giro.

D: Quindi non sei più con quel gruppo?

I: Esatto. Sono sempre stata quella curiosa. Mi piace vedere cosa sta succedendo.
D: Dove decidi di andare?
I: In un cilium.

Non ho la minima idea di cosa stesse parlando. La parola più vicina che ho trovato nel dizionario è: cilia in biologia.

D: Che cos'è?
I: Non sono sicura. Sembra una piramide in una piramide con un angolo fuoriuscente e curvato verso il basso.
D: Non desideravi andare in un altro colore?
I: No, ero chiamata da un cilium.
D: Chi ti chiama?
I: Un cilium mi ha chiamata. Avevano bisogno di me là.
D: Mi stavo chiedendo se c'è qualcuno che ti dice cosa fare.
I: No, lo so naturalmente.

Sto diventando sempre più convinta che agli albori l'anima (spirito?) fosse un agente libero, se questa è la parola giusta. Faceva più o meno ciò che voleva, e andava ovunque sentisse d'essere necessaria senza ricevere alcuna istruzione. Sembra quasi come se, dopo essere rimasta intrappolata nei cicli di nascita e rinascita e del karma; fosse rimasta contaminata. Non si poteva più fiducia per prendere le proprie decisioni. Aveva bisogno d'aiuto per uscire dal fango e dal letame. A quel punto il concilio e i gruppi di maestri, degli anziani e delle guide iniziarono ad essere necessarie, cosicché l'anima potesse finalmente ritornare ad un'evoluzione superiore, per ritornare alla Sorgente. Doveva liberarsi delle esperienze e ricordare da dove proveniva. Questo sembra uno schema ripetitivo che sto osservando.

D: Cosa devi fare lì?
I: Lo sto per scoprire. C'è una grande camera aperta. Stanno facendo qualcosa qui dentro. C'è qualcosa lì dentro è come se lo stessero abbandonando.
D: Questo è dentro alla struttura piramidale?

I: Si. Non vedo nient'altro, ma c'è luce in quell'angolo. I muri sono come di metallo! Ho la sensazione che se li toccassi, mi farebbe male alle orecchie.

D: Un suono molto alto?

I: Si. Sto cercando per vedere cos'altro c'è in questa stanza. Cos'è questo qui – sembra un mezzo guscio con luci tutt'intorno, sui bordi. E oh! Ci sono delle finestre tutt'intorno, ma non riesco a vedere fuori. Ho la sensazione che qualcuno mi stia guardando dall'altra parte delle finestre. Stanno guardando cosa c'è dentro al guscio. Sento la loro presenza, ma non li vedo. Sono qui per fermare ciò che stanno facendo. Non è giusto. Questo non può continuare. Questo deve smettere. E' contro…è sbagliato. E' sbagliato.

D: Perché è sbagliato?

I: Sta causando dolore, sta causando grande sofferenza. Stanno danneggiando quest'intero pianeta. Cosa stanno facendo queste persone? Chi sono? Cosa stanno facendo? E' terribile! (Lungo sospiro) (Ne fece altri setti, come se stesse soffiando).

D: Cosa stai facendo?

I: Devo andarmene da qui e velocemente. Adesso tutto qui si disintegra. Devo andarmene.

D: Cos'hai fatto?

I: Ho fermato tutto.

D: Sembrava che tu ci stessi soffiando sopra.

I: E' così.

D: Questo ne ha causato la distruzione? (Si) Hai abbastanza potere da riuscirci?

I: Certamente.

D: Per distruggere l'intero posto? O l'intero pianeta?

I: Prima quel luogo.

D: Cosa stavano facendo che non avrebbero dovuto fare?

I: Non so chi siano: persi o deviati? Sono affascinati dal dolore. Verranno sigillati su questo pianeta. Adesso questo pianeta è sigillato.

D: Questi esseri stavano creano sofferenza per gli altri su questo pianeta?

I: Si. Adesso sono sigillati là e gli altri se ne sono andati.

D: La gente che stavano cercando di danneggiare?

I: Si. Li ho quasi disintegrati. Ma va tutto bene. Non li ho disintegrati in modo negativo – li ho riportati nello spirito.

D: Perché non si può distruggere lo spirito, vero?

I: No. Stanno tornando indietro per essere guariti e per riposare. Ma gli altri, che stavano causando la sofferenza sono sigillati là.

D: Non possono lasciare quel luogo?

I: No. Sono sigillati sul quel pianeta.

D: Non potranno mai morire o reincarnarsi?

I: No. Devono sperimentare ciò che hanno fatto. Tornerò per controllarli di tanto in tanto. Quando riusciranno a compren-dere e rimediare a ciò che hanno fatto, saranno nuovamente liberi. Riceveranno un'altra opportunità di crescere.

D: Ma se la gente nel tuo gruppo ha creato tutti questi pianeti, perché avrebbero creato qualcosa di così negativo?

I: Oh, ma non lo fecero. E' stato tutto tanto tempo fa. Ho fatto un grande salto. Ecco perché sono stata chiamata lì. Non potevano continuare.

D: Gli esseri che avevano creato quei pianeti ed esseri non potevano tornare e fare qualcosa?

I: Qualcosa è andato male. Avevano bisogno di un potere superiore. Avevano solo bisogno che smettessero. Progrediranno, ma ci vorrà molto tempo. Speriamo, almeno li sento così e questo è il mio piano.

Era questa una situazione simile a ciò che Gary stava descrivendo nel Capitolo 38 "La Soluzione Finale"? Era stato assegnato alla Terra per essere la soluzione finale se il mondo non fosse riuscito a migliorare. Lui ha un potere simile di annichilire o disintegrare e forse perfino di sigillare il pianeta. In questo momento, il suo compito è di aspettare ed osservare.

I: Potevo sentire le grida di coloro che stavano soffrendo. Questo è ciò che mi ha attirato là.

D: Quindi ha fatto il lavoro che sentivi fosse necessario fare. Hai lasciato andare quelle anime, quegli spiriti. (Si) Adesso cosa farai?

I: Continuerò a viaggiare.

D: Dicevi che fai grandi salti, non è così? (Si) Adesso cosa vedi o a cosa ti senti attratta?

I: Continuo a sentire: "Mary Melissa. Mary Melissa. Mary Melissa." Una bambina. – Sta giocando fuori. Sta giocando con le fate. Oh, sono così carine. Sono piuttosto occupate oggi. Stanno lavorando tra i fiori. Stanno giocando. Stanno cavalcando le farfalle. Perché, non lo so; hanno le loro ali. Penso che sia solo per divertimento. Mary Melissa ha un lungo fiocco blu tra i capelli che sono lunghi, castani e ricci. Deve esserci il vento, perché i suoi capelli sono mossi. Adesso è sdraiata sul ventre mentre osserva le formiche.

D: Qual'è lo scopo delle fate?

I: Oh, aiutano il regno della natura. Beh, non necessariamente il regno della natura, perché ogni cosa è natura, ma come forme. Si occupano principalmente di proteggere, fare la guardi e curare i fiori e gli alberi e tutto il resto della natura. Ma così la storia della natura diventa confusa, come alberi e altra roba. Ma in realtà sono cuscini e macchine e tutto ciò che ha una forma.

D: E' come dire tutto ciò che è vivo?

I: Tutto ciò che ha una forma. Il regno della natura.

D: Questi esserini sono stati creati per aiutare e prendersene cura?

I: Per godersela e per portare gioia. Perché sono pieni di gioia. Mary Melissa adora giocare con loro. Loro non vedono l'ora di poter giocare con lei tutto il tempo. A volte lei si sdraia sulla schiena e loro le corrono intorno. E se estende una mano loro vengono e si siedono sulle sue dita. La adorano e lei gli vuole molto bene.

D: Ci sono altre persone che giocano con Mary Melissa e le fate?

I: Oh, no! A sua madre non piacciono queste sciocchezze!

D: Lei non ci crede?

I: Oh, no! La sua mamma non è una bella persona. Penso che Mary Melissa vada fuori con le fatine per sentirsi felice.

D: Per allontanarsi da sua madre?

I: Penso di si.

D: Perché pensi d'essere attratta da Mary Melissa?

I: Non ne sono sicura. To cercando di capire perché la sto vedendo. - Oh! La sto proteggendo da sua madre. Ho mandato le fatine a giocare con lei.

D: Ma questo la mette anche in pericolo, no?

I: Ah, ma senza le fatine, Mary Melissa non sarebbe viva. La sua vita è terribile, penso che se ne andrebbe. Le danno uno spazio sicuro dove permettere al suo spirito di andare avanti finché non sarà cresciuta. Ho mandato io le fate e le stanno insegnando: chi è e la luce che ha dentro. I suoi angeli si stanno avvicinando. Vedi, abbiamo dovuto iniziare con le fatine e poi spostarci agli angeli. La stanno aiutando a comprendere che ha degli angeli custodi, che saranno sempre con lei e delle guide che la aiuteranno.

D: Sembrerebbe che tu sia uno di questi guardiani, no?

I: Per un breve periodo, lo sono di sicuro.

D: Bene. Andiamo avanti col tempo. Resti con Mary Melissa a lungo?

I: Abbastanza da vederla crescere fino ad esser un adulto

D: L'hai protetta per tutto il tempo. (Si) Poi dove te ne vai?

I: Ondonga? (Fonetico)

Non riuscii a capire. Ripete: "Ondonga. Sembrerebbe essere un posto in Africa, nella giungla. Sono con un bambino. Il suo nome è Ondonga."

D: Oh, quello è il suo nome. Cosa dovresti fare li con lui?

I: Devo vedere. – Oddio! (Tre respiri taglienti, poi una lunga espirazione) E' salvo. Adesso posso andare. C'è voluto poco.

D: Cos'hai fatto?

I: C'era una tigre nascosta dietro di lui. Wow, questa volta è stato proprio veloce!

D: (Ridendo) Cos'hai fatto alla tigre?

I: L'ho lasciata senza fiato.

D: Il bambino sapeva d'essere in pericolo?

I: No, stava giocando. Non lo saprà mai. Ma crescerà e diventerà il medico della sua tribù. Era importante proteggerlo. Quello è stato un lavoro veloce! (Ridendo) Lui era proprio carino.

D: Bene, andiamo avanti nel tempo. Quando sei arrivata al punto di voler essere una persona, un essere umano, invece che osservare e proteggere le persone? Cos'ha causato questo cambiamento?

I: E' tempo di cambiamento. Sono qui per il cambiamento. Sono qui per aiutare con le vibrazioni della Madre Terra. Questo è un grande lavoro che bisogno fare e molti noi sono stati chiamati.

D: Sei mai stata in un corpo fisico prima d'essere chiamata qui?

I: Non ne vedo nessuno. Strano, dovrebbe esserci. La maggior parte l'hanno fatto.

D: Quindi principalmente stavi facendo questo lavoro di guardiano?

I: Sembrerebbe di si.

D: Quello era un lavoro molto importante e necessario. (Si) Quindi, qualcuno ti ha detto di venire qui al momento del cambiamento?

I: Semplicemente lo sapevo. – E' molto difficile essere nel corpo. C'è molta confusione. Inoltre è stato molto difficile per mia madre darmi alla vita. Le energie erano troppo forti per lei.

E' questo ciò che sta succedendo? Gli spiriti normali che sono stati sulla Terra per molte, molte vite accumulando karma se ne stanno andando. E sono rimpiazzati in un modo o nell'altro da questi spiriti più avanzati che saranno in grado di gestire lo stress del cambiamento. Perfino coloro che stavano facendo il lavoro di angeli custodi sono stati chiamati, proprio come gli spiriti più avanzati. Sono pronti a lasciare la loro "casa" sul piano astrale per viaggiare fin qui ed assistere durante questo periodo importante. Gli altri umani che restano stanno adattando i loro corpi per gestire l'aumento del cambiamento vibrazionale. Color che non riescono ad adattarsi, stanno lasciando il pianeta.

I: Non sono rimasta in lei a lungo durante la gestazione. Sono entrata alla nascita e l'ho quasi messa a K.O. Gli angeli vennero e l'aiutarono.

D: Sei stata in grado di portare tutta la tua energia nel corpo di quell'infante in quel momento?

I: No, no, no, no, no. L'avrei fatta esplodere.

D: Quindi c'hai messo solo una parte di te?

I: Posso prenderne dell'altra quando ne ho bisogno.

D: Quindi stiamo parlando della vita dell'individuo attraverso il quale stai parlando adesso? (Si) Quindi questa è la tua prima esperienza nel fisico, giusto?

I: Si, questo me lo riesco a ricordare. Sono stata qui per aiutare gli altri.

D:E' stato difficile crescere? Avere esperienze?

I: Non c'entravo mai. Non mi sentivo mai come loro.

D: Una volta arrivata qui, non avevi paura di rimanere imbrigliata?

I: Pffft! No! Nah, non posso rimanere bloccata. Ho troppo aiuto, troppa forza.

D: (Ridendo) Stavo pensando al karma.

I: No, non ho nulla del genere.

D: Cosa dovresti fare con il cambiamento?

I: Siamo in molti qui per aiutare Madre Terra con i cambiamen-ti. Per aiutare gli altri a risvegliarsi semplicemente vivendo qui. Però abbiamo la tendenza di tanto in tanto a scappare.

D: Come lo fate?

I: In ciò che chiamate "sonno", o "meditazione".

D: Siete in grado di uscire dal corpo?

I: Certamente. Infatti, uno dei miei problemi è fare... delle escursioni. E' difficile entrare completamente nel corpo abbastanza da tenere i piedi bilanciati. Per me è una sfida.

D: Vuoi dire quando sei fuori a lungo e ritorni?

I: Voglio dire, la mia sfida nell'essere qui è di restare qui. C'è una parte di me che ha una forte tendenza a prendere il volo. A dire il vero ci sono molte parti di me che vanni in diversi posti simultaneamente. Quindi questa qui è solo una piccola parte di me.

D: Quindi quando Irene sta meditando o dormendo, te ne vai da qualche altra parte?

I: Si, e – anche se sembra molto strano – lo faccio anche quando faccio tutto il resto. Ci sono molte cose che riesco a fare contemporaneamente.

D: Quindi sei in grado di farlo e il tuo corpo funziona in ogni caso?

I: Certamente. Ho anche altri corpi che funzionano in altri luoghi.

D: Perché lo stai facendo?

I: Per accumulare più che posso.

Questo era molto simile a ciò che è scritto nel Capitolo 21 dove il soggetto si ricordò d'aver vissuto in molti corpi simultaneamente.

D: Quindi anche tutti questi altri corpi sono qui per sperimentare il cambiamento?

I: In diverse zone temporali. E' difficile spiegarlo. Sono in grado d'essere ovunque in ogni momento ed restando consapevole d'esser qui adesso. Non sono sempre consapevole di tutte le dimensioni in cui mi trovo. Nello stato di sonno, sono più; o in uno stato meditativo, sono più. Ma ho la consapevolezza di tutto questo che sta succedendo simultaneamente. E come trovarsi a BestBuy or Wal-Mart [supermercati americani] e stare in piedi nel mezzo del dipartimento TV. E poi tutte le TV sono infilate a milioni verticalmente ed orizzontalmente, e tutte mostrano qualcosa di diverso. E poi ti trovi in tutti quegli schermi ed in tutti quei luoghi. E' così che mi sento. Diciamo che questa è una buona descrizione.

D: Quindi quando hai deciso d'entrare in un corpo fisico, si sei frammentata. Se possiamo dirlo così?

I: No, non frammentata. Sono ancora intera, ho portato coscienza in quella forma. E' molto difficile da spiegare, perché in tutte le altre forme c'è quella coscienza.

D: Quindi quando hai deciso di diventare un essere umano, hai deciso di entrare in diversi corpi tutti allo stesso tempo.

I: Esatto. E anche in tutte le altre forme allo stesso tempo. Sai, la forma dello spirito, la forma ET ne ha molti. Quelli sono divertenti! E tutti quelli nelle diverse dimensioni sono proprio strani.

D: Questo è successo quando hai deciso di non essere un guardiano.

I: Si, anche se parti di me lo stanno ancora facendo. Irene non riesce a capire come tutto questo possa succedere.

D: Si, è difficile per molti di noi umani comprendere queste cose.

I: Questo porta molta confusione, ma so che è così.

Ci sono più informazioni a proposito della scheggiatura e frammentazione del corpo principale d'un'anima, e di come i frammenti si disperdano per sperimentare le proprie vite in Universo Convoluto, Libro Due.

D: Quindi Irene cosa dovrebbe fare con tutto questo?

I: Lei ha grandi poteri. La sua mera presenza cambia la gente. Le lei pensa a loro, loro cambiano.

D: Che cosa vorresti dire, che cambiano?

I: Iniziano a svegliarsi, a ricordare chi sono.

D: Chi sono loro?

I: Sono puro amore e luce.

D: Ma si sono allontanati da tutto quello?

I: Eh, si. E' piuttosto triste. Ma è importante, molto importante per Irene fare il suo lavoro. Deve restare stabile, non deve perdersi nelle emozioni di coloro che non si stanno svegliando velocemente quando lei vorrebbe. O di coloro che non sembrano volersi svegliare per niente. Li deve onorare, amare, ma non può lasciarsi trascinare in quelle emozioni della Terra. Perché lei è risvegliata quando sente tristezza per loro. Non c'è tristezza, perché sono solo luce e amore.

D: Si, stanno tutti imparando le loro lezioni.

I: Si. C'è una gran bisogno di molta luce, qui nella zona dove lei vive. Molto, moltissima luce qui. E in molti la stanno aspettando. C'è una scintilla che lei gli può offrire che li può aiutare. Oh, è come se esplodessero nella loro luce e poi le loro scintile si disperdono e fanno lo stesso per gli altri. E' bellissimo. E' come se fosse uno spettacolo di fuochi d'artificio. E; tutto molto positivo, l'amore e la luce più vibrante che si possa immaginare.

D: Quando abbiamo iniziato questa seduta oggi, perché avete deciso di farla iniziare proprio all'inizio della sua esistenza?

I: Era come un dono, un momento di beatitudine. Per darle quella beatitudine. Quel nirvana, quella gioia, quella sensazione di casa che la energizza. Lei lo sa. E' dove adora trovarsi.

CAPITOLO VENTISEI

LA CREAZIONE DEGLI OCEANI

Pierre era francese e si era trasferito in America. Aveva un forte accento che mi obbligò ad ascoltare molto attentamente, il che ha creato alcuni problemi durante la trascrizione delle cassette. Il suo lavoro lo stava stremando e gli stava causando problemi fisici. Richiedeva che fosse sempre in viaggio e questo lo stava esaurendo. Ovviamente, la soluzione più logica sarebbe stata to licenziarsi e trovare un altro lavoro ma c'era sempre da considerare il salario e l'anzianità. Ho avuto diversi clienti con questo stesso problema. Alcuni odiano il loro lavoro con così tanta passione che vedono il suicidio come l'unica risposta. Dico che nessun lavoro vale un tale sacrificio, perché se ne può sempre trovare un altro. Ma molta gente si sente completamente intrappolata in una situazione e non riesce a vedere alcuna via d'uscita. Inconsciamente alcuni hanno creato una malattia o un attacco di cuore solo per riuscire ad andarsene con dignità. "Non posso lavorare se sono malato." "Non era colpa mia. Ho avuto un attacco di cuore, quindi non posso più lavorare." E' incredibile come il corpo cooperi se pensa che sia la soluzione desiderata. Non giudica, semplicemente obbedisce i comandi del padrone del corpo (coscienti o incoscienti). Ecco perché dobbiamo realizzare quanto sono potenti i nostri pensieri. In ogni caso, questa era uno dei principali problemi di cui Pierre mi parlo quando venne per una seduta. Le informazioni che ricevette provenivano da una direzione totalmente diversa. Successivamente disse che non era qualcosa avesse mai fantasticato. Stava cercando una vita passata che gli permettesse di spiegare i problemi della sua vita attuale.

Quando scese dalla nuvola, c'era una confusione totale mentre cercava di comprendere dove si trovava e quali sensazioni fisiche stesse provando. Quando gli chiesi di guardarsi per vedere la sua parvenza, disse: "Non mi sento solido! Non riesco a vedermi. Sono ovunque."

Pensai che avrebbe potuto essere una forma d'energia. Questo era già successo molte volte mentre la persona non poteva vedere il corpo. "Ho qualche sensazione riguardo a ciò che sei?"

P: E' d'essere ovunque. Non sono fisico. Sono ovunque.

Gli chiesi di spiegare cosa volesse dire.

P: Mi sento come l'oceano. Come un'onda. Senza barriere. Grande, sono grande! E' una bella sensazione. Non sono ristretto.
D: Per questo non hai alcuna forma? (Si) Non hai alcun limite?

Stavo cercando di pensare come chiederglielo. Anche se fosse un corpo d'energia, avrebbe una forma e dei limiti. Qualcosa che lo potesse racchiudere, anche se si sentisse enorme. Ma mi sbagliavo. Questo era qualcosa che va molto oltre i nostri concetti di forma fisica.

P: Il limite è la superficie dell'oceano. La separazione tra aria e acqua.
D: Hai la sensazione d'essere in acqua?
P: Io sono l'acqua. Non ho alcun limite.
D: Quindi non hai un corpo. Fai solo parte di tutto ciò che c'è lì? (Si) Cosa vedi mentre ti guardi intorno?
P: Vedo il cielo. Vedo l'acqua. Sento l'acqua. Sento la freschezza dell'acqua.

Non c'era nulla nell'acqua, nessun'altra forma di vita. Solo l'acqua.

P: Sono agli albori. La sensazione d'essere agli inizi.
D: Cosa vorresti dire?
P: E' la creazione dell'acqua.
D: Prima che ci fosse qualcosa dentro? (Si) Dev'essere stato proprio agli albori, non è vero?

P: Sento l'acqua. Non è limitata. Solo l'acqua e l'oceano. Io sono l'oceano. Io sono l'oceano.

Dopo la fine della seduta, disse che era la sensazione più bella di tutte, di completa libertà. Si sentiva così grande, enorme. Era qualcosa che non avrebbe mai potuto immaginare.

P: Sento il vento caldo. Non ci sono limitazioni.

D: Ti senti solo se non ci sono altre forme di vita?

P: No. Mi sento in pace. Mi piace. Sono completo. Sono pieno. E' una bella sensazione.

Stavo cercando di capire dove poter andare con tutto questo. Se faceva parte dell'oceano all'inizio della creazione. Avremmo potuto andare avanti così molto a lungo (per ioni probabilmente), senza alcun cambiamento. Specialmente se gli piaceva così tanto.

D: Eri da qualche altra parte prima di venire in questo luogo?

P: Vengo dalla luce.

D: Ti è stato detto di venire nell'acqua?

P: No, sono un volontario. Mi vedo provenire da una stella, dalla Luce.

D: Perché hai deciso di farlo?

P: Deve essere fatto.

D: Ma eri felice come Luce, vero?

P: Facevamo parte della Creazione. Dovevamo farlo, così ci siamo offerti volontari.

D: Mi stavo chiedendo se qualcuno o qualcosa disse che era ora di farlo.

P: Non c'era tempo. Doveva essere fatto. Vedo me stesso come luce provenire da lontano e poi vedo l'oceano. Io sono l'oceano.

D: E quando sei diventato l'acqua, l'hai anche creata? E' questo che vuoi dire?

P: La parola non è giusta – creazione. Noi facciamo parte della Creazione. Noi non creiamo.

D: Quindi non hai creato l'acqua. Sei solo diventato l'acqua?

P: Ne facciamo parte.

D: Sto cercando di capire se c'è stato un processo.

P: Non possiamo spiegare.

D: Devi essere uno spirito molto potente, se questa è la parola giusta.

P: Potente non è accurato. Ne facciamo parte, è un processo naturale.

D: Hai qualche piano o ti basta restare lì facendo parte dell'acqua?

P: Restiamo finché è finito il processo, finché è stabile, perché non ci sono terre emerse a questo punto. E' un processo. Col tempo ci saranno delle terre. Adesso è solo acqua e vediamo il cielo.

D: Come si formeranno le terre?

P: Non siamo coinvolti con la formazione delle terre. Siamo coinvolti con la formazione delle acque.

D: Altri esseri saranno coinvolti con le terre? (Si) Mi stavo solo chiedendo se le terre emergeranno dall'acqua.

P: Non lo so. Il mio lavoro è di stabilizzare l'acqua, così che la vita possa evolversi in essa.

D: C'è qualche requisito perché si evolva la vita?

P: Salinità. La salinità deve essere al punto giusto. La luce nell'acqua deve essere al punto giusto. Il gas nell'acqua deve essere al punto giusto. Facciamo parte dell'acqua.

D: Quindi certi elementi chimici, se questa è la parola giusta, devono essere presenti?

P: Si. Stabilità. Salinità.

D: E quando questo succede, che tipo di forme di vita saranno le prime ad emergere?

P: Vediamo ciò che sarà anfibio, come una rana.

D: Creare la vita non è il tuo lavoro?

P: No. Il mio lavoro è di creare l'acqua e stabilizzarla. Allora avrò finito.

D: Quindi altri esseri creeranno le prime forme di vita?

P: Si, i Maestri.

D: Le forme di vita nell'acqua vengono formate prima della formazione delle terre?

P: Le forme di vita vengono formate nell'acqua prima delle terre. Non molto prima. Adesso stiamo scendendo. Stiamo andando dentro, nelle profondità dell'oceano. Siamo molto in profondità nell'oceano, è incredibile.

D: Gli elementi chimici e gli altri elementi sono pronti per l'arrivo della vita?

P: Non ancora. L'oceano si sta ancora muovendo. Adesso stiamo cercando le profondità dell'oceano.

D: Cosa state cercando?

P: Non stiamo cercando. Stiamo sperimentando.

D: Quando siete venuti in questo luogo, non c'era proprio nulla?

P: Non abbiamo una completa consapevolezza, perché siamo venuti e abbiamo creato l'oceano. Facciamo parte dell'oceano. Siamo l'oceano.

D: Mi stavo chiedendo se stavate creando l'oceano su un pianeta?

P: No. L'oceano c'era già e poi vennero le terre

D: Quindi all'inizio non c'era nemmeno un pianeta?

P: Non proprio. Non proprio.

D: Sto pensando ad un pianeta e poi alle cose che ci si formano sopra.

P: No. L'oceano è qui?

D: Quindi l'acqua è stata creata nello spazio? (Stavo facendo fatica a capire tutto questo.)?

P: Non possiamo spiegare, ma l'acqua è stata create per prima. L'acqua è stata creata dalla Luce. Siamo venuti dalla Luce e abbiamo creato l'acqua, della quale siamo parte. Adesso ne stiamo sperimentando le profondità. L'acqua è molto profonda. E' indivisibile.

D: Nel nostro modo di pensare, vediamo i pianeti e poi altre cose si formano su di loro. Ma questo è successo prima della loro creazione. E' questo quello che stai dicendo?

P: Questo è prima della creazione nei termini del conosciuto attuale. Questo era ancor prima che si posse parlare i termini di tempo come lo conosciamo adesso.

D: Quindi prima ci sono le acque.

P: No, prima di tutto viene la Luce e poi le acque.

D: Allora dovete formare la Luce nell'acqua?

P: E permettere la vita e la Luce. In termini temporali erano molto vicini nel tempo. Ma c'era vita e poi poco dopo, c'erano le terre. E potevamo sperimentare la Luce. Stiamo sperimen-tando l'oceano. L'oceano è indivisibile. Questo è incredibile!

D: E poi ci sono altri esseri che creano le terre?

P: E' una cooperazione.

D: Allora decidete che tipo di creature o piante si formeranno nell'acqua?

P: Non siamo noi a decidere. Non è nostro destino decidere. Non siamo a quel livello. Noi abbiamo creato l'oceano. Altri decidono, loro sono responsabili per il piano generale. Non siamo noi a decidere.

D: Quindi ci sono molti di voi che hanno diversi lavori? (Si) Quindi siete ciò che io chiamerei un essere creatore?

P: Non comprendo questa parola. C'è un Maestro Creatore, ma noi abbiamo creato l'oceano.

D: Quindi c'è qualcuno sopra di voi. (Si) Il Maestro che vi ha creato, dove si trova?

P: Non siamo creati. Facciamo parte di Lui.

D: Presumo che tutti questi limiti che sto mettendo siano dovuti al nostro modo di pensare da umani.

P: Si, noi non siamo limitati. In questo momento stiamo sperimentando assenza di limiti.

D: Questo Essere Creatore, anche lui fa parte della Luce?

P: Lui è la Luce. Noi proveniamo da Lui e da li creiamo l'oceano.

D: Avete ricevuto qualche istruzione da Lui per fare tutto questo?

P: No, ma possiamo anticipare la tua domanda. Stai cercando di connetterci a quell'essere. E questo problema proviene dai limiti di questa vita, di questa forma. Questo è ciò che anticipiamo dalla tua domanda.

D: Perché cerco di mettere le cose in forme per poterle comprendere.

P: Si, ci è chiaro. Sappiamo cosa c'è nel progetto. Cosa c'è nel Gran Piano. Sappiamo e facciamo.

D: Sto pensando al Maestro e ai lavoratori che fanno il loro lavoro. Non è così, vero?

P: No. La parola "Maestro" viene utilizzata in termini di "rispetto". E' cooperazione.

D: Questa terra creerà un pianeta?

P: Sarà la Terra.

D: Quindi l'intero mondo è stato creato così agli albori. (Si) Quindi le acque vennero formate, poi la vita venne formata nell'acqua da un altro gruppo d'esseri e poi vennero formate le terre.

P: Si. Poi le terre vennero formate, e dovettero essere raffreddate. Erano troppo calde. Doveva essere più freddo. Freddo. Adesso siamo stabili.

D: C'era altro che dovevate fare alla terra per stabilizzarla?

P: No. Non lavoriamo con la terra. Noi lavoriamo con l'oceano.

D:Sai cosa stanno facendo gli altri esseri?

P:Non ho il privilegio d'accedere a quelle informazioni.
D: Probabilmente hanno un lavoro molto simile al tuo?
P: Si, si. Adesso sono stabile.
D: Questo è molto importante per l'esistenza della vita, vero?
P: Si. Dobbiamo stabilizzare l'acqua. La luce dentro all'acqua, la salinità, i gas dentro l'acqua così che la vita possa essere create allo stadio embrionico. Dopodiché, le masse terrestri possono essere create.
D: Poi quando i minerali e gli agenti chimici sono corretti e l'acqua è stabile cosa fate?
P:Me ne vado. Non c'era più bisogno di me, così me ne sono andato.
D: Altri esseri restano e continuano a lavorare?
P: Percepisco la presenza di altri esseri che restano.
D: Avete fatto un ottimo lavoro. L'oceano è stupendo.
P: Grazie.
D: Dove sei andato dopo essere partito?
P: Sono tornato alla Luce.
D: Quale ti piace di più, stare nell'acqua o nella Luce?
P: L'acqua offre un'esperienza diversa, una sensazione diversa. La Luce è unità.
D: Questo l'ho già sentito in passato, che è stupendo essere tutti assieme (Si) Bene. Anche se il tempo non esiste, spostiamoci avanti per vedere dove te ne vai. Qual'è il tuo prossimo compito, se questa è la descrizione più adatta? Dove vai dopo aver lasciato la Luci?

Immediatamente si vide in India come un mendicante paralizzato. Fu una vita miserevole piena di dolore e disperazione. Apparentemente, quando decise di entrare nel fisico, decise l'esperienza umana peggiore. Era un estremo totalmente opposto dalla meravigliosa pace che sperimentò nell'essere l'oceano.

D: Perché hai deciso di entrare in un corpo umano?
P: Per sperimentare, perché la Luce possa sperimentare la fisicità.

Era una vita difficile, perché era così abituato ad esser libero e privo di limitazione.

P: Ci sono molte limitazioni. Era difficile restare contenuti. Moltissima sofferenza fisica da quel corpo fisico. Ho ricevuto esperienza.

D: Si. E quando sei nel fisico, non ricordi il resto, vero?

P: A volte si, a volte siamo consapevoli. E lo scegliamo, di non ricordare. E' stata una vita difficile.

D: Perché hai scelto di sperimentare quel tipo di vita?

P: Era per sperimentare l'estremo ed imparare la forza. Dopo di che ho vissuto in Francia, come una donna. Ci spostavamo in altri luoghi e sceglievamo di tornare indietro per sperimentare, ancora una volta.

D: In quali altri luoghi siete andati?

P: Saturno. Ci siamo spostati su Saturno.

D: E quello com'è stato?

P: Non abbiamo parole per descriverlo.

D: Potete almeno provarci?

P: Non ci è permesso spiegarlo. Non è ancora il momento giusto per questo. Non è utile per questo essere. Ma è stata proprio un'esperienza diversa dalla Luce e dall'acqua. Stiamo condividendo ciò che è rilevante, cioè le difficolta di gestire le limitazioni. Le difficoltà che questo essere umano affronta.

D: Quindi di tanto in tanto, scegliete di tornare alla vita, in un corpo umano, per sperimentare qualcosa di diverso.

P: Per imparare e finire cose che non siamo riusciti a finire.

D: Perché sentite la necessità d'imparare, di sperimentare?

P: Così che l'Unità, la Luce, possa sperimentare. Siamo un'estensione della Luce e l'esperienza è necessaria.

D: La Luce non è in grado di sperimentare da sola?

P: No. La Luce deve essere. Vediamo l'immagine. La Luce deve essere sperimentata come gocce di luce.

D: Gocce di Luce. Vuoi dire che parti della Luce si staccano?

Già conoscevo le risposte ad alcune di queste domande, ma cerco sempre di accumulare altre conferme chiedendo le stesse cose a più persone. Se tutti dicono la stessa cosa, penso che ciò dia validità alla mia ricerca.

P: Individualità. La Luce è Intera. La Luce deve sperimentare individualità. Quindi, la Luce si deve materializzare come Gocce di Luce.

D: Capisco. E voi siete una di queste gocce?

P: Siamo tutti una di queste gocce. Siamo una scintilla di Divinità. Siamo tutti gocce di Luce in forma materiale.

D: E dovete sperimentare ed accumulare informazioni. (Si) Quindi cosa farete con tutte queste informazioni?

P: Dobbiamo integrarle, reintegrarle.

D: Le riportate alla Luce. (Si)

Verifico che questa Luce era la stessa che altri soggetti chiamano la Sorgente o il Grande Sole Centrale. Sono solo diversi nomi per la stessa cosa, quello che noi chiamiamo "Dio".

D: Quindi avete sperimentato molte forme di vita sulla Terra? (Si) E siete anche andati in altri luoghi? (Si) Avete sperimentato altri corpi?

P: Si. Vedo un altro corpo. Uno estremamente intelligente – ma non umano.

D: Anche questo sembrava contenuto, limitato?

P: Si, ma meno contenuto di questo essere attuale. Perché il velo non esisteva così tanto.

D: Durante i vostri viaggi, quando arrivavate alla fine della vita, il corpo moriva non è vero?

P: Si. A quel punto ci reintegriamo con la Luce. Ci reintegriamo sempre con la Luce.

D: E portate le informazioni dell'esperienza? (Si) Perché ho sentito che non si muore veramente

P: Esattamente. Ma il corpo, il contenitore fisico muore.

A quel punto decisi di comunicare con il subconscio di Pierre per poter ricevere delle risposte, ma probabilmente già ci stavo parlando. "Lo chiamo il subconscio. E' corretto, o avete un altro nome per ciò di cui sto parlando?"

P: Il nome che usi è corretto.

D: Ma siete molto più potenti di questo, non è vero?

P: Potresti dire che siamo molto più consapevoli.

D: Perché Pierre ha scelto di venire qui oggi? Non è stata una coincidenza di sicuro.

P: Ha bisogno di sapere perché ha i dolori. Ha bisogno di saperlo per potersi riadattare. Ha bisogno di sapere per poter diventare consapevole d'essere più di ciò che gli sembra d'essere. Anche se dice d'aver bisogno di sperimentarlo. Questa è la ragione per cui ha sperimentato la vastità dell'oceano oggi. E si è adattato, lui comprende d'essere molto più di questo se limitato.

Pierre aveva qualche domanda riguardante i problemi fisici. Sospettavo che fossero causate dalla frustrazione del suo lavoro, la sensazione d'essere intrappolato in una situazione senza speranza. Ero curiosa di vedere cosa avrebbe detto il subconscio a proposito della causa.

P: Il dolore in entrambi i lati del basso corpo è dovuta alla frustrazione dovuta al sentirsi impotente, perché non riesce ad esprimersi fisicamente come vorrebbe o come il suo se superiore vorrebbe. Così ha sviluppato i dolori. I suoi dolori diminuiranno. Ha sviluppato questo disagio per avere la spinta a doverci lavorare e sperimentare la vastità dell'Oceano. Dopo la manifestazione dell'esperienza, il dolore verrà gradualmente rimosso. Ma visto che il dolore è in stadio avanzato, verrà diminuito gradualmente. Sarà graduale proprio come lui lo comprende. Avrebbe potuto chiedere aiuto prima, ne aveva l'opportunità. A questo punto, il suo corpo non sarà in grado di accettare un'istantanea remissione del dolore. Il corpo si è abituato al dolore e la rimozione del dolore deve essere graduale.

Questo l'ho sentito molte volte. Il disagio a volte potrebbe aumentare per attirare l'attenzione dell'individuo. Se si presenta da molto tempo ed è aumentato esponenzialmente, non lo si può eliminare improvvisamente. Principalmente perché il corpo se n'è abituato. Quindi in questi casi, viene eliminato, ma deve succedere gradualmente.

P: Sono stati fatti molti adattamenti al suo corpo mentre dormo. Le uniche memorie che ha sono nei sogni e sono avvolte in simbolismo.

D: A cosa servirono gli adattamenti?

P: Gli adattamenti erano necessari perché il suo corpo potesse assimilare un nuovo livello energetico.

D: Questo è ciò che ho sentito. Ci sono molti di questi adattamenti in questo momento per molte persone, perché l'energia e la vibrazione del mondo stanno cambiando.

P: Esattamente.

D: Alcuni di noi stanno sperimentando tutto questo in diversi modi. Tutti i nostri corpi stanno reagendo diversamente.

P: Esatto.

D: Coloro che non riescono ad adattarsi sono coloro che stanno lasciando il pianeta.

P: Anche questo è corretto, o erano stati progettati per non restare qui.

D: Di sicuro erano in tanti a lasciare il pianeta durante il Natale. (Il grande tsunami che ha colpito l'Indonesia nel 2004). So che erano una decisione che presero tutti loro, non è così?

P: Era un accordo per farci sapere che siamo tutti Uno.

D: Volevano solo andarsene prima che accadessero le altre cose?

P: Questo non lo diremo. Diremo che era un'opportunità che avevano di servire, per aumentare la consapevolezza di un mondo – del fatto che siamo Uno. Lui è illimitato, come l'Oceano. Ha la capacità. Ha il potere. Lui può scegliere.

D: Voleva anche sapere qual'era il suo scopo? Perché è qui?

Una domanda comune che mi chiedono praticamente tutti i clienti che vedo.

P: Il suo scopo è di portare la Luce. Per poter portare la luce deve sperimentare ciò che coloro che deve servire stanno sperimentando. Lui stesso ha progettato questa esperienza di portare la luce. Le difficoltà vengono nella forma delle limitazioni che sperimenta. E' nel suo profondo. Sa che c'è molto di più di ciò che può fare. Ma non gli è permesso esercitare tutte le sue innate abilità. Così la difficoltà deve essere con le limitazioni che accettato di sopportare.

D: Quindi potrà influenzare chiunque lui entri in contatto.

P: Esattamente. Suggeriamo di avere pazienza. Vogliamo suggerire che lui riesce a vedere che comprendiamo la sua impazienza, perché nella sua mente, si sente di non aver fatto un buon lavoro. Tuttavia, dalla nostra prospettiva, diremo che ha messo se stesso in una situazione molto difficile, viste le sue abilità. Le restrizioni sono difficili. Per lui è difficile scuotersi. Tuttavia, comprendiamo. Suggeriamo che lui continui a lavorare. Sta andando bene.

Quando Pierre turnò a casa, ebbe l'opportunità di ascoltare la registrazione della creazione dell'oceano. In un email, condivise alcune osservazioni interessanti. Ovviamente, faceva fatica ad accettare la realtà dell'esperienza (proprio come succede a molti dei miei pazienti) e si dibatteva con i pro & contro del fatto che poteva essersi inventato tutto. "Mentre ascoltavo la registrazione, ho sperimentato le difficoltà associate all'uso delle parole e l'uso della lingua per esprimere queste parole. Ebbi la sensazione che l'energia dell'oceano dovette usare la mente cosciente per esprimersi a parole. Così invece di spingerla via, l'energia dell'oceano ha "dissolto" la mente cosciente in se stessa proprio come "un granello di sale si dissolve nell'oceano". Tuttavia, il granello di sale (o la mia mente cosciente), ha mantenuto la sua individualità. Così la mente cosciente ha espresso a parole, il più accurate possibile, le informazioni che riceveva dall'energia dell'oceano. Il fatto è che c'erano sfide/difficoltà nel tradurre le informazioni energetiche in parole umane ed alcune delle parole utilizzate non erano esattamente ciò che l'energia dell'oceano avrebbe voluto utilizzare. Ma la mente cosciente ha utilizzato quelle parole, perché era più o meno a capo del processo verbale di questa comunicazione. Sarebbe perfetto se potessimo creare un assoluto silenzio della mente cosciente, ma per qualche motivo la sua presenza è ancora necessaria per il processo comunicativo. Ho avuto la sensazione che ci fosse un altro aiutante/traduttore che metteva le informazioni energetiche dell'energia dell'oceano in un formato che la mente cosciente potesse usare per formulare delle parole. Mi era ovvio che era come se le informazioni dell'energia dell'oceano dovessero passare attraverso "un centro d'analisi" prima di poter essere tradotte in parole dalla mente cosciente.

"Ho sentito che c'era molta supervisione e deliberazione quando mi hai fatto la domanda relativa all'essere un tipo d'energia del creatore. Non vedevo nessuno intorno a me, ma ero consapevole d'essere sotto osservazione. Quell'informazione è stata condivisa solo per assicurarsi che l'energia dell'oceano non venisse confusa con la Luce/Sorgente."

"Dopo la nostra discussione, stavo cercando di spiegare la vastità dell'oceano e ho detto che in termini di dimensione, mi sono sentito come 'un granello di sale dissolto nell'oceano. Mentre ti sto scrivendo adesso, riesco a comprendere che quest'analogia spiega anche le difficoltà associate con l'espressione verbale dell'uomo. Anch'io riesco a capire che ci sono molte informazioni nell'analogia di un grano di sale dissolto nell'oceano. Il grano di sale ha origine nell'oceano, ed infatti, è l'oceano in forma condensata. Quindi questa analogia dimostra come siamo individui (minuti), ma come siamo anche parte del Tutto. Abbiamo origine nella Luce/Sorgente e siamo un'espressione condensata/fisica della Luce, e come tali, siamo illimitati."

"In ricordi recenti e ciò che sembrano essere sogni, ho lasciato il mio corpo fisico quattro volte e mi avevano convinto a ritornarci dentro. Penso che fossi arrivato al punto in cui non vedevo alcuna ragione per vivere, così hanno dovuto mostrarmi un certo aspetto di ciò che stiamo raggiungendo. La seduta mi ha dato speranza e il desiderio a livello conscio, di non lasciare il mio corpo fisico."

Mentre stavo conducendo questa seduta, feci molta fatica nel tentativo di comprendere, perché stava andando contro ciò che consideriamo logico. Com'è possibile che l'acqua sia stata creata prima della terra o di un pianeta? Com'è possibile creare acqua dal nulla nello spazio? Nelle altre sedute riportate in questa sezione, il soggetto descrisse come avevano creato le galassie, l'universo e i pianeti. Tutto quello è ciò che considero essere logico: creare qualcosa di solido e poi metterci l'acqua. Tuttavia, al di là di quanto illogico mi sembrasse, pensavo che fosse anche piuttosto familiare. Poi mi sono ricordata dove l'avevo già sentito prima: dalla Bibbia. Anche la Bibbia riporta esattamente quest'illogico processo di creazione, nel primo capitolo della Genesi. Lo riporterò qui di sana pianta, invece di spezzettarlo in versi come succede nella Bibbia.

[Tradotto dal testo di Dolores Cannon, non estrapolato dalla Genesi]

"Agli albori Dio creò il paradiso e la terra. E la terra era vuota e priva di forma; e c'era oscurità sul volto delle profondità. E lo Spirito di Dio si spostò sulla faccia delle acque. E Dio disse: che ci sia Luce, e luce fu. E Dio vide che era cosa buona e giusta. E Dio divise la luce dall'oscurità. E Dio chiamo la luce Giorno e l'oscurità Notte. E la sera e la mattina erano il primo giorno. (Genesi 1:1-5)

In uno dei capitoli in questo capitolo, il cliente disse che c'era qualcos'altro prima della Luce (o della Sorgente) e quel qualcosa era l'oscurità. Si è anche detto che il suono ha avuto un ruolo nel processo creativo, così: E Dio disse. Ogni volta che Dio parla, qualcosa di nuovo veniva creato. Adesso sappiamo che facciamo tutti parte di Dio, quindi erano questi spiriti delle origini che erano ancora connessi con la Sorgente, che stavano compiendo la maggior parte della creazione. Era tutto lo stesso, tutto Uno. Inoltre si noti che prima della creazione di qualcosa lo Spirito di Dio si spostò sulla faccia delle acque.

"E Dio disse: Che ci sia il firmamento nel mezzo delle acque e che divida le acque dalle acque. Così Dio creò il firmamento e divise le acque che erano sotto il firmamento, dalle acque che erano sopra il firmamento: e così fu. E Dio chiamo il firmamento: Paradiso. E la sera e la mattina erano il secondo giorno. E Dio disse: che le acque sotto al firmamento si riuniscano in un luogo e che appaia la terra ferma: e così si fu. E Dio chiamo la terra ferma: Terra; e il luogo dove si riunirono le acque: Mari. E Dio vide che era cosa buona e giusta.

Anche qui, è ovvio che le acque esistevano prima della creazione della terra. Pierre disse che lui poteva solo vedere l'acqua e il cielo. Dio divise il firmamento. Poi il processo di creazione proseguì con la creazione delle piante e degli alberi. Questo concorre con la storia di questo libro, in cui gli alieni prima introdussero la vita vegetale per vedere se sopravviveva, prima di introdurre quella animale. Le piante dovevano essere presenti come una fonte di nutrimento. E' interessante che (secondo la Bibbia) la vita vegetale venne create prima del Sole, della luna e delle stelle. *"Allora la prima vita animale era stata creata negli oceani, poi gli uccelli. E dio disse: che le acque nutrano in abbondanza le creature che hanno vita e gli uccelli che possono volare sopra la terra nel pieno firmamento del cielo. E Dio creò le grandi balene, e ogni creatura vivente che si muove, che le acque nutrirono in abbondanza, secondo la loro specie e ogni creatura alata secondo la propria specie. E Dio vide che era cosa buona e giusta e Dio li benedì, dicendo: Che siate prosperi e molteplici, riempite le acque dei mari e che si volatisi si moltiplichino sulla terra." (Genesi 1:20-22)*

Allora la creazione proseguì con l'introduzione di animali di molte diverse specie e alla fine l'uomo. Questo è esattamente l'ordine riportato dai vari soggetti. L'unica eccezione è che questi vari spiriti avevano una parte nell'aiutare Dio con la creazione. Visto che siamo tutti Dio, questo non dovrebbe sorprenderci. E visto che avevamo un ruolo nel processo della creazione della nostra meravigliosa Terra, dovremmo onorare e rispettare la nostra casa.

* * *

IL MUTUATARIO

PIERRE CONTINUAZIONE

Pierre ritornò nel mio ufficio circa sei mesi dopo per un'altra seduta. Normalmente, non ho bisogno di vedere un cliente più d'una volta. Inoltre ero sicura che avessimo coperto tutto ciò che voleva scoprire durante la prima seduta. Ma accettai, non sapendo cos'altro volesse perseguire. Questa volta, si portò dietro la moglie e condussi una seduta anche con lei.

Dopo l'ultima seduta non sapevo cosa aspettarmi. Cosa potrebbe essere più drammatico della scoperta d'aver aiutato con la creazione delle acque prima dell'inizio della Terra? Non ho mai alcuna aspettativa e permetto al cliente to andare ovunque sentano il bisogno d'andare (o dovunque il loro subconscio voglia che vadano). Quindi, quando Pierre entrò sulla scena, sembrava come se stessimo esplorando una normale vita passata. E tuttavia, sarebbe riuscito a sorprendermi prima della fine della seduta.

Vide se stesso presso l'oceano seduto su una panchina di legno che aveva il numero 1800 intagliato sul retro. Era vestito semplicemente, era giovane e caucasico (Pierre è un uomo di colore) con i capelli neri e la barba. Non c'erano persone o attività. Solo una calma sensazione mentre riposava e guardava l'acqua, osservando una vecchia nave che passava. Quando gli chiesi se viveva da quelle parti rispose: Sento: 'vengo e visito'. Sento: 'Non vivo qui', ma sento : 'Vengo, mi siedo e visito.'"

Dietro di lui c'erano case e una piccola città. "Sento 'Britannia'." Gli chiesi di andare al luogo dove viveva per poter vedere com'era. Anche se adorava restare seduto in tranquillità: "Mi piace l'oceano e adesso essere seduto qui," accettò di andare a vedere la sua abitazione.

P: Vedo una strada di ciottoli e poi vedo una piccola casa di due piani alla mia destra mentre osservo. Senti dei cavalli che tirano dei carretti. Sento il rumore dei loro zoccoli. La casa non è molto grande. E' una casa singola allineata ad altre. La strada è molto piccola. Non è molto pulita. Non è la casa, è la città. Non è molto pulita.

Gli chiesi d'entrare per vederne gli interni.

P: So che un umo è in piedi dietro sulla destra. E' quasi come un ostello. Ti controlla quando entri in questa casa. Sento: "ho preso una stanza in affitto in questa casa. Sono un marinaio." Io sono l'affittuario lui è quasi come il padrone di casa. Adesso vedo una piccola stanza con due letti, uno sopra l'altro. E vedo uno zaino vecchio tipo. Sento: "Sono un visitatore che viene da lontano. Sto osservando. Cammino, perché vedo lo zaino. Osservo. Vengo da lontano. Da molto lontano in questo mondo." Vado di luogo in luogo. Sento: "Se cammino, cammino. Se non cammino, prendo la vecchia barca." Osservo, registro. Sento: "mi è stata data una scelta." E' quasi come fare una vacanza in campeggio e scegli di farlo in questa vita. Sento che mi era stata data una scelta, una vacanza.

D: Quindi non eri nato come un infante e poi cresciuto in questo luogo. E' questo che vuoi dire?

P: Mi spiace. Sono confuso. Non vedo alcun bambino.

D: La forma in cui ti trovi adesso e quella attuale di questo giovane?

P: Si, si. Sento: "Provieni dalle stelle." Ma non lo so. Sono solo venuto.

D: Ma come sei diventato questo corpo se non c'eri nato dentro?

P: Sento: “Non è il mio corpo. Lo prendo in prestito. Ci coabito.”

No, stava diventando ovvio che questa non era una normale regressione ad una vita passa. C’era altro qui.

D: Coabiti il corpo con un’altra anima? (Si) Questo ti è permesso?

P: Sento: “Si, mi è permesso. Contratto. L’altro lo sa.”

D: Pensavo che non si potesse entrare nel corpo in cui risiede un’altra anima.

P: Si. E’ una coabitazione temporanea. Una vacanza e poi te ne vai. Resto solo per poco tempo.

D: Mentre ti trovi li, usi il corpo per andare da un luogo all’altro?

P: Non comandi il corpo. Sento: “L’altro ha il controllo. Tu coabiti.” E’ quasi come se tu ti facessi un giro. Il corpo è un marinaio. Inoltre cammina e sento: “Un vagabondo.”

D: Quindi il giovane va in questi luoghi indipendentemente. E tu vai con lui per osservare ciò che sta vedendo? (Si) Lui è stato scelto a caso?

P: No, sento: “Un contratto/accordo.”

D: E’ consapevole che ti trovi li?

P: Non nella vita reale. Non nello stato di veglia. Ma in profondità, ne è consapevole, perché senza accordo, non ci sarebbe permesso. Ci sono leggi e regolamenti per queste cose. Lo diciamo qui che non è un’invasione. E’ un accordo. E’ importante comprendere che non è un’invasione.

D: Perché stai osservando?

P: Sento: “Perché questa è una vacanza.” Tutto qua. E un accordo preso va mantenuto. Così su li trova in vacanza qui in questo porto, in questa zona. Vediamo degli amici. Vediamo l’oceano. Vediamo la panchina. I numeri, 1800 intagliati.

D: Da dove vieni, c’è un oceano?

P: Non penso. Sento: “Abbiamo lavorato sodo; quindi, ci è stata data una vacanza per ora. Non stiamo forzando, stiamo solo osservando in questa vacanza.”

D: Come premio.

P: In questa situazione è necessario un accordo, perché non è un invasione.

D: Ma hai scelto il mondo in cui andare?

P: Si. Se un accordo è possibile, perché non vogliamo iniziare dall'infanzia e dover crescere. E' solo per un breve periodo.

D: Quindi resti per poco e poi ritorni indietro?

P: Sento: "Prendo un altro incarico. In questa specifica situazione, puoi transitare, puoi tornare indietro. Visto che questa è una vacanza, non c'è bisogno di un periodo di recupero." Quindi sarà come tornare per ricevere l'incarico e poi dirigersi verso quell'incarico.

D: Ma avevi detto che nell'altro luogo da come provieni, avevi fatto proprio un buon lavoro. E' per questo che ti hanno premiato? (Si) Come il luogo da cui provieni? E' un mondo fisico?

P: No, non è un mondo fisico. Vedo una stella! Non ho sensazioni fisiche.

D: Che tipo di forma hai sull'altro mondo, la stella?

P: Sento: "Siamo pura energia. Siamo energia dorata."

D: Che tipo di lavoro stavi facendo per ricevere un premio?

P: Sento: "Consilio." Ero Consilio.

D: C'erano molti altri Consiglieri?

P: Sento: "Nove." Ero con loro.

D: Che tipo di lavoro svolgevi quando eri con il consiglio?

P: Sento: "Consilio di Supervisione di un Sistema Stellare."

D: Cosa fa il supervisore di un sistema stellare? Sembra un lavoro molto importante.

P: E' un lavoro. Un supervisore osserva un gruppo di stelle. Sento: "E suggerisce sulle modalità di sviluppo."

D: Di sviluppo delle stelle?

P: Questo non lo dirò. Dirò: consiglia sul sentiero verso cui dirigersi.

D: Questo è parte di ciò che fa il consiglio? Decide cosa fare su diversi mondi?

P: Si, uno di nove consigli. Noi diamo suggerimenti. Quando ci vengono richieste delle informazioni o quando ci chiedono una direzione allora diamo consiglio. Non imponiamo nulla.

D: Conducete lo sviluppo voi stessi?

P: Non dirò che facciamo lo sviluppo. Diamo consiglio. Un gruppo diverso si occupa dello sviluppo. Tuttavia, in alcune situazioni, possono chiedere il nostro consiglio e glielo daremo.

D: Questo gruppo che si occupa dello sviluppo diretto, sono esseri fisici o sono come voi?

P: Dirò che possono assumere una forma fisica se necessario. Tuttavia, al nostro livello planetario, una forma fisica non è necessaria.

D: Quindi questi gruppi possono occuparsi dello sviluppo senza essere fisici? (Si) Devono spostarsi su questi mondi per procedere con lo sviluppo?

P: No. Sento: "E' la planimetria per i mondi. La planimetria viene gestita non in un mondo fisico. Viene rifinita nel mondo non-fisico. E poi viene lanciata nel mondo fisico."

D: Quindi, viene sviluppato là e poi sono in grado di renderlo solido e reale?

P: Si. Quando ci viene richiesto, diamo il consiglio. Siamo uno di nove consigli questo sistema, che è un sistema solare.

D: Probabilmente ci sono dei sistemi anche sopra di voi, non è vero? (Si) E vi offrono consiglio se ne avete bisogno? (Si) Quindi tutti voi decidete insieme che tipo di forma di vita metter su questi mondi?

P: Sento: "Le raccomandazioni arrivano a livello di sistema planetario. Le forme di vita arrivano a uno stadio molto successivo, proprio perché il nostro consiglio ha a che fare con il sistema planetario o un qualche problema." Prima crei un universo e poi lo popoli con forme di vita.

D: Quindi costruite l'intero sistema planetario?

P: Diamo suggerimenti e consiglio.

D: Hai parlato dell'universo. E' questo ciò che intendi con sistema planetario, o stiamo parlando di due cose diverse?

P: Queste sono due cose diverse. Permettici di fare una correzione – Stiamo cercando di distinguere il livello di – forse della complessità tra una forma di vita e un sistema planetario o Universale. Universo potrebbe essere un sistema planetario. Noi offriamo consiglio a quel livello. Non necessariamente diamo consiglio a livello di forme di vita.

D: Capisco. Quindi offrite consiglio prima di tutto su come creare l'intero universo.

P: Si. E dentro all'universo ci sono sistemi planetari

D: Quindi gli universi vengono creati costantemente? (Si) Questo è ciò che sto cercando di comprendere. Stavo pensando che ce ne fosse un numero limitato e che non ci sarebbe spazio per altri.

P: Vediamo l'infinito. E cercheremo di tradurre nel senso di vedere per sempre, continuamente, fino alla fine. L'Universo è così. Quindi l'universo è infinito. E i sistemi e gli universi sono stati creati precisamente tutte le volte.

D: Quindi non sono necessariamente sovrapposti o intersecanti.

P: Sono anche vibrazioni diverse, così possono coabitare la stessa zona geografica, lo stesso spazio, senza toccarsi o sovrapporsi. Stiamo usando la vostra terminologia. Intendevamo un portale. E' possibile andare da uno all'altro.

D: Quindi la gente in grado di trovare questi portali sarebbe in grado di andare da un universo all'altro?

P: Coloro che vanno tra gli universi hanno la conoscenza. Non hanno bisogno di trovarlo.

D: Ho sentito parlare di diverse dimensioni. E' diverso da multipli universi?

P: Vediamo che dentro una dimensione si possono avere degli universi. Non siamo in grado di spiegare pienamente cosa vediamo nella nostra comprensione. In un piano ci sono diverse dimensioni e dentro una dimensione ci sono diversi universi. Ci dispiace non essere in grado di spiegare chiaramente. Tuttavia, la cosa importante da chiarire qui è che gli Universi, sento: "Coabitano – possono essere la creazione degli Oceani dentro la stessa zona."

D: Ma prima, gli universi devono essere creati e poi, vengo fatti gli altri passi?

P: Si. Prima, ci sono dimensioni. E poi dentro alle dimensioni ci sono gli universi che vengono creati. E dentro agli universi ci sono i sistemi planetari che vengono creati. No diamo consiglio a livello universale e di sistema planetario, visto che gli universi sono fatti di sistemi planetari. Siamo uno di nove consigli che lavora in questo specifico sistema.

D: Questo chiarisce le cose. Quindi stava facendo quel lavoro e poi ha detto di aver preso una vacanza, perché fece un buon lavoro. Quindi voleva andarsene e sperimentare il mondo materiale?

P: Diremmo di si. Diremo anche che gli piace la semplicità in questo specifico corpo che sta coabitando a questo punto. Il giovane marinaio.

D: Cosa ne fa di queste informazioni se è un osservatore?

P: Per quanto riguarda le informazioni specifiche di questa specifica situazione, diremo ancora, per usare una delle vostre analogie, che lui è in vacanza. Le informazioni che ricerchiamo non sono utilizzate ad uno scopo preciso. Sono solo per sua osservazione ed intrattenimento.

D: Ho sentito che ci sono altri esseri il cui lavoro è di raccogliere informazioni.

P: Si, gli osservatori. Questo è diverso, lui è qui per suo piacere. Quando la vacanza sarà finita, tornerà al consiglio. Lui non resterà qui a lungo perché il corpo non può sostenerli entrambi per periodi estesi. Tornerà e resterà nel consiglio per un'altra opportunità o come dite voi, lavoro.

D: La Terra fa parte del sistema planetario che il suo consiglio gestisce?

P: Si. Come dite voi, abbiamo visto la Terra dentro al nostro sistema di luce, ma appartiene a questo Universo dove lui da consiglio. Lui vide una possibilità di fare parte del consiglio e anche di vivere una vita sulla Terra.

D: Piuttosto di una mancanza? (Si) Come una vita fisica regolare.

P: Si. E in questa situazione (come Pierre) – vediamo una scintilla! Una parte infinitamente piccola di lui.

D: Quindi la sua parte principale rimane al consiglio? (Si) E una scintilla è l'unica cosa che viene spedita qui?

P: Si. Diremo una "scintilla" per usare un'analogia. Tuttavia, questa scintilla è una scintilla completa.

D: Ma l'intera essenza non poteva entrare nel corpo?

P: No, non poteva. Sarebbe troppo potente. Inoltre lui ha altre responsabilità in altri sistemi.

D: Mi è stato detto che l'intera energia dell'anima non potrebbe...

P: Si. Questo è esattamente ciò che stiamo cercando di comunicare, che vediamo una scintilla uscire da un corpo d'energia. Ha il compito di completare diverse funzioni in diversi sistemi, come nel suo sistema e come sulla Terra. La scintilla diventerà un corpo umano sulla Terra.

D: Questo era stato deciso per una specifica ragione?

P: Fa parte dell'esperienza. Fa parte delle possibilità che esistono.

D: Stavo pensando che se fosse così evoluto non avrebbe bisogno d'avere un'esperienza sulla Terra.

P: L'esperienza Terrena è unica nella sua semplicità. E anche nella mancanza – perdonami, stiamo cercando una parola – non diremo: "oscurità", ma diciamo "ignoranza", o ignoranza di ciò che sta succedendo.

D: Cosa vorresti dire?

P: Ad un certo livello la Terra è semplice, ma ad un altro livello a causa del fatto che un'anima entra il sistema Terreste e non conosce, diventa inconsapevole della sua sorgente, diventa difficile. Facciamo fatica a tradurre ciò che sembra una dualità o opposi-zione. L'idea è che la semplicità perfetta proviene dal fatto che sulla Terra, la vita si è evoluta attorno al sostentamento, da una parte. Quindi, sarà considerata semplice in contrasto ad altri sistemi. Ma sulla Terra, la vita è anche molto complessa a causa della dimenticanza.

D: Si, entriamo senza alcuna memoria.

P:Si, questo è esattamente ciò che stiamo cercando di spiegare.

D: Questo è ciò che sto cercando di fare, raccogliere le informazioni. (Si) Ma pensavo che dopo aver raggiunto un tale livello evolutivo, non ci sarebbe alcuna ragione di venire qui. Sarebbe come tornare all'asilo, per modo di dire.

P: Si, è vero. Ma a volte, è interessante venire e lavorare qui. La cosa più interessante è dover fare un corso di ripetizione, se possiamo usare questa terminologia.

D: Be, quando questa scintilla viene sulla Terra, in che tipo di copri è entrata inizialmente?

P: Esprimiamo la possibilità che l'intero Se' debba essere e funzionare a diversi livelli. Non vediamo necessariamente un corpo come vediamo la scintilla che viaggia attraverso l'universo per incarnarsi sulla Terra. Vediamo che la scintilla può scegliere d'incarnarsi attraverso il canale della nascita. O la scintilla può scegliere la modalità d'esperienza che vuole mentre sta sperimentando la vita del giovane marinaio bretone in Francia.

D: Una scintilla sta facendo anche quello?

P: Si. Così le possibilità sono infinite. Questo è qualcosa che vogliamo sottolineare profondamente. Infatti non ci sono limitazioni.

D: E' tutto solo per imparare delle lezioni o per sperimentare?

P: E' piuttosto per sperimentare che per imparare delle lezioni, perché ad un certo livello, le lezioni sono state trascese. Non c'è, in se stessa, più una necessità d'imparare lezioni. Tuttavia, c'è ancora una necessità di sperimentare delle esperienze ed integrarle nel Tutto.

D: Sai che stai parlando attraverso un veicolo di nome Pierre. (Si) Quando abbiamo fatto questo in precedenza, ebbe l'esperienza d'essere l'oceano. (Si) In quel senso era una di queste scintille?

P: Si. Come il tutto – preferiamo non dare un nome a questo corpo d'energia. Quindi diremo che l'intero corpo d'energia da cui proviene la scintilla Pierre, quel corpo d'energia non può, e forse dovremmo dire in sicurezza, abitare in un corpo fisico. Quindi, una scintilla chiamata Pierre venne all'oceano e lo creò.

D: Lui creò l'oceano?

P: Lui era il creatore, insieme ad altri.

D: Quindi questo era connesso a quando si trovava nel consiglio? Lui decise di venir giù ed essere anche un creatore? Sto capendo correttamente?

P: Vediamo il tuo pensiero lineare, che potrebbe sembrare distorto. Visto che l'aiuto è relativo ed ogni cosa avviene contemporaneamente.

D: Quindi stai dicendo che puoi essere nel consiglio ed essere uno dei creatori allo stesso tempo.

P: E a tutti i livelli.

D: Quindi lui era con altri che hanno aiutato a creare l'oceano. (Si) Questo succede prima delle terre, che i continenti vennero formati? Sembrava che fosse proprio agli albori.

P: Si. Stiamo guardando dalla tua prospettiva, perché abbiamo una comprensione diversa del tempo. Tuttavia, dalla tua prospettiva, c'è la percezione che lui fosse qui prima della creazione della Terra. Ma lui era anche nel consiglio e ad altri livelli contemporaneamente. Vorremmo enfatizzare che a voi piace categorizzare questi eventi, ma che forse dovreste comprendere che il tempo lineare è un'esperienza esclusiva di questo pianeta.

D: Si, mi è stato detto che il tempo è un'illusione. L'abbiamo creata qui. (Si).

A quel punto volevo chiedere a questa parte superiore a proposito di un'esperienza Pierre ebbe dopo la nostra ultima seduta in Febbraio. Dopo aver lasciato il mio ufficio, guidò fino a Miami, Florida per tornare al lavoro (che richiedeva molte ore di guida da stato a stato). Mentre si trovava là, andò sulla spiaggia per rilassarsi, e mentre stava osservando l'oceano, una cosa strana e improvvisa ebbe luogo. Disse che l'oceano improvvisamente divenne enorme. Un'immensa onda si alzò verso il cielo in direzione della spiaggia. Era enorme. Tuttavia lui non aveva paura, e più tardi pensò che fosse una cosa irrazionale. Rimase lì impalato sulla spiaggia nello stesso punto in attesa che l'onda raggiungesse la riva. Poi dopo essersi infranti giusto davanti a lui, l'acqua giunse ai suoi piedi e si fermò. Il mare ritornò calmo e tutto era finito in un batter d'occhio. Fu improvviso, meraviglioso e spaventoso allo stesso tempo. Quando si guardò intorno, vide che nessun'altro sulla spiaggia sembrava essere consapevole che qualcosa di straordinario fosse accaduto. Sembrava che l'evento fosse riservato a lui e nessun altro. Ovviamente, voleva sapere cosa fosse successo e l'aveva incluse nella lista delle sue domande. Il subconscio sapeva esattamente di cosa io stessi parlando. Non avevo bisogno di dare dettagli.

P: Creò una visione per convincere il suo corpo umano della validità dell'esperienza che aveva avuto durante la seduta. Aveva già anticipato che avrebbe dubitato di se, e quindi, creò quell'esperienza per poter convincere il se fisico della validità di questa seduta che aveva avuto qui in ufficio, qualche giorno prima.

D: Quindi nessun'altro sulla spiaggia era consapevole di ciò che stava succedendo.

P: Lui era l'unico spettatore di ciò che potremmo chiamare una "visione". Ma nella sua realtà, sperimento l'immensità della crescita dell'oceano e l'ondata dell'oceano ai suoi piedi.

Inoltre quando Pierre tornò a casa da Miami, notò che gli uccelli nel suo giardino stavano facendo cose strane. Continuava a sentire un uccello, ma non riusciva a localizzarlo. Nella sua mente continuava a sentire: "Ricorda gli albori." Chiesi al subconscio se poteva spiegare questo fenomeno.

P: Si, certo, possiamo. Perché l'uccello è consapevole. Cercò di localizzare l'uccello. Ma non ci riusciva, perché era un ricordo dagli albori che aveva sperimentato. E l'uccello avrebbe dovuto ricordargli di quelle origini dalle possibilità illimitate che esistono per lui. Che era completamente illimitato, come alle origini.

D: Si stava chiedendo, se gli altri uccelli sanno cosa gl'era successo?

P: Gli uccelli volano tra le dimensioni, perché possono osservare il tempo diversamente da come lo fanno gli uomini. Possono tagliare attraverso il tempo ed osservare le origini.

D: Sono in grado di fare queste cose?

P: Si, l'uccello era stato progettato per ricordargli le origini. E sono in grado di richiamare nella loro memoria, o di raccogliere dalla banca dati, esperienze dalle origini.

D: Pensiamo agli uccelli come a creature molto semplici.

P: Gli animali in generale hanno una percezione della realtà diversa dagli esseri umani. Quindi, gli animali possono trascendere il tempo, e sentire la banca dati di un evento che in tempo lineare potrebbe apparire alle origini.

D: Quindi sono in grado di fare questo, e ovviamente, non possono dirci ciò che vedono. (Si) Incredibile. Pensiamo sempre agli animali come a creature molto semplici. Sembra che siano molto più avanzati o illuminati degli umani.

P: Gli animali hanno più consapevolezza degli umani nei corpi fisici.

D: Noi siamo più ristretti dalla nostra visione della realtà e questo ci limita fortemente. (Si).

CAPITOLO VENTISETTE

ARRIVANO LE PRIME CREATURE

Un'altra versione della creazione dell'oceano si presento durante una seduta che condussi mentre ero in Kona, Hawaii, per offrire delle sezioni e seminari. E' simile, semplicemente condivisa con parola diverse. Melody si sente a casa nell'oceano, perché lei e suo marito Mike, sono proprietari di un servizio di trasporto via nave. Ogni giorno portano la gente fuori a nuotare con i delfini e le balene. Mike sa come chiamarli e loro arrivano immediatamente e si radunano attorno alla sua barca non appena esce sull'oceano.

Dopo aver visitato due vite passate, iniziai a comunicare con il subconscio. Mi sorprese quando disse: "Lei c'era durante le origini del pianeta. Quando il pianeta venne originariamente seminato. Il suo lavoro era con i delfini e le balene. Li portarono sul pianeta.

D: Allora, lei In che forma era?

M: Agli albori, lei era tutta luce. Ha aiutato a seminare queste balene e delfini nell'oceano. Li porto qui dentro a gusci dorati. Ogni delfino, ogni balena, venne in un guscio e vennero riposti sul fondo dell'oceano finché non arrivò il momento adatto per dischiudersi.

D: Quindi cos'è successo al momento giusto?

M: I gusci si aprirono.

D: Erano stati trasportati da qualche altra parte?

M: Si. Il pianeta dall'acqua blu.

D: Sapevano che sarebbero stati in grado di vivere qui nelle acque?

M:Ci volle molto, moltissimo tempo e molti esperimenti, ma al momento giusto erano qui. E i gusci li protessero finché l'ambiente non era adatto per loro.

D: Altrimenti, sarebbero morti se fossero usciti troppo presto.

M: Giusto. Dovevano adattarsi al nuovo ambiente, ma quello era il suo lavoro.

D: Questo ebbe luogo prima dell'avvento dell'uomo sulla Terra?

M: Oh, si, si. Proprio dall'inizio. A quel punto, c'era solo acqua sul pianeta.

D: Prima che emersero le acque?

M: Proprio all'inizio, era tutta acqua, ovviamente e poi le terre iniziarono ad apparire. Si e prime terre ad apparire erano bagnate. Lemuria.

D: Quello era il primo luogo.

M: Si. Quella fu una delle sue prime volte sul pianeta.

D: Come un umano?

M: Beh, aveva un corpo di luce. Non ancora come un corpo umano. Quello avvenne molto più tardi.

D: La gente di Lemuria aveva dei corpi di Luce?

M: All'inizio, si.

D: Quindi non erano ancora solidi.

M: No, perché il pianeta non poteva sostenere quelle forme di vita nei primi tempi. Doveva essere una cosa graduale.

D: Questa era una delle domande di Melody, sapere se aveva avuto una vita in Lemuria.

M: Ne ebbe molte.

D: Se quello era uno dei primi luoghi, divennero più solidi dopo?

M: Eh, si, quando il pianeta fu in grado di sostenere la vita e diverse forme. Ma ci volle tempo e ci furono molti tentativi ed errori lungo la strada.

D: Che tipo di tentativi ed errori?

M: Che tipo di forme di vita potevano sopravvivere su questo pianeta.

D: Chi poteva sopravvivere? (Si) Perché ci vuole un ambiente molto speciale, giusto?

M: Giusto. Perché bisogno respirare l'aria e ci volle molto tempo prima che l'aria avesse la giusta combinazione di agenti chimici.

D: Quindi non è stato facile.

M: No, non è mai facile quando un nuovo pianeta viene preparato.

D: Ma poi decise di restare sulla Terra e continuare a vivere qui dopo?

M: Si, se n'era innamorata.

D: Quindi adesso sappiamo come l'energia di Lemuria, le balene e i delfini sono connessi a lei.

Melody aveva domande relative ad una esperienza insolita che ebbe mentre stava viaggiando su un aereo nel 2001 da Salt Lake City a Atlanta. Sentì che stava cercando di separarsi dal suo corpo. Il subconscio le diede una risposta sorprendente. "In quel momento ebbe l'opportunità di tornare alla Sorgente".

D: Questo era ciò che voleva fare.

M: No, decise di restare. Ma in quel momento, in quel incidente, doveva decidere se tornare alla Sorgente o rimanere sulla Terra per continuare il suo lavoro. Decise di restare.

D: Disse che aveva la sensazione di separarsi.

M: Infatti è stato così. Era a pochi respiri dal tornare a casa.

D: Cosa avrebbe visto la gente se avesse deciso di tornare a casa?

M: Il suo corpo si sarebbe accasciato sul sedile.

D: Avrebbero pensato che fosse un attacco di cuore o qualcosa del genere?

M: Si qualcosa del genere.

D: Allora può succedere così facilmente.

M: Così facilmente. Non deve essere una cosa traumatica.

D: Ma decise di restare, perché aveva del lavoro da fare.

M: E' così.

D: Disse che dopo quell'incidente iniziò ad avere delle vertigini che continuarono per tre anni.

M: Si, accadde a causa della pressione nell'aereo, nella sua testa e quando stava per lasciare il corpo e la pressione di tornarci.

D: Oh, perché non era come essere sulla superficie.

M: Giusto, giusto. Ma in verità, quand'era fuori dal corpo, viaggiò verso un altro luogo nel tempo. Attraverso le linee dimensionali.

D: Quando pensava d'essere nell'aereo?

M: Giusto, e ricevette delle informazioni da portare indietro con le quali avrebbe lavorato.

D: Non dovreste dirgli quali sono?

M: No, non è il momento adatto.

D: Ma scelse di tornare. E questo le causò le vertigini per tre anni?

M: Si, si. E' stato quando tornò nel corpo e la pressione nella cabina dell'aereo causò uno sbilanciamento.

D: Non è il luogo miglioro dove uscire dal corpo, no?

M: Non proprio.

D: Ma le vertigini non ci sono più adesso?

M: Si, i delfini e le balene hanno lavorato con lei per aiutarla a ornare in armonia. Hanno lavorato con lei e io penso che il pezzo finale adesso sia presente.

D: Possiamo tornare indietro e parlare un po' delle origini dalla vita? Hai detto che era presente durante la semina del pianeta quando era tutto sott'acqua. (Si) E poi hai detto che le terre iniziarono ad emergere?

M: Giusto. Allora le acque iniziarono a recedere e ci furono molti cambiamenti sul pianeta e nel clima. Cosa vorresti sapere?

D: Sono solo curiosa, perché ho avuto un altro cliente che diceva di far parte delle acqua in quei giorni e che non c'era il suolo. (Si?) Mi stavo chiedendo se le terre emersero o cosa accadde?

M: Fu la combinazione di molte cose. Ricorda, questo è successo durante un periodo di tempo molto, molto lungo. Non avvenne nel giro di una notte. Ci vollero millenni.

D: Quindi il pianeta era tutto sott'acqua in quei giorni.

M: C'era solo acqua per po' e poi solo sotto e il suolo si è spostate. E i vulcani sott'acqua si spostarono ed esplosero. Questo causò il recesso delle acque e emersione delle terre. Queste cose sono successe.

D: Perché i vulcani stano facendo tutto questo sott'acqua?

M: Semplicemente il pianeta si stava adattando e bilanciando. Per vivere in questo ambiente, per contenere... per creare un'atmosfera. Tutti gli agenti chimici dell'aria: l'ossigeno, l'idrogeno, il cloruro – tutti i micro componenti che vanno nell'atmosfera di un pianeta.

D: Quindi questo succedeva durante l'emersione delle terre.

M: Si, al fine di creare l'atmosfera perché le piante potessero crescere. Quello creò l'atmosfera; creò l'ossigeno.

D: Hai detto che lei era uno dei primi a portare i gusci dorati con i delfini e le balene. (Si) Anche altre forme di vita vennero trasportate allora?

M: Non tutte allo stesso tempo. Vennero trasportate tutte in diversi momenti per vedere cosa poteva sopravvivere e cosa non poteva

D: Ma la maggior parte dovette attendere fino al momento adatto per risvegliarsi, possiamo dirlo così?

M: Si, finché il pianeta non era pronto. Sai, c'è un qualche processo graduale. Tutto non è... l'evoluzione non è ciò che vi hanno insegnato. Si tratta dell'evoluzione di un intero pianeta e perfino un'intera... molte, moltissime diverse specie, per vedere che forma di vita può sopravvivere e farlo in armonia.

D: Quando la terra inizialmente iniziò a formarsi ed emergere, qual'era la prima forma di vita che iniziò ad evolversi? Riesci a vederlo?

M: Lo sapevi che agli albori i delfini poteva camminare sulla terra proprio come nell'oceano?

D: Davvero?

M: Si, è così, questo è stato provando dalla vostra scienza.

D: Camminavano come la gente?

M: Non avevano una forma antropomorfa, ma potevano camminare sulla terra. Vivevano sulla terra. Potevano andare avanti e indietro.

D: Strisciavano sulla Terra?

M: Non esattamente. Avevano una diversa parvenza da quella attuale, questo per poterci riuscire. Sembravano quasi – Non voglio dire metà delfino e metà umano, perché questo creerebbe un'immagine distorta. Ma non avete davvero una buona analogia per questo. (Ridendo) Pensereste che sembravano strani, però. Ma avevano piccole, corte gambette e piedini (ridendo). Camminavano in una posizione più eretta. Tuttavia all'inizio potevano andare e venire.

D: E' per questo che possono respirare l'aria?

M: Proprio per questo, perché potevano anche restare sulla terra.

D: Quindi erano una delle prime forme?

M: Si, una delle prime forme che poteva respirare l'aria.

D: Allora perché hanno scelto di tornare all'acqua e restarci?

M: La preferivano, perché provenivano da un pianeta acquatico.

D: Allora, qual'era la prima forma di vita, oltre a loro, che s'insediò sulla terra?

M: Che viveva solo sulla terra?

D: Stavo pensando alle piante e alle altre cose che vennero prima.

M: Oh, pensavo che intendessi gli animali.

D: Beh, una o l'altra.

M: Ovviamente, le piante vennero per prime. Le piante dovevano essere seminate per crearono l'ossigeno.

D: Quindi anche questo è stato seminato?

M: Oh, tutto lo è stato.

D: Portato da altri luoghi?

M: Assolutamente, per vedere cosa poteva vivere in vari luoghi. E quando le terre iniziarono ad emergere, c'era un vasto, vastissimo continente di terra dopo un certo periodo. E così, diverse cose vivevano in diverse aree perfino sul pianeta.

D: Quindi qual'è stata la prima forma di vita sulla terra, a parte le piante. Sto pensando a qualche forma d'animale.

M: La migliore descrizione che posso darti – perché, ricorda ci sono stati molti cambiamenti prima che qualcosa iniziasse a funzionare davvero – era una forma aviaria, come uccelli.

D: Una creatura volatile?

M: Si, più o meno come un uccello. Ma questi uccelli potevano essere anche sull'acqua, atterrare sull'acqua, perché richiedeva entrambi per poter sopravvivere agli albori.

D: Inoltre, gli scienziati parlano dei dinosauri.

M: Si, non passò molto tempo prima che del loro arrivo. Ma ancora una volta, l'atmosfera doveva essere preparata.

D:Perché hanno dovuto sparire?

M: Perché erano pronti a spostarsi nella loro prossimo dimensione; sono andati in un'altra dimensione. Non si sono alzati una mattina e "Oop!" se ne sono andati.

D: Quindi non era più adatto che rimanessero sulla Terra. (Esatto) Erano come un esperimento.

M: Potresti pensarla così. Erano stati messi qui per un certo periodo di tempo, e altre cose sono successe in corrispondenza alla loro presenza. Si formarono dei gas e un sacco di altre cose. Ma una volta finito, non c'era bisogno che restassero qui, quindi sono stati portati nel luogo successivo dove potevano offrire servizio. Tutto ha uno scopo.

D: Si, proprio così. Nel mio lavoro mi è stato detto che gli ET avevano molto a che fare con la semina. E' vero?

M: Si, lo è. Sai, tutti abbiamo un lavoro.

D: (Ridendo) Come Melody, lei è venuto come un essere di luce.

M: Si, è venuta su questo pianeta inizialmente come un essere di luce.

D: E ha portato i dischi. Questo è lo stesso che esser un ET o è differente?

M: E' diverso, perché sono venuti prima da un luogo e tempo diversi. Ci sono diverse dimensioni, galassie ed universi. Inoltre ci sono creazioni di ogni tipo che hanno luogo in ogni tipo di luogo. Ciò che funziona in un luogo non necessariamente funziona anche in un altro.

D: Quindi la teoria che ho sentito è corretta, che dovevano sviluppare l'uomo.

M: Ciò che voi chiamereste "uomo", si.

D: (Ridendo) Geneticamente.

M: Si, ma ricorda. Cos'è realmente l'uomo? L'uomo è essenza, luce e Sorgente, che è tutto.

D: Ma questo è all'interno. Sto parlando del veicolo fisico; il contenitore fisico.

M: Si, ma dovevo iniziare da qualche parte. E ti devi ricordare, che l'essenza ha intelligenza e che ogni cosa ha origine da quel piano.

D: Ricevo piccole briciole da molte persone diverse e sono contenta quando riesco a trovare delle verifiche.

M: Ovviamente.

D: E questa è la vera storia della Terra. Lei è qui dalle origini e ha aiutato con ogni cosa. Adesso è arrivato il momento per lei di continuare il suo lavoro con coloro che ha portato qui alle origini.

M: Si, è per questo che li ama così tanto.

CAPITOLO VENTOTTO

LA DISTRUZIONE DI UN PIANETA

Quando Sam entrò sulla scena, vide se stesso alla guida di un aeroplano, alla ricerca di un aeroporto per atterrare. Passò molto tempo alla guida dall'aereo guardando il terreno. Pensavo che fosse in una vita passata in cui era un pilota. Ma occasionalmente, il subconscio offre al soggetto qualcosa di familiare che può osservare restando a suo agio al fine di poter iniziare l'avventura. Questo sembrava essere il caso con Sam. Mentre la storia progrediva, divenne ovvio che stava pilotando una piccola astronave. Atterrò su un pianeta dove doveva connettersi con alcuna della sua gente che viveva in un campo. Rimase esterrefatto nel trovarlo deserto senza alcun segno di vita. L'area era deserta, molto arida, sterile e calda. Cerco a lungo nel tentativo di trovare dove erano finiti i suoi compagni. Alla fine rinunciò dalla disperazione. Rassegna-tosi decise che l'unica cosa da fare era andarsene.

Sembrava molto stanco: "Eravamo in difficoltà, Non sono rimasti molti di noi, solo un gruppetto. Abbiamo avuto molti problemi. Non sapevamo dove andare. Qualsiasi posto sarebbe andato bene! Questo era il luogo dove andare! Perché stavamo lasciando un'altra posizione. Adesso siamo qui, fuori nel mezzo del nulla. Stavo tornando e quando sono arrivato, non c'era nessuno." Gli chiesi se forse sarebbe stato più facile tornare da dove erano venuti. "Non so se sia rimasto nulla da dove proveniamo. Vedo l'immagine di strutture in cui vivevamo, in uno sorta di accampamento. Era permanente, aveva degli obbiettivi. Questo è un luogo asciutto! Questo è un pianeta asciutto!"

D: Diamo un'occhiata al luogo da dover provieni. Ha detto che vivevate in strutture?

S: Si. Vedo questo gruppetto di piccole cupole che sembrano trasparenti. Possiamo vedere il cielo sopra di noi. Il tetto e' fuori dal terreno, e noi viviamo sotto queste cupole. La maggior parte delle case dove viviamo sono sottoterra e alcune sono più grandi delle altre. Sono cilindriche e ci sono più di un livello sotterraneo. Questo è fuori dagli elementi. E' più fresco, è molto confortevole nelle buche. Quando esci dalle buche, dall'insediamento, dalle strutture, sei in questo pianeta sterile. E' una comunità. Una sorta di avamposto. La civilizzazione è qui. C'era un gruppo di persone con cui mi trovavo. Lavoravamo insieme.

Gli chiesi di osservare che tipo di lavoro faceva.

S: Io piloto... macchine. Vado e vengo da un avamposto all'altro e trasporto ciò di cui hanno bisogno. Quindi non vivo li permanentemente. Forse sto lavorando per questa gente. Ma dove se ne sono andati? Non erano nel nolo avamposto. Sono spariti e forse se ne sono andati per una ragione precisa. Non so. E' stato abbandonato? Non c'è nessuno qui. Dove cavolo sono finiti? – Devo andarmene da qui. Qualcosa è andato storto. Questo non va bene. Sono arrivato qui, ma nulla è come me l'aspettavo. Non c'è nessuno qui. Se ne sono andati, nel maledetto deserto!

Ancora confuso, tornò alla sua astronave. Sentiva i tornare e dirlo a qualcuno, un supervisore e cercare aiuto. Adorava pilotare il suo veicolo. "Oooh, che bello – ragazzi, sto cosino è davvero veloce! Wow! Bellissimo! Non è il più grande. Non è un grande trasporto merci è uno di quelli piccoli. E' rotondo, è un disco. Non è solo per un individuo, sembra che ci sia posto per sei persone e un poi di materiali. E' comodo. E' proprio un macchinario eccellente."

D: Quindi stai tornando da dove sei venuto. Devi andare lontano?

S: Non lo so. Faccio molta strada di gran velocità nella mia macchina. Stabilisco la rotta e la navetta ci arriva. Sai cosa? Va dove penso che debba andare. Basta pensarci e ci va! (Meravigliato) Zip! Mi basta dirgli dove andare e ci va. (Era meravigliato dalla tecnologia.)

Dopo qualche tempo, volò sopra a tre spirali allineate. Le spirali erano delle guide per aiutarlo ad atterrare. Condivise il suo rapporto, ma i suoi superiori erano confusi come lui. Attese impazientemente di sapere cosa fare. "Non voglio fare nulla da solo, di mia decisione. Non è il mio lavoro decidere cosa fare, io mi limito a seguire gli ordini." Si stava arrabbiando. "Vado dove mi hanno detto di andare, faccio quello che mi dicono di fare e non faccio domande."

Le cose stavano andando a rilento. Sam divenne più rabbioso mentre aspettava di sapere cosa fare. Così decisi di spostarlo in avanti. Gli chiesi di spostarsi in avanti ad un giorno importante quando stava succedendo qualcosa. Fece un sospiro profondo e rispose molto lentamente: "Hanno tutti lasciato il pianeta. Se ne sono andati tutti. Tutti! Se ne sono andati tutti."

D: L'intero pianeta?

S: Si! Se ne sono andati tutti! Mentre ero via, sono tutti... spariti! Io sono andato altrove per un lavoro! Stavo facendo qualcosa. Sono tornato a casa e non c'era nessuno! Se ne sono andati tutti... Tutti! Assolutamente tutti.

D: Non hai alcuna idea di ciò che è successo?

S: No. (Pietoso, malinconico) L'intero avamposto è vuoto. Tutto è andato! (Dolorosamente, sottovoce) Ecco perché sto andando avanti. I miei amici e tutta la mia gente sono andati! Non va bene!

Era confuso, emotivo e sull'orlo del pianto mentre cercava di capire cos'era successo. Ovviamente non stavamo raggiungendo alcun risultato nel cercare di comprendere cos'era successo. Così lo spostai avanti ad un altro giorno importante per trovare delle risposte. Si vide all'interno della sua astronave, tutto solo, osservando la Terra dallo spazio. Riusciva a vedere i continenti della China e del lontano Oriente sotto di lui.

D: Qualcuno di ha detto di andare li?

S: No. Questo è mio. Ho deciso di farlo per me stesso. Sono venuto sulla Terra. Non è il luogo da dove provengo. So da dove provenivo. Ma non sapevo cosa fare. Non avevo alcuna idea. Così ho pensato, la Terra è più vicina. La Terra va bene.

D: Ci sei mai stato prima d'ora?

S: Oh, si, sono stato sulla Terra. Ma di solito stavamo lontani dalla Terra. Era nuova, era ancora primitiva. Non c'è molto sulla Terra. Presumo che ci sia un po' di gente. Non sono come noi. Sono differenti. Sono più nuovi. Sono neri. (Sam è un uomo di colore nella sua attuale vita.) Inoltre non vivono in questa parte della Terra. Questa parte della Terra non ha abitanti.

E' stato detto che quando la Terra venne seminata o popolata, che ebbe inizio nel continente Africano e poi la gente si è dispersa da lì. Gli scienziati sono stati in grado di tracciare le origini primarie dell'uomo all'Africa. Sono perfino stati in grado di tracciarle ad una singola femmina. Ci sono molte dispute e discussioni riguardo a come la razza umana sia stata in grado di disperdersi in tutto il pianeta. Ci sono anche molte controversie riguardo a come gli umani siano apparsi inizialmente. Ci sono sempre più domande che risposte, amenoché non si accetti la teoria che mi è stata presentata attraverso il mio lavoro. Che siamo stati impiantati dagli extraterrestri e che molti eoni di tempo sono passati mentre le specie in via di sviluppo erano state trasportate in varie zone del pianeta per vedere se potevano sopravvivere. Fu un processo lento e laborioso. Sam stava forse osservando la Terra agli albori quando l'uomo era stato appena creato in Africa attraverso incroci e manipolazione genetiche con le scimmie? Molte di queste teorie sono state riportate nei miei libri: Keepers of the Garden and The Custodians [Guardiani del Giardino e I Custodi]. Gli aspetti scientifici sono esplorati in un altro libro pubblicato dalla mia compagnia: Mankind, Child of the Stars [L'umanità: I figli delle stelle] di Max Flindt.

S: Penso che probabilmente scenderò qui da qualche parte. Ma qui non c'è nessuno per me. Non c'è nessuno della mia gente qui. Ciò che sto cercando di fare è trovare qualcuno della mia gente! Non ci sono riuscito finora. Non ce ne sono molti come me che andavano da un luogo all'altro. Solo pochi di noi. Sto cercando di vedere se uno dei miei amici è atterrato qui. C'è un luogo sulla Terra. Lo sto osservando ora, il Tibet, l'altipiano. La nostra gente è venuta qui. Siamo venuti e tornati dal Tibet. Sto sperando di trovare qualcuno della mia gente qui. Oh! Il mio corpo è diverso! E' più piccolo, è più luminoso. Si! Non sono lo stesso. Il mio corpo è luce. Questo si che mi piace!

D: Sei stata in grado di farlo, cambiare il tuo corpo?

S: Non avevo bisogno di cambiare. Era così, era più luminoso. Non sono tutto di carne. Ho più energia. Però ho una forma. Ho una bella forma luminosa, grigia. Non penso d'aver avuto bisogno di creare questo corpo. E' diverso! E' più luminoso e sto cercando qualcuno come me. Dove siamo?

D: Hai detto che vai e vieni dal Tibet?

S: Quello è un luogo da dove andiamo e veniamo. Non siamo gli unici. Anche altra gente da altri luoghi va e viene dal Tibet.

D: Ma quella è una zona montana, non è vero?

S: No, non lo è. E' un altipiano. E' piatto, ma in altitudine. E' ad un elevazione superiore.

D: Quindi stai per atterrare lì per vedere se riesci a trovare qualcuno della tua gente?

S: Si, o qualcun altro che mi possa aiutare. E' successo qualcosa di terribile. Credo che il luogo da cui provengo sia stato distrutto. Credo che sia proprio così. Ero in viaggio per molto tempo e mentre ero via è successo qualcosa. Sono spariti tutti. Andati, andati, andati… Probabilmente atterrerò. (Parlando con se' stesso) C'è qualcuno qui? – Si, c'è qualcuno! Sono qui. Ma sono di un altro luogo. Non provengono da dove sono io. Sono di quel pianeta. Provengono da molto più lontano. Non sono del sistema solare. Non provengono dallo stesso sistema solare della Terra. Sono qui da molto tempo.

D: Per lo meno sono qualcuno con cui puoi connetterti.

S: Forse. Sono diversi. Non sono come me. A dire il vero, sono superiori. Wow! Sono luce. Sono esseri di luce. Sono molto chiari fisicamente. Io sono più denso di loro. Loro sono davvero luminosi.

D: Perché questa gente va e viene da questa zona della Terra?

S: E' l'energia di questo altipiano. Questa gente viene qui, loro sono diversi dalla gente di colore. Loro provengono da un altro luogo. Stanno lavorando sulla Terra. Stanno aiutando.

D: Perché questa gente dovrebbe venire sulla Terra?

S: Beh, la Terra è grande. Ogni cosa sta arrivando sulla Terra. Esseri da ogni dove metteranno una parte di loro stessi sulla Terra. Da ogni luogo, ogni tipo d'essere verrà sulla Terra. Tutti. (Parlando tra se e se) Ma la Terra sta anche soffrendo, non è vero? La Terra è stata danneggiata. Questo è terribile.

D: Perché stanno venendo qui?

S: Loro sono quelli che lo faranno, o per lo meno è una loro idea. Ne sono a capo. Stanno sviluppando quel piano e stanno portando tutto sulla Terra. Stanno portando tutto da ogni parte. Tutto! Ogni tipo di cosa e vuoi sapere come lo fanno? Con la luce. Stringhe di luce. Cambiano le stringhe di luce. Quando prendono queste stringhe di luce, tutto può succedere. Possono cambiare ogni cosa. Possono fare succedere qualsiasi cosa.

D: Da dove provengono le stringhe di luce?

S: Oh, Mioddio! Le loro menti? Lo portano nella loro mente e con quella creano qualsiasi cosa. Mettono un punto di luce dentro a qualcosa, poi intorno prende forma. Da un viaggio precedente sapevo che erano qui. Non li conoscevo bene. Sanno come creare le cose. Creano le cose. Prendono la luce e la usano per creare qualsiasi cosa. La luce va nel mezzo. Possono prendere una cellula e cambiarla solo cambiando la luce all'interno. Possono trasformare qualsiasi cosa cambiando i pezzi, le parti di luce. Non è come sono abituata a fare le cose, ma è come le fanno loro. Fanno le cose in quella maniera. Mi sembra che questo sia un gruppo permanente qui, ma stanno lontani dagli altri. Stanno da soli. Infatti, si prendono la responsabilità di ogni cosa, ma gli altri non sanno bene che sono qui.

D: Avevi detto che anche gli altri venivano per lasciare parti di loro stessi.

S: Si. Sono responsabilità di chi arriva. Lasciano entrare qualsiasi luce che vogliono. La luce è in ogni cosa. Ci sono animali sulla Terra ed ognuno di loro ha un pezzettino di luce. Se cambi quel pezzettino di luce, diventa un animale diverso. Così possono cambiare qualsiasi animale vogliano solo cambiando ciò che ce' nella luce.

Stavano usando la luce per manipolare o cambiare il DNA in qualche modo?

D: Ma avevi detto che c'era gente di colore.

S: Si, loro non sono come me. Sono più pesanti e più grossi. Sono anche più solidi.

D: Quella gente proviene dalla Terra?

S: Si. Quel gruppo lavora con loro. Lo stanno facendo. Come lo fanno non lo so. I corpi provengono dagli animali, ma gli esseri stessi non sono animali. I corpi erano animali, quindi li stanno trasformando. Stanno diventando più grandi e stanno sviluppando altre abilità. Sembrano diversi, meno peluria.

D: Sai se qualcuno sta dicendo a questo gruppo di fare queste cose?

S: Sembra che loro decidano ciò che faranno. Vengono da qualche altra parte. Sono sulla Terra per raggiungere questo obbiettivo.

D: Per creare. (Si) Anche gli altri che vengono possono creare?

S: Non penso. Non sono ancora così avanzati.

D: Ma hai detto che gli altri gruppi sono venuti e hanno lasciato parti di loro stessi.

S: Eh, si. Porteranno un gruppo di ogni cosa, come gli animali. Ogni gruppo animale proviene da un altro luogo. Come i rettili che provengono da un luogo e i mammali da un altro. Poi prendono la luce e la cambiano e così cambia anche l'animale.

D: Così che questi animali possano esistere sulla Terra?

S: Eh, Si! Gli animali possono esistere sulla Terra. Possono cam-biare qualsiasi animale per adattarsi a qualsiasi condizione.

D: Questo è quello che intendevo. Quella parte della luce è in loro così possono restare qui e sopravvivere.

S: Si. Se cambiano la luce, l'animale cambia. Sono esperti a ciò che stanno facendo! Wow! Cambiano qualcosa dentro alle cellule e poi tutte le cellule cambiano. Quelli che sono a capo provengono da una dimensione diversa dalla mia. Sono molto più luminosi. Sto pensando che sono più luminoso delle creature che sono sulla Terra. Ma non sono luminoso come quelli che stanno gestendo la baracca. Loro sono luce. Hanno un'energia enorme! Possono usare l'energia. Gli basta prenderla e manipolarla. Molto più di quanto non lo faccia io. Io non posso farlo. Prendono questa enorme energia, la manipolano e creano diverse forme. Creano diversi animali. Creano ogni tipo di animale. Possono estrarre questa roba dalle loro cellule e cambiarla da un animale all'altro. E zip! Nel giro di poco tempo, hanno un altro animale! Sono creatori. – Non sanno cosa farsene di me. Non avrei dovuto essere qui. Questa non è la mia casa.

D: Me lo stavo chiedendo. Non possono usarti. Cosa farai? Resterai con loro o cosa?

S: Non so cosa farò.

D: Ma devi andare da qualche parte.

S: Lo so... Sono perso. Non so dove sto andando.

D: Bene. Lasciamo questa scena e proseguiamo nel tempo per scoprire cosa farai alla fine.

S: Sto osservando un... ragazzo, che casino. Che casino!

D: Cosa vedi?

S: Sto vedendo tutto sbagliato. (Pausa) Sembra che tutto sia stato distrutto – non c'è più nulla, distrutto. L'aria è scomparsa!

D: Dove sei?

S: Sul mio pianeta! Non c'è quasi più aria.

Non riuscivo a capire di cosa stesse parlando.

S: E' diverso. E' diverso! Quasi tutta l'aria è finita.

D: Sei su un pianeta diverso? (Non la Terra)

S: Si, quello da cui provengo. C'è a malapena abbastanza aria da respirare.

D: Sei tornato là?

S: Si. Tutto è distrutto. Non c'è più niente. Non tutto, ma quasi. C'era un problema grande, grandissimo. Oh, ecco, è bruciato tutto... Non so come sopravvivrò'. Devo trovare qualcuno dei miei amici. Deve esserci qualcuno di noi! Forse qualcuno di noi era in viaggio. Devo trovarli! Non so da dove iniziare! Forse se aspetto qui per un po', qualcun altro proverà a tornare e riuscirò a trovarli. Guardo giù e vedo il pianeta completamente sterile, non era sterile prima! Quando me ne sono andato non era sterile e poi sono tornato e lo è. – Il Sole è lo stesso!

Ero confusa. Sembrava quasi che stesse ripetendo la stessa scena che l'aveva portato a lasciare il suo pianeta originariamente, quando se ne andò dalla Terra. Ma prima non l'aveva descritto come sterile e bruciato. Forse dovette lasciare la Terra perché là non centrava e magari pensava che l'unico posto dove tornare era il suo pianeta d'origine. Non era chiaro. Così decisi di spostarlo all'ultimo giorno della sua vita in quel corpo, per scoprire cosa gli era successo.

D: Cosa vedi? Cosa succede l'ultimo giorno?

S: Sono solo molto stanco. Non so cosa fare. (Emotivo, stava per piangere) Sono molto triste. Ne ho trovati alcuni. Siamo tutti molto tristi. (Molto emotivo. La sua voce era roca.) Non c'era nulla che potevamo fare. (Piangendo) Sono in lutto. Ci abbiamo provato, ci abbiamo provato tutti. (Emotivo) Le nostre vite sono finite.

D: Ma avevi detto d'essere stanco?

S: E' inutile. Sono andati, sono tutti morti. Tutti coloro che erano là sono morti. Tutti.

D: Sai perché?

S: Si, so perché. Ci fu un'esplosione. (Lungo sospiro) Il pianeta esplose.

D: Il tuo pianeta natale?

S: No, il mio pianeta natale non è esploso, ma è come se lo fosse. Un altro è esploso. Quello vicino. Quello più vecchio.

D: E questo ha avuto un effetto sul tuo pianeta?

S: Si. L'ha spazzato via. Eravamo troppo vicini. Ha eliminato l'aria, l'atmosfera. La forza l'ha spazzato via e la gravità non riuscì a trattenerla. E' rimasta per poco, ma non abbastanza per la gente. Così sono morti tutti. Sono morti all'istante

D: E' per questo che non riuscivi a trovare nessuno.

S: Esattamente. Solo alcuni dei viaggiatori erano via. Eravamo gli unici sopravvissuti e non potevamo andare da nessuna parte. Non sapevamo dove sopravvivere. Abbiamo visto la Terra, ma non potevamo sopravvivere là. La Terra è così pesante! I nostri corpi sono leggeri e la gravità della Terra era troppo forte per noi. Le condizioni della Terra erano diverse. Non potevamo vivere sulla Terra nei nostri corpi fuori dalle astronavi. Non potevamo!

Stavamo cercando di trovare un posto dove andare. – Non so se vogliamo provare un altro viaggio. Non so se ho abbastanza energia da riuscirci. Se potessi trovare un gruppo di persone unite, ci andremmo. Vedi se riusciamo a trovare un qualche luogo dove atterrare. Non c'è più nulla per noi in questo sistema solare. Non adesso. Dovremmo lasciare il sistema solare, andare nella galassia e vedere se c'è qualche altro luogo dove poter vivere. Ma non ce ne sono rimasti abbastanza di noi. E non sappiamo se vogliamo farlo o no. Quindi, decidiamo che se lasciamo i nostri corpi possiamo riunirci alla nostra gente.

D: Vuoi dire sul piano spirituale?

S: Questo è ciò che noi tutti siamo. Torniamo ai nostri corpi di luce. I nostri corpi di luce non hanno una fine, ma perdiamo le nostre forme. Perdiamo questi piccoli corpi che abbiamo. Così rimaniamo nei nostri corpi di luce per un po'. Saremo tutti assieme, ma non so cosa succederà. Come hanno potuto fare questo alla loro casa! (Addolorato ed incredulo).

D: Ma era qualcosa che nessuno poteva controllare.

S: No, non potevamo. Non potevamo. Alcuni della nostra gente pensavano di poterne beneficiare. Stupidi. Stupidi!

D: Vuoi dire che l'esplosione l'hanno causata loro?

S: No, non la nostra gente.

D: Ma pensavano di trarne beneficio.

S: Alcuni di loro pensavano che sarebbe andato tutto bene. Pensavano che sarebbero migliorati, ma non potevano.

D: Quindi avete deciso di lasciare il corpo?

S: Non abbiamo bisogno di perderlo. Siamo in grado di sostenerlo per lungo tempo senza cibo o possiamo assimilare energia direttamente. Ma non c'è nessuno con cui condividere! Vedi, questo è ciò che importa! Condividere! Adesso che se ne sono andati tutti, non c'è nessuno con cui condividere! E' difficile spiegare.

D: E' la sensazione di restare da soli.

S: E' tremendo! E' una sensazione tremenda essere così soli!

D: Bene, ora lascia quella scena e vai al punto in cui ciò che doveva succedere è già successo. E tu sei già uscito. Vai a finire sul piano dello spirito?

S: Si, il piano dello spirito va bene. – Oh, la tristezza... Mioddio, la tristezza! Un dolore terribile!

Pensavo che non sarei stata in grado di continuare ulteriormente. Così decisi d'invocare il subconscio. Forse sarei stata in grado di ottenere ulteriori informazioni e spiegazioni. Chiesi perché il subconscio aveva scelto di far veder a Sam quella vita insolita.

S: Sam voleva comprendere qual'era la sua relazione con Marte. Quello era Marte. Quella era la fine della vita su Marte.

D: (Questo mi sorprese) Qual'era Marte? Quello su cui l'aria era evaporata?

S: Si. L'atmosfera venne spazzata via quando l'altro pianeta esplose. L'aria su Marte venne distrutta. Tutti vennero sterminati su Marte. Marte era molto più avanzato, già avevano i trasporti spaziali. E la gente era piccola e grigia. I loro corpi erano piccoli pieni di luce e grigi. Piccoli corpicini molto carini che erano quasi tutta energia. Erano avanzati. Erano in grado di viaggiare tra sistemi solari.

D: Lo descrisse come se ci fossero state delle strutture dalla forma di cupola.

S: Si, era meglio vivere sottoterra. Il calore del pianeta veniva principalmente da sottoterra. L'aria era fredda perché eravamo più lontani dal sole. Sono 140 milioni di miglia dal sole, quindi non faceva caldo.

Ho controllato questo dettaglio e ho scoperto che era vero. Questa per me era una prova che stavo comunicando con qualcosa che aveva grande conoscenza. Quanti esseri umani medi sarebbero in grado di dire la distanza tra Marte e il Sole, amenoché non avessero studiato approfonditamente il pianeta e memorizzato fatti quasi sconosciuti.

S: Non avevano un clima caldo come sulla Terra. L'atmosfera era fredda – non era piacevole vivere in superficie. Però c'erano forme di vita ovunque. Era un pianeta lussureggiante. Le forme di vita sopravvivevano. C'era acqua su Marte. Dopo la distruzione dell'atmosfera anche l'acqua spari. Dopo la perdita della pressione dell'aria, l'acqua evaporò immediatamente.

D: Dov'era il pianeta che era esploso?

S: Quello era il pianeta successivo. Ohhh! Lo hanno fatto esplodere! (Con disgusto) Gli esseri che ci vivevano l'hanno fatto esplodere. Stavano cercando di diventare più avanzati.

D: Pensi che abbiano fatto un errore?

S: Si, di sicuro. Potevano avanzare solo fino a quel punto nel modo in cui stavano sperimentando e hanno provato ad andare troppo in là.

D: C'è forse qualche evidenza dell'esistenza di quel pianeta?

S: Oh, ragazzi! L'ha fatto esplodere in mille pezzi! (Con una risata maligna) Si, ci sono comete e meteoriti ed asteroidi e altra roba che non è rimasta in orbita. Sono stati proiettati fuori all'improvviso. La maggior parte non sono usciti dal sistema solare e sono ancora in orbita. Hanno tutti delle orbite innaturali. Invece di una esplosione massiccia, c'è stata una disintegrazione. Di conseguenza l'esplosione ha causato la proiezione di tutti questi meteoriti. Ma tutte queste parti che si disintegrarono rimasero nella stessa orbita. Quelli che volarono via con l'esplosione andarono in tutte le direzione.

D: Dov'era l'orbita?

S: Poco oltre il Sole, il pianeta dopo. Erano più avanzati di noi. Stavano cercando di fare qualcosa di più avanzato. Non siamo stati in grado di fermarli.

D: Quando il pianeta esplose, fece evaporare l'atmosfera?

S: La tremenda forza spazzò via l'atmosfera di Marte.

D: Questo ebbe un effetto sull'atmosfera della Terra?

S: Si è così. Ebbe un effetto sulla Terra, ma la Terra era abbastanza lontana. Anche la Terra è sotto stress per questo. E' stata colpita da moltissimi asteroidi. E' stata colpita da un sacco di roba dall'esplosione. La Terra è rimasta colpita, ma era abbastanza lontana nella sua orbita. Era quasi dall'altra parte del Sole quando è successo. Marte era troppo vicino, quasi al massimo della vicinanza. Maledizione, se solo fossimo stati dall'altra parte del Sole. Non saremmo stati spazzati via.

D: C'era vita sulla Terra quando questo è successo?

S: Si, gli esseri che erano dei Creatori, erano là. Stavano creando e c'era ogni tipo di vita, ma non era vita con cui eravamo compatibili. Non avevamo dei corpi che potevano vivere sulla Terra. Non potevamo vivere in quell'ambiente. Avevamo il nostro ambiente. E mentre viaggi ovunque, ci sono corpi fisici. Non tutti hanno dei corpi fisici. I corpi fisici sono densi e si manifestano secondo le condizioni. Possono essere fatti in qualsiasi modo tu li voglia. Possono essere adattati per qualsiasi condizione su qualsiasi pianeta, eccetto i grandi pianeti gassosi come Giove. Non conosco nulla di Tri-dimensionale su Giova. Non eravamo in grado di avvicinarci a Giove. E' troppo grande, troppo forte.

D: Però l'atmosfera della Terra non è ne stata colpita.

S: Beh, è stata colpita. E' stata, colpita, colpita, colpita, colpita, colpita. E' mai stata colpita?! Wow!

D: Quando passava attraverso questi asteroidi e meteoriti?

S: Si. E' stata colpita molte volte. Giove è stato colpito molte volte, ma le ha assorbite tutte. Giove ha anche assimilato molte dei frammenti nella sua gravitazione. Lo stesso vale per Saturno. Saturno catturò molti detriti nella sua gravità.

D: E' da qui che ebbero origine gli anelli?

S: Ahhh... fammi vedere. (Pausa) No. Non da questo. Gli anelli di Saturno sono diversi. Ma divennero molte delle lune attorno a Saturno, che sono solo degli ammassi di roccia, ma non le quattro lune principali di Giove. No, No, No – non provengono da questo. Provenivano da Giove. Giove è come un piccolo Sole. E Giove ha bruciò quei quattro pianeti da solo. – Non ho scoperto nulla a riguardo degli anelli.

D: Bene, il subconscio ha la risposta.

S: Yes... non vuole che io lo sappia. (Tra sé e sé:) Perché quegli anelli ci sono? (Ad alta voce:) Perché ci sono quegli anelli? Sono particelle più piccole, sono particelle più sottili. (Tra sé e sé:) Perché sono lì?

D: Stavo pensando che facesse tutto parte dello stesso sistema.

S: Forse, forse – non lo so... forse particelle più sottili sono state catturate da Saturno. Ma le parti più grandi... Saturno e Giove hanno molte rocce che orbitano attorno a loro che non sono davvero una delle loro lune. Sono solo oggetti intrappolati nel loro campo gravitazionale. Anche Urano e Nettuno ne catturarono alcune. Pluto è uno di quei pezzi. Non è un pianeta. Ci sono altri pezzi più in lontananza.

Trovai incredibile leggere queste cose a proposito di Pluto mentre stavo trascrivendo questa cassetta e scrivendo questo capitolo. Questa seduta con Sam ebbe luogo nel mio ufficio in Huntsville nell'Agosto del 2005. Un intero anno prima della dichiarazione che sbalordì la comunità astronomica nel 2006, quando proclamarono che non consideravano più Pluto come un pianta. Che invece era un enorme pezzo di roccia. Da lungo tempo gli esperti stavano discutendo la natura di Pluto, fin dalla sua scoperta nel lontano 1930. Adesso si dice che ci siano molti asteroidi nel nostro sistema solare che sono più grandi di Pluto. Quindi è stato retrocesso dallo status di pianeta.

Non appena finisce una seduta, spesso non ricordo nulla dei contenuti. Sarebbe impossibile ricordare tutti i ricordi dettagliati di tutti i casi che ho condotto. Sarebbe opprimente portarmi dietro consciamente tutte le informazioni relative ai problemi individuali dei miei clienti, per non parlare dei contenuti delle loro sedute. Penso che molti terapisti abbiamo questo problema. Se non fanno attenzione, diventano empatici e possono assimilare i problemi fisici e mentali di color con cui lavorano. Questo non va bene per nessun terapista. Quindi dobbiamo tutti imparare a fare il lavoro e poi a lasciarlo andare. Se ritengo che la sessione contiene qualcosa che potrebbe essere utile per i miei scritti, allora chiedo al soggetto se posso fare una copia della registrazione prima di dargliela. Quindi quelle che tengo, so che hanno qualcosa d'interessante. Ma finiscono nella pila di quelle che devono essere trascritte successivamente, e questo potrebbe essere mesi o anni dopo. Ecco perché sono rimasta sbalordita di sentire questo dettaglio a proposito di Pluto che venne confermato un anno dopo nel 2006. Penso che pure questa sia un'ulteriore validazione del fatto che sto comunicando con qualcosa che va oltre a tutti noi. Quella parte che ha tutte le risposte e i poteri oltre alla comprensione delle nostre menti mortali. E' per questo che adoro lavorarci.

D: Quindi questa è la ragione per cui ha scelto di far vedere a Sam questa vita?

S: Sam voleva saperne di più. E' una cosa orribile, tornare a casa e non trovarci nulla. Trovare che la tua casa è stata distrutta mentre via.

D: Questo ha nulla a che fare con le cose che gli sono successe in questa vita?

S: Si, certo. Lo porta davvero a casa.

D: Cosa vuoi dirgli a proposito?

S: I Marziani sono venuti sulla Terra. A tutti noi fu permesso di venire qui

D: Vuoi dire in forma spirituale?

S: No, abbiamo ottenuto dei corpi. Presero un'altra scimmia, o era più grande di una scimmia. Aveva un altro colore della pelle, era gialla. Se inizi da allora, ci resero tutti geneticamente compatibili. Non è forse interessante? Ci hanno creati tutti da diverse cose. Crearono quelli neri dai gorilla e gli scimpanzé – manipolarono le loro cellule. Le loro caratteristiche fisiche provengono principalmente dalle scimmie.

Nota: si dice che il ceppo Caucasico venne sviluppato dagli orangotango, quelli grandi dalla pelle bianca e il pelo rosso. Ovviamente, ci furono altre manipolazioni lungo la strada per creare altre variazioni. Una interessante è discussa nel mio libro The Legend of Starcrash [La leggenda dell'impatto stellare] riguardante lo sviluppo di alcune delle razze d'Indiani del Nord America.

S: Ma i nostri provengono da scimmie appena differenti. Erano di taglia medio-piccola. Ne presero il DNA e lo resero appena più forte. Fecero anche qualcosa con i nostri occhietti marroni a mandorla. E le nostre costituzioni appena più piccole – i nostri corpi più piccoli. Noi siamo le pelli gialle. (I piccoli grigi da Marte) Ecco cosa ci hanno resto. Questo è ciò che hanno fatto, siamo arrivati da li. Alla fine i Marziani trovarono casa sulla Terra. Non immediatamente. Gli ci volle molto tempo. Siamo rimasti senza casa per lungo tempo.

D: Mi stai dicendo che questi esseri Creatori erano quelli che stavano creando i corpi?

S: Hanno aiutato. La Terra stessa doveva essere d'accordo. Il pianeta stesso doveva permettere che succedesse. Non ere mai accaduto prima che la coscienza di un pianeta si condivise con quella di un altro. Mai accaduto prima. Mai! La Terra decise di condividere il suo corpo con un'altra coscienza planetaria. E queste altre coscienze planetarie erano quelle che provenivano da Marte. Dopo la creazione di questi corpi, le anime Marziane ci entrarono. Lo abbiamo fatto tutti. Abbiamo anime di 3° dimensione, maestri in ascesa della 4° dimensione, maestri in ascesa della 5° dimensione. E 6° dimensione... I ero uno maestro ascendente di 4° o 5° su Marte. Ero un essere avanzato. Solo ad esseri avanzati era permesso viaggiare. Solo esseri avanzati potevano viaggiare.

D: E lo spirito di Sam decise di entrare in un corpo umano sulla Terra.

S: Si, siamo tornati tutti sulla Terra. Dovevamo tornare sulla Terra e rientrare nella 3° dimensione in corpi fisici per imparare altro, per tornare spiritualmente alla 4°, la 5° e la 6° dimensione.

D: Quando Sam entrò nel corpo e venne sulla Terra, è rimasto intrappolato qui a causa del karma?

S: Ahhh! Sam è uno strano. (Fece un respiro profondo e una pausa) Sam non torna spesso. Sam ritorno duranti i cambiamenti millenari.

In alcuni dei rapporti delle altre sedute in questo libro, altri dissero la stessa cosa. Di solito restano con la Sorgente, etc., e tornano sulla Terra durante i periodi di grade cambiamento. Questi sono i tempi in cui c'è bisogno di molto aiuto.

D: Dove si trova per il resto del tempo?

S: (Mormorò sottovoce:) E' un luogo stupendo, non è vero? Ah... guarda com'è meraviglioso essere nelle cascate di luce. (Chiaramente) Piscine dorate di luce meravigliosa ovunque. Docce, fontane di luce. Luce dorata ovunque. Ooooh, ragazzi! E' amore. E' un oceano dorato d'amore.

D: Questo è il luogo dove va tra incarnazioni?

S: Si. Ragazzi, è magnifico! E' un sole, è in un sole. Mari dorati di luce. Non è necessariamente in un pianeta, è come un sole. Potrebbe essere il sole. Sa cosa? Non posso essere al centomila percento sicuro di ciò che sto dicendo, ma lascia che ti dica – questa è la prima cosa che mi viene in mente. A me sembra il Sole. Potrebbe essere il Sole? Si può passare del tempo nel Sole? Il Sole è gigantesco.

D: Qualsiasi cosa è possibile.

S: E' questo Sole? E' un altro sole? Potrebbe essere. Piscine dorate di luce meravigliosa. Oh, docce di luce. E' calda!

D: Quindi Sam decide sempre di tornare ed entrare in un corpo alla fine dei millenni?

S: Ahhh... missioni.

D: Perché si trova qui adesso?

S: Devo essere in grado di alzare un corpo. E' stato fatto in passato, ma nessuno ci crede. Tutti possono farlo. Devo essere in grado di alzare un corpo.

D: Cosa vorresti dire?

S: C'è una trasformazione. Non so esattamente cosa sia, lo sto ancora facendo. Vedi, potremmo prendere tutta la nostra energia dalla luce. L'Universo è pieno di luce, L'Universo è tutta luce. Ed è solo in un corpo tridimensionale che si può assimilare abbastanza luce. Quando sei nel tuo corpo di luce, puoi prendere abbastanza luce da poter vivere. Vivi in ogni caso, si vive sempre. Sempre, sempre, sempre. I corpi di luce si possono mettere a letto, ma in generale sono sempre vivi.

D: Quindi è difficile farlo in un corpo fisico, solido, denso.

S: Si. In alcuni luoghi, lo fanno in ogni momento. I loro corpi fisici non hanno fine, o hanno vite molto lunghe. Ma sulla Terra, è perché è così negativo, stanco e pesante. E sulla Terra, non sai chi sei. Perdi la connessione quando vieni sulla Terra. Non vedi il tuo corpo di luce quando vieni sulla Terra. Non sai che sei un corpo di luce. Ragazzi, ed è perfino difficile scoprirlo! Wow! Sulla Terra è dura! E tutti sono così persi! – Dovevo venire qui. Il mio compito è di spiritualizzare un corpo. E' stato fatto in passato. E nessuno sembra saperlo. Si può fare. Alcuni l'hanno fatto, vivendo nella luce. Hanno elevato un corpo di 3° dimensione alla 5° dimensione. Questo è ciò che fanno.

D: Ma adesso lui è qui in un corpo fisico e vive una vita fisica.

S: Si, è così. E per molto tempo non capivo nient'altro. Non sapevo niente. Non avevo assolutamente alcuna idea. Avevo perso tutti i miei ricordi. Davvero perso tutti i miei ricordi. Non posso crederci vieni su questo pianeta e perdi tutti i ricordi di chi sei.

D: Beh, il subconscio ha qualche suggerimento per Sam?

S: Resta sul sentiero. Resta sulla strada che stai percorrendo. Continua a provare, continua a lavorarci su. Continua a cercare di connetterti. Apri i tuoi corpi di luce, trova i tuoi corpi di luce. C'è più di un corpo di luce – ce ne sono di più! – Ci stiamo ancora lavorando. E ci sono degli altri che stanno lavorando su questo. I nostri corpi vivranno a lungo. I nostri corpi saranno più rifiniti, saranno più alti, saranno più leggeri. Saremo in grado di accedere a più dimensioni. Sam dovrebbe crescere verso il prossimo livello. Cresci ed impara. Questo è ciò che sta facendo. Continua a tirare. Su e giù. Io lo aiuto sempre. Avrà una possibilità. Ha una possibilità di combattere. Ahhh... emozioni. Sono le nostre emozioni. Emozioni! – Saprà qualcosa. Dovrà cercare di capirlo. Non è ancora così facile. La Terra è terribilmente densa. Questa non sarà una cosa facile. Inoltre, è disgustosamente difficile viaggiare tra la 3° dimensione, la 4° dimensione e la 5° dimensione della Terra. E' incredibilmente difficile tornare dalla 5° dimensione dopo essere stato lontano per qualche tempo. Questo è uno scopo. Il suo problema è servizio a se stesso. Non ha mai davvero compreso la differenza tra servizio a se stesso e servizio agli altri. Sai, servizio a se stesso, servizio a famiglia e amici, questo viene considerato servizio sulla Terra. E servizio è un termine vago. Questo è difficile.

* * *

Durante un'altra seduta, una cliente vide una terra desolata. Il terreno era secco e arido. Gli alberi non avevano foglie ne rami, quasi come se fossero stati bruciati. Alcuni erano piegati e danneggiati. Quando stava entrando sulla scena, vide un dinosauro, ma successivamente non vide nient'altro eccetto questa zone arida e desolata. Poi trovò un piccolo villaggio accovacciato tra due montagne dove c'erano i fiori. Questo significava che le cose stavano iniziando a crescere ancora. Successivamente quando chiesi al subconscio, disse che questo era il periodo successivo alla distruzione dei dinosauri. Chiesi com'era successo. Dissero che l'unica cosa visibile era un potentissimo, enorme vento di distruzione che eliminò ogni cosa sul suo cammino. Accadde solo in certe aree, perché i sopravvissuti, stavano vivendo in una zona ad alta quota che non era stata toccata. Il resto dei dinosauri alla fine vennero decimati, perché dopo questo eventi non erano rimaste molte risorse. Non avevano molto da mangiare e non potevano adattarsi ai cambiamenti climatici come avevano fatto gli altri animali e gli umani.

Quel vento di fiamma poteva forse provenire dall'esplosione di quel pianeta? O forse c'è stato qualche altro evento lungo la tumultuosa storia della Terra? Nel mio libro The Legend of Starcrash è descritto un clima completamente diverso nella regione dell'Alaska Canada prima che qualcosa di violento ebbe luogo creando grandi venti, terremoti e il capovolgimento dell'asse Terrestre.

* * *

Questo è un commento... una donna venne dalla Francia volendo multiple sedute. E durante l'ultima seduta, stava parlando di parlare a colore che sono dell'energia Venusiana, gli esseri che venivano da Venere. Descrisse come, molti, molti, moltissimi anni fa, Venere era proprio come la Terra ed era abitata da esseri fisici. Viene chiamata la "Il Pianeta Sorella della Terra", ma l'atmosfera e tutta la gente vennero distrutti a causa di disastri naturali, non a causa della guerra. Quando questi disastri naturali ebbero luogo, il pianeta si scaldò. Non era chiaro se questo era stato causato dalla distruzione della barriera d'ozono. A quel punto la gente transitò in un'altra dimensione in cui non avevano bisogno del corpo fisico. Esistettero e si evolsero da quel punto. Venere non è più abitabile e non si può più abitare, perché fa troppo caldo. Ma la gente – le loro anime, presumo che possiamo dire – fecero la transizione allo spirito. Apparentemente, si potevano anche reincarnare.

* * *

Stavo finendo questo libro quando incontrai un altro caso della distruzione di un pianeta. Pensai di doverlo includere, piuttosto di aspettare il prossimo libro.

La prima parte della seduta era confusa, perché Adele non era sicura di cosa stesse vedendo. Le sembrava come luce solare che filtrava attraverso alberi dalla corteccia argentata. Era molto buio e pacifico, perché gli alberi avevano iniziato a chiudersi sopra di lei e ad oscurare il cielo. Poi sembrava che fosse dentro ad una caverna. "Sono già stata qui. E' come l'imbrunire dopo che è sceso il sole. C'è luce. Puoi vederlo. E' la stessa luce, non importa quanto vada in profondità. Ho la sensazione che potrei anche essere sottoterra. Non so da dove provenga la luce. Mi sento al sicuro. "Non puoi stare male lì giù" A quel punto iniziò a piangere: "Sono a casa. Ma... non c'è più! Non dovrei essere li, non penso. So di non poter restare li. Mi rende triste. Non penso che esista' più. Penso che sia sottoterra, dove si può essere al sicuro. E' sempre più sicuro sottoterra."

D: Ma questa è una bella sensazione, vero?
A: Non quando non puoi più tornare a casa. Quando non c'è più. (Emotiva) Mi fa star male. Non so dove sono adesso. Non è là! (Singhiozzando) Non c'è più. L'unica cosa che è rimasta è questa luce unica.

Le chiesi di tornare indietro nel tempo, per scoprire cos'era successo.

A: Sono forme. Come piramidi sulla cima, sentire che passano. Tutta la stessa luce, argentea, argento.
D: Le piramidi sono... a punta in giù, vuoi dire questo?
A: Si. Sono invertite. E' bella grande alla cima. E' scuro lassù. I lati non sono lisci. Sono come vene e foglie di alberi, solo che non sono foglie. Non so cosa sia, ma s'illumina mentre cammini. E' come se stessi passando in mezzo. (Faceva fatica ad esprimersi) Sto attraversando, qualcosa come un tunnel. Non è un tunnel, tunnel. Dovrebbe essere rotondo, ma non lo è. Ha il lati arrotondati. Sono come vene o qualcosa che ogni tanto va verso il fondo. Dove esce è fluorescente. E' luminoso. Non brilla. Illumina, giusto per vedere. Non vedo fino a dove va perché la luce è così intensa, che non si riesca vedere nient'altro. Adesso è come fumo che si contorce a spirale.

C'era qualcosa che stava disturbando Adele, e non voleva vederlo più. Le chiesi di diventare consapevole del suo corpo, e questo la rese ancor più insofferente. "Non so se ho un corpo. Un volto? Non so chi sono! Non ho piedi. Fluisco. Questo è ridicolo. Questo non può essere! Ho bisogno di avere i piedi. Sembra che io stia fluttuando, ma questo è ridicolo. Non so se sto davvero fluttuando o se me lo sto inventando.

D: Non è forse un modo più facile di spostarsi?

A: Eh, si, ma dovrei avere un corpo.

D: Come ti senti?

A: Al sicuro. (Ridacchiò) Non ho bisogno di tenere connesso. Cambia e si muove, ma è come il fumo. E' tutto in un posto e posso muoverlo in qualsiasi direzione senza girarmi. Sento che tutto si sposta. Sembra muoversi molto velocemente. Mi sento come se fosse un polipo che si muove, credo.

D: Ci si deve sentir bene ad essere senza restrizioni, no? (Si) Puoi muoverti e fluire ovunque tu voglia.

A: Si, ma adesso è finito.

D: Questo luogo?

A: Si, non c'è più. Siamo uno col tutto; parte dell'Uno. Sono andata altrove, ma non so dove sono. Dovrebbe esserci il colore! Questo è principalmente argento grigio, e mi sembra di muovermi più velocemente.

D: Ma il luogo sottoterra – quello che chiamavi "casa" del quale eri molto felice – avevi detto che no c'era più?

A: Era esploso. Gliel'avevo detto. (Sigh) Volevano sempre di più. Non era mai abbastanza.

D: Di chi stai parlando? Chi voleva di più?

A: (Emotiva) Gli altri sulla superficie. Perché non potevano essere soddisfatti? Giocavano con il mondo. Oh, merda! Idioti!

D: Vivevi sulla superficie?

A: NO! No.

D: Vivevi sottoterra? (Si) Ma sapevi cosa stava succedendo là?

A: Lo abbiamo sempre saputo... ma nessuno ci credeva. Non volevano crederci. Volevano fare quello che gli pare, ma noi volevamo che lasciassero stare.

D: Avevi detto che stavano giocando col mondo?

A: Pensavano di avere tutto sotto controllo, ma non era così. Non era potere. Era un qualche cristallo. Era negativo. Voglio dire, era buono, ma era male perché volevano sempre di più. Bambini che giocano, ma adesso non ci sono più.

D: Per cosa usavano i cristalli?

A: (Emotiva) Stava attraendo energia dalle stelle. Glielo avevamo detto, no! (Iniziò a singhiozzare.)

D: Non è colpa tua. Non sapevi che ne avrebbero abusato, no?

A: Dovevamo saperlo che erano dei bambini! (Singhiozzando) Bisogna prendersi cura dei bambini! Non sanno cosa fanno. (Un lungo rantolo di dolore) Nooooo! Avremmo dovuto restare ed osservare. Gliel'avevo detto! Adesso è finito tutto.

D: Siete un gruppo, o sei da sola?

A: Siamo Uno. Noi siamo... uno. Uno – una mente collettiva. Molti, ma Uno. Ci chiesero delle informazioni. Se qualcuno fa una domanda, devi rispondere.

D: Ma non puoi accusare te stessa se loro l'hanno usato male. Non eri responsabile per le loro azioni.

A: Ma siamo tutti responsabile per le azioni altrui. Facciamo tutti parte del tessuto. Ciò che facciamo influenza gli altri. Ogni volta che un bambino spara con la pistola, è colpa nostra per avergli dato una pistola. Non è colpa loro per aver premuto il grilletto.

D: Questi esseri fisici che vivevano in questo luogo erano consapevoli di te? Erano a conoscenza del tuo gruppo collettivo?

A: Facevano delle domande. Sento: oracolo. Siamo uno, ma non eravamo uno. Eravamo una collettività.

D: Quindi l'oracolo lavorava con le informazioni e gliele passava?

A: Eravamo l'oracolo. Noi, noi, noi... sempre noi.

D: Richiedevano delle informazioni e voi gliele davate.

A: Non vedevamo alcun male in ciò che gli dicevamo.

D: Forse è impossibile conoscere ogni risultato. Perfino con il potere che avevate, forse non potevate anticipare ogni cosa che avrebbe potuto accadere.

A: Camminiamo in diverse direzioni. Ma tutto è finito. Pezzettini sparpagliati in tutte le direzioni che girano su se stessi. Penso che abbia avuto un effetto sulla collettività. Ha strappato il tessuto. Tutto è andato.

D: Era un pianeta o cosa? (Ansimava e si lamentava.) Perché hai detto che c'erano pezzi che andavano in tutte le direzioni.

A: Non posso dirtelo. Semplicemente era. Non so cosa fosse. Non so dove sia. E' sparito. Piccole stelle – tutto frantumato. Ci son rimasta per un po'. Rimasi li. Non so dov'era il resto di noi. E' come se... Io fossi con i pezzetti.

D: Dove sei andata dopo di questo?

A: Persa. Sono persa. Mi sento persa. Non posso andarmene però. Non posso andarmene da là per un po'.

D: Perché ti senti ancora responsabile per quei pezzetti?

A: Eravamo responsabili; tutti noi. Devo restare per un po' e cercare di chiamare gli altri. Sto cercando di farci tornare tutti uniti ancora una volta. Non ho la sensazione d'essere ancora sul mondo. Mi sento squarciata.

Posso capire perché si sentisse così sconvolta a proposito di ciò che era successo al mondo di cui era ovviamente responsabile, ma volevo portarla via da là. La spostai avanti fino al momento in cui aveva deciso dove andare successivamente.

A: C'è un cordone argenteo. (Ridacchiando) Ci sono degli arcobaleni dentro. Non so dove stia andando, ma penso che andrò la. L'ho seguito. Sembra quasi un wormhole e spunto così, ma io ero così stanca. Salgo su per il wormhole e poi mi sdraio per riposare. Non so dove... ma mi piace. Non voglio tornare fuori. Mi fa così male. Sono in uno stato d'incubazione.

D: Quindi non sei più quell'energia connessa a quella collettività?

A: No, non so dove siano andati. Li ho persi. Sono così stanca.

Questo era molto confuso e poco chiaro. Però pensavo che fosse Entrata in un feto e si stesse preparando per la nascita. Decisi di far parlare il subconscio per ricevere risposte e chiarimenti.

D: Questo era piuttosto confuso. Era sottoterra e divenne molto emotiva a causa di qualcosa che era successo sulla superficie. Perché avete scelto di far vedere queste cose ad Adele?

A:Informazioni. Le informazioni che ha paura di raccogliere. La paura di causare un'altra catastrofe. No fare alcun male. Ha paura dei risultati di questa conoscenza. La conoscenza è potere.

D: E' vero. Sta tutto nella modalità d'uso della conoscenza. Lei faceva parte di cosa?

A: E' difficile da spiegare, amenoché non si prendano le dita di una mano. L'intera mano è ciò che le dita sono. Ecco cos'era, eccetto che c'erano più dita. Erano tutti connessi tra di loro e lavoravano come un'unità. Un'unica mente; una mente. Ascoltavano e analizzavano ciò che sentivano.

D: Questo potrebbe essere simile a ciò che siete, il subconscio?

A: Si, eccetto che ci sarebbe il subconscio come un dito di multiple mani. Più come un polipo che una mano. Come un agente chimico capace di operare da solo, ma anche in connessione al corpo intero. E' difficile.

D: E' sempre difficile spiegarsi. Cerca di fare del tuo meglio.

A: Sarebbe come una collezione di... frustini tutti appesi, legati assieme. E tutti questi frustini pensano gli stessi pensieri. Analizzando ogni pensiero, mettendo la propri parte nel gruppo, e alla fine c'è questo – esplosione d'energia che è pensiero – ma ognuno capace di pensare. E nessun fattore di distacco. Forse non tanto connesso alla collettività quando ne avesse avuto bisogno d'esserlo. Ed è per questo che comunicavano, rispondevano alle domane indiscriminatamente, perché la conoscenza era solo conoscenza.

D: Erano privi di giudizio. Semplicemente dicevano ciò che sapevano.

A: Gli venivano fatte delle domande e rispondevano. Non c'era alcun giudizio. Semplicemente analizzavano le informazioni e anche se consapevoli delle potenziali ripercussioni, non c'era modo di sapere cosa sarebbe successo. Almeno finché non gliel'avessero detto e il processo non fosse iniziato. Ma le altre energie cercarono di fermarli dicendogli che ripercussioni avrebbe avuto il loro messaggio. Vennero denigrati e chiamati: "inutili". Vennero denigrati con molte parole che qui non hanno alcun senso. Per dirgli che erano inutili. Che avevano fatto la loro parte e che potevano tornare alla loro caverna. La gente disse loro che li avevano superati e che non avevano più bisogno di ciò che potevano offrire. La collettività li avverti che se avessero continuato ciò che stavano facendo, sarebbero finiti col distruggere ogni cosa. E la gente gli disse che si sbagliavano e che non volevano saperne più niente di loro. La collettività, avendo fatto apparentemente ogni cosa possibile, si ritirò e attese. Pensavano di saperne di più. – Però non so cosa sia la collet-tività. Questo è molto interessante, perché sono e non sono.

D: Cosa vorresti dire?

A: Non so quanto sia reale... erano energia. La collettività non era come la gente.

D: La gente decise di prendere le informazioni ed usarle nella maniera sbagliata.

A: Si, erano avidi. Volevano di più.

D: E Adele faceva parte della collettività in quel momento. (Si) Ma non era colpa sua, vero?

A: Si sentiva come se lo fosse. Si sentiva di non averli educati abbastanza e che se solo avesse fatto un po' di più, le cose sarebbero andate bene. C'è molta tristezza per questo

D: A dire il vero, dal tuo punto di vista, puoi vedere se c'era qualcos'altro che lei potesse fare? Voglio dire, non proprio colpa sua. Lei non è certo responsabile.

A: Colpa è una parola molto sottile. C'è qualcosa di più profondo qui di cui siamo tutti responsabili, non solo per i nostri successi ma per i nostri fallimenti. Questo fa parte di ciò che siamo tornati a fare: il fatto che la colpa è come un bambino che dice "Non è colpa mia." Adele vede che si sono diversi strati. Che ogni persona contribuisce positivamente e negati-vamente, anche se lei lavora duramente per allontanarsi dalle negatività. E il suo errore è di sovracompensare. Qui ha molta paura di aver distrutto un mondo.

D: Lei non ha fatto niente, sono stati loro.

A: Si, ma senza le risposte alle domande, non sarebbero arrivati dov'erano. E lei è stata sciocca a rispondere alle domande dove avrebbe dovuto usare discernimento. Adesso si preoccupa del discernimento. Ti dimentichi che c'è il libero arbitrio. E il libero arbitrio ha due facce: la luce e l'oscurità; yin-yang. Una volta osservò un mondo distrutto – il suo mondo. Deve superare il dolore che ha sperimentato. E' davvero piena di giudizio di se stessa. Preferirebbe infilarsi in un buco e restare al sicuro. Non so cosa farà, ma so cosa dovrebbe fare. Dovrebbe uscire dalla sua caverna, dalla sua sicurezza. Non so se lo farà. La paura di fare qualcosa di sbagliato è opprimente, schiacciante, a volte la forza a diventare passiva piuttosto che doverci pensare, a causa del danno che era stato fatto. E' stato una cosa davvero orribile, perché non solo ha perso il suo mondo, ma anche la sua collettività. Perse ogni cosa. Era, per la prima volta nella sua esistenza, completamente sola. E senza la collettività, era vulnerabile e davvero incapace di comunicare. Era muta, sorda e cieca. Non c'era più alcuna sicurezza. Non era sola quanto lo fosse essere Uno senza la collettività. Perdi la tua forza, il tuo potere, la motivazione. Sei e basta. E l'unica cosa che poteva fare era sperare che il gruppo si riunisse, ma non fu così.

D: Lascia che ti faccia una domanda, forse non la vedo correttamente. Questa collettività era forse l'anima del pianeta che è stato distrutto? L'energia stessa del pianeta?

A: Chiamava se stessa la collettività. E' difficile identificarlo separatamente da ciò che era, ma penso che fosse parte del pianeta. Poteva funzionare con o senza, ma tornava sempre alla collettività del pianeta.

D: So che i pianeti stessi sono vivi e pensavo che forse questa collettività fosse quella coscienza.

A: Penso che forse fossero un livello sopra. Voglio dire, erano consapevoli degli altri. Ne facevano parte, ma ne erano sepa-rati e potevano parlare agli altri. Non penso che il pianeta potesse parlare agli altri, ma poteva parlare con la collettività e la collettività poteva rispondere. Questo mi sembra giusto.

D: Ecco perché sarebbe separato da ciò che siete voi. Questa era una collettività isolata, se così la possiamo definire.

A: Si, questo sembra avere senso.

Adele ebbe molte vite sulla Terra, ma era da moltissimo tempo che si teneva dentro questa tragedia. La stava ancora influenzando e la bloccava dal raggiungere il suo pieno potenziale. Dovetti lavorare con il subconscio per un bel po' al fine di permettergli di lasciare andare. Per lei era arrivata l'ora di andare avanti con il lavoro che era venuta qui a fare. Tutto questo l'aveva limitata troppo a lungo. Ci sarebbe voluto molto coraggio perché potesse fare dei cambiamento drastici nella sua vita.

SEZIONE SETTE

LA NUOVA TERRA

CAPITOLO VENTINOVE

IL CAMBIAMENTO IN ARRIVO

Durante un seminario a Chicago nel 2006, stavo discutendo l'evoluzione della Nuova Terra. Stavo descrivendo la visione che Annie Kirkwood ebbe della Terra, mentre si divideva in due e come durante la separazione la gente di un pianeta non era consapevole di cosa stesse succedendo alla gente sull'altro pianeta. Coloro che avevano elevato la loro frequenza e vibrazione sarebbero ascesi alla Nuova Terra, mentre si evolveva ed elevava in un'altra dimensione. Diventando così invisibili per chi "rimaneva indietro." C'erano parecchie cose che mi disturbavano a proposito di questo concetto. A causa della mia grande curiosità, voglio trovare sempre delle risposte. Sentivo che c'erano degli incogniti, dei buchi che dovevano essere riempiti. Elementi che dovevano essere spiegati. Alcuni partecipanti fecero la domanda relativa a come potrebbe succedere e a come potevano gli individui di una Terra non essere consapevoli di cosa stesse succedendo sull'altra. All'improvviso ebbi una rivelazione; un pensiero che poteva essere il barlume di una comprensibile spiegazione. È sempre saggio fidarsi di questi barlumi d'intuizione e conoscenza perché spesso provengono dalle nostre guide. In questo caso, poteva provenire dalla stessa Sorgente che condivide con me tutte le informazioni che ricevo attraverso i miei pazienti. All'improvviso dissi: "Ho appena visto una possibile spiegazione."

Precedentemente durante il seminario avevo accennato alla teoria degli universi paralleli e alle vite create dalle nostre decisioni e dai nostri pensieri. Nel Libro Primo [della serie Convoluted Universe] presentai una teoria di cui non avevo mai sentito parlare, e che mi dava il mal di testa al solo tentativo di comprenderla. Brevemente, dice: ogni volta che un individuo deve prendere una decisione, solitamente si trova di fronte più di una scelta. Questo è ciò che io definisco "Giungere ad un bivio". Deve decidere se andare in una direzione o nell'altra. Potrebbe essere la decisione di un matrimonio, di un divorzio, di un lavoro, qualsiasi cosa. Deve considerare ogni scelta, utilizzare una gran quantità d'energia nel decidere su quale sentiero indirizzarsi e poi prende una decisione. Tutti hanno sperimentato questo tipo di "incroci". Sappiamo che se avessimo deciso di andare nella direzione opposta, le nostre vite sarebbero state completamente diversa. Abbiamo deciso di andare in una direzione. Ma cosa succede all'energia che abbiamo indirizzato nella direzione delle altre decisioni che non abbiamo scelto? Anche quelle diventano una realtà! Un altro universo o dimensione viene istantaneamente generato per esprimere le altre decisioni, e anche un altro "voi" viene creato per esprimere quegli scenari. Questa era la spiegazione semplice, perché non succede solo quando dobbiamo prendere delle decisioni importanti. Può succedere ogni singola volta che dobbiamo fare una scelta, che sia piccola o grande. Ogni volta che prendiamo una decisione un altro universo o dimensione viene creato istantaneamente, così che anche le altre scelte possano diventare reali e un altro "voi" si separa per portarle a fruizione. Sono tutte reali proprio come la vita attuale su cui ci stiamo focalizzando. Non siamo consapevoli di queste altre parti di noi stessi, ed è saggio non esserlo. Le nostre menti umane non sarebbero in grado di gestire tutto ciò. Mi è stato detto che il problema non è nel cervello, ma nella mente. Semplicemente, non ci sono abbastanza concetti nella nostra mente umana per permetterci di comprendere la complessità di tutti questi scenari. Ecco perché non ci sarà mai permesso di avere tutte le risposte, non saremmo in grado di comprendere. Quindi "loro" (nella loro saggezza) scelgono quali pezzettini condividere con noi durante questo periodo di risveglio, così che riusciremo ad espandere la nostra conoscenza. Mentre le nostre menti si espandono per assimilare nuove idee e teorie, ci daranno altri piccoli pezzettini d'informazioni. Personalmente sono grata per i pezzettini che ho ricevuto. Questo dimostra che le nostre menti si stanno risvegliando. Questa è l'unica maniera per riuscire a gestire l'idea che il nostro pianeta sta cambiando frequenza e vibrazione al fine di trasferirsi in una diversa dimensione. Quando ho iniziato il mio lavoro, una trentina d'anni fa, non sarei mai stata in grado di comprendere le informazione che sto ricevendo adesso. Questo mi dice che sono cresciuta e posso vedere questa crescita riflessa nei libri che ho scritto durante tutti questi anni.

La rivelazione che ricevetti durante il seminario a Chicago, che poteva spiegare la ragione per cui la gente su una Terra non sarebbe consapevole della gente sull'altra Terra; era connessa al concetto della creazione di dimensioni e universi paralleli. Solo ad un livello macrocosmico. Una Terra andrebbe nella direzione di una decisione o scelta, e l'altra Terra andrebbe in un'altra direzione. Ognuna fruirebbe di una decisione alternativa. Sta ad ogni individuo sulla Terra decidere personalmente quale sentiero seguire. L'energia è qui, sta diventando più forte e sta trasformando i nostri corpi a livello fisico. La nostra stessa frequenza e vibrazione si sta alterando, ma io credo che stia solo a noi decidere verso quale Terra graviteremo, grazie al libero arbitrio. La differenza principale qui sta nel fatto che non sia mai successo prima d'ora a questo livello macrocosmico. Mai nella storia dell'universo un intero pianeta ha trasferito la propria frequenza e vibrazione per passare ad un'altra dimensione. Questa è la ragione per cui viene ritenuto lo spettacolo più grande di tutto l'universo. Tutti da molte altre galassie e dimensioni stanno osservando per vedere cosa accadrà.

UN CAMBIAMENTO PRECENDE

Ho ricevuto una quantità spropositata d'informazioni relative ai cambiamenti futuri. Ne ho parlato profusamente nel secondo libro dalla mia serie The Convoluted Universe. E tuttavia continuo a ricevere nuove informazioni. Questo è il nostro destino, il nostro futuro. In questa seduta, ho ricevuto un altro capitolo della storia. Tutti questi cambiamenti hanno già avuto luogo sulla Terra precedentemente. Gruppi d'individui in passato sono stati in grado di spostarsi, in massa, in un'altra dimensione. Di solito, questi sono gruppi d'individui avvolti dal mistero perché semplicemente scompaiono, lasciando nessuna traccia per comprendere cosa avvenne alla loro civilizzazione. Ci sono molte speculazioni, e i cosiddetti "esperti" hanno presentato diverse teorie. Ma in pochi hanno considerato la possibilità che se ne siano andati da questa Terra, e siano entrati in un'altra dimensione non lasciando alcuna traccia. I Maya sono uno degli esempi principali, proprio come alcune tribù d'indiani del Nord America. Mi è stato detto attraverso le regressioni, che questi gruppi erano molto avanzati nel loro sviluppo e decisero di cambiare vibrazione e trasferirsi in massa. Mi è stato detto che questa fosse la spiegazione più logica riguardo alla conclusione del calendario Maya nel 2012. Se nella loro condizione avanzata, sono stati in grado di riuscirci, dovevano aver avuto la capacità di vedere nel futuro che l'intero pianeta sarebbe riuscito a seguirli ed a compire lo stesso balzo. Sarebbe stato un evento di proporzioni perfino superiori a quello che loro avevano raggiunto. Così lo inscrissero nel loro calendario, come il tempo in cui l'intero pianeta ed ogni cosa in esso cambiò frequenza e si spostò nell'altra dimensione, portando con sé ogni forma di vita. Queste cose mi sono state dette, e sembravano ragionevoli. Tuttavia, non mi aspettavo di osservare una regressione in cui qualcuno ritornò ad una vita in cui avevano sperimentato qualcosa del genere. Questa donna fu in grado di descrivere qualcosa che finora siamo solo stati in grado di speculare. Era un altro pezzo del puzzle condiviso da una voce del passato. "Loro" si stavano assicurando che ricevessi tutti i pezzi. Il mio lavoro era quello di organizzarli ed disporli in modo coerente.

Dopo aver sperimentato una morte accidentale durante il periodo Romano, Suzanne guardò verso il basso e vide che la strada su cui stava comminando era una spirale. "Sembra essere la strada, ma è anche un metafora. Quasi come queste conchiglie che tagliano a metà [nautilus]. Sono un bell'esempio. È come se guardando alla spirale si ricevesse qualche intuizione sull'Universo ed una comprensione profonda di ciò che fa muovere le cose. Osservando la tua posizione sulla spirale, osservando come la spirale si adatti nell'Universo e nel tempo."

A quel punto la spostai oltre la scena della morte e le dissi di spostarsi altrove, in avanti o indietro, verso qualcosa che fosse importante per lei da osservare. "Sono di fronte ad una scala di legno, con un parapetto in legno, posizionato sulla sinistra. C'è una struttura lunga, dritto davanti a me, ma non c'è nessuno là. È come se fossi in un forte e stessi guardando fuori dalle mura di protezione. È costruito sul lato di una montagna, ma molto intelligentemente hanno scavato nella montagna. Lì all'interno si trova la parte principale della struttura. Questo è un luogo degli Indiani d'America e sento che si trova a livello eterico o da qualche parte a livello astrale. Oppure, adesso potrebbe essere nella quinta dimensione, sicuramente non è più nella terza dimensione."

D: Non è fisico?

S: Sembrerebbe essere fisico, semplicemente non sul piano terrestre. Sembra quasi che la Terra stia vibrando altrove. Come se ci fosse una copertura dimensionale sopra la Terra, all'interno della quale si trova questo luogo. In passato potrebbe essere stato in terza dimensione, ma ha aumentato la vibrazione e adesso è quasi qualcosa di parallelo o connesso alla Terra, ma non la Terra in terza dimensione.

D: Questo luogo ti sembra familiare?

S: È casa mia.

D: Quella dimensione?

S: Si, ed è quasi come la Terra visto che ci sono alberi, rocce e sicuramente mi trovo tra le montagne. Assomiglia molto al Sudovest d'America, è piacevole qui. Il mio lavoro e i miei interessi ruotano attorno alla cose spirituali e alla guarigione.

D: Come descriveresti il tuo corpo?

S: Ho la sensazione di essere un uomo, e sono giovane—non sono vecchio ancora, forse intorno ai trent'anni. Ho molta esperienza, sto facendo il mio lavoro e sono molto atletico.

D: Come sei vestito?

S: Molto semplice. Un qualche materiale intrecciato, è molto pratico, direi che è una tunica, molto semplice.

D: Ma dicevi che non ti sembra di essere sulla Terra.

S: No, non è la Terra, ma è connesso alla Terra.

D: Ma hai un corpo fisico? (Si) Allora come fai a raggiungere questo luogo se non è sulla Terra? Puoi osservare e descrivere come ci arrivi?

S: Ora sembra che sia tutto molto naturale, proprio come sulla Terra. La gente nasce e cresce. Ma stavo cercando di vedere se, forse ad un certo punto, eravamo sulla Terra e poi le cose sono cambiate in qualche modo. Forse è successo proprio così.

D: Hai detto che aveva a che fare con la Terra in qualche modo. Cosa volevi dire?

S: Penso che siamo consapevoli della Terra, quasi come se fossimo in un'altra dimensione. Quindi o la percepiamo da dove siamo, oppure una volta facevamo parte della Terra e ci siamo spostati in qualche modo.

D: Quindi se vi siete spostati dalla Terra, allora vi siete tirati dietro questo luogo fisico?

S: Sembra quasi che la banda di persone—dico "banda" perché non ci sono tante persone qui. In ogni caso, siamo riusciti a raggiungere un punto in cui le frequenze cambiano, come se fossimo andati tutti verso una nuova esperienza, come quando la gente fa le cose in gruppo. Ma fu come se l'intera società fosse stata in grado di trascendere.

D: Quindi fu un fenomeno intenzionale? (Si) Era qualcosa di cui avevate parlato?

S: Ne parlavamo e ci lavoravamo. La gente aspirava a riuscirci.

D: Quindi non tutti ci riuscirono, solo un certo gruppo della tua gente?

S: Tutta la gente che conoscevamo ci riuscì. Eravamo una tribù Indiana e sapevamo che c'erano altre tribù intorno a noi, ma non facevano parte del nostro mondo, società terrestre. Eravamo da soli e ci preoccupavamo solo di ciò che accadeva a noi stessi.

D: Come ci siete riusciti? Vi fu insegnato?

S: Ci furono degli insegnanti per alcune generazione: i saggi. Ricevevamo insegnamenti attraverso la meditazione. Era uno sforzo collettivo, forse poche centinaia di persone, ma quello era il nostro mondo. Presumo che avessimo già iniziato a sperimentarlo prima dello spostamento. Andavamo e torna-vamo individualmente o in gruppo. L'energia venne aumentata, riuscimmo a sperimentarlo e poi ritornammo qui.

D: Come facevano a sapere che sarebbe successo?

S: Me lo stavo appunto chiedendo. Sembra quasi che la gente lo sapesse e basta, può darsi che qualcuno glielo avesse detto. Adesso ho la sensazione che forse non eravamo nemmeno originari della Terra, ma che eravamo venuti sulla Terra per creare una colonia. Tuttavia sapevamo di poterci muovere e trasportare mentalmente.

D: Perché volevate fare qualcosa del genere?

S: Ritengo che fosse per motivi d'esplorazione o solo per vedere se era fattibile. Siamo venuti, abbiamo fatto l'esperienza della terza dimensione, ci siamo spostati e poi siamo rimasti in una dimensione diversa.

D: Quindi non c'era alcuna ragione per lasciare la Terra, l'esperienza della terza dimensione?

S: No, nessun pericolo imminente.

D: Stavo pensando che se eravate felici qui nella terza dimensione, o sulla Terra, non avreste avuto alcun bisogno o desiderio di muovervi o spostarvi.

S: Questo mi fa sorridere. La natura spirituale è quella di voler imparare, anche quando le cose vanno bene. Ti chiedi sempre: "Hmm, cosa c'è dietro l'angolo, cosa c'è da esplorare?"

D: Nella terza dimensione, eravate un gruppo spirituale?

S: Sicuramente. Avevamo molto rispetto per la Terra e le sue forze.

D: Ma non avete alcun desiderio di restare qui. (No) Quindi avete deciso di fare il salto tutti assieme contemporaneamente? (Si) Avevi detto che andavate e tornavate.

S: Inizialmente, si. All'inizio stavamo cercando di uscire. Dopo aver fatto pratica, siamo riusciti ad andarcene tutti assieme. Vedo una pietra blu, lapis-lazuli. Sembra connessa al luogo delle nostre origini, e n'è un simbolo. Proprio, come il turchese lo è per gli Indiani del Sudovest e i Tibetani. Lapis-lazuli in qualche modo è connessa a questa gente. Sembra quasi che provengano da qualche altro luogo nel cosmo.

D: Quindi non erano originari della Terra?

S: Penso che lo fecero prima del nostro tempo, ma non prima della generazione dei nonni.

D: Ti hanno raccontato qualche storia di cosa accadde?

S: Sicuramente, ma non me le ricordo.

D: Forse questo è ciò che ha reso semplice spostarsi nell'altra dimensione?

S: Forse. Sicuramente la conoscenza. Ma c'è da dire che le persone, sicuramente, sono più intelligenti di quello che credano. Tutti sanno come farlo, ma forse non sanno che lo fanno.

D: La tua gente portò il proprio corpo fisico e ciò che lo circondava. Giusto?

S: Non ne sono sicuro. Penso che abbiano manifestato delle circostanze simili oppure che si siano spostati in un'altra dimensione che già aveva tutto ciò.

D: Ti piace lì?

S: Sono più entusiasta per il processo educativo. Il "lì" non importa. L'entusiasmo è per ciò che imparerò. Sono un pensatore molto attivo.

D: Dovete mangiare lì? Dovete consumare del cibo?

S: Mangiamo, ma sembrerebbe che il cibo sia più leggero, più vibrazionale. Dura più a lungo dentro di noi, per noi. Le necessità non sono grandi.

D: Quindi non volete tornare sulla Terra?

S: Siamo andati avanti. Mi sembra che sia il passo successivo per la nostra evoluzione.

Lo spostai in avanti per vedere se fosse successo qualcosa d'importante in quel luogo. Mi sembrava un luogo così idilliaco, cos'altro poteva esserci di significativo?

S: Vedo che ci stanno chiedendo di tornare. Adesso sto piangendo. Ci stanno chiedendo di tornare sulla Terra.

D: L'intero gruppo?

S: Alcuni di noi. Conosciamo alcune cose che potrebbero essere d'aiuto per le persone e abbiamo molta compassione per loro.

D: Ma non vuoi tornare?

S: Si e no. È come fare quel primo viaggio d'esplorazione. Si, ci vuoi andare, ma ti senti diviso. È triste andarsene di casa. Siamo persone molto amorevoli, compassionevoli e desideriamo condividere con gli altri.

D: Ma questo luogo non è come il lato dello spirito, vero?

S: Non completamente. Sembra essere un'altra esistenza fisica, ma meno densa. Non completamente spirituale, non penso.

D: Non è come il lato dello spirito dove si va quando si muore e si lascia il corpo.

S: Non saprei, sembriamo essere piuttosto eterni. Ci siamo spostati oltre al fisico, dove saremmo potuti morire, siamo in un luogo o frequenza dove non è necessario morire. Ritengo che ci siamo riusciti, tipo una transizione perfino della nostra struttura molecolare, del nostro corpo. Riteniamo d'essere diventati una forma di spirito.

D: *Vorresti dire che siete cambiati in qualche modo?*

S: Si, ci fu una trasformazione quando ce ne andammo. Penso che ci siamo portati dietro i nostri corpi, che erano cambiati, e quindi li abbiamo portati con noi.

D: *Hai detto che avete cambiato la struttura molecolare?*

S: Si, completamente. Si.

D: *Era l'unica maniera per fare il cambiamento?*

S: Penso che avremmo potuto morire, ma non saremmo stati in grado di farlo in massa. In vero, avremmo potuto morire in massa, ma questo era un esperimento. Era la fusione di una mente di gruppo della terza dimensione. Capisco, era il primo passo verso dove possiamo andare adesso.

D: *Quindi era un gruppo che inizialmente stava sperimentando.*

S: Si. Ritengo che ci fossero altri che stesso provando altre metodologie, questa era la nostra.

D: *Non eravate insoddisfatti della Terra, volevate solo provare qualcosa di diverso, più spirituale.*

S: Entrambi sono egualmente spirituali, ma ritengo che ci siano meno restrizioni oltre la terza dimensione. Ci sono dei vantaggi.

D: *Quindi qualcuno vi stava dicendo che dovevate tornare?*

S: No, non dobbiamo. Piuttosto è una chiamata, c'è una necessità, c'è un'opportunità

D: *Come fate a saperlo?*

S: Ne abbiamo parlato, anzi, era telepatia mentale. Ci viene comunicato, tutti lo sanno. È come se le cose fossero peggiorate sulla Terra da quando ce ne siamo andati. Da quando siamo andati avanti, le cose sono cambiate.

D: *Quindi avete il modo di sapere cosa sta succedendo sulla Terra?*

S: Si. Ecco perché ti dicevo che siamo connessi. Siamo in grado di conoscere queste cose. Ci sono dei processi mentali olografici ed ognuno di noi può sintonizzarsi. Direi che tutti sono in grado di sintonizzarsi verso ciò che vogliono. C'è una relazione tra la nostra gente e la gente che è rimasta sulla Terra. E' come se qualcuno avesse quest'idea, qualcuno riconosce una necessità per la quale noi abbiamo delle informazioni. Ma adesso è il momento.

D: *Lo avete già fatto, quindi sapete come sperimentarlo.*

S: Si. Oh, c'è un grosso vantaggio nel fare esperienze pesanti sulla Terra.

D: Quindi cosa vorresti fare?

S: Oh, ovviamente andrò. Si, ritengo di poter essere utile là.

D: Non t'importa lasciare quel luogo meraviglioso?

S: Si, certo. (Rise) Ma non si può essere sia qui, che lì allo stesso tempo.

D: Sai come farai tutto ciò?

S: In qualche modo ritornerò come un bambino. Non riesco a vedere se siamo connessi nell'anima o se c'è una fusione di coscienza. Ma è una vera e propria esperienza. Quindi da qualche parte, ti connetti ad un feto. Mi sento come se la nostra intera attiva coscienza stia andando.

D: Quindi cosa succede al tuo corpo dall'altra parte?

S: Non sono sicuro che sia un corpo, adesso — o solo coscienza, coscienza vibrazionale. Energia.

D: Quindi la tua coscienza rientra in un bebè?

S: Si, mi sembra di si.

D: Questo significa ripartire tutto da capo, vero?

S: Si. Beh, quasi.

D: Ma è importante. Pensi che la stessa cosa succederà ancora alla Terra?

S: Cosa sarebbe la stessa cosa?

D: Hai detto che eri qui per mostrargli come

S: Le cose sono molto tristi qui. La gente ha dimenticato, o non ha mai imparato, le lezioni fondamentali. Penso che debbano imparare le lezioni dell'amore e della compassione. Non importa in che dimensione tu sia, la lezione sembra essere sempre la stessa: siamo amore e proveniamo dall'Uno Creatore. La gente rimane bloccata in miriadi di modi diversi nella sopravvivenza.

D: Quando torni come un Bebè, ti ricordi cosa dovresti fare?

S: È programmato. Sento che ci sono dei programmi che si attiveranno. Si, ci dimentichiamo, è a causa di una nuvola. Tuttavia ci sono dei programmi che si possono attivare. È come se avessero un timer, che si attiva quando incontriamo persone o sperimentiamo circostanze: Terremoti, eruzioni vulcaniche, forti tempeste. Me lo sento in tutto il corpo, c'è come una chiamata che si attiva.

D: Quindi quando ci sono delle catastrofi terrestri, si attiva?

S: Si, quella è una delle cose. Io me lo sento in tutto il corpo con grande energia.

D: Così quando questi eventi terreni hanno luogo, attivano i programmi che sono negli umani? (Si) Quelli che sono tornati per questa missione?

S: Si, che hanno quel programma. Partecipare a cerimonie antiche ha lo stesso effetto.

Decisi che era ora di far emergere il SC per rispondere alle domande e spiegare le cose chiaramente. Anche se questa altra personalità di Suzanne stava facendo un'eccellente lavoro, mi suggerì di far emergere il SC, "anche se è tutto uno in ogni caso." Chiesi perché avesse scelto che lei vedesse quella vita.

S: Deve comprendere che prima di tutto lei è un esploratore, e si infilerà sempre in nuove situazioni. Questo periodo sulla Terra è un periodo d'esplorazione e non è finita.

D: Dove si trovava, sembrava essere un'altra dimensione.

S: È vero.

D: Aveva l'impressione che questo gruppo provenisse da un altro pianeta. Ne sai nulla?

S: Si, provenivano dalla Sorgente

D: Direttamente? (Si) Come un gruppo?

S: Non sono un gruppo. È una mente che sta cercando di fare esperienze, quindi si scinde. È la stessa anima, Suzanne comprende che le anime si scindono e vanno. Queste sono probabilità che hanno una loro vita propria. Tutto qua, e va bene così. Ma la barzelletta sta nel fatto che siamo tutti Uno.

D: Perché volevano vivere sulla Terra?

S: La Terra è molto speciale. C'è molto da imparare.

D: Ma poi hanno deciso di cambiare frequenza.

S: Venendo, entrando nel fisico e diventando dei precursori. È molto importante creare uno stampo, una traccia. Si può educare la gente circa gli eventi. Con i primi, è più difficile, ma poi diventa più facile. Avete un termine per questo: "la centesima scimmia", o quel che è. Diventa più facile per gli altri se c'è già un sentiero da seguire e il tempo è tutt'Uno. Quindi si è sempre saputo che ci sarebbe stato un tempo per la necessità di ascendere, o spostarsi, o trasformarsi, o trascendere.

D: È forse successo qualcosa che li spinse ad andarsene e provare questo esperimento?

S: Stavano esplorando come cambiare dimensioni e forma. Stavano davvero sperimentando come essere in terza dimensione, nel fisico, e poi prendere quel corpo e fare un cambiamento.

D: E portarsi dietro il corpo.

S: In questo caso, portarsi dietro il corpo, ed è ciò che fecero.

D: Ecco perché era un esperimento

S: Si, e quel modello è qui. Quella conoscenza è disponibile.

D: Era più facile per loro perché provenivano direttamente dalla Sorgente?

S: Si, suppongo che avessero molto più abilità, e in termini terrestri, avvenne molto velocemente. Ma dovettero fare qualcosa.

D: Non restarono qui abbastanza da rimanere contaminati. Sarebbe corretto dirlo così?

S: Non conosco contaminazione.

D: Sai come la gente rimane contaminata dalla Terra. Rimangono bloccati?

S: La Terra è pura bontà.

D: Suppongo che dovesse essere stato più facile per loro, perché non avevano molte interazioni con altri umani?

S: Solo tra di loro, che erano una mente unica. Si e questo offuscava la gloria del nostro risultato (ridendo).

D: Disse che eravate un gruppo Indiano?

S: Era un gruppo d'Indiani del tempo. Eravamo in tempi antichi.

D: Abbiamo storie di tribù Indiane che semplicemente scomparvero. Ci stiamo ancora chiedendo cosa fosse successo. Loro facevano parte di queste tribù? (Si) Così si sono portati dietro i loro corpi in un'altra dimensione, dove crearono ciò che volevano che fosse? Oppure era una dimensione dove tutto ciò di cui avevano bisogno già esisteva?

S: Nell'esperienza di andare, prima di diventare parte della terza dimensione e poi di non perdere mai la connessione con la Sorgente. In questo modo conoscere l'altro divenne possibile e spostarsi avanti e indietro, avanti e indietro, avanti e indietro creando un sentiero. Stavano sperimentando perché permisero a loro stessi di diventare molto densi. Ma avevano il vantaggio di mantenere sempre la conoscenza della Sorgente in spirito. Poi divenne un esperimento nel tentativo di cambiare la terza dimensione. Come elevare la vibrazione, come cambiare dimensioni, come riuscirci nel fisico, come portarsi dietro il fisico. Così in tutto questo andare e tornare, a volte c'erano già alcune cose al loro posto nell'altra dimensione. In un certo senso, a volte le creavano loro quando andavano nell'altra dimensione.

D: Lo fecero sembrare simile al loro luogo d'origine. (Si) Ma poi vennero invitati a ritornare?

S: Si. Faceva parte del piano. Prima si va in esplorazione, si crea un sentiero che altri possano seguire. Altri seguiranno, molti altri seguiranno. Sarà utile, ma qualcuno deve tornare e mostrare la via agli altri. Fallo, segui il sentiero che avevano costruito, senza che nessuno lo sapesse. Lei è tornata per aiutare gli altri affinché possano completare la transizione.

D: Ma Suzanne non lo comprende consciamente.

S: Non nell'entrare, no. Ma conosce sempre la Sorgente.

Le dissero che avrebbe viaggiato nel Sudovest degli Stati Uniti. "Nei canyon, nelle rocce, dov'è secco, dov'è altro. Allora la sua missione sarà più chiara. Ci sono ricordi nelle rocce e nell'osso. C'è memoria." Questa era la zona dove viveva la tribù prima che completasse il cambiamento.

Suzanne aveva viaggiato molto in tutte le parti del mondo. Volevo comprendere il significato spirituale dei suoi viaggi. "Lei stava lasciando un sentiero vibrazionale quando andò in giro a spirale così. Questo è il significato della spirale che ruota verso l'alto (vedi all'inizio di questo capitolo). Mentre camminava, lasciava l'impronta, che rimase codificata per coloro che sarebbero venuti dopo di lei, o che entrarono in contatto con lei. Questo codice attiva e insegna come anche loro possono ascendere il sentiero della spirale. Non ha bisogno di parlarne con la gente, viene trasferito energeticamente. Lei influenza centinaia, centinaia, centinaia, centinaia di persone solo passando per di lì. In ogni continente in cui è stata ha lasciato un'impronta. Vogliamo che segua la via a spirale. Lei lo sa, proprio come ogni cellula nel suo corpo. Diventerà chiaro per lei, è una spirale energetica."

Mi stavo chiedendo se questo fosse anche il mio caso. All'inizio del mio lavoro, mi era stato detto che avrei viaggiato molto in tutto il mondo, anche se in quel periodo avevo solo viaggiato negli Stati Uniti, per qualche conferenza. Mi era stato detto che ovunque sarei andata, sarebbe rimasta un po' della mia energia. Ma che questo non avrebbe diminuito la mia energia, sarebbe solo rimasta nella zona e avrebbe influenzato molte persone. Mi avevano detto che tutto ciò che avrei dovuto fare, era pensare al luogo che avevo visitato e la mia energia sarebbe immediatamente ritornata là. Le loro premonizioni vennero sicuramente esaudite, perché adesso posso dire di aver offerto seminari in quasi tutti i continenti del mondo, e i miei libri sono tradotti in venti lingue. Quindi l'energia è certamente in grado di diffondersi ed influenzare, anche se siamo completamente inconsapevoli di ciò che stia succedendo quando siamo in questi luoghi.

CAPITOLO TRENTA

AIUTO DURANTE IL PERIODO DI CAOS (LA VECCHIA TERRA)

All'inizio della seduta Anne vide scene dell'interno di un'astronave che viaggiava verso altri pianeti e altre scene sconnesse di cui non si sentiva in grado di parlare. Disse di poter rispondere a qualsiasi domanda relativa a cose che conosceva, ma non era sicura a proposito di ciò che gli era sconosciuto. Questa per me era una chiara indicazione che la mente cosciente non voleva perdere il controllo. Poi inaspettatamente: "Non mi sembra rilevante andare in questi luoghi o vedere queste cose. Ho la sensazione che qualcosa o qualcuno voglia parlare o dire qualcosa se gli fai delle domande."

Sono abituata a questo. A volte diventano impazienti e vogliono che il cliente vada verso qualcosa che deve vedere ma che cerca di evitare. O qualche volta c'è qualcos'altro di cui vogliono parlare. "E' questa persona, vuole parlare con te. Ci sono cose che ti devono dire attraverso di me." La assicurai che andava tutto bene e che ero abituata a questo.

D: Qualsiasi cosa che vogliano dirmi sarò molto felice di ascoltarla. Volete parlare con Anne e lavorare con lei o volete dirmi qualcosa d'altro?

A: Altre cose. Lei ha quell'abilità, ma sono permesse solo certe occasioni e certe località.

D: Non riesco a capire, perché non è sicuro in molti luoghi vero?

A: Ma è sicuro adesso. Noi la proteggiamo.

Li rassicurai che comprendevo la necessità di proteggere. "E' per questo che lei non dovrebbe parlare di queste cose a chiunque, giusto?"

A: No, non dovrebbe.

D: Potete dirle alcune delle cose che stava cercando?

A: Sono piuttosto un incipit, alcune cose vanno chieste nella maniera giusta.

Questo me l'hanno detto molte volte. Per riuscire ad ottenere le risposte le domande devono essere fatte in una certa maniera.

D: Benissimo. Lei dice che ha la sensazione di non provenire dalla Terra. Non si sente a suo agio qui, come se non fosse del luogo. Potete dirle qualcosa a proposito?

A: Lo sa che non è di qui. – Le domande che bisognerebbe fare hanno a che fare con altri argomenti che non sono così personali per lei, argomenti importanti in questo momento. E' importante che tu faccia domande a proposito di altri argomenti. Il suo desiderio è di offrire servizio ed ha bisogno di conferme.

D: Ma ha anche molte domande personali. Ecco perché volevamo iniziare con quelle.

A: Parte della crescita è di connettersi con le persone giuste per continuare il lavoro. Col tempo questo le è diventato evidente. Non è importante fare domande personali. – Si senti non avere raggiunto il suo obbiettivo. Questa è la sua principale, più grande frustrazione – che non sta facendo ciò che era venuta a fare.

D: Si, dice di sentirsi molto sola e continua a desiderare d'andarsene.

A: Vuole finire. Ha molte abilità e talenti ed ha la sensazione di doverli utilizzare in una certa maniera o nell'altra. E non lo può fare da sola.

D: Cosa volete che faccia?

A: Una delle cose è comunicare con te. Le tue domande dovrebbero essere orientate verso un altro argomento che ha a che fare con la comprensione.

Questo può diventare frustrante e succede spesso. Vogliono che parli di qualcosa in specifico, ma non mi dicono cosa. Vogliono che formuli domande su uno specifico argomento del quale non ho alcuna informazione. Mi aiuta quando perlomeno introducono l'argomento. A quel punto non mi mancano mai le domande.

A: Ci sono certi inneschi/incipit che si presentano quando incontra certa gente e connette con altra. Funziona come uno sblocco o un'apertura. E solo quando questi grilletti sono premuti, certe cose le diventano chiare. E' come se vivesse una vita segreta. E lei lo sa, non perché ha dei segreti, ma perché ci sono molte cose che non condivide. Dovette fare tutto da sola per molti, molti anni. Ma ha capito che molta gente non lo fa ed è incapace di correlarsi. Sa che fa parte delle difficoltà di questa vita – venire qui e restare isolati in un certo modo e dover internalizzare. E' quasi come essere in grado di vedere il futuro e non essere in grado di parlarne. E' molto frustrante. Come una comprensione della causalità fin da bambina e cercare di comunicare al loro livello quando ne sa di più. Sa che è un costante sforzo, pretendere di non vedere quando invece ci vede benissimo. Nel processo ci sono relazioni e lezioni da imparare. Ma si tratta anche di aiutare e portare consapevolezza.

Visto che questa era una delle sue domande, chiesi delle relazioni per vedere se avrebbe incontrato qualcuno. Ancora una volta non volevano discutere qualcosa di così mondano. "Ci sono questioni più importanti cui discutere che le relazioni. Ha la sensazione di non aver ottenuto molto e si sta chiedendo se ha bisogno di concentrarsi su altre cose. Ma è l'impazienza che la fa preoccupare di queste cose. Una volta che le cose importati sono affiorate, tutto il resto si risolverà."

D: E' vero. Ma quali sono le cose importanti, così so che domande farvi? Posso sicuramente pensare a delle domande se ho un'idea della direzione da prendere.

A: L'argomento ha a che fare con i cambiamenti che stanno avendo luogo in questo memento e il suo ruolo nel processo. Questo richiede coraggio, visto che è un ruolo di supporto ed esserci al momento giusto per la sua presenza e quella degli altri. La gente che è qui per questa ragione.

Anne disse che voleva tornare a casa e sperimentare cosa volesse dire, così a questo punto, glielo lasciarono intravedere e divenne emotiva. "Dimmi cosa le state facendo vedere. Descrivilo?"

A: (Sottovoce) Energia. (Adesso stava piangendo apertamente.) E' come se mi stessero caricando di energia o qualcosa del genere. (Sussurrando) riesco a sentirla tutt'intorno. (Piangendo) E' come l'amore.

La lasciai piangere per un po', poi cercai di calmarla per permettere all'altra entità di tornare, rispondere alle domande e dare informazioni senza reazioni emotive. Ci volle un po', ma ci riuscii, tuttavia "loro" erano ancora riluttanti a condividere infor-mazioni senza la domanda appropriata. "L'amiamo moltissimo."

D: So che ci vuole molto coraggio per lasciare quel luogo meraviglioso e farsi volontari per venire qui in questo momento. Avete detto che si era offerta per venire ed aiutare durante i cambiamenti. Questi sono forse i cambiamenti di cui ho già sentito parlare? (Si) Volete parlare di questo?

A: Molti cambiamenti. Quali sono le cose su cui su cui avete lavorato? Potresti avere delle domande.

D: Che ci stiamo postando verso nuove frequenze e vibrazioni?

A: Esattamente. Ha delle domande?

D: Ho ricevuto moltissime informazioni, che tutto sta accelerando, e che le vibrazioni e frequenze del nostro intero sistema stanno cambiando. Giusto?

A: Turbolenze, molte turbolenze sono in arrivo presto. C'è la necessità di essere molto stabili. Ci sarà molto caos. La tua stabilità sarà necessaria e tutti coloro che sono qui, perché la gente sarà persa, confusa e starà soffrendo. Riesci a capire?

D: Ma la turbolenza, volete dire altri cambiamenti terresti violenti della Terra come quelli che stanno accadendo?

A: Situazioni causate dagli umani e situazioni causate dai cambiamenti della Terra. E l'arrivo di nuove energie ed esseri che gli umani non sono abituati a vedere. Questo causerà una grande quantità di caos, che solo coloro che comprendono ciò che sta trapelando, resteranno calmi e saranno di rassicurazione per coloro che sono confusi. Ricordalo e si preparata per questo, perché è molto facile teorizzare finché la situazione non si manifesta fisicamente. Poi il corpo ha bisogno d'essere preparato a gestire i cambiamenti energetici e lo shock che ha origine nel processo di cambiamento. Una cosa è sentire di poter comprendere ciò che sta succedendo. Un'altra è trovarsi nel mezzo del caos e restare calmi quando sta succedendo.

D: *Questo è difficile per gli umani, no?*

A: E' difficile. Ma è una cosa pratica e cruciale su cui focalizzarsi in questo momento, perché è nel fisico che state aiutando. Ci sono altri livelli che stanno aiutando, ma tu siete nel fisico proprio come lei e altri esseri. Quindi è nel fisico, che possono trasmettere quella calma che sarà necessaria durante i momenti di caos.

D: *Ma ci ascolteranno?*

A: Non sta a te decidere. Sta a te assicurarti di avere la tranquillità e la stabilità energetica per coloro che vogliono ascoltare. In se questo richiede molto lavoro nel fisico per mantenere quelle energie stabili, perché quello è ciò che sei venuta a fare. Anne è molto specializzata, perché la sua esperienza di vita richiede che mantenga un livello di calma nel mezzo della tempesta

Anne visse un'infanzia con genitori abusivi ed instabili e poi ebbe un matrimonio travagliato.

A: E' stato un buon campo d'addestramento per lei, così che al momento giusto, non sarà così difficile per lei restare calma nel fisico. Riesci a capire?

D: *Si, capisco. Mi è stato detto che questi cambiamenti creeranno la separazione della Terra in due. La vecchia Terra e la nuova Terra, mentre le vibrazioni e le frequenze aumentano. Corretto?*

A: Corretto. C'è un mondo diverso, se così si può dire, su cui alcune anime rimarranno o decideranno di vivere dopo i cambiamenti.

D: *Vuoi dire, resteranno con la vecchia Terra?*

A: Si, con il mondo che mantiene quel livello di vibrazione in cui desiderano restare e quello è dove resteranno, o dove andranno.

Ma le nuove energie saranno vivibili solo per coloro che hanno elevato la propria energia verso quella vibrazione.

D: Ma le turbolenze di cui parli, saranno nella vecchia Terra?

A: Adesso stiamo attraversando questi cambiamenti. Questo è il momento della trasformazione, nei prossimi anni e il risultato è stato profetizzato da molti. Non ho molto d'aggiungere a questo, se non che, coloro che sono qui ora hanno bisogno di ricordare l'importante ruolo che stanno assumendo nel fisico prima dei cambiamenti, o prima che i cambiamenti finali abbiano luogo. Durante il processo, c'è bisogno di coloro che sono qui per offrire assistenza. Per allineare, come se fossero nelle milizie. E' il loro momento di mostrarsi e diventare consapevoli che è il loro momento d'essere presenti ed allerti. Devono mantenere la loro stabilità, perché potrebbero esserci situazioni in cui un'anima potrebbe essere in un momento cruciale dove potrebbero andare in una direzione o l'altra a livello vibrazionale. E potreste essere in grado di fare la differenza in quel momento.

D: Cosa vorresti dire con una o l'altra direzione?

A: La loro crescita spirituale potrebbe essere in una zona grigia in cui potrebbero qualificarsi per salire verso una vibrazione superiore, se solo avessero il coraggio di saltare. Oppure potrebbero scegliere di non farlo e quella sarà una loro scelta. Ma il tuo ruolo, se mantieni la tua energia, potrebbe essere cruciale per alcuni che sono in quella situazione, perché potresti essere la mano che si estende per il loro salto.

D: Fare il salto alla vibrazione superiore. (Si) Ma la vibrazione superiore, la nuova Terra, non sperimenterà questa turbolenza? (No) Sembra che adesso siamo in questa fase in cui si sperimenta la turbolenza.

A: E' solo l'inizio. E' iniziato, ma il caos non ancora. Il caos, la follia della gente che corre confusa, perché tutte le loro illusioni sono state infrante. Quello sarà il tempo dei test di forza che c'è bisogno di superare per coloro di voi che sono qui per aiutare nel processo. Ci sarà un tempo in cui la gente correrà confusa e impaurita per le strade, non diversamente dall'uragano in Louisiana.

D: Questo è quello che stavo pensando, gli tsunami e gli uragani.

A: Ma questo moltiplicato a livello mondiale nella maggior parte delle città è uno scenario molto diverso.

D: Ci saranno disastri simili in molte città?

A: Alcuni causati dalla natura, altri causati da coloro che sono al potere e che stanno facendo il possibile per mantenere le cose come sono. Sono consapevoli dei cambiamenti. Rifiutano di accettarli. Sono come bambini che non vogliono sentire la verità. Si rifiutano di ammettere di non essere più a capo. Così continuano a restare attaccati al loro modo di fare e possono creare ulteriore confusione. Sento di poter essere in grado di rallentare il processo, utilizzando una bassa vibrazione mantenendo la paura in superficie.

D: Stanno cercando di instillare paura nella gente.

A: La gente ha sempre avuto paura, perché è così che la maggior parte, se non tutte, le società di questo mondo hanno funzionato per lungo tempo. La paura è il mezzo che hanno utilizzato per mantenere il potere e quasi tutti in questo mondo hanno paura. Ci sono diversi livelli di paura, ma questi cambiamenti e la tecnologia che ha permesso a tutti di comunicare liberamente, hanno creato un sacco di problemi per colore che sono al potere, perché adesso la paura sta svanendo. Molte cose che stanno succedendo, perfino le catastrofi, funzionano come un catalizzatore per esporre la paura per poterla affrontare. Quindi è una pulizia in un certo senso. Ma coloro che sono al potere non vogliono che questo succeda e preferiscono mantenere il livello di paura sott'acqua, se così possiamo dire. Come un bambino disperato, provano qualsiasi tattica a cui riescono a pensare in questo momento per evitare che la paura svanisca, perché questo è ciò che sta succedendo. La paura si sta dissipando nonostante ciò che sembra succedere in superficie.

D: La gente sta iniziando a pensare con la propria testa.

A: E' così, stanno affrontando le loro paure, perché la vita li sta spingendo il luoghi dove devono vedere cose che in altre occasioni non avevano dovuto affrontare. Quindi, le loro paure, anche se molto accentuate, per lo meno, stanno venendo a galla mentre prima rimanevano soppresse. Così, è una purificazione che continuerà a liberare sempre più persone. Le persone al potere sono molto consapevoli di questo processo e vogliono rallentarlo, illudendosi che ci potrebbe essere un modo di prevenirlo. Così continueranno a spingere e a spingere all'estremo in ogni direzione possibile, finché le cose non diverranno davvero difficili. Molte persone non saranno pronte ad affrontare le cose che verranno spinte all'estremo.

D: La guerra è una di queste cose?

A: La guerra, assolutamente la guerra e anche le loro malattie con le quali spaventano la gente.

D: Queste malattie non esistono, non è vero?

A: Potrebbero esserci se la gente scegliesse di permettere a queste energie di entrare nel loro corpo. Ma per la maggior parte, sono solo nei campi energetici. E come ogni altra cosa di cui si parla o si pensa, può diventare una realtà nel mondo fisico.

D: Si, se abbastanza persone lo accettano come reale.

A: Ma le malattie sono estremamente gonfiate fuori misura, non sono epidemie come vogliono farci credere che siano. I media e i film vi fanno vedere la loro disperazione mentre insistono nel presentare alle masse informazioni negative e basate sulla paura. Argomenti come l'omicidio, la morte, il tradimento, gli attacchi e altre cose che mantengono la coscienza focalizzata sulla paura, invece che presentare speranza ed inspirazione. Tuttavia, in questo momento, ci sono messaggi positivi condivisi globalmente che hanno un effetto domino inarrestabile.

D: Un'altra paura che il governo sta cercando di promuovere è il terrorismo.

A: Si. È solo un altro strumento, come le malattie, dare alla gente qualche scusa per aver paura, rimanere separati, non unirsi, ma credere che il governo risolverà ogni problema. Sono problemi dell'immaginario collettivo, e subconsciamen-te molte persone ne stanno diventando consapevoli. Hanno smesso di credere, anche se molti sono tra la massa. Ma a livello subconscio, stanno iniziando a svegliarsi e i potenti lo sanno. Questa è la ragione per cui si stanno aggrappandosi alle storie più assurde che solo coloro che desiderano credere crederanno, perché chiunque con un briciolo di logica e ragione non potrebbe crederci minimamente.

D: Si, chiunque riesce a pensare per se stesso.

A: Quindi stanno presentando alle masse l'opportunità di scegliere, perché i potenti stanno spingendo verso il limite. In questo modo, spingendo verso il limite, stanno servendo uno scopo: quello di portare tutti ad una scelta. Questo non è più il tempo della neutralità e dell'imparzialità.

D: Avete detto prima che saremo qui quando scoppierà il caos. Questo sarà causato dai disastri naturali?

A: Dai disastri e dalla caduta delle strutture governative. E la caduta della rete di sicurezza, a cui molte persone pensano di fare parte. Come la loro Sicurezza Sociale, i loro salari, i loro lavori, le loro credenze religiose. Specialmente se e quando le astronavi e/o altre cose come quelle a cui molti non sono preparati, iniziano a far parte della coscienza collettiva. Quindi, possono finire col correre per le strade impauriti e confusi, incerti di cosa sia vero e cosa non lo sia. La struttura del governo sta crollando e continuerà a collassare fino al punto in cui ci sarà il caos. Come un effetto domino a cascata.

D: Se le astronavi arrivano, quale sarà il loro obbiettivo?

A: Sono sempre qui. Sarà solo il momento giusto per diventare visibili, perché è arrivato il momento, non solo per il libero arbitrio come succede ora, ma anche per altri di rivendicare il loro posto nella Nuova Terra. Non solo gli umani, ma anche altri che appartengono alla Terra che tuttavia sono in un'altra vibrazione. In parte, non è che scelgono di diventare visibili, ma piuttosto che le energie li rendono visibili.

D: So che sono stati qui. Ho lavorato con loro. So che sono positivi. Non ho avuto alcun problema con loro.

A: Ma diventando visibili ed entrando a far parte della consapevolezza della gente, e con la caduta dei governi, e il caos, e i disastri naturali, puoi capire come molta gente sarà completamente terrorizzata. Le loro religioni e le loro illusioni di una vita strutturata cadranno a pezzi. Così a quel punto non avranno assolutamente nulla a cui aggrapparsi. Questo causerà un'enorme quantità di paura, per coloro che non sono usciti di casa. Quella paura potrebbe portare alla follia, alla schizofrenia o ad altri tipi di reazione. È proprio in quel momento, e con quel tipo di reazione che la gente sarà estremamente vulnerabile, e voi sarete di massima utilità e servizio.

D: Quindi quelli come me e Anne sono coloro che si trovano qui per aiutare?

A: Coloro che sono pronti ad osservare questi cambiamenti senza sprofondare nella paura, saranno i pilastri su cui gli altri si appoggeranno, quando nulla avrà più senso. Non significa che darete loro la verità, significa solo che non starete cadendo a pezzi, come succede a loro.

D: Stavo appunto pensando, cosa possiamo fare quando tutti sono nel panico e nel caos?

A: Quando non state perdendo la testa e rimanete calmi, non importa cosa state facendo. La gente vi osserverà e cercherà quello stato di calma, perché non hanno idea di cosa stia succedendo. Probabilmente non ne avrete la minima idea nemmeno voi, ma siete stati preparati. Quindi, saprete ed avrete un certo senso di fiducia, che ogni cosa andrà per il meglio. Non siete matti.

D: Mentre gli altri non avranno alcuna preparazione.

A: Esattamente.

D: Negli ultimi due anni, sono venute da me molte, molte persone, che sono dei guaritori o alle quali avete detto (il subconscio) che sono dei guaritori. Così continuiamo a chiederci perché il mondo abbia bisogno di tutti questi guaritori?

A: Conosci la popolazione del pianeta?

D: Si, è enorme.

A: Questa potrebbe essere una delle ragioni. Inoltre, è un periodo molto importante per molte anime, grazie alle lezioni di apprendimento disponibili. Visto che ci troviamo in un periodo inconsueto che questo pianeta non ha sperimentato in precedenza. È un'opportunità irripetibile, di sperimentare un sentiero spirituale irripetibile. È anche un'opportunità di elevare il livello della propria anima grazie alle sfide che si presentano. Quindi, molte anime avanzate sono interessate a questa opportunità.

D: Stavo pensando, se le strutture crolleranno, sicuramente anche la professione medica crollerà. Forse questa potrebbe essere una ragione per avere tutti questi guaritori, che utilizzeranno l'energia e le metodologie naturali.

A: Arriverà il momento in cui l'energia sarà così elevata che le malattie non saranno più come le conoscete oggi giorno. Anche se l'aiuto di questi guaritori è certamente necessario, arriverà il momento in cui queste malattie non esisteranno più. Quindi, la guarigione è solo una necessità temporanea, i guaritori guariranno quando ce ne sarà bisogno. Se non ci sono ospedali, perché tutti hanno lasciato la città, per esempio, o perché è sprofondata (stava facendo riferimento ad un'inondazione?), allora ci saranno dei guaritori pronti ad aiutare. Ma questa non è l'unica ragione per cui sono qui. Sono qui per raggiungere i loro obbiettivi di crescita, perché la loro anima è interessata a sperimentare questo cambiamento.

D: È per questo che abbiamo deciso tutti di essere qui in questo momento?

A: È una delle ragioni principali.

D: Mi è stato detto che stanno alterando il nostro DNA, cosicché saremo in grado di adattarci a questi cambiamenti. Questo è vero?

A: Ci sono molti gruppi che stanno partecipando all'accelerazione delle energie e hanno tutti le loro tecnologie. Dal nostro punto di vista, si potrebbe dire che l'infusione di energie superiori nel pianeta, ha un'influenza diretta sulla gente. Quindi dalla nostra prospettiva non è il loro DNA ad esser manipolato. Piuttosto sono queste vibrazioni superiori, che naturalmente trasformano il loro DNA, che è rimasto sopito in alcune aree e che adesso si sta riattivando.

D: Ho sentito dire che questa è la ragione per cui molta gente sta sperimentando molti sintomi fisiologici.

A: Sono zone bloccate nel loro corpo, che sia per ragioni karmiche o per malattie causate dalla loro mancanza di auto disciplina verso le abitudini del mangiare o altre cose indipendenti dalla causa della malattia. Ma fondamentalmen-te sono aree bloccate che stanno venendo alla superficie grazie a queste nuove energie, mentre prima rimanevano sopite. Vengono portate in superfice proprio come i problemi di natura karmica. Queste energie spingono queste zone corporee ad affrontare l'oscura negatività affinché l'energia possa scorrere liberamente. Perché questo possa succedere, i problemi che causano queste malattie devono essere affrontati, il che richiede un certo livello di partecipazione da parte dei malati sofferenti. Ma questa è una loro scelta, partecipare o no.

D: Ciò che ho sentito è che molti di questi problemi fisici che la gente sta sperimentando, sono causati dai cambiamenti nella vibrazione mentre il corpo umano si sta adattando.

A: Questo è corretto.

D: Se il caos appartiene al vecchio mondo, questo accadrà simultaneamente, mentre i due mondi sono separati? Non so se mi sono spiegata correttamente. La Nuova Terra dovrebbe entrare in una nuova vibrazione e dimensione. Ma questo mi è stato descritto come una separazione in due mondi distinti. Capisci?

A: Ci sono molte teorie. A seconda della prospettiva, è solo una discussione di vibrazione energetica. Una vibrazione è visibile, mentre altre vibrazioni non sono visibili tra loro. Quindi, se una vibrazione — la più bassa, o più lenta — rimane tale, non è che diventa un mondo separato, semplicemente non è più visibile. È il nuovo mondo che fondamentalmente si sta separando a causa dell'elevata vibrazione.

D: Ma nel nuovo mondo, le cose sono diverse dal vecchio mondo. Vero? (Si) Non sperimenteranno il caos?

A: No, il caos sarà solo il risultato della caduta del sistema di credenze della gente. Il caos proviene dallo sgretolamento e dalla caduta del sistema di credenza. In fine ci sarà uno stato di tabula rasa e questo per molti rappresenta il caos. Coloro che si sposteranno nel nuovo mondo saranno a loro agio con il nuovo sistema di credenze, e quindi, smetteranno di tribolare come facevano prima. Non è una trasformazione improvvisa, la gente diventa qualcosa che non era prima. Sono solo cambiamenti: la gente riuscirà a proseguire o non ci riuscirà.

D: Questo è ciò che stavo cercando di capire. Mi è stato detto che il nuovo mondo sarà molto bello e che non avremo tutti questi problemi. Mi hanno anche detto di non guardare indietro. Non vuoi sapere ciò che accadrà al vecchio mondo.

A: Fondamentalmente è un deterrente dal guardarti alle spalle. Non è che non puoi guardarti alle spalle, è solo che non puoi cambiare le scelte che fanno gli altri. Quindi, se guardi in dietro e ti fa star male, stai solo rallentando il tuo progresso.

D: Ma avevate detto che dobbiamo aiutare queste persone.

A: Siamo qui durante il periodo dei cambiamenti. Siamo qui per mantenere la nostra energia stabile e calma. Non siamo qui per stare con quelli che hanno già un'elevata vibrazione, perché loro possono cavarsela da soli. Non è nemmeno per coloro che sono profondamente invischiati nella negatività. Siamo qui per coloro che sono completamente confusi, ma che potrebbero essere pronti a fare il salto. A loro saremo di grande supporto.

D: Significa che dobbiamo restare nel vecchio mondo come lavoratori?

A: Resterai solo finché non è il tuo momento di andare. Durante il periodo in cui resterai, ti dedicherai al tuo servizio. Quando arriverà il tuo momento, te ne andrai e non sarai più disponibile per loro. Non è una questione di "Quanto dovrei restare?" Quella è una domanda che eventualmente riceverà una risposta. Si tratta di sapere cosa fare mentre siete qui.

D: Pensavo che saremo separati da coloro che si troveranno nel caos, ma che saremo in un mondo diverso e meraviglioso.

A: Per un po', durante il processo di trasformazione, non necessariamente separati. Non è che una bella mattina ci sarà un nuovo mondo per te e gli altri, e il vecchio mondo sarà sparito. È un processo e alla fine le cose saranno diverse. Ma nel piccolo, che duri un mese o cinque anni, è ancora un processo di cui fai parte, anche adesso. Adesso ci sei dentro. Finché sei qui, fa parte del tuo lavoro mantenere l'energia stabile e calma per coloro che sono confusi. Una volta che il cambiamento finale avrà luogo, anche se tu volessi restare qui, non potresti.

D: Coloro che hanno elevato la loro vibrazione se ne andranno.

A: Esattamente.

Questo rispose ad una domanda che mi fecero mentre ero all'Ashram alle Bahamas. Una giovane donna disse che vorrebbe restare con la Vecchia Terra, per aiutare coloro che erano rimasti indietro. Le dissi che aveva nobili intenzioni, ma che non ritenevo che fosse possibile. Ed ecco qua la risposta. Ha tutto a che fare con le vibrazioni e una volta che le tue vibrazioni hanno raggiunto la giusta frequenza, automaticamente sei al livello successivo. Come mi hanno detto "Anche se tu volessi restare, non potresti." La tua intenzione non conta, questo cambiamento va oltre alle nostre capacità.

D: *Quindi stiamo cercando d'aiutare coloro che ancora provano a raggiungere una conclusione e a decidere? (Si) Questa è la ragione per cui stavo cercando dei chiarimenti. Ne avevo sentito parlare da molte persone, ma a volte le informazioni non sono molto chiare.*

A: C'è molta confusione dal punto di vista di un umano.

D: *Quindi riuscite a vedere che ci saranno molte turbolenze?*

A: Si, assolutamente. Questo è solo l'inizio, perché coloro che sono al potere non hanno minimamente rallentato le loro strategie. Causeranno molti altri eventi e ci saranno molte altre catastrofi naturali. Quindi il caos è molto più vasto di quanto non ci si immagini in casi isolati. Ma ovviamente, tutte queste cose potrebbero cambiare, visto che il futuro non è prestabilito.

D: *Mi è stato detto che l'età non è più importante.*

A: L'età è un'illusione. Sarà sempre più ovvio mentre ci spostiamo lungo il processo evolutivo.

D: *Inoltre ho sentito che al momento della transizione, ci sarà permesso di portare il corpo fisico con noi se volessimo. È vero?*

A: È vero, ma solo per un breve periodo di tempo. Ci sarà un'altra transizione da li a breve.

D: *Cosa accadrà in quel momento?*

A: L'umanità diventerà pura energia.

D: *Almeno per coloro che riusciranno ad ascendere.*

A: Esattamente.

D: *Ho anche sentito dire che non tutti faranno la transizione.*

A: Tutti ne riceveranno l'opportunità. Ma sta a loro individual- mente, riuscire a mantenere la vibrazione o no. Non saranno assoggettati a nessun giudizio. Semplicemente saranno o non saranno in grado di mantenere la vibrazione. Ma nessuno verrà distrutto come abbiamo già detto. Verranno messi nel luogo appropriato per la vibrazione che stanno emanando.

D: *Questo è ciò che intendono quando dicono che rimarranno indietro.*

A: Secondo il piano di Dio tutto tornerà a Dio.

D: *Solamente ad intervalli diversi.*

* * *

Durante un'altra seduta, parlando con il subconscio.

D: Continuate a dire che le cose stanno cambiando.

S: I cambiamenti stanno accelerando e gli scienziati non sanno cosa fare. Il riscaldamento globale è devastante per l'ecologia. Sta avendo luogo molto più velocemente di quando gli scienziati non avessero pronosticato.

D: Non ci credono?

S: Ci credono, ma s'illudono che il pericolo sia a decadi di distanza. No, è qui! Il periodo è alla soglia. Ci sarà qualche luogo sicuro negli Stati Uniti.

D: Cosa causa il riscaldamento globale?

S: L'accelerazione. Volevo dire gli aerosol, i gas, tutto ciò che inquina l'ambiente—inquinamento ambientale. È che l'uomo sta facendo. Ecco perché le nostre estati sono così calde. Ci saranno altri tornado, molti, molti, molti altri. Incredibile. Non riuscirai a credere ciò che sta per arrivare. Le zone costiere avranno le sorprese peggiori. I ripetuti tornado e tsunami continueranno ad accelerare. Il programma sta cambiando.

D: Originariamente c'era un programma diverso?

S: Si. Sta accelerando. Arriverà prima del previsto purtroppo, a causa di ciò che l'umanità sta facendo.

* * *

DIMENSIONI E LIVELLI DI KARMA

Janet era venuta per la sua seduta con una lista di domande. Ci aspettavamo di trovare le risposte in una vita passata. Ma invece andò a finire in un luogo etereo magnifico che non sembrava terreno.

J: Vedo porte con doppie maniglie, e le sto aprendo. Sto entrando e c'è una scalinata in salita, è una struttura enorme. All'interno, c'è quest'enorme area coperta da una cupola. C'è molta luce li adesso. Non la vedi finché non inizi a salire. C'è un luogo con molta luce al centro. C'è una sedia – sembra un luogo dove poter accedere a delle informazioni o parlare con qualcuno. Ma quando entri, non c'è nessun'altro li. Non è pieno di gente. E' come se tutti avessero una loro entrata se la volessero. Adesso c'è un uomo li. C'è un uomo mi appare come un mago molto maturo. Pratico. I suoi capelli bianchi sono pettinati all'indietro. Ha uno scettro e sta sorridendo. Dice: "sono venuto ad incontrarti in uno dei miei costumi più intriganti. Questo è solo qualcosa che tu possa osservare. Quindi cose' che vuoi sapere?

D: Janet ha molte domande. Possiamo fartele?

J: Assolutamente. Adesso è il momento giusto.

D: Sai che porto molte persone vero? (Oh, si!) Stiamo sempre cercando delle informazioni. Di solito quando utilizziamo questo metodo, l'individuo va a finire in una vita passata.

J: Oh, si, ma lei non ha più bisogno di preoccuparsi di quella roba.

D: Quindi lei è arrivata qui. Dove siamo? Dove ci troviamo qui?

J: Siamo in una cupola dove ci sono registri e luoghi d'incontro. E' un luogo molto sacro dove la gente s'incontra e può parlare al sicuro. E' un tempio inter-dimensionale. E' il luogo perfetto per dove diverse dimensioni possono convergere, quindi individui del piano fisico possono incontrare quelli delle dimensioni spirituali. Ovviamente, la parola spirituale ha delle connotazioni, ma coloro che non sono in corpo fisico.

D: E' come un luogo di mezzo.

J: Si, possiamo chiamarlo inter-dimensionale. Significa che molte dimensioni possono toccarsi ed incontrarsi qui. E' il luogo perfetto per incontrarsi e bere una tazza di tè.

D: Finché è un luogo dove possiamo raccogliere informazioni. (Si) Bene, Janet adesso sembra adesso si trova ad un punto di svolta ben definito della sua vita.

J: E' passata attraverso diversi incroci nella sua vita. Ha visto diversi luoghi come questo. Prenderà la decisione giusta.

D: Ma adesso ha bisogno d'aiuto.

J: Vorrebbe qualche altra informazione. Quelli che sono sul piano fisico ne vogliono sempre di più.

Iniziai a fare alcune delle domande dalla sua lista, relative al suo matrimonio e suo marito, ma l'entità non le voleva discutere ancora. "Prima vorremmo discutere le altre cose. Aveva qualche altra domanda. Potresti fare quelle per prime, per piacere. Aiuteranno a rivelare ciò che vuole sapere."

D: *Queste domande sono tutte importanti perché lei deve prendere una decisione. Ma una delle cose che vuole sapere, se potete darle la sua storia generale, or la storia della sua anima.*

J: E' venuta da diversi luoghi e questa è una ragione per cui il suo lavoro è importante. E' in grado di accedere ad informa-zioni da diversi luoghi e quelli parti della sua anima che hanno vissuto in quei luoghi in quelle dimensioni e quelle vibrazioni. Lei le deve portare qui per servire altre persone dalle varie strutture cristalline, come le chiamiamo noi. Hanno diverse vite dimensionali che influenzano queste strutture cristalline. E' in grado di lavorare in tutte queste altre dimensioni simultaneamente. E questo permette al suo lavoro di passare attraverso i mondi più facilmente e velocemente. Quindi raggruppare queste parti di se' stessa e portarle dentro, per assicurarsi che funzionino. Deve essere in grado di accedere a quei luoghi.

D: *Questo è ciò che mi hanno detto. Noi non siamo solo quest'individuo. Siamo in realtà – schegge in una parola – or sfaccettature? Queste potrebbero essere le corrette descrizioni?*

J: Si, voi siete molte esperienze. Lei sta diventando più consapevole di questi altri luoghi. Questo è un processo che molti possono attraversare. Arrivano ad un luogo dove sono in grado di far accadere questo processo in loro. Ma non finché non sono pronti e sono in grado di gestire tutte queste multiple vibrazioni con il loro corpo fisico. Ecco perché la meditazione è importante, perché eleva la vibrazione per gestire energie più forti e più energie dai multi-strati che sono composte di vibrazioni diverse con le quali loro possono lavorare. E' come lavorare sugli altri piani in multiple dimensioni simultaneamente. E il lavoro di geometria sacra porta dentro queste parti dell'anima [le schegge] a milioni. Questo è ciò che le sta succedendo. La renderà – potente è una parola usata troppo – ma la rende più potente, nel senso che può viaggiare verso ed essere in diverse dimensioni coscientemente ed alla stesso tempo. Gradualmente, ci assicureremo che ne sarà più consapevole. Le stiamo dando ciò che è in grado di gestire al momento. Ha ricevuto un paio di nuovi strumenti la aiuteranno a diventare più consapevole e meno paurosa di queste altre dimensioni e ciò che si trova là. Avrà molto più lavoro in regni ai quali non molte persone hanno accesso.

D: Potete darci una mezza idea di che regni stiamo parlando?

J: Sono davvero regni che sono difficili da vedere ed osservare, perché sono difficili per da sostenere per le emozioni umane. La gente ha una percezione e un giudizio riguardo a ciò che vede e diventa impaurita. Gli umani non sono molto bravi con ciò che è diverso, specialmente se è qualcosa intorno a cui non si sono mai trovati. Se fanno perfino fatica gestire altre razze e religioni, come faranno a gestire qualcuno con proboscide e zanne e multiple braccia o teste. E tutte queste creature mitiche di cui scrivono, di cui leggiamo nei libri? C'è una ragione per cui ci sono questi scritti. Qualcuno le ha viste, di solito a qualche livello, in ciò che ricordano nei sogni o memorie temporali. La hanno viste da qualche parte.

D: Queste sono creature fisiche?

J: Se mi stai chiedendo se esistono davvero, la risposta è si. Sono in grado d'influenzare le dimensioni fisiche, ma non sono visibili da molte persone. E a volte ci sono protettori in diverse dimensioni, di cui molte persone non sono consape-voli, proteggono il pianeta e la sua gente da alcune di quelle dimensioni che non vanno bene il gruppo di anime o umanità d'anime di quel pianeta, in quel momento. Ma c'è un gruppo di persone che ha la capacità animico di aiutare con questo lavoro. E' diventato necessario aiutare l'umanità a fare il cambiamento che deve fare. Il mondo ha molto bisogno in questo momento. Non ci sono abbastanza Servitori che possano fare questo lavoro. Questo lavoro in questo momento, non è il sentiero di ogni anima, ma è necessario perché sta aprendo il pianeta, liberandolo per permettere ad altre energie d'entrare. Per la Terra stessa, il suo prossimo obbiettivo, è il loro gradino successivo, sul loro sentiero spirituale. Le cose sono andate cosi male qui sul pianeta che c'è molto ansia riguardo a ciò che l'umanità sta passando e ciò che la Terra stessa ha passato. E quindi c'è bisogno di fare dei cambiamenti. E questi cambiamenti coinvolgono l'estrazione di alcune delle interferenze su altri pianeti e fare del vero e proprio lavoro di protezione. Questo in realtà dovrebbe rassicurare profondamente coloro che stanno ascoltando. Non è meraviglioso che non facciamo tutti le stesse cose?

D: *Tutti stanno facendo qualcosa di diverso, ma non ne sono consapevoli a livello conscio.*

J: E tutti sono necessari. E durante i sogni, a volte quando il flusso di coscienza si sviluppa attraverso il lavoro della meditazione, diventano sempre più consapevoli del lavoro. Queste persone, inclusa lei, sanno che quando si svegliano che hanno ripulito gli altri piani. Tornando nel corpo, ma devono continuare a pulire, per la loro sicurezza, quella delle loro famiglie e delle loro città. Questo aiuterà a sollevare il peso sull'umanità e la Terra. E su tutti gli altri che lavorano nella luce che stanno facendo altre cose. E' un processo dalle multiple sfaccettature. Sempre più persone stano scoprendo che fa parte del loro lavoro e devono aiutare. Non è per tutti, perché semplicemente non gli servirebbe. Non daresti esercizi di algebra a qualcuno che non conosce le basi della matematica. Semplicemente non ci riuscirebbero, perché non ne sono in grado. Il potere deve venire da dentro e questa è la crescita spirituale e il lavoro d'essere un serio studente spirituale o discepolo. Fa molta differenza

D: *Devono preparare il loro corpo e la loro mente?*

J: Esattamente. Si, questo è ciò che stiamo cercando di condivi-dere. La maggior parte del lavoro viene fatta dolcemente, quietamente, silenziosamente, negli altri regni. E loro questo lo comprendono perché lo abbiamo fatto anche per loro – li abbiamo protetti. Hanno dovuto guadagnarselo almeno fino ad un certo punto. Ma stiamo anche osservando quelli che possono unirsi. C'è sempre molto più lavoro da fare di quanto non ci sembra. Siamo sicuri che tu questo lo sappia.

D: *Avete detto che questo bisogna farlo in preparazione ai cambiamenti che stavano accadendo sulla Terra?*

J: Aiuterà la Terra, si. Aiuterà l'umanità così che siano davvero gli umani a raccogliere il proprio karma. Quindi c'è del lavoro con il Consiglio Galattico e tutti gli altri regni ed esseri ed altre forme di vita. In parte queste non si può dire a certe persone che non sono l'unica forma di vita e che ce ne sono altre. Questo non lo capiscono. Quindi di solito succede che la crescita spirituale di qualcuno arriva fino al punto in cui possono farcela. Fino allora, sono come bambini che vanno protetti. Non hanno bisogno di sapere tutto. E non è una loro responsabilità, staranno bene.

D: Questo è ciò che mi hanno detto all'inizio del mio lavoro – non tutte le mie domande avranno una risposta perché alcune delle informazioni sono come veleno, piuttosto che come medicine.

J: Si, non riescono a capire abbastanza in fretta.

D: E non capiscono. Non riescono a gestirlo.

J: Si, esattamente. Ci devono essere abbastanza individui su un pianeta in uno specifico periodo durante la crescita umana perché certe cose vengano facilitate. Questo include il loro lavoro come anima e poi è loro responsabilità condividere perché hanno beneficiato l'umanità ad un livello che l'umanità non comprenderà mai. E quindi tutti fanno a turno. Non c'è nessun maestro che non è passato attraverso un processo simile di aiutare il gruppo con cui hanno iniziato. L'umanità è in uno spazio in cui si necessitano molti Servitori. Questo è il Lavoro. Ma non tutti hanno la stessa capacità di servire, o ne è consapevole. Ci sono molte persone che non sono consapevoli di tutte le vite che hanno toccato con il loro lavoro, con le loro parole, con le loro intenzioni ed azioni. Le azioni di tutte le persone sono molto importanti. E ancora torniamo all'importanza della meditazione individuale e del rafforzare il corpo il più possibile – mangiare bene e nutrire la mente, e stare con la gente di buon cuore e buona vibrazione. E proteggersi – non ci sarebbe bisogno di scudi se fosse un mondo perfetto! – il karma di Janet è di superare il trauma di ciò che la gente le ha fatto in altre vite, affrontarlo ancora e uscire dall'altra parte migliorata per sopravvivere. Molte volte, questo è karma. Se fai attenzione, c'è un'abitudine. Non è sempre uno che fa qualcosa ad un altro e poi gli ritorna. Si tratta di affrontare lo stesso tiranno e dire: "Questa volta tu non mi danneggerai." Non è una lotta per il potere. Si tratta della crescita dentro all'individuo che supera la paura, che è tremenda perché la morte fu qualcosa di orrendo. E poi ci sono multiple emozioni relative all'autorità e il potere e chi è a capo, e gli abusi e la corruzione. Tutto questo è arrotolato in una persona e si tratta di superarlo. E ovviamente, il corpo e le emozioni e la mente possono gestire una certa quantità ogni volta, o creerà un danno. Quindi una persona deve affrontare tutto questo ancora e superarlo ed essere diverso dall'essere solo oppresso o danneggiato un'altra volta nello stesso modo. Ecco perché molte persone possono avere 20 o 30 vite, e in tutte hanno gli stessi problemi continuamente. Perché è lo stesso problema basato sulla paura, o la stessa mancanza di fiducia che avevano creato, e devono lavorarci per superarlo perché fu una cosa molto traumatica.

D: E ci devono lavorare su, prima di poter progredire.

J: Si, perché le loro abilità sono lì. E quindi stanno sopprimendo una parte di loro stessi. Uccidiamo le persone con le nostre parole. Possiamo danneggiare le persone a cosi tanti livelli. C'è violenza quando si condanna qualcuno e li si prende in giro. Quella è una forma di violenza. Il Maestro deve continuare a crescere. Ma devono essere in un corpo che possa gestire queste energie e dovete costruirvelo quel corpo. E questa è la ragione per cui stiamo cercando di condividere il messaggio con la gente che vuole essere curata. Dovete aiutare a costruire il veicolo che permette d'essere curato. Questo è il lavoro della meditazione e prendervi cura di voi stessi ed osservare il vostro ambiente. Come parlate e come agite e come vi comparte – tutte queste cose hanno un effetto. Ma il vostro lavoro è di osservare il corpo e meditare e prendervi cura del corpo. E' a tutti i livelli, livelli e livelli, e livelli, e livelli. Abbiamo livelli di paura. Voi state lavorando attraverso tutti questi livelli di problemi emotivi e state facendo fatica. Come studenti spirituali, invitate queste cose. Lei ha fatto cose che intenzionalmente hanno invitato molte delle cose che sta affrontando perché voleva liberarsene. In questa vita sta davvero spingendo la sua crescita spirituale.

D: So che portiamo cose di cui abbiamo paura nella nostra vita per poterle confrontare.

J: Esattamente. Ma poi non siamo felici quando le affrontiamo. (Rise) Vogliamo dare la colpa a qualcun altro. E quindi il suo sentiero spirituale, quando inizierà attraverso la meditazione; non riuscirà a fermarsi. E se ti fermerai, rimarrai impantanata perché vorrai continuare a crescere e continuare a crescere e a ripulire questi problemi.

* * *

Una domanda casuale:

Q: Quando i cambiamenti che avete predetto avranno luogo sul nostro pianeta, che effetto avranno gli universi paralleli o intersecanti?

S: Ci saranno le esperienze specifiche di questo particolare livello che verranno sperimentate su questo piano. Tuttavia, l'esperienza completa verrà condivisa ad un livello molto più profondo. A livello di razza ed anche a livello più profondo, il livello universale. Tale che perfino adesso, esperienze su altri pianeti e in altre aree dell'universo vengono condivise da un livello più profondo di voi stessi. Un livello molto più alto del vostro livello attuale. Quando – e questo ancora una volta e' a livello individuale – ognuno di voi sperimenta questa transizione, che tutti dovranno prima o poi sperimentare, allora vedrete che ci sono altri su altri piani che hanno sperimentato transizioni simili. E saranno in grado di offrire incoraggiamento ed energia. Tale che verrete assistiti in qualsiasi modo possibile.

CAPITOLO TRENTUNO

QUELLI RIMASTI INDIETRO

Nel Capitolo 28 La Distruzione di un Pianeta, ho registrato la storia di un individuo alla sua prima esperienza sulla Terra, che disse d'essere spedito sulla Terra solo durante i periodi più cruciali. Ecco un altro individuo del genere.

D: Perché Jean decise di ritornare adesso? Avevi detto che era qui durante altri periodi fondamentali della storia della Terra.

J: Questo è il principale. Questo è quello più grosso. Sta succedendo adesso, siamo in molti a ricordare chi siamo realmente e ci stanno contattando. Stanno introducendo i nuovi bambini e lei adora i bambini. Così sta aiutando gli altri ad armonizzare le energie. È com'essere un ponte, che collega le energie. Tu sei un ponte. Ovviamente, lo sei. Quindi ci sono quelli di voi che vengono per connettere le informazioni, per essere degli ambasciatori.

D: Per aiutare a risvegliare gli altri alla loro vera natura?

J: Assolutamente. Ad essere pronti e ad accettare tutti coloro che hanno esperienze, che sono archiviate. È un gran momento sul vostro pianeta, perché questa è la volta buona. Questa è la volta in cui l'intero pianeta si risveglierà dall'illusione di essere da soli. Dall'illusione di essere l'unica cosa che esiste. La vostra Terra sta evolvendo. Voi tutti state evolvendo. Tutti gli occhi sono puntati sulla Terra adesso. Questa è la volta buona, molti hanno lottato per essere qui. Ci sono bambini che vengono anche solo per qualche ora. Porterete tutti il distintivo della vostra partecipazione.

D: Perfino per qualche ora?

J: Assolutamente. Essere stati su questo pianeta durante un periodo evolutivo di questo calibro. Nessun pianeta si è mai evoluto in questo modo, così unicamente prima d'ora. Se avessi l'opportunità di indossare il distintivo d'esser stato su un pianeta, che verrà riconosciuto in tutto l'universo, anche solo per qualche ora, allora potresti dire: "Ero sulla Terra al momento dell'evoluzione". Perché no?

D: Questo è ciò che io chiamo la Nuova Terra? (Si) Ce ne sarà una nuova e una vecchia, e poi una separazione. (Si) E che alcuni non faranno l'evoluzione? (Si. Si.) Sto ancora cercando di capire questo fenomeno.

J: Per molti umani è un concetto difficile da comprendere.

D: Io sto ancora cercando di chiarire il concetto per poterlo spiegare agli altri.

J: Bene. Ti daremo questo pezzo del puzzle. Per chi decide di restare nel karma, deve continuare a sperimentarlo da qual-che parte. Quindi, resteranno sulla vecchia Terra? Saranno trasportati su qualche altro pianeta? No, restano dove hanno creato.

D: Capisco. Questi sono quelli che non proseguiranno nell'evoluzione?

J: Non in questo momento. Alla fine, ma non adesso. Sarà difficile.

D: Quindi la vecchia Terra continuerà ad esistere?

J: Si. Questa qui.

D: La gente sulla vecchia Terra sarà consapevole che è successo qualcosa, al momento dell'evoluzione?

J: Allora. Ti riporteremo al tempo di Atlantide. Nella vostra storia, Atlantide ebbe diverse distruzioni e la gente percepì che altri stavano morendo.

D: Vorresti dire che ci fu più di una distruzione?

Questo è in linea con le informazioni che ho ricevuto di diverse civilizzazioni avanzate distrutte durante dei cataclismi. Non ero mai sicura se stessero facendo riferimento a diverse civilizzazioni che avevano raggiunto un alto sviluppo o se la distruzione di Atlantide ebbe luogo in multiple fasi.

J: Si. C'è un'Atlantide che continuò e che esiste nel tempo e nello spazio. Quindi da quella prospettiva, Atlantide adesso esiste in un'altra dimensione. Quindi sulla vecchia Terra ci saranno coloro che sperimenteranno questo, perché resteranno nella paura della morte, distruzione e devastazione della Terra e quindi saranno lì. Nelle loro menti, vi percepiranno come tutti morti o spariti o chi sa cos'altro. E allo stesso modo anche voi potreste percepirli come dispersi; in ogni caso ci saranno due esperienze. Quindi, pensa a questo come se fosse già accaduto. La coordinazione necessaria a creare questa esperienza è di gran lunga superiore a ciò che qualsiasi essere umano possa percepire in questo momento. È una mastodontica orchestrazione, che va oltre la vostra Terra ma coinvolge l'aiuto di molti altri. Molti altri. Inoltre nessun altro pianeta ha mai fatto nulla del genere prima d'ora.

D: Mi è stato detto che l'intero Universo ci sta osservando.

J: Più che l'intero Universo. Ci sono alcuni che provengono perfino da altri universi.

D: Perché si dice che lo spostamento di un intero pianeta in un'altra dimensione non sia mai accaduto prima d'ora.

J: Mai. Assolutamente mai.

D: Ci sono stati alcuni gruppi. Ho sentito che i Maya lo fecero. (Si) Ma erano piccolo gruppi. Questa è la prima volta anche un intero pianeta ce la fa. Per questo mi hanno detto che è importante.

J: Esatto. Inoltre riguarda il fatto che vedete voi stessi come una forma di coscienza separata. La coscienza su questo pianeta è stata creata in modo unico, al fine di riuscire a percepire se stessa come separata. La maggior parte delle altre razze non hanno questa percezione. Indipendentemente dalla loro posizione, non considerano se stessi come separati dalla loro Sorgente. Ma voi si.

D: Quindi quelli che fanno parte della Federazione e lavorano sulle astronavi, conosce la loro Sorgente e sa da dove proviene?

J: Certamente. E vogliono bene a voi umani. Non avete la minima idea di quello che avete fatto. Riconoscono che ci sono dei comportamenti primitivi sul pianeta, ma raggiungere il vostro livello, in base al tipo di restrizioni con cui avete dovuto lavorare. È incredibile! La vostra capacità d'amare è profonda. La vostra capacità di percepire paura è profonda. Questo è il potere del controllo, che mette tutti in difficoltà. Nutrito dalla paura.

D: So che la Terra è stata creata col libero arbitrio. Ma è stata creata anche con l'ignoranza d'esser parte della Sorgente?

J: Si. Era un contrasto interessante di coscienza, in questo modo sperimentò se stessa come separata. In che altro posto si potrebbe trovare una maggiore crescita, se non nel luogo dove si percepisce se stessi come separati dalla Sorgente?

D: Ma hai detto che tutte le altre razze sanno di fare parte della Sorgente.

J: Si, è così. Allora potrebbe esserci una maggiore crescita dell'anima sulla Terra? Si.

D: Se pensavamo d'esser soli, e dovevamo scoprirlo da soli.

J: Si. Devono scoprire la verità della natura da soli. Si.

D: Senza nient'altro che possa aiutarli. Riesco a capire cosa intendi.

J: C'è densità qui. C'è bellezza. Avete i sensi. Ci sono molte cose qui, ma c'è anche assenza di comprensione. Guarda dove siete.

D: Ho avuto molte persone che durante le sedute sono tornate alla Sorgente. Vedono quant'è meraviglioso e non vogliono andarsene più.

J: Connettersi con la Sorgente è l'esperienza più bella. Quindi qual'è la tua domanda? Le sedute hanno luogo affinché possano connettersi con la Sorgente?

D: Si. Perché succede? Così che possano conoscere come ci si sente o perché possano ricordare o...?

J: Per coloro che hanno bisogno di fare questa esperienza, si. Per altri sarebbe troppo, non riuscirebbero a proseguire e potrebbero decidere di lasciare. È diverso per ognuno di voi. Ogni persona è diversa per quanto riguarda ciò che può o non può sperimentare e come reagirà il subconscio. Questo perché ognuno di voi è un'impronta digitale unica ed individuale sul pianeta. Non c'è nessuno di voi uguale all'altro. Prova a pensare al genio di questa visione. Pensa alla bellezza e alla meraviglia di questo disegno. Ci sono molti di voi cha lavorano dall'altro lato, in altre vite e anche loro partecipano in tutto questo. Non siete mai da soli, nessuno di voi.

D: Dobbiamo riscoprire le nostre origini e perché siamo qui. Ma c'era una domanda che la gente continuava a chiedermi che credo abbiate risposto in parte. Se alcuni verranno presi e altri verranno lasciati indietro, quelli che proseguiranno verso il nuovo mondo noteranno che alcuni membri della loro famiglia non ci sono? Questi sono dettagli che sto ancora cercando di chiarire, nel nostro modo di pensare. Devo essere in grado di spiegarlo alla gente.

J: Comprendiamo. Comprendiamo. Comprendiamo. Ti daremo questa spiegazione e speriamo che sarà d'aiuto. La gente inizierà a sparire dalla vita dell'altra gente. Inizieranno a notare che stanno sparendo. Piuttosto rapidamente. In altre parole, la gente, i famigliari, chiunque gli fosse vicino, sta sparendo, semplicemente scompare. Succederà tutto in una notte. Così al momento del salto, alcune di queste persone saranno già separate, scomparse dalle loro vite. Spariranno. Non ci saranno più. Pinco pallino si è trasferito, se n'è andato in un'altra città. Riesci a capire?

D: Si, ma si potrebbe andare dalla polizia e cercare di trovare questa gente o...

J: Non accadrà in questo modo. Saranno loro ad allontanarsi, qualcosa è successo, si allontaneranno, allontaneranno, allontaneranno. Entro il momento del salto, ci sarà già della distanza. Nessuno è sparito dalla tua vita ultimamente?

D: Si. Certamente, ma possiamo sempre contattarli se ne abbiamo bisogno.

J: Ma non lo farai. Questo è ciò che cerchiamo di dirti. Non li contatterai. Sarà una semplice e naturale scomparsa. Le frequenze e le vibrazioni non avranno più alcuna sintonia e quindi scompariranno dalla vostra mente. Non avrete il bisogno di contattarli.

D: E questo vorrà dire che resteranno nella vecchia Terra o che salteranno alla nuova?

J: In alcuni casi, certi individui sono partiti in anticipo per lavorare dall'altra parte del velo, ne sei consapevole. Ma alcuni degli individui che spariscono, pensate: "Mi chiedo cosa sia successo a pinco pallino?" Ma non avete la necessità di contattarli, come potrebbe succedere normalmente. Non sentite la spinta di chiamarli, "Oh, sono preoccupato, devo chiamare." Non è la stessa cosa. Vi rendete conto che non avete più il bisogno di connettervi con loro. Questa necessità sparisce e vi dimenticate.

D: Mi è stato detto che all'inizio coloro che entreranno nel nuovo mondo avranno dei corpi fisici. Quindi non sapremo quando avremo realmente fatto il salto, la separazione. Giusto?

J: Questa sembra una descrizione troppo riduttiva. Perché quelli di voi che sono qui per unire questo... cercheremo di spiegarlo così. Mentre fate il vostro lavoro state facilitando. Aiutate la gente a risvegliarsi, ad aprirsi alla loro vera natura. Ad elevare la loro vibrazione, la loro frequenza, per permettergli di risonare a cicli più elevati al secondo così che possano fare il salto. Riesci a capire?

D: Si. È ciò che sto cercando di aiutare la gente a fare.

J: Esattamente, ciò che stai cercando di fare per aiutare la gente. Si, succederà. Ma non nel modo in cui la gente si aspetta che accadrà; dove ci sarà un cataclisma, questo, quello o quell'altro. No. Sarà come quando ci si sveglia una mattina e si pensa che tutto sia normale, proseguirete come al solito, ma sarete già là. Vi accorgerete della differenza di risonanza, ma sarete già là, perché la vostra risonanza sta già aumentando ogni giorno. Così, tutto d'un tratto, un bel giorno, avrete raggiunto i prerequisiti cicli al secondo che vi porteranno da qui a là. Si lo possiamo spiegare così. Se adesso qualcuno tornasse dal diciottesimo secolo per vedervi, a loro dareste l'impressione di essere luminosi. Avete già raggiunto quei cicli al secondo che vi farebbero sembrare luminosi per un individuo del diciottesimo secolo. Quindi in essenza, i vostri cicli al secondo stanno aumentando.

Commento: Potrebbe essere questa la ragione per cui quando John e gli altri andarono in visita a Nostradamus (la mia trilogia Conversations With Nostradamus [Conversazioni con Nosdradamus]), lui li vide come spiriti d'energia luminosa del futuro? Questo forse perché stavano vibrando ad una frequenza superiore che li faceva sembrare luminosi? Qualcosa da contemplare.

J: Questa è la ragione per cui tu sei un ponte per aiutare gli altri ad elevare i loro cicli al secondo così che potranno fare il salto. Più persone riuscirai ad elevare, più persone questi eleveranno con la loro frequenza e vibrazione. Quindi ciò che stai facendo è attivare sempre più persone sul pianeta, che attiveranno altre persone e questo eleverà la frequenza del pianeta. Capisci? È tutto ciclico. Tutto ha effetto su ogni altra cosa. Ci sono persone che vengono sulla Terra e non hanno niente da fare, sono solo degli attivatori. I loro campi energetici attivano quelli di tutti gli altri. (Vedi esempi riportati in questo libro). Ci sono quelli che lavorano sodo e diligentemente, che sono come delle antenne radiotrasmittenti. Questi condividono le informazioni su tutto il pianeta come un segnale a microonde.

D: Si per me ha tutto senso. Ecco perché mi hanno detto che l'età non fa nessuna differenza.

J: Assolutamente giusto.

D: Funzioneremo ad un livello diverso, diverse vibrazioni.

J: Diverse vibrazioni, diversi cicli al secondo.

D: Questo è la stessa maniera in cui altre razze (ET e alieni) funzionano, non è vero?

J: Si. Loro invecchiano ad una velocità diversa. L'obbiettivo per gli esseri umani è un'aspettativa di vita superiore. Molto più lunga. Ed inoltre creare il ponte della comprensione. Se si comincia con la salute, allora si possono raggiungere le persone in modo non-invasivo, non-minaccioso.

D: In questo nuovo mondo, dove l'età non avrà importanza morirà il corpo? Nel modo in cui noi lo consideriamo adesso sulla Terra, nella nostra realtà?

J: Ci saranno alcuni di voi che avranno l'opzioni di non morire per niente. Basta fare la transizione, basta passare dall'altra parte. Ma non tutti saranno esattamente alla stessa frequenza nello stesso momento. Ricordatelo.

D: Si. Stavo pensando che forse il corpo sarebbe arrivato al punto in cui riuscirebbe a mantenersi, finché l'anima non fosse pronta ad andarsene.

J: Esattamente, giusto. Però non per tutti. Se ci sono molte persone che fanno questa transizione, e diciamo che la frequenza dovrebbe essere approssimativamente 44,000 cicli al secondo per riuscire a completare il salto di frequenza. Non tutti riusciranno a raggiungere quel cambio di frequenza nello stesso momento. Ci saranno diverse variabili nel cambio di frequenza. Ci saranno ancora coloro che tra voi si troveranno sulla prima linea, sul filo del rasoio, perfino dall'altra parte già nel nuovo mondo. Capisci?

Perché ad ogni livello ci saranno sempre. Ogni razza ha sempre quelli che sono là fuori, alla ricerca del traguardo. Sempre più avanti, ricercando il passo successivo. Perché questa è evoluzione.

D: Stavo pensando che dovrebbe essere così. Avremmo molto più tempo per il nostro lavoro e per aiutare a raggiungere gli altri.

J: Ovviamente.

D: Non dovremmo preoccuparci delle limitazioni del corpo.

J: Oh, le limitazioni del corpo. No. Beh, guardalo nella sua interezza. Stai già cambiando. Stai attraversando dei cambia- menti cellulari. Loro ti stanno facendo degli adattamenti.

D: Mi avevano detto che lo stavano facendo su di me.

J: Si, lo stanno facendo. (Rise) E visto che sei un portavoce, un ponte, chi più di te dovrebbe apparire al meglio?

D: Se lo dici tu. In ogni caso, se lo sento dire da abbastanza persone, alla fine forse ci crederò.

J: Devi crederci.

* * *

D: Mi hanno anche detto che non tutti riusciranno a fare questo salto verso il nuovo mondo.

J: Questo è corretto. Quando la Terra farà il passaggio, c'è l'idea che a molte anime sarà permesso di entrare per sperimenta-re, perché, come dici tu, si sperimentano molte cose nella proprio crescita dell'anima. Quindi, ci sono stati molti, diciamo novizi, qui sul pianeta. A volte essere in classe con studenti avanzati può aiutare. Proprio come nelle vecchie scuole di paese? (Si) Quindi ci possono essere diversi livelli di studenti nella stessa classe e tutti ne traggono vantaggio. Ma arriva sempre il momento, in cui gli studenti devono avanzare. Questo significa che chi resta indietro dovrà trovarsi un proprio pianeta. Saranno messi in altre scuole e altre classi.

D: Ho sempre pensato che fosse crudele lasciarli indietro.

J: Oh, no. Non verrebbero lasciati indietro. Verrebbero portati in un luogo dove potrebbero crescere.

D: Questo è il modo che anch'io avevo capito. Sarebbe come una separazione.

J: È più naturale. È come quando si lascia il corpo, si va in un'altra dimensione, si cresce in quella dimensione, si può decidere di tornare o meno in questa dimensione con un altro corpo. Si può andare altrove e se l'intero universo è un corpo, ci sono molte, molte galassie e pianeti dove poter andare.

CAPITOLO TRENTADUE

EFFETTI FISICI MENTRE CAMBIA IL CORPO

Ho ricevuto molte informazioni circa i sintomi fisici, che la gente sperimenta, mentre i loro corpi si adattano a queste frequenze e cambiamenti vibrazionali. Molti di questi sintomi includono: mal di testa, stanchezza, depressione, vertigini, ritmo irregolare del cuore, alta pressione, dolori muscolari e dolori alle giunture. Tutti questi sintomi non hanno luogo allo stesso tempo. Una persona può sperimentarne uno o due per alcuni giorni, poi si affievoliranno fino a non presentarsi per alcuni mesi. Questi sono causati dall'adattamento del corpo alle crescenti vibrazioni, ma il corpo ha bisogno di tempo per adattarsi. "Loro" mi hanno detto il corpo non si può adattare istantaneamente a queste vibrazioni. L'energia sarebbe troppo forte da gestire, e verrebbe distrutto. Quindi si deve adattare in modo graduale. Uno dei sintomi più persistenti che può durare più a lungo, è il suono o fischio nelle orecchie. Non è dannoso per il corpo, ma c'è chi lo trova irritante. Questo fenomeno è visto come un tentativo del corpo di adattarsi all'aumento energetico. Un metodo per aiutare con questo fenomeno, è di visualizzare una rotella del volume e di sintonizzarla mentalmente finché non si trova la frequenza desiderata. Basta affermare a se stessi: "Io voglio che il mio corpo si elevi verso l'alta, su, su, su finché non raggiunge questa frequenza superiore." Con tutti questi sintomi la gente si è presentata dal dottore, solo per sentirsi dire che non hanno nulla. I dottori non riescono a trovare alcuna causa per questi sintomi. Tuttavia, danno lo stesso delle medicine ai paziente, le quali sono prive di effetti positivi perché i dottori non conoscono le cause dei sintomi.

Ho avuto alcuni clienti i cui sintomi erano così radicali da lasciare confusi i dottori. Uno di questi fu Denise che venne da me per una seduta nell'Agosto del 2005. Era una infermiera specializ-zata, che si lamentava d'aver convulsioni ed intorpidimento in varie zone del corpo. I dottori erano sicuri che non fosse un ictus, tuttavia dopo averla sottoposta alla risonanza magnetica e alla radiologia del cranio, si trovarono di fronte a ciò che definirono un albero di natale illuminato. Definirono questi punti luminosi come "noduli". Quando le fecero una radiografia toracica trovarono le stesse condizioni, noduli nei polmoni. Inoltre il suo fegato registrava livelli anormali d'attività enzimatica. I dottori non aveva-no la minima idea della diagnosi. Successivamente le risonanze magnetiche e radiologiche del cervello, mostrarono uno sposta-mento delle luci in altre zone. Invece d'essere in tutto il cervello, ora erano concentrate in ciò che sembrava una fascia. Ancora una volta non riuscirono a trovare una diagnosi completa, ma decisero che la malattia era: sarcodoisis. Ma uno dei dottori disse: "Non può essere questo. Da un lato è troppo, troppo, troppo, troppo rara. Dall'altro non può aver contratto questa malattia, perché vive nel deserto, dove l'aria è estremamente secca." Questa malattia era contraibile solo in zone d'alta umidità e con molte muffe. Così non furono in grado di diagnosticarla ulteriormente. Quindi per andare sul sicuro le prescrissero steroidi, che le causarono il diabete.

Durante la seduta, il subconscio disse che non c'era alcuna malattia. Non era stato causato alcun danno al corpo. Stavano solo ricalibrando il cervello, così che potesse sopportare gli eventi futuri. Lo stesso valeva per i polmoni e le altre zone del corpo. Erano degli adattamenti all'energia del corpo per permettergli di sostenere l'aumento delle frequenze e vibrazioni. Chiesi: "perché sembrava come se ci fossero luci e punti luminosi in tutto il suo cervello?" Si limitarono a dirmi: "Connetti i puntini!" Le convulsioni e l'intorpidimento erano dovuti al fatto che dovettero fare molto lavoro velocemente. Normalmente evitano di sovraccaricare il corpo, quindi questi cambiamenti, questi adattamenti, accadono molto gradualmente. Ma in certi casi — suppongo perché il tempo stringe e perché i cambiamenti sono alla soglia — devono fare gli adattamenti velocemente. Così si trovò sottoposta a troppo stress, che causò le convul-sioni e l'intorpidimento. Quella volta in cui svenne, fu solo un sovraccarico del sistema. Ma dissero che non doveva preoccuparsi perché non sarebbe accaduto più. Non c'era alcun problema col cervello. Se dovesse fare un'altra risonanza magnetica, non vedrebbero niente, perché quella fase è completa. La fase successiva sarebbe stata l'adattamento della chimica del corpo, che non avrebbe più causato nessuno di questi effetti.

Quando il dottore le disse che aveva questa strana malattia, disse anche che al massimo avrebbe avuto sei mesi di vita. Ma lei continuava a dire, "non penso proprio". Dopo il suo ultimo controllo, il dottore rimase sbalordito ed iniziò a dire: "Non riesco a capire come tu possa essere in ottime condizioni." E lei lo interruppe dicendo: "Perché dovrei essere già moribonda?" Denise lavora in infermeria intensiva. Mi disse: "Vedo gente moribonda ogni giorno. Sapevo di non essere moribonda. Così, semplicemente, li ho lasciati parlare."

Il subconscio la vide fare cose meravigliose durante i cambiamenti, inoltre nei prossimi dieci, vent'anni avrà un grosso ruolo in tutto ciò. Volevo saperne di più a proposito degli steroidi. Sapevo che potevano essere pericolosi, specialmente se causavano il diabete. Dissero che il diabete si sarebbe dissipato, era solo un test per insegnarle delle lezioni sul corpo. Non ne aveva più bisogno. Dissero che non avrebbe dovuto preoccuparsi per gli steroidi. Anche se sono delle medicine potenti, potevano neutralizzarli, cosicché non danneggiassero il corpo in alcun modo. Saranno espulsi dal sistema nei fluidi. Hanno la capacità di fare questo: neutralizzare qualsiasi medicina inutile ed espellerla dal sistema.

* * *

ALTRE INFORMAZIONI DA ALTRI SOGGETTI

Stavo parlando al subconscio di Patsy's e gli stavo dicendo che lei si lamentava di allergie alla polvere e ai pollini. Il subconscio disse: "Sono solo reazioni fisiche, causate dal vivere su questo pianeta. Ritengo che possa sopportarle. Le servono per ricordare chi sia e che sta vivendo in un elemento estraneo alle sue origini." Soffriva anche di problemi al colon e un'inspiegabile irritazione cutanea di cui voleva saperne di più. "Continuo a sentire 'produzione' e non so in che altro modo potrei spiegarlo. Qualcosa viene prodotto lì dentro, come se un elemento necessario che veniva prodotto, stesse creando i problemi al colon e alla pelle. Il muco è il risultato dei cambiamenti corporei, i quali hanno a che fare con i cambiamenti Terresti. Sa già da tempo che il suo corpo sta subendo dei cambiamenti. Purtroppo non avviene in modo comprensibile, quando ci si trova in un corpo umano, ma ci sono molti cambiamenti. I Dottori non sono in grado d'aiutare a questo livello. Non comprendono i cambiamenti che stanno avvenendo."

D: E quando siamo nello stato conscio, anche noi non li comprendiamo.

P: Lo stato conscio crea molta confusione.

Inoltre Patsy ha sempre avuto la pressione bassa. "Questo è normale per lei. Non ha bisogno d'essere come tutti gli altri. L'unica cosa che deve fare, è riuscire ad operare nel corpo in cui si trova. Questa è la ragione per cui cerchiamo di influenzarla ad evitare i dottori, che cercano solo di trovare qualcosa di sbagliato in lei. Non ha bisogno di loro."

D: Vogliono che tutti siano uguali.

P: Si, è vero. In questo modo sono più facili da controllare e medicare. In molti non sono uguali. Il suo corpo non subirà alcun danno.

D: Vedo molte persone che entrano nel panico se non capiscono qualcosa.

P: Stanno imparando. La paura è distruttiva, molto distruttiva.

* * *

Carol aveva ricordato una vita passata, che non aveva alcuna rilevanza per questo libro. Il subconscio stava parlando di guarire il corpo. Un tumore nella sua zona pelvica venne dissolto e poi espulso dal corpo senza problemi. Il SC lavora così con problemi di questo tipo. Non c'era alcun bisogno dell'intervento che i dottori stavano pianificando. Era stato causato dall'esposizione alle emozioni negative altrui. "Rabbia, sdegno, paura. Paura. Lei assimila la paura altrui e la trasmuta. E' qualcosa che ha imparato a fare da bambina,

assimila la paura degli altri, la negatività degli altri così che non ne venisse colpita.
In alcuni casi può essere necessario. La crescita, la massa dentro al corpo è li perché lei la curi. Ha la conoscenza e la comprensione e il potere e le risorse per farlo, e lo può fare. Sta ricordando."

D: I dottori vogliono aprirla e tagliarlo.
C: Potrebbe farlo e continuare con questo ciclo senza fine, ma è solo un passo falso. E' più importante che questo venga curato dall'interno. Non deve affidarsi a delle influenze esterne.
D: Veniamo cresciuti credendo a queste cose, che dobbiamo lasciar fare ai dottori.
C: E le credenze stanno cambiando e parte del suo ruolo è di aiutare a cambiare le credenza.
D: Quindi sarà in grado di ridurre questa massa da sola?
C: La aiuteremo noi. Deve conoscere il processo per poterlo insegnare agli altri. Deve conoscere il processo consciamente.

Per questa ragione, il subconscio non voleva permettere la guarigione spontanea che gli avevo visto fare molte volte in passato. Doveva essere una responsabilità di Carol. "I passi della manifestazione. Questi passi richiedono fiducia e abbandono, diventare uno, fino alle origini, alla Sorgente."

D: Questo non sembra facile.
C: Sai come farlo. Ci sono dei gradini in più nell'alchimia dai quali puoi attingere, da altre vite. Si tratta di trasformare i solidi in liquidi, in gas, in solidi, in particelle, in spazio, in forme d'energia. E poi portare quelle forme in una manifestazione fisica. Quindi si tratta di dematerializzazione e rimaterializzazione. Potrebbe non essere automatico, perché è un po' resistente. Potrebbe utilizzare la voce e la musica e il suono per accedere allo stato necessario.
D: Facendo questo su se stessa, sarà in grado d'insegnarlo agli altri?
C: Si. Comprenderà esattamente come funziona a livello conscio.

Mentre il subconscio disse che Carol dove prendersi cura di dissolvere la massa, la crescita; disse anche di poter aiutare con un altro problema che aveva. C'era un aperture dall'intestino alla vagina.

"Sto sciogliendo le cellule, il tessuto e le sto portando a livello liquido... e poi le riformo così c'è una barriera naturale. Una chiara separazione tra il tratto vaginale, libero d'infiammazione e d'infezioni. Poi richiudo gli intestini così che non ci sia più alcun perdita nella cavità addominale. (Pausa) Sto aspirando tutti i detriti. I dottori non faranno assolutamente alcuna chirurgia. E' ora d'interrompere tutti i cicli e i rinvii."

D: Dovrebbe tornare dai dottori?

C: Non farà alcuna differenza in un modo o nell'altro. Perché stiamo davvero prevenendo i dottori dal proseguire, non è nel suo migliore interesse farlo. Ciò che facciamo è lavorare con le cellule. Adesso abbiamo circondato la massa, la crescita, nella sua stessa membrana. Può essere tirata su. Può essere sciolta e dissipata.

D: E' così che volete che lei lo visualizzi?

C: Ci sono alcune scelte. Può essere semplicemente sollevato. Può essere sciolto e vaporizzato, sparendo. Queste sono le due maniere più semplici che le potrebbe conoscere per farlo. Lo può fare in meditazione, o quand'è in pace. Farà questo processo direttamente sul suo corpo fisico. In altre parole, dovrà mettere se stessa sul suo tavolo di guarigione e semplicemente auto-guarirsi. Sarà una cosa relativamente veloce.

D: Allora se ritornasse dal dottore, non vedrebbe nulla nel corpo?

C: Esattamente. È ora di interrompere il dolore e la sofferenza, e proseguire. Dobbiamo lavorare sul sangue, i cambiamenti nel sangue e i cambiamenti di consistenza del sangue. C'è un'intuizione; c'è saggezza nelle cellule del sangue e del midollo spinale. La formazione e deformazione delle cellule e dei materiali. I cambiamenti si stanno manifestando. Lei ha bisogno di comprendere come questi cambiamenti verranno creati, perché il corpo fisico inizierà a cambiare. Deve comprendere questo processo così che il corpo fisico non muoia a causa dei cambiamenti e della transizione che sono dietro l'angolo, in futuro, fra dieci anni.

D: E volete che lavori su questo nel suo stesso sistema sanguigno?

C: Si. I stanno creando i cambiamenti. Lei ha bisogno di comprendere come questi cambiamenti sono stati creati, perché il corpo fisico cambierà. E quindi ha bisogno di comprendere questo processo cosicché il corpo fisico non muoia a causa dei cambiamenti e delle transizioni che avverranno in futuro fra dieci anni.

D: Hai detto che il corpo sta cambiando?

C: Si. Il corpo fisico sta cambiando vibrazione.

D: Questo come può cambiare il sangue?

C: La consistenza del sangue sta cambiando. A volte c'è una coagulazione e a volte c'è una diluizione. Così mentre i cambiamenti hanno luogo nella vibrazione del corpo intero, le cellule funzioneranno diversamente. Alcune delle vecchie funzioni verranno eliminate, e alcune delle cellule assumeranno nuove funzioni. Non sono sicura di quali siano le parole giuste ma c'è...

D: Bisogno d'imparare qualcosa di nuovo? (Si) È qualcosa che queste altre cellule non hanno fatto prima.

C: Esattamente.

D: Questo è quello che intendevi con, deve imparare ad adattarlo; altrimenti il corpo non ce la può fare?

C: Giusto.

D: Questo sta succedendo anche ad altre persone in tutto il mondo? (Si) Ho sentito parlare di molti altri sintomi. (Si) Quindi ogni persona deve imparare ad adattarsi?

C: Non tutte le persone, ma coloro che saranno fondamentali per aiutare gli altri, per insegnare agli altri e nel guidare i gruppi. Si tratta di introdurre frequenze, che possono creare molto velocemente, enormi cambiamenti nel corpo fisico.

D: Cambiamenti che altrimenti avrebbero richiesto molte generazioni. È questo che intendi?

C: Si. Si tratta di comprimere il tempo. Non c'è tempo, né spazio, ma sul piano della Terra, esistono tempo e spazio. Quindi, perché la guarigione spontanea abbia luogo sul piano Terrestre, ci deve essere una comprensione del tempo, mentre le cellule ricevono nuove istruzioni e lasciano andare le vecchie istruzioni.

D: Oh! Quindi questo è difficile nel corpo di alcune persone. Presumo che questo potrebbe creare sintomi fisici che i dottori non riuscirebbero a comprendere. Giusto?

C: Correttamente. Non hanno la tecnologia per comprenderli. Alcuni hanno menti avanzate, che ci possono riuscire, ma in generale il campo medico è ancora molto arcaico, per quanto riguarda la conoscenza o ciò di cui bisogna avere a disposizione Questo non è accettabile e verrà eliminato. La mente viene utilizzata per creare cambiamenti, ma la gente deve essere in grado di cambiare il proprio modo di pensare, per eliminare le loro credenze distorte e conoscere la verità.

D: Dobbiamo eliminare il lavaggio del cervello che abbiamo ricevuto in tutte le nostre vite, che ci fa credere di dover dipendere da fattori esterni. Non ne abbiamo bisogno.

C: Questo è corretto.

D: La prima volta che avete guardato dentro al suo corpo, avete detto che c'era caos, confusione e rabbia. Può lasciar andare tutto questo adesso che comprende quanto sia inutile?

C: Si, la maggior parte di quella roba si è dissipata con il lavoro di riparazione che abbiamo fatto rafforzando le barriere, la riparazione vaginale, del colon, dell'intero intestino, gli interni, l'aspirazione di tutti i detriti. E di ciò che i terrestri chiamerebbero: "rifiuti".

D: Carol ha passato una vita intera nel ruolo della vittima e con persone che la tradivano. (Si) Perché ha fatto una vita così? A che scopo?

C: È importante per lei comprendere la vittimizzazione perché ci saranno masse d'individui che diventeranno delle vittime velocemente e in grandi gruppi. Quindi le sarà tutto utile per riuscire a lavorare con loro simultaneamente. Ci sarà una conoscenza istantanea, così potrà saltare molti passi, conoscendo tutte le sfaccettature della vittimizzazione. Non avrà bisogno di doverla affrontare. Sarà necessario aggiustare spontaneamente, ciò che deve essere aggiustato per il cambiamento — si tratta del cambiamento...

D: Lei sarà essenziale per riuscire a lavorare con alcune di queste persone. (Si) Perché sarà in grado di identificarsi con loro e comprenderli.

C: Si. Lavorerà con i guaritori.

CAPITOLO TRENTATRE

LA BIBLIOTECA

Dopo molti tentativi frustranti di portare Nancy a vedere qualcosa, riuscì a regredirla alla sua vita attuale. Faceva ancora fatica a lasciar andare e a smettere di analizzare. Alla fine, siamo riuscite ad andare oltre dopo circa un'ora. (Avevo girato la cassetta. Sono persistente. Non mollo facilmente). La feci regredire a prima della nascita in questa vita. Vide se stessa come un uomo anziano vestito di bianco. "Penso di essere dall'altra parte come un anziano. Sono vecchio con la barba. Vesto una bianca tunica con una strana cravatta a farfalla; sandali e un bastone. Sono in una biblioteca dove c'è un tavolo. Non riesco a vedere i libri, ma penso che questa sia una biblioteca." Le chiesi di vedere cosa stesse facendo lì. "Ho l'impressione di consultare. Direi che sono dall'altra parte. E che faccio parte del consiglio che guida e consulta la gente quando s'incarnano per assimilare le loro lezioni."

D: Sembra un lavoro importante. (Si) Devi aiutarli a decidere cosa dovranno fare?

N: No, li aiuto a decidere come meglio raggiungere la lezione che vogliono imparare.

D: Hai la sensazione d'essere stato un consigliere per molto tempo?

N: Non ho alcuna impressione di tempo, ma appaio vecchio.

Non riusciva a vedere altra gente, ma aveva l'impressione che stavano venendo da lei. Mi stavo chiedendo come li consultava.

N: Ci sono molte informazioni. Sia che io abbia molte informazioni o se quella stanza offre molte informazioni. Questa è l'unica cosa che mie è venuta in mente: "ricchezza d'informazioni"

D: Hai i registri delle cose che hai fatto in altre vite?

N: Penso che tutto sia conosciuto. Penso che tu possa guardare i registri se vuoi, ma non ce ne' bisogno.

D: Hai vissuto molte altre vite prima di diventare un consigliere?

N: Penso di si.

D: C'è il modo di scoprirne una importante? Una che significato nella vita che stai per entrare, quella come Nancy?

N: Preferisco chiedere a qualcuno.

D: C'è qualcuno intorno a te a cui puoi chiedere?

N: Non lo so, ma sento dire: "si".

D: Bene. Allora chiedi: C'è una vita importante che Nancy ha bisogno di vedere che l'aiuterà nella sua vita attuale?"

N: Si e no. Le vite migliori sono importanti per le lezioni karmiche. Tuttavia ci stiamo muovendo verso le necessità non-karmiche. Ecco perché ci ha risposto si e no.

D: Quindi non ha bisogno di vedere le sue vite passate?

N: Non necessariamente. Non hanno importanza.

D: Cosa succede col karma?

N: Il Karma è stato virtualmente eliminato visto che ci stiamo spostando nel nuovo Universo.

D: Quindi vuol dire che non ha alcun karma di cui preoccuparsi?

N: No, ho del karma, ma non sarà importante. Mi dice che non è necessario compiere la missione di questa vita o di spostarsi nella vita successiva.

D: Ecco perché a Nancy non era permesso vedere le altre vite?

N: Non è che non gli fosse permesso. E' solo che non era necessario. Creerebbe confusione. La mente umana resterebbe appesa a ciò che stava vedendo. Ma riuscirebbe a lasciar andare il giudizio in ciò che volevi che vedessi o ciò che normalmente mostreresti.

D: Molte persone riesco a correlarsi alle cose che sono successe in altre vite per riuscire ad andare avanti.

N: Ma visto he siamo in questo apice di – andremo in questa direzione – tutto questo non ha più importanza. Perché non ci sarà più incarnazione sulla Terra come la conosciamo ora. Osservare altre vite potrebbe solo portare ulteriore confusione, perché idee e mezzi che erano necessari ed utili nel vecchio mondo non saranno necessari nel nuovo mondo.

D: Incontro ancora molte persone i cui problemi provengono da vite passate.

N: Ma tutto questo viene scartato. Il tuo lavoro è importante perché ci sono dei mezzi energetici che hanno bisogno d'essere liberati in questa vita. Mezzi energetici riguardanti i problemi di salute. Sono cose del momento che non sono correlate all'andare avanti, perché nel momento in cui procedi, tutto verrà scartato ed abbandonato. Non sapremo mai quando la nuova Terra apparirà, ma sta arrivando. Sarà qui. E' solo una questione di quando la vibrazione e l'energia raggiungeranno il livello di quasi... boom e creerà il secondo mondo. Quindi aiuti la gente con i loro problemi fisici, fino al momento in cui questo accadrà. E' importante, perché noi non sappiamo quando succederà – probabilmente prima di quanto ci aspettiamo. Quindi se questa gente viene da te, allora presumo che abbiano un disagio che non c'è ragione che qualcuno abbia.

Nancy voleva sapere il suo scopo (proprio come tutti gli altri che vengono da me). Il subconscio rispose: "Questa non è la risposta che vuole, ma il suo scopo non è ancora rivelato, perché il nuovo Universo non è stato creato. Tutto è ancora in fase di progettazione, movimento, facilitazione e tutto può ancora cambiare. Riusciamo a vedere un piano, un quadro generale, ma può ancora cambiare."

D: Non può darle qualche idea di ciò che dovrebbe fare, perché vuole aiutare con il piano.

N: Quasi istantaneamente, arriverà il pensiero.

D: C'è qualcosa che volete che faccia per prepararsi?

N: A questo punto non c'è nulla di necessario. Andrà alla nuova Terra, e lo saprà immediatamente - perché la nuova energia e vibrazione sarà più elevata - ciò che deve fare. Lo sforzo è necessario qui, ma siamo già oltre la linea dove andrai o non andrai.

D: Ho sentito dire che è già stato deciso, perché le vibrazioni non possono cambiare così velocemente.

N: No. Quindi una volta superata la linea e stai andando, allora è quasi come un periodo di tregua. E quando sei arrivato, sarà così diverso che tutte le cose che pensiamo di dover fare adesso ed erano appropriate nel passato non troppo distante, nel nuovo mondo non saranno necessarie.

D: *Ha detto di voler fare la differenza nella vita degli altri e di aiutare il mondo.*

N: Questo sarebbe stato necessario se la Terra fosse rimasta nella stessa dimensione vibrazionale in cui si trova ora, ma è come se steste aspettando che succeda. Accadrà, ma non saprete come sarà finché non succede, perché è una partecipazione di gruppo e un effetto collettivo. L'unica cosa che possiamo dire è che succederà.

D: *Ho sentito che certa gente non saprà nemmeno che è successo qualcosa.*

N: Penso che anche questo pensiero stia cambiando e che certamente coloro che andranno avanti sapranno cosa sta succedendo. Coloro che restano indietro, non è ancora stato deciso – devastazione non una parola appropriata da usare, ma non riesco a pensare ad un'altra – chi lo realizzerà veramente e chi non lo realizzerà. Sta ancora cambiando.

D: *Ma adesso lei vuole fare qualcosa per aiutare. Ha studiato la guarigione e il Reiki, e il lavoro con gli angeli.*

N: Ma tutti avranno gli stessi doni e mezzi e la nuova energia.

D: *Tutti faranno la stessa cosa?*

N: Beh, non la stessa cosa, semplicemente non sarà necessario. La ragione per cui facciamo tutte queste cose è di portare l'energia a quel livello. Ma quando siete tutti immediatamen-te a quel livello, non ci sarà bisogno di guarigione, perché saremo tutti curati. Potrai ancora continuare a lavorare con la gente e ad aiutarli fino alla transizione. Ma quando tutti avranno fatto la transizione, è quasi come se foste tutti allo stesso livello. Siete tutti sulla stessa pagina e il vostro velo viene sollevato, quindi sarà un grande momento di rivelazione.

D: *Ci sono delle persone la fuori che hanno ancora bisogno di lei, no?*

N: Esatto. Ci sono persone che, minute per minuto, le stai tirando al nuovo mondo. Questi sono quasi in un circolo vizioso, ma sono stati tirati e stanno aspettando. Aspetteranno là per poter avanzare.

D: *Quindi non lo saprà mai tra le persone con cui entra in contatto.*

N: No, né lo sapranno loro. Dovrebbe sempre focalizzare la sua energia su una parte di tutte le energie di tutte le persone sulla Terra che vadano avanti. E mentre ogni persona aumenta la sua vibrazione, è una reazione a catena e riverbera e rimbalza da una persona all'altra, alla successiva. Finché non è un enorme crescendo che diventa la vibrazione della Terra in totale. Se tutti smettessero di fare ciò che stanno facendo, diventerebbe solo un ronzio. Ma visto che stiamo andando tutti avanti e stiamo lavorando tutti alla nostra velocità, lavoriamo tutti alla nostra velocità, continua ad aumentare ed aumentare finché non inizierà a disperdersi nel cosmo. Quindi non puoi dire di non aver fatto alcun lavoro. Basta che continui a fare ciò che stai facendo, ma l'attenzione è cambiata. Essere annoiati è perfetto, perché istantaneamente creerà conoscenza, tutte le cose per cui ci sforziamo qui. Ma, "Dammi il Reiki, così mi sento meglio" o "Toglimi quest'alto" non sarà necessario. Tutti avranno i mezzi. E quando hai i mezzi, non hai i dolori e gli acciacchi. E quasi come una "clausola umana" che non sarà più in effetto. Va sempre bene in forma umana, come dite voi, avere obbiettivi, sogni ed ambizioni. E' molto difficile dirlo a parole, perché pensiamo che arriverà più velocemente di quanto non vi aspettiate e state buttando molto tempo. Ma anche questo non sembra giusto, una perdita di tempo. Però penso che la cosa migliore che chiunque possa fare è avere una buona intenzione. Esprimi sempre la tua disponibilità ad aiutare, e non mandar mai via nessuno che viene da te. Qualsiasi lezione che dovrebbe imparare ora, ha a che fare con la ruota del karma, che presto verrà dispensata. Non appena la tua vibrazione è oltre un certo livello, hai superato il: "Devo ripagare il karma". Ecco perché non è importante perseguire domande sulle vite passate. E' quasi infantile. "Perché? Perché? Perché? Com'è possibile?" Potresti sentirti garantito, o rassicurarti che se ti sei risvegliato, andrai nella nuova Terra.

Successivamente, durante la seduta, stavano lavorando sul corpo di Nancy per rimuovere il desiderio di fumare e poi con il mangiare compulsivamente al fine di perdere perso. Poteva sentirli mentre passavano e riadattavano il suo corpo, specialmente sul lato destro del cervello. Poi sentì vibrazione in tutto il suo corpo. "Stanno facendo una scansione e rimuovendo gli impulsi."

D: Fidati di loro. Sanno cosa stanno facendo. Stanno rimuovendo l'impulso di mangiare troppo.

N: Si, e le cose che sono diventare abituali. Il corpo è progettato per essere in grado di gestire praticamente ogni cosa, ma il problema è controllare le porzioni e la quantità. Il corpo è un miracolo e può eliminare o gestire qualsiasi cosa in piccole dosi. Il cibo migliore sarebbe quello con meno additivi e meno preservativi. Meno è meglio. Perfino porzioni di dimensioni inferiori, ma solo per permettere al corpo di scaricare gli additivi chimici e i preservati. Quindi la tendenza è di spostarsi verso cose che per il corpo sono meno tossiche, più leggere e più sane. Il corpo durerà più a lungo quando non avrà da lavorare così tanto. Le abbiamo dato degli impulsi per riadattarsi e programmare. Questo le piacerà. Le papille gustative stanno già cambiando. Sta iniziando a manifestarsi.

Hanno ripetuto questo processo durante molte delle mie sedute con clienti, specialmente quando vogliono informazioni a proposito della loro dieta. Dobbiamo allontanarci da cibi pensanti, perché al fine di ascendere, il corpo deve diventare più leggero. Dicono che il cibo migliore è cibo "vivo", cioè frutta fresca e verdure. Un po' di carne va bene, ma non la carne rossa pesante, specialmente non maiale e manzo; a causa degli additivi e ormoni. Dicono che depositano agenti chimici e componenti artificiali nei nostri organi che ci rimarranno almeno per sei mesi. E' estremamente difficile filtrarli e rimuoverli dal corpo. Se riusciamo a trovare cibo organico, quella è la cosa migliore. Enfatizzano sempre piccole porzioni e diversi piccoli pasti durante la giornata (lo chiamano: "pascolo"), invece che enormi pasti. Il valore dell'acqua è oltre la nostra comprensione. E' estremamente importante. Ovviamente, tutto questo è solo buon senso, ma quando lo sento ripetuto costante-mente tra tutti i miei clienti, penso che voglia dire che c'è una forte enfasi sull'importanza della dieta in questo momento. Alla fine ci sposteremo ad una dieta a base di liquidi.

Poi, dopo essere arrivati alla nuova Terra, c'è la possibilità di non mangiare per niente. A quel punto, vivremo di pura energia e luce. Proprio come molti degli ET a cui ho parlato.

SEZIONE OTTO

ENERGIE INSOLITE

CAPITOLO TRENTAQUATTRO

UN'ALTERNATIVA COMPLETAMENTE NUOVA AI WALK-IN

Stavo già lavorando su questo libero e pensavo di avere accumulato abbastanza informazioni da completarlo. Tuttavia non "li" dovrei mai sottostimare. Durante gli ultimi anni, c'è stata una vera e proprio pioggia d'informazioni dalle persone che venivano per una seduta e mi sono state date molte teorie insolite. Pensavo di avere qualsiasi cosa di cui volevano che scrivessi. Ma ogni volta che penso che sia così, mi sorprendono con qualcosa di totalmente nuovo ed inaspettato. So di dovermi fermare da qualche parte; altrimenti i miei libri diventerebbero troppo voluminosi. Ovvia-mente, ogni volta che ho scritto un libero, sono finita col rimuovere delle informazioni per inserirle nel successivo. In questo caso, pensavo di averne ricevute abbastanza per questo libro. Tuttavia, nel Gennaio del 2007, durante una seduta un cliente mi offrì un altro nuovo concetto che sapevo avrebbe dovuto essere incluso. Un concetto completamente nuovo dei "walk-in" [fare riferimento a Universo Convoluto 1 & 2], che avrà un impatto sulle nostre vite sulla Terra ed influenzerà le nostre vite nella Nuova Terra. Ci sono numerose cose strane di cui siamo completamente inconsapevoli con le nostre menti coscienti. E potrebbe essere che saremmo anche troppo confusi se sapessimo tutte le cose che succedono dietro le scene.

Quando ebbe inizio la seduta di Christine, sembrava una regressione ad una vita passata normalissima. Non c'è alcun indizio di ciò che stava per arrivare. Si vide come un uomo in piedi in una zona piena d'alberi che indossava una tunica. Le ci volle qualche secondo per capire quale fosse il suo sesso. Solo dopo aver osservato il suo corpo. "Mi sento maschio. Ho delle gambe muscolose. Non mi sembrano gambe di donna. I miei polpacci sono molto tesi. Probabilmente sono vecchio. Sono alla fine dei quaranta, inizio dei cinquanta. Vengo considerato molto vecchio." Era affascinato dall'osservare gruppi di piccoli animali e uccelli che si spostavano. Inoltre gli odori boschivi delle foglie secche gli davano una bella sensazione familiare. Si avvicinò ad un ruscello li vicino per bere ed osservò dei pesci. Era un ambiente molto sereno e pacifico. Si sentiva stanco come se avesse fatto un lungo viaggio, così fece un letto con le foglie secche.

L'unica cosa che si portava dietro era una sacca che conteneva dalla carne secca, i suoi attrezzi per lavorare la pietra ed una spada che utilizzava per auto difesa e per cacciare. Fin qui sembrerebbe l'inizio di una normale, regressione ad una vita passata ma presto tutto cambiò. Non era originario di quel luogo tra i boschi, tuttavia non riusciva nemmeno ad identificare un luogo d'origine. "Ci sono molte diverse terre tra le quali ho viaggiato. Ho viaggiato per molti anni. Non ho una destinazione particolare. Solo esplorare le diverse terre. Dovrei riuscire ad aiutare. Dovrei riuscire ad imparare molte cose sulla gente. C'è un gruppo di noi, mi stanno aspettando. Si trovano in una zona molto fredda. Geograficamente, so come arrivarci, più o meno, ma non so qual'è il nome di quella terra. Sto seguendo la costellazione che ho usato in questa vita, quindi so in che direzione andare."

D: Il luogo da dove sei partita, com'era?

C: Me ne sono andata da molti, molti anni. Millenni, in verità. Vengo da molto lontano, non da questo pianeta. Ho viaggiato e ho assunto questo corpo al fine d'essere in grado di sostenermi in questo ambiente. Dovevo abitare una forma umana per riuscire a respirare ed essere in grado di vivere e sostenermi in questa atmosfera. Ci sono molti, molti come noi.

D: Quindi da dove provieni non avevi un corpo come questo?

C: No. Non ce n'era bisogno.

D: Che tipo di corpo avete là?

C: E' luce. In realtà non ho un corpo, o non ce l'abbiamo. Siamo energia. Viaggiamo come energia. E' così che siamo in grado di viaggiare ad alta velocità.

D: Qualcuno ti ha detto di venire e prendere un corpo?

C: Si. Abbiamo ricevuto istruzioni di assumere diversi corpi, a seconda del pianeta su cui eravamo.

D: Quindi in qualsiasi luogo tu vada, prendi un corpo diverso?

C: Si. Non possiamo portare un corpo precedente con noi. Dobbiamo assumere corpi diversi a seconda del sistema in cui ci troviamo.

D: Quindi il corpo che hai scelto adesso, non ci sei entrato da bambino e ci sei cresciuto dentro?

C: No. Questa persona era appena morta, quindi siamo stati in grado di entrare nel corpo e rivitalizzarlo per i nostri scopi.

D: Quindi non era morto da molto?

C: No. Solo qualche minuto.

D: L'anima originaria era già uscita? (Si.) Se avessi aspettato troppo non avrebbe funzionato?

C: Esatto. Era una questione di solo qualche minuto.

D: Quindi se avessi aspettato troppo a lungo, sarebbe stato molto più complicato?

C: Oh, certamente. Sono molto più flessibili quando si parla di cose di questo genere, specialmente di fronte ai nostri obbiettivi.

D: Di chi stai parlando con "loro"? Coloro che sono responsabili per queste cose?

C: Si. Assumendo d'essere in grado di occupare il corpo molto velocemente. Abbiamo solo qualche minuto per riuscirci. Loro ci guidano verso dove hanno bisogno di noi per riuscire ad abitare in quel corpo.

D: In questo modo non state rimuovendo un corpo da un'anima che già lo abita.

C: Esatto. Questo non è permesso.

D: Quindi non saprete mai che tipo di corpo sarà, vero?

C: Esatto. Non sappiamo da un momento all'altro. Ecco perché quando mi avete chiesto se ero maschio o femmina, mi sono sentito maschio, ma poi dovevo ricordare cosa fossa un uomo.

Sapevo solo con certezza, in base a ciò che avevo studiato che le gambe non erano di donna.

D: E' difficile adattarsi ad un corpo umano?

C: Si, a un po'. Ci vuole tempo, perché non siamo abituati ad utilizzare arti ed appendici. Sono solo gli arti motori.

D: Quindi ti hanno detto di venire ed imparare? (Si) Cosa cercate d'imparare?

C: Dobbiamo imparare tutto ciò che c'è di questo pianeta per insegnargli come sopravvivere ciò che sta per arrivare.

D: Non hanno forse già le capacità e sanno come fare le cose?

C: Hanno le capacità, ma non hanno le abilità, per quanto riguarda le virtù necessarie per essere in grado d'usarle.

D: Che tipo di virtù?

C: Empatia. Tolleranza. Ciò che era nella sua forma più pura, la compassione. Hanno la capacità d'imparare come usarle al massimo potenziale, ma non l'hanno ancora fatto. Siamo qui per insegnarglielo.

D: Queste sembrano emozioni piuttosto complicate. Pensi che ti ascolteranno?

C: Si. Usiamo delle tecniche speciali. Dobbiamo tenere certe applicazioni a portata di mano, che usiamo al fine di adottare queste emozioni ed usarle. A dire il vero per aiutare a proteggerli.

D: Pensi che sarà difficile farlo?

C: Penso che sarebbe difficile, si.

D: Questo l'hai mai fatto prima, in un corpo umano?

C: No, questa sarà la prima volta. A dire il vero, questa sarà più semplice; è più primitiva. Molto primitiva, a cui abituarsi.

D: Gli altri corpi, gli altri luoghi dove sei stato, anche lì c'erano problemi con i quali stavate aiutando?

C: Oh, yes. Problemi molto diversi. A dire il vero, le loro sfide, i loro problemi, erano molto più complessi di quelli con cui la gente della Terra ha a che fare.

D: In che senso sono complessi?

C: Sistemi stellari diversi avevano occupato altri pianeti e c'erano delle guerre galattiche in atto. Il nostro lavoro era molto difficile, perché c'erano dei rinnegati. C'era della gente che ci voleva morti e dovevamo essere i grado di schivare queste società e cercare di evitarli durante i nostri viaggi. Ci avrebbero annichiliti se ci avessero presi.

D: Quindi vi hanno detto di venire sulla Terra dopo aver completato quelle missioni?

C: Si. Abbiamo avuto successo.

D: Ritieni che questo corpo sia differente.

C: Oh, penso proprio di si. Più primitivo, e molto più fragile. Molti degli altri corpi che abbiamo abitato avevano già delle armature costituite nella struttura e ovviamente il corpo umano non ce l'ha.

D: L'armatura faceva parte della struttura?

C: Si, con appendici molto pratiche. Si potevano utilizzare immediatamente, perché erano già presenti nel corpo. Questo corpo è diverso, più fragile. Si può danneggiare facilmente. E dobbiamo diventare più agili con le capacità motorie di questo corpo umano, perché siamo più abituati a lavorare velocemente. Questi per noi sono estremamente lenti. Parte del processo richiede che coabitiamo tra gli umani.

D: Quando fate tutto questo, vi dimenticate perché siete venuti?

C: A volte, alcuni di noi si. Non sempre.

D: Stavo pensando che la memoria venisse contaminata o rimossa quando vivete in un corpo umano.

C: Non so se vivere in questo corpo umano avrà questo effetto, eliminare le memorie che ci hanno portato qui. Presumo che sia un rischio che dobbiamo prendere. Potrebbe succedere, o anche no.

D: Mi stavo chiedendo se ti avessero messo in guardia, quando sei arrivato.

C: No, non mi hanno detto niente.

D: Quando questa vita sarà completa, resterai sulla Terra e farai altro, o cosa?

C: Non ho ancora ricevuto alcun ordine.

D: Penso che sia ammirevole raccogliere una sfida di questo genere, perché è una sfida, non è vero? (Oh, si.)

Decisi di portarlo avanti in quella vita e vedere cosa stesse facendo. Si trovò in una comunità, una "colonia" di capanne rotonde. Erano abbastanza grandi per cinque o sei persone, o una piccola famiglia. Questo era il luogo dove stava insegnando. “Alcune delle persone sono come me, altri sono dei pupilli.”

D: Gli altri come te, sono entrati in un corpo umano?

C: Si. Hanno una tunica. Gli studenti sono molto giovani. Direi che hanno tra i quattordici e i quindici anni d’età umana. E’ troppo tardi per insegnare agli adulti ed anziani. Abbiamo bisogno di giovani, fresche menti. Gli anziani sono reticenti.

D: Da loro fastidio che stai insegnando ai bambini?

C: No, questi sono i genitori e famigliari dei bambini, ci hanno dato il permesso di farlo, di procedere con il progetto.

D: Quini questo è ottimo. Non avrete alcuna opposizione.

C: Esatto. Ma sono così pochi quelli di loro che ci permettono di farlo. Dobbiamo farlo in segreto. Lo facciamo in un’area molto isolata. Non possiamo avvicinarci alle città. Dobbiamo stare lontani dalle metropoli e le città. Non sono ancora consapevoli della nostra presenza.

D: Pensi che succederebbe qualcosa se ne fossero consapevoli?

C: Oh, si. Ci annichilirebbero. Ci prenderebbe ostaggi. Non avrebbero tolleranza con noi. Se non ci annichilirebbero, ci userebbero per fare esperimenti e non possiamo permettere che questo succeda adesso. Non riuscirebbero a comprende-re la nostra fisiologia. Saprebbero che non siamo di qui, che non siamo umani. Non tanto che potrebbero trovare qualco-sa, piuttosto ciò che scoprirebbero non lo comprenderebbero perché è troppo avanzato. Non so cosa troverebbero, in questo momento del loro tempo, qualche uso pratico per noi.

D: Quindi ogni qualvolta sei entrato nel corpo fisico, hai dovuto fare degli adattamenti per poter esistere?

C: Eh, si. Molti. Per riuscire ad adattarmi, si. – Stiamo pianificando di portare alcuni degli studenti con noi e poi riportarli indietro. Hanno bisogno di venire con noi.

D: Dove li portereste?

C: Li stiamo portando alle nostre colonie sul nostro pianeta.

Tutto questo assomigliava molto alla storia degli aborigeni Australiani nel Libro due. Gli esseri luminosi vennero e portarono i bambini al loro pianeta per insegnargli molte cose che dovevano passare agli adulti per migliorare la loro vita.

C: Questo era già stato preparato. Devono tornare con noi alle nostre colonie per poter essere propriamente educati. Questo è più facile e sicuro. Si tratto solo i qualche giorno umano, grazie ai mezzi di trasporto che usiamo per viaggiare. Sembrerà che saranno passate solo qualche settimana. Quando in realtà, avranno ricevuto molte, moltissime lezioni in un breve periodo di tempo che loro possono portarsi dietro sulla Terra durante il viaggio di ritorno. Abbiamo già portato qui alcuni degli adulti per fargli vedere com'è la vita. Questo è prima di tornare per prendere i bambini ed educarli. Sembravano amichevoli e totalmente cooperativi con noi, perché sanno che il loro figli li aiuteranno se propriamente educati.

D: Quando li riportate sul vostro pianeta, cosa succede ai vostri corpi fisici?

C: Oh, automaticamente diventiamo l'energia che eravamo. Non ci riconosceranno in forma umana, ma anche loro dovranno diventare energia per riuscire a sopravvivere sul nostro pianeta.

D: Cosa succede ai loro corpi fisici quando vengono con voi?

C: Vengono solo dematerializzati temporaneamente. Quando li portiamo indietro, li rimaterializziamo nella loro forma umana originale.

D: Certo, questo fa sorgere la domanda: Perché non potete materializzare un corpo per voi stessi?

C: Quella sarebbe stata la cosa migliore da fare, ma non è come siamo stati istruiti. Dovevamo assumere corpi che erano morti di recente.

D: Quindi questi bambini, possono dematerializzare i loro corpi.

C: Si. Si e molto altro, fa parte della loro educazione, essere in grado di farlo. Perché nell'immediato futuro sulla Terra, dovranno essere in grado di farlo ed insegnare agli altri come farlo.

D: Pensavo che la parte che si dematerializzava si sarebbe evaporata o dispersa.

C: No, non completamente.

D: Siete in grado di trattenerla così si può riattivare. (Oh, si.) Quindi li portate sul vostro pianeta. Me lo descrivi?

C: La maggior parte della nostra civilizzazione è sottoterra. E' sotterranea, non c'è molto sulla superficie. Non visitiamo molto la superficie, perché l'atmosfera è stata contaminata molto tempo fa. In realtà stiamo cercando altri luoghi da colonizzare.

D: Cos'è successo all'atmosfera?

C: Siamo stati attaccati da diversi ribelli e hanno contaminato la nostra atmosfera e l'hanno resa inabilitabile. Quindi non possiamo più respirare in quell'ambiente. Avevamo delle case di qualche tipo sotto terra. Sono simili alla Terra, ma viviamo in gusci. Abbiamo famiglie che non sono considerate come "nuclei familiari". Abbiamo molti anziani, perché viviamo più a lungo degli umani. Viviamo l'equivalente di 1000 ani di vita umana.

D:Siete molto lontani dalla Terra?

C: Oh, si. Siamo lontani circa trentasette anni luce.

D: E siete in grado di traversare quella distanza velocemente? (Si) E questi bambini sono in grado di fare la stessa cosa.

C: Esatto. Sembrerà che se ne sono andati per due o due settimane e mezzo.

D: Quindi insegnerete a questi bambini sottoterra.

C: Si. Saranno perfettamente sicuri.

D: Quindi quando alla fine li riporterete a casa, resterete e continuerete ad insegnare?

C: Si, come ripetizioni. Resteremo per un po' di tempo. Ma speriamo che saranno in grado di condividerla in sicurezza grazie alla tecnologia che gli portiamo. Saranno in forma umana quando lo faranno; mentre, noi non possiamo restare in forma umana molto a lungo. Dobbiamo tornare. Beh, in verità dobbiamo proseguire e visitare altre galassie. E non solo quella, ma se ci vedessero per gli esseri che siamo – perché eventualmente ritorniamo alla nostra incarnazione originale – i governi mondiali ci prenderebbero ostaggi e questo non possiamo permettere che succeda.

D: Che tipo di tecnologia stai condividendo con questa gente?

C: Praticamente, come essere in grado di viaggiare a livello interstellare. Hanno bisogno di ricolonizzare. La Terra non sarà qui molto a lungo. Dovranno essere in grado di andare ad altre galassie ed essere in grado di ricolonizzare. Così abbiamo dovuto fargli vedere come viaggiare a livello inter-stellare, per riuscirci. Possiamo anche estendere il nostro aiuto al punto di suggerire possibili luoghi dove potrebbero ricolonizzare. Potremmo fargliel vedere. Questo fa parte di ciò che abbiamo bisogno di fare per aiutarli a ripopolare.

D: Quindi restate li con questo gruppo per un bel po'? (Si) Allora proseguite ed andate ad un'altra missione?

C: Andiamo verso altre missioni.

Chiesi se era consapevole del corpo a cui stavo parlando, il corpo femminile chiamato "Christine". Disse che lo era. Lei era uno dei suoi compiti.

D: Sei entrato nel suo corpo da bambina o cosa?

C: No, Christine ha avuto un'esperienza di pre-morte.

Questa era una sorpresa. Christine no me l'aveva detto.

D: Quand'è successo?

C: Nel 1991, aveva un'aritmia cardiaca e morì, ed era andata per qualche minuto. Era clinicamente morta, eppure noi abbiamo abitato il suo corpo nel 1991.

D: Ma consciamente, adesso come Christine, non sembra ricordare l'esperienza di premorte?

C: No. Aveva accettato di permettere che succedesse. Aveva accettato di permetterci di fare questo come un walk-in.

D: Quindi l'anima originale di Christine andò dall'altro lato. (Si) Ma ha ancora i ricordi di quell'anima originale? (Si) Perché disse di avere ricordi di vite passate umane. Come un Druido, e come un monaco, e di suonare il flauto.

C: Si, quelle sono le sue memorie. Le abbiamo ritenute. Quelle non sono le mie memorie, sono le sue. Alcune delle memorie che portava sono ancora intatte.

Questo potrebbe spiegare perché Christine non andò verso alcuna vita passata che aveva detto di ricordare. Facendo parte della vecchia Christine, e la nuova Christine non aveva bisogno di accederle. O forse, non ne sarebbe nemmeno in grado. In ogni caso erano irrilevanti.

C: La maggior parte di tutto quello erano solo uno specchio per le allodole per permetterci di parlare con te oggi. Volevamo che si sentisse abbastanza a suo agio avendo qualche parte di queste informazioni nella sua mente. Questo la aiuterebbe a sentirsi a suo agio per quanto riguarda l'avvicinarti. Altrimenti, se le avessimo detto tutto questo, se fossimo venuti da lei con tutto questo prima ancora d'averti incontrata... sarebbe stato troppo.

D: Voleva lasciare questa vita quando ebbe l'esperienza di morte?

C: Si. Sua madre era morta nel 1989, e lei voleva restare con lei.

D: Vorresti dire che era da sola e gli mancava?

C: Si, ma non ci sono stati tentativi di suicidio. Questa era la transizione più facile era il modo più facile. Aveva passato dei grandi, drastici cambiamenti di stile di vita dopo la morte della madre.

D: Quindi l'anima originale si trova la con la madre.

C: Oh, si, sono molto, molto felici.

D: Ma Christine non sa alcuna di queste cose a livello cosciente, vero?

C: No. Non ne aveva bisogno.

D: Quindi va bene se ne viene a conoscenza adesso?

C: Si. Ci è stato detto d'informarla. Che è arrivata ora che lei sappia queste cose. Non sapeva che questo sarebbe successo quand'è venuta. Alla fine, sarebbe stata portata qui e tutto questo sarebbe uscito. Ma lei non ne aveva la minima idea.

La cosa principale di cui mi preoccupavo era come tutto questo avrebbe influenzato Christine quando si sarebbe svegliata. Mi assicurarono che questo l'avrebbe aiutata a spiegare molte cose e avrebbe aiutato ad alleviare molte delle sue paure irrazionali.

D: Quindi state vivendo la sua vita proprio come se fosse una vita normale, per questo non conosce la differenza.

C: Esatto. Ma alla fine la conoscerà. Alla fine dovrà tornare con noi ed imparare alcune delle tecnologie. Al suo ritorno, si unirà con altri come noi, per aiutare la famiglia umana a superare i giorni a venire. Avrà un ruolo importante nella Nuova Terra.

D: Potete darle qualche altro dettaglio a proposito di cosa dovrebbe fare?

C: Aiutare a fare la transizione verso la prossima densità. Ci sono alcuni che resisteranno a causa della paura e della mancanza di comprensione e tanta apprensione. Non useremo alcuna violenza o forzeremo alcun umano a far qualcosa, per via del libero arbitrio. Il libero arbitrio viene rispettato universalmente. Non avremo alcun controllo o regolamento su questo. Dobbiamo cercare di persuadere gli individui, è per il loro bene per la loro evoluzione. E questo fa parte del processo in cui è coinvolta Christine. Dovrà educare degli individui nel come farlo per rendere la transizione più semplice. Sarà essenziale.

D: Perché dobbiamo andare in un altro mondo?

C: Perché è arrivato l'ora, dal punto di vista del grande piano. Perché tutto questo è un test. Questo era un esperimento. E alla fine, riporterà tutti alla luce, la Sorgente Originale.

D: Quindi il mondo non progredirà nel modo in cui sta andando adesso?

C: No. No. Alla fine, finirà tutto nella dimensione successiva.

D: Ne ho sentito parlare moltissimo dalla gente con cui lavoro. – Ma hai detto che lei dovrà andare sul vostro pianeta?

C: Si. Temporaneamente. Per imparare.

D: Suo marito non se ne accorgerà se lei sparisce?

C: Lei viaggerà a livello astrale e succederà adesso. La renderemo consapevole di ciò che sta succedendo. Lo farà in modalità astrale ed imparerà in quel modo. E al momento giusto, sarà in grado d'iniziare a farlo tra il resto di noi. Mentre sarà via per imparare e studiare queste cose, il corpo potrà rilassarsi e ringiovanirsi.

D: Pensavo che l'avreste dematerializzata come avete fatto con gli altri.

C: No. Ovviamente deve restare in questo corpo per tutto il processo. Suo marito non lo sa. E non solo, ma anche la sua famiglia, i parenti e i suoi clienti. La dematerializzazione non sarebbe vantaggiosa.

D: Bene, quindi non ci saranno interruzione alla sua vita. Ma so che usciamo dal corpo tutte le notti, e facciamo viaggi astrali anche se non se siamo consapevoli.

C: Tutte le informazioni verranno disseminate a livello astrale. Sarà un corso molto esteso, ma sarà inerente alla sua personalità. Siamo una civilizzazione molto, molto, molto compassionevole. E siamo anni luce più avanti per quanto riguarda la tecnologia. Non solo quello, ma per quanto riguarda riuscire ad usare ed applicare positivamente tutte le virtù universali.

Parlarono del corpo di Christine e procedettero a riparare delle cose che trovarono (una delle quali era una tiroide meno attiva). "Abbiamo infiltrato il suo corpo nel 1991, e l'abbiamo sottoposta ad un cambio metabolico qualche anno dopo. Questo era necessario per poter esistere nel corpo. Questo causò una grossa fluttuazione del peso. Ed è rimasto così dal 1993. E' andata da molti dottori e nessuno è stato in grado di comprendere cos'è successo al suo metabolismo. Il risultato di ciò che le abbiamo fatto nel 1993, è stata afflitta da pneumonia, sei diversi episodi. Il fatto che fumi rende questa condizione anche peggiore. Dobbiamo fargli smettere di fumare. Dobbiamo portare il suo sistema respiratorio in una condizione molto migliore. Il corpo inizierà a recuperare e a rigenerarsi." A quel punto le diedero istruzioni su come l'avrebbero fatto. A causa della sua resistenza, avrebbero dovuto farlo lentamente, specialmente rimuovendo il desiderio di fumare. Un suggerimento era di tenerla così impegnata che non avrebbe avuto il tempo di pensarci.

C: Dal 1985 al 1991 soffrì di disordini nutrizionali. Era anoressica. Non siamo entrati finché non guadagnò 30kg in cinque mesi, ebbe una aritmia cardiaca e morì. Venne potata d'emergenza all'ospedale ed era morta per un po'. Siamo en-trati a quel punto. Praticamente l'abbiamo riportata indietro con la comprensione che solo il suo corpo sarebbe ritornato. L'anima, Christine, non è più in questo corpo. Siamo ciò che tu chiami un "walk-in". Il nostro obbiettivo è puro e benevolo.

D: Si, sono ne sono consapevole. E di solito succede durante un evento traumatico. – Ma la cosa principale è che non vogliamo che si spaventi nello scoprire queste cose.

C: Giusto. Non ti abbiamo detto dell'esperienza di pre-morte fino ad ora, perché volevamo che tu sapessi chi siamo. Quando stavi parlando con Christine sta mattina, è per questo che non ti ha detto dell'esperienza di pre-morte. – Deve comprendere che la visiteremo sul piano astrale. E ci occuperemo della sua educazione, le sue lezioni, il suo curriculum e la sua internship.

Non avrà alcun ricordo cosciente dei viaggi. Alla fine, tutto avrà una fruizione e lei sarà in grado di riunirsi a noi prossimamente.

La cosa più inusuale e diversa di questa seduta non era il fatto che fosse un walk-in. Ne ho incontrati molti altri durante la mia carriera. E' il tipo di walk-in che rese questo caso unico. Normalmente, un walk-in ha luogo quando una persona decide di non voler restare in vita, per qualsiasi ragione. Vogliono andarsene ma il suicidio non è un'opzione. Perché distruggere un veicolo perfettamente funzionale quando un'altra anima sarebbe più che felice di utilizzarlo. Quindi prendono accordi con un'altra anima (di solito una che conoscono e con la quale sono state associate) di uscire e permettere ad un'altra anima di prendere il corpo in quell'esatto momento. Nulla di tutto questo viene fatto con coinvol-gimento cosciente o motivazione. La coscienza della persona di solito non ha alcuna consapevolezza che stia succedendo qualcosa, eccetto che le cose incominciano a cambiare nella loro vita. L'anima entrante ha un accordo di completare qualsiasi altro accordo che l'anima uscente avesse con altri individui. Qualsiasi forma di karma che debba essere ripagata e qualsiasi contratto fatto prima d'entrare in quella vita. L'anima entrante (walk-in) deve onorare questi impegni e completarli prima di potersi dedicare ai propri obbiettivi. Questo è un normale walk-in.

Ciò che rende il caso di Christine diverso è che l'anima entrante non la conosceva da nessuna incarnazione precedente. Non avevano alcuna connessione. Infatti, aveva avuto poche vite sulla Terra in un corpo umano. Era stata mandata da un potere superiore, tuttavia tutto con accordo dell'anima di Christine. Bisogna sempre ricordare che questi casi ovviamente non sono delle possessioni, invasioni o attacchi del corpo. Viene fatto tutto solo dopo aver ricevuto il permesso. Apparentemente, Christine era infelice a proposito della perdita di sua madre e voleva tornare e stare con lei. Con questo tipo di attitudine, sarebbe stata inefficiente per il suo ruolo nei cambiamenti della Terra che stanno arrivando. Sarebbe stato meglio proseguire. Questo forse vuol dire che la sua anima deve ritornare ad un altro pianeta successiva-mente per continuare a ripagare il karma?

In un altro capitolo, era stato detto che devono venire e fare cambiamenti al fine di permettere alla gente d'essere in grado di fare il salto nella nuova dimensione con lo sviluppo della Nuova Terra. Ma a causa della legge predominante (o direttiva primaria) di non-interferenza, non gli è permesso farlo da fuori. Quindi, un'idea drammatica e drastica venne generata. Proveranno a non cambiare la Terra da fuori. Lo faranno dall'interno. Come dimostra questo libro, molte anime stanno arrivando per la prima volta direttamente dalla Sorgente. Altre, come Christine, vengono rimpiazzate da spiriti il cui lavoro è di viaggiare in tutto l'universo per aiutare i pianeti che sono in difficoltà. Questi spiriti sono alle prime armi sulla Terra e quindi non sono limitati dal karma. Alcuni, entrano nel corpo di neonati nati morti. La loro energia è così diversa che sono necessarie alterazioni perché il corpo possa sopravvivere. Nel caso di Christine, sembra che non possano più iniziare come bambini, a causa del tempo necessario perché il corpo possa crescere. Un'idea geniale, entrare come dei walk-in e continuare la vita da adulti. In questo modo, ogni veicolo disponibile viene utilizzato. Permettendo a più volontari di entrare in questo momento importante, senza dover passare per le fasi della crescita.

Tutte queste cose per me erano delle sorprese, mentre le scoprivo grazie a centinaia dei miei clienti. Mi stavo chiedendo se ci sono altri modi che hanno trovato d'infiltrare la razza umana, di cui non sono ancora a conoscenza? Non è meraviglioso che la Sorgente abbia trovato un modo per aiutarci, nonostante la nostra resistenza.

* * *

Annette stava incontrando il consiglio sul piano spirituale. Non aveva mai vissuto sulla Terra in un corpo fisico. Era piuttosto felice di restare dall'altra parte dov'era un consigliere ed insegnante. Adesso stavano discutendo le ragioni per cui avrebbe dovuto venire. "Stanno parlando del cambiamento e bilanciamento delle energie."

D: Di che cambiamento stanno parlando?

A: L'aumento delle vibrazioni di questo sistema. C'è uno scompenso e una certa energia deve essere posizionata in un certo punto per riallineare il tutto. Quindi abbiamo deciso che una parte di noi debba venire per permettere all'energia di concentrarsi in alcune zone. Ovunque si trovi quella persona. Io, questa qui. (Sembrava esitare.) E' necessario. Il consiglio ha deciso che dobbiamo mandare parti di noi stessi nel fisico per agire da connessione, per permettere all'energia d'essere inserita. (Con un lungo sospiro) E questa qui ha la capacità di accedere a molta energia e dopo, girare intorno al mondo così quando ce n'è bisogno può bilanciare.

D: Il tipo d'energia che girerebbe intorno al mondo? (Si) E' molta energia. E' il tipo d'energia che l'anima media non sarebbe in grado di gestire? (Si) Quindi, deve essere di un certo tipo? E l'essere umano medio non sarebbe in grado di farlo?

A: No, non penso.

D: Ecco perché doveva essere uno come te?

A: Si, esatto. Perché siamo energia e... oh, Dio, Non posso proprio descriverlo !

D: Cerca di fare de tuo meglio.

A: Ognuno di noi ha, come un cordone ombelicale o qualcosa che è connesso ad una parte d'energia che abbiamo mandato qui giù. Quel cordone ombelicale può accedere all'energia che siamo quassù. Quindi quest'energia che questa ha può, attraverso il cordone, disperdere l'energia da noi quid può bilanciare il pianeta.

D: Ma ci vuole più di una persona, vero?

A: Beh, il consiglio ha dei cordoni ombelicali per i loro.

D: Quindi questi sono ovunque.

A: Giusto, giusto. E' necessario. Sta andando ovunque. A dire il vero è come una griglia. Come su una mappa, come un reticolo o longitudine/latitudine.

D: Come un reticolo, ed è connesso a questa sorgente universale d'energia?

A: Giusto, giusto.

D: Hai detto che è molto importante in questo momento. Cose succederebbe se queste parti non scendessero e cercassero di bilanciare? Quale sarebbe l'alternativa?

A: No, è troppo rischioso. La Terra dovrebbe tornare ancora in un periodo di stagnazione e non ne vale la pena.

D: E' mai successo prima?

A: E' successo molte volte. Cose singole hanno un effetto. Ci sarebbe un effetto a catena. Se permettiamo alla Terra di distruggersi ancora una volta, o diventare inabitabile, cambierebbe il magnetismo e questo scatenerebbe uno effetto a catena a tutto il passato... voglio dire, per noi è tutto allo stesso tempo. Cambia tutto ciò che è a tutto ciò che fu in questo momento, questo punto. No, non può succedere ancora una volta.

Quindi Annette è stata mandata giù per diventare un essere umano fisico per la prima volta nella sua esistenza. "Quindi quando mandi questo pezzo di te stesso giù, entra in Annette come un infante?"

A: No, no, non come un infante, sarebbe troppo piccola. Più avanti. E' una cosa graduale. Se osservassi una fibra ottica, una corda or un cavo? Vedresti micro-cavi, dentro a micro-cavi dentro a micro-cavi. E' un po' così. E' una piccola connessione e poi si aggiunge altro. Gradualmente nel tempo, gradualmente nel tempo.

D: Mentre il corpo cresce?

A: Giusto, giusto, esattamente. E i cambiamenti, perché ogni cosa ha a che fare con il tempo. Ci sono preparazioni che devono essere fatte. Sapevamo che questa avrebbe ricevuto i trattamenti ad un certo punto – il lavoro sul DNA. E questo a permesso che ci fosse più spazio per altra energia nelle cellule.

D: Ma c'è un'anima che entra il corpo di quel bebè.

A: Eh, si. Esattamente.

D: Quella è la stessa anima che è in Annette adesso?

A: Si! Ma non lo è... è solo di meno. E' Una percentuale. Insomma, le proprietà fondamentali sono le stesse. E' come una piccolissima cellula. E quella cellula, anche se piccola, ha delle informazioni in essa. E' la stessa idea. E' solo una questione di averne tante o poche. Il progetto è lo stesso.

D: Potremmo dire, mentre il corpo matura può trattenere più informazioni, più energia?

A: Giusto. Più energia. Questa è la cosa principale.

D: Più energia può entrare nelle cellule mentre il corpo cresce. (Si) Non è diverso da come si comporterebbe un corpo normale?

A: Giusto, giusto. E' diverso.

D: L'essere umano medio non passa attraverso queste cose?

A: No, per niente.

D: Non sono – presumo che si dita – "aggiornati o progrediti"?

A: No, esattamente. E' giusto. Ci sono... Non sono sicura del numero, ma ogni membro del consiglio ha una parte qui.

D: E stanno mandando parti di loro stessi, perché questo è qualcosa che deve succedere adesso.

A: Si. Il suo corpo sta diventando più forte. Inizialmente, aveva problemi d'immunità – l'asma e l'eczema – perché il corpo stava rifiutando ciò che stavamo facendo. Ma adesso sta andando meglio. Il corpo ha memoria ed è un problema. Era a disagio con le energie che venivano integrate in quel momento. A volte non è un buon momento e quindi, non c'è una buona compatibilità tra l'energia e il corpo. Specialmente quando è giovane e si sta sviluppando. E' complicato perché ci sono molti fattori nel corpo umano. Stiamo facendo del nostro meglio per renderlo semplice. Come dicevo le cose stanno succedendo allo stesso tempo. E' molto difficile spiegare. Se succedesse qualcosa in un altro momento... è molto, molto complicato. Non importa; non posso spiegarlo.

Cercai d'incoraggiarla.

A: Okay. Il tempo è tutto uguale – è come una buccia di banana che è stata messa orizzontale. Oh! Una buccia di mela è meglio! Se peli una mela diventa una spirale. Quindi sembra che abbia un inizio e una fine, ma non è così. Il DNA è una buon analogia, perché anche quello è a spirale. Diciamo che sull'elica di sinistra è successo qualcosa quando aveva cinque anni che ha esacerbato la condizione fisica. Poi la connessione energetica lo farà apparire qui... a trenta.

D: Come se fosse alla stessa lunghezza d'onda, e questo scatena lo stesso tipo di reazione.

A: Esatto. Ciò che fa adesso avrà un effetto su ciò che è percepito come un bambino. Se adesso si migliora, allora il bambino sarà migliore.

D: Questa è la parte che ho sempre fatto fatica a comprendere. Pensiamo sempre che il bambino sia cresciuto in un adulto, ma vuoi dire che esiste ancora lì.

A: Esattamente. Quindi le decisioni che prende adesso hanno un effetto su di lei da bambina. E' come una linea. Hmm, non proprio. E' molto difficile trovare un'analogia utile.

Ho la sensazione che stesse cercando di spiegare qualcosa che ha a che fare con la teoria del tempo simultaneo. Secondo questo concetto, ogni cosa (passato, presente, futuro) esiste simultaneamente, perché il tempo è solo un'illusione. Quindi, si può accedere a qualsiasi cosa. Questo è ciò che sono riuscita a fare, accedere a tutte queste diverse parti. Utilizzando questo metodo d'ipnosi, ritorniamo a ciò che chiamo "una vita passata", cambiando la nostra vibrazione e frequenza fino ad eguagliare la vibrazione e frequenza del periodo di tempo che desideriamo vedere. Proprio come cambiare i canali della radio o quelli della televisione.

* * *

Un esempio simile, scoperto attraverso un'altra cliente. Virginia vide se stessa immediatamente, in una meravigliosa foresta. Tuttavia c'erano molti attributi inusuali che la differenziavano da una foresta normale. C'erano cristalli di tutte le dimensioni e colori che spuntavano dal terreno. Nel mezzo di un cerchio circondato da cristalli c'era un seggio. Vide se stessa come un giovane maschio con in dosso una tunica leggera stretta alla cinta. Tornava regolarmente in questo luogo e lo considerava come il suo luogo speciale. Si sedeva nel mezzo dei cristalli e apprezzava l'energia che gli scorreva nel corpo. Disse che questo era il modo in cui restava sano. "E' manutenzione. E' molto tranquillizzante ed energizzante; molto calmante. Puoi sentire la frequenza. Puoi sentire l'energia dei cristalli che passa dentro di te ed intorno a te. I diversi colori dei cristalli sono utilizzati a scopi diversi. Giallo è la tua salute, il corpo. Bianco la mente. Verde per la pulizia e viola è un'energia protettiva che viene con te."

Questo luogo era in alta montagna, ma il villaggio dove viveva era giù verso il fiume. Il villaggio era composto di diverse famiglie e le loro case erano fatte intrecciando i rami. "Preferiamo vivere al vento e sentire la natura. Non vogliamo bloccare tutto questo. Usiamo protezione solo quando ne abbiamo bisogno. La natura ti parla. Devi ascoltare. Non puoi ascoltare se i muri sono solidi." Si consideravano una grande famiglia e tutti avevano un lavoro e un ruolo preciso. Il suo ruolo era di curare portando alcune delle energie con se. "Vado là per raccogliere l'energia che uso per la gente; come se la raccogliessi e la portassi con me. La mando ai loro corpi, dove ne hanno bisogno.

Entra in loro e muove certe cose... adatta le cose." Aveva anche una conoscenza naturale delle erbe. Nessuno gli aveva insegnato come fare queste cose. "Semplicemente me lo trovo nella testa, come una voce o un'immagine. Ho trovato il luogo speciale con i cristalli nella foresta quando ero molto piccolo. Era come se qualcuno lo avesse lasciato lì. Non ci va nessun altro."

Sembrava una vita ideale, perfetta, finché non gli ho chiesto di spostarsi ad un giorno importante. Improvvisamente esclamò: "Il nostro villaggio è distrutto. Venne l'acqua... il fiume. Troppa acqua. Spazzato... spazzato via tutto. Le case e la gente. E le rocce e gli alberi... tutto giù dalla montagna. Il cielo divenne molto scuro. Era arrivata l'ora." Era finito al giorno della sua morte, perché era stato spazzato via nell'alluvione.

D: Ti ha dato fastidio?

V: Sono solo andato avanti. Cambiamento. Tutti cambiano.

D: Vuoi dire, alla fine? (Si) Per finire un'esistenza ed andare in un'altra? (Si) Dove stai andando adesso?

V: Sto solo fluttuando. Ho la sensazione di riposarmi. E' molto luminoso ed arieggiato. Sto solo aspettando. Non so esattamente perché sto aspettando.

Condensai il tempo e lo spostai in avanti, per poter scoprire dove s'era andato.

V: Sono nello spirito. Non è ancora arrivato il momento di ritornare. E' un luogo diverso. Tutti qui sono spirito. Non ci sono corpi fisici come li avevamo prima. Stiamo pianificano dove andare in gruppo.

D: Perché volete andare come un gruppo?

V: Dobbiamo andare ed aiutare qualcuno.

D: E' meglio in gruppo che individualmente? (Si) Già conoscevi questa gente prima?

V: Si, non conosco i loro nomi ma li riconosco. Sono guaritori. Fanno la guardia. Lo facciamo tutti. Andiamo in luoghi ed aiutiamo la gente che c'è. Poi torniamo e... condividiamo in un'altra missione.

D: C'è qualcuno che ti dice cosa devi fare?

V: No, siamo volontari. A volte i luoghi dove andiamo sono più difficili di altri. I luoghi e i corpi in cui dobbiamo lavorare.

D: Perché sono più difficili?

V: Siamo tagliati fuori dal collettivo. Dobbiamo ricordare la nostra stessa missione con pochissimi mezzi a disposizione. Poca gente della nostra mente. Dobbiamo solo ricordare.

D: E' difficile ricordare, non è vero, quando si entra nel fisico?

V: Si, la porta si chiude dietro di noi. Il velo che ci fa passare è nuovamente spesso. Abbiamo solo ciò che portiamo con noi.

D: Quindi decidete di andare in gruppo?

V: Si, molti luoghi hanno bisogno d'aiuto. Andiamo prima in quelli più critici.

D: Quali sono quelli critici?

V: Quelli che stanno rischiando di morire. Devono esserci alcune delle persone in ogni luogo che possono mantenere, che possono aiutare chi c'è. Dobbiamo educarli ed assicurarci che siano consapevoli. Se sono aperti all'energia che possono percepire ed ascoltare.

D: Perché questa gente non comprende?

V: No, sono molto lontani. Sono sconnessi.

D: Perché sono in pericolo.

V: Stanno lottando. Perdono la via. Non hanno alcuna supervisione. Hanno dimenticato da dove provengono e cosa dovevano fare. Se riuscissimo ad insegnare anche solo ad una persona, allora potrebbero procedere da li senza perdere l'intero baglio sociale. Di più è meglio, ma uno è meglio che nessuno. Dobbiamo farlo senza rimanere intrappolati nei problemi quotidiani e della lotta.

D: E' facile rimanere intrappolati? (Si) Siete disposti a prendervi il rischio?

V: Si, lo siamo tutti. E' per il bene maggiore.

D: Dove decidi di andare?

V: Siamo venuti sulla Terra. Ci sono luoghi diversi, zone diverse. A volte lavoriamo da sopra – solo energia. Fluttuiamo, dirigendo energia in gruppo. Altre volte veniamo in forma, nel fisico. E' più difficile. E' più facile da sopra, ma non troppo efficace. Inoltre ci vuole di più. E' più veloce se vieni nel fisico.

D: Per quale motivo?

V: E' più vicino. Puoi dirigere l'energia da un punto ravvicinato. La distanza funziona, ma è più inteso quando sei più vicino a ciò che devi fare.

D: C'è qualcuno che vi dice in che modo farlo?

V: No, è una nostra scelta. Se è un movimento di gruppo o se possiamo scegliere individualmente. Di soluti ci consultiamo tra di noi nel gruppo.

D: Sei stato sulla Terra molte volte?

V: Sfortunatamente, si. Peggiora. Lavoriamo e lavoriamo e le energie... alcune sono così pesanti e negative. Ci vuole molto tempo e molta energia. Ma se succede – se si scioglie tutto, sarà incredibile, raggiungerà molte galassie. Non può succedere. Il lavoro dell'energia libera il caos, le vibrazioni che sono così erratiche. Stiamo lavorando per calmare e trattenere le cose.

D: Ma non ti è permesso interferire, no?

V: No, non direttamente.

D: Sarebbe più facile se poteste.

V: Si, purtroppo però non ci è permesso.

D: Quindi come riuscite a fare la differenza?

V: Una persona alla volta. E' una loro scelta se aiutare o no. Che sia una luce o la forza della guarigione. Educate ogni persona che è disponibile. Parlate più della luce che dell'ombra. Illuminate l'oscurità; calmate le energie negative.

D: Quindi avete deciso di venire sulla Terra per questo, anche se non è piacevole.

V: Si, è necessario. Moltissime galassie, moltissimi luoghi d'esperienza sono a rischio. L'universo sta guardando; mande l'energia di guarigione.

D: Siete andati e avete sperimentato altre galassie? (Si) E' diverso dalla Terra?

V: Si, in diversi modi. Gli abitanti sono diversi; diverse energie; menti superiori.

D: Assumete delle forme anche quando andate in quei luoghi?

V: A volte. Altre volte solo energia. Diverse atmosfere creano la forma.

D: Quindi non sapete mai come sarà finché non arrivate sul posto?

V: Amenoché non ci sei già stato prima.

D: Mi sembra che sia sempre un'avventura.

V: Si, bisogna viaggiare molto – molti modi di viaggiare. Alcuni sono molti lenti: canoe e pagaie. Altre sono astronavi – diverse sorgenti di propulsione. Alcune sono più veloci di altre, ma i raggi di luce sono i più veloci. I raggi di energia hanno la portata della profondità della galassia – salti dento e ti fai un giro. E' estremamente veloce.

D: Quindi adesso, quale sarà la tua prossima avventura, la prossima missione.

V: Missione, si.

D: E ha deciso di voler venire sulla Terra?

V: In realtà no, ma è necessario.

D: Quindi non vuoi davvero farlo, ma senti di doverlo fare? (Si) Okay, sei consapevoli che stai parlando attraverso un corpo fisico? (Si) Quando hai deciso di entrare in questo corpo fisico?

V: Quando siamo venuti qui.

D: Questa è una delle missioni – dei compiti?

V: Si, devi venire in un corpo fisico per lavorare nel fisico.

D: E hai deciso di essere questo corpo che chiamiamo Virginia? (Si) Quando sei entrata nel corpo?

V: Da bambina.

D: Sei entrata come un neonato?

V: No, era già qui.

D: Quando ci sei entrata?

V: Quando il bebè voleva andarsene. Cambiò idea in quel momento.

D: Questo è permesso? (Si) E il bebè voleva andarsene. Parlamene. Cos'è successo?

V: Sono entrata. Disorientante... perché ero qui? Cosa stava succedendo? Chi erano i giocatori?

D: Cosa mi dici dell'anima che c'era per prima?

V: Il bebè stava bene, tornò indietro. Non voleva essere qui.

D: Questo succede spesso?

V: Qualche volta. Di solito, il corpo fisico muore. Avevamo bisogno di un veicolo per venire. Tre o quattro anni è molto tempo quando stai cercando di lavorare. Risparmiare tre o quattro anni è ottimo quando hai cose da fare – quando hai del lavoro da fare.

D: Era al momento in cui l'altra anima voleva andarsene? (Si) E ti era permesso entrare in quel momento.

V: Si. Doveva essere approvato. Non abbiamo semplicemente deciso da soli. Il consiglio decide se è accettabile.

D: Perché non è una possessione. (No) Succede sempre col permesso.

V: Si è un accordo.

D: Consenso e accordo. E questo a volte succede.

V: Si, più di quanto non pensi.

D: Quindi non hai bisogno d'essere il bebè che deve imparare a camminare e parlare.

V: Una perdita di tempo.

D: Ma quando entri nel corpo, non ti ricordi il tuo compito, giusto?

V: E' vero'; ed è la cosa peggiore.

D: (Rise) Ho sempre pensato che fosse più facile se potessi ricordare. (Si) Perché non ti è permesso ricordare?

V: Sarebbe dannoso per molte persone qui se sapessero. Per iniziare con gli angeli, lo scopo, la curva educativa che ha luogo qui.

D: Non ritieni che sarebbe più facile pensare: "Oh, ho una missione. Sono qui e penso di poterci riuscire."

V: Non vogliamo che tutti sappiano che siamo qui in missione o da dove proveniamo o come siamo arrivati qui. Non tutti sono aperti come te. Il piano è molto grande. Quando sei qui, è come essere un granello di sabbia su una spiaggia della dimensione della Terra. Questo è il tipo di prospettiva dell'universo che avete. Tuttavia ogni granello di sabbia dovrebbe avere un'influenza. Non tutti si ricordano.

D: Pensi che sia ora che la gente si svegli e si ricordi?

V: Si, è necessario. E' l'unica maniera in cui la Terra esisterà e continuerà – che più gente si ricordi. In molti stanno tornando per aiutare il risveglio della memoria.

D: La maggior parte di loro non ha vissuto molte volte sulla Terra, vero?

V: E' vero. E' un luogo difficile. Hai una missione, nessun ricordo, nulla ti è famigliare. Pochissimi sono coloro che riconoscono gli uni e gli altri a qualche livello, ma non sanno molto. Ci vuole un grosso sforzo per risvegliarsi, per aprire le cellule della memoria. Non è sempre qualcosa che deve succedere.

D: So che moltissimi di voi diventano così scoraggiati che vogliono uscire; vogliono andarsene, perch'é difficile.

V: Anche questo è piuttosto frustrante. Tornare da questa parte e pensare: "Aww! Perché' non ci sono riuscito mentre ero di là? Dobbiamo riiniziare da capo!" In un modo o nell'altra influenzi sempre qualcuno. Quindi si ottiene sempre qualcosa, ma non tanto quanto si potrebbe ottenere – Tutto quel tempo perso: Infanzia – i corpi adulti sono molto meglio.

Sapevo di non aver bisogno d'invocare il subconscio. Dal modo in cui stava rispondendo alle domande, sapevo che stavo già comunicando con il subconscio. Disse che non era un problema per Virginia conoscere queste cose, avere queste informazioni adesso. "Vuole conoscere. Anche lei è piuttosto infastidita. Molte abilità – molte, moltissime vite dedicate all'aiuto – grandi abilità guaritiva. Dovrebbe fare le guarigioni – una persona alla volta. La Terra deve essere guarita. Bisogna portar dentro l'energia. La gente deve essere risvegliata." A quel punto chiesi della vita passata che aveva visto.

D: Sembrava un luogo strano dove tutti i cristalli spuntavano dal terreno.

V: I cristalli provenivano da un'astronave. L'astronave l'avevano lasciata qui.

D: Quindi è stato molto tempo fa? (Si) Sono ancora qui?

V: Si, si sono moltiplicati. Il luogo è ancora là. Ho la sensazione che sia coperto. Il fiume, la piena, le frane. Ancora la, ma non visibile. I cristalli hanno un'energia molto forte.

Questa seduta era una dimostrazione per uno dei miei corsi, e Virginia venne scelta a caso. Non so mai cosa succede durante un corso, ma rimango sorpresa quando questo tipo d'informazioni avanzate vengono condivise. Spero che ebbe un beneficio sugli studenti che erano raccolti intorno al letto per osservare. Anche questo era un caso di uno spirito che entrò in un corpo che era stano appena lasciato da uno spirito uscente. Se possibile, non vogliono sprecare un veicolo perfettamente funzionante. Inoltre aiuta a salvare tempo prezioso se l'anima entra dopo che il corpo è già oltre gli adattamenti e la crescita.

* * *

NOTE SCRITTE MENTRE ALL'ASHRAM DELLE BAHAMAS

Nell'Aprile del 2007, ero stata invitata a parlare allo Sivananda Ashram dell'Isola Paradise alle Bahamas. Avevo già insegnato lì diverse volte durante il Ritiro per Insegnanti di Yoga, e apprezzavo davvero la compagnia di queste persone gentili. Durante questo viaggio, mi portai dietro la prima bozza di questo libro per poterci lavorare su, perché sapevo avrei avuto molto tempo in reclusione, completamente lontana dalla TV, i computer e i telefoni. Avevo già raccolto la maggior parte del materiale per il libero, ma c'erano ancora molte domande in sospeso. Mi sono seduta sul portico del mio piccolo bungalow, sotto un albero di cocco e osservavo ipnotizzata le onde che carezzano la spiaggia. Stavo pensando all'argomento di cui avrei parlato al tempio quella sera, quando le parole iniziarono a fluire nel mio cervello. Chiunque scrive o sia un autore sa di cosa sto parlando. Presi immediatamente degli appunti e cercai di catturarle prima che sparissero nel limbo.

Mentre scrivevo questo libro e mettevo assieme le centinaia di pezzi che ho raccolto in moltissime sedute, stavo iniziando a vedere il messaggio che "loro" stavano cercando d'impartire. Era troppo grande perché potesse essere presentato da una sola persona. Per riuscire a conferirmi la storia, la teoria, il concetto (o come vogliamo chiamarlo), nella sua completezza doveva essere ricevuto pezzo per pezzo attraverso molte persone. Io ero la persona che doveva unire i pezzi del puzzle. Individualmente sono interessanti, ma uniti formano un'immagine grandiosa. Sono sicura che c'è un piano per salvare l'umanità ed è più grande di quanto no si possa immaginare.

Dopo lo sviluppo della bomba atomica e l'energia nucleare alla fine degli anni 40, inizi 50, ci fu una chiamata che venne trasmessa in tutto l'universo. Questo era evidente dall'influsso di avvistamenti UFO del periodo. Mi dissero che lo sviluppo e l'esplosione della bomba attirò la loro attenzione, e vennero a vedere cosa stava succedendo su questo pianeta primitivo. Sapevano che non saremmo stati in grado di gestire quel potere. E a causa della nostra tendenza alla violenza, probabilmente avremmo finito col distruggere il nostro pianeta. Questo non potevano permetterlo. Avrebbe potuto causare un effetto a catena che verrebbe percepito in tutto l'universo, danneggiando altri pianeti e dimensioni. Ma come bloccarlo e controllarlo senza andare contro alla direttiva primaria di non interferenza?

Il pianeta stava diventando sempre più negativo, a causa del fatto che molta gente viveva qui da centinaia e centinaia di vite, ammassando sempre più karma su se stessa. Non stavano lavorando per migliorare ed erano bloccati. Se non potevano risolvere i loro stessi problemi, sicuramente non erano in grado di fermare la violenza, la guerra ed i problemi ecologici del nostro pianeta. Finché continuavamo sul nostro sentiero e non stavamo danneggiando nessun'altro, solo noi stessi, non avevano alcuna ragione per interferire. Avevamo libero arbitrio e potevano solo osservare pazientemente mentre sprofondavamo sempre più nella negatività. Era una nostra scelta. L'invenzione della bomba atomica attivò il panico e sapevano che bisognava fare qualcosa. Ma qualsiasi cosa, non avrebbe dovuto andare contro la direttiva primaria della non interferenza. Anche se era per il nostro bene, no avrebbero potuto intervenire e fermarci.

Presero una decisione. Se non potevano aiutare da fuori, l'avrebbero fatto dentro. Inviarono una richiesta di volontari che fossero disponibili a venire e vivere in un corpo fisico umano. Questi individui non avevano mai vissuto sulla Terra prima, perciò non avevano accumulato alcun karma. Avevano una pura, potente e positiva energia che proveniva direttamente da Dio, dalla Sorgente. Dovevano stare molto attenti a non rimanere imbrigliati nel mondo e creare karma. Molti di loro sono schermati per proteggerli da questo pericolo reale. Volevano fare il loro lavoro d'introdurre e condividere l'energia positiva per disperdere e contrastare quella negativa. Per poi poter tornare a "casa". Altrove in questo libro ho già parlato delle Tre Ondate di Volontari, che ho scoperto dopo trent'anni di lavoro.

Il tempismo è fondamentale mentre si avvicina l'arrivo della Nuova Terra. Adesso, non c'è più tempo per aspettare che i volontari crescano da bambini ad adulti. Quindi, ho scoperto che stanno entrando i corpi d'individui adulti, principalmente al momento in cui hanno delle esperienze di Pre-Morte. Queste non sono possessioni, ma tutto succede con il consenso e la conoscenza dell'animale uscente. E' solo un'altra versione di una tradizionale esperienza di walk-in. Molto intelligente. "Loro" sono determinati, vogliono salvare noi e il nostro meraviglioso pianete, nonostante i nostri problemi. Un modo eccellente d'aggirare la direttiva primaria. Non stanno interferendo se hanno la cooperazione di tutte le anime coinvolte.

La Terra è un essere vivente che cerca disperatamente d'essere salvata. Cerca di liberarsi dagli invasori ripulendosi con: alluvioni, tsunami, terremoti, eruzioni vulcaniche. Questi sono tutti gemiti in cerca d'aiuto. E' come se la Terra stesse cercando di liberarsi del suo karma, prima di reincarnarsi in un'altra esistenza. Un ambiente pristino, meraviglioso, nuovo, perfetto, dove poter riiniziare e portare con se coloro che sono in grado di adattarsi alla nuova vibrazione e frequenza per creare un nuovo mondo. Il vecchio mondo è diretto verso la distruzione. Tuttavia, non può essere una totale distruzione fisica del pianeta stesso, perché questo causerebbe disturbi nel campo vibrazionale dei corpi celesti e delle dimensioni nell'universo. Così la Terra ha deciso di dividersi in due mondi, lasciando coloro che vogliono continuare a vivere in paure e violenza sulla "Vecchia Terra". E creando un "nuovo" ambiente per coloro che vogliono progredire ed evolversi. Queste due tipologie non possono più vivere affiancate sullo stesso pianeta. Le cose sono cambiate troppo. Così la vibrazione e frequenza deve essere cambiata.

Tutto è energia. Ogni cosa vibra a diverse frequenze. Perfino le rocce, i mobili, ecc., stanno vibrando solo ad una vibrazione molto inferiore, più densa. Finché tutto e tutti sulla Terra sta vibrando alla stessa bassa, lenta frequenza, le cose rimarranno uguali. La frequenza deve essere elevata così che la Terra possa dividersi ed entrare in una nuova dimensione. E' la stessa cosa che succede ai nostri stessi corpi Terreni. Imparando le lezioni del piano fisico, possiamo "diplomarci" ed entrare in un'altra dimensione sul piano spirituale e non dover più ritornare a Scuola Terra. Possiamo progredire, perché avremo superato questa scuola Terrena. Quindi anche la Terra stessa si sta preparando al "diploma", per lasciare il famigliare status quo e progredire in qualcosa di molto superiore.

Tuttavia la Nuova Terra senza esseri umani e vita in tutte le sue forme sarebbe proprio come una casa vuota. Solo quattro muri senza un'anima all'interno. Ci doveva essere un modo anche per gli umani di evolvere e procedere con la Terra. Anche gli umani avrebbero dovuto elevare le loro vibrazioni. Più facile a dirsi che a farsi, considerando da quanti eoni l'umanità è intrappolata qui. Allora capii. Il karma che avevano prima di venire in questo mondo verrà lasciata con la "vecchia" Terra. Lì è dove il karma continuerà ad esistere. Non ha alcuno scopo nella Nuova Terra.

Questi volontari provengono da un luogo che non ha mai conosciuto violenza, odio e paura. Portano con se, la vibrazione della positività qui sulla Terra in questo momento. E' come "l'effetto della centesima scimmia" [the "hundredeth monkey effect"]. Se riusciamo ad avere abbastanza umani in grado di assimilare la vibrazione positiva, riuscirà a diminuire e sopraffare la vibrazione negativa. La ripulirà o ne diminuirà l'effetto grazie alla mera quantità. Durante una seduta chiesi chiarimenti a proposito dei disastri attuali in cui migliaia di persone stavano morendo e lasciando il pianeta in massa. Mi dissero che avevano finito il loro lavoro qui, e che si erano offerti volontari per andarsene e lasciare il posto per i nuovi in arrivo. Allora capii. Stanno facendo spazio perché altri volontari dall'energia positiva possano arrivare. Possiamo vincere grazie solo ai numeri, alla quantità. Quando la massa critica verrà raggiunta e abbastanza persone sono riuscite ad elevare le proprie vibrazioni e frequenze, allora nascerà la Nuova Terra. Questo è il piano che salverà il mondo. Le persone stesse, ovviamente, non hanno alcuna memoria cosciente delle ragioni che li hanno portati qui in questo momento. E dovrebbe essere così. Completeranno il loro ruolo. Coloro che sono ancora immersi nella negatività resteranno con la vecchia Terra, con ciò che hanno creato. Prima che riusciranno a realizzare che sta succedendo qualcosa, sarà già troppo tardi. Non possono cambiare la loro frequenza e vibrazione abbastanza velocemente. Deve essere una cosa graduale, altrimenti sarebbe troppo traumatico per i corpi fisici da gestire. Così ha luogo la separazione, le due Terre si separano e la vita va nella sua direzione: positivo e negativo.

Ho scoperto che molti di questi volontari vivono vite pacifiche senza pretese. Non attirano l'attenzione. Influenzano in modi tranquilli e sottili. Durante la seduta a molti di loro viene detto che sono qui solo per "essere". Influenzano gli altri solo attraverso la loro presenza e l'aura che trasudano. Si connettono agli altri senza fare alcuno sforzo e molti vengono aiutati solo standogli vicino o attraverso un contatto fisico. E' molto semplice e tuttavia molto profondo. Non ci sarà alcun drammatico eroico sforzo di salvare il nostro mondo. Accadrà grazie alla semplice presenza e tocco di individui amorevoli ed altruisti.

CAPITOLO TRENTACINQUE

RISPONDERE ALLA CHIAMATA

Quando Anna entrò sulla scena, la prima cosa che vide erano persone che lavoravano alla costruzione di un'altissima torre d'oro. Disse che la stavano costruendo per gl'idei. La descrisse: "E' simile ad una piramide, ma è più stretta e alta." Lastre d'oro, simili a piastrelle vengono installate all'esterno." I quadrati d'oro erano circa 20-25cm per 20-25cm ed erano molto decorati, coperti di decorazioni. La gente aveva la pelle dorata, Egiziani o Babilonesi, indossavano piccole tuniche bianche. Avevano delle impalcature che gli permettevano di attaccare le placche quadrate d'oro.

D: Ha detto che lo stanno costruendo per gl'idei? (Si) Cosa pensi che significhi?

A: Sono coloro che vengono da lontano. Gli hanno parlato di questi esseri e non li hanno visti sempre, ma gli hanno detto che devono costruire questa torre.

D: Qual'è lo scopo della torre?

A: Una qualche forma di comunicazione che vogliono gl'idei. Vogliono una torre.

D: Sai chi gli ha detto che la devono costruire per gl'idei?

A: Ho la sensazione che i sacerdoti o qualcun altro abbia avuto una diretta comunicazione. Qualcuno ha ricevuto i progetti o i disegni e lo stanno facendo fare a questa gente.

Le chiesi di descrivere se stessa. Era un giovane che indossava sandali dorati, una bianca, tunica, corta e una cintura dorata. I suoi capelli erano scuri con linee argentate. Poi rimase stupida di scoprire che aveva enormi ali dorate connesse alla schiena. "Sono mie, ma non ha senso. Sono enormi e stupende!" Poi notò che aveva una collana dorata intorno con un gioiello di colore blu scuro al collo. "Oh! Ci sono dei gioielli anche sulla cintura. Sembrano gioielli, ma sono in realtà dei bottoni o dei dispositivi, tipo dei controlli o delle leve. Indosso anche una sorta di corona. Non è solo un ornamento, ho uno scopo. Sono in piedi sulla cima di un edificio all'opposto di quello che stanno costruendo con le placche dorate. Nulla ostruisce la mia visuale. So osservando ciò che stanno facendo e facendo un rapporto dei loro progressi. Mi assicuro che sia esatto, perché ogni pezzo d'oro, ogni placca, deve essere posizionata esattamente nella giusta posizione ed ordine. E' importante, perché si tratta di un qualche tipo di generatore. Ha a che fare con il flusso dell'energia dal terreno su per gli edifici e fuori dal tetto. Metteranno una guglia sulla cima e l'energia gira a spirale salendo per l'edificio. Ogni placa d'oro verrà attivata o illuminata. Questo fa qualcosa per aiutare il flusso dell'energia; la muove, l'amplifica. Dev'essere esatto."

D: Avevi detto che qualcuno stava dicendo a questa gente cosa fare.

A: Gli altri sono qui per un bel po'; non sono permanenti. Alcuni di loro resteranno molto di più. Per insegnare; per aiutare a divulgare la conoscenza; per portare della tecnologia che potrebbe aiutare questa gente. Ha chiesto aiuto. E' semplice tecnologia, ma aiuterà a cambiare le loro vite.

D: E stai comunicando, condividendo i progressi? (Si) Allora perché hanno bisogno di questo strumento di comunicazione?

A: Perché quando ce ne andiamo. Alcuni resteranno. Saranno in grado di usare i loro pensieri e trasmetterli o spedirli per mantenere la comunicazione.

D: Quindi le informazioni, i rapporti dei progressi che stai mandando non tornano a casa?

A: Sale da qualche parte. Non a coloro che sono sul pianeta. Esce dalla mia testa e sale su in altro da qualche parte.

D: Quindi questa non è la tua casa.

A: E' un progetto di cui faccio parte, ma non è la mia casa.

D: Sei uno di coloro che resterà?

A: No. Sto solo osservando. Devo osservare e fare rapporto sui progressi. Su come gli altri stanno facendo il loro lavoro.

D: Quando è completa, allora cosa farai?

A: (Ridacchiò) Posso andarmene. L'abbiamo già fatto prima.

D: In questo luogo?

A: No, in altri luoghi. Veniamo in gruppo. E ci sono alcuni che sono molto alti di statura che comunicano con gli abitanti. Loro comunicano e condividono, insegnano e guidano, perché sono bravi a farlo. Insegnano ciò ch'è necessario. Diversi mondi hanno diversi criteri. Alcuni mondi sono pronti per alta complessità, per altre tecnologia, per un equilibrio superiore.

D: Cosa pensa la gente più avanzata quando arrivate?

A: Sono grati, perché li educhiamo. Ci sono diversi livelli d'educazione. Ai più avanzati insegniamo di altri mondi, delle scienza, dello spirito d'immortalità, delle lingue, della mente. E loro sono quelli che ricevono i mezzi per aiutare gli abitanti comuni. Questa gente che arriva, viene vista come degli dei.

D: Anche quelli che sono più avanzati vi vedono come degli dei?

A: No. Entriamo in contatto con gli spiriti avanzati e loro sanno che stiamo arrivando. Entriamo in contatto con gli spiriti avanzati e sanno che stiamo arrivando. Sono pronti, ma l'unico modo in cui riesco a comunicare con gli altri è chiamando i visitatori "Dei", perché fanno così.

D: Quindi ovunque andiate su qualsiasi mondo, dovete costruire uno strumento di comunicazione come questo?

A: Sono un po' differenti. In alcuni mondi, l'energia è più chiara. Ci sono vortici esistenti che si possono utilizzare. Ovunque è diverso.

D: Allora alcune persone, hanno il lavoro di restare ed aiutare il pianeta o la gente del pianeta?

A: Hanno la responsabilità di restare per un po' e a volte c'è procreazione che viene fatta deliberatamente, così che gli originali possano andarsene.

D: Per continuare il lavoro. La gente che resta sa come utilizzare gli strumenti di comunicazione?

A: Coloro che sono procreati – i mezzo sangue – lo sapranno ad una certa età. Il programma viene attivato e loro sanno cosa fare.

D: Pensavo che fosse automatico e lo strumento stesse costantemente trasmettendo informazioni.

A: Raccoglie informazioni costantemente, ma ci sono applicazioni addizionali che questi esseri inseriscono. Ma dura solo finché l'energia rimane pura.

D: Cosa succede se l'energia non rimane pura?

A: Il segnale è indebolito ed è distorto nello spazio-tempo. Ci sono luoghi dove lo mantengono più a lungo, così che ciò che viene insegnato ha la possibilità di permeare senza distorsioni. In altri luoghi, le distorsioni si manifestano velocemente, ecco perché alcuni di noi devono restare più a lungo. Se ne vanno solo quando sentono di aver stabilito qualcosa.

D: Trasmetti la conoscenza di come stanno andando i gruppi o il progresso delle persone e utilizzi le informazioni?

A: Si, è un rapporto per vedere a che velocità si stanno evolvendo; come utilizzano ciò che hanno ricevuto; se lo tengono come fosse sacro o se lo distorcono. E' un esperimento; come uno studio, una ricerca per le forme di vita di questi mondi.

D: Poi quando se ne vanno gli istruttori, cosa succede allo strumento di comunicazione?

A: Funziona per un po' di tempo perché utilizza l'energia del pianeta. Sono le distorsioni della gente che cambiano l'energia del pianeta in quella zona, che distorcono il segnale. Ecco perché questi luoghi sono programmati nella mente della gente per essere sacri. Finché proteggono la sacralità, i segnali verranno trasmessi. Ma non appena la gente diventa distorta o compromessa ed incomincia a macchiare l'energia di ciò che è sacro, allora ha inizio la distorsione nel tempo, dell'energia nella trasmis-sione. E quando la trasmissione diventa così debole, gli altri devono tornare e rifare tutto da capo in un luogo diverso.

D: Lo strumento originale rimane, o gli succede qualcosa?

A: Rimane, ma col tempo la perdita di vitalità dell'energia cambia l'apparenza della struttura. Diventa una struttura morta. L'oro inizia a dissolversi. La sua energia per qualche motivo si dissipa e ciò che rimane sono solo pietre. E' come uno scheletro. E' come se la pelle si dissolvesse e sparisse, ciò che rimane è un monumento.

D: Quindi se qualcuno lo vedesse successivamente non avrebbe idea di che uso potrebbe avere.

A: No, e saprebbero nemmeno come sembrava allo stato originale.

Questo mi fece pensare alle piramidi e ad altri monumenti antichi. Si dice che la Grande Piramide originariamente avesse la punta d'oro. Quando cambiò l'energia, si tramutarono in meri monumenti di pietra, mascherando il loro vero scopo?

D: Quindi non provieni da quel luogo. Da dove vieni?

A: (Stava sorridendo.) Vengo dalle stelle; da un mondo dorato. (Sussurrando) Il mondo dorato. E' un mondo dai molti soli. Ci sono cinque soli nel nostro mondo.

D: Questo crea problemi con le radiazioni?

A: No, perché cambiamo la nostra forma. Non abbiamo bisogno d'essere fisici. I soli sono come un plasma e la loro radiazione è conoscenza. Non sono li per irradiare calore. Emettono luce, ma la loro luce è condivisa grazie alla conoscenza. La conoscenza è la loro luce. E' un mondo molto luminoso.

D: Quindi non avete bisogno del corpo in quel mondo.

A: Non ne hai bisogno, ma puoi indossare qualsiasi tipo di corpo tu voglia, se ne vuoi uno.

D: Qual'è la tua parvenza naturale?

A: (Sospirò) Sono un campo energetico che sembra quasi come una medusa. Invece dei tentacoli, sono campi elettrici scintillanti che emaniamo mentre comunichiamo. Alcuni di noi mantengono quelle forme, ma possiamo cambiare. Possiamo trasformarci in qualsiasi cosa con un pensiero. Possiamo essere qualsiasi cosa, quindi è una cosa divertente. Possiamo provare qualsiasi forma e sperimentare con le forme, perché la conoscenza dai soli ci da i mezzi per farlo. Là non ci sono limitazioni. E' sempre in cambiamento. E' un mondo di movimento e meraviglia e comunicazione di natura straordinaria.

D: Com'è la topografia in un luogo come quello?

A: E' ondulata. Ci sono cose che sembrano montagne, picchi, ma si muovono come onde di frequenze. Vanno e vengono e salgono e scendo.

D: Ci sono degli alberi o della vegetazione?

A: No, amenoché non lo creiamo avendo bisogno di bellezza. E' un panorama in continuo cambiamento e non è un mondo umanoide.

D: Quindi quando andate in missione, vi viene detto da qualcuno cosa dovreste fare?

A: Si, abbiamo delle istruzioni. Siamo volontari per questi progetti e portiamo conoscenza da questi soli agli altri mondi.

D: Come viaggiate quando andate su altri mondi?

A: Pensiero.

D: Non avete bisogno di una nave o altro veicolo?

A: No amenoché l'energia del mondo su cui andiamo abbia delle frequenze distorte che potrebbero corrompere i nostri pensieri. Allora creiamo dei veicoli o astronavi per mantenere i nostri pensieri puliti e le navi deflettono le distorsioni. E' come uno scudo che ci permette di mantenere l'integrità con lo scopo della nostra visita.

D: Altrimenti, sarebbe difficile?

A: Sarebbe molto difficile. Certe atmosfere sono molto spesse a causa dei pensieri delle civilizzazioni in cui entriamo. Altre atmosfere sono più pulite a seconda dell'evoluzione del mondo in cui entriamo.

D: Vi avvisano di queste cose prima di andare da qualche parte?

A: Per la maggior parte delle volte, ma se è un mondo che non è stato pienamente ricercato, a volte veniamo presi di sorpresa.

D: Quindi quando siete andati su questo mondo, avete creato un corpo fisico. Perché avete dovuto farlo?

A: Per essere come loro. Altrimenti non ci avrebbero visto o sentito se fossimo rimasti come plasma e si sarebbero spaventati. Non avrebbero compreso. Quindi ci trasformiamo secondo le necessità in forme di vita simili, al fine di comunicare ed essere accettati il più possibile senza comprometterci.

D: Ma tu hai creato un corpo con le ali.

A: Mi piacciono le mie ali. Pochi di noi avevano le ali. Sono lì per trasmissione e deflezione. Sono anche in grado di ricevere e tradurre i pensieri di coloro che guardano verso di noi. Sono quasi come una parabola satellitare. E' quasi come un com-puter organico che può raccogliere informazioni e leggerle.

D: Quindi è per questo che hai scelto un corpo come quello. Ha una parte pratica anche se è bello.

A: Si. Non ho bisogno d'interagire molto con gli altri, quindi posso tenere quella forma. Pensano che io sia, forse, più un uccello, ma quelli che sono molto sotto pensano che io sia un qualche tipo di uccello gigante. Mi proteggono e mi permet-tono di fare ciò che ho bisogno di fare senza interruzioni.

D: Quindi dovete restare finché è finito e poi dovete tornare o andare altrove?

A: Io resto finché la costruzione non è finita e la tecnologia non viene trasmessa o condivisa a livello soddisfacente. Allora me ne vado prima di altri. Lì ho finito.

A quel punto la spostai avanti fino al punto in cui il lavoro era finito e lei doveva andare altrove. "Cambi forma, o mantieni questa?"

A: Lascio la forma. Non ne ho bisogno. E' come un costume.

D: Hai bisogno di un'astronave?

A: In questo mondo abbiamo un'astronave, a causa delle frequenze atmosferiche. Quindi mi basta dissolvere la forma e trasmettermi all'astronave.

D: Sei l'unico che se ne sta andando o ci sono altri?

A: Ci sono altri.

D: Quindi stai andando altrove. Hai delle altre direttive?

A: Finché non sono tornato all'astronave e gli altri fanno rapporto, non so nulla.

D: Fanno rapporto al pianeta dai cinque soli?

A: Altri lo fanno. Noi non abbiamo bisogno di fargli rapporti. Ci sono altri sopra di noi che fanno quel rapporto. Solo allora arrivano le decisioni.

D: Sai quale sarà la vostra prossima tappa?

A: Hmm. Sento che devo andare sulla Terra.

D: Sai dov'è la Terra?

A: Dall'altra parte dell'universo. E' lontano da qui.

D: Ci sei mai stato prima?

A: Molto tempo fa. Ci sono andato per insegnare, educare e ristorare. Ero uno di quelli che dovette restare a lungo. Sono stato sulla Terra nel periodo in cui ebbero origine le forme di vita, quando molte forme erano sotto sperimentazione. Abbiamo progettato la natura e seminato la vegetazione... in alcuni dei precedenti che c'erano.

D: Per vedere ciò che sarebbe cresciuto, ciò che si svilupperebbe?

A: E per trasformare alcune delle aree sterili e coprirle di verde per creare luoghi abitabili per le forme di vita. Alcuni dei luoghi dove avrebbero dovuto essere gli oceani erano caldi, e non appropriati per l'acqua. Queste aree dovevano essere fredde e trasformate per permettere all'atmosfera di conden-sare e creare la pozza che avrebbe dato vita ad altre forme.

D: Quindi ci deve essere anche l'acqua.

A: Si, le nubi. La creazione delle nubi ebbe luogo prima del nostro arrivo. Fu il progetto di molti diversi esseri che si riu-nirono per creare il mondo che sarebbe stato chiamato Terra. Ci sono diverse culture e diversi mondi che hanno esperienze e specializzazioni in aree che noi non abbiamo. Ci siamo riuniti in uno sforzo unitario per creare questi nuovi mondi.

D: Chi vi da istruzioni? Chi vi dice cosa fare?

A: C'è un consiglio. Lo chiamerei un consiglio, ma è superiore ad un consiglio. C'è una comunità di molti diversi mondi che sono in grado di controllare la vita in diversi universi. E sanno quando e dove creare mondi pieni di vita che avranno un impatto futuro sulla specifica parte di spazio che occupano. E questo consiglio, questo gruppo di mondi, è in grado di vedere i potenziali futuri. Sono in grado di vedere delle matrici del tempo e conoscerne i potenziali risultati.

D: Ma non sempre va come si aspettavano che fosse, vero?

A: No, per niente.

D: Ci deve volere un'incredibile quantità di tempo per sviluppare un mondo fino al punto da poterci crescere la vita.

A: Nell'universo in cui si trova la Terra, il tempo è diverso dagli altri mondi in altri universi. Le leggi di quell'universo hanno un tempo interessante che è più lungo di quanto non lo sia per noi. Per noi è veloce, ma per il mondo che si sta sviluppando sono "milioni di anni." Anni o una misura di tempo costruita secondo le leggi di quell'universo.

D: Secondo il pensiero umano, ci vorrebbe un'incredibile quantità di tempo. Ma la tua gente e gli altri sono in grado di andare e venire durante diverse fasi di sviluppo?

A: Non è nella nostra misura di tempo. Noi possiamo andare e venire. E' un po' come entrare in una stanza ed avere una diversa atmosfera di tempo in quella stanza. Quasi come un "holodeck" [un simulatore virtuale] che è in grado di estendere il tempo in eoni di progressi, ma che è solo una piccola pausa del nostro tempo.

D: Quindi ogni volta che tornate, le cose sono cambiate naturalmente. (Si) Quindi, hai detto che ti stanno dicendo di tornare sulla Terra. Quale fase nel suo sviluppo ci sarà quando ritorni? Riesci a vedere cosa sta succedendo?

A: Molto stress. L'atmosfera è estremamente inquinata. C'è molto dolore. L'atmosfera sta gridando. Le anime stanno gridando in cerca d'aiuto.

D: E' per questo che ti hanno chiesto di venire?

A: Stanno arrivando in molti in questo momento.

D: Quindi le cose non sono andate come speravate che andassero?

A: No, c'era dell'interferenza. Altri che sono venuti hanno interferito con l'esperimento nello sviluppo del pianeta. Coloro che volevano usare le risorse e abitare per motivi diversi dal piacere divino dell'evoluzione. Questi sono gli oscuri che non onorano l'evoluzione naturale.

D: Il consiglio non poteva fare nulla per fermarli?

A: C'è libero arbitrio. Il consiglio può solo cercare di educarli sui benefici di permettere che il piano si sviluppi. Non possono imporsi, perché l'universo da la libertà di essere a tutti. Come si manifesti l'evoluzione, è solo una differenza d'opinione.

D: Quindi cosa dovreste fare?

A: In molti stanno arrivando da molti altri mondi. L'atmosfera deve essere guarita. La disperazione deve essere ascoltata. Il pianeta sta piangendo; sta soffrendo. C'è molto da correggere.

D: Sapete come riuscirete ad aiutare questa volta?

A: Devo pretendere d'essere uno di loro. C'è la necessità di altri come noi che si sparpaglino tra gli abitanti per fare ciò che dobbiamo fare. Dobbiamo assumere dei corpi ed essere meno separati da loro questa volta.

D: In questo modo non sembrerete diversi?

A: In questo modo avremo più potere di aiutarli. Essere diversi non porta ad alcun risultato quando c'è tutta questa sofferenza. C'è troppa paura.

D: Dovete apparire come uno di loro.

A: E' più veloce farlo in questo modo.

D: Bene, andiamo avanti per vedere cosa farai. Come diventi uno di loro?

A: (Pausa) Non mi piace. E' un corpo costringente con un'energia molto pesante. Non è fluido. I corpi sono pieni di paura genetica e dubbi, con incertezza ed esitazione. E' difficile metterci dentro dell'energia e andare nei meandri attraverso i programmi e la genetica. Ci sono moltissime distorsioni.

D: Quando sei entrata in questo corpo? Eri un neonato?

A: C'è stato un tentativo da neonato, ma fu privo di successo. Sono la frequenza sbagliata per il corpo. Devo cambiare la mia frequenza.

D: Sei stata assegnata ad un certo neonato quando stava per nascere? Mi stavo chiedendo come hai deciso il corpo.

A: C'è una scansione della storia genetica del DNA dei potenziali – dei genitori – e se sembra che ci sia un potenziale passato contatto attraverso quella linea genetica, allora la frequenza di quel contatto co-esiste nei genitori.

D: Quindi è più facile farlo da bambini?

A: A volte è più difficile farlo da bambini, ma dipende dallo stato emotivo della madre che può bloccare l'attivazione di quel gene.

D: Ma in questo caso, non potevi entrare da neonata?

A: Fu un fallimento. La frequenza era troppo pesante. Non riuscii ad attivare la giusta frequenza dentro al corpo e ci fu un aborto.

D: Quando sei riuscita ad entrare nel corpo?

A: Dopo. Ci fu accordo con un'altra anima; un altro aspetto dell'anima.

D: Anche quello era un neonato?

A: E' come se ci fosse stata un'incarnazione parziale nel corpo – non completa – per sviluppare il corpo, per permettergli di crescere, ma per non essere pienamente presente all'interno. Era una preparazione del corpo per il momento giusto. Non c'era la necessità d'essere pienamente presenti perché' la frequenza che era nel corpo doveva esserne estratta.

D: Questo vuol dire che la tua frequenza era troppo forte? (Si) Avrebbe danneggiato il corpo se fosse entrata prima?

A: Potrebbe aver creato un corto circuito in alcune delle funzioni basilari nel corpo. I circuiti elettrici – le cariche elettriche – potrebbero essere bruciate o distorte, creando delle disfunzioni. La struttura umana, il sistema umano è molto delicato, e può esserci grandi danni se troppe frequenze fluiscono nel corpo senza preparazione.

D: Troppa energia nel corpo. (Si) Quindi, hai detto che era solo una cosa parziale?

A: Abbastanza da mantenere ciò che chiamano un'esistenza, ma non completamente nel corpo e non partecipando completamente.

D: Quindi quando sei entrata pienamente o al massimo possibile?

A: L'inizio della pienezza è stato durante l'esperienza della crociera.

Durante il colloquio prima della seduta, Anna menzionò una strana esperienza che ebbe luogo mentre era per mare durante una crociera. Disse d'essere uscita sul balcone della sua cabina e si sentì come se avesse lasciato il corpo. Successivamente, si senti come se fosse diventata un'altra persona. Si chiedeva se quella notte era avvenuto un walk-in.

D: Quindi stiamo parlando del corpo di Anna, attraverso il quale adesso stai parlando. (Si) Perché hai scelto quel particolare momento?

A: Era lontana da tutte le influenza che l'avrebbero impedita o identificata con il suo passato. Era un campo di plasma che uno chiamerebbe "gli oceani", e fu facile fare il trasferimento.

D: Disse di avere avuto una strana sensazione che fosse successo qualcosa allora.

A: Ha ricevuto dei ricordi per aiutarla a comprendere il cambiamento che era avvenuto.

D: Quindi non è ciò che consideriamo un walk-in?

A: Non lo è.

D: Non so se hai un nome per questo, ma è come se fosse sempre stata lì, ma non fin in fondo. Dico bene?

A: Esatto. E' un trasferimento di coscienza. Un trasferimento di identità che è stata spostata nel corpo. Ancora una volta, a causa della fragilità del corpo e della mente, che devono funzionare nel campo planetario, doveva essere fatto molto gentilmente e gradualmente. Quella volta che è successo troppo improvvisamente, ci fu il rischio di un corto circuito; della disperazione di due realtà sovrapposte. La mente inizia a vedere flash e visioni di altre realtà trasportate dai cinque soli, in questo corpo.

D: Disse d'avere ricordi improvvisi, e non sapeva da dove provenissero.

A: Ovviamente. Hanno dovuto scaricarli gentilmente fino a questo momento per iniziare a comprendere che lei ha accesso a quell'altro mondo e alla conoscenza.

D: Va bene se adesso ha questa conoscenza? (Si) E' per questo che gli permesso venire da te? (Si) Disse di aver avuto la sensazione che qualcos'altro fosse dentro di lei e stava guardando fuori attraverso i suoi occhi. Eri tu quello?

A: Si, è la coscienza dal mondo dorato – dal mondo dei cinque soli.

D: Inoltre ha la sensazione di fare rapporto in qualche modo.

A: E' così.

D: Perché è sempre stato il tuo ruolo quello di fare rapporto. (Si) Ma la maggior parte di tutto questo le crea molta confusione.

A: Questo lo comprendiamo, ma non siamo riusciti a connetterla finora, perché doveva gestire gli elementi umani; gli elementi karmici del corpo che dovevano essere ripuliti.

D: Sente che c'è qualcosa che deve fare.

A: E' importante che sappia d'avere accesso a questa conoscenza; questa è la prima cosa. La seconda è di non disperarsi quando io prendo il comando della visione dei suoi occhi per fare rapporto. Ci sono altri momenti in cui riceve il messaggio di aprire il canale. Ci sono momenti quando è distratta e devo intervenire, a quel punto diventa consapevole di una terza parte.

D: Adesso che comprende, sarà più facile gestirlo, vero? La cosa difficile è non saperlo.

A: Sarà molto facile per lei. Infatti, le piace fare rapporto; le piace partecipare. E' in quei rapporti che riceverà le informazioni necessarie per sapere come agire e dove andare e con chi interagire.

D: C'è qualche lavoro che sicuramente volete che faccia?

A: Deve stare con la gente. E' arrivato il suo momento di camminare e condividere ciò che sa, di parlare ed essere ascoltata.

D: La gente la ascolterà?

A: La ascolteranno finché parla dal suo cuore. Non le daremo informazioni che sono così strane da metterla in pericolo. E' qui per aiutare gli abitanti che stanno ascoltando per comprendere che è ora di cambiare. Che gli eteri che trattengono le distorsioni non devono essere quelli di cui si nutrono. C'è un etere parallelo che è a loro disposizione. C'è una parallela atmosfera di coscienza che è a loro disposizione. E possono scegliere da quale atmosfera nutrirsi, perché ogni atmosfera ha una matrice di pensiero che è vitale per la longevità della razza. Un'atmosfera è distruttiva per l'evoluzione. L'altra atmosfera coinvolge la grandezza. Interdimensionale-intergalattica conoscenza quantica che sta iniziando a permeare questo mondo. Il suo sentiero è sempre stato quello di un viaggiatore e non è diversa qui, anche se è in questo corpo. Una cosa che ha dovuto comprendere è la potenza dell'etere della paura, perché non si può combattere l'etere della paura se non si conoscono le sue molte sfaccettature.

D: Anna disse che a volte si sentiva molto suicida. Voleva andarsene.

A: Quando s'aggancia all'etere sbagliato – a quello oscuro; all'etere della paura – allora si spengono i suoi circuiti di comunicazione. E noi dobbiamo intervenire molto spesso per essere in grado di bilanciarla, ma ci sono state volte che è stato difficile perfino entrare.

D: Perché si sente che questa non è casa. Non vuole essere qui. E questo l'ho sentito moltissime volte.

A: C'è una resistenza a questa frequenza. Adesso comprende di più che non è accordata alla frequenza naturale. Ma è una missione a breve termine – breve termine dal nostro punto di vista – anche se è a lungo termine dalla sua prospettiva di tempo in questa realtà. Qui la prospettiva di tempo è lenta. E' lenta e molto pensante.

D: Questa è una delle ragioni per cui si sentiva vuota, come se non fosse di qui.

A: L'appartenenza è un concetto interessante. In un certo senso, non esiste alcuna appartenenza. Quando si è Uno, allora la parola "appartenenza", il concetto di appartenenza è inappropriato, perché tutto è Uno. Tutta la conoscenza; tutta l'esperienza. Uno è connesso. Uno ha bisogno di appartenere solo quando si sente estraneo. Quando entra nella conoscen-za della sua connessione, allora l'appartenere è inutile.

Anna non si era mai sposata e sentiva che non avrebbe mai dovuto farlo. Ho chiesto una spiegazione.

A: Ha paura di rimanere ulteriormente intrappolata in altre trappole emotive. E' importante che lei comprenda di non nutrirsi dell'etere della paura. Quando penso a ciò che chiamano "matrimonio", ci sono due, se le vogliamo chiamare "linee temporali" – due scelte – ed entrambe hanno realtà molto diverse. Sta guardando all'etere errato. Se la scelta proviene dall'etere più denso, allora il matrimonio per lei offre solo la morte. Il matrimonio per lei offre solo una trappola. C'è la paura in quella realtà di una permeazione, di un intrappolamento, di dover rinunciare al suo potere per una modalità – una matrice – che è stata messa in moto in questa razza umana da molto tempo. In questo modo assorbirebbe tutto il peso e la pesantezza di quel particolare etere. L'altro etere presenta leggerezza e compagnia. La comprensione che questa entità è come lei; è uno di noi; è parte della famiglia ma da un'altra realtà – un altro piano; che l'amore che condividono è spirituale. E' questo di cui lei si deve nutrire e che ha longevità. C'è gioia; e le permette di proseguire nel suo scopo per essere qui. E' un'amicizia atemporale con questa entità, per assisterla ed aiutarla. In questo non c'è alcuna paura. C'è molta gioia; c'è molto servizio; e c'è molto cameratismo. Ha bisogno di un amico con cui giocare. E' stato un viaggio lungo e pesante per lei.

D: Stavi parlando dei due livelli di etere. Questo è forse un equivalente di ciò che mi hanno parlato relativo alla Vecchia Terra e la Nuova Terra? (Si) La Vecchia Terra è quella con le illusioni di paura e tutti i disastri.

A: La Vecchia Terra se ne sta andando. E' quasi come un buco nero, sta collassando su se stessa. E' triste, è corrotta. E' la Vecchia Terra. E' piena di dolore: i cieli, gli eteri, l'atmosfera piangono tutti nella Vecchia Terra. C'è moltissimo dolore. Parte della Nuova Terra è stata modellata in base al pianeta dorato dai cinque soli. Ma ci sono molti altri mondi che contribuiscono conoscenza, immagini, risorse alla Nuova Terra. E' un paradiso. E' un gioiello. E' facile per Anna accedere a quella frequenza, perché ne ha ricevuto delle immagini. Sa che è reale. Non ha compreso che è un battito cardiaco quantico da dove proviene. – E' un bene che sappia della mia presenza. E' un bene che sappia e si ricordi del pianeta dorato dai cinque soli. Che comprenda di trovarsi davanti ad una progressione. Che è venuta qui, in questo momento per una specifica ragione e che è di vitale importanza per lei tenere a mente la Nuova Terra – l'altro etere, l'etere di luce. E permettere a quelle immagini di permeare e dissolvere le vecchie immagini.

CAPITOLO TRENTASEI

VIAGGIATORE TRA I MONDI

Quando Jeannie scese dalla nuvola, finì in una scena di distruzione e caos. Vedo un sole, ma è color arancio acceso. E' oscurato da qualcosa di negativo. C'è qualcosa che ribollisse dalla superficie. Qualcosa che copre il sole. E' davvero negativo. E' spaventoso. Penso che ucciderà la gente. Mi da le palpitazioni. C'è molta confusione, la gente sta morendo, la terra si sta distruggendo e... e paura, potere. Tutte queste cose hanno causato un terribile cataclisma... ha cambiato la vita per me come la conoscevo."

D:Quindi qualcosa di molto negativo è successo alla gente dove vivi?

J: Si. (Pausa) Sono molto triste. La gente abusa il potere. Non puoi prendere il potere ed abusarne. Ti viene solo imprestato e tu ne fai uso.

D: Cos'è successo che ha creato tutto questo?

J: Hanno imparato come controllare, abbiamo tutti imparato come controllare. Comunicavamo con la nostra mente e abbiamo imparato come costruire e sollevare le cose pesanti. E dopo qualche tempo, la gente iniziò ad abusare altra gente con il proprio potere, perché alcuni erano più forti di altri.

D: Vuoi dire che hanno iniziato ad utilizzare il potere delle loro menti in modo negativo?

J: Si. E' stato terribile.

D: Alla fine cos'ha causato questa catastrofe?

J: Non mi è chiaro, perché ebbe a che fare con un abuso di potere che si è dissipato nel suolo o nella terra; fino a raggiungere l'interno, dove ha incominciato ad espandersi fino alla catastrofe.

D: Era qualcosa in cui eri coinvolta?

J: No, no! Ero coinvolta nella ricerca e comprensione scientifica di cui avevamo scoperto con le nostre menti e insegnavamo alla gente. Io non l'avrei mai abusato. E' solo un dono.

D: Puoi fare qualcosa a proposito?

J: No, erano in troppi. Ho potuto solo osservare mentre succedeva. Non erano in grado di controllarlo. Poi si sono spaventati tutti, erano impauriti e gridavano. Sono venuti da me e hanno chiesto: "Fermalo! Fermalo! Puoi aiutare?!"

D: Potevi fare qualcosa a quel punto?

J: No, era troppo tardi. Ho visto che stava arrivando e ho cercato d'insegnare loro, ma non mi ascoltavano. Si sentivano più grandi e forti e potenti. C'è molta tristezza nel mio cuore. (Pausa) Non sarebbe dovuto succedere. – Sono confusa, perché c'ero quando la parte caotica ebbe inizio. Ma adesso in qualche modo, osservo dall'alto, come se stessi fluttuando al di sopra.

D: Dov'eri quando iniziò a succedere?

J: Sono entrata dentro qualcosa e sono volata via. Riuscivamo a vedere che sarebbe successo prima o poi e che stavano andando nella direzione sbagliata. Siamo andati in quel luogo per insegnargli come usare la loro consapevolezza per il bene, ma sono diventati così affamati di potere che si sono autodistrutti. Così abbiamo costruito un'astronave in segreto, per potercene andare in caso d'emergenza, perché dovevamo salvare coloro che non stavano abusando il potere.

D: Com'è potenziata l'astronave?

J: Oh, con le nostre menti. – Quella non era la mia casa. Ero stata mandata la per insegnare. Non so come ci sono arrivata. So solo come me ne sono andata. Ohhh! Ohhh! Mi sono proiettata là! Quando sono arrivata, mi sono proiettata la! Ma visto che dovevo andare lontano, mi sono costruita un veicolo per andarmene.

D: Non eri in grado di proiettarti indietro per il ritorno?

J: No, perché dovevo andare anche più lontano. Questo è ciò che faccio. Ho la conoscenza che permette alla gente di vivere meglio.

D: Ma in questo caso, non ti ascoltavano?

J: No, è stato un fallimento. Ho dovuto costruire l'astronave perché anche se potevo proiettarmi, gli altri non ne erano in grado. Questi erano molto gentili e non stavano abusando i poteri che avevano appena scoperto.

D: In quel luogo hai un corpo fisico?

J: Si, ma non è... è diverso. E' lungo e sottile. E' un corpo, ma non è un corpo. E' piuttosto un campo elettromagnetico.

D: Diverso dalle altre persone là?

J: Si. Dovevo essere diversa perché altrimenti non sarei riuscita proiettarmi là.

D: Ti percepiscono come diversa o strana?

J: No, mi assicuro che mi vedano simile a loro. Sono un'esperta in questo. Lo faccio spesso. La gente non ti ascolta, ne è in grado di ricevere aiuto se ha paura di te. Ho provato ad aiutare, ma non mi ascoltavano. Questo mi rendeva così triste.

D: Ma hai portato a bordo dell'astronave tutti coloro che potevano per portarli in salvo, altrove?

J: Solo per dirigersi verso la nostra prossima missione: per insegnare ad altra gente. Porto con me questi altri, perché avevano un buon cuore.

D: Poi cosa succede? Hai detto che eri sopra e stavi osservando ogni cosa la sotto.

J: E' stato terribile. C'era polvere rossa ovunque e il sole era coperto. Stava arrivando perfino in altro dove eravamo noi.

D: Cos'altro hai visto la sotto?

J: Sembrava che venisse dalla periferia verso il centro e scendesse giù in un buco. Stava girando come una ciambella dall'esterno, all'interno. Il pianeta implose su se stesso.

D: E' piuttosto strano, no?

J: No, quando una missione fallisce così, implode.

D: Cosa succede allora?

J: Ho un intero piano distribuito nel tempo, con dettagli di ciò che devo insegnare a tutte queste diverse creature. Alcune sono creature. E così, visto che sono un campo elettromagnetico, mi trasforma e sembro uno di loro. Non so dove l'ho imparato. L'ho sempre fatto, però è piuttosto delicato. Cerco di non fare vedere all'altra gente perché pensano che io sia piuttosto strano.

D: Questo li impaurirebbe se sapessero?

J: Si, perché solo certe persone possono farlo. Penso che provengano da dove provengo io. Forse tutti noi l'abbiamo imparato durante l'infanzia. Non lo so. So solo che crea paura insegnare qualcosa a qualcuno se sei differente, quindi devi essere in grado di sembrare uno di loro.

D: Questo è comprensibile. Ma quando ritorni da dove provieni, quali sono le tue sembianze naturali?

J: E' rosso, e... oh, ragazzi! Mi sembra anche più strano! Sono proprio rosso scintillante! E sono proprio enorme. Non è un insetto. Sarebbe come un corpo regolare, ma ha... protrusioni... wow! Questa persona potrebbe essere una cavalletta! E' difficile da spiegare. Ma è piuttosto insolito – certamente il colore lo è.

D: Il suo pianeta natale, hai bisogno di cambiare forma?

J: Oh, possiamo essere qualsiasi cosa che vogliamo. Andiamo in giro facendoci degli scherzetti. Tutti noi possiamo farlo.

D: Però poi vi hanno detto di andare ed aiutare l'altra gente?

J: Io ho ricevuto la missione di raggiungere tutti gli universi. E mi dissero che sarei stata via per molto, moltissimo tempo perché dovevo aiutare queste persone a migliorare.

D: Questa sembra essere una grossa missione.

J: Si, ero piuttosto sorpresa. Così vado da un luogo all'altro, e quando raggiungo un nuovo luogo, cambio la mia forma per mescolarmi a loro. Ma ogni luogo è diverso.

D: Beh, questa volta quando sei sulla tua astronave e te ne vai, dove sei diretta?

J: Vado su un pianeta dove la gente è gialla. Questo è un luogo dove non ero mai stata prima. Quindi adesso sono gialla come il burro.

D: (Risata) Cosa mi dice delle altre persone che sono venute con te?

J: Sono un po' annoiati, perché gli ho già fatto vedere come farlo, e non ci riescono ancora. Così stanno aspettando nell'astronave. Gli ho detto: "vado prima io e vi aspetto, lo potete fare anche voi." Gli ho fatto vedere come farlo. – Oh, e stanno uscendo, ma hanno sbagliato qualcosa. Sono tutti un po' bassi, gialli – sono troppo bassi! Oh, non so cos'abbiano fatto! Devo tornare indietro e riportarli lassù! Si sono rimpiccioliti! Oh, è troppo divertente! Non sapevo che fosse possibile diventare così piccoli!

D: (Ridendo) La gente gialla ha sembianze umanoidi?

J: Hanno degli occhi grandissimi, teste vellutate e braccia lunghissime. Ho già visto questo tipo di persone prima, ma mai gialle. – Così gli ho detto di risalire su per le scale che lo avremmo rifatto. Devo restare con loro finché non sono della giusta misura. Dobbiamo sembrare proprio come loro, non diversi da loro.

D: Quindi questo è ciò che avete fatto?

J: Si sono riusciti ad uscire della giusta dimensione.

D: Avete intenzione di restare lì a lungo?

J: Sono stanca. Sono stanca di educare tutte queste persone, perché c'è qualcosa che non va con il sistema educativo. C'è qualcosa che non va. Non riesco a capire perché. Alcuni comprendono e altri invece raggiungono nuovi livelli di potere. Incomincia a sembrarmi come il pianeta rosso.

D: Quello che era imploso?

J: Si. Sto raccogliendo la mia gente e adesso ce ne andiamo. Non falliremo un'altra missione. Troveremo un luogo dove siamo i ben venuti e dove sono abbastanza intelligenti da "compren-dere". Non voglio che succeda ancora una volta, perché non è questo che deve succedere. Non è questo che mi avevano detto d'insegnare. Non è giusto abusare il potere. E' un dono.

D: Quindi li stai raccogliendo e li porterai altrove?

J: Li ho già raccolti, la porta è chiusa, siamo pronti per andare. Sono tutti in piedi, confusi. Non mi interessa. Non ci sarà una seconda volta.

D: Quindi non cercherai di aiutare questa gente gialla?

J: No, possono fare quello che vogliono. Non resterò qui a vedere mentre succederà di nuovo. Dobbiamo riuscirci. Dobbiamo farlo diversamente.

D: Quindi adesso stai andando altrove?

J: Si. Ma l'astronave ha dei problemi. Dio! Sta vibrando troppo.

D: Questo è successo dopo il decollo?

J: Si. Sono un po' preoccupata, non dovrebbe vibrare così. Non so se abbiamo raccolto polvere o sporco, qualcosa da qualche parte non dovrebbe essere o... non so. Spero che nessuno abbia fatto qualcosa di sbagliato. Io potrei proiettarmi all'es-terno, ma non posso portare la gente sull'astronave con me.

D: Pensi che qualcuno abbia fatto qualcosa all'astronave?

J: Beh, erano piuttosto arrabbiati del fatto che me ne sono andata. Gli ho detto: "Sentite bene o lo fate come dico io o non potete farlo per niente."

D: Spostiamo avanti il tempo e scopriamo cosa succede. L'astronave continua a vibrare o cosa succede?

J: (Sottovoce) Sono fuori nell'oscurità. C'è solo oscurità.

D: Cos'è successo a questa astronave?

J: Non lo so. Sono da sola. Non sono dentro ad un'astronave. Sono qui da sola.

D: Sei in grado di sapere cos'è successo. Puoi scoprirlo. Qualcosa è andato male con l'astronave?

J: Si, si. Si è distrutta e ho dovuto proiettarmi all'esterno prima che si disintegrasse. Gli altri non sapevano come farlo. Sono rimasti con l'astronave. Adesso sono da sola. Non penso di poter tornare indietro, perché è un'altra missione fallita.

D: La consideri così?

J: Si. Non si può salvare la gente, è un fallimento.

D: Adesso cosa farai?

J: Penso che resterò qui fuori. E' proprio tranquillo qui. Forse mi riposerò, sono molto stanca.

D: Non c'è nessuno che ti dice di fare qualcosa?

J: No. Quando ho lasciato la mia casa, sapevo che quando presero la decisione, sarei stata da sola. In qualche modo, quando me ne sono andata all'inizio, sapevo che sarebbe passato molto tempo prima di aver ricevuto del supporto, perché era la mia missione.

D: Quindi adesso vuoi riposarti. Puoi farlo là fuori?

J: Si. Mi basta fluttuare. E' caldo. E' solo un nuovo universo. Nessuna responsabilità. – Riposare mi fa venire le vertigini. E' passato molto tempo dall'ultima volta che ho riposato.

D: Bene, andiamo avanti e scopriamo cosa ti succede.

J: Resto la fuori per molti anni, perché avevo bisogno del riposo e avevo bisogno di ricostituirmi. Allora decisi che era ora di insegnare ancora. Forse ho una nuova prospettiva su come riuscire ad allevare menti vibrazionali.

D: Dove andrai a fare tutto ciò?

J: Devo prendere una direzione e proiettarmi là. In questo senso ho molto potere. Volevo andare da qualche parte dove c'era una caverna. E in quella caverna ci sono informazioni per me che sono state messe là. C'è un messaggio che è stato messo là prima che iniziassi i miei progetti.

D: Chi ce l'ha messo?

J: Una grande intelligenza. – Okay, ci sono. E' così facile spostarsi se tutti sapessero come farlo, sarebbe più facile. Vedo la caverna. E' da qualche parte dove poca acqua ed è grigio. Non c'è molta vita in quel luogo.

D: Quindi non puoi aiutare la gente del luogo, giusto?

J: No. Vengo qui alla caverna per ricevere informazioni.

D: Sai dove cercare nella caverna?

J: Si. Sarà sul soffitto. E' oscuro e devo sentire. (Pausa) Oh! E' sul lato, non è sul soffitto. Devo mettere della luce sul pavimento. Adesso posso vedere... Sono simboli. Punti, trattini; roba che conosco che è molto facile da leggere. Ma sono sorpresa di ciò che dice. Dice che è l'albero della vita.

D: Cosa significa?

J: Ha a che fare in qualche modo con come si dovrebbe vivere. Ma non è come ho vissuto per molte volte. Sembra essere diverso, sembra quasi un nuovo modo di farlo. Forse è la chiave che ha portato gli altri al collasso. Forse. Devo contemplarlo di più.

D: Ma sono simboli che riesci a comprendere?

J: Si, ma non l'ho mai visto detto in questo modo. E alcuni dei simboli salgono fino al soffitto. E' un concetto... è una nuova modalità! Mi chiedo perché lo facciamo in un nuovo modo? Perché questo nuovo modo creerà confusione. Devo imparare un modo diverso e non sono sicura. Forse, so di avere questa intelligenza superiore. Ma non ho nessuno con cui parlarne per essere sicura che questo nuovo modo sia la maniera giusta. Oh, penso che mi stancherò nuovamente.

D: Perché la pensi così?

J: Mi sto chiedendo quanto ci vorrà perché tutti noi impareremo una nuova modalità, solo per scoprire che non è ancora il modo giusto. Lo sto facendo da molte migliaia d'anni. Sento che mi sta tirando giù. Sento che sto scivolando dentro a qualcosa.

D: Hai compreso la nuova modalità?

J: Si, ma è molto diversa.

D: E' positiva?

J: Lo è se hai abbastanza persone intelligenti intorno a te.

D: Quindi una persona sola non lo può fare, ce ne vogliono molte?

J: Penso che dovrebbe essere. Dopo tutto, se ci occupiamo di salvare ed insegnare, dovrebbe essere condiviso con molte persone. Sono stanca. Mi rende esausta continuare a sforzarmi di migliorare ogni cosa, solo per finire con gente che ne abusa o non comprende. Ho la sensazione di cadere e sdraiarmi per riposare ancora una volta. Era una nuova modalità ed ero entusiasta di leggere, ma non sono ancora sicura che sia quella giusta. Adesso invece di insegnare alla gente stiamo cambiando le loro strutture.

D: Cosa vorresti dire?

J: Entriamo nei loro corpi, nelle loro cellule per ricaricarle e ricalibrarle. Questo è come rifare tutto da capo. Non sono sicura che sia pensiero innovativo. (Sospirando) Ahh, mi rende così stanca. Probabilmente è una cosa migliore, ma non so se è un modo giusto. Abbiamo il diritto di entrare e cambiare il loro essere primario, per poter insegnare loro ciò che stavamo cercando d'insegnargli alle origini, quando stavano abusando il potere? Voglio dire, o ci occupiamo d'insegnare o ci occupiamo di cambiare la loro struttura. Perché non abbiamo cambiato la struttura prima di tutto e poi quando insegnavamo, non l'avrebbero abusata. E' tutto al contrario.

D: Forse dovevate provare per vedere cosa sarebbe successo. Forse è per questo che questa è una nuova modalità d'osservazione. Ma tu non sei quello che fa le regole, no?

J: No, non lo sono. Sono solo colui che va là fuori e lo fa.

D: Dove dovresti cambiare la struttura? Ti sei proiettato verso un altro luogo?

J: Non lo so. Questa volta è perfino diverso riuscire a proiettarmi. E' un ondeggiamento. Vedo onde d'energia che si muovono, come se ci passassi attraverso. E' più densa. E' come se stessi camminando. Sto passando attraverso l'aria ma mi sto muovendo. Vedo tutta l'energia intorno a me che si sposta mentre mi muovo.

D: Spostiamo avanti il tempo ancora una volta. Dove vai questa volta?

J: Oh, mio dio! Mi hanno mandata – oh, oddio! Oh! Sono nell'energia più lenta possibile. Non sapevo che sarei finita là. Questa gente ha bisogno di molta consapevolezza. E' lento perché non conoscono molto. Dio! Non posso credere d'essere finita qui.

D: Come riuscirai ad insegnare a questa gente?

J: Non lo so. Devo portarmi ad un tale livello per essere perfino in grado di riuscire a comunicare con loro. Non so se posso arrivarci. Non è su, è giù! Devo essere in grado di parlare al loro livello, perché se non ci riesco, non possono sentirmi.

D: Dovrai essere in grado di creare un altro corpo o come ci riuscirai?

J: Ho creato un altro corpo, ma questo corpo si muove lentamente.

D: Il corpo che hai creato che sembianze ha?

J: Sembra proprio come quello che ho adesso.

D: Vuoi dire la persona che chiamano Jeannie?

J: Si proprio lei! Devo dirtelo anche lei è molto irritata per questo.

D: Ma non eri nata come una bambina?

J: Non penso. Penso di essere solo diventata lei.

D: Il suo corpo non ha avuto inizio come un neonato?

J: Non capisco la parte del neonato. Sono solo diventata questa donna, come sono diventata tutti gli altri, negli altri luoghi.

D: Nelle nostre credenze, iniziamo da bambini, un feto che cresce dentro alla madre e l'anima entra quando nasce il bambino.

J: Questo non va bene. No, no, no, no, no! L'anima è un campo elettromagnetico e l'anima si sposta nel corpo che vuole.

D: Si, ma non succede forse quando nasce, quando il bambino esce dalla madre?

J: Beh, forse. Non l'ho visto succedere. So solo che ho preso questa forma di donna questa volta. Che è lenta e... oh, ragazzi!

D: C'era un altro campo elettromagnetico nel corpo quando sei entrata, non ti ricordi?

J: L'ho fatto come tutte le altre volte.

D: Pensavo che ci fosse già una scintilla di vita, un forza vitale dentro.

J: Ero io la forza vitale!

D: E semplicemente hai deciso di essere questa donna.

J: Si. Lei non ne ha la minima idea. Personalmente, non sono molto contenta nemmeno io d'essere qui. Questo è un posto difficile per insegnare a qualcuno. Si muovono lentamente, parlano lentamente, dubitano ogni parola che sentono.

D: Quindi, come riuscirai ad insegnare loro per poter cambiare le cose?

J: Con l'esempio, ma dio mio! Non so perché sono venuta in questa missione. Non ne ho la minima idea. Questa proprio non mi piace.

D: E' una importante, perché queste persone hanno bisogno d'aiuto, vero?

J: Oh, si! E' molto confuso. E' tutta energia, ma si muove così lentamente.

D: Ma questa donna che chiamiamo Jeannie, è passata attraverso l'infanzia, si è sposata e ha avuto figli. C'eri anche tu in qui momenti?

J: No, ho saltato quella parte. (Ridendo) Quella è molto più lenta di quanto volessi esser. Lei fa un buon lavoro con la gente e impara velocemente. Ma dobbiamo velocizzare quest'intera situazione. Sai, non ci è più rimasto molto tempo. E dobbiamo toccare molte più persone di quante ne stiamo toccando.

D: Uno alla volta è molto lento, vero?

J: Si, lo è. Continuo a dirle che dovrebbe essere là fuori a parlare con grandi gruppi di persone. Lei lo può fare, ma a causa dell'energia così lenta, non crede d'avere nulla da dire a nessuno. E io continuo a dirle : "Fallo e basta!" – Dobbiamo sbrigarci. Le ho dato tutte queste capacità. Ci son moltissime cose che lei può fare. Non è che ne dubita. Lei fa tutte le cose che le dico di fare, ma c'è qualcosa di confuso a proposito di questa lenta energia.

Jeannie fa Reiki e cura la gente con l'energia. Ho chiesto a questa entità se poteva spiegare alcune delle stranezze che erano successe a Jeannie mentre faceva il suo lavoro curativo. Mentre stava lavorando sulla gente, degli orb, sfere di luce di diverse dimensioni apparivano nella stanza.

J: Sono solo altri campi elettromagnetici. Siamo tutti campi elettromagnetici. Voglio dire, possiamo essere parti d'energia o possiamo essere nel corpo, o possiamo sembrare come delle cavallette. E' tutta energia e queste sono energie che sono li per facilitare la velocizzazione di questo processo di guarigione che insiste a fare. Fa un ottimo lavoro.

D: Quindi ci sono altre energie che vengono ad aiutare?

J: Si. Principalmente sono sue, ma lei pensa che siano dei clienti. Glielo lascio pensare perché lei è piuttosto cocciuta.

D: Vuoi dire che sono le su mini energie che si sono distaccate? (Si) Come può utilizzare questa energia extra?

J: Dovrebbe essere in grado d'imparare come riportarle dentro e riunirle. Molto tempo fa quando ero abituata a proiettarmi in questi luoghi, avevo tutta la mia energia. Ero tutto uno e per qualche motivo ero in grado di farlo, ma lei non sa come farlo. Come organizzarlo e riunirlo. Deve essere in grado di portarlo proprio qui (indicando la zona del plesso solare). Quando vede gli orbs, ha bisogno di raccogliere quell'energia and risucchiarla all'interno. Questo è il modo in cui dovrebbe farlo. Io potrei farcela. Deve farlo lentamente.

Jeannie continuava a vedere geometrie luminose esagonali che era stata in grado di fotografare. Voleva saperne di più.

J: Servono per espandere la mente. Prima di tutto, sa che c'è qualcosa nel mezzo di queste geometrie, ma quelli sono solo messaggi. Dovrebbe riconoscergli. Sono come quelli nella caverna. Se riuscisse a riconoscerli, ci sarebbe altro a riguardo del concetto di quell'albero della vita. Se comprendesse, sarebbe in grado di trasportare se stessa ovunque volesse essere e non avremmo bisogno di lavorare con questa energia lenta. Non so come fa a sopportarla.

D: Come esseri umani, conosciamo solo questo. Questo è il problema. Hai detto che volevi che comprendesse queste figure esagonali.

J: Fa parte del processo curativo. E' teoria avanzata della guarigione. Se leggesse i simboli, saprebbe come potenziare la guarigione della gente. Ma le permetterà di muoversi. Se vuole, se ne può andare.

D: Ma se impara ad andare di luogo in luogo così velocemente, sarebbe sorprendente per la gente.

J: Oh, certo. Come al solito, non gli piacerebbe se fosse diverso. Lavoro con lei tutte le notti e cerco d'insegnarle, perché quando dorme ascolta. Sta ricevendo istruzioni non solo per guidarla nel suo lavoro, ma anche istruzioni su come viaggiare come face una volta. Perché arriverà il momento in cui queste informazioni saranno ancora in pericolo. Così vuole che lei sia in grado di cambiare e uscire. Deve essere in grado di andarsene se dovesse.

Ha informazioni preziose. Quando vede questi simboli, le informazioni vanno in un'altra parte della sua mente per essere assorbite. E al momento giusto, lo farà automaticamente senza pensarci. Deve praticare di più come andarsene e come tornare, andarsene e tornare. Sa di poterlo fare, la sta tirando fino all'orlo. Non riesce realizzare che può ritornare in un attimo. Sai di poter andare nell'altra direzione. E continuo a dirle: "Puoi tornare indietro uguale – se puoi entrare, puoi uscire!" Adesso vede consciamente l'apertura verso la prossima dimensione. E le dico: "Jeannie, attraversala. Ti puoi girare e tornare subito indietro." Deve avere fiducia di riuscire a rientrare. Sai di porte attraversare, ma non sono riuscita ad instillare in lei l'idea di poter ritornare indietro.

D: Fa tutto questo di notte quando sta dormendo?

J: Si. E' frustrata, perché sta iniziando a sentirsi come mi sento io con tutti i fallimenti degli abusi di potere della gente. Si sta trattenendo, ma no so perché visto che è tutto lì. Lei è molto, molto potente. E' preoccupata che la gente noti che lei è diversa. Dobbiamo spostare avanti le cose ancora una volta. L'energia è rimasta stagnante per troppo tempo. Ha tutto a che fare con l'elevare le vibrazioni e le frequenze. Più ci uniamo a livello collettivo, più elevato è l'effetto vibrazionale e la proiezione nell'atmosfera. Le ho aumentate due mesi fa e lei è quasi caduta dal tavolo di massaggio, facendomi ridere. Non aumenterò così velocemente perché ha davvero iniziato a scuotersi e stava per cadere dal tavolo quando ho dovuto spingerla indietro.

D: (Ridendo) Per riuscirci deve dormire o meditare?

J: No, le basta sedersi e farlo. E' in esistenza da sempre, da lunghissimo tempo e non dovrebbe nemmeno trovarsi in questa lentissima energia. – Gli umani comprenderanno, prima o poi, d'esser parte della forza di Dio. Dopo essere diventati la luce che sono nella loro coscienza, gli umani possono smantellare le loro molecole. Ci sono pochissime ragioni per riassemblare le molecole in forme fisiche dense. Una volta disassemblate, riassemblare vuol dire che devi tornare indietro in qualche modo. Portarsi dietro un corpo pesante nello spazio non funziona.

Non avevamo bisogno di vedere vite passate, perché sarebbero state associate con la Jeannie originale, non l'entità che si trova adesso nel corpo. Queste vite avrebbero avuto luogo prima dell'entrata di questa entità con cui stavo parlando. Un'altra parte di lei avrebbe potuto sperimentare le altre vite. "Si, adesso stiamo vivendo tutti contemporaneamente."

VIAGGIO VERSO LA TERRA

Un altro esempio di un'energia insolita che si presentò durante uno dei miei seminari nel 2007. Mi chiedo sempre che reazione abbiano alcuni dei nuovi studenti quando questo tipo d'informazioni ci vengono presentate. Quando si raccolgono attorno al letto per osservare la mia dimostrazione, si aspettano una vita passata normale. Per lo meno gli mostrano che questo tipo di terapia non è mai passiva e l'imprevisto diventa la norma.

Francis si trovò seduta su una spiaggia sabbione dell'oceano. Era notte e uno spicchio della luna scintillava riflettendosi sull'acqua. Sapeva che c'erano alberi, ma era troppo buio per vederli. Vide d'essere una giovane donna con un vestito giallo sottile e traslucente. I suoi capelli rossi erano sciolti ed ornati di fiori. Indossava una collana con una pietra verde. Quando le chiesi se era giovane o vecchia, mi diede una strana risposta: "E' diverso. Sono in un corpo giovane, tuttavia sento d'avere molti anni. Non sembro vecchia, ma non mi sento nemmeno giovane. Sembra che abbia circa venti o ventiquattro anni, ma sono molto più vecchia. Ho circa cent'anni, forse anche di più." Faceva parte di un gruppo che viveva in dimore sugli alberi. Alcuni nel gruppo erano molto alti. Disse d'essere molto bassa. Questo era il suo posto preferito dove sedersi ed osservare l'oceano di notte.

Improvvisamente dichiarò: "Ho appena visto qualcosa. E' scintillante. Sto scendendo verso l'acqua e vedo il mio riflesso. C'è qualcosa di scintillante dietro dime." Rise: "Sono delle ali!" Non sapevo con che tipo d'essere stessi parlando, così continuai a fare domande. Disse che c'erano altri che erano piccoli come lei, ma solo alcuni avevano delle cose scintillanti sulla schiena. Le loro dimore erano di diverse dimensioni e fatte di cose trovate in natura: rocce, alberi, erba. Le chiesi se avesse una famiglia. “Si, sono tutti la mia famiglia, perche in un certo senso siamo tutti uguali. Siamo una grande famiglia, ma vivo da sola.” Mi stavo chiedendo se avessero mariti e mogli. “No. e’ difficile da spiegare. Si, ci sono genitori. E’ un sistema sociale comunitario. Hai una famiglia e dei genitori, ma sono tutti insieme. Fanno tutti parte gli uni degli altri. Il mio gruppo è più una sorellanza, un gruppo di donne. Usiamo l’energia della direzione. E’ uno stile di vita – ascoltiamo gli alberi e le pietre.”

D: Questo gruppo con cui ti trovi vive da solo, isolato?

F: Non mi sembra isolato.

D: Mi stavo chiedendo se ha dei contatti con gli altri gruppi.

F: Oh, certo. Siamo tutti diversi. Ci sono diverse... tribù è la parola sbagliata.

D: Presumo che gruppo sia meglio.

F: Si, ma entrambe non sono corrette.

D: Cosa fa il gruppo?

F: Sono curatori. La parola guardiani mi viene in mente.

D: Sono i guardiani di cosa?

F: Tutto. Tutto ciò che li circonda: la gente e gli esseri e le energie che esistono là.

D: Sembra un lavorone!

F: Non troppo, siamo in molti a far parte di questo gruppo.

D: Beh, sembra una bella vita. Ti piace dove ti trovi?

F: Si, mi piace. Mi piace moltissimo! E’ la mia casa. – Ma mi sento triste. Sto contemplando. Mi hanno chiesto se sono disposta ad andarmene. C’è un uomo ed una donna. Mi hanno chiesto che fossi disposta ad andarmene. Ci sono delle informazioni – c’è della conoscenza che bisogna raccogliere. Sembra che mi piaccia raccogliere informazioni. Me l’hanno chiesto per questa ragione.

D: Non lo puoi fare dove ti trovi?

F: Posso continuare a raccogliere informazioni dove mi trovo, e continuare a fare ciò che faccio. Ci sono altre informazioni che vogliono che la collettività... la gente là ne beneficerebbe.

D: Dove vogliono che tu vada?

F: Non ne sono ancora sicura. Prima vogliono che sia davvero chiara con la mia scelta.

D: Come ti senti a proposito? Dicevi che stavi contemplando?

F: E' per questo che sono andata all'oceano. Sento, che la scelta viene presa dall'interno. Questa è una parte di me, che sa cosa devo fare. Una parte di me sa d'essere lontana da casa. Che si trova perfino su un altro pianeta. E' lontanissimo. Questo è ciò che mi rattrista. Se scelgo di andarmene, sarà per molto tempo.

D: Pensano che sia importante che tu lo faccia?

F: Oh, si, non mi avrebbero chiesto d'andarmene.

D: Perché pensano che sia importante andarsene e raccogliere altre informazioni?

F: Per crescere e connettersi. Si tratta d'andare oltre e conoscere altro.

La spostai avanti nel tempo per vedere cos'avrebbe deciso.

F: Decisi di andare.

D: Anche se sarà difficile. (Si) Come ci riuscirai? Te l'hanno detto?

F: Sto cercando di trovare le parole giuste. C'è un modo molto avanzato per farlo. Non è come morire, piuttosto come distaccarsi dal corpo di cui avrò bisogno. Ci sarà qualcuno che avrà passato la vita a leggere le stelle e raccogliere informazioni. C'è una donna che comprende la separazione. Separare l'anima dal corpo in cui mi trovo adesso.

D: Cosa accadrà al corpo se te ne separerai?

F: Ce n'è un atro... (Cercava le parole.) Fa parte di me, credo. Sento che c'è qualcosa che entra nel corpo mentre io lo lascio, anche quello è connesso a me. Quasi come se continuasse con una nuova comprensione.

D: Quindi continuerà a vivere anche se te ne separi. (Si) Cosa succede quando te ne separi?

F: Tutto questo viene fatto all'esterno. E' come una stanza senza soffitto; da sul cielo. Là, l'uomo che comprende le stelle mi guiderà attraverso un tunnel, una qualche forma di passaggio. Dove mi diranno ed informeranno sul luogo dove devo andare e cosa dovrò fare.

D: In questo modo non sei sola quando fai questo viaggio. Puoi descrivermi il tunnel?

F: E' come un'espansione del tempo... espandere la nostra consapevolezza del tempo, e permettere all'anima di passarci attraverso. Anche quell'uomo l'ha fatto. Ha imparato la tecni-ca molti anni fa, prima ancora che mi chiedessero di farlo. C'è voluta un bel po' di pianificazione. Sono la prima ad andare.

D: Quindi sei come un pioniere. (Si) Cosa succede quando lo incontri?

F: Noi due siamo sdraiati insieme su una pietra. Riesco a sentire l'odore dei fiori e delle piante e delle pietre tutt'intorno a noi. Stanno rilasciando un'essenza per aiutarmi nella separazione dal corpo. Sento che mi sto sollevando. Lui ha la mia... sembra strano dire mano quando non sei nel corpo, ma c'è una connessione mentre ci tocchiamo. Entro nello spazio-tempo che lui ha creato e c'è un velocissimo whoosh [onomatopeico] di tempo e molti colori luminosi come un tunnel circolare, in un certo senso. E poi mi fermo.

D: Dove esce?

F: In una bella stanza molto grande. Posso vedere un edificio di marmo e pietra e cristalli. Siamo in piedi all'entrata, guardiamo dentro, ci stanno aspettando. Mi diranno dove vogliono che vada. Prima, mi ringraziano per essere venuta. Sanno quanto sia stato difficile per me andarmene.

D: Ti danno una scelta o ti dicono cosa devi fare?

F: C'è una scelta, ma non riguardo al dove andare. Mi mandano sulla Terra. Mi mandano lontano; molto lontano.

D: Ti hanno fatto vedere come sarà?

F: Non vedrò tutto ciò che sarà. Si, mi mostrano alcuni punti. Dicono che se mi dicono troppo, diventerà difficile per me. Potrebbe danneggiarmi nel raccogliere informazioni. C'è un enorme senso d'amore che sento verso di loro e che loro sentono per me.

D: Quindi ti fidi della loro decisione.

F: Si. C'è un accordo. C'è un contratto, se vogliamo chiamarlo così, secondo il quale ci sarà sempre supporto e direzione. Ma che ci saranno molte difficoltà e problemi prima di poter tornare.

D: Cosa ne pensi di questo?

F: (Emotiva) Ho emozioni contrastanti. (Iniziò a piangere) già mi manca la mia casa. Sento un senso molto, molto forte di servizio. So che dove sto andando c'è un grandissimo bisogno. La mia presenza avrà moltissimo valore.

D: Sono d'accordo che è per raccogliere informazioni?

F: Per loro ci sono altri obbiettivi che quello. Armonia; equilibrio; connessione; portare – direi, la mia consapevolezza, la mia essenza – al luogo dove sto andando.

D: Condensiamo il tempo e vediamo dove vai a finire.

F: La Terra è la destinazione. C'è un'altra fermata. E' quasi come una collezione; ci sono altri incontri. Stanno arrivando altre persone. Quell'uomo mi sta salutando. Mi fa un dono prima di andarsene. (Divenne emotiva) E' una luce. Una piccola luce rotonda e mi dice: "Questa luce ti mostrerà sempre la via del ritorno."

D: Così non ti perderai mai. Avrai sempre la possibilità di tornare a casa. Che bello. – Sei arrivata sulla Terra?

F: No, non ancora. C'è un periodo d'attesa là. C'è un raduno. Ci sono altre persone – andiamo tutti la insieme. – Adesso riesco a vedere la Terra. Ci sono livelli dimensionali di cui sto diventando consapevole. Il livello a cui sento di appartenere – il numero che mi viene in mente – è sette. C'è una pianificazione a proposito di come raggiungere ciò che siamo venuti a fare. Come faremo questo? Siamo stati tutti scelti in base al nostro luogo d'origine, perché siamo molto dotati in quel senso. Collettivamente siamo un'energia molto equilibrata.

D: Quindi tutto viene pianificato. Dove devi andare? Cosa vedi?

F: Devo nascere. Il luogo in cui vado è molto, molto diverso da ciò a cui sono abituata. E' molto difficile da spiegare. C'è un'energia molto diversa. E' più pesante. Mi sembra più pesante. C'è un processo di nascita nel luogo da cui provengo, ma non è come questo. (Divenne emotiva.) Non è come questo. Nasco da una coppia. Hanno aspettato, molto, molto, molto a lungo per avere un bambino.

D: Sei entrata nel corpo dopo la nascita o prima della nascita?

F: Vedo, prima che tu me lo chiedessi ciò che era successo quando sono nata, mi vedo nel loro spazio – non nel corpo – Li sto osservando. Imparo chi siano, e perché sono stati scelti per la mia nascita. Il processo di nascita sarebbe stato troppo scioccante per me senza questa preparazione.

Allora adesso era qui sulla Terra pronta a fare il suo lavoro. La descrizione dei suoi genitori non sembrava quella della sua vita attuale come Francis. Non vidi alcun beneficio nel farle attraversare quella vita. Così invocai il subconscio per farci dare qualche spiegazione. "Perché avete scelto questa vita? Era piuttosto insolita."

F: Aveva bisogno di ricordare da dove proveniva e chi fosse. Quella è la sua casa. E' pronta a ricordare. E' ora. Ha atteso molto a lungo è pronta per giungere alla fine. E' pronta a tornare. Questa è la sua ultima vita qui.

D: La nascita che abbiamo visto non era quella di Francis, giusto?

F: No, no. Quella era la prima vita in cui era entrata qui sulla Terra. Da allora ne ha sperimentate a centinaia.

D: Ma pensi che adesso sia ora di chiudere i giochi?

F: Si. C'è una culminazione, e lei capisce. Raccogliere tutto ciò che ha sperimentato, per poter comprendere questa vita. Perché è venuta qui e cosa fosse venuta a fare.

Francis ebbe una vita difficile, ma il subconscio disse che era più facile rispetto ad altre che aveva avuto. Aveva avuto molti problemi con le relazioni.

D: Al momento si trova in una relazione d'odio/amore.

F: E' interessante che la pensi così, perché questo è il paradosso principale a proposito dell'esperienza nelle relazioni. Ha realizzato solo recentemente che l'odio e l'amore sono la stessa vibrazione.

D: Davvero?

F: Si. Certamente non nella stessa energia, ma la vibrazione che si percepisce – l'intensità – è praticamente la stessa. Ecco perché è così facile amare qualcuno così profondamente. E' il dolore e la sofferenza che trasferiscono quell'energia nell'odio e risentimento e le altre energie che sono radicate nella paura.

D: Sono entrambe emozioni molto forti.

F: Il cuore è il centro delle emozioni. Proprio come il cervello è il centro di pensiero del corpo, il cuore è il centro emotivo del corpo – per la vita della persona. Tutte le emozioni passano attraverso il cuore, proprio come i pensieri passano attraverso il cervello.

Il resto della seduta rimase focalizzata sulle domande personali di Francis. Sembrava che avessi trovato un altro tipo d'energia insolita che era stata mandata sulla Terra. Questa non era nuova sulla Terra, aveva sperimentato molte vite e attraversato molte difficoltà. Apparentemente non proveniva direttamente dalla Sorgente come la maggior parte degli altri. Proveniva da un luogo di pace e bellezza, dove vivevano vite estremamente lunghe. Era uno spirito della natura? Una delle fate? E' difficile dirlo, perché era una normale forma di vita sul pianeta da cui proveniva. Tuttavia le chiesero di venire (con molti altri) per aiutare la Terra. La sua energia era necessari, così accetto e fece il viaggio. Apparentemente non sarebbe rimasta, per poi andare alla Nuova Terra, perché le sue responsabilità erano finite. Questa era la sua ultima vita sulla Terra. Aveva raggiunto ciò che era venuta a fare, ed era arrivata l'ora di lasciarla tornare a casa. Disse che all'inizio era triste, perché le dissero che se avesse accettato di venire, ci sarebbe voluto un periodo lunghissimo, prima di poter tornare.

Così sembra che io stia scoprendo un caleidoscopio d'anime ed energie che sono venute per sperimentare la vita su questo difficile pianeta. Agli albori del mio lavoro, sembrava tutto così semplice. Adesso sto scoprendo che non c'è limite alla varietà di spiriti che possono abitare il corpo umano. Provengono da luoghi strani ed insoliti tuttavia sembrano avere tutti lo stesso obbiettivo. Aiutare la gente della Terra ad evitare l'autodistruzione del pianeta. Vengono con amore e speranza. Dobbiamo tornare tutti al semplice obbiettivo che avevamo quando siamo arrivati qui la prima volta. Prima che i nostri ricordi venissero cancellati.

CAPITOLO TRENTASETTE

PAROLE DELL'ENERGIA DELLA GUARIGIONE

E' strano come riusciamo a perderci nella nostra realtà e nel nostro piccolo mondo da non riuscire a concepire la possibilità dell'esistenza di altri mondi ed altre realtà che vanno oltre l'immaginazione. Sono così lontani dai nostri sistemi di credenza che dobbiamo sviluppare un modo di pensare completamente diverso solo per essere in grado di comprenderli. E tuttavia, non importa quanto sia inconcepibili, mi è stato detto che non potremo mai avere tutte le risposte. Alcune informazioni sono veleno piuttosto che una panacea. Le nostre menti finirebbero totalmente sopraffatte e sarebbero incapaci di funzionare, perché non c'è nulla nella nostra mente per comprendere questi concetti. Quindi, non importa quanto strane o incredibili possano essere queste sedute, devo sempre ricordare, che sono solo la superficie di ciò che la persona sta cercando di condividere, perché le parole per descrivere l'evento non esistono nel nostro vocabolario e nella nostra realtà. Quindi cercate di comprendere che il soggetto sta facendo del suo meglio per condividere qualcosa che è completamente estraneo alla loro mente. Questa è la ragione che mi porta a chiedere che facciano delle analogie. E poi mi dicono che perfino quelle sono completamente inutili per descrivere il vero significato di quei ricordi o esperienze. Quindi mentre leggete questo libro, vi invise a sospendere la realtà. Non aspettatevi che tutto abbia senso o che si possa spiegarlo razionalmente. Entrate nel mondo in cui i nostri sogni sono reali e la nostra realtà non è altro che un sogno. Quella è probabilmente l'unica maniera in cui possiamo anche solo iniziare a comprendere ciò che ci stanno cercando di dire. Quindi un po', sospendete la vostra realtà e razionalità mentre viaggiamo nel mondo dell'ignoto e dell'inesplicabile.

Quando Patricia entrò sulla scena, tutto era magnifico. Vide un panorama bianco iridescente che brillava come il mercurio. C'erano colori che entravano ed uscivano: tinte di rosa, blu e verde. Anche il cielo era blu scintillante e bianco, la superficie e il cielo si scioglievano tra di loro. Quando le chiesi di osservare il suo corpo, rimase sorpresa di sembrare come una palla di neve. "Una grande scintillante bianca palla di neve. Fluttua. Si muove. Non è solida. La dimensione e forma cambiano. Praticamente aveva una forma sferica, ma non era una sfera. Si muove come il mare, o come l'acqua. Luce, ma argento scintillante. Seta sottile. E' stupendo." Poi divenne emotiva: "Mi viene da piangere . E' casa mia! (Con un profondo sospiro) E' un bene essere qui." Ultimamente sento la gente dirlo così spesso, è la norma più che l'eccezione.

D: Se lontana da molto tempo?
P: (Ancora emotiva) Da tantissimo tempo.
D: Perché te ne sei andata se era così bello?
P: Dovevo andare altrove.

Stavo ancora cercando di determinare dove e cosa fosse. Non c'erano costruzioni, ne strutture, perché erano inutili. Non aveva bisogno di mangiare nulla. "Qualsiasi cosa di cui tu abbia bisogno, è come se tu la assorba senza sforzo. Fa parte dell'atmosfera, direi. Non c'è nessun bisogno o necessità o sforzo. Lì sono felice." Adesso era consapevole che c'erano altri li come lei. " E' una forma, ma si muove dentro e fuori. Brillante e bella. E' quasi come se cambiasse forma... respirando. Con la respirazione. Un movimento pulsante. E' molto facile. Non ci alcuno sforzo."

D: Questo luogo o il corpo sono fisici?
P: Vuoi dire come una forma umana? No. Si, c'è una sostanza, ma non sono solidi. Penso ai solidi come fossero più densi. C'è molto

movimento, come molecole che fluttuano libera-mente. Fluttuano facilmente verso ciò che vorrebbero essere.

D: Ma è diverso da uno spirito? Questo è ciò che sto cercando di distinguere.

P: Si, direi di si. E' una forma rotonda basilare, ma ondulata. Si muove. E possiamo immergerci per comunicare. Solo per l'esperienza. Entrare e poi uscire. Comunichiamo così. E' solo un diverso modo di comunicare, penso che sia dell'argilla. Hai libero arbitrio di fare ciò che vuoi, in qualsiasi modo tu voglia farlo. E tutti si dedicano solo all'esperienza.

D: C'è qualcosa che dovresti fare?

P: Lo percepisco piuttosto come un luogo di riposo. Dove vieni a riposarti, prima d'uscire ancora una volta. Non c'è bisogno di fare nulla. Basta essere.

D: Sei mai stata in un'esistenza fisica prima di venire qui?

P: Prima di venire qui, ero altrove per aiutare. Assumo qualsiasi forma abbia bisogno d'essere, ovunque voglia. Ma questa mi fa sentire molto bene. E' così libera.

D: Quando sei in una forma fisica è diverso, vero?

P: Si, è molto restrittivo. E' molto limitante. Bisogna sforzarsi per restare in una forma fisica. Dove mi trovo ora, se libero d'essere ciò che preferisci. Questo è ciò che so. Conosco questa esperienza e poi per prendere una forma, diciamo la forma di un corpo. Questo è molto restrittivo. Non c'è molta libertà di movimento. Semplicemente non c'è molta libertà. Qui sono a casa.

D: Quindi quando sei li, non devi fare nulla.

P: Facciamo delle cose, solo che non ci sono obblighi. Tutti lavorano insieme come un unico corpo. Ma in realtà più energia che corpo. E' un luogo molto piacevole.

D: Cosa fai quando ti trovi lì?

P: Esploro. Creo.

D: Dove esplori?

P: Dove siamo. Possiamo uscire, fare dei brevi viaggi, ma ritorniamo. Qui siamo a "casa". Non la Terra. Solo esplorazione.

D: Dove andate in questi brevi viaggi?

P: Altri corpi di luce. Ovunque. Dove c'è luce. Esplorare l'universo, ovunque. Non ci sono restrizioni.

D: Hai detto che create?

P: Si. Possiamo rendere la nostra casa qualsiasi cosa che vogliamo. E lo facciamo in base alle nostre esperienze, quando ce ne andiamo per fare in nostro lavoro, per aiutare. E lo possiamo fare anche solo per divertirci. C'è musica.

D: Vuoi dire che create un ambiente?

P: Si. Possiamo metterci qualsiasi coloro, con qualsiasi materiale. Ma principalmente ci piace essere. C'è musica e molti colori. E' soffice, dai colori pastello scintillanti. Nulla è pacchiano.

D: Da dove proviene la musica?

P: Il movimento del nostro corpo. Il movimento del nostro corpo. Sembra quasi come a una delle vostre fisarmoniche che si aprono e si chiudono. E' quasi come un soffietto o qualcosa del genere. Crea un suono. Sento anche delle campane.

D: Sembra proprio un bel posto. Posso capire perché ti piaccia così tanto essere li. – Hai detto: a volte devi tornare da qualche parte?

P: Ci rende felici, ma è anche il nostro lavoro. Non scegliamo di restare li per sempre, perché ci sono cose che possiamo fare per aiutare.

D: C'è qualcuno che vi dice cosa dovete fare e dove dovete andare?

P: Non proprio. Quando ci uniamo e più o meno ci mescoliamo, diventa una decisione di gruppi. Le energie si uniscono ed si esce con una direzione. Dove andare. Cosa fare.

D: Quindi lavorate tutti insieme?

P: Non necessariamente, no. Ma il Tutto aiuta l'uno a decidere cosa sarebbe meglio per tutti.

D: Poi alla fine, devi andare da qualche parte e aiutare?

P: Non c'è nulla che devi fare. Non devi andare. Ma sentiamo una responsabilità, perché andiamo in diversi luoghi ed eleviamo l'energia in luoghi che ne hanno bisogno.

D: Luoghi dove l'energia è troppo bassa, o...

P: E densa, si. La Terra è uno di quei luoghi.

D: Ci sei mai stata prima?

P: Molte volte. L'energia è molto densa. Ma andiamo e creiamo tasche d'energia. E solo restando lì, questo eleva la frequenza.

D: Devi essere in corpo fisico quando ti trovi là?

P: No, possiamo farlo in entrambi i modi. Se serve allo scopo, possiamo diventare una forma; una forma umana o animale. Possiamo anche esistere come l'aria.

D: Quindi se sentite il bisogno di andare ed elevare l'energia di una certa area?

P: Si, ci andiamo.

D: Hai detto, sacche d'energia? (Si.) Come lo fate?

P: Proprio quello stessa forma a soffietto di cui ti stavo parlando. Entrare ed uscire in questo tipo di forma energetica. E' come una pulsazione ritmica, che eleva la vibrazione.

D: Diventi parte di quell'energia quando ci lavori su?

P: Io sono l'energia.

D: E quando entri in quest'energia più densa?

P: Io rimango l'energia. Posso restare a casa così come sono, se voglio. Se questo serve a migliorare lo scopo. O possono entrare nella forma di un corpo, un animale, un albero. Qualsiasi cosa possa servire allo scopo di elevare l'energia, nel tentativo di dissipare la densità.

D: E' più facile farlo in un forma?

P: E' più difficile. C'è la restrizione della forma. Perché l'energia aumenta ed è prodotta da questa pulsazione di apertura e chiusura, senza restrizioni o limitazioni di forma. Allora lo fai ad una scala molto inferiore.

D: Allora perché quale motivo dovresti entrare in una forma?

P: Questa è una bella domanda, perché è più difficile. Ma forse è più facile andare in una specifica zona se sei in forma. La gente non ci riconosce di pe se', quando siamo in forma. Ma alcuni riconoscono l'energia. Quindi è più facile avere una forma quando devi entrare in uno spazio denso, con gente densa. E' più facile per loro ricevere l'energia, ma è così appiccicosa, densa e spessa. Ma non essere in un corpo, essere solo la forma, questa energia, entra, la fa girare e crea movimento. Questo è molto, molto importante. Ma è molto più facile per la gente accettare l'energia quando prendiamo una forma.

D: Ed è anche molto più facile comunicare con il fisico.

P: E' più facile per loro. E' più difficile per me.

D: Devi entrare la forma come un corpo?

P: No. Posso entrare in qualsiasi forma ed utilizzarla.

D: Questo è permesso?

P: Si chiedi il permesso.

D: Questo è ciò che stavo pensando. Potrebbe esserci già uno spirito all'interno....

P: Questo non è uno spirito. Questo è energia.

D: E' diverso da uno spirito?

P: E' diverso. Ma si chiede il permesso, perché l'energia cambia le cose.

D: Quindi non è un'invasione.

P: Oh, assolutamente no! No.

D: Il permesso bisogna chiedere allo spirito occupante?

P: Si, essenzialmente si tratta di rende consapevole lo spirito del nostro arrivo. Non siamo dannosi. Non creiamo danni. E' come se lo spirito e l'energia avessero un accordo. Sono consapevoli gli uni degli altri. E va tutto bene. E' come quando hai il permesso di entrare in casa d'altri. Potrebbero dire: "Vieni dentro e prendi un goccio d'acqua se vuoi. Va bene, non ci sono problemi." E' proprio un accordo. Ma mostri cortesia bussando alla porta e dicendo: "Ei, sono qui."

D: Quindi non restate nel corpo.

P: No, no. E' una cosa temporanea. E' un mezzo per portare l'energia, per aiutare la persona o la situazione. Qualsiasi essa sia.

D: La persona fisica deve chiedere che qualcosa del genere possa succedere.

P: No. Ma immagino che se creano la situazione e l'ambiente, sarebbe utile che noi entrassimo. Ma non deve essere una scelta cosciente.

D: Sentono qualcosa quando fate questo?

P: Penso di si. Sembra una leggerezza dello spirito. E' un'esperienza molto elevante. Ed è come se offrisse a questa persona l'energia di fare o essere qualcosa, e cercare di raggiungere un obbiettivo.

D: Hanno bisogno di un po' più di spinta? (Si) Quindi sono consapevoli che sta succedendo qualcosa, perfino se non sanno cosa. Bene, hai mai avuto la necessità di diventare un corpo fisico?

P: No, no, mai. Noi andiamo e veniamo. Non diventiamo una parte permanente del corpo. Siamo qui per assistere se necessario.

D: Hai mai avuto un'esistenza come quella di uno spirito? Sto solo cercando di distinguere la differenza.

P: Beh, sono un corpo di spirito, uno spirito di luce. Volevi sapere se sono mai andata da qualche parte e ho vissuto come uno spirito in un corpo?

D: Si, in un corpo fisico. (Lunga pausa, come se stesse pensando.) O questa è la forma che hai sempre avuto, come un'energia?

P: Si, penso che sia vero, perché le altre opzioni non mi sono familiari.

A cosa stavo parlando? Se non era lo spirito che occupava il corpo di Patricia, allora cos'era?

D: Quindi tutte la tua esperienza ti ha aiutato. (Si) Entri in corpi che ne hanno bisogno e li elevi.

P: Si. Possono essere anche nel regno animale e vegetale. O potrebbe essere un'intera area o un'intera spazio. Un'intera sezione che includerebbe persone, animali e piante.

D: Oh, quindi potresti espandere?

P: Assolutamente, si. Non abbiamo alcuna restrizione.

D: Quindi non volete rimanere ristretti, restando sempre in un corpo. (No) Solo dentro e fuori. Questo è interessante, perché non ero consapevole dell'esistenza della vostra specie. Presumo che io pensi sempre allo spirito.

P: Già, esistiamo, ma non è un nostro compito assistere lo spirito. Lo spirito s'arrangia. Noi facciamo il nostro lavoro (Rise) Siamo consapevoli dello spirito. Molto consapevoli.

D: Ma lo spirito, più o meno, rimane intrappolato e deve restare con il corpo? Se questo è il termine giusto.

P: Si, come una missione.

D: Loro hanno il compito di restare in quel corpo per tutta la durata della sua vita?

P: Si, credo che questo sia l'accordo.

D: E voi potete andare e venire.

P: Si. E' possibile che lo spirito sappia come chiamarci, se pensa che la persona, il corpo fisico ne abbia bisogno.

D: La gente può essere molto complicata.

P: Si, ci riescono bene.

D: Quindi lo spirito ne sa di più di ciò che lo spirito necessita. (Si) E presumo che voi non abbiate bisogno di rimanere coinvolti in tutto questo.

P: Non ho bisogno di restare. (Ridendo) Sono un felice aggiusta tutto.

Disse che lavorava non solo con l'individuo che aveva bisogno di una piccola spinta d'energia, ma anche con zone più vaste. Presumo che molte di queste zone, specialmente sulla Terra, potrebbero avere un'energia negativa molto pesante.

P: Andiamo in molte zone del genere. E' molto difficile, ma lo facciamo. In parte sono estremamente dense e l'energia è caotica.

D: Non vi da fastidio. Non rimanete impantanati in tutto quello.

P: No, non mi influenza. So benissimo perché mi trovo là. E' una sfida in quelle zone a causa dell'energia caotica e della densità. La bassa vibrazione. Questo si che lo rende una sfida. Ma senza dubbio lo si può fare.

D: Non potete rimanere impigliati e perdervi in quel tipo d'energia?

P: Non io, credo di no. Non penso che sia possibile, perché abbiamo bisogno d'essere disponibili per altre... responsabilità, per così dire. Non possiamo rimanere coinvolti in tutto questo. No, non fa parte di come operiamo. Là, molti di noi vengono chiamati.

D: Sei consapevole che stai parlando con me attraverso un corpo fisico in questo momento? (Pause) O già lo sapevi?

P: Credo d'esserlo, adesso.

D: Prima non lo eri.

P: Non ci avevo pensato.

D: Perché stiamo comunicando in questo modo.

P: Capisco. Okay. Va bene. Pensavo che stessimo solo parlando. (Ridacchiò)

D: Ma adesso puoi essere consapevole che stai parlando a qualcuno che si trova in un corpo fisico e tu stai comunicando attraverso loro. (Si) Non è un problema, vero? (Si) Bene, sono molto curiosa. Mi piace fare domande.

P: Anche noi siamo curiosi.

D: Perché avete scelto di parlare attraverso questa persona adesso? Lo sapete?

P: (Lunga pausa) Questa persona, ad un certo livello, ne è consapevole. Questa persona utilizza quest'energia.

D: Per cosa utilizza quest'energia?

P: Con il suo lavoro di cure energetiche. Si, viene usata per il lavoro.

D: Deve avere il giusto tipo di motivazione?

P: Oh, si, si. Deve avere le intenzioni più elevate, perché potremmo essere utilizzati in altri modi.

D: Quindi se qualcuno volesse utilizzare quest'energia in modo negativo?

P: Non saremmo disponibili. Non veniamo usati così.

D: Ma la gente può utilizzare energie negative?

P: Oh, certo, possono utilizzare le energie negative. Ma noi non siamo energia negativa. Non verremo utilizzati.

D: Ne utilizzerebbero qualche altro tipo? (Si) Quindi è fattibile.

P: Oh, si, lo fanno, ma non è una cosa desiderabile. L'Energia negativa è molto potente. Loro non sono della luce. Noi, direi che siamo dirompenti. Noi interrompiamo i cicli negativi quando entriamo. Noi possiamo entrare per quell'energia negativa o caotica, come dite voi e raddrizzarla, muoverla e cambiarla.

D: In ogni caso, la ragione per cui state parlando attraverso questo corpo, è per permetterle di capire che questa è l'energia che utilizza durante le sue sedute curative?

P: Si, per lei sarebbe bene esserne a conoscenza. E che lei può contare su di noi, perché siamo molto disponibili.

D: Quindi se qualcuno vuole fare utilizzare l'energia per curare qualcun altro e hanno un intento elevato...

P: (M'interruppe) Noi saremmo disponibili. Si noi ci siamo. L'intenzione è tutto.

D: Questa gente sa che c'è l'energia, ma sembra che tu abbia una personalità.

P: Possono anche essere consapevoli dell'energia, ma non sanno come dirigerla. O utilizzarla a loro vantaggio. Ma noi siamo qui.

D: Avete qualche suggerimento su come qualcuno la possa usare?

P: La persona dovrebbe cercare d'essere aperta a tutto questo e deve avere un intento elevato. Devono chiedere l'energia dalla sorgente più elevata. Ti sono energie di tutti i tipi. Tutto è disponibile.

D: Voi siete della sorgente più alta?

P: Si. Non penso che ci sia un nome per noi.

D: Ma a loro basta richiedere l'energia della sorgente più elevata.

P: Si, e noi risponderemo alla chiamata. Allora loro la possono dirigere ovunque sia necessaria. Siamo disponibilità. Molta gente si sta svegliando a questo fatto. Si, ad accedere a tutto questo.

D: Siete anche del tipo che si può invocare per creare cose positive?

P: Ciò che facciamo è creare una frequenza. Creiamo possibilità. Non credo che creiamo forme o sagome. Piuttosto noi... facilitiamo. E' questa la parola giusta? Facilitiamo l'uso dell'energia.

D: Ho sempre detto alla gente che si può creare la propria realtà. Possono creare ciò che vogliono nella loro vita, perché la mente è così potente. (Si) E la vostra energia è disponibile se vogliono usarla nel modo giusto.

P: Questo è perfettamente giusto. Le loro intenzioni devono essere buone al 100%, onorevoli.

D: Se non lo fossero, non lavorereste con loro?

P: Assolutamente no. Non verremo utilizzati per nulla se non il bene. Questo non vuol dire che non andremmo in un luogo che non è buono. Perché il nostro obbiettivo sarebbe di trasmutare, per così dire, il caotico, il negativo, in frequenza positiva, elevata e nitida.

D: Oh, questo è meraviglioso. A me piace aiutare la gente ad aiutare se stessi, ma penso sempre che sto lavorando con qualcos'altro.

P: Stai lavorando con noi.

D: Questo perché più o meno venite attratti quando la gente è in questo stato?

P: (Interruzione) In parte per questo. E l'intenzione dell'indivi-duo di utilizzare quest'energia.

A quel punto iniziai a fare alcune delle domande che Patricia voleva conoscere a riguardo della sua vita, specialmente il suo scopo. Un fenomeno insolito ebbe luogo e mi dimostrò che questa parte (o energia) era totalmente separata dal corpo fisico attraverso il quale stava parlando. Mentre iniziò a parlare del suo scopo, fece una pausa e poi disse: "Ci sono delle lacrime nell'uma-no." Patricia era diventata emotiva e stava piangendo. E l'energia stava osservando oggettivamente. Cercai di spiegare che si sentiva emotiva e questo era un bene. Mentre Patricia continuava a piangere gentilmente, disse: "E' troppo. Emozione! Le emozioni!" Le emozioni stavano disturbando l'energia. Era ovvio che non era abituato a sperimentare qualcosa del genere. Cercai di rimuoverlo dalle emozioni dicendogli che poteva permettere al corpo di sperimentare tutto questo, mentre lui parlava a me. Sarebbe in grado di rimuoversi e comunicare mentre il corpo continuava ad operare. Gli ricordai che poteva entrare ed uscire, e che non doveva restare dopo la fine della seduta. Ci furono diversi respiri profondi e poi in un batter d'occhi era tornato. Le emozioni erano spente, se ne era allontanato. E' stato incredibile vedere come stesse sperimentando qualcosa di totalmente sconosciuto e fosse riuscito a riprendere il controllo della situazione. Poi spiegò a Patricia quale sarebbe stato il scopo.

P: Il corpo inizierà ad utilizzare quest'energia in sua presenza, in qualsiasi situazione. L'energia avrà una sensazione "liscia" ed avrà un effetto su tutte le persone ed in tutti i luoghi dove andrà questo corpo. Questo corpo per qualche ragione sta facendo fatica a trattenere quest'energia, perché è un'energia molto forte. La utilizzerà intenzionalmente per guarire luoghi e persone. Ci vorranno un po' d'adattamenti. Penso che trattenere ed aver paura di quest'energia abbia causato dello sforzo al corpo fisico

Le ho suggerito che sarebbe meglio se non la utilizzasse per un po'.

P: Questa è un'idea saggia. Diciamo che si abitueranno, ma noi ci abitueremo a loro, per modo di dire. (Ridendo) Quindi solo stando vicina a qualcuno malato, la sua presenza aumenterà la frequenza. Assisterà la persona nell'aumentarla, solo trovandosi lì. Proprio come un po' di limone nell'acqua, cambia l'acqua, perché quello è tutto ciò che basta. Assolutamente. Per ora sarebbe meglio per il suo corpo fisico essere portata in equilibrio e guarire, perché meglio sta più energia sarà in grado di gestire. E riuscirà a gestirla. Non è che potrebbe succedere. Succederà. Solo che il suo corpo ha bisogno di recuperare. Questo corpo non capì o non sapeva, come utilizzare quest'energia curativa per la propria guarigione. Solo per tutti gli altri. Ma questo corpo deve imparare a farlo, perché questo è ciò che questo corpo a chiesto di fare. E' un'energia molto grande

A quel punto chiesi all'energia di guarire il corpo di Patricia dai disagi fisici di cui si lamentava prima della seduta. "Vedi, questa è la parte che voglio che tu comprenda. Quest'energia non necessariamente fa tutto questo. Provvede all'energia. Facilita la giusta frequenza per la guarigione. Si può fare qualsiasi cosa. Si può riparare qualsiasi cosa. Il nostro lavoro è di provvedere all'energia per... perché qualcos'altro la possa usare." Sembrava confusa. Disse che pensava che qualcos'altro doveva essere invocato per poterla usare. Sapevo di cosa stesse parlando: il subconscio, con il quale lavoravo regolarmente per fare le guarigioni. Era entusiasticamente d'accordo: "Si! Ecco cos'è! Si, si! Noi provvediamo alla materia grigia per quest'energia guaritiva. Si, si. Il subconscio lo può fare." Era d'accordo che sarebbe stata una buona idea invocare il subconscio per completare la guarigione, ma enfatizzava che era sempre li ed era disponibile all'uso in ogni momento, da chiunque (se avessero la giusta intenzione). Diedi istruzioni e Patricia fece un profondo sospiro quando quella forte energia usci. Poi invocai il subconscio ed osservai mentre uno sostituiva l'altro. Il cambiamento fu veramente notevole. Poi chiesi al subconscio di spiegare cos'era successo quando quell'energia parlo attraverso di lei.

P: E' in lei. E' sua. Deve esserne consapevole.

Quest'entità era più sicura di se e parlava con maggiore autorità, anche se l'altra energia aveva un grande potere. "Doveva essere consapevole di quell'immensità. Di quanto sia disponibile."

D: Penso che fosse interessante come quell'energia non comprendesse le emozioni.
P: No, non le comprendeva. (Ridacchiando).
D: E' stato un bene che fosse riuscita a sperimentarle.
P: Penso di si.

A quel punto, con l'assistenza dell'altra energia, il subconscio (l'energia che guarisce) procedette a riparare il ginocchio di Patricia. I dottori volevano operare e sostituire il ginocchio, ma il subconscio insisti (come fa sempre) che non ci dovrebbe essere alcuna invasione del corpo. "Stiamo spostando le ossa. La loro vicinanza è stata adattata. Le ossa sono molto usurate. Le cartilagini devono essere ricreate. E dobbiamo riformare e ristrutturare le giunture. Penso che ci vorranno un paio di giorni. Sarà tutto completo... diciamo, in un mese circa, ma la maggior parte della guarigione avrà luogo nei prossimi due giorni. Ci sarà una differenza notevole. La cartilagine verrà ricostruita. Ci sarà un cuscino e lei sarà in grado di camminare senza disagio. Sana ancora una volta." Inoltre disse che quando tornò dal dottore, la differenza dovrebbe essere visibile ai raggi-X. A quel punto proseguì lavorando sulla schiena di Patricia, perché il problema con le ginocchia aveva disallineato la sua schiena. Ho visto il suo corpo saltare e sentii le sue ossa scrocchiare mentre l'energia tornava a fluire. Era ovvio che stesse succedendo qualcosa, perché il corpo continuava a muoversi e dimenarsi durante tutta la procedura. "Adesso c'è bisogno di lavoro perché resti in posizione. In alcuni punti potrebbe essere un po'doloroso, ma non c'è da preoccuparsi."

D: Abbiamo finito con quell'energia? (Si) Apprezzo il fatto che mi abbiate permesso d'incontrarla. E' una bella personalità.

P: Era anche per la tua edificazione.

Pensai che "edificazione" fosse una parola interessante da usare in questo contesto. La userei in caso di costruire qualcosa, una struttura o altro. Ma quando l'ho cercata nel vocabolario, c'era scritto che significava: istruzione o miglioramento morale o spirituale. Voleva che fossi a conoscenza del potere dell'energia che avevo inconsapevolmente utilizzato nel mio lavoro.

Prima di risvegliare Patricia, il subconscio aveva un messaggio finale da darle: "Continua a credere, e sappi che la guarigione sta avendo luogo. Che sia livello spirituale, mentale, corporeo o altro. E' possibile e succede, ma tu devi credere ed aver fiducia. Il corpo è stato creato per essere in grado di guarirsi. Sa come prendersi cura di se stesso.

Più faccio questo lavoro, più diventa strano. Sono solita lavorare con gli spiriti individuali di umani che si reincarnano e occupano diversi corpi allo scopo di imparare lezioni, fare esperienza e ripagare il karma. Sono completamente a mio agio nel comunicare con questo meraviglioso e potente subconscio, che ha le risposte ad ogni domanda. Sono abituata all'idea che questo corpo in cui mi trovo in questo momento, che sta dattilografando questo libero, non è tutto ciò che sono. Che sono una piccolissima parte di un'anima più grande che ha scelto di separarsi o frazionarsi al fine di fare più esperienza possibili. Tutte le altre parti di me, non saranno mai consapevoli le une delle altre, perché sarebbe troppo e rinnegherebbe lo scopo del gioco. Solo saper della loro esistenza di da il capogiro. Ho solo parzialmente digerito l'idea che queste porzioni o schegge possono scambiarsi il posto quando è necessario, quasi come dei walk-ins (ma diversi), perché fanno parte della stessa anima. Sono stata esposta a così tanti punti di vista diversi, che pensavo non sarebbe rimasto nulla da imparare.

Adesso ricevo informazioni riguardo a diverse forme oltre a quelle degli spiriti che occupano i nostri corpi. Tuttavia, in realtà sono degli spiriti, solo in una forma diversa. Ho parlato con coloro che hanno la responsabilità' d'essere gli angeli custodi (o guide), e gli esseri crea-tori. Quelli che sto incontrando sempre di più sono quelli che non hanno mai vissuto sulla Terra prima. Provengono direttamente dalla Sorgente per aiutare la Terra in questo momento. Una forma più comune sono quelli che hanno sperimentato solo corpi alieni e stanno venendo sulla Terra per la prima volta. Poi ho incontrato le energie "autostoppiste" (o spiriti) che provengono da un livello estremamente alto di sviluppo. Vengono sulla Terra solo quando riceve in premio una vacanza e gli è permesso fare l'autostop o usare un veicolo umano per osservare ed assorbire le emozioni e reazioni per un breve periodo di tempo.

Ora in questo capitolo, sono stata esposta ad un'altra tipologia. Un energia che non ha alcun desiderio di occupare un corpo umano, ma è li per essere usata dallo spirito occupante per scopi di guarigione o quant'altro. Verranno introdotte altre energie insolite nell'ultimo capitolo di questo libero.

La cosa straordinaria è che hanno una personalità ben definita. Riescono a comunicare con me, tuttavia sono completamente separate dalla persona con cui stavo parlando durante la seduta. E il soggetto è completamente inconsapevole che questo spirito o energia sta occupando il loro stesso spazio. Tutto questo certamente sfida il nostro concetto di realtà e anche solo ciò che sono le nostre stesse vite. Più esploro questo lavoro, più sono convita che ciò che percepiamo come vita ed esistenza umana sia solo una facciata. Un velo che nasconde un mondo molto più profondo e complesso che esiste in parallelo al nostro e tuttavia ci è completamente invisibile. Mi chiedo quant'altro sia' nascosto dietro la facciata e quant'altro ci sarà permesso di rivelare?

CAPITOLO TRENTOTTO

LA SOLUZIONE FINALE

George era uno dei membri del mio corso d'ipnosi nel 2005. Il corso era finito e questa seduta ebbe luogo nella sua stanza prima che prendesse il volo per tornare a casa. George è uno psicologo molto astuto e durante il corso era consapevole della presenza di entità e varie energie nella stanza. Disse che gli succede regolarmente e che doveva fare attenzione a ciò che dice e a chi lo dice. Ha messo in moto le sue abilità di terapista, questo gli permette di avere una marcia in più con i clienti.

George scese dalla nuvola vedendo solo il colore blu e sapendo di non essere in un luogo fisico. "Non è un luogo, è un essenza e c'è pace. E' dove ha avuto inizio. Fa parte del tutto e noi ne facciamo parte. Noi siamo solo una sfaccettatura. E' la conoscenza. E' il tutto. In qualsiasi periodo di tempo, tutto proviene da questo. E' semplicemente è. C'è solo la sensazione di calma. Non c'è su o giù. Non ci sono percezioni di tempo o distanza. E' solo quello che è. Alcuni se lo ricordano."

D: Hai detto che provieni da qui?
G: Questa volta, si.
D: Ma hai anche detto che è da dove tutti provengono?
G: Si, tutti devono passare per di qui.
D: Hai iniziato da qui?

G: Non è un luogo dove s'inizia. E' qualcosa che bisogna attraversare. Bisogna sopportalo per andare avanti. (Stava diventando emotivo.)

D: Quindi hai iniziato altrove prima di venire all'essenza blu? (Si) Perché ti rende emotivo?

G: Non doveva arrivare a questo punto. Al punto che anch'io dovessi tornare. Il mio ritorno non sarebbe dovuta essere una necessità e doverlo fare ancora. Perché non riescono ad imparare?

D: Vuoi dire che eri più felice là?

G: Non è questo il punto. Il fatto che tutti avrebbero potuto evitarlo. Non avrebbero dovuto permettere il mio ritorno ancora una volta. Non riesco a capire cosa ci sia da fare.

Questo sembrava simile al racconto di Ingrid in Universo Convoluted - Libro Due, in cui dovette tornare e se ne stava lamentando. Inoltre non le piaceva ciò che gli umani avevano fatto al mondo ed era emotiva perché era stata rispedita qui.

D: Eri già passato attraverso molte vite umane?

G: Questo pensa di si, ma non è così. Non ce ne sono molte, solo quelle che devono essere fatte.

D: Quindi pensavi di aver finito tutto?

G: Si, sarebbe dovuto essere così.

D: Avevi del karma da ripagare?

G: Non era necessario. Mi permettono di ritornare solo quando ce n'è un grande bisogno. Non avrei dovuto rifarlo.

D: Mi sembri arrabbiato.

G: Perché non sono riusciti a capirla? Gli abbiamo insegnato, gli abbiamo fatto vedere, gli abbiamo parlato delle conseguenze.

D: A chi lo avete detto? Di chi stai parlando?

G: Stavamo parlando di quelli che erano qui su questo piano, a cui era stato insegnato solo se avessero mostrato a quelli che vanno avanti, per tenerli in equilibrio. Per fargli vedere cosa bisogna fare.

D: La gente che era in vita sul pianeta l'ultima volta che tu eri qui?

G: Esatto.

D: E pensavi che avessero capito?

G: Avevano capito. Sembra che sia un errore di calcolo da parte nostra da ciò che trasparirà della razza umana. Non permetteremo alcun altro errore di calcolo.

D: Qual'era l'errore di calcolo?

G: Che ci sarebbe stata tutta questa paura tra di loro.

D: Pensavate che sarebbero stati diversi?

G: Esatto. Questo era il piano.

D: Pensavate di aver raggiunto ciò che volevate fare.

G: Esattamente. Ma noi continuiamo a monitorare ciò che succede qui e altrove. Pensavamo che con l'ultima correzione, sarebbe stata l'ultima volta. Glielo avevamo detto, glielo avevamo dato, gli avevamo fatto vedere cosa sarebbe successo se non l'avessero scongiurato.

D: Sai quanto gli umani si dimenticano?

G: E' vero, ma avevamo preparato delle salvaguardie. C'erano gli altri che erano qui per assicurarsi che non sarebbe successo ancora. Ma non ci hanno ascoltati.

D: Queste salvaguardie erano gli altri spiriti che erano qui?

G: Secondo la tua percezione, si. C'erano energie e conoscenza condivisa al momento giusto con la gente. Dovevano condividere tutto questo. Ma altri si sono coinvolti e non avrebbero dovuto.

D: Cosa sono questi? Intendi dire umani?

G: Non è corretto. No, altre influenze hanno iniziato a manifestarsi – avarizia, paura, potere. In grande scala questo non dovrebbe succedere. Accadrà, questo lo capiamo, ce ne siamo già occupati, ma la magnitudine di tutto questo non era permessa.

D: Non pensavate che si sarebbe diffuso così tanto?

G: Esattamente.

D:Quando sei venuto l'altra volta e hai istruito la gente, vivevi in un corpo fisico?

G: Lo chiameresti fisico, ma no. Era fisico quando lo osservavi, ma nient'altro.

D: Puoi dirmi qualcosa a proposito del periodo di tempo?

G: L'ultima volta fu durante il periodo che chiamate "Atlantide". Si, ero qui alla fine. Abusavano del loro potere, della conoscenza. Non avevano compreso perché lo avevano. L'unica cosa che dovevano fare era continuare sul sentiero che gli avevamo mostrato. Siamo stati rispediti qui per correggere l'errore.

D: *In quel momento, vivevate tra la gente? (No) Quindi non eravate corpi fisici in quel senso?*

G: Si, solo se venivamo osservati.

D: *Stavate osservando ciò che stava succedendo?*

G: Altri stavano osservando. Realizzarono ciò che stava succe-dendo se avessero continuato in quel modo e ci richiamarono qui. Quella era la nostra funzione. Siamo quelli che correggono. Noi tutti cambiamo, noi tutti abbiamo ciò che voi chiamate un "lavoro". Noi siamo quelli che correggono.

D: *Siete come spiriti?*

G: Si, qualcosa di simile.

D: *Questo vuol dire che non avete avuto vite fisiche in corpi fisici?*

G: No. Questo pensa di si, ma non è così.

D: *Quindi eri stato chiamato qui con gli altri per aiutare in quel momento, perché le cose stavano andando male?*

G: Esattamente. L'avarizia ed il potere avevano raggiunto picchi che non potevano più essere permessi. Se gli avessero permesso di andare avanti, le conseguenze avrebbe danneggiato troppe altre entità e pianeti con cui era tutto connesso. E quindi, non gli venne permesso allora – doveva essere corretto e cambiato.

D: *Cosa stavano facendo di così negativo?*

Conoscevo le risposte a queste domande, perché avevo già scritto di Atlantide in (Universo Convoluto - Libro Uno). Ma sto sempre cercando di verificare cosa ho trovato, o aggiungere altre informazioni.

G: Stavano abusando l'energia, abusando la loro conoscenza, invece di aiutare a nutrire ed espandere la conoscenza e crescere. Stavano manipolando ciò che avevano. Cercavano di cambiarlo – e cambierà, perché è una delle sue funzioni – ma questo non gli era permesso. E stavano scendendo in quella direzione che avrebbe raggiunto altre direzioni che non sarebbero stati in grado di ottenere allora. Quel tipo di conoscenza non era ancora pronta per loro e quindi abbiamo dovuto apportare la correzione. Lo stavano usando per distruggere gli altri, to ottenere potere sugli altri. Anche le vostre leggende ne parlano e se ricercate abbastanza in profondità lo scoprirete.

D: Ho sentito che abusavano il potere delle loro menti.

G: In parte. Le loro menti erano molto avanzate, con questo abbiamo aiutato noi, perché potessero comprendere le ener-gie con cui stavano lavorando. Per avanzare, non solo loro stessi, ma il pianeta in generale e questo avrebbe creato un effetto domino agli altri pianeti e le altre comunità ed entità.

D: Stavano usando cosa fisiche per creare energia?

G: I tuoi presupposti sono corretti a questo punto. Ci sono dei cristalli che sono disponibili e possono essere manipolati con la giusta energia per dirigere la frequenza. Hai già incontrato questo argomento nei tuoi libri, mentre lavoravi con altri. Ma ci sono anche alcuni cristalli che non sono ancora stati scoperti che sono ciò che chiamereste un "catalista". Sono il centro, sono il sostengo. Certi individui o energie possono ottenerli e usarli nel potere che pensate sia conosciuto. No, in realtà era proprio l'opposto. Possono succedere cose e manipoliamo da questo punto per andare avanti.

D: Questi sono grandi cristalli?

G: Alcuni possono essere molto grandi, altri non lo sono.

D: Hai detto che non sono ancora stati riscoperti. Questo perché quando i cambiamenti hanno avuto luogo, sono finiti sottoterra?

G: Erano nascosti, si. Loro stavano già utilizzando questi cristalli e stavano cercando gli altri. Non possono trovare gli altri. Non gli è permesso in questo momento, no. Gli avrebbe permesso di raggiungere nuovi livelli di comprensione, che con il loro modo di procedere avrebbe avuto un impatto negativo per gli altri su quel piano d'esistenza. Pensavano di conoscere ogni cosa, e di poterla controllare.

D: Ho sentito che stavano anche cercando di cambiare la natura.

G: Si è vero. Stavano cambiano il DNA degli alberi perché producessero più frutti, comprensibile in quel caso, per nutrire la popolazione. Purtroppo, lo fecero senza comprenderne le conseguenze. Quando cambiarono il DNA di questi protettori, dentro ed attorno a loro le strutture erano insolite. E poi con la loro vasta conoscenza ed il potere della loro mente, era chiaro che potessero anche cambiare il DNA degli umani. Divennero molto bravi anche in questo. Anche alcune delle vostre leggende antiche mostrano questo. Di questo non ave-te trovato ancora alcuna evidenza, ma la scoprirete presto. Le leggende antiche di ciò che chiamate il "Minotauro"; c'erano quelli e anche altri. Non avevano alcuno scopo utile e tuttavia lo fecero lo stesso. La chiamavano la "Nuova Scienza." Ma bisogna comprendere che quella non era scienza, era solo un abuso di ciò che avevano. Sapevo già cosa sarebbe successo, e tuttavia volevano portalo a frutto. Volevano portarlo su que-sto piano, ma in questo caso, non sarebbe dovuto succedere.

Ci sono molte più informazioni a proposito nei capitoli su Atlantide in Universo Convoluto - Libro Uno e Due.

D: Erano curiosi e volevano sapere cosa sarebbero riusciti a fare.
G: Esattamente.
D: Non è forse quello che i nostri scienziati stanno studiando adesso?
G: Esattamente. Ecco perché sono qui e perché gli altri sono qui.
D: La tua gente mi ha già detto tutto questo. Dobbiamo conoscere queste informazioni, perché la storia si sta ripetendo.
G: E' vero. Ha già iniziato a succedere un'altra volta. Si sembra che stiano continuando sulla stessa strada.
D: Stanno ancora cercando di cambiare il DNA delle piante. Dicono che è per produrre più cibo e miglior cibo per la popolazione.
G: Comprendono, ma stanno ancora una volta andando oltre. Hanno sorpassato ciò che hanno già fatto e le loro manipolazioni stanno scendendo a ciò che chiamate, livello cellulare. Inoltre dovete comprendere che questi cambiamenti vanno oltre il livello cellulare. Finiscono perfino nel livello energetico. Hanno iniziato a manipolare anche quello. L'hanno già fatto.
D: Sappiamo che stanno clonando animali e giocando con il loro DNA.
G: Si, lo stanno facendo da circa quindici trent'anni.
D: Mi è stato detto che lo stanno facendo anche con gli umani, ma non è noto a tutti.
G: Esattamente. Se non comprendono e riallineano il loro modo di pensare, ci stiamo lavorando con altri. Ma come saprai, gli altri sono molto persuasivi nel continuare in questo modo.
D: E' tutto nel nome della scienza, giusto?

G: Si, dicono proprio così. Adesso, come dicono loro, è nel nome della "difesa" – militare, il miglioramento degli altri.

D: Perché l'esercito dovrebbe avere qualche beneficio?

G: Lo vedono come un'arma.

D: La manipolazione del DNA?

G: Esattamente. Ciò che chiamate "bio-terrorismo". Inoltre, creare individui che possono sostenere le battaglie della guerra.

Sembrava che facesse fatica a trovare le parole giuste. Le parole gli sembravano strane ed estranee.

D: Le parole verranno più facilmente, so che è difficile usare il nostro vocabolario. Ma volevi dire che i loro corpi venivano manipolati?

G: I corpi sono manipolati per essere in grado sopportare un attacco bio-terroristico e sopravvivere. Ma non comprendo-no che il corpo stesso diventerà un'arma contro loro stessi. Ciò che stanno cercando di repellere, si evolverà e gli tornerà indietro ad un diverso livello e le conseguenze saranno enormi.

D: Stai dicendo che il corpo è in grado di sviluppare qualcosa per contrattaccarlo?

G: Ci stanno lavorando nei loro laboratori per iniettarlo in un corpo umano così che diventi un repellente per attacchi bio-terroristici di diverso tipo. Iniettano sostanze, cambiano la struttura del DNA per renderla adattabile. Ma questa inizierà solo ad auto distruggersi in breve termine e non avranno più una difesa contro ciò che loro stessi hanno creato.

D: Questa è una delle ragioni per cui sei qui, perché faranno del male alla gente?

G: Sono qui per impedirlo. Si siamo qui per fare delle correzioni.

D: Bene, torniamo indietro un po'. Avevi detto che eri in Atlantide quando tutto stavano succedendo. Cos'è successo?

G: Gli era stato detto di smetterla. Se no (Pausa).

D: Se no, cosa?

G: (Pausa) Se non avessero smesso, allora l'avremmo controllato. Siamo entrati e abbiamo utilizzato il nostro intero potere per fare le correzioni. Non sarebbero più esistiti.

D: Questo è ciò che è successo al tempo di Atlantide?

G: Esattamente.

D: Che tipo di correzioni avete apportato?

G: (Con freddezza) Abbiamo eliminato la popolazione. Abbiamo nascosto la civilizzazione sottacqua per rendere impossibile trovarla.

D: Vorrei chiarire queste cose. Posso continuare a farti queste domande?

G: Si, in questo momento va bene.

D: Perché queste sono cose con cui sto lavorando.

G: Questo lo capiamo.

D: Avevo sentito dire che gli scienziati stano abusando il potere dei cristalli e questo è ciò che causò la distruzione.

G: Abbiamo permesso a frazioni della popolazione di sopravvi-vere, perché nascesse la leggenda. Così che gli altri sapessero ciò che era successo. E speravamo che per questo, avrebbero compreso il valore ed anche compreso che non possono abusarne. Che noi osserveremo e prenderemo le giuste precauzioni se necessario, per salvare non solo lui, ma gli altri.

D: Quali altri?

G: Gli altri pianeti. Sarebbe una reazione a catena. Questo già lo sai.

D: Quindi in quel momento, lo avete fatto anche se non era qual-cosa che volevate fare. Distruggere tutto e ripartire da capo.

G: Esattamente. Era una necessità.

Questo è stato registrato in alcuni dei miei altri libri, normalmente non gli è permesso interferire negli affari di altre culture. Possono solo guardare ed osservare. L'unica eccezione (e mi è stato detto molte volte) sarebbe se raggiungessimo il punto in cui potremmo distruggere il pianeta (attraverso l'abuso di dell'energia atomica o altro). Questo non lo avrebbero permesso, perché avrebbe causato un effetto a catena in tutta la galassia e molte altre civilizzazioni ne verrebbero influenzate avversamente. Inoltre dissero che influenzerebbe altre dimensioni, dove esistono altre culture. Sarebbe come la dichiarazione di una guerra non voluta ed ingiustificata che potrebbe avere effetti incalcolabili. Questo non lo potevano permettere. Dissero che in tali circostanze, sarebbero giustificati ad intervenire e prevenire che succedesse qualcosa. Tuttavia, non avevo mai sentito nessuno parlare delle misure drastiche che George stava descrivendo. Questo sembrava demoralizzante, freddo e calcolativo, privo di alcun sentimento per la razza umana. Ma consideravano forse che la razza umana in quel momento si era spostata oltre al bisogno di avere sentimenti. Questo poteva essere perpetrato solo da una tipologia totalmente diversa d'entità.

D: Ho raccolto storie di individui che erano sopravvissuti.

G: Esattamente. Gli permisero di continuare. Alcuni vennero informati cosìcché parte della conoscenza potesse essere utilizzata per ripartire.

Queste storie sono state registrate in Universo Convoluto - Libro Due ed alcuni dei miei altri libri.

D: Ma la maggior parte di Atlantide è sottacqua?

G: Esattamente, e la stanno cercando in questo momento.

D: Mi hanno detto che alcune parti sono sotto tumuli di terra.

G: Si, alcune parti.

D: Però questo non era qualcosa che volevate realmente fare?

G: E' la nostra funzione.

D: Qualcuno o qualcosa vi ha detto di farlo?

G: La collettività comprende ciò che bisogna fare.

D: Anche se sembrerebbe una cosa negativa distruggere un'intera civilizzazione?

G: Esattamente. Lo abbiamo fatto molte volte.

D: Sulla Terra, o in altri luoghi?

G: Dove c'è bisogno di noi.

D: Ho sentito che sulla Terra, molte altre civilizzazioni, oltre ad Atlantide, sono sparite.

G: Esattamente.

D: Ma vi hanno mandato anche su altri mondi?

G: Si. Questa è la nostra funzione. Questo è ciò che siamo.

D: Questo vuol dire che non hai mai vissuto in un corpo fisico finora?

G: Ci sono state situazioni in cui abbiamo dovuto prendere i corpi di quella civilizzazione, per imprimere in loro il valore di ciò che si doveva assolvere.

D: Ma sei arrabbiato perché hai dovuto tornare. Pensavi di esserci riuscito l'altra volta.

G: Esattamente. Non dovrebbe essere una necessità questa volta, ma lo è.

D: Da allora sono passate molte, molte, moltissime generazioni.

G: Esattamente.

D: E sembrerebbe che la gente sia tornata al potere, facendo gli stessi errori.

G: E' così. Gli altri che sono arrivati in questo momento hanno avuto un influenza che non avevamo permesso. La collettività disse aveva detto che era necessario.

D: Gli altri, sono le energie negative che stanno causando l'influenza negativa? (Si) Anche loro sono in forma fisica?

G: Non sono nel corpo fisico come lo percepite voi. Si, sembrano fisici. Hanno un piano diverso. Noi siamo diversi proprio come diresti che lo sono gli umani.

D: Non c'è forse una forma di controllo, come la collettività, che non permetterebbe a questa negatività di entrare?

G: C'è una collettività. Si, viene permesso.

D: Questo è ciò che causa le guerre e tutto il resto in questo momento?

G: In questo momento è proprio così.

D: Ma avevi detto che ci sono molti altri come te che sono tornati per correggere tutto questo?

G: (Cautamente) Queste stai cercando queste informazioni?

Quando diventano sospettosi, devo sempre rispondere delicatamente o il flusso d'informazioni potrebbe essere interrotto.

D: Perché sono come un giornalista. Sono un accumulatore d'informazioni. Scrivo queste cose, voi lo sapete, per far sapere alla gente quello che sta succedendo. Pensi che sia ragionevole? (Si) Sto cercando di aiutare a mio modo per permettere alla gente di sapere quello che sta succedendo.

G: Capiamo.

D: Mentre sono in questo stato ho parlato con molte altre persone che dicono d'essere stati mandati per fare dei cambiamenti.

G: Ci sono diversi livelli di cambiamento di cui parli. Noi siamo il livello finale. Gli altri sono qui per aiutare e facilitare il cambiamento. Se il cambiamento ha luogo, allora non c'è bisogno di noi. Se non ha luogo, allora noi faremo le correzioni.

D: Nelle stesso modo del passato?

G: Correggeremo.

D: Succederà allo stesso modo, con l'acqua?

G: Sarebbe una correzione.

D: Vorresti dire che potrebbe accadere diversamente?

G: Non ci è permesso parlarne in questo momento, no.

D: Va bene. Raccolgo più informazioni possibile. Ho parlato con un uomo in Inghilterra mi disse che hanno mandato sette individui. Mi stavo chiedendo se eri uno di loro, o se stai facendo qualcosa di diverso. (Vedi capitolo "Il Primo dei Sette" in Universo Convoluto - Libro Due). Mi hanno detto di non rivelare la loro identità e non metterli in contatto tra di loro. Perché dovevano fare il loro lavoro separatamente.

G: Non faccio parte di quel gruppo. Loro sono quelli che sono qui per facilitare il cambiamento. Se loro falliscono, noi siamo il gruppo che farà le correzioni. Noi siamo il gruppo finale.

D: Penso che queste siano informazioni molto importanti, perché il mondo sembra che continui a fare ancora gli stessi errori.

G: Esattamente.

D: Va bene si io sono a conoscenza di queste cose?

G: In questo momento, si.

D: E non rivelerò l'identità del corpi attraverso cui stai parlando.

G: Non questo non sarà permesso. Non è ancora arrivato il suo momento d'essere conosciuto apertamente, ma lo sarà.

D: Questa era una cosa che voleva chiedere. Ha la sensazione di avere potere e voleva sapere perché non può usarlo.

G: Tutti noi abbiamo potere, è vero. Potremmo essere chiamati la soluzione finale. Quelli del suo gruppo hanno ciò che consideri un grande potere, si. Lui è il potere.

D: Ho lavorato con molti altri che erano guaritori e praticavano con diverse forme d'energia in un corpo fisico, in altre vite. Adesso stanno riportando indietro questa conoscenza.

G: Lui ha ricercato in molte aree diverse ed è a conoscenza di molte di queste modalità. Sentirà un'affinità, le comprenderà, arriveranno e gli sembreranno naturali.

D: Sentiva di avere un potere proveniente da qualche parte e voleva sapere se poteva riaverlo. Ma c'è anche la paura che questo potere si manifesti.

G: Comprensibilmente.
D: Perché è umano.
G: Si, dal tuo punto di vista.
D: Gli permetterete di fare queste esperienze?
G: Si, adesso questo gli verrà permesso.
D: Se permettesse a questo potere d'essere utilizzato per aiutare la gente, sarebbe in grado di controllarlo?
G: Si, lui lo può controllare.
D: Ovviamente, se avesse troppo potere impaurirebbe la gente.
G: E' vero. Si, il potere ottenibile è grande. Abbiamo lavorato con lui e apriremo le vie perché possa essere accessibile ancora una volta. Non sarà più una cosa graduale. Per lui è arrivata l'ora di andare, di andare avanti con tutto questo. Gli sarà permesso di sperimentare il cambiamenti energetici principali che stanno arrivando. Gli sarà permesso di accedere all'universo per usare l'energia.
D: Però deve anche vivere una vita umana.
G: E' vero.

Sono sempre ben consapevole di percepire la persone con cui sto lavorando come un normale essere umano. E sto molto attenta a non interferire con la loro vita, indipendentemente dalla stranezza delle informazioni.

D: Deve vivere nel mondo fisico. Deve avere un lavoro e tutte le altre cose di cui hanno bisogno gli umani. Non vogliamo interferire con nessuna di queste cose, giusto?
G: Questo è irrilevante.
D: Ma questo è ciò che gli umani devono fare.
G: Ne siamo consapevoli, ma è sempre irrilevante.
D: Il mio lavoro è sempre di proteggere. Quindi ciò che gli permetterete di fare non interferirà con la sua vita umana, giusto?
G: Abbiamo compreso la domanda.
D: Disse che stava cercando di raccogliere altre informazioni dagli spiriti. Eravate voi, non è vero?
G: Esattamente.
D: Voleva sapere cosa lo preveniva dall'ottenere queste cose.

G: Ancora serba paura e rabbia dall'altra volta. E perché non hanno capito e non sono andati avanti. E' per questo che ha questi dubbi che lo assalgono a volte. Lui capisce che a volte dice che gli umani sono stupidi e non comprendono. E' per questa ragione che lo dice.

D: Diceva di provare rabbia.

G: Oh, si. Adesso questo è passato.

D: Quindi questo era ciò che lo tratteneva.

G: Non è mai stato trattenuto.

D: Beh, lui si sentiva di esserlo. (Risi).

G: Comprensibilmente.

D: Inoltre si sentiva di avere la capacità di muovere gli oggetti.

G: Ha la capacità di fare molto. Muovere oggetti. Muovere oggetti è ciò che definite "un gioco da bambini".

D: Sarà in grado di riattivare quelle capacità?

G: Oh, certo. Gliel'abbiamo fatto vedere in diverse occasioni. Per lui è naturale. Questa e le altre abilità inizieranno a ritornare immediatamente.

Un'altra abilità che George pensava di avere era l'abilità di localizzare gli oggetti. Voleva aiutare la gente a trovare cose sotterrate.

Questo è ciò che George voleva fare a tutti i costi, ma sentiva di non essere in grado di farlo. Inoltre era interessato a curare le altre persone.

G: Lui può fare qualsiasi cosa. Ancora si associa con l'ultima volta. Ce l'ha ancora una volta ed è solo una piccola parte di ciò che è la sua abilità, si.

D: Quindi sarà in grado di riattivare queste abilità?

G: Le ha già avute. Le toglierà dal guscio, si.

D: Quindi tutte queste abilità di cui ha avuto paura inizieranno a riapparire?

G: Esattamente. Adesso inizieremo a sgusciarle. Sono rimaste nel guscio a lungo per proteggerlo, perché non era ancora pronto, dal punto di vista umano, per comprendere l'enormità della cosa. Quindi finora doveva essere protetto. Ha fatto tutte queste cose e molto altro. Sarà conosciuto per tutte queste cose, si.

D: Ancora una volta, non vogliamo interferire con la sua vita.

G: Questo è irrilevante. Non comprendi il concetto del suo scopo qui. Il suo scopo qui è di creare cose e farle crescere nella maniera in cui devono, secondo la collettività. Solo perché ha un corpo umano è irrilevante a questo scopo. Ma si, comprendiamo la domanda. Comprendiamo cosa stai cercando di fare per il corpo umano. Comprendiamo questo punto. Adesso faremo adattamenti a questo proposito, si.

D: Perché deve vivere in questo mondo. E se fosse apparso come qualcuno d'insolito, lo potrebbero imprigionare da qualche parte. Allora non sarebbe in grado di fare nulla, giusto?

G: Non permetterà agli umani di sapere a pieno ciò che è in grado di fare. Gli piacerà giocare con i giochi da bambini, si e questo soddisferà gli umani. Gli eviterà di comprendere ciò che può veramente fare. Però sappiamo anche che a questo punto li stanno cercando, lui e gli altri, si.

D: Mi stavo chiedendo se il governo avrebbe provato a cercarli.

G: Sono consapevoli che siamo qui, si, ma non sanno dove. Gli Altri stanno cercando d'aiutarli a trovarci, si.

D: Quindi se alcune di queste abilità vengono rivelate, non correrà alcun pericolo?

G: No, non possono danneggiarlo. Si, presto realizzeranno che si trova qui. Sanno che lui è qui. Permettimi di chiarire: sanno che si trova su questo pianeta, si. Adesso sanno che ha iniziato ad adattarsi e ad usare le abilità. Si, ne sono consapevoli. Presto sapranno anche chi lui sia. A quel punto, non saranno in grado di far assolutamente nulla, a lui, per lui o contro di lui.

D: Quindi pensi che questa sia la gente del governo?

G: Loro e gli altri, si. Gli altri che lavorano con il governo, si.

D: In altri casi ho avuto clienti che mi era stato detto di proteggere.

G: No, lui non ha bisogno di alcuna protezione.

D: Non vorrei fare nulla che potrebbe danneggiarlo.

G: Comprendiamo. Questo è giusto.

D: Quindi se diventa più visibile, allora lo identificheranno.

G: Oh, questo è vero, si. E vogliamo che questo succeda, si. Quando avranno identificato il gruppo, sapranno quanti del gruppo sono qui. E quindi, il nostro obbiettivo è: se cambieranno solo sapendo che il gruppo è qui, allora avremo raggiunto il nostro scopo, si.

D: Non sanno quanti sono coinvolti. Non possono riuscire a trovarli tutti.

G: Si, ci riusciranno. Hanno la comprensione giusta, gli permetteremo di sapere dove siamo, si, questo è corretto. Solo questo gruppo, pero. Questo deve essere chiarito – è solo questo gruppo.

D: Qual'è la differenza tra questo gruppo e gli altri?

G: Se tu fossi in battaglie, e fossi un soldato di fanteria e un carro armato stesse venendo nella tua direzione. Identificheresti dove il carro armato si trova, ovviamente, ma resteresti sulla sua traiettoria?

D: No. (Pausa) Quindi qual'è la correlazione?

G: Il gruppo è come il carro armato. Ognuno di loro è come un carro armato. Possono identificarli, è vero. E questo è il nostro obbiettivo (uno dei tanti), farci identificare. Adesso ovviamente, ci proveranno. Ma comprenderanno quanto sia insufficiente.

D: Quindi gli altri gruppi stanno facendo altro lavoro?

G: Esatto. Ogni gruppo ha il suo lavoro da fare.

D: Nessuno puo' danneggiare questa persone, vero?

G: La parte fisica, la parte umana, in questo momento della sua vita, la percezione è: si. Ma ciò che bisogna comprendere è – vedere la ragione per cui tutto questo è stato messo in moto – da questo punto in poi, la parte umana ci sarà ancora, si. Non permetteremo che venga rimossa. Ma l'essenza di chi lui sia, l'essenza di quali siano le sue abilità e, ciò che chiamereste, il suo "lavoro", devono essere raggiunte. Quindi, quella parte di lui che ha già iniziato ad avanzare ultimamen-te, adesso continuerà ad una velocità superiore, si.

D: Adesso, le cose cambieranno nella sua vita.

G: Ovviamente.

D: Okay, ma vogliamo che succeda sempre al meglio. Vedo il tuo volto accigliato, ma io lavoro sempre solo con il positivo.

G: E nella sua comprensione, lui cerca sempre d'essere il positivo. Lui vuole che la popolazione umana sia positiva e si corregga. Se lo facessero, lui non avrebbe bisogno di fare il suo lavoro. Lui sa cosa si può ottenere. Sa che se lui e gli altri di questo gruppo dovessero venire avanti e presentarsi al mondo ancora una volta, ciò che chiamate 'cataclisma' sarebbe enorme, si.

D: Mi è stato detto che tutto ripartirebbe da capo ancora una volta, e che ci vorrà troppo tempo.

G: Questo è vero. Ma lui e gli altri sono qui a questo proposito.

D: Conosce già alcuni degli altri? O dovrebbe conoscerli?

G: Non ne ha conosciuto nessuno ancora. Ma sono in molti, si.

D: Quando George era un bambino aveva molti problemi con i suoi reni e lo sottoposero a molte medicazioni.

Ho avuto molti casi di soggetti attivamente coinvolti nel lavoro energetico, in questa vita e specialmente in quelle passate. Avevano anche problemi con i loro organi e febbri inspiegabili durante l'infanzia che disorientarono i dottori, nel tentativo inutile di medicarli. Durante le sedute venne alla luce che i loro corpi facevano fatica ad incorporare la frequenza vibratoria superiore dell'energia che proveniva dalle loro vite passate. A George venne detto che non aveva alcuna vita passata, tuttavia la spiegazione era simile.

G: Non riesce a filtrare facilmente in questa vita. L'energia era troppo grande per il corpo che era stato scelto per lui. La gente, gli individui, riconobbero che c'era qualcosa di diverso e lo esaminarono. Ma la ragione principale era che l'energia era troppa per il corpo in quel momento e doveva essere adottata. Influenzò, non solo i suoi reni, ma molte altre parti del corpo, si.

D: Ma i reni funzionano bene adesso, no?

G: Si. Stiamo lavorando su di lui, aiutandolo ad adattarsi, aiutandolo a chiarire la sua mente, la sua essenza. Perché possa essere adattata alla nuova energia, per permettergli di comprendere e realizzare chi e cosa sia. Non avevamo capito che stava causando tutti questi problemi con l'abilità del corpo di guarirsi e mantenersi. Questo verrà corretto.

Monitorarono il corpo di George e adattarono molti organi nel processo. Parlarono di alcune connessioni che stavano prevenendo il corretto ed omogeno flusso dell'energia. Trovarono perfino problemi di cui George non era consapevole. La guarigione e gli adattamenti sarebbero continuati per le due settimane seguenti. A volte, non è permissibile una guarigione istantanea perché sarebbe troppo traumatica per il corpo.

George aveva anche parlato di avere problemi d'insonnia. Si svegliava ogni due ore. "Quello è il flusso dell'energia. Le informazioni che gli vennero date in quel momento entra fluendo. E la pausa tra i flussi lo sveglia, si. Deve ricevere l'energia, ma adatteremo le tempistiche per lui, si." Chiesi se sarebbe diventato abbastanza bravo a curare la gente e a lavorare con l'energia da poter lasciare il suo lavoro. "Il suo obbiettivo non è di avere successo in questo. Il suo scopo è di facilitare un cambiamento. Ma secondo i vostri termini, avrà successo nel fare cambiamenti, si."

D: Ha una paura irrazionale dell'imbrunire, proprio prima che inizia a diventare buio. Potete spiegarlo questo?

G: A che ora pensi che si occuparono di Atlantide? Quello era il momento in cui si sono occupati dell'ultima correzione. La correzione ebbe inizio all'imbrunire, si.

D: Era il momento i cui hanno dato inizio alla correzione che finì con il cataclisma?

G: Si. Comprende il suo potere e ciò che deve fare. La paura era irrazionale. Adesso la adatteremo. Tu sei un facilitatore che gli ha permesso di accedere a questo, in questo momento. Ha sempre avuto la sensazione che le contesto umano non poteva accettare. Ma venendo qui da te adesso, è stato in grado di accedere alla informazioni. Quindi, possiamo rimuovere gli scudi che lui aveva sollevato fino al momento giusto. Quindi adesso saranno rimossi e lui sarà in grado di comprendere e andare avanti, si. Questa è la connessione.

D: Tutto deve succedere al momento giusto. – Speriamo che non dobbiate prendere la soluzione finale ancora una volta.

G: Faremo il nostro lavoro, si.

D: Speriamo di non dover arrivare a quel punto questa volta. Forse la razza umana inizierà a comprendere il messaggio.

G: (Oscuramente) Non ci sono riusciti l'ultima volta.

Sembra che il piano, l'obbiettivo, prendesse in considerazione tutte le possibilità. Stanno cercando di cambiare le condizioni sulla Terra introducendo nuovi, spiriti puri in molti modi ingegnosi. Ma nel caso in cui non avessero successo, installarono anche la soluzione finale. Dissero che l'aumento di nuova energia che sta entrando, sembra avere un effetto. Ma, per essere sicuri, sono pronti ad usare misure drastiche ancora una volta. Speriamo che quelli dell'energia e della missione di George non saranno necessari!

CAPITOLO TRENTANOVE

L'ASSORBIMENTO

Avevo l'intenzione di finire questo libro con il Capitolo La Soluzione Finale. Non potevo pensare a nulla di più potente della scoperta di quell'insolita energia che dimorava nel corpo di un uomo normale. Un'energia senza nome che aveva il potere di distruggere il mondo. Dalla maniera glaciale in cui parlava del suo lavoro, non avevo alcun dubbio che davvero intendeva fare ciò che diceva. Intendeva potare a termine la sua missione di totale distruzione, se noi non ci ripuliamo i casino che abbiamo fatto nel nostro mondo. In altre sedute presenti in questo libro, o trovato altri che posseggono lo stesso potere e alcuni di loro hanno già utilizzato quel potere in altre vite. Non penso dalla descrizione che gli verrà richiesto di farlo di nuovo. Credo che quella missione sia data solo a pochi. E' comprensibile che dovrebbero venire in questa vita con totale amnesia della loro missione. In che altro modo sarebbero in grado di portarla a termine al momento giusto? In che altro modo sarebbero in grado di spegnere le proprie emozioni e fare ciò che sono stati programmati per fare? Discutendo tutto questo con mi figlia, Julia, lei mi suggerì che forse non sarebbe stato per il meglio, finire il libro in un tono così negativo. Io pensavo che avrebbe potuto essere un modo di svegliare la gente e fargli realizzare su che sentiero cui ci troviamo e di quali terribili conseguenze erano state prestabilite. Adesso riflettendoci, mi trovavo d'accordo con mia figlia. Tuttavia, non sapevo che "loro" stavano già pianificando la fine di questo libro e nemmeno loro volevano che finisse in quel tono negativo.

Pensavo davvero che questo libero fosse finito, e stavo facendo gli ultimi ritocchi, quando condussi questa sorprendente sessione mentre ero a Montreal nel Maggio del 2007 presentando alla IIIHS Conference. Stavo lavorando con Toni, un insegnante d'Inglese. Lei è una donna, calma e gentile la cui facciata esteriore non dava alcuna indicazione del potere e grande conoscenza che c'erano appena sotto la superficie. Dopo aver iniziato, pensavo che sarebbe stato un'altra regressione normale ad una vita passata. Tuttavia, "loro" iniziarono a gridarmi dietro letteralmente nel tentativo di introdurre un nuovo concetto. Allora sapevo di non avere scelta se non di includerlo in questo libro.

All'inizio della seduta, mi trovai di fronte ad un altro esempio di un soggetto che non mi permise di completare l'induzione. Il subconscio di Toni era così ansioso di iniziare che lei era già in trance appena le chiesi di andare nel suo luogo preferito. Iniziò immediatamente a descrivere ciò che sembrava essere la Sorgente. Adesso moltissimi dei miei clienti vanno direttamente là, invece di andare verso vite passate regolari. Ormai questo non mi stupisce più. Permetto sempre al cliente di scegliere il proprio luogo preferito e lei non pensò ad altro se non di ritornare alla Sorgente. Immediatamente divenne emotiva. Lo descrisse come: "Il cuore del Sole. Il cuore di Dio." Quando le chiesi una descrizione, sembra essere in totale beatitudine. "Dirti ciò che vedo richiederebbe l'utilizzo dell'immagine di guardare attraverso qualcosa. Ma quando non c'è da guardare attraverso nulla, è molto più difficile spiegare Quelle Che E'. Se potessi immaginare il tuo corpo sprofondare o immergerti in un corpo – un corpo più grande – di acqua. Questo è così calmante e rigenerante per i sensi e così pieno di luce, che senti o vedi o (cercava le parole). Puoi pensare a – no, non 'pensare' – non puoi sperimentare nient'altro. Allora forse siamo arrivati solo ad una frazione della via. E' Tutto Ciò Che Esiste." Iniziò a diventare emotiva mentre continuava: "Se potessi dirlo, se avessi un corpo, sarebbe il corpo di Dio. Riesci a capire? E' difficile spiegarlo o immaginarlo. Quando puoi allineare la tua essenza con un'essenza molto più vasta di ciò che si conosce su questo piano."

La sua voce aumentò di volume e tuono autoritariamente. Riverberava così tanto che non sapevo se il microfono avrebbe funzionato bene. Fu una completa trasformazione di personalità dalla calma, tranquilla, quasi timida Toni. Ero curiosa di vedere cosa sarebbe successo e sapevo anche che non sarebbe mai stata in pericolo. Era come se qualcosa o qualcuno fosse rimasto rinchiuso per secoli ed era finalmente riuscito a liberarsi. Gli permisi d'esprimersi. Esordì con un esaltazione di ciò che percepiva come Dio. Era completamente consumata dalla forze emozione. Le parole si mescolarono in toni che avevano una qualità musicale fluttuante. I suoni erano accentuati ed il microfono era influenza dall'energia che stava sprigionava. Alzò le braccia e le estese in completa adorazione di qualcosa che io non potevo vedere. Poi ancora scaricò diversi toni che rimbombarono nella stanza e con un improvviso profondo respiro, Toni ritornò: "Mi dispiace... sono tornata. Faccio fatica ad esprimermi." L'effetto di tutto questo poteva essere sperimentato solo ascoltandolo. Fu così profondo, ebbi davvero la sensazione d'essere in presenza di Dio.

D: E' una grande meraviglia, no? Ci si sente così ad essere là?

T: Non c'è nessun "là". C'è solo l'Essenza. Lasci che ti dica, è ogni luogo, eppure qualsiasi luogo tu possa immaginare non è come quello. (Fece un profondo sospiro) Va oltre alle parole.

D: Ci sono altri lì con te?

T: In quel momento, non ti identifichi con gli altri. E' un ritorno e tuttavia dire che ritorni… te ne sei mai andato? E' questo il grande paradosso.

D: Quindi puoi essere in entrambi i luoghi?

T: Tu sei il tuo punto d'espressione. Il tuo punto d'espressione ti viene dato per permetterti di esprimere altre possibilità che possono essere create. Possibilità che, in un certo senso, fanno parte di uno stato di sogno ben più vasto. Se tu potessi immaginare che Dio sogna, allora inizieresti a vedere che tutta la creazione è un sogno meraviglioso di Dio. Riesci a capire ciò che sto' dicendo?

Questa era un'esperienza incredibile essere alla presenza di una entità dal potere così immenso. La parola scritta può a mala pena descrivere le emozioni e l'intensità che le parole possono trasferire.

D: Ho sentito altre persone parlare del sognatore che sogna il sogno. Ma non mi hanno mai spiegato chi fosse il sognatore.

T: Ah-ha! Ecco, adesso vedrai il microcosmo e il macrocosmo. Vedi, c'è solo Dio e tuttavia Dio, se mi è permesso dirlo, sogna. E i sogni di Dio, vedi... ci è permesso diventare un investimento di quel sogno. Riesci a capire?

D: Si, capisco, anche se è difficile per la nostra mente umana.

T: Adesso, cercherò. Mentre il sogno si sviluppa – perché vedi, non ci sono limiti – mentre il sogno si sviluppa, ci è permesso identificarci solo con una scintilla di quella scintilla più grande, di quella luce più grande. E in cambio, quella scintilla può sognare. Oh, è infinito. E' infinito. Ed ogni sogno fa parte del sogno più grande. E' una VASTA, VASTA esperienza ed un gioco. Uno spettacolo d'innumerevoli sogni. Non dovete credere che il sogno è ciò che trattiene la tua realtà. No, vedi, voi sete solo una parte del sogno.

D: Lo siamo tutti?

T: (Annaspava tra le parole) Mmm, vedi... coloro che non possono accettare questa comprensione, non accetteranno mai che fanno tutti parte di questo. Tuttavia, ti dico, non c'è nient'altro che Dio. Queste esperienze che tu dichiari di avere sono il sogno di Dio. Sei un'espressione di Dio – completo – e tuttavia, stai credendo al sogno.

D: Ma ci viene detto che possiamo controllare le nostre vite, il nostro sogno, e creare ciò che vogliamo, se ci crediamo.

T: In cambio, si, certamente. Siete nel sogno. Siete l'estensione del sogno.

D: Questo vuol dire che Dio inizia il sogno e noi lo portiamo avanti o cosa?

T: Ecco, adesso lo vedi. Si manifesta e manifesta, e manifesta. Dio sogna, il sognatore sogna, il sogno sogna. E al punto in cui il sognare ha raggiunto il "crepuscolo", allora, direi che cadete indietro e venite riassorbiti nel sognatore.

D: Quindi vuoi dire ogni qualvolta che i nostri sogni raggiungono il supremo, non possiamo sognare oltre?

T: Non è che non potete sognare oltre, ma che non volete sognare oltre.

D: Quindi finché possiamo creare e possiamo sognare in nostri sogni individuali, le nostre vite rimangono. E' forse questa un'altra maniera per dirlo, ho capito correttamente?

T: (Fece un respiro profondo. Poi cercò le parole.) Ci sono molti filoni. Ci sono molti "sentieri" che si possono prendere. Adesso, quando dici "noi", stai alludendo a questo piano?

D: Sul, il piano umano, perché è tutto ciò che conosciamo in questo momento.

T: Grazie. Posso dire – "l'esperimento" umano? E non intendo mancare di rispetto.

D: Capisco.

T: L'esperimento umano è di vedere fino a che punto il sognatore sognerà. E fino a che punto il sognatore permetterà a se stesso/a di sognare. Fate parte della creazione. Vi è date il dono della creazione.

D: Quindi non ci sono limiti amenoché non li stabiliamo. E' questo ciò che intendi?

T: Esatto. Esatto.

D: Finché continuiamo a sognare e creare, allora le nostre vite fisiche continueranno?

T: Vedi, quando dici "sogno", non intendo dire che stai dormendo. Intendo dire che stai usando la tua mente creativa. E stai visualizzando ciò che sarà. Non sto facendo allusione ad uno stato di sonno. Oh, no, voi siete molto coscienti. Oh, si!

D: Pensiamo di esserlo.

T: Oh, si! Oh, si! Oh, si!

D: Ma io so che molte persone creano cose molte negative.

T: Gli è permesso sognare come preferiscono. Non ci sono limiti, anche se il tuo limite è solo tuo. Vedi, se scegli di essere limitato, anche questo è una tua scelta. Ancora, la negatività non è altro che una fase. Può esserci solo Dio. E tuttavia quando chiudete una certa via verso la comprensione superiore, allora iniziate a limitare ciò che potete accettare. Allora accettate che ci possono esser dei limiti. Ancora, è solo una scelta che si fa e che è permesso fare, perché la creazione creerà. Questo è un dono di Dio.

D: Hai detto che il sognatore sognar il sogno più grande. (Si) Qual'è il grande sogno che Dio sta sognando?

T: Cosa sognerà il sognatore? (Lungo respiro e pausa.) Cercherò di spiegare in un'altra maniera. Attendi un momenti, grazie.

D: So che le parole sono difficili. Ma non possiamo immaginare il suo sogno, perché è così immenso?

T: Vasto. Vasto. (Pausa) Quando ti riposi e permetti a te stesso di espanderti, la tua coscienza limitata si muove nella tua coscienza più espansa. C'è un grande movimento in quel luogo e una maggior libertà di sperimentare qualsiasi cosa che uno potrebbe abbracciare nella forma di un'esperienza. In questo modo, Dio – che non può cambiare – Dio, che è Dio, permette ad una porzione una maggiore libertà. E in quel permettere, rinnega la perfezione... non rinnega, ma permette quel gioco. Perché come si può cambiare ciò che è perfetto? E' impossibile. E' sempre com'è! E tuttavia è un gioco. Quasi un gioco, per permettere... dove andrà a finire questa creazione? Dove ci porterà questo spirito libero? Questo è ciò che volevo dire.

D: Mi è stato detto che eravamo stati spediti fuori come scintille all'inizio della creazione. E che siamo come cellule nel corpo di Dio. E che il nostro lavoro è di ottenere informazioni da portare indietro. E' giusto?

T: Dio è omnisciente. Le informazioni che vengono riportate indietro solo per il bene delle scintille. Quella porzioni riconosce a se stessa ciò che già sa, perché è una parte del Tutto. Quello è tornare a quella porzione.

D: Questo è ciò che mi è stato detto, che Dio voleva conoscenza. Voleva altre informazioni da aggiungere a ciò che già sapeva.

T: Ti sto dicendo: Dio è intero. Dio è completo.

Questo stava iniziando a disturbarmi. Sono abituata a mettere in gioco il mio sistema di credenze e perfino ad invertirlo totalmente durante il mio lavoro. Di solito succedeva per introdurre un nuovo concetto, o un nuovo modo di pensare. Non riuscivo a capire dove stava andando a parare, perché mi sembrava contraddire ciò che mi era stato già detto da innumerevoli soggetti. Ma ho imparato che il subconscio ha sempre uno scopo e una motivazione quando permette l'accesso a nuove informazioni. So di non avere tutte le risposte, così ho imparato ad essere paziente e lasciarli parlare. Sapevo di avere il tempo di gestirlo più tardi, se le mie domande non venissero risposte soddisfacentemente. Tuttavia a questo punto, non avevo alcuna idea dove tutto questo stesse andando.

D: Quindi qual'è lo scopo della scintilla individuale quando esce?

T: Amore. Di spostarsi attraverso l'amore in tutte le sue manifestazioni. Di spostarsi attraverso l'amore.

D: E' giusto, pero, che agli albori Dio, più o meno, esplose. E quello era il momento in cui tutte le scintille sono uscire per sperimentare? Questa è una buona analogia?

T: Che io ti dica questo. Io posso solo dire, che comprendo che il sognatore sogna; che il sognatore sogna.

D: Nella nostra analogia dei sogni, finché lui sta sognando, allora noi tutti esistiamo nel sogno.

T: Si, si, si. Vero, Vero, Vero. Ma voi non siete il sogno. C'è solo Dio. Dio è completo. Dio è completo. (Pausa) Le informazioni che hai ricevuto – devi andare oltre a quella conoscenza. L'entità scintillante – stai limitando te stessa. Di è completo, e no ha bisogno di conoscenza. Devi andare in direzione trascendentale. Oltre a questo. Non può esserci alcun cambiamento a Dio. Non puoi aggiungere nulla a Dio. Dio è completo, completo, completo.

D: Ma noi ci consideriamo ancora individuali.

T: Questo è il sogno.

D: Hai detto che quando completiamo questo sogno, questa vita che stiamo vivendo – perch'é tutto ciò che conosciamo in questo momento – allora il nostro sogno è finito e ritorniamo e veniamo assorbiti.

T: Vieni dissolto; assolutamente. Ora immagina... hmm, una analogia: hai un bicchiere di liquido caldo. A quel liquido aggiungi una polvere e quella polvere si dissolve e diventa parte di quel liquido. Ad un certo punto potresti... (cercando le parole) manipolare quella polvere. Ma una volta dissolta ed assorbita... sta alla polvere permettere d'essere ridissolta a quello stato, questo è il Tutto.

D: Beh, penso che sia qualcosa che impaurisce le persone, perché ci piace credere che manteniamo ancora le nostre personalità, la nostra individualità. Facciamo molta fatica per creare quella individualità e sembra quasi di perderla se venissimo assorbiti.

T: Non siete il sogno. Siete la forma liquida che permette la forma in polvere. Se avete paura di perdere quell'individualità, non siete pronti a sperimentare niente eccetto quello. Vi direi, continuate a sognare e siate felici.

D: Bene, ricevo posta da molte persone. E questa è una delle cose che dicono: "Non voglio essere assorbito. Voglio mantenere la mia identità."

T: Davvero, nessuno vi forzerà a fare nulla. Siete al sicuro nella vostra individualità, e Dio è con voi, te lo dico io. Siete al sicuro nella vostra individualità. Nessuno sta cercando di cambiarvi; nessuno sta cercando di portare via qualcosa da voi, nessuno sta cercando di aggiungere qualcosa a voi. Ma io vi dico: da uno stato che accetta che a Dio non si può aggiungere nulla, sottrarre nulla... Dio è completo. Questa conoscenza che stai cercando, al momento giusto, verrà accettata senza paura.

D: Ho scritto libri, sai. E devo spiegarlo in modo che la gente possa capirlo.

T: (Sospiro profondo) Io ti dico: se tu parlassi con coloro che hanno questa paura, che non c'è nulla di cui aver paura, che sono al sicuro nella loro stessa creazione. Questo è ciò che ti dire.

D: Perché cerco di presentarlo in un modo... molti di loro stanno facendo i loro primi passi, hanno appena iniziato ad esplorare. Ed è per questo che i miei libri stanno andando lentamente, e mi è permesso espandere lentamente, per non impaurire la gente.

T: Vero, vero, vero, vero. Vedi, sei entrata nel sogno.

D: Così loro possono fare i loro primi passi e non saranno sopraffatti.

T: Si, vero, vero. Sono in molti che sono entrati nel sogno. Molti, molti. Si, si, come in una tappezzeria; punture di spilli. Se immagini delle punture in un tappeto e attraverso quelle punture di spilli: luci, luce. Ci sarebbe una diversa visione e lentamente, si, lentamente, come una luce che passa attraverso il buco di uno spillo. Si questa è un gran lavoro.

D:Questa è una buona analogia. Questo è ciò di cui ho bisogno, immagini che le persone possano comprendere. Allora c'è una altra domanda, che penso possa disturbare la gente. Dio è il sognatore. Lui sta sognando il sogno di cui facciamo tutti parte. E rimaniamo finché lui sta sognando. Cosa succede quando Dio si sveglia? Si sveglia mai? (Ridacchiando) Cosa ne pensi?

T: (Pausa) Questa conoscenza non mi è data.

D: Forse questo è qualcosa che non possiamo comprendere in ogni caso. E' questo che volevi dire?

T: Posso condividere con te solo ciò che mi è dato di conoscere. Cercherò di condividerlo con te. La Sorgente di cui sono in grado di parlare con te, è priva di mutamenti. E' completa. Questo lo devo enfatizzare. E' completa. E' tutta esistenza. E' ciò che è. La parte a cui è permesso sognare può esprimere delle variazioni. In nessuno modo queste variazioni influenzano ciò che non può essere influenzato e non può cambiare. Se riesci ad accettare che il Dio che comprendi – non desidero darti troppo qui – forse non tutti sono in grado di accettarlo. Ma a te darò questa informazione. Il Dio che si dai al sogno, il Dio che si sa che sogna, per produrre scintille, per espandere e per dover ritornare... non è altro che un piano. Oltre a quel piano. Ti dico che c'è oltre a quello. Questo te lo confermo. Oltre a questo non ne ho il permesso. Non mi è stato dato il permesso di parlare.

D: Credo che qualcun altro me l'abbia accennato brevemente una volta. Che c'erano cose oltre a Dio.

T: Non mi è permesso parlare di queste cose.

D: Perché non vogliamo sopraffare la mente umana.

T: Ti prego, te lo dico, se non hanno accettato che la polvere si può dissolvere, non hanno raggiunto lo stadio di poter accettare l'oltre. (Risata fragorosa).

D: (Ridacchiando) Mi ci sono voluti molti anni per raggiungere questo livello.

T: Brava. (Continuava a ridere).

D: So che all'inizio, non sarei mai riuscita a comprendere così tanto ed essere in grado di espandere ulteriormente. Così continuo a ricevere altro. E questo è il problema della mente umana, cercare di comprendere tutte queste cose.

T: Ah, il valore che viene dato alla mente umana. (Risata fragorosa) Ah! E' così! E' così, proprio così. (Ridendo)

D: Questo è ciò che faccio. Io glielo presento, se la gente può comprendere allora sta a loro comprendere o no.

T: Così è. Così è. Così è. Questa non è una corsa. Non c'è fretta.

D: Ma ogni piccolo pezzettino d'informazione che possiamo ottenere aumenta la nostra conoscenza e la nostra crescita, no?

T: Si, come sono le cose.

D: Ma faccio sempre le stesse domande. Se, quando sei là, è così bello, è così meraviglioso – Mi hanno detto che incredibile, e che non vogliono andarsene. Perché la scintilla, la nostra anima individuale, decide di andarsene, quando è così bello? (Mentre facevo questa domanda, lei emetteva suoni di appagamento.)

T: La scintilla, dirò... la scintilla crede che... (Sospiro) la scintilla non comprende. (Sospiro) Scusa, solo un momento. (Pausa come se stesse ascoltando o consultando qualcuno). Solo un momento, scusa. Sto ricevendo. (Lunga pausa, e poi un lungo sospiro) Io sono un altro che sta parlando.

Inizialmente, non capii ciò che stava succedendo. Tuttavia questo era successo in passato, specialmente durante le sedute incluse in The Custodians [I Custodi]. Un'entità parlava e poi un'altra, interveniva e il cambiamento era sempre piuttosto notevole. Questo non mi era successo da molto tempo, così mi prese sotto gamba. Quando continuò la voce era diversa, parlava deliberatamente lentamente come se utilizzare questo messo di comunicazione fosse difficile ed insolito. Era un'entità diversa che stava rispondendo alla domanda?

T: Noi che proveniamo da un piano di coscienza che... le scintilli a cui tu stai facendo riferimento, esistono in una perfezione che include l'accettazione di poter accumulare informazioni, luce, conoscenza e la capacità di riportarla indietro per essere assorbita da una consapevolezza più grande. Che a suo turno viene assorbita da una più grande, e così via, e così via finché non vengono assorbite dalla divinità suprema. Adesso il nostro piano di coscienza ha il permesso di darti l'informazione che la Divinità fa... un ausiliario a Dio. La Divinità è, e la porzione di cui tu parli è anche più grane. Anche più grande. E l'esperienza di questo scintillare e ritornare è solo una porzione del sogno. E' molto difficile esprimerti altro senza la conoscenza che perfino l'estensione e il ritorno non sono ancora state accettate. Dire di più e aspettarsi che tu comprenda, sarebbe uno sforzo troppo grande. (Lungo sospiro).

D: Vuoi dire che ci sarà molto altro che mi darete in futuro?

La voce tornò all'entità autoritaria che stava parlando prima. Come se un'altra entità che aveva una parte della conoscenza fosse stata chiamata a condividere quel dettaglio con me e poi se ne andò. Il suo lavoro era finito. Riflettendo, mentre trascrivevo questa registrazione, riuscivo a vedere che durante tutti gli anni del mio lavoro mi avevano dato solo delle bricioline. Adesso, si stavano preparando a darmi un tozzo di pane ben più grande. Ma dalle mie risposte naïve, erano arrivati alla conclusione che non ero ancora pronta e smisero di servirmi altre informazioni. Ebbi l'impressione che io fossi pronta, ma adesso stavano aspettando che io digerissi questo pezzo prima di offrire altro. Tuttavia mi fecero capire forte e chiaro che dopo averlo digerito, c'era altro!

T: Ah! Ma ancora, le punte di spillo che ti diamo. Questo non è altro che uno spiraglio di luce che ha iniziato ad entrare. Quindi hai fatto dei passettini da infante con questa gente e con questi esseri che accettano questa rotazione. E' ovvio che alcuno hanno accettato: "Ah! Sto tornando alla sorgente, alla grande conoscenza, alla grande essenza." E tuttavia, tuttavia, perfino questo (la sua voce divenne un sussurro) è un sogno. Immagina. Immagina questo.

D: Pensi che sia arrivata l'ora di conoscere queste informazioni?

T: Si. A te vengono date, perché coloro che sono davvero pronti per essere inseminati con queste informazioni, e trattenere questa conoscenza... non c'è nulla da fare. Ti assicuro, non c'è nulla da fare al tuo livello. Ma tuttavia, basta permettere alle informazioni d'essere impiantate. Impiantate. Ti dico, anni, anni, in ciò che percepite con futuro, un altro mondo si manifesterà. E tuttavia ti dico, perfino allora, perfino allora questo è un sogno. E tu andrai oltre a quel sogno. Ti dico è così. Veramente, davvero, è così.

D: Mi è stato detto che adesso è il momento di conoscere queste cose per poterci spostare dalla negatività della Terra.

T: Io ti dico non c'è negatività. Eppure, in verità, la gente continua ad abbracciare questa nozione. C'è solo Dio. C'è solo Dio. Eppure io soccomberò al vernacolare di questo piano. Non lo abbraccerò, ma comprenderò che tu lo accetti.

D: Questa è l'unica cosa che riusciamo a comprendere a questo punto.

T: Questo lo accetto. Questo lo accetto.

D: E lo sai che il nostro mondo in questo momento sta passando delle esperienze terribili.

T: Lo accetto. E adesso, in verità, posso parlare di questo?

Ci fu un altro cambiamento e un'altra entità iniziò a parlare. Questa sembrava più femminina e non così potente come quella che aveva dominato la seduta.

T: Adesso io parlerò di questo, se posso. Dico a tutti gli esseri del piano della Terra – Io lo dico dalla mia Sorgente Divina – se voi non assorbite ciò che accettate essere negativo nelle vostre forme di pensiero, non si può manifestare in questo luogo che vi è stato dato da cambiare. Voi siete Dio. Voi siete Dio! Eppure, non manifesterete quella parte del vostro se creato. Vi è stato dato di manifestare, di manifestare la vostra essenza Divina. (Quasi gridando) Aprite il vostro essere Divino, io ve lo dico! Aprite il vostro essere Divino, e permettete alla luce d'entrare.

La forza delle parole stava influenzando il microfono. Non ero in grado di gestire il volume.

D: Questo fa forse parte di ciò che ci hanno detto, cioè che stiamo creando un nuovo mondo, una nuova Terra sulla quale ci sposteremo?

T: Dall'interno, arriverà una tale luce. Si manifesterà dal vero centro del vostro essere. Il mondo che voi immaginate è già dentro di voi. Riuscite a spigarvelo questo? Non vi state muovendo verso un altro pianeta. State uscendo dal vostro guscio. Questo pianeta – questo guscio – vi sta portando quella luce. Possiede il cuore dell'essenza. Vi viene dato per entrare nella vostra luce pienamente, pienamente, e per tirarla fuori. E per dire: "IO SONO LUCE. IO SONO LUCE. MI SENTI, DIO. IO SONO LUCE." Allora, davvero, questo mondo non sarà ciò che permettete. Io dico: VOI PERMETTETE CHE SIA COSÌ! Nulla nell'esistenza di Dio può esistere senza il permesso di Dio. IO DICO A VOI, VOI SIETE DEI! VOI SIETE LUCE! Io vedo il vostro futuro. Io dico, venite avanti nella vostra luce. RITORNATE a voi stessi.

Oh! umanità ritornate a voi stessi! Ed in cambio, sappiate che oltre a questa visiona, c'è una consapevolezza più grande. Eppure siete in grado di fare il passo in quella direzione? Vi aspettiamo!

Quest'intera filippi di potenti emozioni era esplosa improvvisamente ed era abbastanza pesante. L'unica cosa che potevo fare era ascoltarla ed aspettare che si calmasse. Nella mia immaginazione sembrava quasi una messa messianica durante la quale il vecchio prete con la Bibbia in mano sbraitava ai parrocchiani. Ma invece di predicare ai peccatori la dannazione eterna e il fuoco dell'inferno per spronarli a presentarsi per la salvazione, quest'entità stava cercando di offrirci una salvazione d'altro tipo. Stava quasi cercando disperatamente di portarci ad aprire gli occhi e riconoscere ciò che siamo realmente. Tutto questo aveva influenzato il microfono e ne fui certa durante la trascrizione, ma non sembrava aver minimamente disturbato Toni. Dopo la seduta, aveva pochi ricordi di ciò che era successo. Mi chiedo a cosa avesse pensato quando sentì il potere di queste parole? E' difficile spiegare su carta la forza di questa entità. Ho cercato di fare del mio meglio per riuscirci a parole.

Anche se Toni non ricordava ciò che era successo durante la seduta, il giorno successivo mi disse di aver avuto una visione chiarificativa. Non era sicura della correlazione, ma ritengo che sia connessa a questa parte. Vide tre livelli. Il primo livello era dove tutti gli umani stavano creando. Il secondo livello era dove tutti gli umani dovevano sperimentare la loro creazione. Il terzo livello era di spostarsi verso la nuova Terra. E poi andare anche oltre, dove il corpo fisico si trasformava lentamente in pura luce rivestita in un guscio o forma. Poi la parte finale era quando la luce non poteva più essere contenuta ed esplose come se fosse il guscio di un uovo. Dopodiché, si disperdeva in ogni cosa (eternità).

D: *Ci viene detto che ci stiamo spostando in una nuova realtà. Dove le cose cambieranno e sarà proprio un Paradiso sulla Terra. E' questo che volevi dire?*

T: (La predica era finita. Si era calmata.) E' già dentro di voi. Vedi, siede inseminati dalla luce. Voi incarnate... voi siete la semina! Voi siete la semina! Voi siete Dio! (Con un lungo respiro di rassegnazione.) Oh, te lo sto dicendo, Io te lo sto dicendo.

D: Ma ci limitiamo.

T: Ah! E' forse possibile per una creazione rivestirsi di un guscio? Immaginare che si è rivestita di un guscio? Ve lo chiediamo davvero. "Venite avanti. Uscite dal guscio. E' possibile! E' Possibile! E' arrivato il momento! E' ora! Eppure, il tempo? Dobbiamo entrare nel vernacolare, lo vedi. Non è mai stato senza questa espressione eppure siete riusciti a creare un luogo dove potete limitare ed abbracciare una limitazione dello spirito.

D: Questo è ciò che mi hanno detto. E' un'illusione che abbiamo creato noi.

T: Ah-ha! E in che altro modo potreste vedervi come inferiori di ciò che siete?

D: Dicono che ogni cosa che sperimentiamo è solo una lezione da cui stiamo imparando.

T: Lezioni che credete di dover sperimentare. Io ve lo dico, Dio è completo e non ha bisogno di alcuna miglioria. Mi dispiace. Parlo oltre, forse, a ciò che molti sono pronti ad accettare e sentire. Eppure, ti sto dicendo che c'è altro oltre quella visione. Il luogo – entro ancora una volta del vostro linguaggio. Mi dispiace. (Confusione mentre cercava di trovare le parole.) Il Tutto che non può – non ha bisogno, non necessita alcuna alterazione – non può essere alterato. E' perfezione.

D: Ma vuole creare ancora.

T: Qui, qui è il sogno.

D: Perché anche se lui è perfezione e ha tutto, ancora vuole esperienze.

T: Quella porzione di cui tu parli, non è altro che una porzione a cui è permesso sognare. Vedi, il supremo che stai immaginando – stai immaginando la più grande vastità di Dio – è ancora in una posizione limitata. C'è altro oltre a questo. C'è altro oltre. In questo momento non è possibile parlarne, se non sapere che c'è altro oltre.

D: Quindi non ci sono limiti. C'è altro oltre a ciò che possiamo comprendere.

T: Vi è dato di comprendere, forse non in questa incarnazione o questa manifestazione. (Lungo sospiro) A tutto è dato di sapere.

D: Una volta mi hanno detto che non è il cervello, ma che era la mente a non avere concetti in grado di assimilare queste cose. Questo era il problema. Queste sono le nostre limitazioni.

T: E' l'energia di questo luogo. Vedi, visto cha hai creato un veicolo fisico, c'è un limite a quanta energia questo veicolo fisico possa assorbire. Così ci sono dei limiti che sono stati messi intorno alla mente umana cosicché le informazioni – quelle schiaccianti e parlerò anche a questa qui (Toni), perché lei ha permesso a se stessa in maggior misura di accettare che c'è solo il Tutto. E così, vedi, lei è in grado di avvicinarcisi più facilmente. Eppure, la mente umana ha queste limitazioni che ci permettiamo come misure di sicurezza, perché non vogliamo logorare, logorare, il veicolo umano, perché ha uno scopo interno che è manifesto qui. Devi mantenere e sperimentare se ti è dato di sperimentare. E così, quando sei pronto a non avere una forma limitata nella quale puoi accettare che puoi sposare le tue esperi-enze, allora non dovresti avere il bisogno della forma umana.

D: Si. E abbiamo creato questo pianeta molto denso su cui viviamo.

T: Riflette solo la densità che accetti. Non deve essere così. Può essere qualsiasi cosa che volete. Questo pianeta non ha ricevuto una punizione di densità. No, no, vi è permesso di creare come Dio crea. Questo non vi è precluso. Siete benedetti perché vi trovate nella creazione. Siete la benedizione della benedizione.

D: Ma potete vedere perché la mente umana ha queste percezioni.

T: Vero, comprendiamo ciò con cui state lavorando. Ma vi diciamo: potete manifestare una variazione diversa di questo sogno.

D: Ed è proprio lì che dobbiamo cambiare il nostro punto di vista per riuscire ad abbracciarlo.

T: Non cambiare la mente, no, no, ma abbracciarla. Abbracciare e sapere che la luce – che la nuova Terra, quel nuovo mondo di cui parlate – esiste dentro di voi adesso; è li adesso. Dovete solo permettergli di manifestarsi. Di spostarsi su quel piano superiore, quel luogo superiore che siete voi. Questo siete voi.

D: Va bene se presento queste informazioni per permettere a tutti coloro che possono comprenderle di accettarle?

T: Ti diciamo, si, è chiaro in questo momento che ciò che condividiamo può essere inserito nella letteratura. E si, e coloro a cui è stata dato il compito d'incontrare queste informazioni e nel leggerle di ricordare; ricordano che hanno scelto di dover portare questa energia, queste informazioni. E a loro chiediamo, dall'altra parte, vi preghiamo, per piacere, non cercate di fare qualcosa, ma permettete alle informazioni di muoversi nel campo energetico. E da lì verranno portate al posto giusto. Dovete solo permettere che le possibilità si manifestino. Quel senso di: "Ah, capisco, questo lo posso manifestare." E questo, si questo sarà abbastanza.

Pensavo che fosse arrivato il momento di ricevere risposte per Toni e tornare alla quotidianità, perché lei vive in questo mondo, anche se è un'illusione. "Sai che stai parlando attraverso un corpo umano?"

T: Si, a lei è concesso condividere queste informazioni.

Ovviamente, la domanda principale è sempre relativa allo scopo del soggetto. Toni era consapevole di avere capacità psichiche, ma non sapeva cosa farne. Una delle cose che può fare è percepire l'energia in ogni cosa.

T: E' così. Le è stata data una missione eppure lei dice: "Ah, mio Dio, posso completare questa missione? Sono così piccola." (Risata sonora) Vedi, lei ha dei ponti da quel luogo dove tu pensi che sia l'umanità, a quel posto che lei sa che esiste. E lei sceglie – te lo sto dicendo, lei sceglie – di vivere in quello spazio di mezzo. E le è permesso entrare in questa incarnazione e non le piace la forma umana. Ma (risata fragorosa) le diciamo: "Non ti abbiamo tenuta in forma umana a lungo, perché ti permettiamo di lasciare la forma umana e reintegrarti nel Tutto." E per questa ragione, lei abbraccia lo stato di sogno. Lei sa che nello stato di sogno, le è permesso ritornare al Tutto. E io ti dico, il quel luogo, che è il Mare di Dio, il Mare dell'Amore, il Mare della Luce, lei nuota. Eppure lei dice: "Mioddio, Mioddio, posso muovermi in te ancor più." E noi diciamo: "Il tuo posto è qui, restare in quello spazio di mezzo cosicché quella conoscenza possa venire da qui a qui, se un tale "da qui a qui" esistesse. E così noi diciamo: "No. Che tu sia, sii, sii in pace, mia cara. Che tu sia in pace."

Toni disse che ha sempre la sensazioni che il mondo quotidiano dove vive e lavora è l'illusione e il mondo dei sogni è l'unica realtà. Va sempre a letto presto ad una certa ora e non vede l'ora di andare a letto per poter viaggiare.

T: Vedi, non è quello vero. Per lei è il mondo più vero di questo. Eppure anche quel luogo non è il più reale dei mondi. Ci permetti di usare, anche un superlativo? Ai, il linguaggio umano. Durante la notte le è permesso lasciare il corpo. Non si riesce a tenerla nella forma. (Ridendo) Questa stessa seduta a permesso che avesse luogo una grande pulizia. Vedi, l'energia che lei ha sentito crescere dentro di lei – crescente dentro di lei. E' stata paziente. Lei dice: "A tuo tempo, mio Dio, a tuo tempo. Io' saprò quando tu permetterai che succeda, quello sarà il tempo." E così è stato. Le abbiamo chiesto di aspettare fino a questo momento. Ha aspettato questo momento per quarantatré anni. Io ti dico: Brava! Ben fatto!

Ricevette molte istruzioni su cosa fare con l'energia e come applicarla per guarire e molti altri usi. Non voglio inserire quei dettagli qui, perché contenevano informazioni personali. A volte, parlava così velocemente che era difficile trascrivere. Per tutta la seduta, quest'entità aveva uno strano accento e metteva molta enfasi sulle parole, causando non poche difficoltà per riuscire a metterlo in bianco e nero. Inoltre quella voce sembrava vecchia, antica, tuttavia piena di saggezza.

T: La coscienza sta cambiando, crescendo. Se posso usare questo – se riesci a prendere una tela che è intrecciata e la estendi. Non crei forse dei buchi in quella tela? Questo è ciò che sta succedendo alla mente coscienza dell'umanità. Si sta estendendo. Si sta estendendo – da dove? Da dentro! La mente/coscienza si sta estendendo da dentro ed ecco che arrivano le informazioni. La consapevolezza che esiste non ha mai smesso di esistere, ma è stata limitata dall'intreccio [fa riferimento alla tela]. Eppure adesso gli è permesso sgocciolare fuori. Lo vedi, lavoriamo con il vostro tempo.

D: Mi chiedevo perché non siamo andati ad una delle sue vite passate.

T: Non è importante. Veramente, se le vite passate fossero chi siete, non vi liberereste mai da questa ruota.

D: La ruota del karma.

T: La ruota. Correte, e correte su questa ruota. Vi diciamo, se questa è la vostra scelta, Dio è con voi, e continuate pure. Eppure vi diciamo siete liberi di lasciar andare questa immaginazione di tutto ciò che è la vostra realtà. E' stato un viaggio. E se queste informazioni sono nella tua visione per includerle nei tuoi scritti, così sia, hai la nostra benedizione.

D: Prima la devo contemplare. Poi la posso presentare, anche se non la comprendo. Forse qualcun altro ci riuscirà.

T: Questo è ciò che ci si può aspettare.

* * *

Durante la seduta con Toni, ho affrontato la domanda con cui ho lottato per lungo tempo, una domande che i miei lettori mi fanno spesso. Aveva a che fare con il nostro completo riassorbimento nella sorgente quando ritorniamo alla fine dei tempi. Questo concetto mi ha sempre disturbato, perché non mi piace l'idea di perdere la mia personalità, la mia individualità, la mia identità. Dopo tutto, lavoriamo per tutta la vita per creare quella cosa che ci rende unici e diversi da tutti gli altri. Ci vuole molto tempo per creare la persona che siamo diventati e mi piaceva pensare che la personalità rimanesse e non andasse perduta. Quando feci questa domanda durante la seduta, la parte superiore con cui stavo comunicando disse che finché trattenevo l'idea di essere un individuo distinto e separato, non ero pronta per il resto delle informazioni che volevano condividere con me. Sarei rimasta bloccata nel mio modo di pensare attuale e sarei incapace d'imparare altro. Ovviamente, questo è successo multiple volte durante i miei trent'anni d'esplorazione dell'ignoto. Ogni volta che pensavo di aver capito tutto, di sapere come l'intero folle sistema funzionasse, loro scuotevano le mie fondamenta presentandomi una nuova teoria, un nuovo concetto, una nuovo modo di pensare. Presumo che non sarei dovuta essere così sorpresa che pensassero fosse arrivato il momento di fare un altro passettino avanti. Chissà cos'altro mi aspetta là fuori che loro vogliono che io sappia e scriva? Ma prima devo tentare di comprendere questo nuovo concetto.

Il mattino dopo il mio ritorno dal Canada, dove questa seduta ebbe luogo, mi svegliai con alcune delle parti della seduta in testa. Ovviamente, sappiamo chi le ha messe li durante lo stato di sogno. (Sorpresa! Sorpresina!) Adesso cercherò di scriverle prima che spariscano ancora una volta nell'etere. Abbiamo un'individualità! Abbiamo una distinta e unica personalità! Ma l'avevamo anche in tutte le nostre altre vite. Quando ricordo alcune delle vite passate che ho sperimentato, posso rivivere quelle emozioni, quegli attaccamenti, quegli obbiettivi, quei fallimenti, proprio come se fosse successi ieri. Sono estremamente reali e sono associati con la personalità che avevo durante quelle altre vite. Posso ancora sentire la frustrazione del monaco Cattolico che ero durante il Medioevo quando nascondevo libri censurati nella mia cella per leggerli in segreto al lume di candela. Mi identifico completamente con gli orrori e la disperazione che ho vissuto quand'ero uno dei protettori dei registri della Biblioteca d'Alessandria, mentre tutta quella conoscenza veniva distrutta e bruciata. Si, tutte queste persone esistettero ed erano reali. Quindi cosa gli è successo? Dopo la loro morte e il loro viaggio sul piano spirituale per ricevere un altro incarico, tutta la memoria andò perduta (o assorbita?) al momento del loro rientro in una nuova vita sulla Terra. E' vero, possiamo accedere a quelle memorie attraverso le regressioni alle vite passate, ma per la maggior parte dei noi, quelle vite non esistono più a livello conscio. Quindi di cosa ho paura? Perché l'idea d'essere assorbita in una intelligenza superiore mi disturba. Lo abbiamo fatto innumerevoli volte prima di questa vita. Abbiamo vissuto, amato, odiato, sperimentato. Era vero. E' successo. E poi la lezione o l'esperienza era finita e siamo andati avanti nella nostra educazione. Presumo che se ci pensiamo in quest'ottica: è già successo e siamo sopravvissuti intatti. Quindi se succede ancora, proseguiremo nel nostro sviluppo. Nessuno conoscenza è mai perduta. La nostra vita, i nostri ottenimenti diventano parte del grande Tutto. Questo è lo scopo per cui facciamo le esperienze in primo luogo, per permettere alla Sorgente di crescere.

Ci vediamo come un'entità completa e il nostro mondo, la nostra vita è tutto ciò che conosciamo. Ma mi è già stato detto che siamo solo una piccolissimo sfaccettatura o scheggia di un'anima molto più grande e quell'anima è la totalità di ciò che siamo. Quell'anima è la scintilla originale che si è separata dalla Sorgente alle origini. Perfino nella forma di una piccola scintilla, conteneva abbastanza energia da creare mondi da sola. Il suo potere è così tremendo che non potrebbe mai riuscire ad entrare in un corpo o in una stanza. Il corpo o quella locazione verrebbe totalmente annichilita perché non riuscirebbe a contenerla. Quindi dovette separarsi o dividersi ancora una volta, proprio come lo fece la Sorgente originale. La nostra anima intera si può comparare ad un gioiello dalle mille sfaccettature ed ogni sfaccettatura rappresenta una vita separata. Sono separate (ai nostri occhi), eppure sono Uno. La nostra anima primaria si deve scheggiare (per mancanza di parole) e questi pezzi entrano nei vari corpi fisici che stiamo sperimentando simultaneamente. Quindi al momento della nostra morte, ritorniamo ancora una volta all'anima originale e veniamo riassorbiti. Allora alla fine, tutte le nostre vite (che adesso sono avviluppate nell'Anima Superiore) vengono assorbite ancora una volta nella Sorgente, L'Uno, L'Inizio e la Fine, Il Tutto Ciò Che Esiste.

Quindi se tutto questo ci è già successo innumerevoli altre volte, che abbiamo vissuto una vita umana e che le memorie ci sono state cancellate o assorbite alla morte, allora non c'è nulla d'aver paura. Lo scopo principale per risvegliarle dovrebbe essere il riconoscimento e la terminazione del karma. La nostra attuale personalità e i ricordi dei suoi raggiungimenti, azioni (positive o negative) verranno registrati nella biblioteca del piano dello spirito, in attesa d'essere riviste da coloro che sono interessati alla ricerca. Non sono completamente perse. Solo non si ricordano mentre l'anima prosegue nel viaggio. Progredire è la chiave. Rimanere fermi, significare stagnare. Ci deve essere sempre del movimento. Con il movimento arriva la creazione di nuove sorprese. Siamo limitati solo dalla nostra immaginazione. Quindi la creazione procede all'infinito.

Tornai a Montreal qualche mese dopo questa seduta per offrire uno dei miei corsi d'ipnosi. Mi rincontrai con Toni, e questa volta mi confessò che le erano state rivelate altre informazioni a proposito di questa ipotesi di un Dio superiore che avevamo già incontrato. Mi disegno un diagramma per aiutarmi a capire. Vedeva tre livelli: il primo (o più basso) rappresenta la dualità, realtà separate. Qui è dove esistono gli individui. Il secondo livello o aspetto era quello che avevo incontrato nel mio lavoro e di cui avevo scritto nei miei libri: Dio,

"Padre". La sorgente con consapevolezza d'esperienza, la parte cha ha bisogno d'imparare. Assume dei parametri. Necessita informazioni ed esperienze per riuscire a creare cose nuove. Poi c'è il terzo livello o Sorgente ultima, che non avevamo mai incontrato prima d'ora. La parte che era così enorme, così vasta che non aveva necessità d'esperienze. Questa era la parte che descriveva come Intero, che non aveva bisogno di alcuno sottrazione o aggiunta. Includeva ogni cosa.

Eppure, c'era l'intuizione che perfino quella parte non era la fine. Che c'è altro oltre a quello. Cosa sia quello, non lo so. E non mi è dato saperlo in questo momento. Hanno interrotto le informazioni, perché hanno detto che prima devo digerire e comprendere ciò che mi era stato dato. Se avevo problemi ad accetta quello, allora dovevano aspettare finché ero pronta. Dissero che non mi avrebbero mai spinta. Non avrebbero mai forzato nulla. Ma che non appena sarei stata pronta, mi avrebbero dato altro. Non ho idea di "cos'altro" possa esserci. A questo punto è oltre alla mia comprensione, proprio come il materiale in questo ultimo capitolo andava ben oltre le mie aspettative più remote, prima della seduta. Come si può anticipare qualcosa che ignoriamo possa esistere? Ma stanno penzolando la carota, mi stanno testando ed stuzzicando. Dicono che c'è "altro", io devo solo aspettare e vedere cosa "quest'altro" possa essere. Arriverà quando sono pronta, quindi so che ci saranno altri libri.

Così ci siamo, questo è un buon punto per terminare questa fase dell'avventura. E' arrivata l'ora di chiudere il libro, dare un po' di riposo alla mente e tornare al nostro mondo reale (?). Ci sono tutte le cose quotidiane di cui occuparsi. Così ancora una volta, trattate questo libro come "caramelle per la mente". Qualcosa che vi faccia pensare, per aprire le porte all'inaccessibile. Quindi adesso, alzatevi dalla sedia e andate a continuare il sogno.

Biografia dell'Autore

Dolores Cannon è un'ipnote-rapeuta regressionista ed una ricercatrice del paranormale che nacque nel 1931 a St. Louis, Missouri. Visse e studiò in Missouri fino al 1951 anno in cui sposò un ufficiale della marina. I vent'anni successivi al matrimonio li spese viaggiando ed allevando i figli, come ogni tipica moglie di un ufficiale. Nel 1970 suo marito venne congedato come succede ad ogni veterano disabile ed entrambi si ritirarono sulle colline dell'Arkansas. Fu così, che ebbe inizio la sua carriera di scrittrice vendendo articoli a riviste e quotidiani vari. Ha lavorato nel campo dell'ipnosi dal 1968, e si è dedicata esclusivamente alla terapia regressiva e al lavoro sulle vite passate dal 1979. Dolores studiò varie metodologie ipnotiche e fu in grado di sviluppare una sua tecnica personale che permette ai suoi pazienti di rivelare/ricordare una grande quantità d'informazioni. Dolores ha insegnato questa unica tecnica d'ipnosi in tutto il mondo.

Nel 1986 iniziò a dedicarsi alla ricerca in campo ufologico. Condusse ricerche in ciò che si sospettava fossero zone di atterraggio UFO, così come in zone di Cerchi del Grano situate in Inghilterra. La maggior parte del suo lavoro in questo campo è dedicata alla raccolta dati attraverso l'ipnosi di sospetti rapimenti.

Dolores ha presentato i suoi seminari a livello internazionale e in tutti i continenti. I suoi diciotto libri sono stati tradotti in venti lingue ed è stata intervistata sia alla televisione che alla radio. Articoli su di lei sono stati scritti da molte testate internazionali. Dolores fu il primo Americano a ricevere "l'Orpheus", il premio Bulgaro al più alto avanzamento nella ricerca dei fenomeni psichici. Ha anche ricevuto i premi e riconoscimenti per "l'Eccezionale Contributo" e "alla Carriera" da molte organizzazioni dedicate all'ipnoterapia.

I libri che ha pubblicato includono: Conversazioni con Nostradamus Volume 1,2,3 – Gesù e gli Esseni – Camminarono col Cristo – Tra la Morte e la Vita – Un'anima ricorda Hiroshima – I Custodi del Giardino - Eredità dalle Stelle – La Leggenda di Starcrash – Universo Convoluto Volumi 1,2,3,4,5.

Dolores aveva quattro figli e quattordici nipotini che la tenevano solidamente ancorata tra la vita famigliare di tutti i giorni e il mondo imprevedibile del suo lavoro. Dolores ha lasciato questa dimensione lo scorso 18 Ottobre 2014.

Tuttavia il suo lavoro è portato avanti dalla figlia Julia. Per maggiori informazioni si prega di fare riferimento al suo sito www.dolorescannon.com, oppure alla sua casa editrice www.ozarkmt.com .

Other Books by Ozark Mountain Publishing, Inc.

Dolores Cannon
A Soul Remembers Hiroshima
Between Death and Life
Conversations with Nostradamus, Volume I, II, III
The Convoluted Universe -Book One, Two, Three, Four, Five
The Custodians
Five Lives Remembered
Jesus and the Essenes
Keepers of the Garden
Legacy from the Stars
The Legend of Starcrash
The Search for Hidden Sacred Knowledge
They Walked with Jesus
The Three Waves of Volunteers and the New Earth
Aron Abrahamsen
Holiday in Heaven
James Ream Adams
Little Steps
Justine Alessi & M. E. McMillan
Rebirth of the Oracle
Kathryn Andries
Cat Baldwin
Divine Gifts of Healing
The Forgiveness Workshop
Penny Barron
The Oracle of UR
Dan Bird
Finding Your Way in the Spiritual Age
Waking Up in the Spiritual Age
Julia Cannon
Soul Speak – The Language of Your Body
Ronald Chapman
Seeing True
Jack Churchward
Lifting the Veil on the Lost Continent of Mu
The Stone Tablets of Mu
Patrick De Haan
The Alien Handbook
Paulinne Delcour-Min
Spiritual Gold
Holly Ice
Divine Fire
Joanne DiMaggio
Edgar Cayce and the Unfulfilled Destiny of Thomas Jefferson Reborn
Anthony DeNino
The Power of Giving and Gratitude
Carolyn Greer Daly
Opening to Fullness of Spirit
Anita Holmes
Twidders
Aaron Hoopes
Reconnecting to the Earth
Patricia Irvine
In Light and In Shade
Kevin Killen
Ghosts and Me
Donna Lynn
From Fear to Love
Curt Melliger
Heaven Here on Earth
Where the Weeds Grow
Henry Michaelson
And Jesus Said – A Conversation
Dennis Milner
Kosmos
Andy Myers
Not Your Average Angel Book
Guy Needler
Avoiding Karma
Beyond the Source – Book 1, Book 2
The History of God

Other Books by Ozark Mountain Publishing, Inc.

The Origin Speaks
The Anne Dialogues
The Curators
Psycho Spiritual Healing
James Nussbaumer
And Then I Knew My Abundance
The Master of Everything
Mastering Your Own Spiritual Freedom
Living Your Dram, Not Someone Else's
Gabrielle Orr
Akashic Records: One True Love
Let Miracles Happen
Nikki Pattillo
Children of the Stars
Victoria Pendragon
Sleep Magic
The Sleeping Phoenix
Being In A Body
Charmian Redwood
A New Earth Rising
Coming Home to Lemuria
Richard Rowe
Imagining the Unimaginable
Exploring the Divine Library
Garnet Schulhauser
Dancing on a Stamp
Dancing Forever with Spirit
Dance of Heavenly Bliss
Dance of Eternal Rapture
Dancing with Angels in Heaven
Manuella Stoerzer
Headless Chicken
Annie Stillwater Gray
Education of a Guardian Angel
The Dawn Book
Work of a Guardian Angel
Joys of a Guardian Angel
Blair Styra
Don't Change the Channel
Who Catharted
Natalie Sudman
Application of Impossible Things
L.R. Sumpter
Judy's Story
The Old is New
We Are the Creators
Artur Tradevosyan
Croton
Jim Thomas
Tales from the Trance
Jolene and Jason Tierney
A Quest of Transcendence
Paul Travers
Dancing with the Mountains
Nicholas Vesey
Living the Life-Force
Dennis Wheatley/ Maria Wheatley
The Essential Dowsing Guide
Maria Wheatley
Druidic Soul Star Astrology
Sherry Wilde
The Forgotten Promise
Lyn Willmott
A Small Book of Comfort
Beyond all Boundaries Book 1
Beyond all Boundaries Book 2
Stuart Wilson & Joanna Prentis
Atlantis and the New Consciousness
Beyond Limitations
The Essenes -Children of the Light
The Magdalene Version
Power of the Magdalene

For more information about any of the above titles, soon to be released titles, or other items in our catalog, write, phone or visit our website:
PO Box 754, Huntsville, AR 72740|479-738-2348/800-935-0045|www.ozarkmt.com

www.ingramcontent.com/pod-product-compliance
Lightning Source LLC
Chambersburg PA
CBHW060218230426
43664CB00011B/1467
* 9 7 8 1 9 5 0 6 0 8 4 4 7 *